도와 과, 열반에 빠르게 이르게 하는

위빳사나 수행방법론

2

■ 번역허가증

ဗုဒ္ဓသာသနာနုဂ္ဂဟအဖွဲ့ချုပ်
မဟာစည်သာသနာ့ရိပ်သာ
အမှတ်-၁၆၊သာသနာ့ရိပ်သာလမ်း၊ဗဟန်းမြို့နယ်၊ရန်ကုန်မြို့။

ဖုန်း - ၅၄၅၉၁၈
၅၄၁၉၇၁
ဖက်စ် - ၂၈၉၉၆၀
၂၈၉၉၆၁
သံကြိုးလိပ်၊မဟာစည်

Buddha Sāsana Nuggaha Organization
MAHASI SĀSANA YEIKTHA
16, Sāsana Yeiktha Road,BaHan TSP, Yangon.(MYANMAR)
Email - Mahasi-ygn@mptmail.net.mm

Phone: 545918
541971
Fax-No. 289960
289961
Cable: MAHĀSI

Date 7 March 2012

အကြောင်းအရာ ။ ။ **ကိုရီးယားဘာသာဖြင့်ပြန်ဆို၍ စာအုပ်ရိုက်နှိပ်ထုတ်ဝေရန် ဗုဒ္ဓသာသနာနုဂ္ဂဟအဖွဲ့ချုပ်မှ ခွင့်ပြုခြင်း။**

ကိုရီးယားနိုင်ငံတွင် မြတ်ဗုဒ္ဓ ထေရဝါဒ သာသနာပြန့်ပွားရေးအတွက် ကျေးဇူးတော်ရှင် မဟာစည်ဆရာတော်ဘုရားကြီး၏ အောက်ဖော်ပြပါ တရားစာအုပ်(၅)အုပ်ကို ပထမအကြိမ်အဖြစ် မြန်မာဘာသာမှ ကိုရီးယားဘာသာသို့ ပြန်ဆို၍ ဓမ္မဒါနဖြန့်ချီရန် တောင်ကိုရီးယားနိုင်ငံ အင်ချန်းမြို့နယ်၊ ဘူဖျောင်းမြို့၊ ကိုရီးယားမဟာစည်ရိပ်သာမှ ဥက္ကဋ္ဌဆရာတော် ဦးသောဓနအား အောက်ပါစည်းကမ်းချက်များနှင့်အညီ ဆောင်ရွက်ရန် ခွင့်ပြုပါသည်။

ဘာသာပြန်ဆိုရမည့် ကျမ်းစာအုပ်များ

(၁) ပုရာဘေဒသုတ်တရားတော်၊
(၂) ဘာရသုတ္တန်တရားတော်၊
(၃) မာလုကျပုတ္တသုတ်တရားတော်၊
(၄) ဝိပဿနာရှုနည်းကျမ်း(ပထမတွဲ)
(၅) ဝိပဿနာရှုနည်းကျမ်း(ဒုတိယတွဲ)

စည်းကမ်းချက်များ

၁။ ဤခွင့်ပြုချက်သည် မူပိုင်ခွင့်ပေးခြင်းမဟုတ်ဘဲ ဗုဒ္ဓသာသနာနုဂ္ဂဟအဖွဲ့ချုပ်သာလျှင် **မူပိုင်ရှင်**ဖြစ်သည်။
၂။ ထုတ်ဝေမည့်စာအုပ်တွင် ဗုဒ္ဓသာသနာနုဂ္ဂဟအဖွဲ့ချုပ်သည် **မူပိုင်ရှင်** ဖြစ်ကြောင်းဖော်ပြရမည်။
၃။ သာသနာတော်ပြန့်ပွားရေးအတွက် **ဓမ္မဒါန**အဖြစ် ပုံနှိပ်ဖြန့်ဝေရန်။
၄။ ဤခွင့်ပြုချက်သည် **ကိုရီးယားဘာသာဖြင့်** ပြန်ဆိုထုတ်ဝေရန်အတွက်သာဖြစ်သည်။
၅။ ပုံနှိပ်ထုတ်ဝေသောစာအုပ်တွင် **ကျေးဇူးတော်ရှင်မဟာစည်ဆရာတော်ဘုရားကြီး၏ (ဆေးရောင်စုံ)ဓာတ်ပုံ၊ ဘဝဖြစ်စဉ်နှင့် ထေရုပ္ပတ္တိအကျဉ်း** ဖော်ပြပါရှိရမည်။
၆။ ပုံနှိပ်ထုတ်ဝေသောစာအုပ်အရေအတွက် ဖော်ပြရမည်။
၇။ ပုံနှိပ်ထုတ်ဝေသောစာအုပ်(   )ကို ဗုဒ္ဓသာသနာနုဂ္ဂဟအဖွဲ့ချုပ်သို့ ပေးပို့ရမည်။
၈။ စည်းကမ်းချက်များနှင့် ညီညွတ်မှုမရှိပါက ခွင့်ပြုချက်ကို ပြန်လည်ရုပ်သိမ်းမည်။

အထက်ဖော်ပြပါစည်းကမ်းချက်များအတိုင်း
လိုက်နာဆောင်ရွက်မည်ဖြစ်ပါကြောင်းဂတိပြု
ပါသည်။

ဘဒ္ဒန္တသောဓန
[၅/မရန(သ)၀၀၀၀၉၄]
(သာသနဓဇဓမ္မာစရိယ) မဟာစည်ကမ္မဋ္ဌာနာစရိယ
ပဓာနနာယကဆရာတော်၊ ကိုရီးယားမဟာစည်ရိပ်သာ၊
ဘူဖျောင်းမြို့၊အင်ချန်းမြို့နယ်၊
တောင်ကိုရီးယားနိုင်ငံ။

(ဦးဝင်းထိန်)
ဥက္ကဋ္ဌ
ဗုဒ္ဓသာသနာနုဂ္ဂဟအဖွဲ့ချုပ်
မဟာစည်သာသနာ့ရိပ်သာ
ဗဟန်း၊ရန်ကုန်မြို့။

Namo

Tassa bhagavato

Arahato

Sammāsambuddhassa

아라한이시며

정등각자이신

그분 세존께

귀의합니다

Ito ehi imaṁ passa iti vidhānaṁ niyojanaṁ arahatīti ehipassiko

'이곳으로 오라! 이 법을 보라!'
이렇게 권유하기에, 격려하기에 적당하다
그래서 'ehipassiko = 와서 보라'라고 한다

"와 보라. 와서 살펴보라"라고 진심으로 권유하기에 적당한 공덕을 'ehipassiko(와서 보라고 할 만하다)'의 공덕이라고 합니다. 우리는 좋은 음식들을 먹을 때, 좋은 경치를 볼 때, 가까운 이들에게 "와 보라. 매우 좋다"라고 진정으로 권유하고 초대합니다. 그와 마찬가지로 법의 맛은 "sabbarasaṁ dhammaraso jīnāti(모든 맛들 중에서 법의 맛이 으뜸이다)"[1]라는 〔부처님의〕 말씀대로 모든 맛들 중에서 제일 좋은 맛입니다. 마음이 편안하고 고요하고 행복한 맛, 슬픔이나 분노가 없는 맛, 이러한 맛들을 경험해 본 사람이라면 누구나 그 법의 맛을 알 것입니다. 스스로 법의 맛을 보게 되었을 때 법에 대해 자주 고마워하게 됩니다. 이렇게 고마워하게 되면 고마운 법의 맛을 자신이 맛본 것처럼 많은 다른 이들도 맛보게 하려는 마음이 거듭 생겨납니다. 그래서 그러한 법의 맛을 맛

1 Dhp. 게송 354.

보게 하기 위해 “ehi(오라)! passa(보라)!”라고 진정으로 권유하게 됩니다. 부처님께서도 당신께서 갖추신 선서(sugata 善逝)의 공덕처럼 좋은 말, 바른 법들을 설하시면서 권유하셨습니다. 성스러운 제자들께서도 권유하셨습니다. 교학(pariyatti)과 실천(paṭipatti)으로, 경전과 아비담마로, 이러한 여러 가지로 권유하시고 초청하셨습니다. 여러 승가, 스님들께서도 법을 설하고 수행을 가르치고 경전을 가르치는 것 등으로 법을 소중히 여기는 이들, 법에 대한 가치를 아는 여러 사람들을 포함한 여러 중생들에게 법의 맛을 보게 하기 위해 그들이 마음에 들도록 여러 가지로 권유하고 초청했습니다.

그와 마찬가지로 저와 담마간다(Dhammagandha 일창) 스님도, 존경하는 마하시 사야도의 『위빳사나 수행방법론』을 바탕으로 해서 사야도께서 설하신 수행법을 강릉 인월사 담마선원, 천안 호두마을 등에서 집중수행이 있을 때마다 참석한 수행자들로 하여금 법의 맛을 보게 하기 위해 설하고 지도한 지 벌써 5년이 되어 갑니다. 또한 제가 머무는 한국 마하시 선원에서 매월 정기법회 때마다, 매주 소참법문 때마다, 매주 아비담마 강의를 설하면서도 법의 맛을 보도록 권유하고 있습니다. 그렇게 지도하고 가르치면서 제가 법의 맛을 보고 경험한 것처럼 한국의 여러 불제자들도 법의 맛을 보고 경험하게 하려는 의도, 마음이 계속 생겨나서 이 『위빳사나 수행방법론』을 시간 되는 대로 조금씩이라도 번역하도록 담마간다 스님에게 자주 권유하고 격려했습니다.

이제 이 『위빳사나 수행방법론』이 마치 잘 꿰어진 보배구슬처럼 이 책을 보는 이들의 손에 이르게 되었습니다. 부처님의 가르침이 ‘와서 보라’고 초대하기에 적당한 것처럼 이 『위빳사나 수행방법론』을 읽는 여러 분들 모두 놀라운 성전의 맛을 얻기를(빠알리어에 능숙한 분들을 위해서), 마음으로 법의 희열을 얻어 고요하고 행복하기를, 마음속 모든 번뇌의 때들을 씻어 내기를, 지혜와 통찰지가 늘어 가고 향상되기를, 심오한 법 성품들의 생멸을 알고 보고 꿰뚫기를, 자신의 현재 단계보다 더욱 나은 단계로 향상되기를, 이러한 여러 이익들을 얻게 되기를 바랍니다.

마지막으로 세상에서 부처님, 벽지불, 아라한 등의 거룩한 분들을 제외하고 실수하지 않는 이는 없습니다. 법의 성품대로 말하자면 어리석음이 아직 완전히 제거되지 않은 이라면 누구나 허물이 없을 수 없는 것이 세상의 정해진 법칙입니다. 따라서 이 책 중에서 잘못된 부분들이 있더라도 올바르지 않은 마음기울임(ayoniso manasikāra)으로 즉시 허물잡지 말고 자신이 저술한 책처럼, 어린 동생, 후배의 책처럼 좋은 측면으로 생각하는 올바른 마음기울임(yoniso manasikāra)으로 고쳐 바른 의미로 읽기 바라면서 한국어판에 부치는 말을 마칩니다.

한국마하시선원 선원장

우 소다나(*U. Sodhana, Dhammacariya*)

2012. 8. 15.

■ 차 례

한국어판에 부치는 말 7
약어 18
역자 일러두기 21
마하시 사야도의 일대기 22
서문 26
칭송게 42
부호에 대한 설명 48
서언 55
이 책의 개요 57

제5장 실제 위빳사나 수행방법

위빳사나의 준비수행 60

기본 관찰법
1. 처음 수행을 시작하는 모습 62
2. 새김을 늘려 나감 74
3. 수행법 요약 76

위빳사나 지혜의 향상 78
확장하여 새기는 모습 94
향상되었다 퇴보되었다 하는 모습 103

열반의 증득
1. 열반 대상으로 넘어가는 모습 105
2. 과에 드는 모습 109

3. 지혜 단계를 분명하게 관찰해 보는 방법 111
4. 위의 도와 과를 위해 수행하는 방법 113

격려와 당부
1. 격려의 말 119
2. 특별히 주의할 점 120

제6장 지혜 단계에 대한 결정

정신·물질 구별의 지혜와 견해청정 124

조건파악의 지혜와 의심극복청정
1. 조건파악의 지혜 139
2. 조건파악의 지혜가 생겨나는 다섯 가지 방법
(1) 첫 번째 방법
1) 물질의 원인
무명 두 가지 141
2) 정신의 원인 144
3) 과거와 미래에 대한 추론관찰 지혜가 생겨나는 모습 145
4) 의심 열여섯 가지 146
5) 의심을 제거하는 모습 148
(2) 두 번째 방법 149
(3) 세 번째 방법 150
(4) 네 번째 방법 152
(5) 다섯 번째 방법
1) 과거 원인인 업 윤전 다섯 가지 법들 153
2) 현재 결과인 과보 윤전 다섯 가지 법들 156
3) 현재 원인인 업 윤전 다섯 가지 법들 160
4) 미래 결과인 과보 윤전 다섯 가지 법들 161
3. 의심극복청정 173
4. 작은 수다원
(1) 작은 수다원 174

(2) 태어날 곳이 정해진 생의 한계 177
(3) 부처님의 훈계 179

명상의 지혜
1. 명상의 지혜는 방법적 마음기울임과 같다 181
2. 명상의 지혜가 생겨나는 모습 184
(1) 명상의 지혜가 생겨나는 열한 가지 대상 184
(2) 물질에 대한 명상의 지혜
1) 무상에 대한 명상 186
2) 괴로움에 대한 명상 189
3) 무아에 대한 명상
자아라고 집착하는 모습 191
무아가 드러나는 모습 197
(3) 나머지 정신과 내부 · 외부 등에 대한 명상의 지혜
내부와 외부를 관찰하는 모습 201
거칠고 미세한 것을 관찰하는 모습 202
저열하고 수승한 것을 관찰하는 모습 202
멀고 가까운 것을 관찰하는 모습 202
3. 성전 외 주석서에 나온 여러 방법들
(1) 기능을 예리하게 하는 아홉 가지 206
(2) 물질 7개조 = 물질을 관찰하는 일곱 가지 방법
1) 첫 번째 방법: 취함과 버림으로 관찰하는 방법 210
삼특성을 제기하여 관찰하는 모습 212
2) 두 번째 방법: 연령성숙 사라짐을 통해 관찰하는 방법 216
3) 세 번째 방법: 음식에서 생긴 것으로 관찰하는 방법 223
4) 네 번째 방법: 온도에서 생긴 것으로 관찰하는 방법 224
5) 다섯 번째 방법: 업에서 생긴 것으로 관찰하는 방법 225
6) 여섯 번째 방법: 마음에서 생긴 것으로 관찰하는 방법 232
7) 일곱 번째 방법: 자연물질로 관찰하는 방법 241
(3) 정신 7개조 = 정신을 관찰하는 일곱 가지 방법
1) 첫 번째 방법: 묶음으로 관찰하는 방법 242
2) 두 번째 방법: 쌍으로 관찰하는 방법 242
3) 세 번째 방법: 찰나로 관찰하는 방법 243
4) 네 번째 방법: 차제로 관찰하는 방법 243
주의사항 245
5) 다섯 번째 방법: 사견버림으로 관찰하는 방법
미세한 사견, 의심이 아직 다 사라지지 않은 모습 247

6) 여섯 번째 방법: 자만끊음으로 관찰하는 방법 249
7) 일곱 번째 방법: 갈망끝냄으로 관찰하는 방법 250

생멸의 지혜와 도·비도 지견청정
1. 위빳사나 평온의 법체와 작용
(1) 위빳사나 평온과 생멸의 지혜 252
(2) 생멸의 지혜가 생겨나는 모습
1) 생멸의 지혜 256
2) 물질과 생멸의 지혜 257
상속현재와 찰나현재 259
3) 느낌 등과 생멸의 지혜 261
상속으로 구분하는 모습 262
찰나로 구분하는 모습 263
4) 생멸의 지혜로 아는 모습 264
2. 생멸의 지혜의 위력을 알려 주는 구절
(1) 다섯 가지 특성 265
(2) 일부 스승들의 견해 270
(3) 다른 스승들의 견해 273
(4) 결정 274
3. 추론관찰 지혜가 생겨나는 모습 275
4. 현재를 시작으로 관찰해야 하는 이유 276
5. 위빳사나를 시작한 이 276
6. 위빳사나 부수번뇌 = 위빳사나를 오염시키는 법들 279
7. 도 · 비도 지견청정 303

무너짐의 지혜 등과 실천 지견청정
1. 실천 지견청정 304
2. 생멸이 드러나면 세 가지 특성도 드러난다 305
3. 무너짐의 지혜로 나아가는 모습에 대해 특별히 기억해야 할 사항 306
4. 무너짐의 지혜가 생겨나는 모습 308

두려움의 지혜, 허물의 지혜, 염오의 지혜
1. 두려움의 지혜 322
2. 허물의 지혜 324
3. 염오의 지혜 330
4. 세 지혜의 차이 332

벗어나려는 지혜, 재성찰의 지혜, 형성평온의 지혜

1. 벗어나려는 지혜 355
2. 재성찰의 지혜 338
무상의 여러 모습들 340
괴로움의 여러 모습들 342
무아의 여러 모습들 346
3. 형성평온의 지혜 349
1) 두 가지 측면으로 관찰하는 모습 352
2) 네 가지 측면으로 관찰하는 모습 353
3) 여섯 가지 형태로 관찰하는 모습 357
4) 여덟 가지 형태로 관찰하는 모습 358
5) 열 가지 형태로 관찰하는 모습 360
특별히 주목해야 할 사항 363
6) 열두 가지 형태로 관찰하는 모습 364
4. 형성평온의 지혜는 앞의 두 지혜와 같다 368

수순의 지혜, 종성의 지혜, 도와 과의 지혜

1. 수순의 지혜
(1) 동일 거듭관찰 인식과정 377
(2) 출현으로 인도하는 위빳사나 378
(3) 동일 거듭관찰 인식과정 두세 번 384
(4) 두세 번을 서른두 번으로 바꾼 설명 386
2. 종성의 지혜 389
3. 도의 지혜, 과의 지혜 390
특별히 주의해야 할 사항 406

반조의 지혜

1. 반조의 지혜 408
한 가지 반조만 생겨나는 경우도 있다 410
2. 제거하는 번뇌 413
3. 수다원 판단기준 - 법의 거울 경
(1) 법의 거울 경 434

(2) 성제자들의 신심이 확고한 모습
1) 숩빠붓다의 일화 443
2) 다난자니의 일화 446
3) 수람밧타의 일화 449
(3) 성자들의 계가 매우 청정한 모습 451
4. 성자들의 의혹 453
5. 중대한 반조 일곱 가지 462
성자들이 범할 수 있는 범계들 467

과 증득에 입정하는 모습
1. 과 증득이란 무엇인가 474
2. 누가 입정하는가, 누가 입정하지 못하는가 474
3. 과에 입정하는 것의 이익 479
4. 과 증득에 이르는 모습 479
성자의 위빳사나는 생멸의 지혜부터 시작한다 481
5. 과 증득에 머무는 모습 483
과에 입정했을 때는 열반 아닌 다른 것은 아무것도 모른다 484
6. 과 증득에서 출정하는 모습 488
모든 것을 포함시키는 말 489
깨끗하지 못한 과 삼매도 있다 491
특별히 부언할 사항 492
7. 항상 수행하며 지냄과 항상 수행하며 지내지는 않음 492

열반에 관한 논의
1. 열반 495
2. 열반과 존재않음이라는 개념은 같지 않다 500
3. 형성과 열반은 서로 반대이다 506
4. 유여열반과 무여열반 509
번뇌의 반열반과 무더기의 반열반도 실재성품이다 517
열반은 존재않음이라는 개념이 아니다 519
도와 과의 대상으로서의 열반 520
5. 감각장소의 소멸로서의 열반 522
열반은 번쩍번쩍 빛나는 어떠한 것이 아니다 529
6. 기억해야 할 것의 요약 533

제7장 중대한 위빳사나 열여덟 가지

무상 거듭관찰

1. 무상, 무상의 특성, 무상 거듭관찰 541
2. 무상 거듭관찰이 생겨나는 모습 555
3. 제거 561
   (1) 항상하다는 인식을 제거한다 561
   (2) 제거되는 번뇌 563
      대상 잠재번뇌 564
      상속 잠재번뇌 574
4. 무상을 알면 괴로움과 무아도 안다 581
5. 무상 거듭관찰에 대한 요약 591

괴로움 거듭관찰

1. 괴로움, 괴로움의 특성, 괴로움 거듭관찰 593
2. 괴로움의 특성 세 가지 594
3. 제거 597
4. 괴로움 거듭관찰에 대한 요약 598

무아 거듭관찰

1. 무아, 무아의 특성, 무아 거듭관찰 600
2. 드러나는 모습 602
3. 덩어리 개념 네 종류 604
   1) 상속 덩어리 604
      상속이 가려 버리는 모습 604
      상속을 무너뜨려 무상의 특성이 드러나는 모습 605
   2) 모임 덩어리 606
   3) 작용 덩어리 607
   4) 대상 덩어리 609
4. 제거 611
5. 무아 거듭관찰에 대한 요약 614

세 가지 관찰에서 특별히 기억해야 할 사항 616

염오 거듭관찰 619

애착 빛바램 거듭관찰 621

소멸 거듭관찰 626

다시 내버림 거듭관찰 633

지금까지의 요약 639
포함되어 구족되는 모습 640
다함 거듭관찰 646
사라짐 거듭관찰 650
변함 거듭관찰 653
첫 번째 방법에 따라 성글게 관찰하는 모습 653
첫 번째 방법에 따라 자세하게 관찰하는 모습 654
두 번째 방법에 따라 성글게 관찰하는 모습 655
두 번째 방법에 따라 자세하게 관찰하는 모습 655
특별한 견해 656
표상없음 거듭관찰 658
원함없음 거듭관찰 664
공함 거듭관찰 665
높은 통찰지 법 관찰 위빳사나 667
여실지견 670
허물 거듭관찰 672
재성찰 거듭관찰 675
물러섬 거듭관찰 679
특별한 견해 682

결어 685

부록 1 칠청정과 그에 따른 지혜단계들 692
부록 2 눈 감각문 인식과정 694
부록 3 욕계 마음 문 인식과정 695
부록 4 마음부수 52가지 696
부록 5 물질 28가지 699
역자후기 702
참고문헌 706
주요 번역 술어 712
찾아보기 724

■약 어

A. Aṅguttara Nikāya 앙굿따라 니까야 增支部
AA. Aṅguttara Nikāya Aṭṭhakathā 앙굿따라 니까야 주석서
AAṬ. Aṅguttara Nikāya Aṭṭhakathā Ṭīka 앙굿따라 니까야 복주서
As. Abhidhammattha Saṅgaha 아비담맛타 상가하
AsVṬ. Abhidhammattha Vibhāvinī Ṭīkā = Ṭīkā kyo
아비담맛타 위바위니 띠까 = 띠까 쬬

Bv. Buddhavaṁsa 붓다왐사 佛種姓經

D. Dīgha Nikāya 디가 니까야 長部
DA. Dīgha Nikāya Aṭṭhakathā 디가 니까야 주석서
DAṬ. Dīgha Nikāya Aṭṭhakathā Ṭīka 디가 니까야 복주서
Dhp. Dhammapada 담마빠다 法句經
DhpA. Dhammapada Aṭṭhakathā 담마빠다 주석서
Dhs. Dhammasaṅgaṇī 담마상가니 法集論
DhsA. Dhammasaṅgaṇī Aṭṭhakathā = Aṭṭhasālinī 담마상가니 주석서
DhsAnṬ. Dhammasaṅgaṇī Anuṭīkā 담마상가니 복복주서
DhsMṬ. Dhammasaṅgaṇī Mūlaṭīkā 담마상가니 근본복주서

It. Itivuttaka 이띠웃따까 如是語經
ItA. Itivuttaka Aṭṭhakathā 이띠웃따까 주석서

KaA. Kaṅkhāvitaraṇī 깡카위따라니 解疑疏
Kh. Khuddhakapatha 쿳다까빠타 小誦經
KhA. Khuddhakapaṭha Aṭṭhakathā 쿳다까빠타 주석서

Kv. Kathāvatthu 까타왓투 論事
KvA. Kathāvatthu Aṭṭhakathā 까타왓투 주석서

M. Majjhima Nikāya 맛지마 니까야 中部
MA. Majjhima Nikāya Aṭṭhakathā 맛지마 니까야 주석서
MAṬ. Majjhima Nikāya Aṭṭhakathā Ṭīka 맛지마 니까야 복주서
MMṬ. Majjhima Nikāya Mūlaṭīka 맛지마 니까야 근본복주서
Mil. Milindapañha 밀린다빤하

Nd1. Mahā Niddesa 마하 닛데사 大義釋
Nd2. Cūla Niddesa 쭐라 닛데사 小義釋
Netti. Nettippakaraṇa 넷띱빠까라나 導論
NettiA. Nettippakaraṇa Aṭṭhakathā 넷띱빠까라나 주석서

Pa. Pañcapakaraṇa 빤짜빠까라나 五論
PaA. Pañcapakaraṇa Aṭṭhakathā 빤짜빠까라나 주석서
PaAnṬ. Pañcapakaraṇa Anuṭīkā 빤짜빠까라나 복복주서
PaMṬ. Pañcapakaraṇa Mūlaṭīkā 빤짜빠까라나 근본복주서

Pm. Paramatthamañjūsā = Visuddhimagga Mahāṭīkā 위숫디막가 대복주서
Ps. Paṭisambhidāmagga 빠띠삼비다막가 無碍解道
PsA. Paṭisambhidāmagga Aṭṭhakathā 빠띠삼비다막가 주석서
Ptn. Paṭṭhāna 빳타나 發趣論
Pug. Puggalapaññatti 뿍갈라빤냣띠 人施設論

S. Saṁyutta Nikāya 상윳따 니까야 相應部
SA. Saṁyutta Nikāya Aṭṭhakathā 상윳따 니까야 주석서
SdṬ. Sāratthadīpanī Ṭikā 사랏타디빠니 띠까 要義燈釋
Sn. Suttanipāta 숫따니빠따 經集

Ud. Udāna 우다나 感興語
UdA. Udāna Aṭṭhakathā 우다나 주석서

Vbh.	Vibhaṅga 위방가 分別論
VbhA.	Vibhaṅga Aṭṭhakathā 위방가 주석서
VbhAnṬ.	Vibhaṅga Anuṭīkā 위방가 복복주서
VbhMṬ.	Vibhaṅga Mūlaṭīka 위방가 근본복주서
Vi.	Vinaya Piṭaka 위나야 삐따까 律藏
Vis.	Visuddhimagga 위숫디막가 淸淨道論
Yam.	Yamaka 야마까 雙論
YamA.	Yamaka Aṭṭhakathā 야마까 주석서

■ 역자 일러두기

1. 삼장과 주석서, 복주서 등은 별다른 언급이 없는 한 모두 미얀마 제6차결집본이다. 예를 들어 'AA.i.5'는 『앙굿따라 니까야』 제1권, 5쪽을 나타낸다.

2. 원저자인 마하시 사야도께서 직접 주석하신 것은 '원주(原註)'라고 표시하였고, 본문에 있는 내용을 역자가 주석으로 옮긴 것은 '원주(본문내용)'이라고 표시하였다. 그 밖의 주석·부록·참고문헌은 역자가 추가한 것이다. 특별히 밝혀야 할 곳에는 '역주'라고 표시하였다.

3. 경전·주석서·복주서 등을 번역할 때 마하시 사야도께서 자세하게 설하신 대역의 의미를 살리고자 사야도의 보충 설명을 함께 실었으며, 빠알리어 원문 그대로의 내용은 따로 진하게 표시하였다. 원문 그대로의 내용을 원하는 독자라면 진하게 표시한 부분만 따로 읽으면 될 것이다. 원문이 게송인 경우에는 그 게송에 대한 마하시 사야도의 자세한 설명을 시의 형태로 번역하였다. 마하시 사야도의 번역인 경우는 대역 과 해석 , 등호로, 그 외에 역자가 해석한 부분은 역해 와 소괄호로 표시하였다. 부호에 대한 설명을 참조하라.

4. 빠알리어는 정체로 표기하였고, 영어는 이탤릭체로 표기하였다. 미얀마 어는 영어로 표기한 후 이탤릭체로 표기하였다.

5. 미얀마 어로 된 참고문헌은 영어로 표기한 후 이탤릭체로 표기하였다. 그 의미는 괄호 안에 표기하였다.

6. 반복 인용된 문헌은 제일 처음에만 저자를 표기하고 두 번째부터는 책의 제목만 표기하였다.

7. 목차는 대부분 원문에 실린 것만 표시하였으나 독자의 편의를 위하여 필요한 경우 큰제목을 역자가 임의로 구분하여 재구성하였다.

■ 마하시 사야도의 일대기

제6차결집 질문자(Chaṭṭhasaṅgītipucchaka) 최승대현자(Aggamahāpaṇḍita 最勝大賢者)이신 마하시 사야도(*Mahāsi Sayadaw*)께서는 쉐보 시, 세익쿤 마을에서 1904년 7월 29일 금요일에 태어나셨다. 아버지는 우 깐도, 어머니는 도 쉐오욱이었고, 어릴 때의 이름은 마웅 뜨윈이었다.

12세에 소바나(Sobhana)라는 법명으로 사미계를, 20세에는 비구계를 받았고, 이후 3년 동안 정부에서 주관하는 초급, 중급, 상급 빠알리어 시험에 차례대로 합격하셨다.

법랍 4하(夏) 때에는 만달레이로 가서 여러 뛰어난 강사들 밑에서 경전을 공부하였으며 5하(夏) 때에는 몰라먀인의 따운와인갈레이 강원에서 경전을 가르치셨다.

사야도께서는 법랍 8하(夏) 때, 명확하고 효과적인 수행법을 찾아 나섰고 따토웅 밍군 제따완 사야도(*Mingun Jetavan Sayadaw*) 회상에서 제따완 사야도의 지도하에 수행방법을 직접 배우고 실천하셨다.

수행이 빠르게 진전된 사야도께서는 1938년에 세익쿤 마을에서 세 명의 제자들에게 처음으로 그 수행방법을 지도하셨고, 제자들 역시 매우 빠르게 수행이 진전되었다. 그들을 따라 50여 명의 마을 사람들이 집중수행에 참가했다.

하지만 몰라먀인의 따운와인갈레이 강원에서 급히 돌아와 달라는 부탁으로 원하는 만큼 밍군 제따완 사야도 회상에서 머물지 못한 채 몰라먀인으로 돌아가셨다. 얼마 후 그 강원의 노스님이 입적하시자 마하시 사야도께서 강원을 맡아 경전을 가르치셨다. 사야도께서는 이 무렵에 처음으로 시행된 빠알리 경전시험에 응시하셨고, 1941년에 사사나다자 시리빠와라 담마짜리야(Sāsanadhaja Sīripavara Dhammācariya)[2] 칭호를 받으셨다.

그 후 일본이 침공하자 몰메인에서 더 이상 머물 수 없게 되어 고향인 세익쿤 마을로 돌아가셨고, 이를 좋은 기회로 삼아 스스로도 위빳사나 수행에 매진하시며 다른 이들에게도 수행을 지도하셨다. 이때 머무신 곳이 마하시 짜웅(*Mahāsi Kyaung*)이었는데 이는 큰(*Mahā*) 북(*si*)이 있는 정사(*kyaung*)란 뜻이다. '마하시 사야도'란 이름은 여기에서 유래되었다.

마하시 사야도께서 『위빳사나 슈니짠(*Vipassana shunyikyan* 위빳사나 수행방법론)』이라는 위대한 책을 쓰신 것은 바로 이 시기였다. 1945년에 출간된 이 책은 새김확립(satipaṭṭhāna) 수행방법에 대한 이론과 실제 모두를 자세하게 설명한 종합적이고도 권위 있는 책으로 두 권, 전체 858페이지의 대작이다. 마하시 사야도께서는 단 7개월 만에 이 책을 쓰셨는데, 그때 쉐보 시 인근에는 거의 매일 공습이 있었다고 한다.[3]

---

2 경전과 그 주석서에 관련한 시험에 합격한 스님들에게 정부가 수여하는 특별한 칭호. 보통의 사사나다자 담마짜리야보다 더 높은 수준의 시험을 통과했을 때 주어지는 칭호라고 한다.

3 책을 다 저술한 뒤에 출판을 위해 이웃 도시로 오갈 때 공습을 피해 야간에 다니셨다고 한다. 또한 2권은 인쇄 과정 중 연합군의 공습에 불타 버렸으나 다행히 사야도께서 원본을 잘 간수하고 계셔서 나중에 무사히 출간되었다. *Vaṇṇakyothin U. Bhasan,* 『*Mahasi Theramya Attupatti*(마하시 존자 일대기)』, pp.133~134 참조.

마하시 사야도께서는 25안거까지 세익쿤 마을 마하시 정사와 몰라먀인시 따운와인갈레이 강원에서 주로 머무시면서 교학과 수행방법을 가르치고 지도하셨다.

1949년 11월 10일, 양곤 불교 진흥 협의회(*Buddha Sāsana Nuggaha Organization*)의 초청으로 양곤에 오셔서 1949년 12월 4일부터 시작하여 수행자들에게 위빳사나 수행방법을 설하셨다. 수행센터의 이름도 마하시 수행센터(*Mahāsi Sāsana Yeiktha*)라고 칭하였다. 1952년에는 최승대현자(Aggamahāpaṇḍita 最勝大賢者) 칭호를 받으셨다.

제6차결집 때에는 제6차결집 질문자(Chaṭṭhasaṅgītipucchaka)의 역할을 맡으셨고, 제6차결집 최종결정자(Chaṭṭhasaṅgayanāosānasodhaka), 국가훈계법사(Ovādācariya) 등 불교교단을 위한 여러 역할들도 할 수 있는 만큼 수행하셨다. 그때 제6차결집 송출자(Chaṭṭhasaṅgitivisajjaka)의 역할은 밍군 삼장법사께서 맡으셨다.

저술하신 책으로는 앞에서 언급한『위빳사나 슈니짠(*Vipassana shunyikyan* 위빳사나 수행방법론)』두 권 외에도 직접 저술하신 책들과 설법하신 법문들로 만든 책들을 합하여 100권이 넘는다. 또한 특별히『위숫디막가 마하띠까 닛사야(*Visuddhimagga Mahāṭīkā Nissaya* 淸淨道論大復註書 對譯)』은『위숫디막가(Visuddhimagga 淸淨道論)』에 대한 복주서인『위숫디막가 마하띠까(Visuddhimagga Mahāṭīkā 淸淨道論 大復註書)』를 해석하기 어려운 부분들을 포함해서 각각의 빠알리어에 대해 자세히 분석하여 미얀마 어로 상세하게 설명한 책이다.

마하시 사야도께서 살아 계실 때 미얀마 국내에 스님의 가르침대로 수행하는 센터가 300개가 넘게 생겼으며, 해외 여러 나라에도 센터 지부들이 많이 생겨났다. 사야도께서 가르치신 수행방법에 따라 위빳사나 수행을 한 수행자들은 비구, 여성 출가자, 재가 수행자를 합하여 491만 명(2018년 통계)이 넘는다.

또한 사야도께서는 인도, 스리랑카, 네팔, 싱가포르, 말레이시아, 태국, 베트남, 캄보디아, 라오스, 인도네시아, 일본 등 동양 국가들과 미국, 영국을 비롯한 유럽의 여러 국가들 등 여러 나라에 가셔서 테라와다 불교 교법(Theravāda Buddhasāsanā)을 널리 보급시키셨다.

수행지도와 저술, 불교교단을 위한 힘든 일정 속에서도 마하시 사야도께서는 결코 자신의 수행을 게을리하지 않았으며 이 때문에 제자들을 계속해서 현명하게 지도하실 수 있었다. 사야도께서는 78세를 사시는 내내 몸과 마음의 활력이 넘치셨고 가르침(Dhamma)에 깊이 헌신하셨다.

마하시 사야도께서는 1982년 8월 14일, 세랍 78세, 법랍 58하(夏)로 마하시 수행센터에서 입적하셨다. 입적하신 전날까지도 새로 들어온 수행자들에게 기초 수행법을 지도하셨다고 한다.

이렇듯 마하시 사야도께서는 예리한 지성과 연계된 해박한 교학적 지식뿐만 아니라 심오하고 뛰어난 수행 경험까지 두루 갖추어 불교 교학이나 실제 수행 모두를 효과적으로 지도할 수 있는 매우 드문 분 중의 한 분이셨다.

마하시 사야도의 가르침은 여러 법문과 책을 통해 동서양의 많은 이들에게 유익한 영향을 주었다. 지금도 마하시 사야도께서는 당신의 성품과 평생의 업적으로 현대 불교사의 위대한 인물 중 한 분으로 추앙받고 있다.[4]

---

4 저본인 『위빳사나 슈니짠』 제2권 앞부분의 내용이 너무 간략하여 영역본인 『*A Practical Way of Vipassanā*』 *vol.1, translated by U Min Swe, Buddha Sāsana Nuggaha Organization, Yangon,* 2011에 소개된 마하시 사야도의 일대기를 참고했고, 제2쇄에서는 2018년도에 교정된 내용을 보충했다.

Appamādo amataṁ padaṁ, pamādo maccuno padaṁ.[5]

불방일(잊어버리지 않음) = 새김[6]은 **죽음없음의 원인이고,**

방일함(잊어버림) = 새기지 않음**은 죽음의 원인이다**.

이러한 부처님의 말씀을 믿는 이들이라면 누구나, 죽음이 없기를 바란다면, 즉 죽어야만 한다는 사실을 두려워한다면 잊어버리지 않음 = 새김을 확립함 = 사띠(sati)라고 하는 불방일(appamāda) 법을 소중하게, 거룩하게 여기고 실천해야 할 것이다.

이러한 불방일을 실천한다면 다음과 같은 부처님의 유훈도 정성스럽게 따르는 것이 된다.

Handadāni, bhikkhave, āmantayāmi vo, vayadhammā

---

5 원주: Dhp. 게송 21.

6 'sati'를 '새김'으로 번역하였다. 물론 'sati'가 내포하고 있는 여러 의미들을 '새김'이 대표하기는 힘들지만 부처님께서도 이러한 여러 의미들이 있는 그 성품에 대해서 다른 어원을 가지는 용어를 쓰지 않으시고 'saratīti sati = 기억한다. 그래서 사띠이다.'라고 '기억한다'라는 어원을 가지는 'sati'를 사용하신 점에 주목했다. 그리고 단순히 기억으로 옮기지 않고 '새김'으로 옮겼기 때문에 마치 조각할 때 조각칼이 대상에 밀착되어 그 대상을 꿰뚫어 들어가듯이 대상에 떠 있지 않고 밀착되어 있는 특성(apilāpana-lakkhaṇā)도 잘 나타내 준다.

saṅkhārā, appamādena sampādetha.[7]

오! 비구들이여! 이제 참으로 그대들에게 당부하노니, 형성들[8]은 사라지기 마련이다. 불방일(잊어버리지 않음) = 새김확립 = 사띠 **를 통해** 계·삼매·통찰지를 **성취하라!**

따라서 반열반에 드시기 직전, 〔부처님께서 가르치셨던〕 삼장의 근본 뜻을 요약하는 의미로 당부해 놓으신 그 의미를 정성스럽게 따르길 원하는 이라면 누구나 이 불방일 법을 소중하게, 거룩하게 여기고 꼭 실천해야 한다.

이뿐만은 아니다.

'불방일'과 사띠빳타나(satipaṭṭhānā 念處)는 새김확립 = 사띠(sati)의 서로 다른 이름일 뿐이다. 그 의미·성품으로는 동일하다. 따라서 불방일을 실천하는 이는 다음과 같은 부처님의 가르침에 따라 도와 과, 열반도 얻을 수 있다.

Yesaṁ kesañci, bhikkhave, cattāro satipaṭṭhānā āraddhā, āraddho tesaṁ ariyo 〔aṭṭhaṅgīko〕[9] maggo sammā dukkhakkhayagāmī.[10]

---

7 원주: D.ii.128.

8 형성들(saṅkhārā)은 다섯 무더기(五蘊)에서는 느낌과 인식을 제외한 나머지 마음부수들을 의미하고(그래서 '정신현상들'이라고 번역하기도 한다.) 문맥에 따라 조건지어진 법들, 형성된 법들, 행위 등을 뜻하기도 한다. 이 책에서는 '형성들'이라고 옮겼다. saṅkhārā에 대한 자세한 설명은 각묵 스님, 초기불전연구원, 『초기불교이해』, pp.126~129 참조.

9 빠알리어 원문에 없으나 첨가되었다.

10 원주: S.iii.157.

비구들이여, 네 가지 새김확립을 실천하고 **성취한 이는**[11] **모든 괴로움이 다한 곳에 이르게 하는 성스러운 여덟 가지 도(八聖道)를 성취한다.**[12]

따라서 도와 과, 열반을 얻고자 하는 이는 단지 기원하는 것만으로 안심하고 만족하며 지내서는 안 된다. 불방일 = 새김확립 수행을 성취하도록 서둘러 노력해야 한다.

이 정도로 다가 아니다. 다음과 같은 부처님의 말씀에 따라 새김확립을 수행하는 이는 부처님의 가르침을 오랫동안 지속시키도록 하는 것에도 해당된다.

Catunnaṁ kho, brāhmaṇa, satipaṭṭhānānaṁ bhāvitattā bahulīkatattā tathāgate parinibbute saddhammo cira-ṭṭhitiko hoti.[13]

오, 바라문이여. 네 가지 새김확립을 스승과 제자가 이어서 **수행하고, 많이 행하는 것 때문에 정법(正法)**이라고 부르는 가르침**이 여래가 반열반에 든 다음에도 오랫동안 유지될 수 있다.**

따라서 부처님의 가르침이 오랫동안 지속되기를 바라는 이라면 누구나 불방일 = 새김확립 수행을 노력해야 한다.

---

11 'āraddha'에는 '열심히 행하는', '노력을 시작하는', '성취한' 등의 뜻이 있다. 이 글을 쓰신 우 순다라 사야도는 '성취한'으로 해석하였다. 뒷부분에 마하시 사야도도 '성취한'으로 해석하였다.

12 각묵스님, 초기불전연구원, 『상윳따 니까야』 제5권, p.514 참조.

13 원주: S.iii.151.

불방일을 실천하지 않는 이는, 〔앞에서 언급한 내용과〕 '반대로 말씀하신 가르침에 따라' 거듭거듭 죽고, 또 죽기만 하면서 지내야 한다. '임종의 직전에 유언으로 당부한 부모의 말을 듣지 않는 자식처럼' 부처님께서 마지막에 남겨 놓으신 유훈을 듣지 않는 것이다. 얻을 만한 도와 과, 열반으로부터 멀어지는 것, 미끄러져 떨어지는 것이다. 부처님의 가르침을 짧게 하는 것이다.[14]

부처님께서 반열반에 드신 후 약 천 년 정도까지는 이 불방일 법을 불교에 입문한 재가신자, 출가자들이 특히 노력하고 실천했다는 사실, 또한 그러한 거룩한 이들의 마음, 심장에 이 불방일 법이 잘 확립되어 머물고 있었다는 사실이 여러 주석서, 복주서, 『디빠왐사(Dīpavaṁsa 島史)』,[15] 『마하왐사(Mahāvaṁsa 大史)』,[16] 『사사나왐사(Sāsanavaṁsa 敎史)』[17] 등의 문헌을 통해서 분명하게 알 수 있다. 무엇 때문인가? 그 시기 동안의 성제자들에 관한 여러 가지 내용들을 위의 문헌들에서 설명하고 있기 때문이다. 또한 그 천 년이 지난 이후에는 그러한 내용들을 많이 볼 수 없기 때문에 불방일의 실천을 노력하는 이가 적었다고 생각할 수 있다. 오래 전부터 시작하여 계속해서 노력하지 않았기 때문에 후대인들에게는 이 불방일 = 새김확립 수행의 방법을 정확하게 아는 것조

---

14 부처님의 가르침이 이 세상에 오랫동안 지속되지 못하게 하는 것이다.

15 마하세나(Mahāsena) 왕(A.D.325-352)이 다스릴 때까지 스리랑카의 역사를 기록한 책이다. 전재성, 한국빠알리성전협회, 『빠알리-한글사전』, p.40 참조.

16 마하나마(Mahānāma)의 저서. 앞의 디빠왐사(島史)와 동일한 순서로 거의 동일한 시대를 대상으로 하여 메마른 역사서인 도사를 예술적인 서사시로 정리한 책이다. 위의 책, p.45 참조.

17 빤냐사민(Paññasāmin, A.D.1861)의 저서. 인도 아소카 왕 아래에서 결집에 이르기까지의 역사와 스리랑카 등 다른 동남아 지역에서의 불교교단의 역사가 완전하게 실려 있다. 위의 책, p.48 참조.

차 쉽지 않은 일이 되었다. 매우 애통한 일이다.

그렇다고 '이 불방일 법이 완전히 소멸해 버렸다'라고 알아서는 안 된다. 자신의 진실된 이익(attahita)을 찾고 구하는 거룩한 이들에게 이 불방일은 잘 확립되어 있었다. 잘 확립된 모습의 예로 띨롱 또야 사야도(*Thiloung Toya Sayādaw*)를 들 수 있다. 그분은 이 불방일의 실천 수행에 있어서 마치 해와 달처럼 매우 두드러지셨다.

다른 이로부터 들은 바로는 다음과 같다. 세인마까 마을에 계단(戒壇)을 지정하는 일 때문에 국존(Rājaguru 國尊) 칭호를 받으신 만달레이, 시(市), 또는 사가인 시(市) 등의 여러 지역의 사야도들께서 모이게 되었는데 대중들의 요청에 의해 띨롱 사야도께서 승가 대중들에게 법을 설하시게 되었다. 사야도께서는 "저 스스로 이해한 바, 생각한 바, 수행하고 노력한 대로 말하겠습니다"라고 서언을 하시고는 아나함 도와 과에 이르기까지 위빳사나 관찰을 하는 모습, 위빳사나 지혜들이 생겨나는 모습, 도와 과에 이르는 모습, 과의 선정에 드는 모습 등을 자세하게 설하셨다. 설하신 그 법문들은 여러 경전, 문헌들에 아주 해박한 다른 여러 스님들조차 매우 놀랄 정도로 심오하고 미묘했다. 그래서 상가자(*Saṅgajā*) 사야도가 "스님, 스님께서 지금 설하신 대로 책을 쓰시면 매우 좋겠습니다"라고 청했다. 그러자 띨롱 사야도께서는 "스님, 설하거나 실천하는 것은 자기 좋을 대로 할 수 있습니다. [하지만] 책을 쓰는 것은 다른 이의 책들과도 [어느 정도] 일치해야 합니다. 제가 있는 동안에는 이해시키도록 대답할 수 있지만 저는 머지않아 죽을 것입니다. 그때 [제 수행의] 조금 독특한 점에 대해서 서로 논쟁을 벌일까 염려됩니다"라고 말씀하셨다. 이 내용은 이전의 여러 가지 일화들을 잘 기억하시기로 유명한 세익쿤 마을의 인진 또 따이띠 사야도(*Injyin To Taiti Sayadaw*)에게서 직접 들은 내용이다.

주목할 점 전해들은 위의 말을 근거로 띨롱 사야도께서는 자신이 수행한 방법, 모습을 책으로 쓰시지 않으셨다는 것을 분명하게 알 수 있다. 그렇게 쓰시지 않으셨다는 사실에 대해서는 '그 당시에는 따라서 수행할 이가 적었기 때문이다'라고 생각할 수 있고 '수행하는 모습과 문헌이 달랐다'라는 〔띨롱 사야도의〕 말씀은 명칭이나 표현 정도만 다르지 의미는 동일하다고 생각해야 한다.

띨롱 사야도의 여러 제자들 중에 사가인 시(市)에 알레 또야 사야도(*Ale Toya Sayadaw*)가 있었다. 이 알레 또야 사야도께서도 다른 일은 신경 쓰지 않고 불방일의 수행실천만을 즐기시며 지내셨다.

알레 또야 사야도께 수행방법을 배운 밍군 제따완 사야도께서는 지난 30여 년 전부터 시작하여 불방일의 사띠빳타나 새김확립 수행법을 분명하게 설하고 지도하셨다. 지금까지 따통 시(市) 제따완 정사에 머물고 계시다.[18]

제따완 사야도 회상에 4개월 정도 머물면서 불방일의 실천 방법을 배운 것에 따라서 (이 『위빳사나 슈니짠(위빳사나 수행방법론)』을 저술하신) 몰메인 시(市) 따운와인갈레이 강원〔에 머무는 마하시〕 사야도도 자

18 불기 2487(서기 1943)년에 이 서문이 쓰여졌다. 그리고 밍군 제따완 사야도께서는 서기 1955년 음력 2월 25일, 정오경에 세납 86세로 입적하셨다.

신의 진실한 이익을 찾고 구하는 이들에게 이 불방일의 위빳사나 수행방법을 설하고 지도한 지 오래되셨다. 특히 1938년에는 계속해서 머물던 몰메인 시에서 자신의 고향 마을인 쉐보 시, 세익쿤 마을에 가서 인진 숲 속 정사, 마하시 선원에서 일곱 달 정도 머물면서 이 불방일의 위빳사나 법을 자세하게 설하셨다. 그때 바른 서원(sammāchanda)을 가진 많은 이들이 사야도의 가르침대로 따라서 노력하기 시작하였고, 법의 거룩한 맛을 각자 알맞게 경험하여 이 불방일의 수행방법을 '진실로 올바른 옛 길'이라고 확실하게 믿고서 평생 이 수행을 하기로 결심하고 결정한 이들이 많았다. 이때를 시작으로 이 선원에서는 매년 기회가 있을 때마다 수행하려고 하는 이들이 끊임없이 매우 많이 생겨났다. 그렇게 수행한 이들의 지혜 단계가 향상되는 사실에 대해서도 법을 알고 보는 이들에게 의심이 없었다.

사야도께서는 최근 1941년부터 전쟁의 위험 때문에 고향인 세익쿤 마을로 다시 오셔서 인진 숲 속 정사, 마하시 선원에서 머무셨는데 이때 제자들, 재가신자들이 "위빳사나와 도와 과를 증득하기를 원하는 바른 서원을 가지고 있음에도 불구하고 바른 길을 확실하게 몰라 자신이 얻고자 하는 것을 성취하지 못하는 이들이 많이 있습니다. 이 지역에서 수행하는 이들도 매년 늘어나고 있습니다. 이러한 수행자들이 수행에 대해 잘 이해할 수 있도록 여러 내용이 구족된 확실한 지침서가 필요합니다. 그러니 바른 성취를 원하는 이들에게 그 바른 성취를 얻게 하기 위해, 불교의 가르침도 중흥시키기 위해 지혜가 여리고, 중간 정도이고, 무르익은 여러 수행자들 모두에게 적당한 위빳사나 수행방법에 관한 책 하나를 마련해 주십시오"라고 간청하였고, 사야도께서는 "자신의 진실한 이익(hitatthika)을 구하는 이들이 계속해서 생겨나고 있고, 그러한 이들로 하여금 위빳사나와 도와 과라고 하는 진실한 이익을 얻게 하고자, 실천(paṭipatti)과 증득(paṭivedha)의 부처님 가르침도 중흥시키고자" 이 『위빳사나 수행방법론』을 저술하셨다. 바른 수행방법을 설명하시면서 잘못된 수행방법을 물리치시는 마하시 사야도의 공덕으로 새롭게 등장한 이 위빳사나 수행방법과 그 방법을 설명한 이 『위빳사나 수행방법론』은 선한 이들의 마음에 불방일이라는 법을 분명하게 드러나게 할 뿐 아니라 확고히 머물게도 하였다. 진실된 이익을 바라는 이들에게는 매우 기뻐해야 할 일 하나가 생겨난 것이다.[19]

Etthedaṁ vuccati gāthārucikānamatthāya viññūnaṁ.

Ettha이 새 책이 나오게 된 연유들과
과정들을 설명하는 서문, **여기에서**
gāthārucikānaṁ**게송 짓길** 기뻐하고 **좋아하는,**
viññūnaṁ마가다 어, 빠알리어에 능숙한 **현자들의**
atthāya**이익을 위해,** 즉
솜에 기름 스며들 듯, 구족한 맛 즐기는 듯
그들이 마음껏 좋아하고 기뻐하도록
idaṁ (gāthāsamūhavacanaṁ) 운율과 미려구, 문법에 일치하게
여러 방법을 모아 만든, 게송모임인 서문게송 **이 글을**
vuccati칭송하는 뜻으로 **지어 바친다.**

(1) Yo appamādo amatassa ve padaṁ,

19 저본에서는 제1권에 이 서문의 내용을 요약하여 만든 빠알리어 게송만 소개한 후 제2권에 그 빠알리어 게송과 대역을 실어 놓았으나 본 번역본에서는 제1권과 제2권 모두에 서문과 빠알리어 게송, 그 대역을 다 실었다.

Sampādano seṭṭha sikkhattayassapi;
Ariya maggañca ārādhaye bhāvito,
Karoti saddhamma ciraṭṭhitimpi ve.

yo appamādo육문(六門)에서 생겨나는
물질·정신의 바른 성품이
빠르게, 그리고 직접, 자신의 지혜에 드러나도록
즉시 관찰하는 것, 잊지 않는 것
압빠마다(appamāda), **불방일 법은**
amatassa열반요소인 **죽음없음**(不死)**의**
padaṁ ca**근거도**, 즉
열반에 도달하기 위한 바른 실천도
ve=ekantena**확실하게** (hoti)**된다**.
seṭṭha sikkhattayassapi또한 계·정·혜라는 거룩하고 **으뜸인**
세 가지 **공부지음**(三學)**들도** 아라한 과에 이르기까지
sampādano ca**또한 구족하게 할 수** (hoti)**있다**.
bhāvito쉬지 않고 **수행해야 하는**
ariya maggañca**여덟 요소로 구성된 성스러운 도**라는 디딤돌,
윤회에서 벗어나게 하는 길**도**
ārādhaye=arādhayati네 번마다[20] **성취하게 할 수 있다**.
saddhamma ciraṭṭhitimpi선한 이들의 거룩한 삼학의 가르침인
정법이 오랫동안 굳건하게 **머물게도**,
ve=ekantena**확실하게**, 바르게
karoti마치 많은 풀들이 연결되어 튼튼하게 머물듯이

---

20 수다원 도, 사다함 도, 아나함 도, 아라한 도를 말한다.

사라지지 않도록, 끊어지지 않도록 **할 수 있다.**[21,22]

(2) So nibbute pī'dha jine ciraṁ mane,

Lalāsa viññūnamanekakoṭinaṁ;

Pacchātvanārādhitatāya pāyaso,

Dubbodho svāsī, pacchimanaṁ punāpi.

jine불방일 법을 기본으로 삼학의 실천이라는 가르침을

훌륭하게 성취하시어 다섯 마라[23]를 정복하신,

진정한 **승리자이신 부처님께서,**

nibbute pi열반이란 황금궁전,[24] **반열반에 드셨어도,**

so (appamādo)육문(六門)에서 생겨나는

물질·정신의 바른 성품이

빠르게, 그리고 직접, 자신의 지혜에 드러나도록,

즉시 관찰하는 것, 잊지 않는 것,

압빠마다(appamāda), **그** 불방일 **법은,**

---

21 원주(본문내용): 첫 번째 구절은 indavaṁsā, 두 번째 구절은 sāraṅga, 세 번째 구절은 saṅgīṇī, 네 번째 구절은 vaṁsatthavilā이고 전체적으로는 upajāti gāthā 게송이다. 역주: 전부 시詩의 여러 가지 형태를 나타낸다. 시형에 관한 자세한 설명은 *Ashin Tiloka Bhivaṁsa,* 『*San Letsaung*(시형 설명서)』을 참조하라.

22 원주(본문내용): 'āriya'라고 하는 산스크리트 어에서처럼, 'ariya'라고 하는 마가다 어도, 'a'와 'riya'를 합하여, 한 음절로만 만들었다. 'tapoca brahmacariyañca, ariyasaccānadassanaṁ, nibbānasacchikiriyāca(고행과 청정범행, 성스러운 진리를 듣는 것, 열반을 실현하는 것)'라고 하는 『길상경(Maṅgala sutta)』에서 'cari-ari-kiri'라고 한 음절씩만 취한 것처럼 알아라. 역주: 여덟 음절이 한 구절이 되는 시형에 있어서 '따·뽀·짜·브라·흐마·짜리·얀·짜, 아리·야·삿·짜·나·닷·사·낭, 닙·바·나·삿·치·끼리·야·짜'라고 한 음절씩만 취해서 이 시를 썼다는 뜻이다.

23 번뇌로서의 마라(kilesa māra), 무더기로서의 마라(khanda māra), 업형성으로서의 마라(abhisaṅkhāra māra), 천신으로서의 마라(devaputta māra), 죽음으로서의 마라(maccu māra)를 말한다. 대림스님, 초기불전연구원, 『앙굿따라 니까야』 제2권, p.81 참조.

24 실제 존재하는 어떠한 궁전을 말하는 것이 아니다. 비유일 뿐이다.

idha인간세상, **이 세상에서,**

aneka koṭinaṁ그 방법을 받아들여 계속 실천하고 수행하여

법을 알고 보는 **몇 천만의 수없는**

viññūnaṁ**지혜로운 이들의**

mane깨끗하고 거룩한 **마음에**

ciraṁ천 년 넘게, **오랫동안** 유지되며

lalāsa넓디넓게 빛을 밝히며 **머물렀다.**

tu**그렇지만** 오랜 세월 전부터 불방일 법이

사람들의 마음에 오랫동안 빛을 밝혔지만

pacchā천 년 지난 **나중에는** pāyaso**많은 이들이,**

즉, 몇 백, 몇 천, 몇 십만의 많은 출가자, 재가자들이,

(tassa)그 불방일 법이 anārādhitatāya단절되지 않도록

확실하게 **성취하지 못하여**

so**그** 불방일 **법은** 애석하게도, 안타깝게도,

pacchimanaṁ**후대 사람들에게는,** 혹은 후대 사람들이

punāpi**또다시** dubbodho법을 실천하기 어렵게,

즉 바른 법을 원하여 따라하지만

알기 어렵게 되어 버렸다.[25]

(3) Tathāpi so tiṭṭhati yeva kesuci,
Tasmiṁ hi sīlonvaniko'si vissuto;
Tassissa bhūto ca jeyyaddivemajjha,
Āraññaka vāsī, tasmiṁva rarāma.

tathāpi**그렇지만** 이렇게 어려워서

---

25 원주(본문내용): ①, ③ indāvaṁsā, ② vaṁsatthavilā, ④ vessadevī, 전체 upajāti gāthā.

후대 사람들이 이해하기 힘들어도

so**그 불방일 법은**

kesuci진짜 번영을 찾으려는 **일부에게는**

tiṭṭhati yeva단절 없이 **계속해서 유지되어 머물렀다.**

hi**맞다.** 이전 차례, 즉 바르게 무너지지 않게 이어진

계보에 대해 조금 설명하리라.

thīlonvaniko**띨롱이라는 숲 속 거주처에 머무시던**

띨롱 사야도께서 바로

tasmiṁ (appamāde)**그** 불방일의 실천수행**에 있어서**

vissuto해와 달처럼 **매우 분명히 드러나신 분**āsi**이셨다.**[26]

tassissa bhūto**그** 띨롱 사야도**의 제자 중 한 분이신**

jeyyaddivemajjha āraññakavāsī ca사가인 시의 남쪽,

알레또야에서 지내시던 **알레또야 사야도께서도**

tasmiṁ eva**그** 불방일의 거룩한 **실천만을**

rarāma마음속에 끊임없이 계속 실천하시며

행복하게 지내셨다.[27]

(4) Laddhaññāyo ca'smā sandhagāre jeta-

Vane vuttha pubbo pakāseti etaṁ;

Sādhikattiṁsa vassā pabhutya'jjapi,

Sudhamma nāme vasate puramhi so.

asmā (mahātherasaṁ) **그** 알레또야 **사야도로부터** 직접,

---

26 원주(본문내용): 띨롱 사야도께서 머무시던 띨롱 숲 속 정사는 세익쿤 마을로부터 북쪽으로 약 2마일 정도 떨어진 곳에 있다.

27 원주(본문내용): ① vaṁsavilā, ② indavaṁsā, ③ sāraṅga, ④ maṇimālā, 전체 upajāti gāthā.

laddhaññāyo분명하게 수행방법을 전수받으신

sandhagāre밍군이라고 하는 구깔레이 지역,

jetavane제따완 정사에서

vuttha pubbo이전부터 행복하게 오랫동안 머물고 계셨던

(yo mahāthero) ca밍군 제따완 사야도께서도

etaṁ법무더기 네 가지, 새김확립, 이 불방일 법을

sādhikattiṁsa vassā 30여 년 전부터 pabhuti시작하여

pakāseti연민심을 가지시고 지혜로써 분명하게 설명하셨다.

ajjapi지금도 so (mahāthero)사야도께서는

sudhamma nāme옛날에는 수담마,

지금은 따통이라고 불리는 puramhi도시,

vasate제따완 숲 속 정사에서

편안하게 머물고 계신다.[28, 29]

(5) Therassa ce'tassa upantike ayaṁ,

Vasiya sikkhita vipassanā nayo;

Idappaṇetāpi hitesi sādhunaṁ,

Niyojako tamhi cirassa kālato.

ca또한 설명하고자 하는 근본 내용을

분명하게 이어서 드러내리라.

etassa밍군 제따완 사야도라는 그 거룩한 스승의

upantike가까이, 면전에서, 그 회상에서

vasiya=vasitvā직접 사 개월 동안 머물면서,

---

28 원주(본문내용): 밍군 제따완 사야도께서는 1954년 음력 2월 25일, 세랍 86세로 입적하셨다.

29 원주(본문내용): ① pavijjādhāra, ② bhujaṅgappayāta, ③ saṅgīṇī, ④ vaṁsatthavilā, 전체 upajāti gāthā.

sikkhita vipassanā nayo**위빳사나**의 바른 **방법을**

배우고 공부지어,

idappaṇetā위빳사나의 바른 방법에 관한 **이 책을 저술하신**[30]

ayaṁ pi (mahāthero)지혜가 깨끗하신 소바나 **장로께서도**

hitesi sādhunaṁ도와 과, 열반이라는 진실된 **번영을**

얻고자 하는 선한 이들에게

tamhi그 불방일의 수행, 새김확립이라는 **수행을**

cirassa kālato10여 년이란 **오랜 세월 전부터** (paṭṭhāya)시작해서

niyojako여러 이익을 보이면서 격려하시며

지도하시고 **권장하셨다.**[31]

(6) Therassimassānaya vippahāyino,

Pabhāva sambhūta vipassanā nayo;

Tamappamādaṁ viditañca suṭṭhitaṁ,

Punāpyakāsi sādhu mānase aho.

anaya vippahāyino바른 문헌과 이전의 바른 방법을

드러내어 설명하고 보여 주어 **틀린 방법을 제거하는,**

imassa therassa독단도 전혀 없이, 그렇다고

근거가 없는 전래된 견해도 따르지 않고,

오직 바른 것만 좋아하는,

이 책을 저술하신 〔마하시〕 **장로스님의**

pabhāva sambhūta vipassanā nayo연민과 지혜의 **위력으로**

분명하게 드러나는, 바른 **위빳사나** 관찰**방법,** 거룩한 이 책은

---

30 원주(본문내용): imaṁ ganthaṁ pakaṭṭhena neti karotīti idappaṇetā. 역주: imaṁ이 ganthaṁ책을 pakaṭṭhena분명하게 neti출간되도록 karoti하신, iti그래서 'idappaṇetā이 책을 저술하신'이다.

31 원주(본문내용): ① indavaṁsā, ② piyaṁvadā, ③ vaṁsatthavilā, 전체 upajātigāthā.

tamappamādaṁ**그 불방일**이라는 거룩한 실천행**을,**

sādhu mānase자신과 남, 모두 함께, 이익과 번영을

성취하길 바라는 **선한 이들의 거룩한 마음에**

punā pi가르침이 시작된 처음, 그때와 동일하게 **다시 한 번**

viditañca손에 올려놓은 루비처럼 그들이 **분명하게 알도록,**

suṭṭhitaṁ ca**또한** 부처님의 가르침이 동요 없이 확고하게,

훌륭하게 유지되도록 akāsi**심어 주었다.**

aho팔을 치며 기뻐하고,[32] 마음으로 환희하며 칭송하나니

오! 매우 기쁘고 행복하구나![33]

(7) Svāyañca nāsetva'cirassutānayaṁ,

Dubbodha porāṇa nayañca dīpaye;

Sādhūnaṁ citte, cāppamādaṁ ṭhapento,

Pāpetu santiṁtuvaṭaṁ hitesaketi.

ca**또한** 이제 기원의 말, 축원을 기뻐하며 말하리라.

so ayaṁ위빳사나 수행방법의 핵심들을 뽑아 놓은 **이 책이**

acirassutaṁ**이전에 드러나 분명했던**

anayaṁ모든 **잘못된 수행방법들을**

nāsetu마치 몇 천의 태양 광명이 어둠을 제거해 버리듯이

물리치기를!

dubbodha porāṇa nayañca**매우 알기 힘든,**

부처님의 바람과 일치하는,

이전의 바른 방법들과도 어긋나지 않도록,

바른 방법, **바른 길을,**

---

32 미얀마의 전통에 따르면 기쁨을 표현할 때 한 팔로 다른 팔의 윗부분을 친다고 한다.

33 원주(본문내용): ① indavaṁsā, ②, ③ vaṁsatthavilā, ④ pañcacāmara, 전체 upajātigāthā.

dīpaye=dīpayatu손에 올려놓은 루비처럼

분명하게 드러내기를!

sādhūnaṁ자신과 남, 둘 모두의 행복과 번영을 생기게 하는

선한 이들의 citte황금 그릇같이 깨끗하고 거룩한 **마음에**

appamādaṁ사자 기름과도 같은 **불방일 법들을,**[34]

ṭhapento흘리지 않게 **잘 확립해 놓아,**

hitesake마음속에 들어와서 잘 보전하여,

도와 과, 열반이라는 **진정한 번영을**

얻길 바라는 이들로 하여금

tuvaṭaṁ이번 한생, 헛되지 않게 실천하도록

실천 방법을 잘 제시하여 머뭇거리지 않고 즉시, **빠르게,**

즉 보름이나 한 달 등 안에

santiṁ 열한 가지 불[35]이 꺼져 **적정(寂靜)한 곳**인

열반이란 승리의 땅, 서늘한 그곳**에,**

pāpetu지체 없이 장애 없이 바르고 편안하게 **이르게 하기를!**

iti이상 서문에 관계된 게송이었다.[36]

우 순다라 *U. Sundara(gaṇavācaka)*

불기 2487년 미얀마력 1305년 서기 1943년 음력 9월

쉐보 시 세익쿤 마을 인진또 법당 삐따까 정사

---

34 사자의 기름은 황금 그릇에 담아야만 변질되지 않는다고 한다.

35 탐욕, 성냄, 어리석음, 태어남, 늙음, 죽음, 슬픔, 비탄, 고통, 근심, 절망을 말한다. 『상윳따 니까야』 제4권, pp.120~123 참조.

36 원주(본문내용): ① vessadevī, 나머지는 indavaṁsā, 전체 upajāti gāthā.

■ 칭송게

사가인 시의 유와띠지 마을
쉐이쎄디 또야 사야도의
칭송하는 게송

Bhadanta sobhanatthero,
Tikkha gambhīra ñāṇiko;
Ganthaṁ yaṁ racayī sammā,
Gambhīra naya maṇḍitaṁ.

tikkha gambhīra ñāṇiko**예리하고 심오한,**
특별한 지혜와 **통찰지를 갖추신,**
Bhadanta sobhanatthero교학과 실천을
모두 두루 갖추신 **소바나 장로께서**
gambhīra naya maṇḍitaṁ이해하기 매우 어려운,
심오한 수행방법들로 잘 장식된
yaṁ ganthaṁ『위빳사나 수행방법론』이라는 **이 책을**
sammā주저하지 않으시고 **바르게** racayī**저술하셨네.**

Abbhūto vata bho! loke,
Sundaro'yaṁ sudullabho;
Passathī'maṁ nayākiṇṇaṁ,
Daṭṭhuṁ dīpaṁ sududdasaṁ.

bho세 가지 생, 윤회의 바다로부터 탈출구를 찾으려는

바른 서원과 경각심을 갖춘, **오, 선한 이들이여!**

loke인간세상, **이 세상에서,**

sudullabho몇 대겁이라고 하는 오랜 세월이

지나더라도 **매우 얻기 힘든,**

sundaro교학의 핵심과 수행자의 실제 체험을

함께 모아 놓아 자세하게 서술한, **매우 훌륭한,**

ayaṁ (gandho) 『위빳사나 수행방법론』이라는 **이 책은**

abbhūto vata불교의 가르침, 2천 년이 넘는 동안

일찍이 없었던 미증유의 책이고 **매우 희유한 책이니,**

그리고 오, 이제 세상에 모습을 드러내었으니

(tumhe)세 가지 생, 윤회의 바다로부터 해탈구를 찾으려는

바른 서원, 경각심을 갖춘, **그대** 선한 **이들이여!**

sududdasaṁ수미산으로 덮인 겨자씨처럼 **매우 보기 힘든,**

dīpaṁ격렬하게 파도치는 바다의 한가운데

진정한 안식처인 **섬과 같은 열반의 법을**

daṭṭhuṁ위빳사나를 바탕으로 하여, 도와 과의 지혜로,

빠르게 도착하여, 현재, **직접 보게 하는**

nayākiṇṇaṁ위빳사나 수행방법, 관찰하고 새기는 방법,

바른 길, **바른 방법들을 잘 갖추고 있는,**

imaṁ (ganthaṁ) 『위빳사나 수행방법론』이라는 **이 책을**

passatha신심과 지혜를 잘 균형 맞춰

자세하게 살펴보고 읽어 보라.

Ye cimaṁ'nukareyyuṁ te,

Pubbā para visesino;

Dhaṁseyyuṁ attadiṭṭhiñca,

Aññāṇaṁ saccachādanaṁ.

ca**또한** 〔이 책을 읽는〕 좋은 이익, 결과를 말하자면,

ye바른 가르침에 입문한 **어떤 이들이,**

imaṁ (ganthaṁ)여러 방법들, 관찰 방법들로 잘 저술된

『위빳사나 수행방법론』이라는 **이 책에**

anukareyyuṁ**따라서** 실천하고 **노력한다면,**

te이 거룩한 책에 설해진 대로

주저하지 않고 따라서 노력하는 **그러한 이들은,**

pubbā para visesino**처음부터 끝까지 매우 탁월한**

지혜, 새김, 삼매의 **법을** 특별하게 **구족하여,**

attadiṭṭhiñca'나'가 아닌, 정신·물질 두 가지,

다섯 무더기일 뿐인 것을 '나'라고 고집하여

항상 집착하는 **자아사견,** 이 나쁜 번뇌**도,**

saccachādanaṁ네 가지 **진리를** 바르게 모르는,

잘못 아는, **가려 버리는,**

aññāṇaṁ ca**무명**이라는 어둠, 암흑 덩어리의 법**도**

dhaṁseyyuṁ다시는 생겨나지 않도록

바르게 무너뜨릴 수, **없애 버릴 수 있을 것이다.**

Anena nāvākaraṇo padesinā,
Vidhāya maggaṅga mahātariṁ lahuṁ;
Samāruhavho tarituṁ bhavaṇṇavaṁ,
Sudullabhe gotama budhhasāsane.

(tasmā) 『위빳사나 수행방법론』이라는

이 책에서 설명해 준 대로 주저 없이 노력하여

자아사견과 그 사견의 우두머리인 무명의 암흑을
없애고, 무너뜨릴 수 있기 때문에, **그러므로**
(bhonto)세 가지 생, 윤회의 바다를 헤매다가
그 바다를 벗어나려, 건너가려 마음을 낸
오, 선한 이들이여!
(tumhe)**그대,** 세 가지 생, 윤회의 바다로부터 벗어나서
열반에 이르고자 마음을 낸 선한 이들은
sudullabhe몇 아승지 대겁이 지나더라도
매우 얻기 힘들었고 **얻기 힘든,**
Gotama buddhasāsane**고따마 부처님의** 세 가지 가르침이
여전히 밝게 빛나고 있는,
교법이 있는 바로 이 기간 동안에 꼭,[37]
bhavaṇṇavaṁ어리석음, 사견 등을 시작으로
매우 많은 번뇌들의 거친 흐름 때문에,
태어남도 다하지 않고 시작과 끝도 분명하지 않은,
매우 깊고 광활한, **생의 윤회라는 큰 바다를,**
tarituṁ열반이라는 섬에 이르러
벗어날 수 있도록, **건너갈 수 있도록**
nāvākaraṇo padesinā팔정도, 부처님이라고 하는,
〔윤회의〕 생이라는 바다를 건너게 하는 **배를 잘 만들도록**
바른 방법, **길을 제시하는** 지침서인
anena Vipassanā nayaganthena **『위빳사나 수행방법론』이라는**
이 책을 통해서
maggaṅga mahātariṁ**팔정도,** 부처님들이**라고 하는**
〔윤회의〕 생이라는 바다를 건너게 하는 **큰 배를**

---

37 원주(본문내용): 'evattha(꼭)'이라는 강조어를 더하여 대역하였다.

lahuṁ며칠, 몇 달 미루지 말고, 즉시, **서둘러**
vidhāya생겨나는 물질과 정신을
지혜로 파악하여 **준비하고서**
samāruhavho끊임없이 생멸하는 〔윤회라는〕 생의 연속에
계속해서 빠지지 않도록 새김을 확립하여
어서 빨리 **승선하기를!**

Cirañca ṭhātu loke'yaṁ,
Jinasāsana vuddhiyā;
Pakāsentova yogīnaṁ,
Porāṇaṁ bhāvanāyayaṁ.

ca**또한** 특별한 바람을 더 말하자면,
ayaṁ **『위빳사나 수행방법론』이라는 이 책이**
yogīnaṁ바른 가르침에 입문한 **수행자들에게**
porāṇaṁ바르고 훌륭한 **옛 수행방법인**
bhāvanāyayaṁ도와 과, 열반을 얻게 하는 바른 방법인,
위빳사나 수행방법, 관찰방법을
pakāsentova루비를 손에 올려놓고 보듯이
매우 분명하게 꼭 보여 주어
jinasāsana vuddhiyā다섯 가지 마라를 이기신,
승리자이신 부처님의 가르침인
세 가지 실천덕목, 삼학의 큰 **가르침이 더욱 선양되도록**
loke**이 세상에,** 곳곳에 ciraṁ5천 년의 교법, **오랫동안**
ṭhātu흔들리거나 무너지지 않고
거대한 바위가 확고하게 서 있듯이 **유지되게 하기를.**

Ganthakāro mahāthero,
Tathesako bahūjane;
Sakicce niyojento,
Jotetu jinasāsanaṁ.

ganthakāro 『위빳사나 수행방법론』이라는
이 책을 저술하신,
tathesako전해져 내려오는 평범한 방법으로는
만족하지 않으시고
확실한 문헌, **바른 방법을 찾으시는,**
즉 근거가 없는, 평범한 것을 따르지 않으시고
바른 것만 마음에 들어하시는
mahāthero마하시 사야도라고 불리는 **장로스님께서,**
bahūjane몇 천, 몇 만의 **많은 사람들로 하여금,**
sakicce지금 생에서 직접 네 가지 진리의 바른 법을
빠르게 알게 하는, 진실로 훌륭한 일,
위빳사나 수행이란 **자신의 일에 대해**
niyojento보여 주고 설하고 자극하고 **격려하시어**
jinasāsanaṁ다섯 마라를 정복하신 **위대한 승리자이신**
부처님의 거룩한 교법을
jotetu몇 천의 광명을 비추시며 태양보다
더욱더 찬란하게 밝히시기를.

아신 순다라(*Ashin Sundara*)
사가인 시 유와띠지 마을 쉐이쎄디 또야

■ 부호에 대한 설명

= **등호**는 앞의 구와 뒤의 구, 앞의 단어와 뒤의 단어의 의미가 동일하다는 것을 나타낸다.[38]

(예) desanākkama = 가르침의 차례

pisuṇavācā = 이간하는 말

piṭakasampadāna = 문헌의 권위[39]

, **쉼표**[40]는

(1) 그 쉼표의 앞 구절이 문장 중에 같은 위치에 해당하는 구절임을, 또한 그 구절들을 쉼표 바로 뒤의 단어와 이어서 이해하지 말고 건너뛰어 관계된 구절들과 이어서 이해해야 함을 알게 한다. 이 쉼표에서는 잠깐 멈추고 뒤 구절들과 이어서 읽어야 한다.

(예) 그러한 〔위빳사나〕수행법을 거부하는 것은, 부처님의 가르침을 거부하는 것이다.

여기에서 쉼표를 통해 쉼표 앞의 구절이 문장 중에 같은 위치에 해당한다는 것도 알게 한다. 또한 그 구절을 '부처님의 가르침'이라고 하는 바로 뒤 구절과 연결하지 말고, '거부하는 것이다'라는 기본 구절과 이

---

38 그뿐만 아니라 빠알리어 인용구절 중에 마하시 사야도께서 직접 번역하신 구절도 이 등호를 사용하였다. 뒤에 소괄호를 설명할 때도 언급하겠지만 빠알리어 인용구절 중, 마하시 사야도께서 직접 번역하신 구절은 등호로, 역자가 번역한 구절은 소괄호를 사용했다.

39 본 번역본에서는 소괄호로 처리하여 '가르침의 차례(desanākkama)'라고 표현한 경우가 많다.

40 미얀마 어의 문법이 한국어와 어느 정도 비슷하여 마하시 사야도께서 사용하신 그 쉼표에 따라 그대로 사용하도록 노력하였다. 역자의 필요로 한국어 문법에 따라 사용한 곳도 있다.

어야 하는 것도 알게 한다. 따라서 '~면, ~하는, ~해도, ~또한, ~거나, ~면서' 라는 등의 여러 조사들의 뒤에 있는 쉼표를 만나게 되면 이와 마찬가지라고 알아야 한다. 잠깐 멈추고 읽어야 한다.

'그때, 또한, 그 밖에, 따라서, 그래서, 그렇지만' 등의 구절 뒤에, 또 '~때문에, ~면서, ~에, ~로, ~와 함께, ~만, ~지만' 등의 연결 어미 뒤에 있는 쉼표를 만나도 '이 구절, 이 연결 어미들은 그 구절의 바로 다음 구절과 연결되지 않는다. 연결된 구절들은 멀리에 있다. 관계된 피수식 구절들로 건너뛰어 연결하라'라고 알아야 한다. 잠깐 멈추고 읽어야 한다.

(2) 그 밖에, 같은 위치, 동등한 자격의 두 구절들도 이 쉼표로 구분해 놓았다.

(예) 원인 없는, 두 가지 원인으로 재생연결한 이는

여기에서 '원인 없는'과 '두 가지 원인으로' 이 두 구절은 같은 위치, 동등한 자격의 단어들이다. 재생연결이라고 하는 관계된 구절에 같은 위치, 동등한 자격으로 결합하기 때문에 '원인 없는 재생연결', '두 가지 원인의 재생연결'이라고 두 가지로 나누기 위해 쉼표로 나누었다.[41]

(예) 놀랍도다, 존경스럽도다

여기에서 놀라운 것과 존경스러운 것이 같은 위치, 동등한 자격임을 알게 한다.

---

41 본문에는 의미를 확실하게 나타내기 위해 '원인없는 재생연결, 두 가지 원인으로 재생연결한 이는'이라고 해석하였다.

(예) 경전, 주석서, 복주서가 원래 말하고자 하는 바, 그 의미는

여기에서도 경전이 원래 말하고자 하는 바, 주석서가 원래 말하고자 하는 바, 복주서가 원래 말하고자 하는 바, 이와 같이 세 가지가 같은 자격임을 알게 한다.

(예) 새겨 아는, 특별한 지혜로 알아야 한다.

여기에서 새겨 아는 지혜, 특별한 지혜, 이렇게 지혜라고 하는 구절의 특별한 점 두 가지를 쉼표로 나누어 보였다.

(예) 약설지자(ugghaṭitaññū 略說知者)에게는 지계와 사마타가, 상설지자(vipañcitaññū 詳說知者)에게는 지계가 "매우 특별하게 도움이 된다. 특히 적합하다"라고 말해서는 안 된다.

여기에서 "지계와 사마타는 약설지자에게 특히 도움이 많다"라고 해서는 안 된다. "지계는 상설지자에게 특히 도움이 된다"라고 해서는 안 된다. 이렇게 '말해서는 안 된다'라는 구절과 위의 두 구절이 같은 위치, 같은 자격임을 쉼표로 나누어 보인다.

(예) 몸, 느낌, 마음, 성품, 그중에

여기에서도 네 가지 모두를 분명하게 알게 하기 위해 마지막에도 쉼표로 나누어 놓았다. 그렇지만 이렇게 접사와 결합되어 있는 이 마지막 쉼표는 문장을 쉬기 위한 것이 아니다. 계속 이어서 읽어 나가라.[42]

---

42 한글 맞춤법에는 쉼표보다 더 작은 단위는 가운뎃점으로 표시하도록 되어 있어 '몸·느낌·마음·법'으로 표시하기도 했다. '물질·정신', '해태·혼침' 등이 그 예이다.

(3) 그 밖에 한 단어의 의미를 한 구절씩 나누어 설명하기 위해 이 쉼표로 구분해 놓았다.

(예) ettha: 이 새 책이, 나오게 된, 근본이유, 원인들을, 설명하는, 이 서문에서[43]

“ ” **큰따옴표**는 이 부호 안에 있는 내용들이 이 부호의 앞 구절들과 관계없음을 알게 한다. 따라서 이 부호의 앞에 있는 내용들을 이 부호 안에 있는 내용들과 연결하여 그 의미를 취해서는 안 된다. 이 큰따옴표를 통해 생각하는 모습, 관찰하는 모습, 알고 보는 모습, 말하는 모습, 집착하는 모습 등의 여러 모습들을 처음과 끝으로 나누어 보여 준다. 내용이 짧을 때는 ‘ ’ 작은따옴표로 보여 놓았다. 그 밖에 부속된 구절들이 많은 수식구절, 원인 부사구절, 동작 부사구절, 주어구절 등을 이 큰따옴표로 구분하여 보인 곳도 있다.[44]

《 》 **두겹 소괄호**로 묶어 놓은 내용들은 그 구절의 앞 구절의 자세한 의미, 혹은 그 구절에서 알아야 할 점들을 나타낸다. 따라서 이 괄호의 내

---

43 빠알리어를 미얀마 어로 한 단어씩 번역할 때(이를 대역nissaya이라고 한다.) 음운을 살려 시처럼 번역할 때가 있다. 이때 사용했다는 말씀이다. 또한 한국어에는 이러한 용례가 없으나, 쉼표를 사용해서 큰 무리가 없다고 생각되는 경우에는 음운을 살려 쉼표를 사용하면서 번역하였다. 참고로 본문에서는 이 구절을 ‘Ettha이 새 책이 나오게 된 연유들과 과정들을 설명하는 서문, 여기에서’라고 번역하였다.

44 마찬가지로 큰따옴표와 작은따옴표의 쓰임이 한글 맞춤법과 완전히 동일하지는 않다. 하지만 마하시 사야도께서 강조하신 뜻을 존중하여 될 수 있으면 그대로 사용해도 큰 무리가 없다고 생각하는 곳은 그대로 사용하고자 한다. 역자의 필요에 의해 사용한 곳도 있다. 즉 대화나 직접인용, 기타 마하시 사야도께서 강조하신 내용은 큰따옴표로 표시하였고, 생각이나 간접인용, 일부 강조내용은 작은따옴표로 표시하였다.

용을 건너뛰어 괄호의 앞 구절과 괄호의 뒤 구절을 이어서 읽어 그 의미를 이해하라.[45,46]

\+ **결합부호**는 구절들을 결합하는 것, 또는 합하여 숫자를 헤아릴 법들, 그리고 아직 특별한 지혜가 생기기 전에 '하나다. 하나의 존재다. 하나의 실체다'라고 생각했던 물질과 정신들이 특별한 지혜가 생겨났을 때 각각 나누어져 구별되어 드러나는 것 등을 나타낸다.

! **느낌표**는 놀라움, 칭송함, 예경함, 감탄, 혹은 화자가 이름을 언급하면서 '오, 아난다여!' 등으로 부르는 모습을 분명하게 나타낸다.

? **물음표**는 질문을 분명하게 나타낸다.

이러한 부호에 대한 설명들을 잘 알고 이해해 두면 이 책을 더욱 쉽게 볼 수 있으리라 기대한다.

저자 아신 소바나 마하테라(*Ashin Sobhana Mahāthera*)
쉐보 시 세익쿤 마을 마하시 선원

---

45 마하시 사야도께서 직접 보충하신 내용을 두겹 소괄호(( ))로 사용하셨다는 말이다. 역자가 보충한 내용은 대괄호[ ]를 사용하였다.

46 ( ) 소괄호는 ① 마하시 사야도께서 본문에 해석 없이 직접 빠알리어로 사용하신 용어에 대해서 인용구절이면 빠알리어(우리말)로, 본문 중의 설명이면 우리말(빠알리어)로 표시하였다. ② 앞서 등호를 설명할 때 언급했듯이 빠알리 인용구절 중에 마하시 사야도께서 직접 번역하신 구절은 등호를 사용하였고, 역자가 번역한 구절은 소괄호를 사용했다. ③ 빠알리 원문을 대역할 때 첨가된 마하시 사야도의 설명도 소괄호를 사용했다. 저자가 보충한 내용은 대괄호를 사용했다. ④ 그리고 본문에서 출전을 표시할 때도 소괄호를 사용하였다. 본문에 표시된 출전은 대부분 마하시 사야도께서 표시한 것이다. 간혹 표시가 되지 않은 경우는 역자가 찾아서 표시하였다. 본문이 복잡할 때는 출전을 원주(본문내용)로 표시하여 각주로 처리했다. 역자가 출전을 표시한 곳은 그리 많지 않아 따로 설명하지는 않았다.

위빳사나 수행방법론

제2권

Namo

Tassa bhagavato

Arahato

Sammāsambuddhassa

아라한이시며

정등각자이신

그분 세존께

귀의합니다

■ 서언(Ganthārambha)

Aho buddho! aho dhammo!
Aho saṅgho anuttaro!
Iti cittaṁ pahaṁsetvā,
Vipassitvā tadā gate.

Vipassanānayaṁ kassaṁ,
Sīghaṁ maggādipāpakaṁ;
Diṭṭhe dhammeva sādhūnaṁ,
Yathāvuttaṁ vipassatanti.

anuttaro'아라한이신 부처님' 등의 공덕으로
그보다 더 높은 이가 없는, **위없는,**
buddho모든 법들을 모두 깨달으신 **부처님께서는**
aho**오!** 말로 다할 수 없을 정도로
매우 놀랍고 존경스럽습니다.
anuttaro'잘 설해진 가르침' 등의 공덕으로
그보다 더 높은 것이 없는, **위없는,**
dhammo네 가지 도, 네 가지 과, 열반, 교학으로 열 가지인 **가르침은**
aho**오!** 말로 다할 수 없을 정도로
매우 놀랍고 존경스럽습니다.
anuttaro'잘 실천하는 승가' 등의 공덕으로
그보다 더 높은 것이 없는, **위없는,**
saṅgho네 가지 도, 네 가지 과의 단계에 계신 **승가는**

aho오! 말로 다할 수 없을 정도로
매우 놀랍고 존경스럽습니다.
iti이렇게 숙고하고 생각하여
cittaṁ마음을 pahaṁsetvā깨끗하게 하고서,
tadā gate그에 따른, 즉 그때 생겨난
숙고하는 깨끗한 마음, 그리고
그 마음의 의지처인 물질법들도
vipassitvā관찰하고 난 후,

yathāvuttaṁ이 책에서 설한 그대로 따라서
vipassataṁ관찰하는 sādhūnaṁ선한 이들로 하여금
diṭṭhe dhammeva바로 이번 생에
일주일, 보름, 한 달 등 안에,
sīghaṁ빠르게 maggādipāpakaṁ도 등에,
즉 도와 과, 열반에 이르게 하는
Vipassanānayaṁ 『위빳사나 수행방법론』이라는
이 책을 이제 (ahaṁ)나는 kassaṁ저술하리라.

iti서언이 끝났다.

이 책은 모두 7장(章)으로 구성되어 있다.

제1장에서는 일러두는 말과 계청정(sīla visuddhi)을 설명할 것이다.

제2장에서는 마음청정(citta visuddhi)을 설명할 것이다.

제3장에서는 빠라맛타 실재성품과 빤냣띠 개념의 구분, 위빳사나 대상의 분명한 구분, 사마타 선행 수행자들(samatha yānika)이 관찰하고 새기는 모습으로부터 수행법을 원용하는 모습 등을 설명할 것이다.

제4장에서는 〔위빳사나 수행으로〕 관찰하고 새기는 모습과, 바르게 생각하는 모습, 아는 모습을 가르침의 순서에 따라(desanākkama) 설명할 것이다.

제5장에서는 〔수행을 실제로〕 관찰하고 새기는 모습과, 지혜로써 경험하고 보는 모습을 실천수행의 순서에 따라(paṭipattikkama) 설명할 것이다.

제6장에서는 관찰하며 새기는 이들에게 생겨나는 지혜들을 여러 문헌들과 비교, 결정하여 설명할 것이다.

제7장에서는 중대한 위빳사나 열여덟 가지(mahāvipassanā)를 설명할 것이다.[47]

---

47 제1장부터 제4장까지가 제1권으로 묶여 있고 제5장부터 제7장까지가 제2권으로 묶여 있다.

제5장
실제 위빳사나 수행방법

제5장에서는 실제로 관찰하고 새기는 모습과 지혜로 경험하여 아는 모습을 실천수행의 차례(paṭipattikkama)에 따라 분명하게 설명할 것이다. 경전지식이 적은 이들도 쉽게 이해할 수 있도록 일상용어와 구어체로 표현한 단어들도[48] 많이 포함될 것이다. 관련경전과 근거들도 조금 설명하겠다. 의심이 생긴다면 다른 장(章)들에서 설명해 놓은 관련경전과 결정들을 살펴보고 의심을 제거하기 바란다.

48 원문에는 '발음 그대로 적은 단어들도'라고 되어 있다.

위빳사나의 준비수행

바로 이번 생에 도와 과, 열반을 증득하고자 진실로 열심히 수행하려는 이라면 수행하고자 결정한 기간 동안 〔우선〕 걱정거리(palibodha)를 전부 없애야 한다.[49]

그리고 제1장의 마지막 부분에서 설명했던 그대로 계행을 청정하게 해야 한다.[50] 그리고 '이 계행이 도의 지혜를 얻는 조건이 되기를'이라고 서원해야 한다.

이전에 수행을 한 경험이 있는 이를 비난했거나 그 사람에 대해 잘못을 범한 적이 있어 성자비방(ariyūpavāda) 업을 행한 의심이 있으면 잘못을 범했던 이에게 '용서해 주십시오'라고 참회하고 용서를 구해야 한다. 그 사람 앞에 갈 수 없으면 지도하시는 스승님 앞에서 참회하고 용서를 구해야 한다.[51]

자신을 부처님께 헌신하면 "수행하는 동안 무서운 대상들이 나타나더라도 두려움이 사라지는 이익이 있다"라고, 또한 스승님께 헌신하면 "스승님께서 아끼지 않고 훈계하고 가르쳐 주시는 이익이 있다"라고 주석서

49 걱정거리에는 거주처, 가문, 이득, 대중, 공사, 여행, 친척, 질병, 서적, 신통이라는 열 가지가 있다. 대림스님 역, 초기불전연구원, 『청정도론』 제1권, pp.278~291 참조.

50 5계나 8계를 수지한 후 실천하는 것이 좋다. 이 책의 제1권 pp.149~150 참조.

51 『청정도론』 제2권, pp.379~381 참조.

에서 설명했기 때문에 수행하려는 기간 동안 자신을 부처님께 헌신하고 〔자신의 몸과 목숨을〕 맡기는 것이 좋다. '아끼지 말고 훈계해 주십시오'라고 스승님께 헌신하고 자신을 맡기는 것이 좋다. 그렇게 헌신까지는 하지 않더라도 스승님의 가르침을 정성스럽게 따르면서 물러서지 않고 수행해 나가면 얻을 만한 특별한 지혜들을 증득할 수 있을 것이다.[52]

'물질·정신 무더기라는 모든 고통이 잠재워진 곳인 열반은 매우 거룩하다', '그 열반을 증득하여 알고 보아 번뇌들을 제거할 수 있는 도라는 법도 매우 거룩하다', '그 도와 열반이라는 특별한 법을 이 위빳사나 수행에 의해 확실히 얻을 수 있을 것이다'라고 마음을 기울여야 한다.[53]

'부처님과 아라한 등의 거룩한 성자들께서 항상 가셨던 길인 이 위빳사나 수행을 노력해야 한다'라고 숙고하며 마음을 격려해야 한다.

그 다음에 부처님의 공덕들을 아는 만큼 마음에 떠올리며 예경해야 한다.

정사를 지키는 천신들로부터 시작해서 모든 중생들에게 '건강하기를, 행복하기를'이라고 하며 자애를 보내야 한다.

〔몸에 대한〕 더러움이나 죽음에 대해서도 가능하면 잠깐 동안이라도 마음에 떠올려 숙고해야 한다.[54]

그리고 나서 결가부좌나 다른 어떤 자세를 취하고 앉아서 아래에 설명한 대로 수행하라. 두 다리가 서로 누르게 하지 말고 편안하게 앉으면 더욱 좋을 것이다.

---

52 『청정도론』 제1권, pp.325~326 참조.

53 위의 책 제1권, p.327 참조.

54 Caturārakkhaṁ ahāpentāti buddhānussati mettā asubhaṁ maraṇassatīti imaṁ caturārakkhaṁ aparihāpentā(SdṬ.iii.402. '네 가지 보호명상을 빠뜨리지 말고'란 '부처님 공덕 거듭새김, 자애, 더러움, 죽음새김이라고 하는 이 네 가지 보호명상을 게을리하지 말고'라는 뜻이다). 특히 자애·죽음새김·더러움인식은 모든 곳에 유익한 명상주제이다. 『청정도론』 제1권, p.291 참조.

기본 관찰법

1. 처음 수행을 시작하는 모습

자신의 배를 마음으로 집중해서 관찰하고 있어 보라. 배가 부풀어 오는 것, 배가 꺼져 들어가는 것을 알게 될 것이다. 부풀어 오는 것과 꺼져 들어가는 것을 분명하게 알지 못할 경우에는 배에다 손을 대어 보라.

어느 정도 시간이 지난 후 배가 부풀 때마다 꺼질 때마다 〔움직임이〕 분명하게 되면 숨을 들이쉴 때, 배가 부풀어 오는 움직임을 '부푼다'하며[55] 새겨라. 숨을 내쉴 때, 배가 꺼져 가는 움직임을 '꺼진다'하며 새겨라. 배가 부풀어 올 때 배가 부풀어 오는 것을 분명하게 알아야 한다. 배가 꺼져 갈 때 배가 꺼져 가는 것을 분명하게 알아야 한다.

'그렇다면 배의 형체라는 개념도 알게 되는 것 아닌가?'라고 생각하며 의심하지 말라. 수행을 처음 시작할 때는 개념을 완전히 배제하고 수행할 수 없다. 개념과 함께 분명하게 알면서 관찰하고 새겨야 삼매와 새김, 지혜가 쉽게 성숙된다. 지혜가 성숙되었을 때 비로소 모든 개념대상이 무너지고 사라져 실재성품에만 지혜가 잘 머물 것이다.

그 밖에 여섯 문에서 분명하게 생겨나는 정신·물질 법들을 생겨나는

55 이렇게 미얀마에서는 명칭을 동사형으로 붙인다. 우리나라에서는 '부름 또는 부풂, 일어남'이라는 동명사형으로 명칭붙이고 있다. 본 책에서는 이를 혼용하였다. 수행할 때는 관찰이 더 잘 되는 것을 택하면 될 것이다.

차례대로 새겨 아는 것만이 위빳사나 수행의 구족된 바른 성품이다. 하지만 수행을 처음 시작해서는 새김과 삼매의 힘이 아직 약하기 때문에 〔현상들이〕 생겨나는 대로 따라가며 관찰하고 새기는 것이 매우 어렵다. 새기지 못하기도 한다. 새길 대상을 찾아 생각하며 오래도록 시간을 보낼 수도 있다. 그래서 항상 존재하기도 하고, 새겨 알기에도 매우 쉽고 분명한 배의 부풂과 꺼짐을 먼저 기본으로 관찰하고 새기게 하기 위해 〔그 방법을〕 지금 설명하는 것이다. 지혜가 성숙해졌을 때 생겨나는 차례대로 따라서 새기는 모습은 나중에 경험하게 될 것이다.

따라서 배가 부풀 때마다 꺼질 때마다 그 생겨나는 순간과 잘 일치하도록 '부푼다, 꺼진다, 부푼다, 꺼진다'하며[56] 끊임없이 새겨라. 마음으로

---

56 원주: 배가 부풀고 꺼질 때 분명한 팽팽함, 움직임들은 바람 요소, 감촉 물질이기 때문에 '부푼다, 꺼진다'하며 관찰하고 새기며 그 〔부풂, 꺼짐의〕 팽팽함, 움직임들을 바르게 아는 것은 "Rūpaṁ, bhikkhave, yoniso manasi karotha, rūpāniccatañca yathābhūtaṁ samanupassatha = 비구들이여, 물질에 대해 올바르게 관찰하라(= 마음기울여라). 물질의 무상함도 사실대로 바르게, 분명하게 관찰하라"(역주: S.ii.42), "Aniccaññeva, bhikkhave, bhikkhu rūpaṁ aniccanti passati, sāssa hoti sammādiṭṭhi = 비구들이여, 어떤 비구가 무상할 뿐인 물질을 무상하다고 관찰하여 본다. 그 비구가 그렇게 관찰하여 보는 것은 바른 견해이다"(역주: S.ii.42)라는 등의 『상윳따 니까야(무더기 상윳따)』 성전의 가르침과도 일치한다. 「새김확립 긴 경」의 법 거듭관찰 중 무더기를 아는 모습에도 포함된다.

또한 "Phoṭṭhabbe, bhikkhave, yoniso manasi karotha; Phoṭṭhabbāniccatañca yathābhūtaṁ samanupassatha = 비구들이여, 닿아 알 수 있는 감촉 대상들에 대해 올바르게 관찰하라(=마음기울여라). 감촉의 무상함도 사실대로 바르게, 분명하게 관찰하라"(S.ii.355), "Anicceyeva, bhikkhave, bhikkhu phoṭṭhabbe aniccāti passati, sāssa hoti sammādiṭṭhi = 비구들이여, 어떤 비구가 무상할 뿐인 감촉을 무상하다고 관찰하여 본다. 그 비구가 그렇게 관찰하여 보는 것은 바른 견해이다"(역주: S.ii.355), "Phoṭṭhabbe abhijānaṁ parijānaṁ virājayaṁ vijahaṁ bhabbo dukkhakkhayāya = 감촉을 대상으로 하여 알면(= 특별하게 알면), 구분하여 알면, 〔감촉에 대한〕 애착이 빛바래면, 〔감촉을〕 버리면 모든 고통다함, 즉 아라한 과를 증득하기에 적당하다"(역주: S.ii.250), "Phoṭṭhabbe aniccato jānato passato avijjā pahīyati, vijjā uppajjati = 감촉을 무상하다고 알고 보는 이에게 무명은 제거되고 명지(明智)가 생겨난다"(역주: S.ii.259), 이러한 등의 『상윳따 니까야(감각장소 상윳따)』 성전의 가르침과도 일치한다. 「새김확립 긴 경」의 법 거듭관찰 중 감각장소를 아는 모습에도 포함된다.

만 새겨야 한다. 입으로 소리를 낼 필요는 없다. 부풂과 꺼짐을 분명하게 하기 위해서 일부러 호흡을 거칠게 해서도 안 된다. 호흡을 일부러 느리게 하거나 빠르게 바꾸어서도 안 된다. 일부러 호흡을 바꾸면 머지않아 피곤해져서 잘 새길 수 없게 된다. 그러므로 평상시 호흡하던 그대로 자연스럽게 숨을 쉬면서 〔대상과〕 잘 일치하도록 새겨 보라.

'부푼다', '꺼진다'하며 끊임없이 관찰하는 사이사이에 여러 가지 생각들이 일어날 것이다. 그 여러 가지 생각들을 그 현상 그대로 따라 새기기만 하라. 새기는 모습은 다음과 같다.

생각하면 '생각함'하며 새겨라. 망상하면 '망상함'하며 새겨라. 상상하면 '상상함'하며 새겨라. 숙고하면 '숙고함'하며 새겨라. 마음이 밖으로 달아나면 '달아남'하며 새겨라. 어느 곳으로 마음이 도착하면 '도착함'하

또한 "Yā ceva kho pana ajjhattikā vāyodhātu yā ca bāhirā vāyodhātu vāyodhāturevesā. Taṁ 'netaṁ mama, nesohamasmi, na meso attā'ti — evametaṁ yathābhūtaṁ sammappaññāya daṭṭhabbaṁ = 또한 내부의 바람 요소, 외부의 바람 요소가 있다. 그것은 전부 바람 요소일 뿐이다. 그 바람 요소를 '이것은 나의 것이 아니다. 이것은 나가 아니다. 이것은 나의 자아가 아니다'라고 그렇게 바르게 아는 지혜로 사실대로 바르게 관찰하여 보아야 한다"(역주: M.ii.85; M.iii.285)라는 등의 요소 가르침과도 일치한다. 「새김확립 긴 경」의 몸 거듭관찰 중 요소에 마음기울임에도 포함된다. 또한 배의 부풂, 꺼짐이라고 하는 바람 요소는 다섯 취착무더기 중 물질 취착무더기로서 괴로움의 진리에 해당되는 법이기 때문에 "Katamañca, bhikkhave, dukkhaṁ ariyasaccaṁ? = 무엇이, 비구들이여, 괴로움의 진리인가? Pañcupādānakkhandhā = 다섯 취착무더기이다"(역주: S.iii.373), "Dukkhaṁ, bhikkhave, ariyasaccaṁ pariññeyyaṁ = 비구들이여, 괴로움의 성스러운 진리를 구분하여 알아야 한다"(역주: S.iii.38)라는 등의 진리 가르침과도 일치한다. 「새김확립 긴 경」의 법 거듭관찰 중 성스러운 진리를 아는 모습에도 포함된다.
따라서 '부푼다, 꺼진다'하며 관찰하고 새기며 팽팽함, 뻣뻣함, 움직임이라는 바람 요소를 바르게 아는 것은 부처님의 경전 가르침에 포함되는 것이며, 부처님의 바람에 일치한다는 사실이 매우 분명하다. 바로 그렇기 때문에 제4장 들숨날숨을 관찰하는 모습에서 "yathā yathā vā panassa kāyo paṇihito hoti, tathā tathā naṁ pajānāti = 또한 몸을 어떻게 두든지, 그것을 그대로 분명히 안다"라고 하는 경전에 포함된다는 것도 설명했었다. 이 책의 제1권 pp.435~436 주 434 참조.

며 새겨라. 생각 속에서 누군가와 만나면 '만난다'하며 새겨라. 생각속에서 무언가를 보면 '본다, 본다'하며 새겨라. 그 보이는 것이 없어질 때까지 거듭해서 새겨라. 생각 속에서 누군가와 말을 하고 있으면 '말한다'하며 새겨라. 이렇게 새긴 후에 〔다시〕 '부푼다, 꺼진다'하며 원래 새기던 대상으로 돌아와 끊임없이 새겨라.

이렇게 수행하는 중에 침을 삼키고 싶으면 '삼키려 함, 삼키려 함'하며 새겨라. 삼킬 때는 '삼킨다'하며 새겨라. 침을 뱉고 싶으면 '뱉으려 함'하며 새겨라. 뱉을 때는 '뱉는다'하며 새겨라. 그리고 나서 다시 '부푼다, 꺼진다'하며 원래 새기던 대상으로 돌아와 끊임없이 새겨라.

고개를 숙이고 싶으면 '숙이려 함'하며 새겨라. 숙이면서 〔그 동작에 따라서〕 계속해서 움직일 때마다 '숙인다, 숙인다'하며 새겨라. 급하게 숙이지 말고 천천히 숙여라. 고개를 들고 싶으면 '들려 함'하며 새겨라. 들면서 〔그 동작에 따라서〕 계속해서 움직일 때마다 '든다, 든다'하며 새겨라. 천천히 들어라. 그리고 나서 '부푼다, 꺼진다'하며 원래 새기던 대상으로 돌아와 새겨라.

몸의 어느 부분에 뻐근함이 매우 분명하게 느껴지면 그 뻐근함에만 집중해서 '뻐근함, 뻐근함'하며 너무 느리지도 않고 너무 빠르지도 않게, 잘 구분하며 자연스럽게 끊임없이 새겨라. 그 뻐근함은 새기는 동안 차츰차츰 약해져서 없어지기도 한다. 또는 참을 수 없을 정도로 심해지기도 한다. 참을 수 없어서 자세를 바꾸고 싶으면 그 마음을 '바꾸려 함'하며 새기고, 자세를 바꾸는 여러 가지 동작들도 그대로 명칭 붙이면서 계속해서 새겨라. 새기는 모습은 다음과 같다. 발이나 다리를 올리려 하면

'올리려 함'하며 새겨라. 올릴 때는 올리는 동작에 따라서 계속해서 움직일 때마다 '올린다, 올린다'하며 새겨라. 펼 때는 '편다, 편다'하며 새겨라. 굽힐 때는 '굽힌다, 굽힌다'하며 새겨라. 내릴 때는 '내린다, 내린다'하며 새겨라. 급하게 하지 말라. 천천히 바꾸어라. 어느 곳에 닿으면 '닿음'하며 새겨라. 이렇게 자세를 바꾸었을 때라든가 새기다가 저절로 뻣뻣함 등이 사라졌을 때는 '부푼다, 꺼진다'하며 원래 새기던 대상으로 돌아와 끊임없이 새겨라.

어느 곳에 뜨거움이 분명하게 느껴졌을 때도 그 뜨거움에만 집중해서 '뜨거움, 뜨거움'하며 너무 느리지도 않고 너무 빠르지도 않게 잘 구분하며 자연스럽게 끊임없이 새겨라. 새기면서 뜨거움이 사라져 버리면 '부푼다, 꺼진다'하며 원래 새기던 대상으로 돌아와 새겨라. 너무 뜨거워서 자세를 바꾸고 싶으면 '바꾸려 함'하며 새기고 자세를 바꾸는 모든 몸의 동작들을 '올리려 함, 올린다' 등으로 앞에서 말한 방법대로 놓치지 않도록 새기면서 천천히 자세를 바꿔라. 모두 끝나면 '부푼다, 꺼진다'하며 원래 새기던 대상으로 돌아와 끊임없이 새겨라. 중간에 쉬는 일이 없도록 하라.

어느 곳에서 가려움이 생겨나면 그 가려운 것에만 집중해서 '가려움, 가려움'하며 너무 느리지도 않고 너무 빠르지도 않게 자연스럽게 잘 구분하며 끊임없이 새겨라. 새기면서 가려움이 사라지면 '부푼다, 꺼진다'하며 원래 새기던 대상으로 돌아와 새겨라. 참을 수 없어 가려움을 없애고 싶으면 '없애려 함'이든지 '긁으려 함'하며 새겨라. 팔을 들고 싶으면 '들려 함'하며 새기고 들면서 '든다, 든다'하며 새겨라. 천천히 들어라. 가려운 곳에 닿으면 '닿음'하며 새겨라. 가려운 곳을 긁을 때 밀거나 당길 때마다 '없앤다, 없앤다'하든지 '긁는다, 긁는다'하면서 새겨라. 멈추고 싶으면 '멈추려 함'하며 새겨라. 팔을 다시 놓고 싶으면 '놓으려 함'하며 새겨라. 놓을 때도 '놓는다, 놓는다'하며 새겨라. 아래에 닿으면 '닿음'하며 새겨라. 그리고 나서 '부푼다, 꺼진다'하며 원래 새기던 대상으로 다시 돌아와 끊임없이 새겨라.

몸 안에 어떤 아픔이나 통증 등 참을 수 없는 여러 가지 느낌이 분명하게 드러나면 그 참을 수 없는 느낌에만 집중해서 '아픔, 아픔', '고통, 고통', '통증, 통증', '쓰림, 쓰림', '피곤함, 피곤함', '어지러움, 어지러움' 등으로 그 현상에 그대로 따라서 명칭 붙이면서 너무 느리지도 않고 너무 빠르지도 않게 잘 구분하며 자연스럽게 새겨라. 새기는 동안 그런 느낌들은 사라져 버리기도 하고 심해지기도 한다. (그래도) 물러서지 않고 계속해서 새기고 있으면 사라지는 경우가 많다. 그렇게 새기지 못할 정도로 참을 수 없는 느낌들이 강하게 생겨나면 그 느낌에 더 이상 주의를 기울이지 말라. 원래 새기던 대상인 부풂과 꺼짐에만 주의를 기울여서 끊임없이 새겨라.

어떤 수행자에게는 삼매의 힘이 강해져 새김이 좋을 때 매우 참기 힘든 느낌들이 생기기도 한다. 가슴에 큰 공이 부딪혀 다가오는 것 같은 느낌이 드러나기도 한다. 날카로운 칼로 살을 찌르는 것처럼 아프기도 한다. 온몸이 불타고 있는 것 같은 느낌이 드러나기도 한다. 바늘 끝으로 찌르는 것처럼 찌릿찌릿한 느낌들이 생겨나기도 한다. 작은 벌레들이 온몸을 기어 다니는 것처럼 스멀스멀거리는 느낌들이 생겨나기도 한다. 매우 심한 가려움, 통증, 차갑고 얼얼함 등이 생기기도 한다. 〔이러한 것들이〕 두려워서 새기지 않고 수행을 멈추고 쉬면 즉시 그런 느낌들은 사라져 버린다. 다시 새겨 수행의 힘이 좋아지면 그 느낌들이 이전처럼 다시 생겨난다. 이런 느낌들과 마주치게 되었을 때 두려워하지 말라. 이것은 병이 아니다. 심각한 느낌도 아니다. 몸 안에 이전부터 생겨나서 존재하고 있던 보통의 느낌들일 뿐이다. 〔그것들을〕 새기지 않고 지낼 때는 그것들보다 더 분명한 대상들이 있었기 때문에 그 느낌들이 분명하게 드러나지 않고 감춰져 있었다. 새김이 좋아졌을 때 삼매의 집중력 때문에 〔비로소〕 감춰져 있었던 그 느낌들이 법의 본래성품에 따라 분명하게 드러나는 것이다. 그 느낌들에만 집중해서 넘어서도록 새겨라. 새긴다고 해서 더 심한 다른 고통이 생기는 것도 아니다. 〔반대로〕 새기지 않고 반복해서 멈추고 쉬고 하면 다음에도 계속해서 새길 때마다 삼매의 힘이 그 정도로 강해지면 그런 느낌들을 계속 경험하게 된다. 노력을 줄이지 않고 열심히 새기면서 지내면 머지않아 '마치 안에서 잡아 던져 버리는 것처럼' 그런 느낌들이 사라져 버리는 것을 경험하게 될 것이다. 〔그리고〕 그때부터 그런 느낌들이 다시는 일어나지 않고 잠잠해질 것이다.

몸을 흔들고 싶으면 '흔들려 함'하며 새겨라. 흔들면서 '흔든다, 흔든다'하며 새겨라. 어떤 이들은 평상시대로 새기다가 저절로 몸이 흔들리기도 한다. 두려워하지 말라. 몸이 흔들리도록 마음에 힘을 주지도 말라. '새기면 사라질 것이다'라고 믿고서 마음 놓고 그 흔들림에 집중해서 '흔들림, 흔들림'하며 너무 느리지도 않고 너무 빠르지도 않게 잘 구분하며 자연스럽게 새겨라. 지나치게 몸이 흔들리게 되면 기둥이나 벽에 기대거나 누워서 새겨라. 머지않아 그 흔들림은 힘이 약해져 사라질 것이다. 격한 요동이나 떨림이 오는 경우에도 같은 방법으로 새겨라.

새김이 좋아짐에 따라 때때로 '쫙, 쫙'하며 소름이 끼치기도 한다. 등이나 온몸에서 오싹오싹하며 냉기가 생겨나기도 한다. 두려워하지 말라. 자연적인 법의 성품에 따라 희열(pīti)이 생겨나는 것이다.

가끔씩은 어떤 작은 소리를 듣고도 갑자기 '확'하며 놀라기도 한다. 〔역시〕 두려워 말라. 삼매의 힘이 좋아져서 '접촉의 부딪힘이 강한 모습'을 분명하게 아는 것일 뿐이다.

손, 발 등 몸의 여러 부분들을 움직이고 싶어 할 때마다 그 자세를 바꾸고 싶어 하는 마음을 새겨라. 바꾸는 몸의 여러 동작들도 모두 그대로 따라 명칭 붙이며 잘 구분하여 새겨라. 빠르게 〔자세를〕 바꾸지 말라. 천천히 바꾸어라.

물을 마시고 싶으면 '마시려 함'하며 새겨라. 일어서려고 생각하면 '서려 함'하며 새겨라. 일어서면서 바꾸는 다리나 손, 몸의 여러 동작들을 그대로 따라서 명칭 붙이며 새겨라. 일어서면서 계속해서 동작 하나하나마다 가벼워지면서 올라가는 몸에 집중해서 '일어섬, 일어섬'하며 새기며 천천히 일어나라. 다 일어나 섰을 때는 '섬, 섬'하며 새겨라. 앞을 내다 보면 '본다, 보인다'하며 새겨라. 가려고 하면 '가려 함'하며 새겨라. 가면서 계속해서 발걸음마다 '간다, 간다', 또는 '왼발, 오른발'하며 새겨라. 발을 들 때부터 시작해서 놓을 때까지 다리의 움직임을 알아야 한다.

천천히 걸어갈 때나 경행할 때는 한 걸음, 한 걸음마다 '든다, 〔나아〕간다' 또는 '든다, 놓는다' 또는 '〔나아〕간다, 놓는다' 등으로 계속해서 두 단계로 새겨 보라. 그렇게 두 단계로 새기는 것에 익숙하게 되었을 때

한 걸음, 한 걸음마다 '든다, 〔나아〕간다, 놓는다' 등으로 세 단계로 계속해서 새겨라.

물 항아리 등을 보면 '본다, 보인다'하며 새겨라. 서면 '섬'하며 새겨라. 물컵 쪽으로 팔을 뻗으면 '뻗는다, 뻗는다'하며 새겨라. 컵과 닿으면 '닿음'하며 새겨라. 잡으면 '잡는다'하며 새겨라. 물을 뜨면 '뜬다'하며 새겨라. 가져오는 내내 '가져옴, 가져옴'하며 새겨라. 입술에 닿으면 '닿음'하며 새겨라. 차가우면 '차가움'하며 새겨라. 마시는 내내 '마신다, 삼킨다, 마신다, 삼킨다'하며 새겨라. 목구멍이나 배 속이 차가와지는 것을 '차가움, 차가움'하며 새겨라. 물컵을 다시 되돌려 놓는 내내 '놓는다, 놓는다'하며 새겨라. 팔을 아래로 내리면 '내린다, 내린다'하며 새겨라. 몸에 닿으면 '닿음'하며 새겨라. 몸을 돌리려고 할 때는 '돌리려고 함'하며 새겨라. 돌면서 '돈다'하며 새겨라. 되돌아오면서 새기던 대로 계속 새기면서 오라. 서려 하면 '서려 함'하며 새겨라. 설 때는 '섬, 섬'하며 새겨라. 오래도록 서 있으면 '부푼다, 꺼진다, 선다'하며 새겨라. 앉으려고 생각하면 '앉으려 함'하며 새겨라. 앉으려 하는 장소로 가면서 새기던 대로 계속해서 새겨라. 도착하면 '도착함'하며 새겨라. 돌면 '돈다, 돈다'하며 새겨라. 앉으려고 생각하면 '앉으려 함'하며 새겨라. 앉으면서 계속해서 동작 하나하나마다 무겁게 내려가는 몸에 집중해서 '앉는다, 앉는다'하며 새겨라. 천천히 앉아야 한다. 앉을 때 발이나 손의 여러 가지 움직임들이 있을 것이다. 그런 것들도 그대로 명칭 붙이면서 새겨라. 특별하게 새길 것이 없으면 '부푼다, 꺼진다'하며 원래 새기던 대상만을 끊임없이 새겨라.

누워서 자려고 하면 '누우려 함', 또는 '자려 함'이라고 새겨라. 누우면서 움직이는 손이나 발의 여러 동작들을 '든다, 편다, 누른다' 등으로 새겨라. 누울 때 한 동작씩 눕혀지는 몸에 집중해서 '눕는다, 눕는다' 또는 '잔다, 잔다' 하며 새겨라. 베개나 잠자리에 닿음을 '닿음, 닿음'하며 새겨라. 처음 눕기 시작해서부터 손이나 발, 몸의 여러 동작들도 새기면서 천천히 움직여라. 새기면서 특별한 것이 없을 때는 부르는 것과 꺼지는 것에만 집중해서 '부푼다, 꺼진다'하며 끊임없이 새겨라. 이렇게 새기고 있을 때 뻣뻣함, 뜨거움, 아픔, 가려움, 어지러움 등의 특별한 느낌들이 생겨나면 그 느낌들에 집중해서 앉아 있을 때와 마찬가지 방법으로 새겨라. 침을 삼키고 뱉는 것, 망상하고 생각하는 것들도 마찬가지로 새겨라. 왼쪽이나 오른쪽, 한쪽으로 돌아누우려 할 때, 팔이나 다리를 구부리거나 펴려고 할 때 등에 생겨나는 의도들을 새기고 나서 그러한 여러 동작들도 놓치지 말고 새겨라. 새기면서 특별한 것이 없을 때에는 '부푼다, 꺼진다'하며 원래 새기던 대상만을 끊임없이 새겨야 한다. 졸음이 오면 '졸린다, 졸린다'하며 새겨라. 눈을 감는 것도 '감는다, 감는다'하며 새겨라. 수행이 성숙하게 되었을 때에는 이렇게 새기면 졸음이 사라져서 다시 정신이 선명하게 될 것이다. 그때는 '선명함, 선명함'하며 새긴 후, '부푼다, 꺼진다'하며 원래 새기던 대상만을 다시 새겨라.

자고 싶은 마음이 없어지지 않더라도 새김을 버리고 자지 마라. '잠들지 않고 하나의 새김으로 계속 새기며 수행할 것이다'라고 마음먹고 부품과 꺼짐 등 새기던 대상을 끊임없이 새기고 있어야 한다. 몸이 피곤하면 이렇게 계속해서 새기고 있는 중에 차츰 눈꺼풀이 감기고 잠이 들 것이다.

'잠이 들었다'라는 것은 바왕가 마음만 오래도록 생겨나는 것이다. 바왕가 마음이라는 것도 한 생에서 제일 먼저 생겨난 마음, 마지막 임종할 때 죽음의 마음과 똑같은 종류의 마음이다. 그래서 매우 미세하다. '무엇을 대상으로 하고 있는가?'라는 것도 알 수 없다. 〔이 바왕가 마음은〕 깨어있을 때도 보는 것과 생각하는 것, 듣는 것과 생각하는 것 등의 사이사이에 일어나고 있다. 그렇다 하더라도 오래도록 생겨나지는 않기 때문에 바왕가 마음이 생겨나는 것을 분명하게 알 수는 없다. 〔하지만〕 계속해서 잠이 들어있을 때는 오랫동안 생겨나므로 분명하게 알 수 있다. 그렇지만 '무엇을 대상으로 하고 있는가, 어떻게 생겨나는가?'라고 알 수는 없다. 그러므로 잠에 들었을 때는 새길 수 없다. 새기고자 해도 할 수가 없다.

깰 때에는 그 깨는 마음을 '깬다'하며 새겨야 한다. 하지만 수행을 처음 시작했을 때는 제일 먼저 깨는 마음을 새겨 알기가 어렵다. 처음의 깨는 마음을 아직 새기지 못한다면 정신을 차렸을 때부터 시작하여 계속해서 생겨나는 것을 끊임없이 새겨라. 생각하고 있으면 '생각함'하며 새긴 후 부풂과 꺼짐을 계속해서 새겨라. 〔어떤 소리를〕 듣고 잠에서 깼으면 '들린다'하고 새긴 다음에 부풂과 꺼짐을 계속해서 새겨라. 어떤 것도 특별하게 분명하지 않으면 '부푼다, 꺼진다'하며 원래 새기던 대상만을 끊임없이 새겨라. 기대는 것, 뒤척이는 것, 굽히는 것, 펴는 것 등 자세를 바꾸는 여러 동작들도 그대로 따라서 명칭 붙이며 새기면서 천천히 움직여라. '몇 시지?'라는 등으로 생각하면 '생각함'하며 새겨라. 일어서려고 하면 '서려 함'하며 새겨라. 일어서는 여러 동작들도 놓치지 않도록 새겨라. 일어서는 내내 올라가는 몸의 여러 동작들에 집중해서 '선다, 선다'하며 새겨라. 〔다시〕 앉으면 '앉는다, 앉는다'하며 새겨라. 그 다음 '부푼다, 꺼진다'하며 원래 새기던 대상만을 끊임없이 새겨라.

세수할 때, 목욕할 때 등의 여러 상황에서 보는 것, 보이는 것, 손을 뻗는 것, 잡는 것, 뜨는 것, 가져오는 것, 붓는 것, 차가움, 문지르는 것 등을 놓치지 않도록 차례대로 새겨라. 옷을 다시 바꿔 입는 것, 잠자리를 정돈하는 것, 문을 여는 것, 닫는 것, 어떤 하나의 물건을 집는 것, 가져오는 것 등도 놓치지 않도록 새겨라.

식사를 할 때 〔음식을〕 보면 '본다, 보인다'하며 새겨라. 밥 덩어리를 만드는 내내 손의 여러 동작들을 '만든다, 만든다'하며 새겨라. 밥 덩어리를 가져오면 '가져옴, 가져옴'하며 새겨라. 고개를 숙이면 '숙인다'하며 새겨라. 입술에 닿으면 '닿음'하며 새겨라. 입술을 열면 '연다'하며 새겨라. 먹으면 '먹는다, 먹는다'하며 새겨라. 입술을 다시 닫으면 '닫는다'하며 새겨라. 손을 아래로 내리면 '내린다, 내린다'하며 새겨라. 접시에 닿으면 '닿는다'하며 새겨라. 고개를 다시 들면 '든다'하며 새겨라. 그 다음 계속해서 씹을 때마다 '씹는다, 씹는다'하며 새기면서 먹으라. 맛을 알면 '안다, 안다'하며 새겨라. 삼키면 '삼킨다'하며 새겨라. 목구멍 속, 장 속에 닿으며 내려가는 것을 '닿는다, 닿는다'하며 새겨라. 이러한 방법으로 밥을 한 숟갈씩 먹을 때마다, 반찬이나 국을 먹을 때마다 자세하게 새겨라.

수행을 처음 시작할 때는 〔생겨나는〕 차례에 따라 새기지 못하기 때문에 놓치는 것들이 많을 것이다. 바꾸려고 하는 여러 마음들도 가끔씩은 새기지 못하고 알지 못할 수도 있을 것이다. 그래도 실망하지 말라. '자세하게 새길 것이다'라고 마음을 두고 정성을 기울여 집중하여 새기면 새길 수 있는 것이 점점 더 많아질 것이다. 〔그리하여〕 지혜가 성숙해지면 비로소 이곳에서 설명한 것들보다 훨씬 더 많은 것들도 쉽게 새길 수 있을 것이다.

2. 새김을 늘려 나감

하루나 이틀 정도 지나면 숨을 한 번 들이쉬고 내쉴 때 '부푼다, 꺼진다'하며 2단계로 새기는 것이 '너무 쉽고 느슨하다. 꺼짐과 부풂 사이에 간격이 너무 넓다'라고 생각하게 된다. 그때는 앉아 있는 몸 전체도 대상으로 포함해서 '부푼다, 꺼진다, 앉음', '부푼다, 꺼진다, 앉음'하며 3단계로 새겨라. 부풂과 꺼짐을 아는 것처럼 '앉음'하며 새길 때도 앉아 있는 몸 전체를 그 앉은 대로 알아야 한다. 누워 있을 때도 역시 '부푼다, 꺼진다, 누움'하며 3단계씩 새겨라. 그 3단계도 성글다고 생각되면 '부푼다, 꺼진다, 앉음, 닿음'하며 어느 한 곳의 분명한 감촉을 대상으로 하여 4단계씩 새겨라. 그런 차례로 새기다가 수행이 잘 되지 않으면 앉은 모습을 두 번 넣어서 '부푼다, 앉음, 꺼진다, 앉음'하며 새겨라. 누워 잠을 잘 때도 '부푼다, 꺼진다, 누움, 닿음'이라고 새기든지, '부푼다, 누움, 꺼진다, 누움'하며 새기든지 4단계로 새겨라.

'부푼다, 꺼진다' 등으로 자신의 몸안의 여러 현상들에 주의를 기울여 계속 새기면서 지내면 보통의 여러 가지 보는 것, 듣는 것들을 새기는 것이 필요 없게 된다. 부풂과 꺼짐 등을 집중해서 새기는 것만으로 그러한 보는 것, 듣는 것 등도 새겨 아는 일이 성취된다. 단지 보는 것, 단지 듣는 것에만 머물게 된다. 그렇지만 의도적으로 〔대상을〕 보게 되면 '본다, 보인다'하며 새기고 나서 부풂 등의 원래 새기던 대상만을 계속해서 새겨 나가라. 의도적으로 보지 않더라도 여자나 남자 등의 특별한 대상을 보았을 때는 '본다, 본다'하며 두 번이나 세 번 새기고 나서 원래 새기던 대상만을 계속해서 새겨라. 의도적으로 〔소리를〕 들으면 '듣는다, 듣는다'하며 새기고 나서 원래 새기던 대상만을 계속해서 새겨 나가라. 대화 소리, 노랫소리, 매우 큰 소리, 개나 새, 닭의 울음소리 등이 분명하게 들릴 때는 '들린다, 들린다'하며 두 번이나 세 번 새기고 나서 원래 새기던 대상만을 계속해서 새겨라. 이렇게 특별하게 보이는 대상들, 특별하게 들리는 소리들을 새기지 못하면 계속 새기던 대상인 부풂과 꺼짐 등을 분명하게 알지 못하게 된다. 여러 생각을 하며 번뇌가 생겨날 수도 있다. 그렇게 되면 '생각함'하며 새긴 후 원래 새기던 대상만을 계속해서 새겨라. 몸의 여러 동작들과 여러 생각들을 새기지 못하고 지나쳤으면 '잊어버림'하며 새긴 후 원래 새기던 대상만 계속해서 새겨라. 들숨과 날숨이 미세해져서 부풂과 꺼짐이 분명하지 않게 되면 앉음과 누움, 그리고 여러 가지 닿음들을 새겨라. 이렇게 새길 때 닿음을 네 곳, 다섯 곳, 여섯 곳을 바꿔 가면서 새겨라.[57]

시간이 오래 지나거나 혹은 '수행이 향상되지 않는다'고 생각할 때 지겨워하는 마음이 생겨날 수 있다. 그러한 것을 '지겨워함'이라고 하며 새겨라. 아직 특별한 새김과 삼매, 지혜가 생겨나지 않아 '새기는 것이 전혀 달라지지 않는다'고 생각할 수도 있다. 그래서 '맞기는 하는 걸까, 되기는 하는 걸까?'라고 의심이 생기기도 한다. 그러한 것들을 '의심함, 의심함'이라고 하며 새겨라. 〔또한〕 새김이 좋아지는 것이나 특별한 법이 생기기를 기대할 수도 있다. 그러한 것을 '기대함, 바람, 원함'하며 새겨라. 이전에 새겼던 것을 돌이켜 반조할 수도 있다. 그러한 것을 '반조함'이라고 하며 새겨라. 새기는 대상을 '물질인가? 정신인가?'라는 등으로 숙고할 수도 있다. 그러한 것도 '숙고함'이라고 하며 새겨라. 새김이 좋

57 대표적인 곳들이 오른쪽 다리, 왼쪽 다리, 오른쪽 엉덩이, 왼쪽 엉덩이, 손과 손 혹은 손과 발 등이다. 이 책의 제2권 pp. 81~82 참조.

지 않아서 실망할 수도 있다. 그러한 것도 '실망함, 실망함'이라고 하며 새겨라. 〔새김이〕 좋아서 기뻐할 수도 있다. 그러한 것을 '기뻐함, 기뻐함'이라고 하며 새겨라. 이러한 방법으로 마음의 여러 가지 현상들도 생겨나는 대로 새긴 후 부풂과 꺼짐 등의 원래 새기던 대상만 이어서 계속해서 새겨 가라. 잠에서 깨는 마음부터 시작하여 계속 새기다가 저절로 잠이 들 때까지, 낮이나 밤이나 모든 시간이 눈 깜빡할 정도조차도 쉬거나 멈추지 말고 하나의 새김으로 관찰하고 새겨야 할 시간들일 뿐이다. 수행을 처음 시작했을 때는 '잠들지 않고 하나의 새김으로 관찰하고 새기리라'라고 마음을 두고 끊임없이 새겨라. 지혜가 성숙하게 되면 저절로 졸지도 않고 항상 선명하게 깨어 있게 될 것이다.

3. 수행법 요약

좋은 것이든 나쁜 것이든 생각하거나 계획할 때마다, 망상 피우거나 숙고할 때마다 마음의 여러 현상들을 새겨라.

작은 동작이든 큰 동작이든 바꾸고 움직일 때마다 몸의 여러 동작들을 새겨라.

몸이나 마음에서 좋은 느낌이든 나쁜 느낌이든 그 모든 느낌들이 생겨날 때마다 새겨라.

좋은 것이든 나쁜 것이든 마음속에서 생겨나는 그 모든 대상들을 새겨라.

이렇게 특별하게 새길 것이 없을 때는 부풂, 꺼짐, 앉음 등 원래 새기던 대상만을 끊임없이 새겨라.

계속 걸어갈 때도 드는 것, 나아가는 것, 내려놓는 것만을 끊임없이 새겨라.

이러한 방법으로 잠들어 있을 때를 제외하고 낮이나 밤이나 끊임없이 하나의 새김으로 새기며 지내면 머지않아 생겨나고 사라지는 모든 물질과 정신을 바로 그 순간에 새겨 알 수가 있게 되어 '생멸의 지혜' 등 특별한 위빳사나 지혜들이 차례대로 생기는 것을 직접 경험할 수 있을 것이다.

기본 관찰법이 끝났다.

위빳사나 지혜의 향상

지금까지 설명한 대로 새기면서 새김, 삼매, 지혜가 예리해지고 힘이 구족되면 '배의 부풂'이라고 하는 물질과 '부푼다'하며 새기는 마음, '배의 꺼짐'이라고 하는 물질과 '꺼진다'하며 새기는 마음, 앉아 있는 물질과 그것을 새기는 마음, 굽히는 물질과 새기는 마음, 펴는 물질과 새기는 마음, 〔발을〕 드는 물질과 새기는 마음, 나아가는 물질과 새기는 마음, 내려놓는 물질과 새기는 마음, 이러한 등으로 대상과 새기는 마음이 계속해서 쌍을 이루면서 마치 붙어 있는 것처럼 짝을 이루고 있는 것을 알게 될 것이다. 새김이 특히 좋을 때는 "부푸는 것이 따로 + 새기는 것이 따로, 꺼지는 것이 따로 + 새기는 것이 따로", 이러한 등으로 물질과 정신을 나누어 알 수 있을 것이다. 새겨 아는 것이 부풂, 꺼짐 등의 대상 쪽으로 계속해서 달려 나가면서 달라붙어 버리듯 드러날 것이다. 이렇게 드러나는 것은 정신법의 '대상 쪽으로 향해 기울어짐'이라고 하는 특성(namana – lakkhaṇā)이 드러나는 것이다. 이렇게 물질을 새겨 아는 것이 분명할수록 정신법이 저절로 드러나게 되는 사실을『위숫디막가(Visuddhimagga 淸淨道論)』에서는 아래와 같이 설명하였다.

> Yathā yathā hissa rūpaṁ suvikkhālitaṁ hoti nijjaṭaṁ suparisuddhaṁ, tathā tathā tadārammaṇā arūpadham-

mā sayameva pākaṭā honti.

(Vis.ii.225)

대역

hi정신법이 드러나게 하려면 물질만 거듭 관찰해야 한다는 것은 진실로 **맞다.** assa**그 수행자에게**, 또는 그 수행자는 yathā yathā어떤 각각의 관찰하는 모습으로 rūpaṁ**물질이** suvikkhālitaṁ**매우 깨끗하게** hoti**되고**, nijjaṭaṁ**가로막힘이 없으며** suparisuddhaṁ**매우 선명하게 되는데** tathā tathā그렇게 물질에 대한 관찰이 깨끗해지고 깨끗해지는 **그때마다, 그때마다** tadārammaṇā**그 물질을 대상으로 하는** arūpa-dhammā**정신법도** sayameva**저절로** pākaṭā honti**분명하게 된다.**[58]

물질과 정신, 이 두 가지가 따로 따로 분리되어 분명하게 드러날 때 경전지식이 부족한 이라면 다음과 같이 이해하게 된다. 즉 '부풂과 새김, 꺼짐과 새김, 앉음과 새김, 굽힘과 새김, 이러한 등으로 두 가지씩만 존재한다. 이 두 가지를 제외하고는 아무것도 존재하지 않는다. 사람이라고 하는 것도 이러한 두 가지일 뿐이다. 여자, 남자라고 하는 것도 이 두 가지일 뿐이다. 이 두 가지 외에 다른 어떤 개인, 중생이 따로 존재하지 않는다'라고 새기는 중에 이해하여 결정할 수 있다.

만약 경전지식이 있는 이라면 대상이라는 물질, 토대로서의 물질과 새기는 정신, 이 둘만 새길 때마다 경험하여 알게 되기 때문에 다음과 같이 이해하여 결정할 수 있다. 즉 '물질과 정신, 이 두 가지만 존재한다는 것이 사실이다. 옳다. 이 물질과 정신 두 가지 외에 다른 어떠한 여자, 남자, 개인, 중생이라고 하는 것이 따로 없다. 새길 때 새겨 알아지는 물

58 『청정도론』 제3권, p.183 참조.

질과 새겨 아는 정신, 이 두 가지만 존재한다. 새기지 않으며 지낼 때도 마찬가지이다. 계속해서 생겨나는, 토대로서의 물질과 생각하는 등의 정신, 이 두 가지만 존재한다. 이 물질과 정신만을 개인, 중생, 남자, 여자라고 부르고 있을 뿐이다. 그것은 단지 명칭일 뿐이다. 사실은 개인, 중생, 여자, 남자라고 하는 것은 따로 존재하지 않는다. 지금 새겨 알아지는 물질과 〔새겨 아는〕 정신의 성품만 존재한다'라는 등으로 이해하고 반조하고 결정할 수 있다. 그러한 반조들도 계속해서 생겨날 때마다 '반조함, 반조함'이라고 새긴 후 부풂과 꺼짐 등 원래 새기던 대상만을 계속해서 끊임없이 새겨야 한다.

수행이 이보다 더 성숙하게 되었을 때 어떠한 몸의 동작 하나를 행하고자 하면 행하려고 생각하는 마음이 저절로 분명하게 드러난다. 〔그리고〕 그렇게 드러남과 동시에 그 마음을 쉽게 새겨 알 수 있게 된다. 처음 수행을 시작했을 때는 굽히려고 생각할 때 '굽히려 함'이라고 새기기는 해도 그 굽히려고 하는 마음을 아직 분명하게 알 수는 없었다. 수행이 무르익었을 때는, 굽히려고 하는 마음을 어떠한 것과도 섞이지 않은 채 분명하고 선명하게 알 수 있다. 따라서 몸의 동작을 바꾸고자 할 때마다 바꾸려고 생각하는 마음을 제일 먼저 새길 수 있다. 그 다음 바꾸는 몸의 동작들도 이어서 새길 수 있다.

수행을 처음 시작했을 때는 새기지 못하고 그냥 자세를 바꾸는 경우가 많기 때문에 '몸이라는 물질이 빠르다. 새기는 마음은 느리다'라고 생각한다. 수행의 지혜가 성숙되었을 때는 새기는 마음이 앞서 마중 나오는 것처럼 생겨난다. 굽히려 하거나 펴려 하거나 앉으려 하거나 서려 하거나 가려 하는 등의 의도하는 마음도 새긴다. 굽히는 동작 등도 분명히 구분하여 새길 수 있다. 그래서 '몸이라는 물질은 느리다. 새기는 마음이 빠르다'라고 사실대로 바르게 알 수 있다. 동작을 바꾸려고 하는 마음들이 생겨난 뒤에라야 그 마음에 따라서 굽힘, 폄, 앉음 등의 몸의 동작들과 물질들이 생겨날 수 있다는 것도 직접 경험하여 알 수 있다. 뜨거움, 차가움 등과 닿아서 '뜨거움, 뜨거움', '차가움, 차가움' 등으로 새기고 있을 때 그 뜨거움이나 차가움이 더욱 심해지는 것도 직접 경험할 수 있다. 음식을 먹는 과정을 새기고 있을 때 몸의 힘이 증가하는 것도 직접 경험할 수 있다. 부풂과 꺼짐 등 원래 새기고 있던 대상들 중에서도 어느 하나를 새기고 나면 즉시 다른 어떤 대상이 마치 준비된 듯 드러나기 때문에 드러나고 또 드러나는 대상을 따라가고 또 따라가서 끊임없이 관찰하며 지내게 된다.

그 밖에 부처님이나 아라한 스님의 형상 등 여러 가지 형색 대상들, 그리고 몸의 가려움, 뜨거움, 아픔, 고통 등의 여러 느낌들을 새기고 있을 때도 어떤 하나의 대상을 새기다가 그것이 아직 사라지기도 전에 다른 대상이 드러나서 그 드러나는 대상에 따라 바꾸고 또 바꾸며 끊임없이 새길 수 있게 된다. 이렇게 대상이 드러날 때마다 새기고 있기 때문에 '대상이 있기 때문에 새겨 아는 것도 생겨날 수 있다'라고도 직접 경험하여 알고 보고 이해할 수 있다. 그 밖에 가끔씩 부풂과 꺼짐이 미세해지고 희미해져서 새길 대상이 없어 새기지 않는 채 있기도 한다. 그때는 '새겨야 하는 대상이 없으면 새겨 아는 것이 생겨날 수 없다'라고 이해하게 된다. 이렇게 부풂과 꺼짐이 사라졌을 때는 '앉음, 닿음', '누움, 닿음'하며 새겨라. 이때 닿음을 바꾸어 가면서 새겨라. 새기는 모습은 다음과 같다. '앉음'하며 새기고 나서 오른쪽 다리의 닿음을 '닿음'하며 새기고, 다시 '앉음'하며 새기고 나서 왼쪽 다리의 닿음을 '닿음'하며 새긴다. 이러한 방법으로 여러 닿음들을 네 곳, 다섯 곳, 여섯 곳들로 바꾸어 가면서 새겨라.

그 밖에 봄, 들림 등을 새길 때도 '눈과 형색이 있어서 볼 수 있다. 귀와 소리가 있어서 들을 수 있다'라는 등으로 새기는 바로 그때 분명하게 알고 보고 이해한다.

그 밖에 '굽히려고 함, 펴려고 함 등으로 생각하는 여러 마음들, 의도들이 있기 때문에 굽힘, 폄 등의 여러 몸의 동작, 물질들이 생겨나고 있다'라고도 새기고 있는 바로 그때 이해하고 반조하고 결정하게 된다.

그 밖에 '차가움의 요소, 뜨거움의 요소 때문에 차가운 물질, 뜨거운 물질 등의 여러 물질들이 생겨나고 있다'라고도, 또한 '먹고 마신 영양분이 있어서 이 몸의 여러 물질들이 유지되며 생겨난다'라고도, 또한 '부풂, 꺼짐 등 새겨야 하는 대상들이 있어서 새겨 아는 것들이 생겨나고 있다'라고도, 또한 '보이는 형색, 들리는 소리 등 대상들이 존재하기 때문에 봄, 들림 등의 마음들이 생겨나고 있다'라고도, 또한 '눈, 귀 등 토대 물질들이 있어서 봄, 들림 등의 마음들이 생겨나고 있다'라고도, 또한 '앞의 여러 반조함, 마음을 전향함이 있어서 뒤의 여러 새겨 앎, 생각함 등이 생겨난다'라고도, 또한 '이전의 업 때문에 이러한 여러 느낌들이 생겨나는 것이다'라고도, 또한 '이전의 업이 있기 때문에 이 물질, 이 정신들이 재생연결을 시작으로 끊임없이 생겨나고 있다'라고도, 또한 '이 물질과 정신들이 생겨나도록 창조하거나 만든 이는 없다. 그것과 관련된 여러 조건들, 바로 그것들 때문에 생겨나고 있는 것이다'라고, 이러한 여러 가지로 이해하고 반조하고 결정할 수 있다.

하지만 이렇게 결정하는 것도 관찰을 멈추고 오랫동안 일부러 숙고하며 생겨나게 해야 하는 것이 아니다. 단지 새기는 도중에 '분명히 저절로 알게 되었다'라고 생각될 정도로 빠르게 생겨나는 앎일 뿐이다. 또한 이러한 반조들도 '반조함', '이해함', '안다'하며 새기고 나서 원래 새기던 대상만을 이어서 끊임없이 새겨야 한다.

계속해서 새겨 알던 정신과 물질들을 '원인인 정신과 물질들 때문에 생겨난다'라고 이해하게 되었을 때 '이전 생, 과거에도 이러한 원인들 때문에 이러한 물질과 정신들만 생겨났었다'라고도, 또한 '다음 생, 미래에도 이러한 원인들 때문에 이러한 물질과 정신들만 생겨날 것이다'라고도, 또한 '개인, 중생이라고 하는 것도 없다. 창조자도 없다. 원인법들과 결과법들만 존재한다'라고도 반조하고 결정할 수 있다. 이러한 반조들도 새기고 나서 다시 원래 새기던 대상들만을 끊임없이 새겨 가라.

이러한 반조는 지혜가 원래 예리하지 않은, 경전지식이 적은 이들에게는 적게 생겨난다. 지혜가 원래 예리하거나 경전지식이 많은 이들에게는 자주, 그리고 다양하게 생겨난다. 그래도 그러한 반조를 중시하지 말고 새김만 중시하고 끊임없이 새겨 나가면 지혜가 예리한 이들에게도 이러한 반조가 조금씩 적게 생겨나게 되고 지혜가 더욱 빨리 향상된다. "이 단계에서는 아주 적게 반조하는 것만으로도 충분하다"라고 확실히 믿어야 한다.

삼매의 힘이 특히 더 좋아지면 가려움, 뜨거움, 아픔, 통증, 무거움, 뻣뻣함 등 참기 힘든 여러 가지 느낌들이 분명하게 드러난다. 그 느낌들을 새기지 않고 그냥 수행을 멈추면 그 느낌들은 즉시 사라져 버린다. 다시 원래 새기던 대로 새기면 다시 생겨난다. 이러한 종류의 느낌들은 병이 아니다. 법의 성품에 따라서 분명하게 생겨나는 느낌일 뿐이다. 두려워하지 말라. 단지 그 느낌에만 집중해서 확실하게 새겨라. 차츰 완화되어 결국 사라질 것이다.

그 밖에 여러 가지 형색들, 모습들도 마치 바로 앞에서 눈으로 보듯이 매우 분명하게 드러나기도 한다. 광명과 함께 매우 장엄한 부처님께서 다가오시듯이, 하늘에서 스님들이 다가오듯이, 여러 불상·탑들이 눈앞에 있는 것처럼, 존경하고 소중히 여기는 사람들이 다가오듯이, 나무·숲·산·정원·구름들을 보고 있는 것처럼, 심하게 부풀어 오른 시체나 뼈 무더기들이 근처에 있는 것처럼, 집이나 건물, 절, 많은 사람들이 자기 근처에 이리저리 무너지고 죽어 있는 것처럼, 자신의 몸이 부풀어 올라 피범벅이 된 채, 이등분이나 삼등분으로 절단된 채, 뼈 무더기인 채로 다르게 변해 가는 것처럼, 자기 몸속의 뼈와 살, 힘줄, 내장, 간, 혹은 벌레들을 실제로 보는 것처럼, 지옥이나 천상세상, 지옥중생들, 아귀, 천신, 천녀들을 실제로 보고 있는 것처럼, 이러한 여러 가지 특이하거나 평범한 형색들과 모습들이 분명하게 드러나기도 한다. 모두 삼매의 힘 때문에 마음이 향하는 대로 따라서 드러나는 개념대상일 뿐이다. 기뻐할 대상도 아니다. 두려워할 대상도 아니다. 꿈으로 본 대상들과 같다고만 결정하라. 그렇기는 하지만 그러한 대상들을 경험하고 보는 마음 의식(意識)은 분명한 실재성품이다. 그러므로 〔그 마음 의식을〕 관찰하고 새겨야 한다. 하지만 관찰하고 새긴다고는 해도 분명하지 않은 마음을 기본으로 하여 관찰하고 새기기는 쉽지 않다. 분명한 대상을 기본으로 해야 관찰할 수 있다. 따라서 어떠한 대상이든 관계없이 보이는 그 형색에만 집중해서 '본다, 본다'하며 사라질 때까지 새겨라. 대상이 이리저리 움직이든, 희미해지며 어렴풋해지든, 이리저리 흩어지든 어떻게든 사라져 갈 것이다. 이런 대상들을 처음 접했을 때는 40번, 50번 정도 새겨야 사라지기도 한다. 지혜의 힘이 좋아지면 한 번, 두 번 정도 새기는 것만으로 사라지게 될 것이다. 그 여러 대상들을 보려고 하는 마음, 무엇인가 살피려는 마음, 두려워하는 마음들이 있는 한 즉시 사라지지 않고, 또한 사라지는 데 시간이 오래 걸릴 것이다. 일부러 마음을 향해서 취한 대상일 때도 이미 좋아해 버린 상태이기 때문에 잘 사라지지 않고 오래 지속되기도 한다. 따라서 삼매의 힘이 좋을 때는 어떠한 다른 대상으로 마음을 향하지 않도록, 다른 생각을 하지 않도록 매우 주의하라. 혹시 생각했다 하더라도 그 생각을 즉시 새겨서 제거하라.

하지만 일부 수행자는 그러한 여러 특이한 형색들, 특별한 느낌들을 경험하지 않고 계속 새기던 대상만을 새기고 있기 때문에 지겨움이 생겨나기도 한다. 그러한 지겨움을 '지겨움, 지겨움'이라고 사라질 때까지 새겨 제거하라.

이 지혜의 단계에서는 특별한 대상들, 특별한 느낌들을 경험하는 수행자든 경험하지 못하는 수행자든 계속해서 새길 때마다 그 새기는 대상의 처음과 중간과 끝을 분명하게 안다. 이전에는 어떤 한 대상을 새기는 중에 다른 대상이 드러나면 그 대상을 계속해서 바꾸어 알아차렸다. 원래의 대상이 완전히 사라져 가는 것을 분명하게 알지 못했다. 이 단계에서는 새기던 대상이 사라져 가는 것을 안 뒤에라야 새롭게 드러나는 다른 대상을 새긴다. 그래서 새기던 대상의 처음과 중간과 끝을 분명하게 알 수 있다.

그때 새김이 특별히 좋으면 계속해서 새길 때마다 '훽, 훽'하며 생겨나서 '쉭, 쉭'하면서 사라져 없어지는 것을 분명하게 알 수 있기 때문에 "aniccaṁ khayaṭṭhena = 무너져 가는 의미(성품)이기 때문에 항상하지 않다[59], hutvā abhāvato aniccā = 생겨나서는 존재하지 않고 무너져 없

59 Ps.51.

어져 버리기 때문에 항상하지 않다"[60]라는 경전, 주석서의 구절대로 '사라져 가는 것일 뿐이다. 무너져 가는 것일 뿐이다. 항상하지 않구나. 항상하지 않는 것이 사실이구나'라고도 숙고하고 반조한다. "yadaniccaṁ taṁ dukkhaṁ = 항상하지 않은 법은 괴로움일 뿐이다, dukkhaṁ bhayaṭṭhena = 두려운 것이라는 의미(성품)이기 때문에 괴로움일 뿐이다, udayabbayappaṭipīḷanato dukkhā = 생성과 소멸이 끊임없이 괴롭히기 때문에 괴로움일 뿐이다"라는 경전, 주석서의 구절대로 '모르기 때문에 좋아하고 즐길 수 있다. 실제로는 전혀 즐거워할 만한 것이 아니다. 생겨나서는 사라져 버릴 뿐이다. 생겨나고 사라지고, 이렇게 끊임없이 괴롭히고 있는 것일 뿐이다. 두려운 것일 뿐이다. 어느 때를 막론하고 죽게 할 수 있도록, 순간도 끊임없이 계속해서 사라져 항상하지 않기 때문에 괴로움일 뿐이다. 안 좋은 것일 뿐이다'라고도 숙고하고 반조한다. "dukkhamadakkhi sallato, dukkha vatthutāya ca dukkhato,[61] rogato, gaṇḍato, sallato(괴로움을 가시와 같다고 본다. 괴로움의 토대이기 때문에 괴로움이라고, 고질병이라고, 종기라고, 가시라고 〔본다〕)"라는 등의 경전, 주석서의 구절대로 여러 가지 참기 힘든 괴로운 느낌들을 분명하게 경험하기 때문에 '괴로움일 뿐이다. 좋지 않기만 하다'라고도 숙고하며 반조한다. "yaṁ dukkhaṁ tadanattā = 괴로움인 법은 주재하는 자아가 아니다,[62] anattā asārakaṭṭhena = 고갱이가 없는 의미(성품)이기 때문에 무아이다,[63] avasavattanato anattā = 원하는 대로 되

---

60 DA.ii.96.

61 Vis.ii.246.

62 S.iii.15.

63 Vis.ii.245.

지 않기 때문에 무아이다"[64]라는 경전, 주석서의 구절대로 '괴롭지 않도록 할 수 없는, 괴로움의 무더기일 뿐이어서, 어떻게 주재할 수 없는 것일 뿐이다. 생겨나서는 즉시 사라져 가는 것일 뿐이다. 확고한 실체라고는 전혀 없다. 전혀 쓸모없는 것일 뿐이다. 생겨나지 않도록 할 수도 없고 사라지지 않도록 할 수도 없어 주재하는 자아가 아닌 것일 뿐이다. 자기 성품에 따라 생멸하고 있는 고유성품법들일 뿐이다'라고도 숙고하고 반조한다. 이러한 숙고나 반조도 새기고 그 후에 원래 새기던 대상만을 끊임없이 새겨 가라.

이렇게 직접 새겨 알 수 있는 대상들을 '무상하다, 괴로움이다, 무아다'라고 이해하게 되었을 때 직접 알 수 없는 모든 법들에 대해서도 '이 법들도 마찬가지일 뿐이다. 무상하고, 괴로움이고, 무아인 성품법들일 뿐이다'라고 숙고하고 반조하기도 한다. 이렇게 반조하는 것은 직접관찰(paccakkha) 지혜에 이어서 생겨나는 추론관찰(anumāna) 지혜이다. 이러한 〔추론하는〕 반조도 원래 지혜가 둔한 이, 경전지식이 적은 이, 반조를 중시하지 않고 끊임없이 새기고 있는 이들에게는 적게 생겨나고 반조를 중시하는 이들에게는 많이 생겨난다. 어떤 이들에게는 새길 때마다 저절로 반조가 따라 생겨나기도 한다. 하지만 반조를 많이 하면 지혜가 나아가지 않고 시간이 오래 걸린다. 이 지혜의 단계에서 반조를 많이 하지 않더라도 그 위의 지혜의 단계에 이르면 확실하게, 분명하게 알 수 있을 것이다. 그러니 반조를 중시하지 말라. 새김만 중시하라. 〔반조하면〕 그 반조하는 것도 놓치지 않도록 새겨라.

무상·고·무아의 성품들을 반조하다가 만족할 정도가 되면 드러나는

---

64 Vis.ii.277.

모든 대상들을 반조하지 않은 채 계속해서 새기기만 하게 된다. 이때 '마음의 깨끗함인 믿음(saddhā), 노력함인 정진(vīriya), 새김인 사띠(sati), 집중되어 고요함인 삼매(samādhi), 바른 성품을 분명하게 아는 통찰지(paññā)'라는 다섯 가지 기능들이 모자라지도 않고 지나치지도 않게 잘 균형을 이루면 새기는 마음이 마치 무언가 박차를 가하여 밀어붙이듯이 매우 빠르게 생겨난다. 새기는 대상인 물질과 정신들도 매우 빠르게 드러난다. 한 번씩 숨을 들이쉴 때마다 배가 부풀어 오는 움직임들이 매우 많은 단계로 나누어져 분명하게 부풀어 온다. 한 번씩 숨을 내쉴 때마다 배가 꺼져 가는 움직임들이 매우 많은 단계로 나누어져 분명하게 꺼져 간다. 굽힐 때도 펼 때도 움직임들이 많은 단계들로 나누어지는 것이 분명하다. 몸안에서 흔들흔들 미세한 움직임들, 미세한 감촉들도 하나씩 매우 빠르고 광범위하게 드러난다. 일부 수행자에게는 가끔씩 매우 미세한 가려움, 찌릿찌릿한 미세한 통증들도 하나씩 빠르게 순간적으로 생겨난다. 하지만 일반적으로 이 시기에는 괴로운 느낌들을 느끼지 않는 경우가 많다.

이렇게 대상들이 매우 빠르게 드러날 때에는 그 각각의 대상들에 대해 명칭을 붙여 새기고 있으면 그 대상을 따라갈 수 없다. 사띠와 지혜로 아는 정도로만 관찰하고 있어야 따라갈 수 있다. 따라서 대상들이 매우 빠르게 드러나고 있을 때는 명칭을 붙이지 말고 단지 아는 정도로만 따라서 새겨야 한다. 명칭을 붙여서 새기더라도 모든 것에 자세하게 주의를 기울이지 말라. 한 번씩 명칭을 붙여 관찰할 때 40개, 50개의 대상들을 묶어서 알더라도 수행이 성취된다. 잘못된 것이 아니다. 자세하게 명칭을 붙이면서 새기기 위해 주의를 기울이고 있으면 머지않아 피곤하게 될 것이다. 따라서 명칭을 붙이면서 새기고자 하더라도 자연스럽게 보통으로만 따라 새겨라. 한 번 새길 때 40개, 50개를 알더라도 상관없다. 분명하게 구별해서 아는 것만이 중요하다.

이 지혜의 단계에서는 원래 새기고 있던 대상을 놔두고 여섯 문에서 드러나는 대상들을 차례대로 따라 새겨 보라. 이렇게 새기다가 새김이 다시 나빠지면 원래 새기던 대상만을 다시 새기면 된다.

물질과 정신들은 눈 한번 깜짝할 사이, 번개가 한번 번쩍할 사이보다도 빠르다. 그렇게 매우 빠른 물질과 정신들을 단지 아는 정도로만 따라 새기고 있으면, 그 정도로 지혜가 성숙되었을 때 〔대상들이〕 생겨나는 대로 남김없이 다 알 수 있게 된다.

이때는 대상을 새기는 사띠, 즉 새김이 매우 예리해진다. 물질이나 정신 중 어느 하나가 드러나면 새김이 마치 그 대상 쪽으로 파고들어가듯이 새긴다. 혹은 그 대상도 새김 쪽으로 와서 떨어지듯이 드러난다. 아는 지혜도 드러나는 모든 대상들을 서로 섞임 없이 하나씩 구별하여 분명하고 확실하게 안다. 그래서 수행자는 "이 물질과 정신들은 '휙, 휙'하며 매우 빠르게 생멸하고 있구나. '윙, 윙'하며 마치 기계가 돌아가듯 매우 빠르구나. 이 정도로 매우 빠른 것들도 내가 모두 차례대로 알 수 있구나. 이보다 더 알아야 할 것이 있다고는 생각하지 않는다. 알아야 할 것이 다 끝났구나"라고 생각해 보기도 한다. 꿈에서조차 꿈꿔 보지 못한, 매우 특별한 새김과 지혜들을 직접 경험하기 때문에 그렇게 생각하는 것이다.

그 밖에 위빳사나의 힘에 의해 적든 많든 여러 빛들도 분명하게 생겨난다.

새겨지는 대상과 새김에 대해 만족함, 기뻐함인 희열(pīti)도 매우 많이 생겨난다. 그 희열의 힘 때문에 소름이 끼치거나 눈물을 흘리거나 몸이 흔들리기도 한다. 몸 안에서 오싹오싹, 서늘서늘, 찌릿찌릿한 느낌들이 생기기도 한다. 마치 흔들의자 위에 앉아 있는 듯 몸도 마음도 둥실둥실 경쾌하게 되기도 한다. 일부 수행자들은 이러한 경쾌함을 처음 경험할 때 그 경쾌함을 '어지럽다, 흔들린다'라고 생각하기도 한다.

걱정이나 근심이 사라져 몸과 마음의 편안함인 경안(passaddhi)도 분명하게 생겨난다. 이 경안의 힘 때문에 앉아 있을 때든, 누워 있을 때든, 가고 있을 때든, 서 있을 때든, 어느 때든지 고요하고 편안하여 매우 지내기에 좋다.

그 밖에 강하게 생겨나는 가벼움(lahutā) 등의 힘 때문에 몸과 마음 모두 매우 빠르고 가볍게 된다. 매우 부드럽고 미세하게 된다. 오랫동안 앉아 있거나 누워 있으면서 새겨도 새김이 무너지지 않고 계속해서 좋다. 저리거나 뜨거움, 아픔이 없다. 새기는 마음과 대상이 서로 쌍을 이루어 잘 밀착된다.

마음을 바르고 정직하게 항상 두기 때문에 모든 악행을 삼가려고 한다.

매우 강한 믿음(saddhā)의 힘 때문에 마음이 특별하게 청정하게 된다. 가끔씩 새길 대상이 없이 매우 깨끗한 마음 하나만 오랫동안 지속되기도 한다. '부처님께서 모든 것을 아신다는 말이 사실이구나. 물질과 정신, 이 두 가지만 존재한다는 말, 그리고 무상·고·무아의 법만 존재할 뿐이라는 말이 사실이구나'라는 등으로 존경함, 믿어서 결정함 등이 확고하게 생겨난다. 새기면서 반조하더라도 물질과 정신의 생겨남과 사라짐, 무상·고·무아의 성품들을 분명하고 확실하게 이해한다. 다른 이에게 법을 설하고자 하는 마음, 수행하도록 권유하고자 하는 마음들도 많이 생겨난다.

특별히 애쓰지 않아도 게으름이나 느슨함 없이 균형을 맞추어 노력함인 정진(vīriya)도 분명하게 생겨난다.

저절로 알아 가듯이 위빳사나 평온(vipassanupekkhā)도 분명하게 생겨난다.

행복도 이전에 한 번도 경험해 보지 못했던 수준으로 매우 강하게 생겨난다.

그래서 자신에게 일어난 이러한 현상들을 다른 사람들에게 매우 말하고 싶어진다. 빛이나 광명, 새김, 지혜, 희열 등의 특별한 것들을 즐기고 좋아하는 것 = 갈망(nikanti)이 생겨나기도 한다. 그러한 갈망 때문에 '관찰하고 있는 이 수행이 매우 즐겁다'라고 생각한다.

특별하게 생겨나고 있는 그러한 빛 등을 너무 깊게 생각하지 말라. 그러한 대상들도 생겨나는 대로 '빛남', '좋아함', '앎', '생각함', '존경함', '기뻐함', '좋아함', '마음에 듦' 등으로 단지 계속해서 새겨 나가라. 눈부시다고 생각되면 '밝음, 밝음' 등으로 사라질 때까지 새겨라. 보인다고 생각되면 '보인다, 보인다'라고 새겨라. 하지만 빛 등의 특별한 대상들을 처음 접했을 때는 새기지 못한 채 좋아하고 즐기며 지내는 경우가 많다. 설사 새긴다 하더라도 좋아함, 즐김과 섞여 있기 때문에 즉시 사라지지 않는 경우가 대부분이다. 많이 접하고 경험해야 잘 새길 수 있어 쉽게 사라져 버린다. 빛이 강하게 드러나는 수행자들은 오랫동안 새겨도 잘 없어지지 않기도 한다. 그렇다면 그 빛을 마음에 두지 말고, 주의를 기울이지 말고 내버려 두고 몸이나 마음의 분명한 동작들과 현상들만 집중해서 새겨 가라. '아직 빛나고 있나?'라고도 생각하지 말라. 생각을 하면 빛이 원래 밝았던 대로 다시 밝아 오기 때문이다. 그렇게 생각하고 반조하는 것도 정확하고 확실하게 알 수 있도록 새겨라.

빛뿐만 아니다. 그렇게 삼매의 힘이 좋아졌을 때는 마음 기울이는 대로 특별한 여러 대상들이 드러나게 된다. 그렇게 마음을 기울여도 안 된다. 만약 마음을 기울였다면 빠르게 새겨 제거하라. 어떤 수행자에게는 특별히 마음을 기울이지 않았음에도 불구하고 그리 명확하지 않은, 마치 그림자와 같이 어렴풋한 형체나 빛 등의 여러 대상들이 기차의 칸들이 한 칸씩 이어져 가듯 하나씩 '휙, 휙'하며 드러나기도 한다. '보인다, 보인다'하며 새기고 있으면 한 번씩 새길 때마다 하나씩 대상이 사라져 간다. 지혜의 힘이 줄어들면 〔그 대상들이〕 분명하게 드러나기도 한다. '보인다, 보인다'하며 새기면 한 번씩 새길 때마다 대상이 하나씩 드러난 그곳에서 바로 사라져 간다. 마지막에는 전혀 드러나지 않은 채 사라져 버린다.

'빛 등을 생각하고 있는 것은 잘못된 길이다. 단지 알 뿐, 끊임없이 새기고 있어야 바른 위빳사나의 길이다'라고 결정하고 몸과 마음에서 실제로 드러나고 있는 물질과 정신만을 끊임없이 새기고 있으면 앎이 더욱 분명해진다. 물질과 정신들이 '휙, 휙'하며 생겨나고 사라지는 것들을 분명하게 안다. 거듭 새길 때마다 '바로 그곳에서 생겨나서 바로 그곳에서 사라져 간다'라고 안다. '이전의 여러 동작들이 다음의 여러 동작들과 섞이지 않은 채 여러 부분으로 끊어져서 사라져 버린다'라고도 분명하게 안다. 그래서 새길 때마다 '무상하다, 또는 괴로움이다 = 좋지 않다, 또는 자아가 아니다'라고 알고 이해한다. 이 시기에 오랫동안 수행하고 나면 '이 정도로 충분하다. 더 이상 특별한 것은 없다'라고 만족하고 흡족해 하면서 자주 수행을 쉬어 버리기도 한다. 쉬고 싶을 때마다 자주 쉬어서는 안 된다. 수행 시간을 더욱 늘려나가 오랫동안 계속 이어서 수행해야 한다.

수행의 지혜가 한 단계 더 향상되어 성숙되면 새기던 대상들의 처음 시작, 생겨남은 분명하게 알지 못하고 끝, 마지막만 알게 된다. 매우 빠르게 사라지고 없어지고 있다고 생각한다. 새기는 마음들도 사라지고 없어져 간다고 안다. 아는 모습은 다음과 같다. '부푼다'하고 새길 때 부풀어오는 움직임들이 '휙'하고 갑자기 사라져 버린다고 안다. 그 아는 마음도 빠르게 사라져 버린다고 다시 안다. 부풂과 그것을 새겨 앎, '이 두 가지가 앞에서, 뒤에서 사라져 버린다'라고 안다. '꺼진다', '앉는다', '굽힌다', '편다', '저림' 등으로 새길 때도 첫 번째인 대상과 두 번째인 새기는 마음들을 '바로 같은 방법으로 앞에서, 뒤에서 사라져 버린다'라고 알게 된다. 일부 수행자들은 첫 번째 대상, 두 번째 새기는 마음, 세 번째 다시 아는 마음, 이렇게 세 단계, 네 단계, 앞뒤 단계로 사라져 버리는 것도 분명히 구별하여 알기도 한다. 그렇기는 하지만 대상과 그 대상을 새기는 마음이라고 하는 이 두 가지가 '앞뒤 단계로 짝을 이루어 사라져 버린다, 없어져 버린다'라고 분명하게 아는 것으로 충분하다.

대상과 새기는 마음들이 짝을 이루어 사라지고 없어지고 있다는 것만을 끊임없이 알 수 있을 정도로 새김이 깨끗하게 되면 몸이나 머리, 손, 발 등의 형성 표상(saṅkhara nimitta) = 덩어리 개념(ghana paññatti) = 형체나 모습이 드러나지 않는다. 대상을 새겨 아는 지혜가 '휙, 휙'하며 계속 사라지고 있는 성품에만 머문다. 그래서 이 지혜가 처음 생길 때 일부 수행자들은 '새김이 면밀하지 못하다'거나, '새김이 성글다'거나, '새김이 좋지 못하다'라고 생각하기도 한다. 그렇게 생각하지 말라. 마음은 자기가 원래 대상으로 삼고 있던 형성 표상, 덩어리 개념, 형체나 모습이라는 대상만 즐긴다. 그러한 개념대상들을 이전처럼 얻지 못하기 때문에 만족하지 못해서 그렇게 생각하는 것이다. 지혜의 힘이 구족되어, 향상되어, 좋아져서 이러한 현상이 일어난 것이다. 수행이 아직 미숙할 때는 보거나 듣거나 닿을 때마다 형체 등의 개념만 먼저 분명하게 안다. 이 정도로 지혜의 힘이 성숙되었을 때에는 '휙, 휙'하며 사라져 가는 상태, 성품이 제일 먼저 분명하게 드러난다. '사라져 간다, 없어져 간다, 무너져 간다'라고 아는 지혜가 먼저 생겨난다. 거듭 반복해서 숙고해야만 겨우 모습 등의 개념들을 알 수 있다. 숙고하지 않고 그냥 끊임없이 새기고 있으면 개념대상에 전혀 이르지 못하고 사라져 가는 실재성품에만 머문다. 그래서 "개념이 드러나면 실재가 가라앉는다. 실재가 드러나면 개념이 가라앉는다"라는 말이 지혜 있는 이들의 말이며 옳은 말이라는 것을 직접 스스로 알게 된다.

새김이 특히 깨끗해졌을 때는 '앞의 새김과 뒤의 새김이 약간 성글게, 약간 떨어져서 생겨나고 있다'라고 생각하기도 한다. 〔이것은〕 아는 지혜가 매우 빠르고 깨끗하기 때문에 앞뒤 인식과정 사이에 생겨나는 바왕가 마음의 순간까지 아는 것이다. '굽히려 함, 펴려 함'이라고 의도하는 마음을 새겨서 그 마음의 힘이 사라져 버리기 때문에 바로 굽힐 수 없이, 바로 펼 수 없이 오랫동안 그대로 있기도 한다. 이 역시 지혜가 매우 예리해지고 힘이 매우 좋아졌기 때문에 나타나는 현상이다. 이때는 원래 새기던 대로 계속해서 새기지 말고 여섯 문에서 분명하게 드러나는 물질과 정신, 여러 현상들을 확장해서 새겨라.

확장하여 새기는 모습

'부푼다', '꺼진다', '앉음', '닿음' 등으로 원래 새기던 대로 새기다가 그 힘이 좋아지면 온몸에서 분명하게 드러나는 여러 닿음들이나 들림, 보임 등을 생겨나는 차례대로 '닿음, 닿음' 등으로 끊임없이 새겨 가라. 이렇게 새겨 가다가 앎이 조금 성글게 되거나, 들뜸이 생겨나거나, 피곤하거나 하면 부풂, 꺼짐, 앉음 등 원래 새기던 대상으로만 다시 돌아가서 새겨라. 시간이 조금 지나 수행에 다시 힘이 붙게 되면 다시 계속해서 드러나는 대상을 따라 같은 방법으로 확장하여 새겨라. 가끔씩은 이러한 방법으로 확장해서 새겨야 한다.

계속해서 새기는 대상을 따로 두지 않고 이렇게 확장하여 잘 새길 수 있게 되면 특별하게 주의를 기울여 새기지 않아도 들리는 모든 것을 '앞과 뒤가 이어지지 않고 부분 부분 끊어져 사라져 간다'고 알게 된다. 보이는 모든 것도 '휙, 휙'하며 사라지고 있다고 알게 된다. 모두 다 올바르게 아는 것이다. 일부 수행자들은 주의를 기울여 보았을 때 확실하게 볼 수 없고 '휙, 휙'하며 어렴풋하게만 보이기 때문에 '잘 볼 수 없다. 시력이 저하되었다. 침침하다. 어질어질하다'라고 생각하기도 한다. 시력이 저하된 것, 실제로 눈이 침침한 것, 현기증이 나는 것이 아니다. 법의 성품에 따라 앞의 봄과 뒤의 봄들을 분명히 구별하는 지혜가 저절로 포함되어 있기 때문에 개념으로서의 대상이 분명하지 않게 된 것일 뿐이다. 이때에는 '새기지 않고 그냥 지내야지'라고 수행을 쉬고 있어도 물질·정신 형성들이 원래 드러나던 그대로 드러난다. 또한 그 형성들을 원래 알던 그대로 저절로 새겨 안다. 그래서 잠에 들어야 할 때도 잠에 들지 않고 낮이나 밤이나 마음이 선명한 채로 있게 된다. 잠을 잘 못 잔다고 하더라도 걱정하지 말라. 지내기에 불편함이나 병 같은 것이 생기지 않는다. 계속 열심히 새기기만 하라. 이 지혜의 힘이 구족되었을 때는 새기는 마음이 대상 안으로 마치 꿰뚫고 들어가듯이 드러나기도 한다.

대상과 새기는 마음이 끊임없이 계속 사라지고 있다는 것을 잘 알게 되면 다음과 같이 반조하기도 한다. '눈을 한번 깜박거리는 사이, 번갯불이 한번 번쩍거리는 사이조차 지속되지 못하는구나. 무상하구나. 이전에는 단지 내가 알지 못했을 뿐이구나. 예전에도 지금처럼 사라지고 없어지고 있었을 것이다. 나중에도 지금처럼 사라지고 없어지고 있을 것이다'라고 반조하기도 한다. 그렇게 반조하는 것도 새겨라.

그 외에 새기는 중간중간에 매우 두려운 모습들을 숙고하기도 한다. 숙고하는 모습은 다음과 같다. '모르기 때문에 즐기고 있는 것이다. 계속해서 사라지고 있는 것임을 사실대로 안다면 모두 두려운 것들일 뿐이다. 사라질 때마다 죽을 수 있는 시간들일 뿐이다. 이생에 처음 생겨난 것도 두려운 것이다. 계속해서 끊임없이, 다함이 없이 거듭해서 생겨나고 있는 것도 두려운 것이다. 어떤 형체나 실체가 없는데도 형체나 실체가 있는 것처럼 드러나고 있는 것도 두려운 것이다. 행복하게 잘 살려고(= 이렇게 계속해서 무너지고 있는 법들을 오랫동안 그대로 머물게 하기 위해) 노력하고 있는 것도 두려운 것이다. 다시 새로운 생이 생겨나는 것도(= 이렇게 계속해서 무너지고 있는 법들이 다시 생겨나는 것도) 두려운 것이다. 늙음, 병듦, 죽음, 슬픔, 비탄, 통곡, 고뇌, 걱정스러운 일들 모두가 두려운 것이다'라고 숙고하기도 한다. 이러한 숙고도 그냥 내버려 두지 말고 새겨라. 그때는 수행자의 마음이 의지할 곳을 잃은 채 의기소침해지고 힘이 없는 것처럼 되기도 한다. 빠르게 사라지고 있는 물질과 정신들을 두려워하는 것처럼 된다. 실의에 빠진 것처럼 되기도 한다. 기쁨이나 활력이 없다. 하지만 낙담하지 말라. 법의 성품에 따라 지혜가 향상된 것일 뿐이다. 두려운 것일 뿐임을 잘 알게 되어 평온한 마음으로 기뻐하지도 않고 슬퍼하지도 않게 된 것일 뿐이다. 숙고들이 계속해서 드러날 때마다 끊임없이 새기면 머지않아 넘어서게 될 것이다. 그렇지만 새기지 않고 오랫동안 숙고하고 있으면 근심(domanassa)이 생겨나 견디지 못할 정도로 심한 공포가 생겨나기도 한다. 이렇게 견디지 못할 정도의 공포는 위빳사나 지혜가 아니다. 그러므로 근심이나 심한 공포가 생기지 않도록 숙고하는 것도 내버려 두지 말고 새겨라.

그 외에 새기는 중간중간에 허물을 들면서 숙고하기도 한다. 숙고하는 모습은 다음과 같다. '이 물질과 정신들은 계속 사라지기만 하고 있어서 무상하기 때문에 좋지 않다. 이번 생에서 처음 생겨난 것도 좋지 않다. 끝이 없을 정도로 계속 끊임없이 생겨나는 것도 좋지 않다. 실체나 모습이 없음에도 불구하고 실체나 모습이 있다고 생각하고 있는 것도 좋지 않다. 행복하게 잘 살기 위해 노력하고 있는 것도 좋지 않다. 새로운 생에 태어나는 것도 좋지 않다. 늙음, 병듦, 죽음, 슬픔, 비탄, 통곡, 고뇌, 걱정스러운 일들 모두가 좋지 않다. 괴로운 것일 뿐이다. 고요하지 않은 것들일 뿐이다'라고 숙고하기도 한다. 이러한 여러 숙고들도 새겨라. 그러면 새겨지는 물질과 정신, 그리고 새겨 아는 마음, 이 모두가 매우 거칠다고 알고 보기도 한다. 매우 저열하다고 알고 보기도 한다. 아무 쓸모가 없고 아무 가치가 없다고 알고 보기도 한다. 생겨났다가 사라졌다가 하면서 싫은 것들만 만나고 있어야 한다고 알고 보기도 한다. 온 몸 전체가 썩어서 부패해 가고 있는 것처럼 알고 보기도 한다. 매우 쉽게 무너지는 것이라고 알고 보기도 한다.

그때 물질과 정신들을 생겨나는 차례대로 새겨 알고 있어도 수행자의 마음은 그 물질과 정신을 즐기지 않는다. 새길 때마다 물질과 정신들의 사라짐을 분명히 구분하여 경험하며 새겨 알더라도 이전처럼 기운이 솟는다든가 의기양양함이 없다. 즐길 만한 대상이 아니라 염오할 대상으로서만 여겨진다. 그래서 새기기 싫어하는듯, 수행을 지겨워하는듯 되기도 한다. 그렇다고 새기지 않고 그냥 지낼 수도 없다. 새기던 대로 새기고만 있다. 비유하면 대변이나 진흙으로 뒤덮여진 길을 도저히 피할 방법이 없어 그냥 걸어가야만 할 때 발걸음을 계속해서 내딛을 때마다 역겨워하고 염증내지만 그래도 가지 않을 수 없어 어쩔 수 없이 가고 있는 것과 같다. 인간세상에 대해 숙고해 보았을 때 '이 인간세상에서도 계속해서 무너지고 있는 물질과 정신들로부터 벗어나지 못한다'라고 이해하기 때문에 어떤 사람, 어떤 남자, 어떤 여자, 어떤 왕, 어떤 부자에 대해서도 좋아할 만한 점을 보지 못한다. '모두가 염오스러운 것일 뿐이다'라고만 알고 본다. 욕계천상세상, 범천세상들을 숙고해 보아도 같은 방법으로 이해하기 때문에 '염오스러운 것일 뿐이다'라고만 알고 본다.

염오하기 때문에 거듭 새길 때마다 새기는 마음이, 새겨 알아지는 물질·정신 형성들로부터 매우 강렬히 벗어나고 있는 것처럼 드러나기도 한다. '보임, 들림, 닿음, 생각함, 앉음, 일어남, 굽힘, 폄, 관찰하고 새김 등 이 모든 것들이 없으면 좋겠다. 이러한 것들로부터 벗어나 다른 곳으로 달아나 버리면 좋겠다. 그것들이 없는 곳에 도달하고 싶다'라는 등으로 형성들로부터 벗어나길 바라며 생각해 보기도 한다. 그러한 생각들도 내버려 두어서는 안 된다. 새겨라. '어떻게 하면 이 물질과 정신들이 사라지도록 할 수 있을까? 계속 새기던 대로 새기고 있으면 좋지 않은 것들만 샅샅이 뒤져 보고 있는 것처럼 될 것이다. 좋지 않은 것들만 경험하고 있을 것이다. 그것들을 마음에 두지 않고, 새기지 않고 있는 것이 좋을 것이다'라고 숙고하기도 한다. 그러한 숙고도 새겨라.

일부 수행자들은 그렇게 숙고한 대로 새기지 않고 쉬어 버리기도 한다. 쉬고 있다고는 하지만 봄, 들림, 앎, 부풂, 꺼짐, 앉음, 굽힘, 폄, 생각함 등의 물질과 정신들이 생겨나지 않는 것은 아니다. 계속해서 생겨나던 대로 생겨나고 있다. 관찰하고 새겨 온 위빳사나의 여세, 힘 때문에 〔그 현상들이〕 드러나지 않을 수도 없다. 계속 드러나던 대로 드러나고 있다. 분명하게 드러나는 그런 물질과 정신들을 아는 지혜도 저절로 끊임없이 알면서 생겨난다. 그래서 다음과 같이 숙고하고 이해하게 된다. '새기지 않고 그냥 지내도 물질과 정신들은 생겨나기도 여전히 생겨나고 있다. 드러나기도 분명히 드러나고 있다. 아는 지혜도 그것들을 끊임없이 알면서 생겨나고 있다. 그러니 단지 새기지 않고 지내는 것만으로는 이 물질과 정신들로부터 벗어날 수 없다. 그것들을 아직 떨쳐 낼 수 없다. 차례대로 잘 새겨서 무상·고·무아를 확실하게 잘 알아야만 그것들에 대해 신경 쓰지 않은 채 무덤덤하게 바라볼 수 있을 것이다. 그것들이 사라진 열반도 알고 볼 것이다. 그때가 되어야 확실히 고요하게 될 것이다'라고 이해하고 원래 새기던 대로 다시 새긴다. 스스로 숙고할 수 없는 이들도 스승의 지도에 따라 이해하고 새기던 대로 다시 계속 새기면 된다.

이렇게 원래 새기던 대로 다시 새기다가 수행의 힘이 좋아지면 일부 수행자들은 좋지 않은 느낌들을 느끼기도 한다. 실망하지 말라. 'dukkhato rogato gaṇḍato sallato aghato ābādhato(괴로움이라고, 고질병이라고, 종기라고, 가시라고, 악행이라고, 질병이라고)' 등의 가르침에서 알 수 있듯이 괴로움의 무더기, 병의 무더기처럼 드러나 고통의 특성(dukkhalakkhaṇā)을 특별히 분명하게 해 주는 것일 뿐이다. 벗어나도록 새겨라. 이러한 매우 심한 고통스러운 느낌들을 경험하지 못하더라도 새길 때마다 무상·고·무아에 따른 40가지 모습들[65] 중 어느 한 가지가 상황에 따라 분명하게 드러난다. 그렇게 분명하여 들뜸 없이 새김이 계속 좋은데도 불구하고 수행자는 '새김이 좋지 않다'라고만 생각하기도 한다. '대상과 새기는 마음이 잘 밀착되지 못하고 멀리 떨어져 있다'라고 생각하기도 한다. 물질과 정신들, 무상·고·무아의 성품들을 자세하고 확실하게 알고자 하기 때문에 〔이 정도로는〕 만족할 수 없기 때문에 그런 것이다. 이렇게 만족하지 못해 여러 가지 방법으로 바꾸어 보기도 한다. 앉아서 수행하고 있다가 '새김이 좋지 않다'라고 생각하여 경행하기도 하고, 경행하며 수행하고 있다가 '새김이 좋지 않다'라고 생각하여 다시 앉기도 한다. 그러다가 또 '수행이 잘 안 된다'라고 하면서 손이나 발을 움직이고 위치를 바꾸어 보기도 한다. 다른 곳으로 장소를 이동해 보기도 한다. 자꾸 바꾸려 한다. 이렇게 여러 가지로 바꾸어 새겨도 어떠한 장소, 어떠한 방법으로도 오랫동안 머물 수 없다. 자주자주 바꾸게 된다. 실망하지 말라. 물질·정신 형성들을 좋아할 만한 것이 없는 그 성품에 따라 사실대로 바르게 알기 때문에, 또한 형성평온의 지혜처럼 아직 평온하게 관찰할 수 없기 때문에 새김이 좋음에도 불구하고 '좋지 않다'라고 생각하여 만족하지 못하는 것일 뿐이다. 자주 바꾸지 말고 한 자세로 오랫동안 새길 수 있도록 노력하라. 머지않아 고요하고 편안하게 새김이 좋아질 것이다. 노력을 줄이지 않고 열심히 새기고 있으면 마음이 조금씩 더욱 선명하게 될 것이다. 결국 드러나는 모든 대상들, 모든 앎들에 대해 만족하지 못하고 바꾸려 하는 것 등이 완전히 사라질 것이다.

65 이 책의 제2권 pp.340~347 참조.

특별히 주의를 기울이지 않고도 형성들을 평온하게 관찰할 수 있을 정도로 지혜의 힘이 구족되었을 때 새기는 마음이 매우 선명하다. 매우 부드럽고 미세하다. 수행의 힘 때문에 저절로 계속해서 알면서 생겨나고 있다고 생각될 정도이다. 매우 미세한 물질과 정신의 여러 현상들도 특별히 주의를 기울이지 않고 안다. 무상·고·무아의 여러 모습들도 특별히 신경 쓰지 않아도 분명하게 안다. 온몸의 여러 감촉들을 새기고 있으면 몸은 사라져 버리고 작은 감촉들만 하나씩 하나씩 따로따로 알게 된다. 솜과 솜이 닿았을 때의 감촉처럼 앎들도 매우 미세하게 생겨난다. 가끔씩 몸 안에서 여러 감촉들이 생겨나 번갈아 가면서 새겨 앎이 빠르게 생겨나기도 한다. 몸과 마음이 위로 갑자기 휙 올라가듯이 되기도 한다. 또 가끔씩은 원래 관찰하던 기본 대상만 드러나 편안하고 고요하게 새겨 알기도 한다. 가끔씩은 부풂, 꺼짐, 닿음, 들림 등과 함께 온몸이 사라져 미세한 마음 하나만 생멸하고 있는 것을 새겨 알기도 한다. 아주 미세한 물방울들로 몸이 적셔지고 있듯이 희열이 생기는 것을 경험하기도 한다. 편안하고 고요한 경안이 생기는 것을 경험하기도 한다. 깨끗한 하늘처럼 선명한 빛을 경험하기도 한다. 이러한 여러 가지 특별한 감촉들, 특별한 앎들 때문에 앞단계처럼 매우 강렬한 행복감은 생겨나지 않지만 좋아함이나 마음에 흡족함이 생겨난다. 그러한 좋아함도 새겨라. 희열, 경안, 빛들도 새겨라. 새겨도 없어지지 않으면 그러한 대상들을 무시하고 분명하게 드러나는 대상만을 새겨 가라.

이 지혜의 단계에서는 모든 대상, 모든 새김과 앎들을 '나도 아니다. 나의 것도 아니다. 그도 아니다. 그의 것도 아니다. 형성일 뿐이다. 형성들이 형성들을 새겨 알고 있다'라고 분명하게 알고 보고 이해한다. 새김이 매우 마음에 들어 '새김이 좋다'라고만 생각한다. 아무리 오래 새겨도 만족하지 못한다. 저림, 통증, 아픔, 가려움 등의 고통스러운 여러 가지 느낌들이 전혀 없이 고요하다. 그래서 자세도 전혀 흔들림이 없다. 앉아서든 누워서든 한 자세로 새기고 있으면 2시간, 3시간이 지나더라도 전혀 저림이나 피곤함이 없이 시간이 어떻게 흘러갔는지 모를 정도가 된다. '아주 조금만 알아차리겠다'라고 생각하고 새기고 있었는데도 2시간, 3시간이나 지나 버린다. 그때도 원래 자세대로 몸, 머리, 손, 발 등의 모습, 자세가 전혀 변하지 않은 채 그대로이다.

가끔씩은 새겨 아는 것이 조금 빠르게 생겨나면서 특별하게 좋아지기도 한다. 그때 '왜 이렇게 되는가?'라고 걱정하기도 한다. 그러면 '걱정함'이라고 새겨라. '법이 향상되는구나, 좋구나'라고 반조하기도 한다. 그러면 '반조함'이라고 새겨라. '지혜의 단계가 향상되겠구나'라고 기대하기도 한다. 그러면 '기대함'이라고 새겨라. 그렇게 새기고 나서 원래 새기던 대상만을 자연스럽게 새겨 가라. 노력을 늘려 너무 애쓰지도 말고, 느슨하게 너무 줄이지도 말라.

일부 수행자들은 이러한 걱정, 기쁨, 좋아함, 기대들을 잘 새기지 못해 새겨 앎이 조금 성글게 되어 퇴보하기도 한다. 또 다른 일부 수행자들은 '더 나아질 것이다'라고 고조되어 더욱 지나치게 노력하게 된다. 그렇게 지나치게 노력하여 다시 새김이 성글어져 퇴보하기도 한다. 걱정, 기쁨, 좋아함, 기대, 애씀이라고 하는 이러한 들뜬 마음들이 위빳사나를 서로 떨어지게, 생소하게 하기 때문에 수행의 힘이 퇴보한다. 따라서 새겨 아는 것이 매우 빨라져 특별히 좋아지더라도 수행을 줄이지도 말고 늘리지도 말고 원래 새기던 대로 자연스럽게 새겨 가라. 이렇게 새겨 가다 보면 형성들이 완전히 사라진 열반에 도달하기까지 계속해서 여세를 몰아 향상되어 갈 것이다.

그렇지만 일부 수행자들은 이 지혜의 단계에서 여러 번 향상되었다가 퇴보하였다가 하는 것을 경험하게 된다. 그래도 실망하지 말고 용기를 가져라. 이 지혜의 힘이 구족되기 위해 "여섯 문에서 드러나는 차례대로 따라 온몸에서 확장시켜 새겨야 한다"라는 말도 주의하라. '확장시켜 새겨야 한다'라고는 했지만 고요하고 미세하게 새김이 좋을 때는 확장시키는 것조차 되지 않는다. 따라서 고요하고 미세하게 새겨 아는 상태에 도달하기 전에 새겨 아는 것이 여세를 몰아 좋아질 때를 시작으로 확장시켜 새겨라.

향상되었다 퇴보되었다 하는 모습

부풂, 꺼짐, 앉음 등을 시작으로, 혹은 다른 어떠한 몸, 마음의 현상을 시작으로 관찰해 가다 보면 머지않아 관찰의 힘이 매우 좋아진다. 특별히 애쓰지 않아도 저절로 고요하고 미세하게 새기고 알고, 새기고 아는 것처럼 된다. '휙, 휙' 하며 사라지고 있는 형성들을 고요하고 편안하게 기다리면서 보고 있듯이 차례대로 분명하게 알고 또 안다. 이때 마음은 번뇌가 생길 만한 대상들에 전혀 마음 기울이지 않는다. 아무리 마음에 드는 대상과 만나더라도 '좋은 대상이구나'라고 생각하지 않는다. 아무리 싫어하는 대상과 만나더라도 '싫은 대상이구나'라고 생각하지 않는다. 단지 볼 뿐, 들을 뿐, 냄새 맡을 뿐, 맛볼 뿐, 닿을 뿐, 알 뿐에만 멈춰진다. 제4장에서 언급했던 여섯 구성요소평온(chaḷaṅgupekkhā)이 새길 때마다 분명하게 생겨난다.[66] 그 밖에 제일 사소한 것을 예로 들면 '지금 나는 앉아 있다. 앉은 지 얼마 지났다. 지금 시간이 어느 정도 되었

66 이 책의 제1권 pp.405~407 참조.

다'라는 생각조차 생겨나지 않고 고요하다. 그보다 더 심한 생각들이 생겨나지 않는 것은 말할 필요도 없다. 그렇지만 성스러운 도에 도달하게 할 정도로 지혜의 힘이 아직 구족되지 않으면 1시간, 2시간, 3시간 등 시간이 오래 지나면서 집중이 줄어들어 숙고하고 반조하는 것이 생겨난다. 그때 관찰이 조금 성글게, 조금 퇴보하게 된다. 혹은 새김이 특히 빨라져 매우 좋아졌을 때 '지혜가 향상될 것이다'라고 기대하기도 한다. 기뻐하기도 한다. 그 때문에 수행이 퇴보하기도 한다. 그러한 숙고, 기대, 기뻐함 등도 놓치지 말고 새겨라. 다시 주의를 기울여 새기면 이전처럼 좋아질 것이다. 그러다 지혜가 완전히 구족되지 않으면 시간이 오래 지났을 때 또 다시 관찰이 성글듯이, 퇴보된 듯이 될 것이다. 이렇게 일부 수행자들은 향상되었다가 퇴보하기를 여러 번 반복하기도 한다. 지혜가 생기는 차례에 대해 법문을 들어 본 적이 있거나 이미 알고 있는 수행자들이 특히 이렇게 되는 경우가 많다. 따라서 스승님을 모시고 수행하고자 하는 수행자라면 지혜가 생겨나는 차례와 모습을 미리 염두에 두지 않는 것이 좋다. 또한 이렇게 향상되었다가 퇴보하기를 여러 번 반복하더라도 실망하지 말라. 이는 도와 과에 매우 가까운 상태이다. 믿음·노력·새김·삼매·통찰지가 균형을 이루어 성숙되게 되면 아주 짧은 순간에 도와 과, 열반을 직접 경험하게 될 것이다.

위빳사나 지혜의 향상이 끝났다.

열반의 증득

1. 열반 대상으로 넘어가는 모습

이렇게 향상되었다가 퇴보하였다가 하는 위빳사나 지혜는 바다를 건너가는 배에서 날려 보낸 새와 같다. 옛날에 바다를 항해하는 사람들은 해변이나 섬 등을 잘 가늠하지 못하게 되었을 때 같이 태우고 간 까마귀를 날려 보내 조사하게 하였다. 그 새는 배에서 날아올라 사방으로 육지를 찾다가 육지를 찾지 못하면 다시 배로 돌아와 휴식을 취했다.

열반을 직접 실현하여 도의 지혜가 생겨날 수 있을 정도로 지혜의 힘이 아직 구족되지 않아 다시 수행이 성글어지는 것은 육지를 발견하지 못한 새가 배로 다시 돌아와 쉬는 것과 같다.

새는 육지를 보는 즉시 배 쪽으로는 다시 돌아오지 않고 육지 쪽으로만 단번에 날아간다. 그와 마찬가지로 새겨 아는 것 = 위빳사나 지혜도 다섯 가지 기능들이 성숙되어 특별히 새김이 좋아진 바로 그때, 새기는 순간마다 계속해서 더욱더 빨라지고 분명해져 최소한 세 번, 네 번 정도만 알고 보고 나서 닿음, 앎, 들림, 봄, 맛봄, 냄새 맡음이라고 하는 여섯 형성들 중, 《경험하기 쉬운 순으로 서술하였다》 가장 분명하게 생멸하는 어떤 한 종류의 형성들을 새겨 알자마자 "새겨지는 대상과 새겨 앎이라고 하는 모든 형성들이 완전히 사라지고 소멸한 열반을" 직접 경험하고 보아 도와 과에 이르게 된다.

이렇게 〔도와 과에〕 이른 이에게는 그렇게 도달할 즈음의 앞부분에 새기는 순간마다 더욱더 빨라지고 좋아졌던 새김들도 매우 분명하다. 마지막 새김의 바로 다음에 모든 형성들을 던져 버리고 형성들이 사라지고 소멸된 열반이라는 대상으로 건너가는 모습도 매우 분명하다. 바로 그렇기 때문에 그렇게 〔도와 과에〕 이른 이들은 다음과 같이 설명하기도 한다.

- 대상과 새김들이 모두 '탁'하며 끊어져 멈추어 버렸다.
- 덩굴 줄기를 칼로 끊어내듯이 대상과 새김들이 '탁'하며 끊어져 버렸다.
- 매우 무거운 짐을 내려놓듯이 대상과 새김들이 완전히 끊어져 버렸다.
- 잡아당겨 움켜쥐던 곳에서 벗어나듯이 대상과 새김들에서 벗어나 버렸다.
- 매우 단단히 묶여 있던 속박에서 갑자기 벗어나듯이 대상과 새김들로부터 벗어나 버렸다.
- 대상과 새김들이 사라지는 모습이 마치 등불이 '훅' 꺼져 버리듯이 매우 빠르다.
- 어둠 속에서 밝음으로 즉시 도달하듯이 대상과 새김들로부터 벗어나 버렸다.
- 얽매임 속에서 자유로운 상태로 '쑥'하며 이르듯이 대상과 새김들로부터 벗어나 버렸다.
- 물속에 '쑥' 가라앉듯이 대상이나 새김이 모두 가라앉아 버렸다.
- 달려오던 이를 가로막아 갑자기 밀어내듯이 대상과 새김이 멈추어

버렸다.

- 대상과 새기는 마음이 모두 사라져 버렸다.

하지만 형성들이 사라진 성품을 직접 경험하여 실현하는 그 순간은 그리 길지 않다. 단 한 번 새겨 아는 기간 정도로 매우 순간적이다. 그후 이렇게 된 모습을 돌이켜 반조해 본다. '대상과 새김이 사라져 소멸한 것은 특별한 법이다'라거나, '도와 과, 열반이다'라고 반조해 본다. 일부 경전지식이 많은 이들은 '형성들이 사라져 소멸한 성품이 열반이다. 소멸한 곳에 이르러 직접 아는 것은 도와 과이다. 내가 열반을 직접 경험하여 증득했구나. 수다원 도와 과를 증득했구나'라고 반조해 본다. 이렇게 반조하는 것은 형성들이 소멸한 곳에 도달하는 모습을 들어 본 적이 있거나 기억해 놓았던 이들에게 적당하고 충분하게 생겨난다. 일부 수행자들은 제거해 버린, 없어져 버린 번뇌들, 아직 제거하지 않은, 없어지지 않은 번뇌들도 반조한다. 반조하고 나서는 다시 생겨나고 있는 몸과 마음의 여러 현상들을 새기던 대로 다시 계속 새긴다.

그때 물질과 정신의 생멸들이 조금 거칠게 드러난다. 처음과 끝 = 생겨남과 사라짐, 둘 모두가 분명하다. 뚜렷하다. 그래서 '수행이 성글어졌다. 후퇴하였다'라고 생각하기도 한다. 실제로도 생멸의 지혜에 다시 이르러 후퇴한 것은 사실이다. 이때의 지혜 상태는 생멸의 지혜 단계이기 때문에 빛이나 여러 형체들도 경험하게 된다. 일부 수행자들은 갑자기 되돌아 와서 처음 새길 때 대상과 새김이 일치하지 않은 채 어긋나고 있는 것도 경험한다. 일부 수행자는 고통스러운 느낌들도 순간 경험한다. 하지만 대부분의 수행자는 매우 깨끗한 마음들이 계속 이어져 생겨나고 있는 것을 경험한다. 그때는 탁 트인 곳에 마음 하나만 머물러 있는 것처럼 매우 시원하고 깨끗하여 행복해한다. 매우 지내기에 좋다. 그러한 마음들도 새길 수 없다. 혹시 새기더라도 분명히 구분해서 확실하게 알 수 없다. 그렇다고 다른 것을 생각하지도 않는다. 생각하려 해도 할 수 없게 되어 깨끗하고 행복하게 머문다. 이렇게 깨끗한 마음들의 힘이 약해졌을 때 계속해서 새기면 생멸을 분명하게 안다. 조금 시간이 지나면 다시 제일 미세하고 제일 좋은 새김, 앎의 상태에 이른다. 그때 지혜의 힘이 좋으면 형성들이 사라진 성품에 이전처럼 도달한다. 삼매와 지혜의 힘이 매우 좋으면 이러한 방법으로 여러 번 이를 수 있다. 요즘 수행자들 중에는 첫 번째 도와 과에 도달하는 것을 목표로 수행하는 이가 많기 때문에, 그렇게 도달한 첫 번째 과에만 자주 반복해서 이르는 것이다. 지금까지 수다원 과에 이를 때까지 수행하는 모습들, 새기는 차례들, 그리고 지혜로 경험하여 보는 모습들을 설명하였다.

도와 과에 이른 이들의 마음, 마음가짐은 이전과는 다르다. 특별하다. 마치 새로운 삶으로 바뀐 것처럼 생각되기도 한다. 신심, 존경함, 깨끗함이라고 하는 믿음(saddhā)이 매우 확고하게 된다. 그러한 확고한 믿음의 힘 때문에 희열(pīti), 경안(passaddhi)들도 많이 생겨난다. 행복(sukha)도 저절로 생겨난다. 이러한 믿음, 희열, 경안, 행복들이 '뭉클뭉클'하며 매우 강하게 생겨나기 때문에 도와 과에 이르고 난 다음에는 관찰하여 새겨도 분명히 구분하여 알 수 없게 되기도 한다. 그렇지만 몇 시간, 며칠이 지나면 그러한 믿음 등의 힘이 사그라질 것이며, 그때에는 분명히 구별하여 알 수 있게 되어 새김이 좋아질 것이다. 일부 수행자들에게는 도와 과에 이르고 난 다음부터 마치 짐이 가벼워진 것처럼, 새기고 싶지 않은 것처럼, 충분한 것처럼 생각하는 마음이 생겨나기도 한다.

원래 그 정도의 도와 과만 목적으로 했기 때문에 그 성취에 대해 만족감이 생겨나는 것이라고 알아라.

2. 과에 드는 모습

이미 얻은 과의 마음을 다시 생겨나게 하려면(= 이전에 생겨났던 과 인식과정에 따라 열반의 행복을 직접 경험하여 알기를, 누리기를 원한다면), 과에 이르기를 결의한 후 생겨나는 물질과 정신 현상들을 새기던 대로 계속 새겨야 한다. 위빳사나 관찰을 할 때 범부들은 정신·물질 구별의 지혜부터 생겨나고, 성자들은 생멸의 지혜부터 생겨나는 것은 정해진 법칙이다. 따라서 처음 새길 때에는 생겨남과 사라짐, 이 두 가지 모두를 알면서 생멸의 지혜가 생겨나게 되고 지혜 단계의 차례에 따라 향상되어 머지않아 제일 고요하고 제일 좋은 새김과 앎이 생겨나는 형성평온의 지혜에 이를 것이다. 이 지혜의 힘이 구족했을 때 형성들이 소멸된 열반 대상에 이전처럼 건너가서 과 인식과정이 생겨날 것이다.

이 과의 마음은 "미리 시간을 결의하지 않고서 입정한 이에게는" 가끔은 한 찰나 정도만 생겨난다. 가끔은 5분, 10분, 15분, 30분, 1시간 등으로 길게 생겨나기도 한다. 주석서에서는 "낮 동안 내내, 밤 동안 내내 생겨나기도 한다. 결의한 시간 내내 생겨난다"라고 설명하였다. 그 주석서의 설명대로 최근에도 삼매와 위빳사나 지혜가 예리한 이들이 1시간, 2시간, 3시간 등으로 스스로 결의한 시간만큼 오랫동안 과에 머물고 있는 것을 볼 수 있다. '그만하기를 바랄 때에만 과에서 나오기를'하며 미리 결의하였다면 과를 바라지 않을 때가 되어서야 출정하게 된다. 그러나 1시간, 2시간 등으로 시간이 길어지면 그 중간중간에 반조하는 마음들이 가끔 생기기도 한다. 그 마음들을 네 번, 다섯 번 정도 새기면 과에 다시 이르게 된다. 이렇게 만족할 때까지 몇 시간이고 오랫동안 머물고 있는 것도 경험할 수 있다. 이러한 과의 마음들이 생겨나고 있는 동안에는 형성들이 완전히 소멸한 열반 대상에만 마음이 머문다. 그 외에 다른 어떠한 대상도 알지 못한다. 열반이라고 하는 것은 이 세상, 다른 세상과 관련된 물질·정신 형성들이라는 법, 개념이라는 법과는 완전히 다른, 완전히 별개인 성품법이다. 따라서 과에 입정해 있을 때는 자신의 몸과 마음 무더기 등 이 세상, 다른 세상에 관한 것을 전혀 새길 수 없다. 모른다. 생각이나 숙고 등이 완전히 사라진다. 보이고 들리고 닿아지고 맡아지는 여러 대상들이 분명하게 존재하더라도 아무것도 모른다. "appanājavanaṁ iriyāpathampi sannāmeti(본삼매 속행은 자세도 유지시킨다)"[67]라고 하는 주석서의 내용대로 자세도 흔들림이 없다. 앉아서 입정했다면 원래 앉은 모습 그대로 유지된다. 흔들림, 앞으로 숙임, 옆으로 기울어짐 등이 없다. 과 인식과정이 끝나면 형성들이 소멸된 성품, 그렇게 고요한 곳에 이르고 있는 성품들을 반조함, 또는 모습 등의 여러 대상들을 접하여 봄, 생각함 등이 제일 먼저 분명하게 생겨난다. 그 다음 원래 계속해서 새기던 새김, 깨끗함, 반조함 등의 마음들이 적합하게 생겨난다. 새기던 대로 새겨도 처음에는 거친 생멸을 알면서 조금 성글게 생겨난다. 하지만 위빳사나가 특별히 힘이 좋아지면 과에서 출정했을 때도 새김이 성글게 되지 않고 계속 좋은 상태 그대로 매우 미세하게 되기도 한다.

---

67 As.42.

특히, 과에 빠르게 이르도록, 과에 오랫동안 머물도록 결의하는 것은 수행하기 전에만 행해야 한다. 새기고 있는 중에는 그러한 결의를 위해 신경을 쓰거나 바라거나 해서는 안 된다. 위빳사나의 힘이 아직 구족되지 않았으면 새김이 특히 좋아졌을 때 소름 끼침, 하품, 떨림, 한숨 등이 생겨나 새김이 성글어지기도 한다. 새김이 특히 좋아졌을 때 '이르게 될 것이다'라고 반조하기 때문에 새김이 성글어지기도 한다. 반조하지 말라. 혹시 반조하게 되더라도 그러한 반조를 즉시 잘 따라서 새겨라. 이렇게 성글게 되는 것을 많이 경험하고 나서야 과에 이르는 수행자도 있다. 삼매와 지혜의 힘이 적으면 과에 빠르게 이를 수 없다. 이르더라도 오랫동안 머물 수 없다. 지금까지 과에 드는 모습을 설명하였다.

3. 지혜 단계를 분명하게 관찰해 보는 방법

일부 수행자들은 두려움의 지혜, 허물의 지혜, 염오의 지혜, 벗어나려는 지혜 등의 단계에서 오랫동안 머물지 않았기 때문에 그러한 지혜들이 분명하지 않은 경우가 있다. 만약 분명하게 알고자 하면 각각의 지혜 단계를 구분하여 관찰해 보라. 관찰 모습은 다음과 같다. '이번 30분 동안은, 이번 한 시간 동안은 생겨남과 사라짐, 두 가지 모두를 관찰하리라. 생멸의 지혜만 생겨나게 하리라'라고 분명히 구분하여 새기고 있으면 그 30분 동안, 한 시간 동안은 그 위의 지혜로 나아가지 않고 생멸의 지혜만 생겨날 것이다. 결의한 시간에 도달하면 소멸만을 경험하고 보면서 저절로 무너짐의 지혜가 생겨날 것이다. 만약 저절로 생겨나지 않더라도, '소멸만을 관찰하리라. 무너짐의 지혜가 생겨나게 하리라'라고 분명히 구분하여 새기고 있으면 소멸만을 알면서 무너짐의 지혜가 생겨날 것이다. 결의한 시간에 도달하면 그 다음 지혜로 저절로 나아갈 것이다. 그 다음 지혜들에 대해서도 같은 방법으로 하면 된다.

저절로 나아가지 않더라도 그 지혜에 대해 충분히 만족했을 때 '두려운 것으로만 보면서 두려워하는 지혜가 생겨나게 하리라'라고 마음을 기울이면 두려운 것으로만 드러나서 두려움의 지혜가 생겨날 것이다. 그 지혜에 대해 충분히 만족했을 때 '허물을 보면서 허물의 지혜만 생겨나게 하리라'라고 마음을 기울여라. 계속해서 새길 때마다 허물만을 보면서 허물의 지혜가 생겨날 것이다.

그 지혜에 대해서도 충분히 만족했을 때 '역겨운 것으로 관찰하는 염오의 지혜가 생겨나게 하리라'라고 마음을 기울여라. 계속해서 새길 때마다 역겨워하고, 염증 내면서 염오의 지혜가 생겨날 것이다.

그 지혜에 대해서도 충분히 만족했을 때 '형성들로부터 벗어나기를 바라는, 벗어나려는 지혜가 생겨나게 하리라'라고 마음을 기울여라. 형성들로부터 벗어나기만 바라면서 벗어나려는 지혜가 새길 때마다 생겨날 것이다.

그 지혜에 대해서도 충분히 만족했을 때 그 위의 지혜로 나아가기 위해 마음을 기울여라. 고통스러운 느낌들이 분명함, 자세를 바꾸길 원함, 만족하지 못함 등과 함께 재성찰의 지혜가 생겨날 것이다.

그 지혜에 대해서도 만족하게 되면 제일 좋은 새김과 앎, 형성평온의 지혜에 이르도록 마음 기울여 보라. 그 자신의 여세에 따라 저절로 계속해서 알면서 매우 미세한 형성평온의 지혜가 생겨날 것이다.

이러한 방법에 따라 분명히 구분하여 새기고 있으면 정해 놓은 그 시간 동안에는 생겨나기를 원했던 그 지혜만 생겨나는 것, 또한 그 지혜에 대해 만족하여 그 위의 지혜가 생기기를 바랄 때, 시간이 되었을 때는 새겨 아는 것이 위의 지혜로 "마치 지침(指針)처럼" 계속해서 넘어가는 것 등을 분명하게 경험할 수 있을 것이다. 한 번 정도로는 아직 분명하지 않다면 여러 번 노력해 보라. 이렇게 분명하게 구분하여 새기고 있으면 삼매나 지혜가 매우 예리한 수행자의 경우 짧은 시간, 순간적으로 네 번, 다섯 번, 열 번 정도 새기는 사이에도 형성평온의 지혜에 이른다. 과에도 순간순간 이른다. 아주 숙련된 수행자의 경우에는 가고 있는 동안, 식사하고 있는 동안에도 과에 이를 수 있다.

4. 위의 도와 과를 위해 수행하는 방법

이미 얻은 과에 빠르게 이르도록, 오랫동안 머물도록 여러 번, 자주 노력하고 입정하여 그 과에 대해 만족하게 되면 그 위의 도와 과, 특별한 법들을 알고 보기를 결의하고 마음 기울여 관찰하고 새기며 노력해야 한다. 노력하는 모습은 다음과 같다. 수행하려는 기간, 날짜를 미리 정해 놓고 '이 정도의 기간 동안에는 이미 얻은 과의 법에 입정하지 않기를. 이미 얻은 과에 이르지 않기를. 아직 얻지 못한 그 위의 도와 과, 특별한 법들만 생겨나기를. 그 위의 도와 과, 특별한 법만 알고 볼 수 있기를. 그 법들에 이르기를'이라고 마음 기울여 결의한 후 생겨나고 있는 물질과 정신의 여러 현상들을 계속해서 새기던 대로 새겨야 한다. 이렇게 기간을 미리 정해 놓는 것은 그 위의 도와 과에 만약 이르지 못하고 그 기간이 지난 경우에 이미 얻은 과에 입정하길 원할 때 쉽게 입정할 수 있기 위해서이다. 그렇지 않고 '오늘부터 시작하여 위의 도와 과를 위해서만 노력하리라'고 기간을 정하지 않고 노력하면 이미 얻은 과에 다시 입정하지 못하게 될 수도 있기 때문이다. 그때 위의 도와 과에도 이르지 못한 수행자는 이미 얻은 과에도 다시 이를 수 없게 되어 불만족이 생기거나 마음이 불편하게 되기도 한다.

〔또한〕'이미 얻은 과에 입정하지 않기를'이라고 〔이미 얻은 과에 대한〕 매달림을 미리 잘 끊어 버리면 그렇게 정해 놓은 기간 동안에는 이미 얻은 과에 다시 이르지 않게 되는 이익을 얻을 수 있다. 그리고 지혜가 구족되었을 때 그 위의 도와 과에만 이르게 되는 이익도 얻을 수 있다. 〔이전의 과에 대한〕 매달림을 잘 제거하지 않으면 이미 얻은 과에만 계속해서 다시 이르게 된다. 따라서 원하는 기간을 정해 놓고 그 기간 동안에는 이미 얻은 과에 대한 매달림을 잘 끊어 내어 관찰하고 새겨야 한다.

이렇게 새길 때에는 생멸의 지혜부터 시작해서 위빳사나 지혜들이 이전과 같이 차례대로 생겨날 것이다. 지혜가 생기는 모습은 과에 입정하기 위해 노력할 때 생겨났던 위빳사나처럼 생겨나지 않고, 도에 도달하기 위해 노력할 때 생겨났던 위빳사나처럼 생겨난다. 생멸의 지혜가 아직 약할 때는 여러 가지 빛, 여러 가지 모습이나 형색들을 경험하기도 한다. 여러 가지 고통스러운 느낌들을 경험하기도 한다. 물질과 정신의 생멸들도 거칠고 어지럽게 드러난다. 과에 입정하기 위해서 관찰할 때는 순간적으로 형성평온의 지혜, 과의 지혜에 이르는 것이 보통이었지만 이제는 지혜의 힘이 아직 구족되지 않으면 아래 단계의 지혜들에만 오랫동안 머물러 있기도 한다. 하지만 처음 수행을 시작했을 때처럼 오랜 시간이 걸리거나 아주 힘들지는 않다. 단 하루만에 지혜가 차례대로 성숙되고 향상되어 형성평온의 지혜에 도달할 수도 있다. 앎도 이전보다 더욱 특별하게 좋아진다. 앎이 자세해지고 봄이 광범위해진다. 앎과 봄이 매우 깨끗해지고 분명해진다. 세간대상이나 윤회의 고통을 두려워함, 허물을 봄, 염증 냄, 벗어나려 함, 물러남 등이 이전보다 더욱 많이 생겨난다. 이전에는 한 시간 동안 보통 네 번, 다섯 번이나 과에 이르렀지만 지금은 위의 도를 얻는 데 지혜의 힘이 충분하지 않으면 형성평온의 지혜만 계속해서 생겨나게 된다. 하루, 이틀, 사흘 등으로 혹은 며칠, 몇 달, 몇 년 등으로 시간이 오래 걸리기도 한다.

드디어 지혜가 충분히 구족되었을 때 매우 특별히 빠르고 분명한 새김과 앎들이 생겨나서 형성들이 소멸한 열반 대상으로 이전처럼 건너가서 두 번째 도와 과의 지혜들이 생겨날 것이다. 그 다음에 도와 과, 열반을 반조함, 번뇌들을 반조함 등이 적합하게 생겨날 것이다. 그리고 그후에 계속 새기던 대로 새기며 생겨남과 사라짐을 아는 생멸의 지혜와 매우 깨끗한 마음의 차례 등도 적절하게 생겨날 것이다. 지금까지 사다함 도와 과에 이르기까지 수행하는 모습, 새기는 차례와 지혜로 경험하여 보는 모습을 설명하였다.

다시 세 번째 도와 과를 증득하려면 기간을 정하고 나서 이미 얻은 과에 입정하려는 매달림을 제거하고 '아직 알지 못한 위의 도와 과라는 특별한 법이 생겨나기를. 위의 도와 과라는 특별한 법만을 알고 볼 수 있기를. 그 법에 이르기를'이라고 결의한 후 생겨나는 몸과 마음의 여러 현상들을 새기던 대로 새겨야 한다. 생멸의 지혜를 시작으로 지혜가 차례대로 성숙되고 향상되어 머지않아 형성평온의 지혜에 도달할 것이다. 그리고 아직 지혜의 힘이 충분하지 않다면 그 형성평온의 지혜에만 머물게 될 것이다. 〔그러다〕 형성평온의 지혜가 힘이 충분해졌을 때 모든 형성들이 소멸한 열반 대상에 이전처럼 건너가 세 번째 도와 과의 지혜들이 생겨날 것이다. 반조, 새김, 깨끗함 등도 이전과 같이 생겨날 것이다. 지금까지 아나함 도와 과에 이르기까지 수행하는 모습, 새기는 차례와 지혜로 경험하여 보는 모습을 설명하였다.

네 번째 도와 과를 증득하기 위해서도 마찬가지 방법으로 기간을 정하는 것, 매달림을 제거하는 것, 결의하는 것 등을 행한 후 생겨나는 몸과 마음의 여러 현상들을 새기던 대로 새겨야 한다. 다른 방법으로 바꾸어 새길 필요가 없다. 그래서 「새김확립 긴 경」에서 이렇게 관찰하여 새기는 사띠를 '하나뿐인 길, 오직 한 갈래뿐인 길(ekāyano)'이라고 설하셨다. 생멸의 지혜를 시작으로 지혜가 차례대로 성숙되고 향상되어 머지않아 형성평온의 지혜에 도달할 것이다. 그리고 아직 지혜의 힘이 충분하지 않다면 형성평온의 지혜에만 머물게 될 것이다. 〔그러다〕 형성평온의 지혜가 힘이 충분해졌을 때 모든 형성들이 소멸한 열반 대상에 이전처럼 건너가 네 번째 도와 과의 지혜들이 생겨날 것이다.

위의 내용 중에서 "각각의 도와 과의 지혜들이 생겨날 것이다"라고 한 구절은 그러한 지혜가 생겨날 정도로 바라밀이 구족된 이들에 대해서 말한 것이다. 바라밀 지혜가 아직 성숙되지 못한 이들은 형성평온의 지혜에만 머물게 될 것이다. 특히 첫 번째 도와 과를 얻은 이가 두 번째 도와 과에는 머지않아 쉽게 이를 수 있어도 세 번째 도와 과에는 빠르게 이를 수 없어 시간이 오래 걸리는 경우가 많다. 그 이유는 다음과 같이 설명할 수 있다. 즉 수다원, 사다함 이 두 존재는 '계라는 공부지음을 구족하게 실천한 이(sīlesu paripūrakārī)'일 뿐이다. 그래서 〔수다원은〕 계

공부지음을 구족한 단계로는 동일한 두 번째 도와 과에 빠르고 쉽게 이를 수 있다. 아나함은 '삼매라는 공부지음을 구족하게 실천한 이(samādhismiṁ paripūrakārī)'이다. 그래서 계의 단계인 두 번째 과에서 삼매의 단계인 세 번째 도와 과에는 빠르게 이를 수 없는 경우가 있다. 그렇지만 어떠한 도와 과에 이를 수 있을 정도로 바라밀이 성숙했는가, 성숙하지 않았는가는 충분하고 구족하게 노력하지 않고서는 알 수가 없다. 며칠, 몇 달, 몇 년 등으로 아주 오랜 기간 노력해야 도와 과에 이를 수 있는 이들도 있기 때문에 며칠, 몇 달 등으로 아주 조금 노력하는 것만으로 도와 과에 이르지 못했다고 해서 '바라밀이 구족되지 않았어'라고 미리 결정할 수는 없다. 또한 지금 수행하고 있는 것도 아직 구족되지 않은 바라밀 지혜를 구족하도록 채워 줄 수 있는 것이다. 그러므로 '바라밀이 구족되었나, 구족되지 않았나' 살펴보거나 생각하지 말라.

'수행을 하지 않고 그냥 지내면 바라밀조차 생겨날 수 없다. 바라밀이 구족되었어도 이번 생에 도와 과를 얻을 수 없다. 수행을 해야만 바라밀도 성숙되고 바라밀이 구족되었을 때 원하는 도와 과에 쉽게, 빠르게 이를 수 있다. 바라밀이 어느 정도 구족되었다면 지금 수행하는 것으로 인해 바라밀이 완전히, 충분히 구족되기 때문에 원하는 도와 과에 지금 바로 이생에 이를 수 있다. 적어도 다음 생에는 도와 과에 쉽게 이를 수 있게 하는, 아주 강력한 바라밀의 씨앗이 확실히 될 것이다'라는 틀림없는 사실만을 심사숙고하고 명심해서 물러서지 말고 열심히 노력해야 한다.

아라한 과의 마음이 사라지면 이미 알고 본 도와 과, 열반을 다시 돌이켜 반조해 보게 된다. '모든 번뇌가 사라져 버렸다. 언제라도 번뇌가 생겨나지 않는다. 해야 할 일을 해 마쳤다'라고도 반조하고 결정한다. 지금까지 아라한이 되기까지 수행하는 모습, 새기는 차례와 지혜로 경험하여 보는 모습을 설명하였다.

열반의 증득이 끝났다.

격려와 당부

1. 격려의 말

Bhāvetabbā satā cevaṁ, satipaṭṭhāna bhāvanā;
Vipassanā rasassādaṁ, patthentenīdha sāsane.

대역

ca**또한** 격려하는 말을 하리라.
idha sāsane고따마라고 불리는
분명히 현존하셨던 부처님께서
가르치셨고, 훈계하셨던 **이** 불교라는 **교법 안에서**
vipassanā rasassādaṁ**위빳사나** 지혜, **통찰지의 진정한 진수**,
진실된 핵심, 세 가지 행복, 도와 과, 열반을
patthentena**서원하는**, 원하는
의욕 많은 satā(santena)**선남자, 선여인들이라면**
satipaṭṭhāna bhāvanā**새김확립 수행을**,
즉 몸·느낌·마음·법이라고 하는
네 가지 대상에 대해
꿰뚫어 들어가듯이 분명한 새김을 확립하는
이 '사띠빳타나'라고 부르는,
꼭 실천해야 하는 수행을

evaṁ **여기** 제5장**에서 설명했던**

관찰하고 새기는 **방법의 차례에 따라**

bhāvetabbā**수행해야 한다**. 수행하길 바란다.

2. 특별히 주의할 점

이 수행방법론에서 설명했던 위빳사나 관찰방법의 차례는 통찰지가 어느 정도 구족된 이에게는 충분한 설명이 되었을 것이다. 그러한 수행자들은 이 수행방법론을 보는 것만으로 매우 강한 믿음(saddhā)·열의(chanda)·노력(vīriya)이 생겨나 물러나지 않고 열심히, 정성스럽게 노력한다면, 설명한 대로 위빳사나 지혜, 도와 과의 지혜들에 확실하게 이를 수 있다. 하지만 실제로 수행하는 이들에게 생겨나는 특별한 현상들, 지혜로 경험하는 특별한 현상들을 이 책에서 모두 다 설명할 수는 없었다. 많은 부분을 설명하지 않은 채 남겨 두었다. 또한 이 책에서 설명해 놓은 모든 경험들, 보는 모습들을 수행하는 모든 이들이 경험해야 하는 것도 아니다. 수행하는 이들의 바라밀에 따라 통찰지의 자세함과 성김, 분명함과 분명하지 않음도 서로 다르다.

또한 수행하는 이의 믿음·열의·노력도 항상 확고하고 강한 것은 아니다. 스승 없이 책만을 의지해서 수행하게 되면 "한번도 가 보지 않았던 길을 혼자서 가야 하는 사람처럼" 의심이 제거되지 않기 때문에 조금 머뭇거리기도 한다. 따라서 보통 사람의 경우, 도와주거나 격려해 줄 스승 없이 혼자서 수행하면 특별한 위빳사나 지혜, 도와 과에 편안하게 이르기가 쉽지 않다. 그러므로 도와 과의 지혜로 열반을 직접 알 수 있을 정도로 매우 열심히 노력하기를 바라는 수행자라면 "yathābhūtaṁ ñāṇāya satthā pariyesitabbo[68] = 사실대로 보는 지혜를 원한다면 스승을 찾아야 한다"라는 『상윳따 니까야(Saṁyutta Nikāya 주제별 경모음집)』의 경전구절에 따라 "바르게, 정확하게 수행하여 위빳사나 지혜의 단계들, 도와 과, 반조의 지혜들과 함께 과에 입정하는 모습까지 경전과 일치하게 설명할 수 있는" 바른 스승에게서 방법을 배워 수행하기 바란다. '나는 특별한 사람이야. 다른 사람에게서 수행방법을 배울 필요가 없어'라고 우쭐거리는 거만의 높은 콧대도, 뽓틸라 장로께서 실천하셨던 모습을 명심하여 낮추기 바란다. 꺾어 버리기 바란다.[69] 수행할 때도 아래에 인용한 부처님의 훈계를 심사숙고하고 마음에 새겨 열심히, 충분히, 구족하게 노력하기 바란다.

Nayidaṁ sithilamārabbha, nayidaṁ appena thāmasā;
Nibbānaṁ adhigantabbaṁ, sabbadukkhappamocanaṁ.
(Nidānavagga saṁyutta, S.i.466)

대역

(bhikkhave)비구들이여,

sabbadukkhappamocanaṁ**모든 고통에서 벗어나 버린,**

idaṁ nibbānaṁ**이 열반을**

sithilaṁ ārabbha**느슨한 노력으로는**

na adhigantabbaṁ알 수 없다, **증득할 수 없다.**

idaṁ nibbānaṁ**이 열반을**

appena thāmasā**조그마한 힘으로는**

68 원주(본문내용): S.i.350.

69 이 책의 제1권 pp.407~411 참조.

na adhigantabbaṁ알 수 없다, **증득할 수 없다**.
매우 큰 힘으로, 매우 열심히 노력하여야만
알 수 있다, 증득할 수 있다.

격려와 당부가 끝났다.

제5장 실제 위빳사나 수행방법이 끝났다.

제6장

지혜 단계에 대한 결정

제1장에서는 계청정(sīla visuddhi)을 설명했고, 제2장에서는 마음청정(citta visuddhi)을 설명했다. 제3장, 제4장, 제5장에서는 견해청정(diṭṭhi visuddhi)부터 지견청정(ñāṇadassana visuddhi)까지 수행하는 모습, 경험하여 알고 보는 모습을 기본적인 사항과 함께 설명했다. 이제 제6장에서는 관찰하는 수행자에게 차례대로 생겨나는 정신·물질 구별의 지혜 등과 함께 견해청정 등 지혜의 청정 다섯 가지를 문헌과 비교하여 설명할 것이다.

정신·물질 구별의 지혜와 견해청정

Nāmarūpānaṁ yāthāvadassanaṁ diṭṭhivisuddhi nāma.

(Vis.ii.222)

대역

nāmarūpānaṁ대상 쪽으로 향할 수 있는, 나아갈 수 있는 **정신**성품**과** 대상 쪽으로 향할 수 없는, 나아갈 수 없이 무너지기만 분명하게 무너지는 **물질**성품**을** yāthāvadassanaṁ바른 성품에 따라 **사실대로** 알고 **보는 것을** diṭṭhivisuddhi nāma**견해청정이라고 한다**.[70]

제5장에서 설명한 대로 관찰하는 이의 삼매가 매우 예리해지면, 그에게는 망상이나 생각 등의 장애들이 거의 생겨나지 않는다. 새김만 계속해서 깨끗하게 생겨난다. 가끔 망상들이 생겨나더라도 즉시 새겨 알 수 있기 때문에 그 망상들은 즉시 사라진다. 그때는 부풂, 꺼짐, 앉음, 섬, 감, 누움, 굽힘, 폄, 움직임 등 몸의 여러 동작들, 즉 바람 요소가 두드러진 감촉이라는 근본 물질들의 크고 분명한 여러 변화하고 무너지는 모습들, 그 밖에 여러 닿음을 통해서 알아지는 거칢, 부드러움, 뜨거움, 차가움, 팽팽함, 느슨함이라고 하는 근본 물질들을 '여러 가지로 변화하고 무너지는 성품일 뿐이다'라고, 혹은 '기둥, 바위, 모래처럼 대상을 알 수

70 『청정도론』 제3권, p.175 참조.

없는 성품일 뿐이다'라고 바로 그렇게 새기는 중에 알고 보고 이해한다. 그 밖에 보이는 형색과 볼 수 있게 할 정도로[71] 선명한 눈 감성물질, 들리는 소리와 들을 수 있게 할 정도로 선명한 귀 감성물질, 맡아지는 냄새와 맡을 수 있게 할 정도로 선명한 코 감성물질, 먹어 알아지는 맛과 먹어서 알 수 있게 할 정도로 선명한 혀 감성물질, 닿아 알 수 있게 할 정도로 선명한 몸 감성물질,[72] 생각하고 아는 것의 토대인 심장 물질, 이러한 등의 파생 물질(upādā rūpa), 즉 거칠고 분명한 〔근본〕 물질들을 의지하는 파생된 물질들도 바로 그렇게 새기는 중에 같은 방법으로 알고 보고 이해한다. 이렇게 혼동됨 없이 알고 보고 이해하는 것은 "ruppana – lakkhaṇā(변화하고 무너지는 특성), abyākata – paccupaṭṭhānā(대상을 취할 수 없는 것으로[73] 나타남)"라는 것을 통해서 물질법을 사실대로 바르게 아는 것이기 때문에 "rūpa yāthāva dassana = 물질을 사실대로 아는 지혜"이다.

'abyākata – paccupaṭṭhānā'를 통해서 안다는 말은 다음의 『위방가(Vibhaṅga 分別論) 근본복주서』, 『위숫디막가(Visuddhimagga 淸淨道論) 대복주서』(이하 『대복주서』)를 의지해서 설명하는 구절이다.

> "Acetano abyākato"ti ettha viya anārammaṇatā vā abyākatatā daṭṭhabbā.
>
> (VbhMṬ.ii.91, Pm.ii.254)

71 '보는 현상이 생겨날 수 있을 정도로'라는 뜻이다.

72 닿아 알아지는 감촉은 앞서 근본 물질 중 땅 요소, 불 요소, 바람 요소로 이미 언급되었다.

73 '선도 불선도 아닌 무기(無記)인 것으로'라고로 번역할 수 있으나, '대상을 취할 수 없는'으로 해석한 이유가 다음에 바로 설명되어 있다.

대역

vā또 다른 방법으로는 acetano abyākatoti ettha viya**'acetano abyākato'라는 이 구절에서처럼** anārammaṇatā**대상을 취할 수 없는 성품이** abyākatatā**'abyākata'**의 성품, 'abyākata'의 의미**라고** daṭṭhabbā**알아야 한다.**

이 구절이 뜻하는 바는 다음과 같다. "iti kesā nāma imasmiṁ sarīre pāṭiyekko koṭṭhāso acetano abyākato suñño nissatto thaddho pathavīdhātu(그러므로 머리털이라고 하는 것은 이 몸 중의 특정한 한 부분이고, 의도가 없고, 대상을 취할 수 없고, 공(空)하고, 중생이 아니고, 딱딱하고 거친 땅 요소이다)"[74]라는 등의 요소 구분〔이라는 수행주제〕에 대한 주석에서 'abyākato'를 '대상을 취할 수 없는'이라는 의미로 알아야 하는 것처럼, 'abyāka paccupaṭṭhānā'라는 구절에 대해서도 '대상을 취할 수 없는 법이라고 〔위빳사나〕 지혜에 나타난다'라고 그 의미를 알아야 한다는 말이다. 이러한 복주서들의 해석은 〔실제〕 수행자들의 지혜에 드러나는 모습과도 매우 일치한다.

그 밖에 바로 그렇게 새기면서 "부풂, 꺼짐 등의 대상 쪽으로 새기는 마음이 계속해서 달려가 밀착되어 가는 것처럼" 드러난다. "봄, 들림, 냄새 맡음, 맛봄, 닿음, 굽히려 함, 펴려 함, 앎 등의 여러 마음들이 관계된 대상들 쪽으로 계속해서 도달하는 것처럼" 드러난다. 이렇게 드러나서 보고 아는 것은 "nāmana – lakkhaṇā(대상쪽으로 향하는, 기우는 특

74 *Mahāsi Sayadaw,* 『*Visuddhimagga Myanmarpyan*(위숫디막가 미얀마 어 번역)』 제2권, p.639 참조. 『청정도론』 제2권, p.246의 해석과 비교해 보라.

성)"를 통해서 정신법들을 사실대로 바르게 아는 것이기 때문에 "nāma yāthāva dassana = 정신을 사실대로 아는 지혜"이다.

이렇게 사실대로 바른 성품에 따라서 알고 보는 이에게 물질과 정신들이 서로 따로따로 구별되어 드러난다. 새기지 않았을 때나 갓 새기기 시작했을 때처럼 이어진 것으로, 한 무더기로, 하나로, 한 덩어리로는 드러나지 않는다. 제일 낮은 단계로 말하자면 배가 부풀 때 부푸는 것이 따로 + 새기는 것이 따로, 이렇게 구별되어 드러난다. 그와 마찬가지로 배가 꺼질 때에는 배가 꺼지는 것이 따로 + 새기는 것이 따로, '앉음'하며 관찰할 때는 앉아 있는 것이 따로 + 새기는 것이 따로, 굽힐 때와 펼 때에는 굽히려고 하는 것과 펴려고 하는 것이 따로 + 굽히는 것과 펴는 것이 따로 + 그것을 새기는 것이 따로, 볼 때에는 보이는 대상과 눈이 따로 + 보는 것과 새기는 것이 따로, 이러한 등으로 구별되어서만 드러난다. 이렇게 새기는 동안에 물질과 정신이 완전히 따로 구별되어 분명하게 드러나는 모습을 설명하기 위해 『위숫디막가(淸淨道論)』에서는 아래와 같이 옛 선인의 게송을 드러내어 보였다.

Na cakkhuto jāyare phassapañcamā,
Na rūpato no ca ubhinnamantarā;
Hetuṁ paṭiccappabhavanti saṅkhatā,
Yathāpi saddo pahaṭāya bheriyā.

(Vis.ii.230)

대역

phassapañcamā접촉, 느낌, 인식, 의도, 마음이라고 하는

접촉제5법들은

즉 눈 접촉을 다섯 번째로 하는 봄의 성품들은

cakkhuto**눈** 안**에서** na jāyare나와 **생겨난 것도 아니고,**

rūpato**형색** 안**에서** na jāyare나와 **생겨난 것도 아니고,**

ubhinnamantarā ca눈과 형색, **그** 두 가지의 **중간에서**

na jāyare나와 **생겨난 것도 아니다.**

saṅkhatā관련된 여러 조건들이 모여 **형성된 것들,**

즉 봄의 성품들**은**

hetuṁ paṭicca눈과 형색 등 여러 **원인을 조건으로 하여**

pabhavanti**생겨난다.**

yathāpi**마치** pahaṭāya bheriyā**북을 두드리면** saddo**그 소리가**

pabhavatiyathā북과 북채 등의 여러 조건들을 의지해서

생겨**나는 것처럼.**[75]

의미 북소리는 아직 북을 치기 전에 그 북 속에 감추어져 있는 것도 아니다. 북채 속에 감추어져 있는 것도 아니다. 북과 북채의 사이에 감추어져 있는 것도 아니다. 따라서 북을 칠 때 나는 그 북소리는 북 속에서 나온 것도 아니다. 북채 속에서 나온 것도 아니다. 《북이라는 물질, 북채라는 물질들, 그 자체가 소리 물질이 되는 것이 아니라는 말이다.》 북과 북채의 중간에서 나온 것도 아니다. 사실은 북과 북채, 북을 침이라고 하는 여러 조건들을 의지해서 북을 거듭 칠 때마다 계속해서 새로 생겨나는 소리만 존재한다. 따라서 북과 북채가 따로 + 북소리가 따로 구별되는 것과 마찬가지로 '봄'이라는 현상도 아직 보기 전에 눈 안에 감추어져 있었던 것도 아니고, 형색 안에 감추어져 있었던 것도 아니고, 눈과 형색의 중간, 사이에 감추어져 있었던 것도 아니다. 따라서 형색이 거듭

---

75 『청정도론』 제3권, pp.191~193 참조.

드러날 때마다 생겨나는 그 '봄'은 눈 안에서 나온 것도 아니고, 형색 안에서 나온 것도 아니다. 《눈 감성물질, 형색 물질, 그 자체가 봄이 되는 것이 아니라는 뜻이다.》 눈과 형색의 사이, 중간에서 나와 생겨난 것도 아니다. 사실대로 말하자면 눈, 형색, 빛, 마음기울임이라고 하는 조건들을 의지해서 형색이 거듭 드러날 때마다 계속해서 새로 생겨나는 봄의 성품일 뿐이다. 따라서 눈과 형색이 따로 + 봄이 따로 이렇게 구별되어 드러난다는 의미이다. 《들음, 냄새 맡음, 닿음과 관련된 게송은 〔봄과〕 다른 부분만 그 성전과 의미를 설명하겠다.》

> Na sotato jāyare phassapañcamā,
> Na saddato no ca ubhinnamantarā …
>
> (Vis.ii.230)

대역

phassapañcamā**접촉제5법들은**
즉 귀 접촉을 다섯 번째로 하는 들음의 성품들은
sotato**귀** 안**에서** na jāyare나와 **생겨난 것도 아니고,**
saddato**소리** 안**에서** na jāyare나와 **생겨난 것도 아니고,**
ubhinnamantarā ca귀와 소리, **그** 두 가지의 **중간에서**
na jāyare나와 **생겨난 것도 아니다.**
saṅkhatā관련된 여러 조건들이 모여 **형성된 것들,**
즉 들음의 성품들은
hetuṁ paṭicca귀와 소리 등 여러 **원인을 조건으로 하여**
pabhavanti**생겨난다.** yathāpi**마치** …

Na ghānato jāyari phassapañcamā,

Na gandhato no ca ubhinnamantarā …

(Vis.ii.230)

대역

phassapañcamā**접촉제5법들은**

즉 코 접촉을 다섯 번째로 하는 냄새 맡음의 성품들은

ghānato**코** 안**에서** na jāyare나와 **생겨난 것도 아니고,**

gandhato**냄새** 안**에서** na jāyare나와 **생겨난 것도 아니고,**

ubhinnamantarā ca코와 냄새, **그** 두 가지의 **중간에서**

na jāyare나와 **생겨난 것도 아니다.**

saṅkhatā관련된 여러 조건들이 모여 **형성된 것들,**

즉 냄새 맡음의 성품들**은**

hetuṁ paṭicca코와 냄새 등 여러 **원인을 조건으로 하여**

pabhavanti**생겨난다.** yathāpi**마치** …

Na jivhāto jāyare phassapañcamā,

Na rasato no ca ubhinnamantarā …

(Vis.ii.230)

대역

phassa - pañcamā**접촉제5법들은**

즉 혀 접촉을 다섯 번째로 하는 맛봄의 성품들은

jivhāto**혀** 안**에서** na jāyare나와 **생겨난 것도 아니고,**

rasato**맛** 안**에서** na jāyare나와 **생겨난 것도 아니고,**

ubhinnamantarā ca혀와 맛, **그** 두 가지의 **중간에서**

na jāyare나와 **생겨난 것도 아니다.** …

saṅkhatā관련된 여러 조건들이 모여 **형성된 것들,**

즉 맛봄의 성품들**은**

hetuṁ paṭicca혀와 맛 등 여러 **원인을 조건으로 하여**
pabhavanti**생겨난다**. yathāpi**마치** …

Na kāyato jāyare phassapañcamā,
Na phassato no ca ubhinnamantarā …

(Vis.ii.230)

대역

phassapañcamā**접촉제5법들은**
즉 몸 접촉을 다섯 번째로 하는 닿음의 성품들은
kāyato**몸** 안**에서** na jāyare나와 **생겨난 것도 아니고**,
phassato**감촉** 안**에서** na jāyare나와 **생겨난 것도 아니고**,
ubhinnamantarā ca몸과 감촉, **그** 두 가지의 **중간에서**
na jāyare나와 **생겨난 것도 아니다**.
saṅkhatā관련된 여러 조건들이 모여 **형성된 것들**,
즉 닿음의 성품들**은**
hetuṁ paṭicca몸과 감촉 등 여러 **원인을 조건으로 하여**
pabhavanti**생겨난다**. yathāpi**마치** …

Na vatthurūpā pabhavanti saṅkhatā,
Na cāpi dhammāyatanehi niggatā;
Hetuṁ paṭiccappabhavanti saṅkhatā,
Yathāpi saddo pahaṭāya bheriyā.

(Vis.ii.231)

대역

saṅkhatā관련된 조건들이 모여 **형성된 것들**,
즉 생각함, 관찰함 등 앎의 성품**은**

vatthurūpā의지하는 심장 물질이라는 **토대 물질 안에서**

na pabhavanti나와 **생겨난 것도 아니고,**

dhammāyatanehi cāpi생각하여 아는, 관찰하여 새기는

법 감각장소라는 대상 **안에서**

na niggatā나와 **생겨난 것도 아니다.**

saṅkhatā관련된 여러 조건들이 모여 **형성된 것들,**

즉 관찰함 등 앎의 성품들**은**

hetuṁ paṭicca심장 물질, 성품대상 등의

여러 **원인을 조건으로 하여** pabhavanti**생겨난다.**

yathāpi**마치** pahaṭāya bheriyā**북을 두드리면** saddo**그 소리가**

pabhavatiyathā북과 북채 등의 여러 조건들을 의지해서

생겨**나는 것처럼.**[76]

그렇게 정신과 물질, 이 두 가지를 분명히 구별하여 아는 이는 다음과 같이 숙고하여 결정할 수 있다. 즉, "앉음, 섬, 굽힘, 폄, 봄, 들림 등의 여러 동작 하나하나를 정신만으로도 성취하게 할 수 없다. 물질만으로도 성취하게 할 수 없다. 물질과 정신, 이 두 가지 모두가 결합해야만 성취하게 할 수 있다. 이렇게 성취하게 할 수 있는 이 물질과 정신, 두 가지를 집착하여 '나는 앉는다. 나는 선다. 나는 간다. 나는 굽힌다. 나는 편다. 나는 본다. 나는 듣는다'라는 등으로 부르고 표현하고 있다. 사실대로 말하자면 앉음, 섬, 감 등을 행할 수 있는 '나', '중생'이라고 할 만한 것은 없다. 단지 정신과 물질, 이 두 가지만 존재한다"라고 반조하여 결정한다. 아래는 이러한 의미를 조금 엿보아 알 수 있는 『위숫디막가(淸淨道論)』의 구절이다.

---

76 『청정도론』 제3권, p.193 참조.

Atha kho nāmaṁ nissāya rūpaṁ pavattati, rūpaṁ nissāya nāmaṁ pavattati, nāmassa khāditukāmatāya pivitukāmatāya byāharitukāmatāya iriyāpathaṁ kappetukāmatāya sati rūpaṁ khādati, pivati, byāharati, iriyāpathaṁ kappeti.

(Vis.ii.231)

대역

Atha kho**사실은** nāmaṁ nissāya먹으려고 함 등의 **정신을 의지하여** rūpaṁ pavattati먹음 등의 **물질이 생겨난다**. rūpaṁ nissāya눈 등의 **물질을 의지하여** nāmaṁ pavattati봄 등의 **정신이 생겨난다**. nāmassa**정신이** khāditukāmatāya**먹으려 하고**, pivitukāmatāya**마시려 하고**, byāharitukāmatāya**말하려 하고**, iriyāpathaṁ kappetukāmatāya앉음·섬·감·누움이라고 하는 **자세를 행하려고 함이** sati**있으면**, 생겨나면 rūpaṁ **물질이** khādati**먹고**, pivati**마시고**, byāharati**말하고**, iriyāpathaṁ kappeti 앉음·섬·감·누움이라고 하는 **자세를 행한다**.[77]

이 성전을 통해서 "먹으려고 하는 것이 정신 + 먹는 것이 물질"이라는, "마시려고 하는 것이 정신 + 마시는 것이 물질"이라는, "말하려고 하는 것이 정신 + 말하는 것이 물질"이라는, "앉으려고 하는 것이 정신 + 앉는 것이 물질"이라는, "서려고 하는 것이 정신 + 서는 것이 물질"이라는, "가려고 하는 것이 정신 + 가는 것이 물질"이라는, "누우려고 하는 것이 정신 + 눕는 것이 물질"이라는 등의 의미도 직접 분명하게 알려 준다.

그 밖에 일부 수행자들은 비유를 통해서도 숙고하여 결정한다. 아래는 〔이러한 의미를 나타내 주는〕『위숫디막가(清淨道論)』의 내용을 번역

77 『청정도론』 제3권, p.193 참조

한 것이다.[78]

(Tasmā yathā akkhacakkapañjaraīsādīsu aṅgasambhāresu ekenākārena saṇṭhitesu rathoti vohāramattaṃ hoti, paramatthato ekekasmiṃ aṅge upaparikkhiyamāne ratho nāma natthi. Yathā ca kaṭṭhādīsu gehasambhāresu ekenākārena ākāsaṃ parivāretvā ṭhitesu gehanti vohāramattaṃ hoti, paramatthato gehaṃ nāma natthi. Yathā ca aṅguliaṅguṭṭhādīsu ekenākārena ṭhitesu muṭṭhīti vohāramattaṃ hoti. Doṇitantiādīsu vīṇāti. Hatthiassādīsu senāti. Pākāragehagopurādīsu nagaranti. Khandhasākhāpalāsādīsu ekenākārena ṭhitesu rukkhoti vohāramattaṃ hoti, paramatthato ekekasmiṃ avayave upaparikkhiyamāne rukkho nāma natthi. Evamevaṃ pañcasu upādānakkhandhesu sati "satto, puggalo"ti vohāramattaṃ hoti, paramatthato ekekasmiṃ dhamme upaparikkhiyamāne "asmīti vā ahanti vā"ti gāhassa vatthubhūto satto nāma natthi. Paramatthato pana nāmarūpamattameva atthīti. Evaṃ passato hi dassanaṃ yathābhūtadassanaṃ nāma hoti.)

(Vis.ii.228)

해석

굴대와 바퀴, 수레 차체, 수레 채 등의 여러 장치, **부품들이 하나의** 일정한 **형태로** 각각의 위치에 알맞게 **조립되었을 때 수레라는 명칭만 있다. 하나하나 부분을** 주의 깊게 **조사해 보면 빠라맛타 실재**

78 참고하기 위해 원문을 첨가하였다.

성품으로서의 수레라고 하는 것은 없다. 그와 마찬가지로 나무, 대나무 등 집을 구성하는 여러 부분들이 하나의 일정한 형태로 공간을 에워싸고 있을 때 집이라는 명칭만 있다. 하나하나 부분을 주의 깊게 조사해 보면 빠라맛타 실재성품으로서의 집이라고 하는 것은 없다. …[79] 둥치와 줄기, 가지, 잎 등 나무의 여러 부분들이 하나의 일정한 형태로 모여져 있을 때 나무라는 명칭만 있다. 하나하나 부분을 주의 깊게 조사해 보면 빠라맛타 실재성품으로서의 나무라고 하는 것은 없다.

이와 같이 다섯 취착무더기(五取蘊)들이 있을 때, 즉 정신과 물질, 이 두 가지가 하나의 덩어리로 차례대로 생겨나고 있을 때 중생, 혹은 개인이라는 명칭만 있을 뿐, 하나하나 법을 주의 깊게 조사해 보면, 즉 물질과 정신, 다섯 취착무더기의 성품법들을 하나하나 세밀히 관찰하면 '나'라고 하는 자만으로 집착하는 것, 혹은 '자아'라고 사견으로 집착하는 것, 이 두 가지로 집착하는 것의 토대가 되는 《영혼, 혼령 등으로 부르며 집착하는》 '중생'이라고 하는 것은 빠라맛타《직접 알 수 있는 성품 = 본래 존재하는 대로 바른 성품》로는 없다. 빠라맛타, 즉 직접 알 수 있어 본래 존재하는 대로의 바른 성품으로는[80] 대상으로 기울어 가는, 대상을 알 수 있는 정신 성품과, 대상을 알지 못하는, 단지 여러 가지로 무너지고 변화하는 물질 성품만 존재할 뿐이다. 이렇게 알고 이해하고 보는 이의 앎과 봄(dassana 見)을 '사실대로 바르게, 여실하게 봄, 또는 보는 지혜, 즉 여실견(yathābhūtadassana 如實見)'이라고 한다.[81]

---

79 생략된 부분은 다음과 같다. '손가락과 엄지손가락 등이 하나의 일정한 형태로 있을 때 주먹이라는 명칭이 있고, 류트의 판과 현 등에서 류트라는 명칭이 있고, 코끼리와 말 등에서 군대라는, 성벽과 집, 성문 등에서 도시라는 명칭이 있다.' 『청정도론』 제3권, pp.188~189 참조.

80 빠라맛타를 풀어서 설명하였다.

81 『청정도론』 제3권, pp.188~189 참조.

그렇지만 비유하여 아는 것은 그리 중요하지 않다. 새길 때마다 특별히 숙고하지 않고 단지 새기는 것만으로 정신과 물질을 구별하여 알고 보아 '이 무더기에는 대상을 알 수 있는 정신과 대상을 알지 못하는 물질이라고 하는 두 가지만 존재한다. 이 두 가지를 벗어나 다른 어떠한 중생, 나, 영혼, 혼령 등이라고 하는 것은 없다'라고 미혹되지 않고 결정할 수 있는 것, 그것이 중요하다. 따라서 새길 때마다 미혹되지 않고 저절로 이해하여 이와 같이 결정할 수 있는 지혜를 최상에 이른 정신·물질 구별의 지혜(nāmarūpapariccheda ñāṇa)라고 한다. 바로 이 지혜가 '나, 영혼이 있다'라고 잘못 집착하는 자아라는 사견의 때를 깨끗하게 씻어 주고 없애 주기 때문에 〔이 지혜를〕 견해청정(diṭṭhi visuddhi)이라고도 한다. 아래는 『대복주서』의 설명이다.

> Nāmarūpānaṁ yāthāvadassananti "idaṁ nāmaṁ, ettakaṁ nāmaṁ, na ito bhiyyo. Idaṁ rūpaṁ, ettakaṁ rūpaṁ, na ito bhiyyo"ti ca tesaṁ lakkhaṇasallakkhaṇa-mukhena dhammamattabhāvadassanaṁ. Attadiṭṭhima-lavisodhanato diṭṭhivisuddhīti veditabbaṁ.
>
> (Pm.ii.367)

대역

Nāmarūpānaṁ yāthāva dassananti**'정신과 물질을 사실대로** 바른 성품에 따라서 **봄'이란,** 'idaṁ새겨 아는 **이 성품이** nāmaṁ대상 쪽으로 기울어져 향하는, 대상을 알 수 있는 **정신법이다.** ettakaṁ새겨 아는 **이 정도가** nāmaṁ대상을 아는 **정신법이다.** 《새겨 알 수 있는 그 모든 정신들을 대상으로 "이 정도가 정신일 뿐이다. 나가 아니다"라고 아는 것을 말한다》 ito새겨 아는 **이** 정신법**보다** bhiyyo**더 넘어선** 나

라든가 중생이라고 하는 **것은** na**없다. 또한** ("dhammamatta-bhāvadassanaṁ attadiṭṭhimalavisodhanato(단지 성품법들일 뿐임을 보는 것은 자아사견이라는 더러움을 씻어내기 때문에)"라는 뒷 구절을 근거로 해서 적당하게 번역한 바른 의미이다. 법 거듭관찰 중 무더기 장에서 설명한 '뼈 무더기(atthika)'와 혼동해서 의심하지 말라[82]) idaṁ새겨 알아지는 **이 성품이** rūpaṁ 분명하게 무너지고 변화하는 **물질법이다.** ettakaṁ새겨 알아지는 **이 정도가** rūpaṁ**물질법이다.** ito새겨 알아지는 **이** 물질법**보다** bhiyyo**더 넘어선 중생이라고 하는 것은** na**없다**'iti ca**라고 또한 이렇게** tesaṁ**그 물질과 정신들의** lakkhaṇasallakkhaṇamukhena**고유특성을 주시하는 것을**, 즉 새김을 **기본으로 하여** dhammamattabhāvadassanaṁ'나'라든가 '중생'이라고 할 만한 것이 아닌 **단지 성품법들뿐임을 보**고 아는 **것은** attadiṭṭhimalavisodhanato**자아사견이라고 하는 더러움을 씻어내**고 사라지게 **하기 때문에** diṭṭhivisuddhi**견해청정이라고 한다.** iti veditabbaṁ**이렇게 알아야 한다.**

ruppana(〔물질의〕 무너지고 변화하는 특성), kakkhaḷatta(〔땅 요소의〕 딱딱하고 거친 특성) 등 물질의 고유특성과, namana(〔정신의〕 대상에 기우는 특성), phusana(〔접촉의〕 닿는 특성), vediyana(〔느낌의〕 느끼는 특성), sañjānana(〔인식의〕 인식하는 특성), vijānana(〔의식의〕 아는 특성) 등 정신의 고유특성들은 각각의 물질법, 정신법들의 일어남 - 머묾 - 사라짐이라고 하는, 생겨나고 있는 그 순간에만 분명하게 존재한다. 이미 생겨났던 〔과거의〕 순간이나 앞으로 생겨날 〔미래의〕 순간에는 분명하지 않다. 따라서 정신과 물질들의 고유특성은 생겨나고 있는

82 이 책의 제1권 pp.459~460 참조.

바로 그 순간에 새기는 것을 통해서만 사실대로 바르게 알 수 있다. 이렇게 고유특성을 그 법들이 생겨나는 순간에 새기는 것을 통해서, 즉 새기는 것을 기본으로 하여 '나라고 할 만한, 중생이라고 할 만한 것은 없다. 단지 성품법들일 뿐이다'라고 알고 보고 이해하는 것을 '견해청정'이라고 한다. 자아사견이라는 더러움을 깨끗하게 사라지게 하는 앎과 봄이라는 뜻이다.

정신·물질 구별의 지혜와 견해청정이 끝났다.

조건파악의 지혜와 의심극복청정

1. 조건파악의 지혜

Etasseva pana nāmarūpassa paccayapariggahaṇena tīsu addhāsu kaṅkhaṁ vitaritvā ṭhitaṁ ñāṇaṁ kaṅkhāvitaraṇavisuddhi nāma.

(Vis.ii.233)

대역

pana etasseva nāmarūpassa또한 관찰하여 알게 된 **바로 이 정신과 물질들의** paccayapariggahaṇena**조건을 파악함에 의해** tīsu addhāsu과거, 미래, 현재라는 **세 가지 시간에 대한** kaṅkhaṁ**의심을** vitaritvā ṭhitaṁ **넘어서서**, 즉 제거하여 떠나서 **머무는** ñāṇaṁ'원인인 정신·물질 때문에 생겨나는 결과의 정신·물질들만 존재한다'라고 아는 **지혜를** kaṅkhāvitaraṇavisuddhi nāma의심을 넘어선 깨끗한 지혜, 즉 **의심극복청정이라고 한다.**[83]

생겨나고 있는 그때 잘 새겨서 정신과 물질의 바른 성품을 알게 된 수행자는 그 정신과 물질이 생겨나게 된 원인들도 바로 그렇게 새기는 동안 적절하게 경험하여 알게 된다. 그때 '바로 이러한 여러 원인들 때문

83 『청정도론』 제3권, p.199 참조.

에 세 가지 시간에 이렇게 정신과 물질들만 생겨나고 있을 뿐이구나'라고 알고 보고 이해하는 조건파악의 지혜가 생겨난다. 이 〔조건파악의〕 지혜가 생겨나는 모습은 개인들의 성향과 바라밀에 따라 매우 다양하게 나누어진다. 그래서 이 〔조건파악의〕 지혜가 생겨나는 모습을 『위숫디막가(清淨道論)』에서는 다섯 가지로 나누어 설명하고 있다.

'나, 중생이라고 할 만한 것은 없다. 정신과 물질, 이 두 가지만 존재한다'라고 이해한 수행자는 바로 그렇게 새기면서 그 정신과 물질의 원인을 조사하고 숙고하기도 한다. 숙고하면 '원인 없이 저절로 생겨난다'라고 생각할 수 없다. 무엇 때문인가? 여러 원인들을 직접 경험하여 알기 때문이다. 경험하는 모습은 뒤에 분명하게 설명하겠다. 그 밖에 '창조주, 범천, 제석천, 천신들이 창조했다'라고도 생각할 수 없다. 무엇 때문인가? 어떠한 여러 원인들 때문에 여러 정신과 물질들이 생겨나는 것을 분명하게 직접 경험하여 알기 때문이다. 그 밖에 다음의 사실들도 생각하여 알 수 있다. 즉 '창조주라고 생각하여 집착하는 조물주, 범천, 제석천, 천신들도 나처럼 정신과 물질, 이 두 가지일 뿐이다. 그들의 정신·물질도 나의 정신·물질처럼 어떤 누구도 생겨나도록 창조할 수 없다'라고, 또는 '설사 창조할 수 있다 하더라도 그들은 누가 창조했는가? 그렇게 창조한 이들은 또 누가 창조했는가? 이러한 방법으로 창조한 이들을 계속해서 찾아가면 그 끝이 없을 것이다'라고도 숙고해서 알 수 있다. 따라서 '어떤 한 존재가 창조했다'라고도 생각할 수 없다.

2. 조건파악의 지혜가 생겨나는 다섯 가지 방법

(1) 첫 번째 방법

1) 물질의 원인

따라서 일부 수행자는 원인법들을 다음과 같이 경험하여 본다. '과거 생에 있었던 무명, 갈애, 취착, 업이라고 하는 네 가지 원인 때문에 재생연결을 시작으로 이 물질법들이 끊임없이 생겨나고 있다. 지금 현생에서는 먹고 마신 음식 때문에 이 물질법들이 무너지지 않고 계속 유지되고 지속되고 있다. 앉으려 함, 굽히려 함 등의 마음 때문에 앉는 물질, 굽히는 물질 등이 생겨나고 있다. 뜨거움 요소, 차가움 요소 때문에 뜨거운 물질, 차가운 물질이 생겨나고 있다'라고 이렇게 물질의 원인들을 경험하여 본다.

이러한 여러 원인들 중에 마음, 온도, 음식이라고 하는 현재 원인들은 관찰하고 새겨 직접 경험하여 알 수 있다. 〔하지만〕 무명과 갈애, 취착, 업이라고 하는 과거의 여러 원인들은 현재에 직접 경험할 수 없다. 그렇지만 'diṭṭhi ca ujukā(견해를 바르게 하고)'라는 경전구절에 따라 위빳사나를 관찰하는 수행자 모두는 '업 때문에 좋은 생, 좋은 결과가 생겨난다. 불선업 때문에 나쁜 생, 나쁜 결과가 생겨난다'라고 수행하기 전부터 이미 잘 믿고 이해한 이들이다. 따라서 지금 현재 생겨나고 있는 무명, 갈애, 취착, 업들을 관찰하고 숙고하여 직접 알고 볼 때, 과거 생에 있었던 그러한 여러 원인들도 추론관찰 지혜로 유추하고 숙고하면서 경험하여 알 수 있다.

무명 두 가지

조금 더 자세하게 설명하겠다. '모든 정신과 물질, 생애들은 괴로움일 뿐이다'라고, 혹은 '그 정신과 물질, 생애들에 대한 원함, 애착 = 갈애가 그 괴로움의 원인이다'라고 사실대로 바르게 알지 못하는 것을 '알지 못하는 무명(appaṭipatti avijjā)'이라고 한다. '괴로움의 진리(苦聖諦), 생겨남의 진리(集聖諦)를 사실대로 바르게 알지 못함'이라는 뜻이다. 그 밖에 그 정신과 물질, 생애들을 행복한 것으로, 좋고 거룩한 것으로, 또한 바라고 애착하는 바로 그것을 행복과 좋음의 원인으로 생각하는 것을 '잘못 아는 무명(micchāpaṭipatti avijjā)'이라고 한다. '괴로움의 진리, 생겨남의 진리를 반대로 잘못 앎'이라는 뜻이다. 이 무명 두 가지는 범부들의 존재상속에 매우 어리석게, 아주 심하게 생겨나고 있다. 들어서 아는 지혜로 숙고하여 제거하려고 해도 제거할 수 없다. 바로 그렇기 때문에 좋아하고 즐기고 바라고 기대하는 것들을 많이 생겨나게 하기 위해 밤낮으로 끊임없이 노력하고 애쓰고 있는 것이다. 지금 현재의 물질과 정신, 생애를 더욱 확고하게 하기 위해서, 또한 다음에 좋은 물질과 정신, 생애를 구족하게 하기 위해서도 밤낮으로 노력하고 애쓰고 있다.

다음으로, 원인인 번뇌와 업이 사라지고 소멸되어 반열반에 들 때의 임종마음 다음에 사람, 천신, 여성, 남성이라고 하는 것이 다시는 생겨나지 않은 채 정신과 물질이 완전히 소멸되는 것 = 다시 생겨나지 않는 것을 무여열반(anupādisesa nibbāna), 즉 소멸의 진리(滅聖諦)라고 한다. 〔또한 그 열반에 도달하게 하는 위빳사나와 도의 실천을 도의 진리(道聖諦)라고 부른다.〕 그러한 열반을 '좋다, 행복하다'라고, 또한 '그 열반에 이르게 하는 위빳사나와 도의 실천이 그렇게 행복하게 하는 원인이다'라고 사실대로 바르게 알지 못하는 것, 생각하지 않는 것을 '알지 못하는 무명(appaṭipatti avijjā)'이라고 한다. '소멸의 진리, 도의 진리를 사실대로 바르게 알지 못함'이라는 뜻이다. 그 밖에 열반을 좋지 않은 것으로, 위빳사나와 도의 실천을 '괴롭게 하는 일'이라고 잘못 아는 것을 '잘못 아는 무명(micchāpaṭipatti avijjā)'이라고 한다. '소멸의 진리, 도의 진리를 반대로 잘못 앎'이라는 뜻이다. 이 무명 두 가지가 매우 심한 이들은 열반을 '좋지 않다'라고만 생각하고 인식한다. '반열반에 들고 난 후에는 전혀 아무 것도 생겨나지 않는다고? 아무것도 알 수 없고 아무 것도 느낄 수 없다고? 어느 누구도 만날 수 없다고?'라는 등으로 생각하여 열반에 이르는 것 자체를 두려워하기까지 한다. "매우 큰 죽음에 이르는 것이다. 전혀 좋지 않다"라고 비난하기까지 한다. 열반에 이르기 위해 노력하고 있는 이들에 대해서도 "몸과 마음을 일부러 괴롭게 하고 있다. 죽음에 이르기 위해 노력하고 있다"라고 생각하거나 비난하기도 한다.

네 가지 진리를 모름, 잘못 앎이라고 하는 이 무명은 범부마다 그 존재상속에 적절하게 생겨나고 있다. 대상에 잠재된 번뇌(ārammanānusaya)로는 관찰하여 새기지 못한 대상마다 생겨나고 있다. 따라서 수행자는 이 무명을 그것이 계속해서 생겨날 때마다 새겨서 직접 경험하여 안다. 과거에 생겨났던 것을 상기해서도 직접 경험하여 안다. 또한 〔일반 사람들은〕 정신과 물질, 생애들을 좋고 거룩한 것이라고 잘못 생각하기 때문에 좋아하고 즐기는데 이것은 갈애이다. 이 좋아하고 즐기는 〔갈애〕 때문에 '이렇게 행하면 행복하게 될 것이다'라고 마음에 들어 한다. 집착한다. 이것은 취착이다. 이렇게 마음에 들어 하고 취착하기 때문에 어떠한 하나의 행위를 행한다. 이것은 업이다. 따라서 이러한 갈애, 취착, 업들도 계속해서 생겨날 때마다 새겨서, 또는 이전에 생겨났던 것을 상기해서도 직접 경험하여 안다. 이렇게 '업이 생겨나면 무명과 갈애,

취착도 포함된다'라고 직접 경험하여 보고 알기 때문에 '과거 생의 선업 때문에 지금 생에서 재생연결부터 시작하여 물질법들이 끊임없이 생겨나고 있다'라고 이해함과 동시에 '무명, 갈애, 취착들 때문에도 생겨나고 있다'라고 숙고하고 추론하여 이해할 수 있다. 이상이 물질의 원인들을 직접관찰, 추론관찰 지혜로 경험하여 알고 보고 파악하는 모습이다.

2) 정신의 원인

정신의 원인을 파악하는 모습은 다음과 같다. '봄'하며 새길 때 '눈과 형색이 있어서 본다'라고, '눈과 형색, 그리고 봄, 이 세 가지가 만나서 대상과 마음이 접촉한다'라고 알고 보고 이해한다. 그와 마찬가지로 '들림'하며 새길 때도 '귀와 소리가 있어서 듣는다. 귀와 소리, 들림, 이 세 가지가 만나서, 대상과 마음이 접촉한다'라고, '닿음'하며 새길 때도 '몸과 감촉이 있어서 닿는다. 몸과 감촉, 닿음, 이 세 가지가 만나서 대상과 마음이 접촉한다'라고, '생각함, 앎, 새김'이라고 새길 때 '심장 〔토대〕와 알아지는 대상이 있어서 생각한다. 안다. 새긴다. 심장 〔토대〕와 대상, 앎, 이 세 가지가 만나서 대상과 마음이 접촉한다'라고 알고 보고 이해한다.

그 밖에 '봄, 들림, 닿음, 앎' 등으로 새길 때 '대상과 닿기 때문에 몸으로, 또는 마음으로 좋거나 좋지 않다'라고, '좋기 때문에 더욱 좋기를 바란다. 행복하기를 바란다. 좋지 않게 느끼기 때문에 그 좋지 않은 것이 사라지도록, 행복하기를 바란다'라고, "행복하길 원하기 때문에 '어떻게 하면 좋을 것이다'라고 바라고 집착한다"라고, '집착하기 때문에(= 좋을 것이라고 생각하기 때문에) 선행, 악행을 행하고 말하고 생각한다'라고, 이러한 등으로 정신의 원인들을 적절하게 직접 경험하여 알고 본다. 이상이 정신의 원인들을 경험하여 알고 보아 파악하는 모습이다.

3) 과거와 미래에 대한 추론관찰 지혜가 생겨나는 모습

이렇게 경험하여 알고 본 수행자는 '지금 생의 정신과 물질이 여러 정신·물질 원인들 때문에 생겨난 것과 마찬가지로, 이전에 여러 생들에서도 바로 이렇게 여러 원인들 때문에 정신과 물질, 두 가지만 생겨났을 것이다. 미래의 생들에서도 바로 이렇게 여러 원인들 때문에 정신과 물질, 두 가지만 생겨날 것이다'라고 추론관찰 지혜로 유추하여 숙고하고 결정한다.

> So evaṁ paccayato nāmarūpassa pavattiṁ disvā yathā idaṁ etarahi, evaṁ atītepi addhāne paccayato pavattittha, anāgatepi paccayato pavattissatīti samanupassati.
>
> (Vis.ii.234)

대역

so**그 수행자는** evaṁ**이와 같이** 말한 방법대로 paccayato**조건 때문에** nāmarūpassa pavattiṁ disvā지금 생에서 **정신과 물질들의 생겨남을 보고 나서** 《'etarahi pavattiṁ disvā = 지금 생에서 생겨남을 보고 나서'라고 『대복주서』에 설명되어 있다.》 idaṁ**이 정신과 물질이** etarahi**지금** (pavattati) yathā조건 때문에 생겨나고 있는 것**처럼** evaṁ **이와 마찬가지로** atītepi addhāne**과거의 생에서도** paccayato pavattittha**조건 때문에 생겨났다.** anāgatepi**미래의 생에서도** paccayato pavattissatīti**조건 때문에 생겨날 것이라고** samanupassati**관찰**하고 숙고**한다.**[84]

---

84 『청정도론』 제3권, p.201 참조.

이렇게 결정할 수 있는 수행자는 과거, 미래, 현재의 삼세에 대해 '조건인 정신·물질과 결과인 정신·물질만 존재한다'라고 알고 보고 이해하기 때문에 '자아'라든가 '나'에 관한 의심 열여섯 가지를 제거하고 넘어선다.

4) 의심 열여섯 가지

(1) '지금 현재 생이 오기 전, 그 이전 과거 생에 나는 존재했는가?'라는 의심이 하나, (2) '지금 현재 생이 오기 전, 그 이전 과거 생에 나는 존재하지 않았는가?'라는 의심이 하나, 《이 두 가지 중 첫 번째 의심은 '현재 생이 오기 전, 과거의 생에서 나는 항상 존재했는가?'라고 의심하는 것이다. 두 번째 의심은 '나는 과거 생에서는 없었다가 이번 생에 저절로 생겨났는가?'라고 의심하는 것이다》 (3) '나는 과거에 무엇이었을까?'라는 의심이 하나, 《'왕족이었는가, 바라문이었는가, 장자였는가, 가난한 이였는가? 재가자였는가, 출가자였는가? 미얀마 사람이었는가, 인도 사람이었는가? 범천이었는가, 천신이었는가, 사람이었는가, 축생이었는가?'라는 등으로 어떠한 종류의 사람이었는가에 대해 의심하는 것이다》 (4) '나는 과거에 어떠한 모습, 형체였는가?'라는 의심이 하나, 《'키가 컸는가, 훤칠했는가, 키가 작았는가, 짧았는가, 뚱뚱했는가, 말랐는가, 피부가 희었는가, 검었는가?'라는 등으로 모습에 대해 의심하는 것이다》, 또 다른 방법으로 설명하면 '나는 과거에 무엇 때문에 생겨났는가?'라고 의심하는 것이 하나, 《'창조주가 창조해서 생겨났는가, 범천·제석천·천신이 창조해서 생겨났는가, 원인 없이 저절로 생겨났는가?'라고 의심하는 것을 말한다》 (5) '나는 과거 여러 생들에서 무엇이었다가 무엇으로 계속해서 태어났을까?'라고 의심하는 것이 하나, 이상이

과거의 시간을 집착하여 생겨나는 의심 다섯 가지 종류이다.

(1) '죽은 후 미래에 나는 존재할 것인가?'라는 의심이 하나, (2) '죽은 후 미래에 나는 존재하지 않을 것인가?'라는 의심이 하나, 《이 두 가지 중 첫 번째 의심은 '현재 생에서 죽은 후 다음 생에서도 나라는 것이 무너지지 않고 항상 존재할 것인가'라고 의심하는 것이다. 두 번째 의심은 '죽은 후 다음 생에서 나는 존재하지 않고 무너지고 없어져 버리는가?'라고 의심하는 것이다》 (3) '나는 미래 생에 무엇이 될 것인가?'라는 의심이 하나, 《'왕족이 될 것인가'라는 등으로 의심하는 것이다》 (4) '나는 미래 생에 어떠한 모습, 형체일 것인가?'라는 의심이 하나, 또 다른 방법으로 설명하면 '나는 미래에 무엇 때문에 생겨날 것인가?'라고 의심하는 것이 하나, 《'어떤 한 존재가 창조해서 생겨날 것인가, 원인 없이 저절로 생겨날 것인가?'라고 의심하는 것을 말한다》 (5) '나는 미래 여러 생들에서 무엇이었다가 무엇으로 계속해서 태어날 것인가?'라고 의심하는 것이 하나, 이상이 미래의 시간을 집착하여 생겨나는 의심 다섯 가지 종류이다.

(1) '이 몸속에 중생, 자아, 나, 영혼, 혼백이라는 것이 있을까?'라는 의심이 하나, (2) '이 몸속에 중생, 자아, 나, 영혼, 혼백이라는 것이 없을까?'라는 의심이 하나, (3) '나는 지금 무엇일까?'라는 의심이 하나, 《'왕족으로 태어났는가?'라는 등으로 의심하는 것을 말한다》 (4) '나는 지금 무슨 모습일까?'라고 의심하는 것이 하나, 《'큰가, 작은가, 둥근가, 모났는가, 사각형인가, 육각형인가?'라는 등으로 자아의 모습에 대해 의심하는 것을 말한다》 또 다른 방법으로는 '나는 어떠한 원인 때문에 생겨났는가?'라고 의심하는 것이 하나, 《'어떤 한 존재가 창조해서 생겨났는가, 원인 없이 저절로 생겨났는가?'라고 의심하는 것을 말한다》 (5) '이 나라

고 하는 것은 어떠한 생, 어떠한 곳에서 이동하여 왔는가?'라고 의심하는 것이 하나, (6) '이 나라고 하는 것이 죽었을 때 어떠한 생, 어떠한 존재로 이동하여 갈 것인가?'라고 의심하는 것이 하나, 이상이 현재의 시간을 집착하여 생겨나는 의심 여섯 가지 종류이다.

5) 의심을 제거하는 모습

Attābhinivesūpanissayā hi "ahosiṁ nu kho aha"nti ādinayappavattā soḷasavatthukā kaṅkhā.

(Pm.ii.383)

대역

ahosiṁ nu kho ahanti ādinayappavattā**'과거에 나는 존재했는가?'라는 등의 방법으로 생겨나는,** soḷasavatthukā**열여섯 가지 대상이 있는** kaṅkhā**의심은** attābhinivesūpanissayā hi**'자아가 존재한다'라는 집착** = 자아사견**을 실로 의지한다.**

이 『대복주서』에 따르면 의심 열여섯 가지는 "'자아'나 '나'가 존재한다"라고 생각하고 집착하는 이에게만 생겨날 수 있다. '원인과 결과인 정신과 물질들만 계속해서 존재한다. 자아, 나라는 것은 존재하지 않는다'라고 잘 알고 보고 이해하는 이에게는 그러한 의심은 생겨날 수 없다. 억압 소멸(vikkhambhananirodha)[85]을 통해 사라진, 잠재워진 상태다. 비유하자면 '토끼에게는 뿔이 없다'라는 사실을 바르게 알지 못한다면, '토끼에게 뿔이 있을까, 없을까? 토끼뿔은 어떠한 모습일까?'라는 등의 의심이 생겨날 수 있다. 하지만 '토끼에게는 뿔이 없다'라는 사실을 바르게

85 수행을 통해 일정 기간 동안 의심이 생겨나지 않는 것을 말한다.

안다면 그러한 의심은 생겨날 수 없는 것과 마찬가지이다. 이상이 정신과 물질의 원인을 경험하여 알고 보아 의심을 넘어서는 첫 번째 방법이다.

(2) 두 번째 방법

일부 수행자는 원인법들을 다음과 같이 경험하여 알고 본다.

'눈과 형색이 있어서 본다. 귀와 소리가 있어서 듣는다. 코와 냄새가 있어서 냄새 맡는다. 혀와 맛이 있어서 단맛, 신맛 등을 맛보아 안다. 몸과 감촉이 있어서 닿아 안다. 심장과 여러 가지 성품 대상이 있어서 생각한다. 계획한다. 관찰한다', '올바르게 마음을 기울이기 때문에 선업이 생겨난다. 관찰한다. 적당한 장소에 머물기 때문에, 선한 이들과 함께하기 때문에, 선한 법들을 듣기 때문에, 과거에 바라밀이 있기 때문에 선업이 생겨난다. 관찰이라는 위빳사나가 생겨난다. 올바르지 않게 마음 기울이기 때문에, 적당하지 않은 장소에 머물기 때문에, 어리석은 이들과 함께하기 때문에, 어리석은 이들의 말을 듣기 때문에, 과거에 바라밀이 적기 때문에 불선업이 생겨난다', '업이 좋아서(= 무명, 갈애, 취착과 함께 선업이 있어서) 좋은 결과, 과보가 생겨난다. (좋은 생으로 태어남, 좋은 대상들을 보고 듣고 냄새 맡고 맛보고 닿고 아는 것 등이 좋은 결과, 과보들이다) 업이 좋지 않아서(= 무명, 갈애, 취착과 함께 불선업이 있어서) 나쁜 결과, 과보가 생겨난다.(나쁜 생으로 태어남, 나쁜 대상들을 보고 듣고 냄새 맡고 맛보고 닿고 아는 것 등이 나쁜 결과, 과보들이다)', '이전의 바왕가 마음이 있기 때문에 전향하는 마음이 생겨난다'라는 등으로 정신의 원인들을 적절하게 경험하여 알고 본다.

물질의 원인을 경험하여 알고 보는 모습은 다음과 같다.

'과거의 업 때문에 지금 생에서 재생연결을 시작으로 심장 물질, 눈〔감성〕물질, 음식 물질 등의 여러 물질 무더기들이 끊임없이 생겨나고 있다', '앉으려 함, 가려 함, 굽히려 함 등의 마음 때문에 앉음, 감, 굽힘 등의 물질 무더기들이 생겨난다', '뜨거운 요소, 차가운 요소 등의 온도(utu) 때문에 뜨거운 물질, 차가운 물질들이 생겨난다', '먹고 마시는 음식이 있어서 그 물질 무더기의 힘이 무너지지 않고 계속해서 생겨나고 있다'라는 등으로 물질의 원인들을 적절하게 경험하여 알고 본다.

이렇게 경험하여 알고 본 수행자도 '지금 생의 물질과 정신들처럼 과거의 여러 생들에서도 이렇게 여러 원인들 때문에 이러한 물질과 정신, 두 가지만 생겨났었다. 다음의 여러 생들에서도 이렇게 여러 원인들 때문에 이러한 여러 물질과 정신, 두 가지만 생겨날 것이다'라고 추론관찰 지혜로 숙고하고 결정하여, 앞서 말했던 의심 열여섯 가지를 제거하고 넘어선다. 이상이 두 번째 방법이다.[86]

(3) 세 번째 방법

일부 수행자들은 현재 그 순간에 새길 때마다 형성들의 생겨남, 머묾, 소멸함이라고 하는 jāti(태어남), jarā(늙음), maraṇa(죽음)을 직접 경험하여 알고 본다. 따라서 '이 생에서 제일 먼저 생겨남 = 재생연결이라고 하는 것도 〔다름이 아니라〕 마음 하나하나의 생겨남일 뿐이다. 죽음이라고 하는 것도 마음 하나하나의 소멸함일 뿐이다. 늙음이라고 하는 것도

86 『청정도론』 제3권, pp.201~203 참조.

새겨지는 정신과 물질들이 여러 단계로 머무는 것일 뿐이다'라고 이해한다. 그래서 물질과 정신의 원인들을 다음과 같이 숙고하여 경험하고 알고 본다. 알고 보는 모습은 다음과 같다.

"늙음과 죽음은 제일 먼저 태어남이 있어야 존재한다. 제일 먼저 태어남도 업존재《kammabhava = 생겨나게 하는 업》가 있어야 존재한다. 그 업도 '이렇게 행하면 좋을 것이다'라고 생각하고 취착함이 있어야 생겨난다. 그 취착도 정신과 물질들을 바라고 갈구함 때문에 생겨난다. 그 바라고 갈구함도 좋고 나쁜 것들을 느끼기 때문에 생겨난다. 그러한 느낌들도 대상과 마음의 접촉 때문에 생겨난다. 그 접촉도 깨끗한 눈, 귀, 코, 혀, 몸, 마음이라고 하는 원인들 = 감각장소들이 있어서 생겨난다. 《'눈과 마음이 있어야 형색을 보고 접촉할 수 있다'라는 등으로 자세하게 알아야 한다.》 그 감각장소들도 의지하는 정신과 물질이 있어야 생겨난다. 《깨끗한 눈, 귀, 코, 혀, 몸의 물질들은 눈동자 등 의지하는 근본 물질이 있어야 생겨난다. 마음은 의지하는 토대 물질과 결합된 여러 정신들이 있어야 생겨난다는 뜻이다.》 그러한 정신과 물질들도 재생연결, 바왕가, 봄, 들음 등의 의식이 있어야 생겨난다. 그 마음, 의식도 이전 생에서 잘 되려고 노력함이 있었기 때문에 생겨난다. 그렇게 노력함 = 형성들도 바르게 알지 못함, 잘못 앎이라고 하는 무명이 있기 때문에 생겨난다"라고 'paṭiloma paṭiccasamuppāda(역관연기)'[87]에 따라 정신과 물

87 '무명이 멸하면 형성들이 멸하고…'라고 설명하는 연기를 일반적으로 'paṭiloma paṭiccasamuppāda(환멸문 還滅門, 소멸의 연기)'라고 한다. 하지만 저본에는 'paṭiloma(거스르는)'라는 단어 그대로의 의미를 살려 '늙음과 죽음은 태어남을 조건으로 하고…'라고 설명하는 연기를 'paṭiloma'라고 표현하였다. 그래서 이를 '역관'이라고 번역하였다. 자세한 내용은 각묵스님, 초기불전연구원, 『초기불교 이해』, p.230 주 159를 참조하라.

질의 원인들을 경험하여 알고 본다. 〔이렇게 보는 것은〕 부처님이 되실 분들 등의 특별하고 거룩한 분들이 구족하게〔= 완벽하게〕 경험하여 알고 보는 모습이다.[88]

이렇게 경험하여 알고 보는 수행자들도 이미 말한 대로 삼세에 대해 숙고하고 결정하여 의심 열여섯 가지를 제거하고 넘어선다. 이상이 세 번째 방법이다.[89]

(4) 네 번째 방법

일부 수행자들은 '무명 때문에 형성들이 생겨난다. 형성들 때문에 의식이 생겨난다.…'라는 등으로 설명한 'anuloma paṭiccasamuppāda(순관연기[90])'에 따라서 정신과 물질의 원인들을 경험하여 알고 본다. 〔마찬가지로 이렇게 보는 것도〕 거룩한 분들이 구족하게 알고 보는 모습이다.

이렇게 경험하여 알고 보는 수행자들도 이미 말한 대로 삼세에 대해 숙고하고 결정하여 의심 열여섯 가지를 제거하고 넘어선다. 이상이 네 번째 방법이다.[91]

---

88 역관연기에 따라 조건을 파악하는 것을 '보살 등의 거룩한 분들이 구족하게 아는 모습'이라고 설명한 점에 특히 유의하라.

89 『청정도론』 제3권, p.203 참조.

90 마찬가지로 'anuloma'라는 단어를 '유전문(流轉門), 생성의 연기'라고도 번역할 수 있지만 앞의 내용과 맞추기 위해 '순관'이라고 번역하였다.

91 『청정도론』 제3권, p.203 참조.

(5) 다섯 번째 방법

일부 수행자들은 업 윤전(kamma vaṭṭa), 과보 윤전(vipāka vaṭṭa)에 따라서 정신과 물질들의 원인들을 경험하여 알고 본다.

업 때문에 결과인 과보가 생겨난다. 그 결과인 과보를 의지하여 새로운 업이 다시 생겨난다. 그 새로운 업 때문에 새로운 결과인 과보가 다시 생겨난다. 이러한 방법대로 업과 과보가 번갈아가면서 계속 생겨나기 때문에 업을 '업 윤전'이라고 부르고 결과를 '과보 윤전'이라고 부른다.

그중, 업 윤전이라고 부르는 것에는 무명, 형성, 갈애, 취착, 업존재[92]의 다섯 가지 법들이 해당된다. 과보 윤전이라고 부르는 것에는 의식, 정신·물질, 감각장소, 접촉, 느낌의 다섯 가지 법들이 해당된다. 자세하게 관찰하고 숙고하는 수행자는 이러한 업 윤전에 해당하는 다섯 가지, 과보 윤전에 해당하는 다섯 가지들을 각각 나누어 완벽하게 알고 볼 수 있다. 간략하게 관찰하고 숙고하는 수행자는 각각을 나누어 관찰하지 않는다. 업 윤전을 원인인 업으로 묶어서 하나로 하여 관찰한다. 과보 윤전을 결과인 과보로 묶어서 하나로 하여 관찰한다.

업 윤전, 과보 윤전에 해당되는 법들을 『빠띠삼비다막가(Paṭisambhidāmagga 無碍解道)』를 통해 설명하겠다.

1) 과거 원인인 업 윤전 다섯 가지 법들

Purimakammabhavasmiṁ moho avijjā, āyūhanā saṅkhārā, nikanti taṇhā, upagamanaṁ upādānaṁ, cetanā bhavoti

92 업이라고 알면 된다.

ime pañca dhammā purimakammabhavasmiṁ idha paṭisandhiyā paccayā.

(Ps. 50)

대역

purimakammabhavasmiṁ〔이번 생에〕 태어나게 한 원인인 **과거 생의 업존재에서**, 즉 업을 행할 때 moho사성제를 바르게 모름, 잘못 앎인 **어리석음이** avijjā**무명이다.** āyūhanā잘 살고 행복하기 위해 보시를 하거나 살생을 행하는 것 등을 **노력하는 것이** saṅkhārā**형성이다.** nikanti행한 행위의 지금 가져다줄 결과, 나중에 가져다줄 생의 결과들을 바라고 **갈망하는 것이** taṇhā**갈애다.** upagamanaṁ'지금 잘 살아야 한다. 나중에 잘 살아야 한다. 생이 끊어져 없어질 것이다'라는 등으로 거머쥐고 **취착하는 것이** upādānaṁ**취착이다.** cetanā결정을 내리듯 자극하고 격려하는 **의도가** bhavo다시 〔다음 생에〕 새롭게 태어나게 하는 원인, 즉 업**존재다.** iti**이렇게** purimakammabhavasmiṁ **과거 생의 업존재에서**《= 과거 생에서, 이번 생에 태어나게 하는 업을 행할 때》 (siddhā)〔함께〕 구족되었던 ime pañca dhammā**이 다섯 가지 법들이** idha paṭisandhiyā**이번 생 재생연결의** paccayā**조건들이다.**[93]

형성과 업존재의 다른 점을 주석서들에서는 세 가지 방법으로 설명하고 있다. 여기서는 알기 쉬운 첫 번째 방법만 설명하겠다.[94] 보시나 살생 등을 행하려고 계획할 때를 시작으로 그 이전 부분에 생겨나는 의도들을 '형성'이라고 한다. 그러한 〔보시나 살생 등의〕 행위들을 "빨리빨리 성취되도록 해라"라고 격려하고 다그치는 것처럼 생겨난다. 그 일이나

93 『청정도론』 제3권, p.204 참조.

94 나머지 두 가지 방법에 대해서는 『청정도론』 제3권, p.160 참조.

동작들을 성취하거나 행하는 순간에 생겨나는 의도만을 〔따로〕 '업존재'라고 한다. 이 〔업존재〕는 보시를 행할 때 보시받는 이들에게 보시할 물건을 줄 때 '나의 재산인 상태가 끝나기를. 보시 받는 이의 소유가 되기를. 가지기를. 얻기를. 사용하기를'이라고 하면서 결정을 내리듯 행위를 마무리 짓는 것으로 생겨난다. 살생을 할 때는 '그대가 죽기를'이라고 하면서 결정을 내리듯 생겨난다. 다른 선업, 불선업에 대해서도 같은 방법으로 알기 바란다.

이 성전(聖典)에서 설명하는 차례는 가르침의 차례일 뿐이다. 생겨나는 차례는 다음과 같다. 알지 못함, 혹은 잘못 앎이라고 하는 무명 때문에 바라고 갈망하는 갈애가 생겨난다. 갈애 때문에 '이 행위를 행하면 잘 살고 행복할 것이다'라고 생각하고 집착하는 취착이 생겨난다. 취착 때문에 계획하고 노력하는 형성이 생겨난다. 노력하기 때문에 행위를 성취하는 순간에 업존재가 생겨난다. 행위를 성취할 때도 '그 행위는 좋은 것의 원인이다'라고, 또한 '그 행위로 누릴 결과들은 좋은 것이다'라고 잘못 아는 무명이 다시 생겨난다. 행위와 그 행위를 통해 누릴 결과들에 대해 바라고 갈망하는 갈애도 다시 생겨난다. '그 행위를 통해 잘 살게 될 것이다'라고 집착하는 취착도 다시 생겨난다. 이렇게 앞의 부분, 뒤의 부분에서 무명과 갈애가 둘러싼 업, 바로 그것이 새로운 생이라는 결과를 생겨나게 한다. 그래서 『빠띠삼비다막가(無碍解道)』의 「태어날 곳에 대한 논의(Gati kathā)」에서는 갈망하는 순간의 두 가지[95]도 넣어서 아래와 같이 설명하고 있다.

95 탐욕과 어리석음, 즉 갈애와 무명.

Kusalakammassa javanakkhaṇe tayo hetū kusalā; ··· Nikantikkhaṇe[96] dve hetū akusalā; ··· Paṭisandhikkhaṇe tayo hetū abyākatā; ··· Gatisampattiyā ñāṇasampayutte[97] imesaṁ aṭṭhannaṁ hetūnaṁ paccayā upapatti hoti.

(Ps.266)

역해

선업 속행의 순간에는 선(善)한 세 가지 원인이 〔그 순간 생겨나는 의도와 동시조건을 이룬다.〕 갈망의 순간에는 불선한 두 가지 원인이 … 재생연결의 순간에는 무기(無記)인 세 가지 원인이 … 〔선처에〕 지혜와 결합한 태어날 곳을 가질 때 이와 같이 여덟 가지 원인을 조건으로 하여 다시 태어남이 있다.[98]

2) 현재 결과인 과보 윤전 다섯 가지 법들

Idha paṭisandhi viññāṇaṁ, okkanti nāmarūpaṁ, pasādo

96 원주: attano vipākaṁ dātuṁ paccupaṭṭhitakamme vā, tathā paccupaṭṭhitakammena upaṭṭhāpite kammanimitte vā, gatinimitte vā uppajjamānanikantikkhaṇe(자신의 결과를 주기 위해 현전한 업에 대해, 또는 그렇게 현전한 업에 의해 나타난 업표상에 대해, 태어날 곳의 표상에 대해 생겨나는 갈망의 순간에). 이는 주석서의 설명이다. 역주: PsA.ii.171.

97 원주(본문내용): ñāṇasampayuttapaṭisandhikkhaṇe(지혜와 결합한 재생연결의 순간에). 이는 주석서의 설명이다.

98 선업 속행의 순간에서 세 가지 원인이란 탐욕 없음, 성냄 없음, 어리석음 없음의 세 가지이고, 갈망의 순간에서 두 가지 원인이란 탐욕과 어리석음이고, 재생연결의 순간에서 세 가지 원인이란 탐욕 없음, 성냄 없음, 어리석음 없음이다. 재생연결 자체가 무기이기 때문에 세 가지 원인을 무기라고 했다. 임승택 옮겨지음, 가산불교문화연구원, 『빠띠삼비다막가 역주』, p.626; *Bhaddanta Jāgara Mahā-thera, Nissaya DVD - ROM,* 『*Paṭisambhidāmagga Pāḷito Nissaya*(빠띠삼비다막가 대역)』 제2권, p.172 참조.

āyatanaṁ, phuṭṭho phasso, vedayitaṁ vedanā, iti[99] ime pañca dhammā idhūpapatti[100] bhavasmiṁ purekatassa kammassa paccayā.

(Ps. 50)

대역

idha**지금 생에서** paṭisandhi과거 생과 연결하며 생겨나는 **재생연결식이** viññāṇaṁ**의식이다.** okkanti다른 곳에서 와서 **들어가**듯이 생겨나는 **성품이** nāmarūpaṁ**정신과 물질이다.** pasādo**깨끗한 성품이**, 또는 눈의 깨끗함, 귀·코·혀·몸의 깨끗함이 āyatanaṁ**감각장소다.** 즉 대상과 마음이 만나는 장소, 만나게 하는 법이다. phuṭṭho대상과 마음의 **닿음이** phasso**접촉이다.** vedayitaṁ**느끼는 것이** vedanā**느낌이다.** iti**이렇게** idha upapatti bhavasmiṁ**지금 생겨나는 생에서** (pavattā)생겨나는 ime pañca dhammā**이러한 다섯 가지 법들이** pure katassa kammassa paccayā**이전 생에서 행했던 업을 조건으로 하여**, 즉 업이라는 조건 때문에(('배(腹)라는 원인'이란 구절에서처럼 동격의 수식어와 피수식어이다))[101] (pavattavipākadhammā)**생겨난** 결과**법들이다.**[102]

생겨나는 순간의 정신과 물질들을 끊임없이 새겨 아는 수행자에게는 봄, 들림 등의 마음들이 "앞의 여러 마음 바로 다음에 틈이 없이 이어지고 이어져서 끊임없이 생겨나는 것으로" 분명하다. 그렇기 때문에 그 수

---

99 CST4본에는 생략되어 있다.

100 CST4 idhupapatti.

101 'tulyādhikaraṇa visesana, visesya(동격 수식어, 피수식어)'란 '배'라는 단어와 '원인'이라는 단어가 같은 동격의 위치이기 때문에 '동격'이고, '배'가 '원인'이라는 단어를 수식하기 때문에 '수식어'와 '피수식어'이다. 따라서 위의 '업을 조건으로 하여'라는 구절도 '업이라는 조건 때문에'라고 저본에서 번역하였다.

102 『청정도론』 제3권, p.204 참조.

행자는 지금 생에서 제일 처음 생겨났던 재생연결 마음도 '이전 생의 마지막 임종마음의 바로 다음에 틈이 없이 이어져 생겨났다'라고 유추하여[103] 알 수 있다. 이렇게 알 수 있는 모습을 『위숫디막가(清淨道論)』에서는 다음과 같이 설명하였다.

Yatheva cakkhuviññāṇaṁ, manodhātuanantaraṁ;
Na ceva āgataṁ nāpi, na nibbattaṁ anantaraṁ.
Tatheva paṭisandhimhi, vattate cittasantati;
Purimaṁ bhijjate cittaṁ, pacchimaṁ jāyate tato.

(Vis.ii.239)

대역

manodhātuanantaraṁ**마음 요소**(意界)인
전향 마음 **바로 다음에 생겨나는**
cakkhuviññāṇaṁ**눈 의식이**
tato**그것**, 즉 전향 마음**으로부터**
na ceva āgataṁ**온 것도 아니고,**
anantaraṁ그것, 즉 전향 마음 **바로 다음에**
nāpi na nibbattaṁ yatheva**생겨나지 않는 것도 아닌 것처럼,**
즉 확실하게 생겨나는 것처럼,
tatheva**바로 그와 마찬가지로** paṭisandhimhi**재생연결**의 순간**에**
cittasantati앞의 마음과 뒤의 마음의 연속인 **마음상속은**
vattate**계속된다.**
purimaṁ cittaṁ이전 생에서의 마지막 마음인 **앞의 마음이**
bhijjate**부서진** tato그 다음에, 즉

103 '유추하여'라는 단어에 유의하라.

바로 그 마음이 소멸한 **그로부터**

pacchimaṁ (cittaṁ)다음 생의 제일 첫 마음인 **뒤의 마음이**

jāyate**생겨난다.**[104]

눈 감성물질에 형색 물질이 드러나 이르면 그 형색을 '무엇인가?'라고 마음 기울이는 마음(= 전향 마음)이 제일 먼저 생겨난다. 그 마음의 바로 다음에 보는 마음(= 눈 의식 眼識)이 생겨난다. 이렇게 생겨날 때 전향 마음 바로 그것이 보는 마음이 되어 버리는 것은 아니다. 전향 마음 바로 다음에 보는 마음이 생겨나지 않는 것도 아니다. 확실하게 생겨난다. 바로 그처럼 이전 생의 마지막 마음인 임종 마음이 소멸하면 새로운 생에서의 제일 첫 마음인 재생연결 마음이 생겨난다. 이렇게 생겨날 때 임종 마음 바로 그것이 재생연결 마음이 되어 버리는 것은 아니다. 그 임종 마음은 전혀 남김없이 완전히 소멸되어 버린다. 그렇지만 그 임종마음이 소멸됨과 동시에 새로운 생에서의 재생연결 마음이 생겨나지 않을 수 없다. 곧 이어 확실하게 새로 생겨난다. 이렇게 계속되어 생겨나는 모습을 수행자가 스스로의 지혜로 이해하게 된다는 말이다.

그 밖에 생겨나는 정신과 물질을 끊임없이 새기고 있는 수행자에게는 새겨 알아지는 그 정신과 물질들이 마음속에, 몸속에 계속해서 새로 도달하듯이, 들어오듯이 분명하다. 그래서 재생연결 순간에 생겨났던 정신과 물질들도 '지금 새겨 알아지는 정신과 물질처럼 도달하는, 들어오는 성품들이구나'라고 유추하여 알 수 있다. 감각장소, 접촉, 느낌들을 아는 모습은 분명하다.

---

104 『청정도론』 제3권, p.211 참조.

이번 생에서 생겨난 이러한 다섯 가지를 의지해서 감각장소가 성숙되었을 때 무명, 갈애, 취착, 형성, 업존재라고 하는 원인법 다섯 가지들이 생겨난다.

3) 현재 원인인 업 윤전 다섯 가지 법들

> Idha paripakkattā āyatanānaṁ moho avijjā, āyūhanā saṅkhārā, nikanti taṇhā, upagamanaṁ upādānaṁ, cetanā bhavoti ime pañca dhammā idhakammabhavasmiṁ āyatiṁ paṭisandhiyā paccayā.
>
> (Ps. 30)

대역

idha**이번 생에서** āyatanānaṁ paripakkattā눈, 귀, 코, 혀, 몸이라고 하는 **감각장소가 성숙되었기 때문에**, 또는 감각장소가 성숙되면[105] moho 모름, 잘못 앎인 **어리석음이** avijjā**무명이다**. āyūhanā**노력하는 것이** saṅkhārā**형성들이다**. nikanti바라고 **갈망하는 것이** taṇhā**갈애다**. upagamanaṁ**취착하는 것이** upādānaṁ**취착이다**. cetanā자극하고 격려하는 **의도가** bhavo**업존재다**. 《자세한 해석은 앞을 참조하기 바란다》 iti**이렇게** idhakammabhavasmiṁ**이번 생의 업존재에서**《= 이번 생에서, 다음 생에 태어나게 하는 업을 행할 때》 (siddhā)〔함께〕 구족되었던 ime pañca dhammā**이 다섯 가지 법들이** āyatiṁ paṭisandhiyā**다음 생 재생연결의** paccayā**조건들이다**.[106]

---

105 원주: 이 구절을 통해 〔새로운〕 생을 생겨나게 할 수 있는 업이 생겨나는 순간을 나타낸다. 감각장소가 아직 성숙하지 못한 갓난아기의 경우에는 바왕가 마음만 많이 생겨난다. 새로운 생을 생겨나게 할 수 있는 업이 생겨나기 어렵다. 감각장소가 성숙된 이들에게만 그러한 〔생을 생겨나게 할 수 있는〕 업들이 일반적으로 생겨날 수 있다.

106 『청정도론』 제3권, p.204 참조.

이 현재 원인 다섯 가지 때문에 다음 생에서의 의식, 정신·물질, 감각장소, 접촉, 느낌이라고 하는 다섯 가지가 생겨난다.

4) 미래 결과인 과보 윤전 다섯 가지 법들

Āyatiṁ paṭisandhi viññāṇaṁ, okkanti nāmarūpaṁ, pasādo āyatanaṁ, phuṭṭho phasso, vedayitaṁ vedanā, ime pañca dhammā āyatiṁ upapatti bhavasmiṁ idha katassa kammassa paccayā.

(Ps.51)

대역

āyatiṁ**다음 생에서** paṭisandhi그 이전 생과 연결하며 생겨나는 **재생연결이** viññāṇaṁ**의식이다.** okkanti**들어가**듯이 생겨나는 **성품이** nāmarūpaṁ**정신과 물질이다.** pasādo**깨끗한 성품이** āyatanaṁ**감각장소이다.** phuṭṭho**닿음이** phasso**접촉이다.** vedayitaṁ**느끼는 것이** vedanā**느낌이다.** 《자세한 해석은 앞을 참조하기 바란다.》 (iti이렇게) ime pañca dhammā**이러한 다섯 가지 법들이** idha katassa kammassa paccayā **지금 생에서 행한 업을 조건으로 하여**, 즉 업이라는 조건 때문에 āyatiṁ upapatti bhavasmiṁ**다음에 태어날 생에서** (vipākadhammā)**생겨날** 결과**법들이다.**

이러한 원인과 결과들 중에 과거 원인 다섯 가지는 현재 원인 다섯 가지와 성품으로는 동일하다. 미래 결과 다섯 가지도 현재 결과 다섯 가지와 성품으로는 동일하다. 따라서 현재 원인과 결과들을 직접 경험하여 알고 보는 수행자는 과거 원인과 결과들도 유추하여 알고 보고 이해할 수 있다.[107]

---

107 거듭 강조하지만, 직접 경험하여 알고 보는 것은 현재 원인과 결과들이다. 과거와 미래의 원인과 결과들은 유추하여 알고 본다고 계속해서 설명하고 있다.

그중 다섯 가지 결과법들은 새기는 마음 한 번, 한 번마다 포함된 성품들일 뿐이다. 그렇기 때문에 간략한 방법으로 관찰하는 수행자는 그러한 다섯 가지 결과들을 과보인 상태로 하나로 묶어서 구분하여 관찰하여 본다. 좋고 나쁜 대상들과 만나게 되었을 때 특별히 주의를 기울이지 않고 생겨나는 단지 보는 성품, 단지 듣는 성품, 단지 냄새 맡는 성품, 단지 먹어 아는 성품, 단지 닿는 성품, 단지 생각하여 아는 성품들을 '과거 업 때문에 생겨나는 결과이다'라고만 구분한다. '이것은 의식, 이것은 정신·물질'이라는 등으로 구분하여 관찰하지 않는다. 그와 마찬가지로 다섯 가지 원인이라고 하는 것도 마음 한 번, 한 번과 관련된 성품들일 뿐이다. 따라서 그러한 원인들도 원인인 업의 상태로 하나로 묶어서 구분하여 관찰하여 본다. 지금 잘 살기 위해서, 다음 생들에서 잘 살기 위해서, 특별하게 신경 쓰며 생각함, 말함, 행함이라고 하는 모든 것을 '새로운 생이라고 하는 결과를 생겨나게 하는 원인인 업'이라고만 구분한다. '이것은 무명, 이것은 형성'이라는 등으로 나누어 관찰하지 않는다.

이렇게 관찰하여 아는 수행자는 새길 때마다 원인인 업과 결과인 과보만 경험하기 때문에 '과거의 여러 생들에서도 이와 같이 결과인 과보와 원인인 업만 생겨났을 것이다. 다음의 여러 생들에서도 이렇게 결과인 과보와 원인인 업만 생겨날 것이다. 업과 과보만 존재한다. 업을 행하는 중생 = 나라는 것은 없다. 결과를 경험하는 중생 = 나라는 것도 없다'라고 숙고하여 결정할 수 있게 되어 앞에서 설명한 대로 의심 열여섯 가지를 제거하고 넘어선다.

So evaṁ kammavaṭṭavipākavaṭṭavasena paccayato

nāmarūpassa pavattiṁ disvā "yathā idaṁ etarahi, evaṁ atītepi addhāne kammavaṭṭavipākavaṭṭavasena paccayato pavattittha, anāgatepi kammavaṭṭavipākavaṭṭavasena paccayato pavattissatī"ti. Iti kammañceva kammavipāko ca, kammavaṭṭañca vipākavaṭṭañca, kammapavattañca vipākapavattañca, kammasantati ca vipākasantati ca, kiriyā ca kiriyāphalañca.

Kammā vipākā vattanti, vipāko kammasambhavo;
Kammā punabbhavo hoti, evaṁ loko pavattatīti. — samanupassati.

(Vis.ii.237)

해석

그 수행자가 이와 같이 업 윤전과 과보 윤전을 통해서 조건으로부터, 즉 조건 때문에 현재의 **정신과 물질이 생겨나는 것을** 알고 이해하고 **보고는** '**이번 생에서 이** 정신과 물질**처럼 마찬가지로 과거에도 업 윤전과 과보 윤전을 통해서 조건으로부터**, 즉 조건 때문에 정신과 물질만 **생겨났었다. 미래에도 업 윤전과 과보 윤전을 통해서 조건으로부터**, 즉 조건 때문에 정신과 물질만 **생겨날 것이다**'**라고** 관찰하고 **숙고한다. 이와 같이** 알고 보고 이해하면 '**업과 업의 과보만** 존재한다'라고, 또는 '**업 윤전과 과보 윤전만** 존재한다'라고, 또는 '**업의 흐름과 과보의 흐름만** 존재한다'라고, 《물의 흐름, 강물의 연속에 비유해서 말한 것이다》 또는 '**업의 상속과 과보의 상속만** 존재한다'라고, 또는 '**행위와 행위의 과보만** 존재한다'라고 숙고하여 결정한다.[108]

---

108 원주: 쉼표로 구분한 다섯 구절 중의 한 구절, 한 구절을 통해서 한 수행자, 한 수행자의 숙고하고 결정하는 일이 성취된다.

업 때문에 과보가 생겨난다.

과보도 업이 발생하는 원인이다.

또 다르게 해석하면,

과보도 업을 다시 발생하게 한다.[109]

업으로부터 다시 태어남이 있고

이렇게 업과 과보가 번갈아 원인과 결과로 생겨나는

중생**세상**이라고 하는 물질과 정신의 연속**은**

끊임없이 **계속된다.**

이와 같이 숙고하여 결정한다.[110]

Kammassa kārako natthi, vipākassa ca vedako;

Suddhadhammā pavattanti, evetaṁ sammadassanaṁ.

Evaṁ kamme vipāke ca, vattamāne sahetuke;

Bījarukkhādikānaṁva, pubbā koṭī na nāyati;

Anāgatepi saṁsāre, appavatti[111] na dissati.

(Vis.ii.237)

대역

kammassa선업, 불선**업을**

---

109 원주: 'sambhavati etenāti sambhavo, kammassa sambhavo kammasambhavo(이것에 의해서 발생한다, 그래서 발생이라고 한다. 업의 발생이기 때문에 업 발생이다)'라고 속격 축약으로 해석하여 문법적(saddattha), 의미적(adhippāyattha), 두 가지로 번역하였다. 이 구절을 부정(不定)축약으로 해석하면 위 게송의 세 구절이 모두 과보의 원인만을 나타내는 것이 되기 때문에 업의 원인을 설명하는 내용이 없게 되고 만다. 역주: 'kammaṁ sambhavo etassāti kammasambhavo(어떤 이에게 업이 발생한다. 그래서 업 발생이다)'라고 부정대명사가 축약된 것으로 해석하면, 업이 과보를 발생시킨다는 의미가 되어 버리고, 그러면 위와 아래의 두 구절과 같은 의미가 된다는 의미다.

110 『청정도론』 제3권, p.207 참조.

111 CST4 appavattaṁ.

kārako**행하는 이**, 개인, 중생**도** natthi**없고,**

vipākassa좋고 나쁜 **과보를**

vedako ca**경험하는 이**, 개인, 중생**도** natthi**없다.**

suddhadhammā개인, 중생 등과 섞이지 않은,

순수하게 업과 과보라는 **법들만**

pavattanti번갈아 돌아가면서 끊임없이 **생겨날 뿐이니,**

evaṁ**이와 같이** etaṁ**이것이**, 이렇게 보는 것이

sammadassanaṁ틀리지 않은, **바른** 앎과 **봄이다.**

evaṁ**이와 같이**, 즉 이렇게 설한 방법을 통해

(diṭṭhe)직접 볼 수 있는 bījarukkhādikānaṁ**씨앗과 나무** 등의

pubbā koṭī**그 처음 시작을** na nāyati iva**알 수 없는 것처럼**

sahetuke vattamāne의지하는 과보라는

원인과 함께 생겨나는 kamme ca**업과**

sahetuke vattamāne업이라고 하는

원인과 함께 생겨나는 vipāke ca**과보의,**

pubbā koṭī업과 과보라고 하는 정신·물질 연속의

처음 **시작을** na nāyati**알 수 없다.**

anāgatepi**미래에서도** saṁsāre정신·물질의 연속인 **윤회는**

(sati)원인인 업을 도의 지혜로 아직 다 잠재울 수 없는 한

계속 있던 대로 여전히 존재한다.

appavatti업과 과보의 연속이 **생겨나지 않음** = 끊어짐을

na dissati**볼 수 없다.**[112]

의미 보시할 때 보시하려는 마음, 의도가 생겨난다. 죽일 때 죽이려는 마음, 의도가 생겨난다. 그 의도와 함께 적당한 몸, 말의 행위 = 물질도

---

112 『청정도론』 제3권, pp.208~209 참조.

생겨난다. 이 마음·의도와 몸·말의 행위인 물질들만을 선업, 불선업이라고 한다. 이렇게 정신·물질 두 가지 모두를 업 = 행위 = 작용이라고 이름하더라도 "cetanāhaṁ, bhikkhave, kammaṁ vadāmi = 비구들이여, 의도를 업이라고 나는 말한다"라고 하신 가르침에서처럼 바탕으로서 결과를 줄 수 있는 의도만을 업이라고 설하셨다. 이것은 근본(padhāna)방법이다. 근본이 아닌(appadhāna) 것으로는 의도와 함께 생겨나는 정신·물질 두 가지 모두를 업 = 행위 = 작용이라고 한다. 따라서 업이 생겨날 때는 행하고자 하는 마음, 의도와 함께 몸과 말의 행위라고 하는 정신·물질, 두 가지만 생겨난다. 바로 그 정신·물질을 집착해서 '한 개인이 보시한다, 한 개인이 죽인다'라는 등으로 부르고 표현하고 말한다. 〔이것은〕 단지 말하고 표현하는 것일 뿐이다. 행위 = 작용 = 업이라고 하는 그 정신·물질을 행하게 할 수 있는, 성취하게 할 수 있는, 생겨나게 할 수 있는 〔어떠한〕 개인, 중생이라고 할 만한 것은 따로 존재하지 않는다.

그 밖에 볼 때, 들을 때 등에 좋고 나쁜 대상들을 앎, 느낌이라고 하는 과보만 생겨난다. 과보인 바로 그 정신·물질을 집착해서 "한 개인이 느낀다"라고 부르고 표현하고 말한다. 〔이것도〕 단지 말하고 표현하는 것일 뿐이다. 과보인 정신·물질을 생겨나게 하여 느낄 수 있는 개인, 중생이라고 할 만한 것은 따로 존재하지 않는다.

따라서 과거 생에 업을 행했을 때는 선업, 불선업만 생겨났다. 지금 생에서 재생연결 때, 바왕가 마음이 생겨날 때, 볼 때, 들을 때 등에는 그 업 때문에 경험하고 겪는 것인 과보만 생겨난다. 그 결과인 과보를 의지해서 지금 생에서 선업, 불선업이라고 하는 업만 생겨난다. 그 새로운 업 때문에 다음 생에서 경험하고 겪는 것인 과보만 다시 생겨날 것이다.

이러한 방법으로 업과 그 과보만 번갈아 가면서 생겨나고 있다. kāraka atta = 업·행위를 행할 수 있는 '나'라고 하는 것은 없다. vedaka atta = 과보를 경험할 수 있는 '나'라고 하는 것도 없다. 이렇게 보고 알고 이해하는 것을 '바르게 봄(sammadassana)'이라고 부르는 '조건파악의 지혜(paccayapariggaha ñāṇa)'라고 한다.

이렇게 알고 보고 이해하면 "나무의 씨앗이 있으면 그 씨앗을 맺었던 나무도 있었다. 그 나무가 자라게 되었던 원래 씨앗도 있었을 것이다. 이러한 방법으로 씨앗과 나무의 처음을 찾을 수 없는 것처럼", 또한 "달걀이 있다면 그 달걀을 낳았던 어미닭도 있었다. 그 어미닭이 자라게 되었던 원래 달걀도 있었을 것이다. 이러한 방법으로 달걀과 닭의 처음을 찾을 수 없는 것처럼" 그와 마찬가지로 지금 생의 결과가 생겨나 드러남이 있기 때문에 그 〔결과의〕 원인인 업도 과거 생에 있었다. 그 업의 의지처인 과보법도 그 생에서 생겨났었다. 그 과보의 원인인 업도 그보다 더 과거 생에 있었다. 이러한 방법으로 정신·물질의 연속이라고 하는 윤회의 그 처음, 시작을 찾을 수 없다.

여기에서 '창조주가 창조했기 때문에 처음 생겨났다'라고 해 보자. 그 창조주는 누가 창조했는가? 그는 언제, 무엇 때문에 생겨났는가? 이러한 생각 등으로 그 근본, 뿌리를 거듭 찾아보아야 한다. 그러면 그 처음을 찾아볼 수 없음을 알게 될 것이다. 따라서 '창조주가 처음 창조했다'라고 하는 것은 믿기에 적당하지 않다.

그렇다면 '처음부터 이유 없이 저절로 생겨났다'라고 해 보자. 처음의 원인 없이 저절로 생겨났다면 지금도 원인 없이 저절로 생겨나고 있어야 한다. 하지만 관찰함 = 직접관찰 지혜로나, 숙고함 = 추론관찰 지혜로나 원인 없이 저절로 생겨날 수 있는 정신과 물질을 찾아볼 수는 없다. 그래서 '원인 없이 저절로 시작해서 생겨났다'라고 하는 것도 믿기에 적당하지 않다.

여기서 설명한 씨앗과 나무, 달걀과 닭의 비유도 '비유가 의미하는 바와 완전히 일치한다'라고 알면 안 된다. 부처님의 존안을 "연꽃처럼 장엄하시다"라고 칭송하는 것처럼, '일부만 비슷하다'라고 알아야 한다.[113] 무엇 때문인가? 설령 씨앗과 나무, 달걀과 닭들은 '이 세상의 처음에 생겨났다'라고 할 수 있어도 업과 과보라고 하는 정신·물질의 연속 = 윤회의 처음 시작은 어떠한 방법으로도 알 수 없기 때문이다.

그 밖에 미래에도 "나무에서 씨앗이 생길 것이다. 그 씨앗에서 다시 나무가 자랄 것이다. 그 나무에서 다시 씨앗이 생길 것이다. 이러한 방법으로 장애가 없다면 나무와 씨앗의 끊어짐을 찾아 볼 수 없는 것처럼," 또한 "닭에서 달걀이 생길 것이다. 그 달걀에서 다시 암탉이 생길 것이다. 그 암탉에서 다시 달걀이 생길 것이다. 이러한 방법으로 장애가 없다면 암탉과 달걀의 끊어짐을 찾아 볼 수 없는 것처럼" 그와 마찬가지로 지금 생에서 행했던 업 때문에 다음 생에서 재생연결을 시작으로 과보의 법들이 생겨날 것이다. 바로 그 과보를 의지하여 그 〔미래〕 생에서도 선업, 불선업이 생겨날 것이다. 그 업 때문에 다시 새로운 생이 생겨날 것이다. 이러한 방법으로 업과 업의 결과라고 하는 정신·물질의 끊어짐은 찾아볼 수 없다. 원인인 업을 도의 지혜로 사라지게 할 수 없으면 절대 끊어지지 않을 것이다. 어떠한 한 생에서 마지막 임종 마음이 사라지면 그 마음의 바로 다음에 틈없이 새로운 생의 재생연결 마음 등

113 연꽃과 완전히 똑같이 생겼다는 뜻이 아니라는 의미다.

의 과보법들이 생겨나면서 존재할 것이다. 이렇게도 알고 보고 이해할 수 있다는 뜻이다.

Kammaṁ natthi vipākamhi, pāko kamme na vijjati;
Aññamaññaṁ ubho suññā, na ca kammaṁ vinā phalaṁ.
……
Kammañca kho upādāya, tato nibbattate phalaṁ.

Na hettha devo brahamā vā, saṁsārassatthikārako;
Suddhadhammā pavattanti, hetusambhārapaccayā.
(Vis.ii.238)

대역
kammaṁ원인인 **업이** vipākamhi**과보 속에**
natthi**있는 것이 아니다.**[114]
pāko**과보가** 원인인 kamme**업 속에**
na vijjati**존재하는 것도 아니다.**[115]
ubho업과 과보, **두 법은**
aññamaññaṁ suññā**서로가 서로로부터 공(空)하다.**
즉 분리되어 있다.
ca**그렇지만** kammaṁ vinā**업을 떠나서는**
phalaṁ**과보가** na**생겨나지 않는다.**
…

114 원주: 원인인 실들이 결과인 옷이나 옷감 속에 무너지지 않고 머물고 있는 것처럼 결과인 과보 속에 업이 머물고 있다는 말이 아니다. 업이 무너지지 않고 결과가 생겨나는 것이 아니라는 의미이다.

115 원주: 벼의 이삭이 원인인 벼에 영글어 머물고 있는 것처럼 결과인 과보가 업이 생겨날 때 그 업 속에 머물며 존재한다는 말이 아니다. 바로 지금 거듭해서 새로 생겨나고 있다는 의미이다.

kho**사실은** kammañca upādāya**업을 의지해서만**
phalaṁ**과보가** tato**그** 업**으로부터**,
그 업 때문에 nibbattate**생겨난다**.

ettha**이** 세상, 이 중생**들에게**,
saṁsārassa"한생이 끝나면 또 한생,
한 종류의 생이 끝나면 다른 종류로 변하며 생겨나는"
물질·정신의 연속인 **윤회를**
kārako**만드는**, devo vā창조하는 **천신이나**,
brahamā vā**범천**이나, 창조주는
na hi atthi**진실로 존재하지 않는다**.
hetusambhārapaccayā근본 **원인**인 업이라는 조건**과**
뒷받침해 주는 **요인**인 과보라는 조건,
이 두 **조건 때문에**[116]
suddhadhammā업과 과보라는 정신·물질 **법, 그 자체만**
pavattanti번갈아 가며 **끊임없이 생겨난다**.[117]
《이렇게도 알고 보고 이해한다는 말이다.》

업과 과보에 따라 정신과 물질의 원인들을 경험하여 알고 본 수행자는 이전 생의 임종 마음과 새로운 생의 재생연결 마음의 생겨나는 모습도 다음과 같이 이해한다. 즉 "눈에서 형색이 드러나면 그 형색에 대해서 '무엇인가?'라고 마음 기울이는 것처럼 전향 마음이 생겨난다. 그 전

---

116 원주(본문내용): 'hetupaccayanimittaṁ va'라고 하는 해석을 근거로 해석하였다.
역주: hetupaccayā(업 조건 때문에), 그리고 sambhārapaccayā(요인 조건 때문에)라는 뜻이다. 업 조건은 근본적인 조건을 말하고 요인 조건은 그 외에 뒷받침해 주는 조건을 말한다.

117 『청정도론』 제3권, p.210 참조.

향의 바로 다음에 보는 마음이 생겨난다. 그렇게 생겨날 때 전향 마음과 보는 마음에 서로 틈이 없듯이, 임종 마음과 재생연결 마음도 서로 틈이 없다. 이전 생에서 마지막 임종 마음이 사라지면 과거 업 때문에 새로운 생에서 제일 첫 마음인 재생연결 마음이 생겨난다"고 이해한다. 이것은 경전지식이 많은 이들과 관련되는 내용이다.

경전지식이 적은 이들은 "봄, 들림 등의 바로 다음에 새겨 앎이 생겨나는 것처럼, 새겨 앎의 바로 다음에 봄, 들림 등이 다시 생겨나는 것처럼 '죽는다'라고 하는 것도 이렇게 마음 하나가 사라지는 것일 뿐이다. '새로운 생에 태어난다'라고 하는 것도 이렇게 마음 하나가 새로 생겨나는 것일 뿐이다. 이전 생에서의 마지막 마음이 사라짐과 동시에 과거 업 때문에 새로운 생에서 제일 첫 마음 하나가 생겨날 뿐이다"라고 이해한다.

죽음과 재생연결의 사라지는 모습, 생겨나는 모습을 이 정도로 알고 보고 이해하면 "과거, 미래, 현재의 모든 법들을 원인과 함께 알고 보았다"라고 말할 수 있다. 바로 그렇기 때문에 『위숫디막가(淸淨道論)』에서는 아래와 같이 말하였다.

Sabbe atītānāgatapaccuppannā dhammā cutipaṭisandhivasena viditā honti.

(Vis.ii.238)

대역

sabbe atītānāgatapaccuppannā dhammā**모든 과거·미래·현재의 법들을** cuti paṭisandhivasena**죽음과 재생연결을 통해** viditā**분명하게 알게** honti**된다.**[118]

118 『청정도론』 제3권, p.210 참조.

Evaṁ cutipaṭisandhivasena viditasabbadhammassa sabbākārena nāmarūpassa paccayapariggahañāṇaṁ thāmagataṁ hoti.

(Vis.ii.239)

대역

evaṁ**이와 같이**, 지금까지 말한 방법처럼 cutipaṭisandhivasena**죽음과 재생연결을 통해** vidita sabbadhammassa분명하게 알게 된 모든 법들이 있는, 즉 **모든 법들을 분명하게 안 이의**, nāmarūpassa paccayapariggahañāṇaṁ**정신과 물질에 대한 조건파악의 지혜는** sabbākārena thāmagataṁ **모든 측면으로 구족**hoti**된다.**[119]

설명 위『위숫디막가(淸淨道論)』의 내용 중 '모든 법들을 분명하게 안다'라는 곳에서 "일체지(sabbaññuta ñāṇa)처럼 모든 법들을 자세하게 원인과 결과로 연결하여 아는 것을 말하는 것이 아니다. 죽음과 재생연결의 사라짐과 생겨남을 알기 때문에, 바로 그렇기 때문에 '모든 법들을 안다'라고 말한다"라는 뜻을 '죽음과 재생연결을 통해서(cutipaṭisandhivasena)'라는 수식어로 나타낸다.

죽음과 재생연결의 사라지는 모습, 생겨나는 모습을 이해한 수행자는 '과거생의 정신·물질 중 어느 하나도 새로운 생으로 건너오지 않는다. 바로 그 과거생에서 남김없이 사라져 버린다. 새로운 생에서는 과거 업 때문에 새로운 정신·물질만 생겨난다'라고 알고 보고 이해하기 때문에 '과거생의 정신·물질은 바로 그 과거생에서 사라졌기 때문에 항상하지

119 『청정도론』 제3권, p.212 참조.

않다'라고, 또한 '이번 생의 정신·물질도 바로 이번 생에서 사라지기 때문에 항상하지 않다'라고, 또한 '다음 생의 정신·물질도 바로 그 생에서 사라져 소멸할 것이기 때문에 항상하지 않다'라고 숙고한다. 이렇게 숙고하는 것이 명상의 지혜의 처음이다.

3. 의심극복청정

생겨나는 정신과 물질을 관찰하는 바로 그때 앞에서 설명했던 다섯 가지 방법들 중 어느 한 가지 방법으로 정신과 물질의 원인들을 적절하게 경험하여 알고 보아서, '〔과거·현재·미래라는〕 삼세에 원인인 정신·물질과 결과인 정신·물질만 생겨나고 있다'라고 이해하여 확실하게 결정할 수 있는 특별한 지혜를 정점에 이른 조건파악의 지혜(paccayapariggaha ñāṇa)라고 한다. 바로 이 지혜가 앞에서 설명했던 열여섯 가지 의심들, 혹은 (1) 부처님, (2) 가르침, (3) 승가, (4) 세 가지 공부지음(三學), (5) 과거의 정신·물질, (6) 미래의 정신·물질, (7) 현재의 정신·물질, (8) 서로서로 관련되어 생겨나는 원인법과 결과법이라고 하는 여덟 가지에 대해 생겨나는 여덟 가지의 의심들을 벗어나고 극복하게 하기 때문에 의심극복청정(kaṅkhāvitaraṇa visuddhi)이라고 한다.

4. 작은 수다원

(1) 작은 수다원

Iminā pana ñāṇena samannāgato vipassako buddhasāsane laddhassaso[120] laddhapatiṭṭho niyatagatiko cūḷasotāpanno nāma hoti.

(Vis.ii.240)

대역

pana**또한** 의심극복청정의 이익으로 말하자면, iminā ñāṇena의심극복청정이라고 하는 **이 지혜를** samannāgato**구족한** vipassako**위빳사나 수행자는** buddhasāsane거룩한 **부처님의** 가르침 = **교법에서** laddhassaso**안식처를 얻은 이,** laddhapatiṭṭho**기반을 얻은 이,** niyatagatiko(선처라는) **태어날 곳이 정해진 이가 되어** cūḷasotāpanno nāma**작은 수다원이라고 불리게** hoti**된다.**[121]

부처님의 가르침에서 진짜 안식처는 성스러운 과이다. 성스러운 도가 진짜 기반이다. 이 수행자는 아직 그러한 성스러운 도, 성스러운 과를 얻지 못하였다. 그렇기는 하지만 그 도와 과를 확실하게 얻게 할 수 있는 관찰과 새김의 실천에 머물기 때문에 '안식처와 기반을 얻은 이'라고 부를 수 있다.

또 다른 방법으로 설명하자면, 정신·물질 구별의 지혜로 정신과 물질을 사실대로 바르게 알기 때문에 가르침과 관련하여 기쁨(pāmujja)을 얻는다. 그래서 "안식처를 얻는다"라고 말한다. 조건파악의 지혜로 '원

---

120 CST4 laddhassāso.

121 『청정도론』 제3권, p.213 참조.

인 때문에 생겨나는 정신·물질만 존재한다'라고 알았기 때문에 '나라고 하는 것이 있다'라든가, '중생들을 창조주가 창조했다'라든가, '원인 없이 저절로 나라고 하는 것이 생겨났다' 등으로 잘못 생각하는 사견이 생겨날 수 없다. 그러한 사견들 때문에 믿음 = 신심의 법이 무너지지 않는다. 교법에 대해 무너지지 않는, 흔들리지 않을 정도로 확고한 이러한 믿음을 구족하기 때문에 "기반을 얻었다"라고 말한다.

태어날 곳이 정해진 모습, 작은 수다원(cūḷasotāpanna)이라고 불리는 모습은 아래 『대복주서』의 설명을 통해 알 수 있다.

Aparihīnakaṅkhāvitaraṇavisuddhiko vipassako lokīyāti sīlasamādhipaññāsampadāhi samannāgatattā uttari appaṭivijjhanto sugatiparāyaṇo hotīti vuttaṁ "niyata - gatiko"ti. Tato eva cūḷasotāpannonāma hoti.

(Pm.ii.385)

대역

aparihīnakaṅkhāvitaraṇavisuddhiko**물러나지 않는**, 무너지지 않는 **의심 극복청정의 지혜를 갖춘** vipassako**위빳사나 수행자는** lokīyāti sīlasamādhipaññāsampadāhi청정하고 구족한 **세간의 계·삼매·통찰지를** samannāgatattā**갖추었기 때문에** uttari appaṭivijjhanto**그 위의** 특별한 지혜, 특별한 **법을 아직 통찰하지 못하더라도** sugatiparāyaṇo**선처에만 태어나게** hoti**된다**. iti**그래서** "niyatagatiko"ti**'태어날 곳이 정해진 이' 라고** vuttaṁ**말한다**. tato eva**바로 그렇게** 태어날 곳이 어느 정도 확실하기 **때문에** cūḷasotāpannonāma**작은 수다원이라고** hoti**한다**.

이 『대복주서』에서 "aparihīnakaṅkhāvitaraṇavisuddhiko(물러나지

않는 의심극복청정의 지혜를 갖춘 이)"라는 구절로 다음의 의미를 알 수 있다. 즉 사견과 의심이 확실히 없어진, 사견과 의심이 사라지고 있어 이 의심극복청정이 물러나지 않는, 의심극복청정이 무너지지 않는 이에 대해서만 '태어날 곳이 정해진 이'라고 직접적으로 밝혔다.

그 밖에 이 〔의심극복〕청정은 아직 출세간〔법〕이 아니다. 세간〔법〕일 뿐이다. 따라서 물러나거나 무너질 수 있다. 저절로 적당하지 않은 것에 마음기울였다든가, 삿된 법을 들었다든가 해서 의심(vicikicchā)이 생겨날 수도 있다. 잘못된 견해 = 사견도 생겨날 수 있다. 사견과 의심이 계속해서 확고하게 생겨나면 이 〔의심극복〕청정은 물러서고 무너진다. 그 때는 태어날 곳이 정해진 이라고 부를 수 없다. 이러한 의미도 반대방법(byatireka)에 의해 설명해 준다.

"sīlasamādhipaññāsampadāhi samannāgatattā(구족된 계·삼매·통찰지를 갖추었기 때문에)"라는 구절은 다음과 같은 의미를 설명해 준다. 즉 노력하는 중일 때는 청정한 계·삼매·통찰지, 이러한 세 가지를 구족하기 때문에 태어날 곳이 정해진 이라고 바로 말할 수 있다. 하지만 위빳사나 수행을 놓아 버려 계·삼매·통찰지가 무너진 때에는 태어날 곳이 정해진 이라고 말할 수 없다. 이러한 의미도 반대방법에 의해 설명해 준다.

따라서 이 〔의심극복〕청정을 구족한 이는 위빳사나를 관찰하는 중이기도 해야 하고, 위빳사나를 관찰하는 중이 아니라면 사견과 의심이 없이 최소한 계만이라도 청정해야만 태어날 곳이 정해진 이라고 안심하고 확실하게 말할 수 있다. '나는 작은 수다원이야. 태어날 곳이 정해져 있어'라고 이 정도의 지혜만으로 만족해서 위빳사나 수행을 놓아 버리고 계의 실천마저도 청정하게 잘 단속하지 않으면서 멋대로 지내는 것은 바람직하지 않다.

(2) 태어날 곳이 정해진 생의 한계

"작은 수다원의 태어날 곳은 태어나는 생마다 항상 정해져 있는가, 그렇지 않으면 두 번째 생만 정해져 있는가?"라고 질문한다면, "두 번째 생만 확실하게 정해져 있다"라고 말할 수 있다. 세 번째 생 등에서는 "확실하다"라고 마음 놓고 말할 수 없다. 무엇 때문인가? 방금 언급한 복주서에서 "의심극복청정에서 물러나지 않아야 태어날 곳이 확실하다"라고, 또한 "세간의 계·삼매·통찰지를 구족했기 때문에 태어날 곳이 확실하다"라고 했기 때문에 '이번 생에서도 계와 삼매, 의심극복청정의 지혜가 무너질 수 있다는 것, 또한 그때는 두 번째 생에서도 태어날 곳이 확실하다고 말할 수 없다'라는 것을 분명하게 설명해 준다. 두 번째 생 등에서 계·삼매·통찰지들이 무너질 수 있기 때문에 세 번째 생 등에서 태어날 곳이 확실하지 않게 되는 것은 말할 필요도 없다.

이 정도뿐만 아니다. 근거가 될 만한 사실이 아직 남아 있다. 〔고따마〕 부처님께서는 과거생에 보살이셨을 때 지금으로부터 3아승기 대겁 전에 출현하신 꼰단냐(Koṇḍañña) 부처님부터 시작해서 아홉 부처님들 앞에서 아홉 번이나 출가를 하셨다고 『붓다왐사(Buddhavaṁsa 佛種姓經)』에 설해져 있다. 부처님 앞에서 출가하여 비구가 된 모든 보살들께서는 '가고 옴에 계속 수행함(gatapaccāgata)'[122]의 의무를 실천하며 위빳

---

122 탁발을 갈 때도 수행주제를 놓치지 않고, 탁발하고 나서 돌아올 때도 수행주제를 놓치지 않는 것을 말한다. 각묵스님, 초기불전연구원, 『네 가지 마음챙기는 공부』(2008), 개정판 2쇄, pp.143~149 참조.

사나를 닦아서 수순의 지혜(anuloma ñāṇa)까지 이르러[123] 머물렀다고 『맛지마 니까야(Majjhima Nikāya 중간 경모음집)』「가띠까라 경(Ghaṭikāra sutta)」의 주석 등에 설해져 있다. "보살께서 수마나(Sumana) 부처님, 위빳시(Vipassī) 부처님 당시에는 용왕으로서 수기를 받으셨다. 빠두마(Paduma) 부처님 당시에는 사자왕으로서 수기를 받으셨다"라고 『붓다왐사(佛種姓經)』에 설해져 있다. 이 현겁에 대한 전생록, 일화 등에도 보살께서 축생으로 태어나셨던 일화를 볼 수 있다. 떼미야(Temiya) 전생록에 보면 지옥에도 태어나셨다는 것을 알 수 있다.

이러한 성전과 주석서의 모든 말들을 종합해 보면 의심극복청정보다 더 높고 거룩한 단계인 형성평온의 지혜에 이른 보살조차도 선처에서만 항상 계속해서 태어나지 못하셨다는 사실, 사악처에서 벗어나지 못했다는 사실을 분명하게 알 수 있다. 〔그러니〕 보살처럼 믿음, 노력 등도 예리하지 않고, 강하지 않고, 형성평온의 지혜보다도 한참 아래 단계인 의심극복청정의 지혜 정도를 구족한 일반인들에게 어떻게 태어날 곳이 완전히 확실하게 정해지겠는가? 따라서 사악처 세상으로부터 완전히 벗어나 태어날 곳이 확실하기를 바라는 이들은 수다원 도로 존재더미 사

123 이 구절에 해당하는 주석서 원문은 'yāva anulomañāṇaṁ āhacca tiṭṭhanti(yāva anulomañāṇaṁ수순의 지혜까지 āhacca닿아 이르러 tiṭṭhanti머물렀다)'이다. 밍군 사야도는 '수순의 지혜 아래까지 머물렀다'라고 『*Mahābuddhawin*(마하붓다윈)』 제1-1권, p. pha에서 설명하였다. '닿아 이르러'라는 단어를 수순의 지혜까지 얻은 것으로 해석하면 수순의 지혜 다음에는 같은 하나의 인식과정으로 종성의 지혜, 도의 지혜, 과의 지혜가 생겨나기 때문에 그 뒤의 '도·과의 증득을 위해 애쓰지 않았다'라는 구절과 맞지 않는다. 일창스님, 『부처님을 만나다』, p.100의 주 149를 참조하라. 또한 āhacca라는 단어는 'jivhāya tāluṁ āhacca(혀로 입천장을 받치고, 즉 입천장 아래에 닿아 그 입천장을 받치고, MA.i.170)'라는 구절에서처럼 '받치다'라는 동사의 목적어까지 포함해서 이르는 것이 아니라 그 아래까지 도달해서 받치는 상황에서 사용되었다. 따라서 원문의 '수순의 지혜까지 이르러(anulomañāṇaṁ āhacca)'라는 구절은 '수순의 지혜 바로 아래까지 이르러'라고 이해하는 것이 더욱 타당하다고 생각된다. 바로 아래에서 저자도 '형성평온의 지혜에 이른 보살조차도'라고 설명하고 있다.

견(sakkāya diṭṭhi 有身見)을 남김없이 제거하도록, 열렬한 마음을 가지고 쉬지 않고, 물러나지 않고, 계속해서 노력해야 한다. 의심극복청정만으로 안심하며 지내는 것은 적당하지 않다.

(3) 부처님의 훈계

Sattiyā viya omaṭṭho, dayhamānova matthake.
Sakkāyadiṭṭhipahānāya, sato bhikkhu paribbaje.
(Sagāthāvagga saṁyutta, S.i.12)

대역

sattiyā**창으로** omaṭṭho viya**가슴** 한가운데를 **찔려**
매우 고통 받는 **이**가
그 창만 빠르게 뽑아내려고
급하게 서둘러 노력하는 것**처럼**,
matthake**머리에** dayhamāno iva훨훨 **불이 타올라**
매우 뜨거운 **이**가
그 불만 빠르게 꺼 버리려고
급하게 서둘러 노력하는 것**처럼**,
bhikkhu윤회의 위험을 혐오하여
벗어나기 위해 수행하는 **비구는**,
sakkāyadiṭṭhipahānāya분명하게 존재하는
정신·물질 무더기의 연속을
자아라고, 나라고 잘못 생각하는 **존재더미 사견을**
성스러운 도의 지혜로 남김없이 **제거하도록**
sato새김, 잊어버리지 않음이라고 하는
사띠를 구족하여

paribbaje쉬지 않고 그 존재더미 사견에서
벗어나도록 노력해야 한다.

게송으로 요약하면 다음과 같다.

머리에 불 가슴에 창 제거하지 않더라도
쉬지 않고 노력하여 하루빨리 관찰하라

조건파악의 지혜와 의심극복청정이 끝났다.

명상의 지혜

1. 명상의 지혜는 방법적 마음기울임과 같다

Atītānāgatapaccuppannānaṁ dhammānaṁ saṅkhipitvā vavatthāne paññā sammasane ñāṇaṁ.

(Ps.1)

대역

atītānāgatapaccuppannānaṁ**과거 · 미래 · 현재의** dhammānaṁ정신 · 물질 **법들을** saṅkhipitvā**모아서** vavatthāne paññā**구분**하여 결정**하는 통찰 지가** sammasane ñāṇaṁ**명상의 지혜이다.**

조건파악의 지혜의 정점에 이르면 현재, 그 순간에 새길 때마다 관찰하여 새긴 정신·물질의 생성과 소멸을 분명하게 경험하게 된다. 생겨나서는 그 한순간에 즉시 사라져 가는 것을 직접 경험하게 된다. 그래서 그렇게 관찰하여 새긴 정신과 물질을 '생겨나서는 사라져 가기 때문에 항상하지 않구나'라고, 또는 '생멸이 끊임없이 괴롭히기 때문에 괴로움이구나'라고, 또는 '원하는 대로 되지 않기 때문에 자아, 나라고 할 만한 것이 아니구나'라고 알고 보고 이해한다. '항상하지 않는 것이 사실이다. 괴로운 것, 좋지 않은 것이 사실이다. 나가 아닌 것, 나라고 할 만한 것이 없다는 것이 사실이다'라고도 숙고하게 된다.

이렇게 한 번이든, 여러 번이든 이해하게 되었을 때, 직접 〔관찰하여〕 본 그 정신과 물질에서 유추하여 모든 과거의 정신·물질, 미래의 정신·물질, 현재의 정신·물질 법들에 대해서도 '이와 같은 법들일 뿐이다. 항상하지 않은 것들일 뿐이다. 괴로운 법들일 뿐이다. 좋지 않은 법들일 뿐이다. 나라고 할 수 없는, 성품법들일 뿐이다'라고 한 무더기로 모아서 요약하여 관찰하거나 반조한다.

〔이렇게〕 생겨나는 순간의 정신과 물질을 각각 그 고유특성으로 자세하게 관찰하듯이 관찰하는 것이 아니라 과거의 모든 법들, 미래의 모든 법들, 현재의 모든 법들을 한 무더기로 모아서 요약하여 숙고하고 결정하는 이 지혜를 명상의 지혜(sammasana ñāṇa)라고 한다. 새겨 아는 직접관찰 지혜처럼 각각〔의 법들을〕 관찰하지 않고 한 무더기로 묶어서 관찰하고 숙고하기 때문에 이 지혜를 묶음명상의 지혜(kalāpasammasana ñāṇa)라고도 하고, 직접 알고 본 정신과 물질에서 그 방법을 의지해서 관찰하고 숙고하는 것이기 때문에 방법적 위빳사나(naya vipassanā)라고도 부른다고 『위숫디막가(清淨道論)』에서 말하였다. 또한 방법적 마음기울임(naya manasikāra), 방법적 통찰(naya dassana)이라고도 부른다. 아래 『까타왓투(Kathāvatthu 論事) 주석서』에서 설명한 대로 알아야 한다.

> Ekasaṅkhārassāpi aniccatāya diṭṭhāya sabbe saṅkhārā aniccāti avasesesu nayato manasikāro hoti. ··· Sabbe saṅkhārā aniccāti ādivacanaṁ nayato dassanaṁ sandhāya vuttaṁ, na ekakkkhaṇe ārammaṇato.
>
> (PaA.251)

대역

ekasaṅkhārassāpi**하나의 형성에 대해서라도** aniccatāya**무상의 성품을,** 또는 무상으로, 또는 무상의 특성을 diṭṭhāya새겨 아는 직접관찰 지혜로 **보는 것으로** sabbe saṅkhārā aniccāti**'모든 형성들이 무상하다'고,** avasesesu직접 관찰하여 보지 않은 **나머지** 형성들**에 대해서도** nayato manasikāro**그 방법을 의지한 마음기울임이** hoti**있다.** … sabbe saṅkhārā aniccāti ādivacanaṁ**'모든 형성들은 무상하다'라는 등의,** 즉 'sabbe saṅkhārā aniccāti yadā paññāya passati, sabbe saṅkhārā dukkhāti yada paññāya passati, sabbe dhammā anattā yadā paññāya passati(모든 형성들은 무상하다고 통찰지로 볼 때, 모든 형성들은 괴로움이라고 통찰지로 볼 때, 모든 법들은 무아라고 통찰지로 볼 때)'라는 **말은** nayato dassanaṁ sandhāya**그 방법으로,** 그 방법을 의지해서 관찰하여 **본다는 것을** vuttaṁ**뜻하는 구절이다.** ekakkhaṇe**한 순간에** ārammaṇato (dassanaṁ sandhāya)(그 모든 것들을) 직접 **대상으로** 하여 본다, 통찰**한다는 것을** na vuttaṁ**뜻하는 것이 아니다.**

위의 주석서를 통해 다음과 같은 의미를 알 수 있다. 방법적 마음기울임, 방법적 위빳사나라고 불리는 명상의 지혜는 신경써서 미리 생겨나게 할 수 있는 지혜가 아니다. 관찰하고 새기는 직접관찰 지혜로 한 번이든, 여러 번이든 무상·고·무아의 특성을 잘 알고 보고 이해한 뒤에라야 그렇게 이해한 대로 숙고하고 결정하여 저절로 생겨나는 지혜일 뿐이라는 사실을 분명하게 알 수 있다.

이 명상의 지혜는 원래 지혜가 예리한 이나 경전지식이 많은 이들이 숙고함을 중시할 때 광범위하게 생겨난다. 그렇게 광범위하게 생겨나면 숙고하는 시간이 많아지고 관찰하고 새기는 시간은 적어지기 때문에 그 위의 지혜들로 나아가지 못하고 그〔명상의〕지혜에만 오랜 시간 머물게 된다. 주의하기 바란다. 『빠띠삼비다막가(無碍解道)』에서는 많은 이들에게 각각 적절하게 이〔명상의〕지혜가 생겨나는 모습을 자세하게 설명했다. 그중 일부만 여기에서 설명하겠다.

2. 명상의 지혜가 생겨나는 모습

(1) 명상의 지혜가 생겨나는 열한 가지 대상

Yaṁ kiñci rūpaṁ atītānāgatapaccuppannaṁ, ajjhattaṁ vā bahiddhā vā, oḷārikaṁ vā sukhumaṁ vā, hīnaṁ vā paṇītaṁ vā, yaṁ dūre santike vā, sabbaṁ rūpaṁ aniccato vavattheti ekaṁ sammasanaṁ, dukkhato vavattheti ekaṁ sammasanaṁ, anattato vavattheti ekaṁ sammasanaṁ.

(Ps.51)

대역

atītānāgatapaccuppannaṁ지나간 **과거의 물질이든** 생겨날 **미래의 물질이든** 생겨나고 있는 **현재의 물질이든** ajjhattaṁ vā bahiddhā vā자기 **내부의 물질이든 외부의 물질이든** oḷārikaṁ vā sukhumaṁ vā**거친 물질이든 미세한 물질이든** hīnaṁ vā paṇītaṁ vā**저열한 물질이든 수승한 물질이든** yaṁ dūre santike vā**먼 물질이든 가까운 물질이든** yaṁ kiñci rūpaṁ**어떤 모든 물질들이** (atthi)있는데, (taṁ) sabbaṁ rūpaṁ**그 모든 물질들을** aniccato vavattheti**무상하다고 구분**하여 결정**하는** 것

이 ekaṁ sammasanaṁ하나의 명상의 지혜이다. (taṁ) sabbaṁ rūpaṁ그 모든 물질들을 dukkhato vavattheti괴로움이라고 구분하여 결정하는 것이 ekaṁ sammasanaṁ하나의 명상의 지혜이다. (taṁ) sabbaṁ rūpaṁ 그 모든 물질들을 anattato vavattheti무아라고 구분하여 결정하는 것이 ekaṁ sammasanaṁ하나의 명상의 지혜이다.

Rūpaṁ atītānāgatapaccuppannaṁ aniccaṁ khayaṭṭhena, dukkhaṁ bhayaṭṭhena, anattā asārakaṭṭhenāti saṅkhipitvā vavatthāne paññā sammasane ñāṇaṁ.

(Ps.51)

대역

atītānāgatapaccuppannaṁ rūpaṁ지나간 과거의 물질, 생겨날 미래의 물질, 생겨나고 있는 현재의 물질을 'khayṭṭhena다한다는 의미로 aniccaṁ무상하다. bhayaṭṭhena두렵다는 의미로 dukkhaṁ괴로움이다. asārakaṭṭhena나라고 말할 만한 실체, 고갱이가 없다는 의미로 anattāti 나가 아니라고, 나가 없다고, 즉 무아다'라고 saṅkhipitvā vavatthāne paññā간략하게 모아 요약하여 구분하여 결정하는 통찰지가 sammasane ñāṇaṁ명상의 지혜이다.

Rūpaṁ atītānāgatapaccuppannaṁ aniccaṁ saṅkhataṁ paṭiccasamuppannaṁ khayadhammaṁ vayadhammaṁ virāgadhammaṁ nirodhadhammanti saṅkhipitvā vavatthāne paññā sammasane ñāṇaṁ.

(Ps.52)

대역

atītānāgatapaccuppannaṁ rūpaṁ지나간 과거의 물질, 생겨날 미래의

물질, 생겨나고 있는 **현재의 물질을** aniccaṁ**무상하다고**, saṅkhataṁ관련된 조건들이 서로 모여 **형성되었다고**, paṭiccasamuppannaṁ**조건을 의지하여 생겨난 법이라고**, khayadhammaṁ**다하기 마련인 법이라고**, vayadhammaṁ**사라지기 마련인 법이라고**, virāgadhammaṁ**빛바래기 마련인 법이라고**, nirodhadhammaṁ**소멸하기 마련인 법이라고** iti**이렇게** saṅkhipitvā vavatthāne paññā간략하게 모아 **요약하여 구분**하여 결정**하는 통찰지가** sammasane ñāṇaṁ**명상의 지혜이다**.

정신 무더기 네 가지와 문 여섯 가지, 대상 여섯 가지, 의식 여섯 가지, 접촉 여섯 가지, 느낌 여섯 가지 등에 대해서도 같은 방법으로 세 가지씩 설하셨다. 너무 자세하기 때문에 나머지에 대해서는 설명하지 않겠다. 지혜가 생겨나는 모습만 설명할 것이다.

(2) 물질에 대한 명상의 지혜

1) 무상에 대한 명상

현재 생겨날 때 잘 따라 새길 수 있을 때 부푸는 물질, 꺼지는 물질, 앉는 물질, 굽히는 물질, 펴는 물질, 움직이는 물질 등을 "'휙, 휙'하며 생겨나서는 사라져 간다"라고 분명하게 알 수 있다. 그래서 새겨 알게 된 그 물질들을 '항상하지 않은 것들일 뿐이다'라고 이해한다. 그때 '과거생의 모든 물질들도 지금 새겨 알게 된 물질과 마찬가지이다. 이 〔현재의〕 물질들처럼 사라져 가는 것들일 뿐이다. 현재생으로 어느 하나도 이르러 올 수 없다. 생겨나는 그곳, 바로 그 과거생에서 사라져 버렸기 때문에 무상한 것들일 뿐이다'라고 구분하여 결정한다. 이것도 명상의 지혜 중 하나이다.

'이전의 모든 물질들도 지금 새겨 알게 된 물질들처럼 사라져 버린 것들일 뿐이다. 지금 새기고 있는 순간까지 어느 하나의 물질도 머물지 못한다. 그 법들이 생겨나는 곳, 바로 그곳에서 사라져 버리기 때문에 무상한 것들일 뿐이다'라고 구분하여 결정한다. 이것도 명상의 지혜 중 하나이다.

'다음 생에서 생겨날 모든 물질들도 지금 새겨 알게 된 물질과 마찬가지이다. 이 〔현재의〕 물질들처럼 한 찰나, 한 찰나, 사라져 갈 뿐이다. 다음 생으로 어느 하나도 도달할 수 없다. 생겨나는 그곳, 바로 그 생에서 사라져 버릴 것이기 때문에 무상한 것일 뿐이다'라고 구분하여 결정한다. 이것도 명상의 지혜 중 하나이다.

'나중의 모든 물질들도 지금 새겨 알게 된 물질과 마찬가지로 사라져 버릴 뿐이다. 다음 어떤 순간까지 어느 하나도 머물지 못한다. 생겨나는 그곳, 그 순간에 즉시 사라져 버릴 것이기 때문에 무상한 것일 뿐이다'라고 구분하여 결정한다. 이것도 명상의 지혜 중 하나이다.

'현재생의 모든 물질들도 다음 생으로 어느 하나 이동해서 옮겨갈 수 없다. 지금 새겨 알게 된 물질들처럼 지금 이 현재생에서만 사라져 버리기 때문에 무상한 것일 뿐이다'라고 구분하여 결정한다. 이것도 명상의 지혜 중 하나이다.

숨을 내쉴 때, 담배 연기를 내뿜을 때, 침을 뱉을 때, 대변보거나 소변볼 때 등에 그것을 관찰하면서 '각각의 바로 그 순간에 사라져 버린다'라고 이해하게 되면 '내부의 모든 물질은 외부에 이르지 못한 채 바로 그 내부에서 사라져 버리기 때문에 무상하다'라고 구분하여 결정한다. 이것도 명상의 지혜 중 하나이다.

숨을 들이쉴 때, 담배를 들이마실 때, 먹고 마실 때, 침을 삼킬 때 등에 그것을 관찰하면서 '각각의 바로 그 순간에 사라져 버린다'라고 이해하게 되면 '외부의 모든 물질은 내부에 이르지 못한 채 바로 그 외부에서 사라져 버리기 때문에 무상하다'라고 구분하여 결정한다. 이것도 명상의 지혜 중 하나이다.

크고 분명한 형색, 소리, 냄새, 맛, 감촉들이 차츰 잦아들고 미세해질 때 그것을 관찰하면서 '각각의 바로 그 순간에 사라져 버린다'라고 이해하게 되면 '크고 거친 모든 물질은 작고 미세한 물질에 이르지 못한 채 생겨나는 바로 그 순간에 사라져 버리기 때문에 무상하다'라고 구분하여 결정한다. 이것도 명상의 지혜 중 하나이다.

작고 미세한 형색, 소리, 냄새, 맛, 감촉들이 차츰 크고 분명해질 때 그것을 관찰하면서 '각각의 바로 그 순간에 사라져 버린다'라고 이해하게 되면 '작고 미세한 모든 물질은 크고 거친 물질에 이르지 못한 채 생겨나는 바로 그 순간에 사라져 버리기 때문에 무상하다'라고 구분하여 결정한다. 이것도 명상의 지혜 중 하나이다.

건강하지 않고 무겁고 흐리멍덩한 상태에서 건강하고 가볍고 선명하게 될 때 등에 그것을 관찰하면서 '각각의 바로 그 순간에 사라져 버린다'라고 이해하게 되면 '나쁘고 저열한 모든 물질은 좋고 수승한 물질에 이르지 못한 채 바로 그 나쁘고 저열한 순간에 사라져 버리기 때문에 무상하다'라고 구분하여 결정한다. 이것도 명상의 지혜 중 하나이다.

건강하고 가볍고 선명한 상태에서 건강하지 않고 무겁고 흐리멍덩하게 될 때 등에 그것을 관찰하면서 '각각의 바로 그 순간에 사라져 버린다'라고 이해하게 되면 '좋고 깨끗한 모든 물질은 나쁘고 저열한 물질에 이르지 못한 채 바로 그 좋고 깨끗한 순간에 사라져 버리기 때문에 무상하다'라고 구분하여 결정한다. 이것도 명상의 지혜 중 하나이다.

편 상태의 팔이나 발 등을 굽힐 때 그것을 관찰하면서 '한 동작에서 한 동작에 이르지 못한 채 사라져 간다'라고 이해하게 되면 '멀리 있는 모든 물질은 가까운 곳에 이르지 못한 채 바로 그 먼 상태에서 사라져 버리기 때문에 무상하다'라고 구분하여 결정한다. 이것도 명상의 지혜 중 하나이다.

굽힌 상태의 팔이나 발 등을 펼 때 그것을 관찰하면서 '한 동작에서 한 동작에 이르지 못한 채 사라져 간다'라고 이해하게 되면 '가까이 있는 모든 물질은 먼 곳에 이르지 못한 채 바로 그 가까운 상태에서 사라져 버리기 때문에 무상하다'라고 구분하여 결정한다. 이것도 명상의 지혜 중 하나이다. 이것이 무상에 대한 명상(anicca sammasana)이다.

무상에 대한 명상이 끝났다.

주목 여기에서 거친 물질과 미세한 물질의 진짜 의미에 대해서, 그리고 특성으로서의 가까운 물질과 먼 물질 등에 대해 명상의 지혜가 생겨나는 모습은 이해하기 어려울 수도 있기 때문에 설명하지 않았다.

2) 괴로움에 대한 명상

젊을 때, 건강할 때 〔마찬가지로〕 젊고 건강한 이들과만 만나며 즐겁고 행복하게 지내는 이가 자신의 정신·물질들을 '두려운 것이다'라고 생각하고 보기는 어렵다. 그렇지만 나이가 든 노인들이 역병, 이질, 콜레라 등으로 다른 많은 사람들이 죽어가는 것을 자주 보게 되고, 또한 자기 스스로도 지내기에 불편하고 힘들게 되면 '나도 다른 사람들처럼 죽어야만 할 것 같다'라고 생각하고 아파야만 하고, 죽어야만 하는 자신의 정신·물질을 '두려운 것이다'라고 쉽게 생각하게 된다.

이 예와 마찬가지로, 정신과 물질이 끊임없이 생멸하는 모습을 스스로의 지혜로 아직 경험하지 못하면 그러한 정신과 물질들을 '두려운 것이다'라고 생각하고 보기는 어렵다. 그렇지만 계속 생멸하는 정신과 물질을 끊임없이 관찰하여 눈 한번 깜빡할 사이조차 머물지 못하고 계속해서 생멸하고 있는 것을 직접 경험하게 되었을 때는 그 정신·물질들을 '생기기만, 소멸하기만 하여 계속해서 머물지 못하고 계속해서 죽어 가기만 하기 때문에 두려운 것이다. 생기기만 하고 소멸하기만 하여 끊임없이 괴롭히고 있기 때문에 두려운 것이다. 혐오스러운 것이다. 좋지 않은 것일 뿐이다. 괴로운 것일 뿐이다'라고 쉽게 알고 보고 이해할 수 있다. 이전의 물질·정신들이 무너지고 사라질 때마다 새로운 물질·정신이 생겨나지 않으면 죽어야 할 시간이기만 하고 '아직 죽지 않을 것이다'라고 안심할 수 있는 시간이란 없기 때문에도 '두려운 것이다'라고 알고 보고 이해할 수 있다. 참기 힘든 여러 가지 [고통스러운] 느낌들을 분명하게 겪을 때도 '괴로움의 무더기일 뿐이다'라고 이해할 수 있다.

따라서 부풂이라는 물질, 꺼짐이라는 물질, 앉음이라는 물질, 굽힘이라는 물질, 폄이라는 물질, 움직임이라는 물질 등을 '새길 때, 바로 그렇게 새길 때마다 빠르게 계속해서 사라져 간다'라고 직접 경험하는 수행자는 그러한 물질들을 '생겨남과 사라짐이 끊임없이 괴롭히기 때문에 두려운 것이다. 계속해서 무너지기만 하고, 계속해서 죽기만 하기 때문에도 두려운 것이다. 참기 힘든 [고통스러운 느낌들의] 의지처이기 때문에도 두려운 것이다. 좋지 않은 것들일 뿐이다. 괴로움일 뿐이다'라고 알고 보고 이해한다.

이렇게 직접 알고 보고 이해했을 때 과거의 물질, 미래의 물질들도 '이 〔현재의〕 물질과 마찬가지로 끊임없이 괴롭히고, 계속 무너지기만 하기 때문에 두려운 것일 뿐이다. 좋지 않은 것들이다. 괴로운 것들이다' 라고 구분하여 결정한다. 자세한 것은 '무상에 대한 명상'에서 설명한 방법과 같이 알면 된다. 이것이 괴로움에 대한 명상(dukkha sammasana)이다.

괴로움에 대한 명상이 끝났다.

3) 무아에 대한 명상

자아라고 집착하는 모습

물질과 정신들의 바른 성품을 스스로의 지혜로 아직 알지 못하는 어리석은 범부들은 오온이라는 무더기 속에 '자아라고 하는 것이 실제로 존재한다'라고 잘못 생각하여 집착한다. 그래서 세간의 여러 학자들[124]이 그 자아의 모습, 작용 등을 여러 가지로 설명하고 말하기도 한다. 그 중 바이세시까 학파(visesikadassana), 니야야 학파(nyāyadassana)의 스승들은 "자아(atta)라고 하는 것은 주인(sāmī)이다"라고 말한다. '귀·피부(몸)·눈·혀·코라고 하는 지근(buddhindriya 知根) 다섯 가지, 입·손·발·성기·항문이라고 하는 작업근(kammindriya 五作業根) 다섯 가지, 마음이라고 하는 양근(ubhayindriya 兩根) 한 가지 이러한 몸의 여

124 저본에서는 고대 인도 여섯 철학사상 중에서 그 예를 들고 있다. 인도 육파철학이라고 한다. ① 상키야(Sāṁkhya 數論) 학파, ② 유가(Yoga 瑜跏) 학파, ③ 미맘사(Mīmāṁsā 聲論) 학파, ④ 바이세시카(Vaiśesika 勝論) 학파, ⑤ 베단따(Vedānta 吠壇) 학파, ⑥ 니야야(nyāya 正理) 학파. 임석진 외 편저, 중원문화, 『철학사전』, 2009 참조.

러 부분들, 또한 몸 전체를 지배하는 존재, 무더기라는 집의 주인이 자아이다'라는 뜻이다. 이러한 〔주인으로서의〕 자아에 대한 집착을 제거하도록 다음과 같이 「무아경(Anattalakkhaṇa sutta)」 등에서 설하셨다.

> Rūpaṁ, bhikkhave, anattā. Rūpañca hidaṁ, bhikkhave, attā abhavissa, na yidaṁ rūpaṁ ābādhāya saṁvatteyya, labbhetha ca rūpe 'evaṁ me rūpaṁ hotu, evaṁ me rūpaṁ mā ahosī'ti.
>
> (S.ii.55)

역해

비구들이여, 물질은 무아다. 만일 물질이 자아라면 이 물질에는 고통이 따르지 않을 것이다. 그리고 물질에 대해서 '나의 물질은 이와 같이 되기를. 나의 물질은 이와 같이 되지 않기를'이라고 하면 그대로 될 수 있을 것이다.[125]

미맘사(mīmaṁsā) 학파의 스승들은 "자아라고 하는 것은 행위자(kāraka)이다"라고 말한다. '칼·톱 등의 도구를 통해 끊거나 자르는 행위 = 작용을 개인·행위자가 성취하게 하듯이, 눈·귀 등의 도구, 손·발 등의 도구로 봄·들음 등의 행위 = 작용, 감·섬·앉음·누움·굽힘·폄·등의 행위 = 작용을 자아라는 행위자가 성취하게 한다. 몸·말·마음의 여러 작용들을 행하게 하고 성취하게 하는 이가 자아이다'라는 뜻이다. 이렇게 행위자로서의 자아〔에 대한 집착〕을 제거하기 위해 『띠까 쬬』에서[126] 다음과 같이 설명하였다.

---

125 각묵스님 옮김, 초기불전연구원, 『상윳따 니까야』 제3권, p.237 참조.

126 원주: 마음이라는 단어(cittasaddā)에 대한 해설.

Tathā nidassanaṁ pana dhammasabhāvavinimuttassa kattādino abhāvadīpanatthanti veditabbaṁ.

(AsVṬ.74)

역해

또한 여기에서는 법의 고유성품을 떠난 〔어떠한〕 '행위자'라는 등의 상태가 없다는 사실을 설명해 준다고 알아야 한다.

〔「새김확립 경」의〕 바른 앎(sampajannā)에 대한 주석에서도 다음과 같이 여러 가지로 설명하였다.

Yathā andhabālaputhujjanā abhikkamādīsu — "attā abhikkamati, attanā abhikkamo nibbattito"ti vā, "ahaṁ abhikkamāmi, mayā abhikkamo nibbattito"ti vā sammuyhanti, tathā asammuyhanto.

(MA.i.265)

역해

안목 없는 범부는 나아감 등에 대해서 '자아가 나아간다. 자아에 의해서 나아감이 생겼다'라거나 '내가 나아간다. 나에 의해서 나아감이 생겼다'라고 미혹한다. 그러나 여기 비구는 나아가거나 물러날 때에 안목 없는 범부처럼 미혹하지 않는다.[127]

Abbhantare attā nāma āloketā vā viloketā vā natthi.

(MA.i.266)

역해

이 가운데 자아라고 이름을 붙일 만한 앞으로 보는 자라거나 혹은

---

127 『네 가지 마음챙기는 공부』, p.150 참조.

돌아보는 자라는 것은 없다.[128]

> Abbhantare attā nāma koci samiñjanto vā pasārento vā natthi.
>
> (MA.i.269)
>
> 역해
>
> 이 가운데 자아라고 이름을 붙일 만한 어떤 것이 있어서 구부리고 펴는 것이 아니다.[129]

미맘사(mīmaṁsa), 상키야(saṅkhyā) 학파의 스승들은 "자아라고 하는 것은 느끼는 자(vedaka) = 좋은 느낌, 나쁜 느낌들을 느끼는 자"라고 말한다. 〔이렇게 되면〕 바로 그 느낌을 자아라고 하는 것이 되어 버린다. 이 느끼는 자로서의 자아〔에 대한 집착〕을 제거하기 위해 「새김확립 경」의 주석에서 다음과 같이 설명하였다.

> Ko vedayatīti na koci satto vā puggalo vā vedayati. … Tasmā esa evaṁ pajānāti — "taṁ taṁ sukhādīnaṁ vatthuṁ ārammaṇaṁ katvā vedanāva vedayati. Taṁ pana vedanāpavattiṁ upādāya 'ahaṁ vedayāmī'ti vohāramattaṁ hotī"ti.
>
> (MA.i.279)
>
> 역해
>
> 누가 느끼는가? 어떤 중생이나 개인이 느끼는 것이 아니다. … 그

---

128 『네 가지 마음챙기는 공부』, p.152 참조.

129 위의 책, p.159 참조.

러므로 그는 이와 같이 분명히 안다. "이런저런 즐거운 토대 등을 대상으로 삼아 오직 느낌이 느낄 뿐이다. 그런 느낌의 생겨남을 가져 '나는 느낀다'라고 하는 단지 일상적인 어법이 있을 뿐이다"라고.[130]

그 복주서에서도 다음과 같이 설명하였다.

Dhammavinimuttassa aññassa kattu abhāvato dhammasseva kattubhāvaṁ dassento "vedanāva vedayatī"ti āha.

(MAṬ.i.368)

역해

법(의 고유성품)을 떠나서 다른 어떠한 행위자가 없이, 단지 법(의 고유성품)이 행하는 상태를 설명해 주기 위해 '오직 느낌이 느낀다'라고 말했다.

이 복주서에 의해서 행위자로서의 자아도 제거한다.

(또한) 위와 같은 세간 학파의 스승들 모두가 "자아라고 하는 것은 거주자(nivāsī) = (정신·물질) 무더기라는 집이 무너져 버려도 그것은 무너지지 않고 항상 유지되는 존재, 또한 자재자(sayaṁvasī) = 스스로 다른 이의 바람에 따라가지 않고, 몸의 감각기능 등의 신체 부분과 함께 몸 전체를 자기가 원하는 대로 주재할 수 있는 존재, 또한 지배자(adhiṭṭhāyaka) = (정신·물질) 무더기의 여러 가지들을 준비하고 지배할 수

130 『네 가지 마음챙기는 공부』, pp.198~199 참조.

있는 존재"라고도 말한다. 이렇게 거주자로서의 자아〔에 대한 집착〕 등도 제거하기 위해 「여섯의 여섯 경(Chachakka sutta)」,[131] 「무아경」 등을 설하셨다.

자아라고 이렇게 집착할 때 가끔은 〔오온이라는〕 무더기 중 어느 하나에 대해 집착한다. 가끔은 〔오온이라는〕 무더기 중 두 가지, 세 가지, 네 가지에 대해 집착한다. 가끔은 다섯 무더기(五蘊) 전체에 대해 집착한다. 부처님 당시 매우 유명했던 유행자 삿짜까(Saccaka)는 다섯 무더기 모두를 자아라고 집착했다. 그래서 삿짜까는 부처님 앞에서 다음과 같이 장담했다.

> Ahaṁ hi, bho gotama, evaṁ vadāmi — 'rūpaṁ me attā, vedanā me attā, saññā me attā, saṅkhārā me attā, viññaṇaṁ me attā'ti.
>
> (M.i.292)
>
> 역해
>
> 존자 고따마여, 실로 저는 다음과 같이 "물질이 나의 자아이다. 느낌이 나의 자아이다. 인식이 나의 자아이다. 형성이 나의 자아이다. 의식이 나의 자아이다"라고 말합니다.[132]

〔그뿐만 아니라〕 다섯 무더기가 아닌 까시나 물질 등의 순전히 개념일 뿐인 것들도 자아라고 집착했다. 그렇기는 해도 그러한 집착은 모두

---

131 M148; 전재성 역주, 한국빠알리성전협회, 『맛지마 니까야』, pp.1582~1597 참조.
132 M35; 『맛지마 니까야』, p.430 참조.

다섯 무더기와 관련해서만 생겨난다. 따라서 그러한 집착도 "다섯 무더기에 대해 집착한다"라고 알아야 한다. 세간 여러 학파 스승들이 말해 놓은 자아의 모습을 알고 싶다면 아바야라마(Abyayārāma) 사야도의 『아비단 닛사야 띠』[133] 《게송 92에 대한 해설》를 살펴 보라.

미얀마 사람들도 '바로 내가 본다, 듣는다'라고, 또한 '바로 내가 간다, 선다, 앉는다, 눕는다, 굽힌다, 편다, 말한다'라고, 또한 '바로 내가 괴로움과 행복을 느낀다'라고, 또한 '바로 내가 원하는 대로 볼 수 있다, 갈 수 있다'라고 생각하고 집착한다. 소멸되지 않고 항상 유지되는 영혼, 목숨, 의식, 자아라고 하는 것이 진실로 존재한다고 생각한다. 따라서 미얀마 사람들에게도 〔앞에서 말한〕 세간 여러 학파 스승들이 말한 대로 어느 정도는 '자아'라고 집착하는 것이 존재한다. 바로 그렇기 때문에 '끊임없이 생멸하고 있는 연속만 존재한다. 원하는 대로 성취하게 할 수 있는 나라고 하는 것은 없다'라고 들어서 아는 지혜로 거듭 숙고하여 해결하고 제거하더라도 그러한 생각과 집착들을 완전히 제거하고 사라지게는 할 수 없다.

무아가 드러나는 모습

물질과 정신이 드러날 때마다 그것들을 관찰하고 새겨, 순간도 끊임없이 생멸하고 있는 물질과 정신만 직접 경험하게 되는 수행자는 "나라고 부를 만한, 원하는 대로 성취하게 할 수 있는 실체"를 경험할 수 없기 때문에 '나라고 하는 것은 없다. 끊임없이 생멸하고 있는 물질·정신 두

133 번역하면 『新 빠알리어 사전대역』이라는 의미이다. 빠알리어로 서술되어 있는 빠알리어 어휘 사전 즉 빠알리어 - 빠알리어 사전을 미얀마 어로 대역한 책이다.

가지만 존재한다. 나라고 하는 것이 아니다. 끊임없이 생멸하고 있는 물질·정신 이 두 가지일 뿐이다'라고 잘 결정할 수 있다. 그래서 조건 따라 '휙, 휙'하며 생겨나서 사라져 버리는 배가 부푸는 물질, 배가 꺼지는 물질, 앉은 물질, 굽히는 물질, 펴는 물질, 움직이는 물질 등을 분명하게 경험할 수 있을 때 다음과 같이 이해하게 된다. 어떻게 이해하는가? "이 물질들은 생겨나게 하지 않으려 해도 어쩔 수 없다. 조건이 형성되면 생겨나기 마련이다. 사라지지 않게 할 수도 없다. 시간이 되면 사라질 뿐이다. 이렇게 생멸하고 있는 물질법들에 나라고 부를 만한, 주재하는 실체라는 것은 없다. 항상 머물 수 있는 실체도 없다. 바라는 대로 성취하게 할 수 있는 실체도 없다. 또한 그 물질법들은 나라고 불릴 만한, 주재하는 실체가 아니다. 항상 머물 수 있는 실체가 아니다. 바라는 대로 성취하게 할 수 있는 실체가 아니다. 따라서 '주재할 수 없다. 나가 존재하지 않는다. 나가 아니다. 무아의 성품일 뿐이다'라고 말하는 것은 옳다"라고 이해할 수 있다.

이렇게 이해하는 것은 "생겨나지 않길 바라는 어떤 물질이나 현상이 생겨나는 것을 경험하게 되었을 때"를 시작으로 해서도 생겨난다. "항상 그대로 머물길 바라는 어떤 물질이나 현상이 사라지는 것을 경험하게 되었을 때"를 시작으로 해서도 생겨난다.

이렇게 새기는 그 순간에 새겨 알게 된 물질·정신의 생멸을 분명하게 경험하여 '주재하는 나라고 하는 것은 없다. 항상 그대로 머물 수 있는 나라고 하는 것은 없다. 바라는 대로 성취하게 할 수 있는 나라고 하는 것은 없다. 끊임없이 생멸하고 있는 성품법들일 뿐이다'라고 알고 보고 이해하는 것이 진정한 무아의 특성(anattalakkhaṇā)을 직접 경험하여 알고 보는, 진정한 무아에 대한 명상의 지혜(anatta sammasana ñāṇa)이다. 바로 그렇기 때문에 "anattā asārakaṭṭhenāti saṅkhipitvā vavatthāne paññā sammasane ñāṇaṁ('고갱이가 없다는 뜻으로 무아다'라고 요약하여 구분하는 통찰지가 명상의 지혜이다)[134]"이라는 성전의 구절을 설명하는『위숫디막가(淸淨道論)』에서 다음과 같이 설명하였다.

Sabbampi taṁ anattā asārakaṭṭhena. Asārakaṭṭhenāti "attā sāmī nivāsī kārako vedako sayaṁvasī"ti evaṁ parikappitassa attasārassa abhāvena. Yañhi aniccaṁ, dukkhaṁ, taṁ attanopi aniccataṁ vā udayabayapīḷanaṁ vā vāretuṁ na sakkoti, kuto tassa kārakādibhāvo.

(Vis.ii.245)

대역

taṁ sabbampi무상하고 괴로움인 물질 **그 모든 것들도** asārakaṭṭhena**고갱이가 없다는 뜻으로** anattā**무아이다.** 자아가 아니다. 나가 아니다. asārakaṭṭhenāti**'고갱이가 없다는 뜻으로'란** 'attā**자아라고 하는 것에** sāmī무더기의 **주인,** nivāsī소멸되지 않고 계속 머무는 **거주자,** kārako 여러 가지 행위들을 행하고 취하게 하는 **행위자,** vedako좋고 나쁜 것을 **느끼는 자,** sayaṁvasī다른 이의 바람에 따르지 않고 자신이 바라는 대로 성취하게 할 수 있는 **자재자**iti evaṁ**라고 이렇게** parikappitassa범부들이 **생각하는** attasārassa**자아, 나라는 고갱이가** abhāvena**없다는 뜻으로'**iti**라는 의미다.** hi**맞다.** ya**어떤** aniccaṁ**무상하고** dukkhaṁ**괴로운 법이 있는데,** taṁ**그** 무상하고 괴로운 **법들은** attanopi**자기 스스로도** aniccataṁ vā**무상한 성질이나 혹은** udayabayapīḷanaṁ vā**생겨나고 사라짐에 의한 압박을** vāretuṁ**피할 수** na sakkoti

134 이 책의 제2권 p.185 참조.

없는데, tassa자기 스스로조차 무상한 성질이나 압박을 피할 수 없는 그 법들이, 또는 자기 스스로조차 항상하도록, 행복하도록 할 수 없는 **그 법들이** kuto**어떻게** kārakādibhāvo다른 것들을 행하게 할 수 있는 **행위자 등의 상태를 갖겠는가?**[135] 《완전하게 갖추어서 말하자면 'kuto tassa sāmi nivāsi kārakādibhāvo?(어떻게 주인, 거주자, 행위자의 상태를 갖겠는가?)'라고 말할 수 있다.》

그 밖에, 40가지 모습에 관련된 성전의 '공하다고(suññato), 무아라고(anattato)'라는 구절[136]을 『위숫디막가(淸淨道論)』에서는 다음과 같이 해석하였다.

Sāmi – nivāsi – kāraka – vedakādhiṭṭhāyaka virahitatāya suññato. Sayañca assāmikabhāvāditāya anattato.

(Vis.ii.247)

대역

sāmi – nivāsi – kāraka – vedakādhiṭṭhāyaka virahitatāya무더기를 소유하는 **주인** – 소멸하지 않고 계속 머무는 **거주자** – 여러 가지 행위들을 행하는 이, 성취하게 하는 **행위자** – 좋고 나쁜 것을 **느끼는 자** – 여러 가지를 준비하고 결정하는 **지배자가 없기 때문에** suññato자아, 나라는 것이 없다고, **공하다고** 관찰한다. sayaṁ ca다섯 무더기라고 하는 **그 스스로도** assāmikabhāvāditāya**주인 등이 아니기 때문에**, 또는 주인 등의 상태가 없기 때문에 anattato**무아라고** 관찰한다.[137]

---

135 『청정도론』 제3권, pp.225~226 참조.

136 이 책의 제2권 p.346 참조.

137 『청정도론』 제3권, p.229 참조.

이 주석서의 설명을 근거로 하여 "단지 '몸의 형체, 모양이 없다'라고 숙고하는 것만으로는 아직 진짜 무아의 지혜가 생겨난 것이 아니다. '주인 - 거주자 등으로 생각할 만한 자아, 나라는 것이 없다'라고 알고 보고 이해해야만 진짜 무아의 지혜가 생겨난 것이다"라고 확실하게 알아야 한다. 무색계 범천들에게는 몸 형체가 드러나지 않는데도 자아사견은 여전히 생겨나는 것에도 특히 주의하라.

직접 새겨 알게 된 물질을 앞에서 설명한 대로 이해하게 되었을 때 과거의 물질 등도 '바로 이 〔현재의〕 물질과 마찬가지로 주재할 수 없다. 항상하지 않는다. 원하는 대로 성취하게 할 수 없다. 그렇기 때문에 나라고 하는 것은 없다. 나라고 하는 것이 아니다. 단지 성품법들일 뿐이다'라고 구분하여 결정한다. 자세한 것은 무상에 대한 명상에서 설명한 방법과 같이 알기 바란다. 이것이 무아에 대한 명상(anatta sammasana)이다.

무아에 대한 명상이 끝났다.

(3) 나머지 정신과 내부·외부 등에 대한 명상의 지혜

느낌, 인식, 형성, 의식들에 대해서 명상의 지혜가 생겨나는 모습도 이 물질과 마찬가지로 자세하게 알기 바란다. 이해하기 어려운 내부 – 외부 등에 대해서는 마음을 기본으로 하여 간단하게 설명할 것이다.

내부와 외부를 관찰하는 모습

자기 내부를 대상으로 하여 새기며 생겨나는 마음을 '내부의(ajjhatta) 마음'이라고 한다. 자기 외부를 대상으로 하여 새기며 생겨나는 마음을

'외부의(bahiddha) 마음'이라고 한다. 새김이 청정해졌을 때 그 내부, 외부의 마음들을 '각각의 순간에 사라져 간다'라고 알 수 있다. 그래서 자기 내부, 자기 외부를 번갈아 가며 대상으로 할 때마다, 새길 때마다 '내부의 마음이 외부에 이르지 못한다. 그 내부에서만 사라져 버리기 때문에 무상하다'라고 이해한다. '외부의 마음도 내부에 이르지 못한다. 바로 그 외부에서만 사라져 버리기 때문에 무상하다'라고 이해한다.

거칠고 미세한 것을 관찰하는 모습

거친(oḷārika) 마음, 미세한(sukhuma) 마음을 번갈아 가며 관찰할 때 '거친 마음이 미세해지는 것이 아니다. 미세한 마음이 거칠어지는 것이 아니다. 각각의 바로 그 순간에 사라져 버리기 때문에 무상하다'라고 이해한다.

저열하고 수승한 것을 관찰하는 모습

저열한(hīna) 마음인 불선(不善) 마음, 수승한(paṇīta) 마음인 선(善) 마음 등을 번갈아 가며 관찰할 때 '불선한 마음, 좋지 않은 마음, 괴로운 마음, 때 묻은 마음들 그 자체가 선한 마음, 좋은 마음, 행복한 마음, 깨끗한 마음으로 되는 것이 아니다. 또한 선한 마음, 좋은 마음, 행복한 마음 그 자체가 불선한 마음, 좋지 않은 마음, 괴로운 마음으로 되는 것이 아니다. 각각의 바로 그 순간에 사라져 버리기 때문에 무상하다'라고 이해한다.

멀고 가까운 것을 관찰하는 모습

멀고(dūra) 가까운(santika) 것을 번갈아 가며 관찰할 때 '멀리 달아난 마음이 가까이 이르는 것이 아니다. 가까운 마음이 멀리 달아나는 것이 아니다. 각각의 바로 그 순간에 사라져 버리기 때문에 무상하다'라고 이해한다.

> Yaṁ pana aniccaṁ, taṁ yasmā niyamato saṅkhātādibhedaṁ hoti. Tenassa pariyāyadassanatthaṁ, nānākārehi vā manasikārappavattidassananatthaṁ "rūpaṁ atītānāgatapaccuppannaṁ aniccaṁ saṅkhataṁ paṭiccasamuppannaṁ khayadhammaṁ vayadhammamaṁ virāgadhammaṁ nirodhadhamma"nti puna pāḷi vuttā.
>
> (Vis.ii.246)
>
> 역해
>
> 무상한 것(법)은 반드시 형성된 것 등으로 분류된다. 그래서 그것(= 그 무상하다는 구절)의 동의어(= 다양한 방편)를 나타내기 위해, 혹은 갖가지로 마음기울임이 생기는 것을 나타내기 위해 "과거 – 미래 – 현재의 (그 모든) 물질은 무상하고, 형성된 것이고, 조건 지어진 것이고, 다하기 마련인 법이고, 사라지기 마련인 법이고, 빛바래기 마련인 법이고, 소멸하기 마련인 법이다"라고 다시 성전에서 설하셨다.[138]

이러한 『위숫디막가(淸淨道論)』의 설명에 의하면, 앞에서 드러내 보였던 (『빠띠삼비다막가(無碍解道)』의 세 가지 구절 중에서) 세 번째 구절[139]을 근거로 설명한 것은 "무상이라는 단어와 의미나 뜻으로는 같고

138 『*Visuddhimagga Myanmarpyan*(위숫디막가 미얀마 어 번역)』 제4권, p.392; 『청정도론』 제3권, p.226 참조.

139 이 책의 제2권, pp.185~186 참조.

표현만 다른 여러 방편들을 나타내고자, 또한 여러 가지 모습의 마음기울임이 생겨날 수 있다는 것을 나타내고자" 설명한 것이다. 따라서 관련된 조건들이 서로 모여 형성되었다고(saṅkhata), 조건을 의지하여 생겨난 법이라고(paṭiccasamuppanna), 다하기 마련인 법이라고(khaya-dhamma), 사라지기 마련인 법이라고(vayadhamma), 빛바래기(= 없어지기) 마련인 법이라고(virāgadhamma), 소멸하기 마련인 법이라고(nirodhadhamma) 이렇게 알고 이해하는 지혜들도 무상에 대한 명상의 지혜(anicca sammasana ñāṇa)라고 알아야 한다.

그 밖에 'aniccato dukkhato rogato' 등의 40가지 모습으로 알고 이해하는 것들도 무상 거듭관찰(aniccānupassanā), 괴로움 거듭관찰(dukkhānupassanā), 무아 거듭관찰(anattānupassanā)에 각각 적절하게 포함되는 것을 『빠띠삼비다막가(無碍解道)』, 『위숫디막가(淸淨道論)』에서 설명해 놓았다. 그 40가지 모습에 대해서는 재성찰의 지혜(paṭisaṅkhā ñāṇa)를 설명할 때 간략하게 설명하겠다.[140]

물질과 정신이 생겨날 때 그것을 관찰하고 새기며 생겨남 - 머묾 - 사라짐을 분명하게 알게 되었을 때 "jātipaccayā jarāmaraṇaṁ, asati jātiyā natthi jarāmaraṇanti saṅkhipitvā vavatthāne paññā sammasane ñāṇaṁ('태어남을 조건하여 늙음과 죽음이 있다. 태어남이 없으면 늙음과 죽음도 없다'라고 요약하여 구분하는 통찰지가 명상의 지혜이다)"[141]라는 등의 『빠띠삼비다막가(無碍解道)』 성전의 네 번째 구절에 따

140 이 책의 제2권, pp.340~347 참조.

141 Ps.52.

라, '생겨남이 있기 때문에 머묾과 사라짐도 있다. 늙음과 죽음이 있다. 생겨남이 없다면 머묾과 사라짐도 없다. 늙음과 죽음도 없다'라고, 또는 '과거 여러 생들에서도 태어남이 있어서 늙음과 죽음이 있었다. 그렇지 않으면 있을 수 없다'라고, 또는 '미래의 여러 생들에서도 태어남이 있어서 늙음과 죽음이 있을 것이다. 그렇지 않으면 있지 않을 것이다' 등으로 연기의 요소 두 가지씩을 원인과 결과로 연결하여, 세 가지 시간을 묶어서 숙고하고 결정하는 지혜도 생겨난다. 이 지혜는 진짜 명상의 지혜는 아니다. 조건파악의 지혜일 뿐이다. 그래서『빠띠삼비다막가(無碍解道) 주석서』에서는 다음과 같이 설명하였다.

> Jātipaccayā jarāmaraṇanti ādi na vipassanāvasena vuttaṁ, kevalaṁ paṭiccasamuppādassa ekeka aṅgavasena saṅkhipetvā vavatthānato sammasanañāṇaṁ nāma hotīti pariyāyena vuttaṁ. Na panetaṁ kalāpasammasanañāṇaṁ dhammaṭṭhiti ñāṇamevetaṁ hotīti.
>
> (PsA.1.234)

역해

'태어남을 조건하여 늙음과 죽음이 있다'라는 등은 위빳사나로 설한 것이 아니다. '오로지 연기의 요소 하나씩을 통해 요약하여 구분한다는 의미로 명상의 지혜라고 한다'고 방편으로 말한 것이다. 사실 이것(= 방편으로 말한 명상의 지혜)은 묶음명상의 지혜가 아니다. 이것(= 방편으로 말한 명상의 지혜)은 법 머묾의 지혜일뿐이다.[142]

---

142 *Bhaddanta Tejaniya Mahāthera*,『*Paṭisambhidāmagga Aṭṭhakathā Nissaya*(빠띠삼비다막가 주석서 대역)』 제1권, pp.514~515 참조.

지금까지 설명한 모든 내용은 『빠띠삼비다막가(無碍解道)』 성전에서 직접 설명해 놓은, 명상의 지혜가 생겨나는 모습 전부를 간략하게 요약하여 설명한 것이다.

3. 성전 외 주석서에 나온 여러 방법들

『위숫디막가(淸淨道論)』에서는 재생연결을 시작으로 정신과 물질이 생겨나는 모습을 관찰하는 방법, 물질 7개조(rūpasattaka)로 관찰하는 방법, 정신 7개조(nāmasattaka)로 관찰하는 방법도 설명했다. 그중 첫 번째 방법[143]은 방금 설명한 성전의 방법에 적절하게 요약된 모습으로 포함되기 때문에, 또한 경전을 의지하여 반조하는 것일 뿐이기 때문에, 또한 너무 광범위하기 때문에, 이 『위빳사나 수행방법론』에서는 그 방법을 설명하지 않고 수행자들이 알아두면 좋을 '기능을 예리하게 하는 아홉 가지'와 물질 7개조와 정신 7개조로 관찰하는 방법만을 간략하게 설명할 것이다.

(1) 기능을 예리하게 하는 아홉 가지

Navahākārehi indriyāni tikkhāni bhavanti — uppannuppannānaṁ saṅkhārānaṁ khayameva passati, tattha ca

143 재생연결을 시작으로 정신과 물질이 생겨나는 모습을 관찰하는 방법. 『청정도론』 제3권, p.243 참조.

sakkaccakiriyāya sampādeti, sātaccakiriyāya sampādeti, sappāyakiriyāya sampādeti, samādhissa ca nimittaggāhena, bojjhaṅgānañca anupavattanatāya, kāye ca jīvite ca anapekkhataṁ upaṭṭhāpeti, tattha ca abhibhuyya nekkhammena, antarā ca abyosānenāti.

(Vis.ii.248)

대역

navahākārehi**아홉 가지 원인들로 인해** indriyāni다섯 가지 **기능들이** tikkhāni bhavanti**예리하게 된다.**

(1) uppannuppannānaṁ**계속적으로 생겨나는** saṅkhārānaṁ물질·정신 **형성들의** khayameva무너짐, **다함만** passati**관찰한다.**(('무너진다, 다한다'라고 아직 지혜에 드러나지 않더라도, 생겨날 때마다 형성들을 '무너지고 다하는 것일 뿐이다'라고 숙고해 놓아야 한다. 무너지지 않고 다하지 않고 항상한 것으로 생각하면 안 된다. 관찰하고 새김 = 지혜에 '무너진다, 다한다'라고 드러날 때도 그렇게 드러나는 대로 '무너진다, 다한다'라고만 결정해야 한다. 무너지지 않고 다하지 않는 측면에서 근거를 찾고 생각하면서 저항하며 지내면 안 된다. 이렇게 행하는 것으로도 지혜 기능을 비롯한 다섯 가지 기능 모두가 예리해진다는 의미이다))

(2) tattha**그** 무너짐, 다함을 관찰할 **때** sakkaccakiriyāya ca**정성을 다해 수행하는 것으로도** sampādeti위빳사나 지혜를 **성취한다.**((무너짐, 다함을 경험하여 볼 수 있을 정도로 정성스럽게 관찰해야 한다는 의미이다))

(3) sātaccakiriyāya ca끊임없이 계속해서 **지속적으로 수행하는 것으로도** sampādeti위빳사나 지혜를 **성취한다.**((머뭇거리거나 멈추지 않고 끊임없이 관찰해야 한다는 의미이다))

(4) sappāyakiriyāya ca**적당한 것만 행하는 것으로도** sampādeti위빳사

나 지혜를 **성취한다.**

《Āvāso gocaro bhassaṁ, puggalo atha bhojanaṁ;
Utu iriyāpatho, ceva sappāyo sevitabbako.

(MA.iv.115)

역해

적당한 정사와 〔탁발하는〕영역,
적당한 말과 사람,
그리고 적당한 음식과 기후,
적당한 자세를 의지해야 한다.

이러한 『맛지마 니까야(후50편)』「공(空)에 대한 긴 경(Mahā-suññata sutta)」의 주석에 따라 지내기에 적당한 정사 등을 의지하면서 아직 생겨나지 않은 위빳사나 지혜가 생겨난다면, 생겨난 지혜가 더욱 향상된다면, 그러한 정사, 주로 가는 영역 등의 일곱 가지들을 '적당하다'라고 한다. 그러한 장소에서만 머물러야 한다. 그러한 영역만 자주 다녀야 한다. 그러한 말만 하고 들어야 한다. 그러한 사람과만 만나야 한다. 그러한 음식, 날씨, 자세 등만을 의지해야 한다는 의미이다.》

(5) samādhissa위빳사나 **삼매의** nimittaggāhena ca**표상**, 즉 삼매를 생겨나게 하는 원인**을 취하는 것**, 즉 인식하는 것, 기억하는 것**으로도** sampādeti위빳사나 지혜를 **성취한다.** 《'이렇게 관찰했기 때문에 삼매가 좋았다'라고 알게 되면, 그러한 인식 = 마음기울임에 따라 관찰해야 한다는 의미이다.》

(6) bojjhaṅgānañca anupavattanatāya**깨달음 구성요소들을 적절하게 생겨나게 하는 것으로도** sampādeti위빳사나 지혜를 **성취한다.** 《수행하려는 마음이 줄어들면 희열 깨달음 구성요소, 정진 깨달음 구성

요소, 법 간택 깨달음 구성요소를 닦아야 한다. 지나치게 들뜨고 격앙되면 경안 깨달음 구성요소, 삼매 깨달음 구성요소, 평온 깨달음 구성요소를 닦아야 한다는 의미이다.》

⑺ kāye ca**몸과** jīvite ca**목숨을** anapekkhataṁ**고려하지 않음을** upaṭṭhāpeti**확립시킨다.** 생겨나게 한다. 《몸과 목숨을 아끼지 않고 매우 열심히, 과감하게 노력해야 한다는 의미이다.》

⑻ tattha**그**렇게 몸과 목숨을 고려하지 않고 노력할 **때** (uppannuppannaṁ dukkhaṁ)괴로운 느낌이 생겨날 때마다 그 괴로운 느낌을, nekkhammena게으름으로부터 벗어나게 하는 위빳사나 정진이라는 **출리로** abhibhuyya ca**극복하는 것으로도** sampādeti위빳사나 지혜를 **성취한다.** 《노력에 의해 생겨나는 게으름이나 고통들, 그 모두를 물러나지 않는 정진으로 집중하여 잘 새겨 제거해야 한다는 의미이다.》

⑼ antarā도와 과에 아직 이르기 전, **중간에** abyosānena ca**그만두지 않**고 끊임없이 노력하**는 것으로도** sampādeti위빳사나 지혜를 **성취한다.**[144] 《바라는 특별한 법을 증득하기 전에는 관찰을 그만두지 말아야한다. 수행주제로부터 벗어나면 안 된다. 끊임없이 노력해야 한다는 의미이다.》

iti**이것이 기능을 예리하게 하는 아홉 가지이다.**[145] 《지혜가 향상되지 않을 때 이 아홉 가지 중에서 적당한 것들을 특히 구족시켜서 노력해야 한다.》

---

144 『청정도론』 제3권, pp.231~232 참조.

145 南傳大藏經(第 六十四 卷, 清淨道論 三, p.328)에는 '… 소멸을 관찰할 때 ① 공경하게 … ⑥ 몸을 고려하지 않고 ⑦ 목숨을 고려하지 않고'라고 번역을 하였다.

(2) 물질 7개조 = 물질을 관찰하는 일곱 가지 방법

1) 첫 번째 방법: 취함과 버림으로 관찰하는 방법

재생연결은 새로운 생의 무더기(五蘊)라는 짐을 받아들이는 것이기 때문에 취함(ādāna)이라고 한다. 죽음은 지난 생의 무더기라는 짐을 버리는 것이기 때문에 버림(nikkhepana)이라고 한다. 그렇게 재생연결과 죽음으로 구분하여 현생의 물질들을 '항상하지 않다. 괴로움이다. 나가 아니다'라고 관찰하고 보고 이해하는 것을 취함과 버림으로 관찰하는 방법이라고 한다. 그 물질에 대해 삼특상이 드러난다는 말이다. 드러나는 모습은 다음과 같다.

'새겨 알게 된 물질들의 생멸을 직접 경험하게 될 때 현생에 재생연결을 시작으로해서 죽을 때까지 그 사이에 생겨나는 그 모든 물질들도 지금 새겨 알아지는 물질들처럼 생겨남·사라짐이 있기 때문에 무상하다. 원래 있던 상태 그대로 머물지 않고 변하고 무너지기 때문에도 무상하다. 한 순간, 한 찰나만 머물기 때문에도 무상하다. 항상한 성품과 반대여서 항상한 상태를 없애고 가로막기 때문에도 무상하다. 《항상한 상태를 없애고 가로막는 모습은 다음과 같다. 즉 '무상하다'라고 알게 되고 보게 된 법들이 그렇게 알고 보는 이들에게 다음과 같이 "많은 사람들이 나를 항상하다고 〔잘못〕 생각하지만 나는 그대가 알고 보는 대로이다. 〔실제로〕 무상하다"라고 장담하는 것과 같다. 항상하다는 상태를 제거하여 바르게 해 주는 것과 같다. 그래서 "aniccapaṭikkhepa = 항상한 상태를 없애고 가로막는다"라고 말하였다. 행복하다는 상태를 없애고 가로막는 모습, 나라는 상태를 없애고 가로막는 모습도 같은 방법으로 알기 바란다.》 이러한 네 가지 이유 때문에 무상하다'라고 관찰하고 숙고한다.

그 밖에 '생겨난 = 태어난 물질은 머묾 = 늙음에 이른다. 늙어 성숙한 물질은 무너져야 한다. 따라서 죽기 전의 기간 동안 존재하는 현생의 모든 물질들도 현생에 새겨 알게 된 물질들처럼 생겨남과 사라짐이 끊임없이 괴롭히기 때문에 괴로움이다. 계속 생겨나고 사라져 그대로 머물지 못하여 견디기 어렵기 때문에도 괴로움이다. 몸의 괴로움과 마음의 괴로움이 의지하는 곳, 생겨나는 곳이기 때문에도 괴로움이다. 행복한 상태와 반대여서 행복한 상태를 없애고 가로막기 때문에도 괴로움이다' 라고도 관찰하고 숙고한다.

그 밖에 "생겨나야 할 물질을 생겨나지 말라고 조종할 수 없다. 생겨난 물질을 성숙되지 말라고, 늙지 말라고 조종할 수도 없다. 성숙된, 늙은 물질을 무너지지 말라고, 죽지 말라고 조종할 수도 없다. 따라서 죽기 전의 기간 동안 존재하는 현생의 모든 물질들도 현생에 새겨 알게 된 물질들처럼 '나라고 하는 것이 항상 존재한다. 모든 행위들도 내가 다 한다. 좋고 나쁜 느낌들도 내가 다 느낀다. 모든 것을 다 조종하고 지배할 수 있다'라고 생각하고 인식해 놓은 나라고 하는 것이 없고〔= 공(空)하고〕 비어 있기 때문에 무아이다. 《사람이 없는 황폐한 마을처럼 그 물질들 안에 나라고 하는 것이 없다는 의미이다.》 주인이 없기 때문에도 무아이다. 《그 물질들을 소유하는 나라고 하는 것이 없다. 내가 소유한 물건, 재산이 아니라는 의미이다.》 바라는 대로 성취하게 할 수 없기 때문에도 무아이다. '바라는 대로 성취하게 할 수 있다'라는 등으로 생각해 놓은 나와 반대여서 나가 있다는 상태를 없애고 가로막기 때문에도 무아이다"라고도 관찰하고 숙고한다. 《여기에서 'anattā(무아)'의 구절을 'natthi attā etesanti anattā(거기에는 자아라고 할 만한 것이 없다. 그래서 '무아'이다)'라고, 또는 'na attā anattā(자아가 아니다. 그래서 '무아' 이다)'라고 두 가지 단어 분석으로 설명해야 한다.》 이상이 첫 번째 방법이다.

삼특성을 제기하여 관찰하는 모습

"물질과 정신의 생멸을 아직 직접 알지 못하더라도 듣는 것만으로 혹은 단지 생각하는 것만으로 유추하여 '무상·고·무아'라고 외우며 마음기울여야 한다. 그렇게 외우고 마음기울여야 삼특성을 제기하는 작용을 성취한다"라고 생각하는 사람들도 있다. 그렇게 생각해서는 안 된다. 바른 대로 말하면 다음과 같다. 계속 관찰하고 새기는 물질·정신의 생멸을 직접 경험하여 알게 되었을 때 그 물질과 정신을 '생겨나서는 없어지기 때문에, 무너져 버리기 때문에 무상하다'라고, 또한 '생멸이 끊임없이 괴롭히기 때문에 괴로움이다'라고, 또한 '바라는 대로 되지 않기 때문에, 지배할 수 있는 나가 아니기 때문에 무아이다'라고 알고 보고 이해하는 것은 직접관찰(paccakkha) 지혜로 삼특성을 제기하여 관찰하는 것이다.

그 밖에 직접관찰 지혜로 알고 보고 이해했을 때 직접적으로는 알 수 없는 정신과 물질들도 '직접 알아지는 물질·정신들과 마찬가지일 뿐이다. 생겨나서는 없어지기기 때문에, 무너져 버리기 때문에 무상할 뿐이다. 생멸이 끊임없이 괴롭히기 때문에 괴로움이다. 바라는 대로 되지 않기 때문에, 지배할 수 있는 나가 아니기 때문에 무아이다. 단지 성품법들일 뿐이다'라고 이해하고 숙고하는 것은 추론관찰(anumāna) 지혜로 삼특성을 제기하여 관찰하는 것이다.

"〔삼특성을〕 제기하여(āropanā) 관찰한다"라고 말한 이유는 다음과 같다. 'hutvā abhāva = 생겨나서는 없어진다. 무너져 버린다'라고 하는 무상의 특성(anicca lakkhaṇā), ‘udayabbayappaṭipīḷana = 생멸이 끊임없이 괴롭힌다’라고 하는 괴로움의 특성, ‘avasavattana = 바라는 대로 되지 않는다’라고 하는 무아의 특성, 이러한 공통특성(sāmañña lakkhaṇā) 세 가지들은 정신·물질 법들에 항상 따라다닌다. 항상 드러나 있다. 그렇지만 관찰하지 않을 때, 갓 관찰을 시작했을 때는 그러한 삼특성을 아직 알지 못한다. 수행 지혜가 성숙되었을 때라야 그러한 삼특성을 직접 경험하여 알 수 있다. 따라서 수행자는 이전에는 아직 새기지 못했던, 알지 못했던 그 삼특성을 그때서야 물질과 정신들에 대해 지혜로 제기하여 관찰하는 것처럼 된다. 그래서 “삼특성을 제기하여 관찰한다”라고 여러 문헌들에서 말한 것이다. 아래는 『대복주서』의 내용이다.

Rūpa dhamme nirūḷaṁ lakkhaṇattayaṁ pubbe attanā asallakkhitaṁ sallakkhetvā sammasanto taṁ tattha āropetīti vuccati.

(Pm.ii.403)

대역

rūpa dhamme**물질법들에** 《물질에 대한 명상(rūpasammasana)에 대한 설명이기 때문에 이렇게 말하였다. 정신법들에 대해서도 같은 방법이다》 nirūḷaṁ**항상** 따라다니고, 항상 **드러나 있는**, pubbe attanā asallakkhitaṁ**이전에 아직 스스로 새기지 못했던** lakkhaṇattayaṁ**삼특성을** sallakkhetvā sammasanto**주시하고**, 즉 새기고 **명상하는**, 또는 숙고하는 **이를 두고** taṁ tattha āropetīti‘**그것**, 즉 삼특성**을 물질에 대해 제기한다’라고** vuccati주석서의 스승들이 **말하였다**. 《엄밀하게 한 말이 아니다. 유사한 것을 설명한 말(sadisūpacā)이다.》

그 밖에 kakkhaḷatta = 거침·딱딱함, vediyana = 느낌, sañjanana = 인식함, phusana = 대상과 마음의 닿음, vijānana = 대상을 앎, 이러한 등의 《물질과 정신이 본래 가진 성품인》 고유특성(sabhāva lakkhaṇā)들은 생겨남 – 머묾 – 사라짐이라고 하는 세 가지 찰나 모두에 존재한다. 또한 그러한 고유특성은 그 세 가지 시간 모두에 새겨 알 수 있다. 각각의 물질과 정신을 서로 구분하고 구별해 주는 성품으로 분명하게 알 수 있다. 또한 처음 수행을 시작해서도 그 고유특성은 분명하게 알 수 있다. 제기하여 관찰하는 것처럼 알아야 하는 것이 아니다. 그래서 그러한 고유특성들은 '제기하여 관찰한다'라고 어느 문헌에서도 말하지 않았다.

무상 등의 세 가지 공통특성들은 세 가지 찰나 모두에서 새겨 알 수 있는 것이 아니다. 또한 각각의 물질과 정신을 서로 구분하고 구별해 주는 성품으로 분명하게 알 수 있는 것도 아니다. 또한 처음 수행을 시작했을 때는 알 수가 없다. 사실은 물질법마다, 정신법마다 무상의 성품이 존재한다. 그와 마찬가지로 괴로움의 성품, 무아의 성품도 존재한다. 지혜가 성숙되었을 때 "새겨 알아지는 물질과 정신들이 생겨나고 사라지는 모습, 생멸이 괴롭히는 모습, 바라는 대로 되지 않는 모습들도" 다시 알게 되어 그러한 물질과 정신들을 '무상하구나. 괴로움이구나. 지배할 수 없는 것이구나'라고 알게 된다. 이렇게 알게 된 것은 이전에 알던 고유특성에 대해 공통특성을 "더해, 제기하여" 아는 것처럼 생겨난다. 그렇기 때문에도 "특성을 제기하여 관찰한다"라고 여러 문헌들에서 말하였다. 아래는 그 근거가 되는 『대복주서』의 내용이다.

Yathā pathavīphassādīnaṁ kakkhaḷaphusanādilakkhaṇāni tīsupi khaṇesu sallakkhitabbāni paṭiniyatarūpatāya sabhāvasiddhāneva hutvā gayhanti, na evaṁ aniccatādilakkhaṇāni. Tāni pana bhaṅgudayabbayapīḷāvasavatta nākāramukhena gahetabbato samāropitarūpāni viya gayhantīti vuttaṁ "sāmaññalakkhaṇaṁ āropetvā"ti.

(Pm.ii.387)

대역

pathaviphassādīnaṁ**땅**〔요소〕, **접촉 등** 물질·정신 법들**의** kakkhaḷaphusanādi lakkhaṇāni**거칠고 단단함, 닿음 등의** 고유**특성은**《뒤의 '취할 수 있다'와 연결하라》 tīsupi khaṇesu생성 – 머묾 – 소멸이라고 하는 **세 가지 찰나 모두에서도** sallakkhitabbāni**주시할 수**, 즉 새길 수 **있기 때문에**《원인을 나타내는 것이 포함된 수식어(hetumantavisesana)이다. 그리고 'pi(~도)'라는 단어를 통해 한 가지 찰나, 두 가지 찰나에서도 새길 수 있다는 사실을 설명해 준다》 paṭiniyatarūpatāya물질·정신 법들 **각각의** 분리된, **고유한 개체로** sabhāvasiddhāneva hutvā**고유성품을 통해 구족되고 분명하기만 하여** gayhanti yathā **취할 수 있다**, 즉 알 수 있다. 〔**하지만**〕 **그처럼** aniccatādilakkhaṇāni**무상 등의** 공통**특성은** evaṁ**이** 고유특성의 방법**과** na**같지 않다**. 즉, na gayhanti취할 수 없다. 알 수 없다.[146] pana**사실은** tāni**그** 무상·고·무아라고 하는 공통**특성들은**《뒤의 '취한다'와 연결하라》 bhaṅgudayabbayapīḷāvasavattanākāramukhena**소멸하는 모습, 생멸이 괴롭히는 모습, 바라는 대로 되지 않는 모습들에 향함을 통해**, 즉 〔그러한 모습들을〕 기본으로 해서 gahetabbato**취할 수 있기 때문에**, 알 수 있기 때문에 samāropitarūpāni viya고유특성에 얹은 것처럼, **제기한 것처럼 되어** gayhanti**취할 수 있다**. 알 수 있다. iti**이렇게** 고유특성에 대해 **제기하여** 아는 **것과 같기 때문에** sāmaññalakkhaṇaṁ āropetvāti'세 가

146 고유특성을 취하는 것과 같은 방법으로는 공통특성을 취할 수는 없다는 뜻이다.

지 공통특성을 제기하여'라고 vuttaṁ주석서의 스승이 말한 것이다.

이 복주서에서 "소멸하는 모습, 생멸이 괴롭히는 모습, 바라는 대로 되지 않는 모습들을 먼저 알고 나서야 무상·고·무아라는 특성들을 알 수 있다. 그렇게 아는 것은 고유특성 위에 공통특성을 더해 제기하여 아는 것과 동일하다. 그래서 '공통특성을 제기하여 관찰한다'라고 주석서의 스승들이 말하였다"라는 설명에 매우 주의해야 한다.

따라서 "특성을 제기하여 관찰한다"라고 할 때 "생겨남·사라짐을 아직 경험하지 못했을 때, 아직 드러나지 않은 그러한 특성들을 분명하게 하기 위해 일부러 유추하여 외우는 것, 반조하는 것을" 말하는 것이 아니다. 사실은 물질과 정신의 본래 성품을, 그것이 생겨나는 그대로 관찰하면서, 바로 그렇게 하면서 실제로 생겨남·사라짐도 알게 되어, 새겨 알고 있는 그 물질과 정신들을, 또한 그 물질과 정신들로부터 유추하여 연결된 다른 물질과 정신들을 "무상하다. 괴로움이다. 지배할 수 없는 성품법들이다"라고 직접관찰 지혜, 추론관찰 지혜로 알고 보는 것, 숙고하는 것, 이해하는 것만을 의미한다고 의심없이 알아야 한다.

2) 두 번째 방법: 연령성숙 사라짐을 통해 관찰하는 방법

연령에 따라 성장하고 성숙하는 물질의 사라짐을 연령성숙 사라짐(vayovuḍḍhutthaṅgama)이라고 한다. 그것에 따라 물질들을 크게, 혹은 세밀하게 여러 가지로 나누어 '무상·고·무아'라고 관찰하고 보고 이해하는 것을 '연령성숙 사라짐을 통해 관찰한다'라고 말한다. 관찰하는 모습은 다음과 같다.

새겨 알아지는 물질들의 생성과 소멸을 직접 경험하여 알게 되었을 때 다음과 같이 관찰하고 숙고하기도 한다. "첫 번째 연령[147]의 물질들은 지금 새겨 알아지는 물질들처럼 두 번째 연령에 이르지 못하고 바로 그 첫 번째 연령에서 사라져 버리기 때문에 '무상하다. 괴로움이다. 무아이다'"라고 관찰하고 숙고한다. "두 번째 연령의 물질들도 세 번째 연령에 이르지 못하고 … 세 번째 연령의 물질들도 그 다음 생에 이르지 못한다. 바로 그 세 번째 연령에서, 바로 지금 새겨 알아지는 물질들처럼 사라져 버리기 때문에 '무상하다. 괴로움이다. 무아이다'"라고 관찰하고 숙고한다.

요즘은 100세까지 오래 사는 이들이 드물다. 그렇지만 주석서에서 설명해 놓은 대로 평균 수명 100년을 기본으로 설명하겠다. 수명 100세를 10년씩 나누어 "첫 번째 10년의 물질들은 두 번째 10년에 이르지 못한다. 바로 그 첫 번째 10년에서만, 지금 새겨 알아지는 물질들처럼 사라져 버리기 때문에 '무상하다. 괴로움이다. 무아이다'"라고 관찰하고 숙고한다. 두 번째 10년 등에 대해서 관찰하는 모습도 같은 방법으로 알면 된다.

그 밖에 평균 수명 100년을 5년씩 나누어 20단계로, 4년씩 나누어 25단계로, 2년씩 나누어 50단계로, 1년씩 나누어 100단계로도 관찰하여 숙고한다. 1년도 한 계절씩 4개월로 나누어 3단계로, 두 달씩 나누어 6단계로 구분하여 관찰하여 숙고한다. 한 달도 상현과 하현의 두 단계로 구분하여 관찰하고 숙고한다. 하루도 밤과 낮의 두 단계로, 아침·오전·오후·초야·중야·후야의 여섯 단계로 구분하여 "한 단계에서 다음 단계에 이르지 못하고 지금 새겨 알아지는 물질들처럼 사라져 버리기

147 평균 수명을 100년으로 했을 때 첫 33년을 첫 번째 연령이라고 한다. 『청정도론』 제3권, pp.244~245 참조.

때문에 '무상하다. 괴로움이다. 무아이다'"라고 관찰하고 숙고한다. 지금까지 말한 관찰하고 숙고하는 모습은 전부 직접관찰 지혜에 이어서 추론관찰 지혜가 생겨나는 모습들일 뿐이다. 지금부터 말할 관찰하는 모습들은 직접관찰 지혜에도 해당된다.[148]

"Abhikkame pavattarūpaṁ paṭikkamaṁ appatvā tattheva nirujjhati. Paṭikkame pavattarūpaṁ ālokanaṁ. Ālokane pavattarūpaṁ vilokanaṁ. Vilokane pavattarūpaṁ samiñjatnaṁ. Samiñjane pavattarūpaṁ pasāraṇaṁ appatvā tattheva nirujjhati. Tasmā aniccaṁ dukkhaṁ anattā"ti tilakkhaṇaṁ āropeti.

(Vis.ii.256)

해석

앞으로 나아갈 때 생긴 물질은 물러남에 이르지 못하고 오직 나아가는 그곳에서 멸한다. 물러날 때 생긴 물질은 앞을 봄에, 앞을 볼 때 생긴 물질은 돌아봄에, 돌아볼 때 생긴 물질은 구부림에, 구부릴 때 생긴 물질은 폄에 이르지 못하고 오직 그곳에서 멸한다. 그래서 '무상하다. 괴로움이다. 무아이다'라고 삼특성을 제기한다.[149]

위 주석서에서 설명한 차례는 가르침의 차례일 뿐이다. '이 차례대로 외우고 기억하여 숙고해야 한다'라고 설명하고자 한 것이 아니다. 무엇 때문인가? 뒤로 물러났을 때마다 앞을 보는 것만 생겨나는 것이 아니

---

148 지금까지 말한 것은 모두 추론관찰 지혜에 해당되고, 다음에 말할 내용은 직접관찰 지혜에도 해당된다는 뜻이다.

149 이것은 저본의 번역이다. 이렇게 번역한 이유를 이어서 설명하고 있다. 『청정도론』 제3권, p.248의 번역과 비교해 보라.

다. 앞으로 감, 기울임, 뒤돌아 봄, 굽힘, 폄 등도 생겨날 수 있다. 마찬가지로 앞을 보고 난 다음마다 뒤돌아보는 것만 생겨나는 것이 아니다. 앞으로 감 등도 생겨날 수 있다. 또한 돌아보고 난 다음마다 굽힘이 생겨나는 것이 아니다. 굽히고 난 다음 펴는 것만 생겨나는 것이 아니다. 앞으로 굽힘 등도 생겨날 수 있다. 이렇게 어떠한 한 동작 바로 다음에 여러 가지 동작들 중 어느 하나가 생겨나고, 그렇게 생겨나는 차례대로 관찰하는 모습을 다 모아서 설명하지 않고, 단지 이해할 수 있을 정도로만 설명하는 내용이기 때문에 위 구절에서 설명한 차례를 '가르침의 차례'라고 알아야 한다.

위빳사나 수행자들은 그러한 여러 물질적 동작들을 생겨나는 차례에 따라서만 관찰하고 새겨야 한다. 그렇게 관찰하고 새겨서 그 각각의 순간마다 각각의 물질적 동작들이 사라져 버리는 것을 직접 경험하게 되었을 때 그 각각의 물질적 동작을 '무상하다'라고, '괴로움이다'라고, '무아이다'라고 아는 지혜가, 일부러 깊이 숙고하지 않고 단지 새기는 것만으로 분명하게 생겨난다.

갈 때 "오른발이 움직일 때의 물질은 왼발의 움직임에 이르지 못한다. 왼발이 움직일 때의 물질은 오른발의 움직임에 이르지 못한다. 바로 그 한발, 한발 사이에서 여러 부분으로 끊어져서 사라져 버리기 때문에 '무상하다. 괴로움이다. 무아이다'"라고 일부러 깊이 숙고하지 않고 단지 새기는 것만으로 분명하게 알 수 있다.

그 밖에 한발, 한발 움직일 때마다 마찬가지로 "들 때의 물질은 나아감에 이르지 못한다. 나아갈 때의 물질은 놓음에 이르지 못한다. 놓을 때의 물질도 또한 반대편 발의 듦에 이르지 못한다. 각각 들 때, 나아갈 때, 놓을 때, 바로 그 순간에 사라져 버리기 때문에 '무상하다. 괴로움이다. 무아이다'"라고 일부러 깊이 숙고하지 않고 단지 새기는 것만으로 분명하게 알 수 있다.

명상의 지혜의 정점에 이르렀을 때는 한 번의 발동작이 여섯 부분씩까지도 단계별로 구별되어 드러난다. 여섯 단계로 구별되는 모습은 다음과 같다.

(1) 듦(uddharaṇa) = 들 때, (2) 뻗음(atiharaṇa) = 건너편에 이르도록 기울일 때, (3) 옮김(vītiharaṇa) = 건너편 쪽으로 앞으로 옮길 때《근본복주서, 『대복주서』에 따른 구별이다》 혹은 (2) 뻗음(atiharaṇa) = 뻗을 때, (3) 피함(vītiharaṇa) = 가시 등을 피할 때《주석서에 따른 구별이다》, (4) 놓음(vosajjana) = 뻗은 힘을 버릴 때, (5) 딛음(sannikkhepana) = 바닥에 닿을 때, (6) 누름(sannirumbhana) = 바닥을 누를 때이다.

이 여섯 단계에서 들 때의 물질은 뻗을 때에 이르지 못한다. 뻗을 때의 물질은 옮길 때에 이르지 못한다. 옮길 때의 물질은 놓을 때에 이르지 못한다. 놓을 때의 물질은 딛을 때에 이르지 못한다. 딛을 때의 물질은 누를 때에 이르지 못한다. 누를 때의 물질은 반대편 다리를 들 때에 이르지 못한다. 각각의 순간에서 여러 부분, 여러 단계, 여러 마디로 사라지고 소멸해 버리기 때문에 '무상하다. 괴로움이다. 무아다'라고 발걸음마다 단지 관찰하고 새기는 것만으로 일부러 깊이 숙고하지 않고서도 분명하게 알고 보고 이해한다. 관련된 성전과 그 번역을 제1권, 제4장, 수행주제와 새김확립 수행이 같은 모습을 설명하는 부분에서 설명했다.[150] 단지 이 『위숫디막가(清淨道論)』에서는 물질에 대한 명상의 지혜를 설명하

150 이 책의 제1권 pp.457~458 참조.

는 부분이기 때문에 단지 물질만 설명한 것 정도가 그 부분과 다르다.

동작들이 생겨날 때마다 그 모든 동작들을 관찰하고 새겨 이 정도로 분명하게 알고 보게 되면 명상의 지혜의 정점에 이르게 된다. 즉 생멸의 지혜의 처음에 이른다고 할 수 있다. 그래서 『위숫디막가(淸淨道論)』에서는 다음과 같이 말하였다.

> Tassevaṁ pabbapabbagate saṅkhāre vipassato rūpasammasanaṁ sukhumaṁ hoti.
>
> (Vis.ii.257)
>
> 대역
>
> evaṁ**이와 같이** pabbapabbagate여러 단계, **여러 부분이 된** saṅkhāre**형성들을** vipassato**관찰하는**, 관찰할 수 있는 tassa**그 수행자의** rūpasammasanaṁ**물질에 대한 명상**의 지혜는 sukhumaṁ**미세하게** hoti**된다.**[151]

의미 "앞으로 나아갈 때 생긴 물질은 물러날 때 이르지 못한다"라고 관찰하고 아는 모습을 시작으로 계속되는 발걸음마다 여섯 부분씩 나누어 알고 보는 모습까지, 설명한 방법대로 분명하게 알고 보고 이해하면 물질에 대한 명상의 지혜가 최고로 미세하게 된 상태이다. 그보다 더 미세해질 수 없다. 명상의 지혜의 끝이라는 뜻이다. '음식으로 관찰하는 방법 등을 그 다음에 설명했기 때문에 그 방법들로 아는 것이 더욱 미세한 것 아닌가?'라고 할 수도 있을 것이다. 그러나 그렇게 이해해서는 안 된다.

---

151 『청정도론』 제3권, p.249 참조.

그렇게 생각해서는 안 된다. 무엇 때문인가? 한 문헌에서 하나로 막 섞어서 설명하면 안 되기 때문에 그러한 〔비슷한〕 방법들을 나중에 따로 분리하여 설명한 것이다. 〔또한 그렇다고 해서〕 처음 수행할 때부터 한 방법을 끝낸 후, 다음 방법으로 차례대로 관찰하라고 설명한 것이 아니다. 사실은 지금까지 말한 방법대로 분명하게 알고 볼 수 있으면 그러한 〔음식으로 등의 나중에 설명할〕 방법들에 따라 알고 보는 일도 성취된 것이다. 바로 그렇기 때문에 "미세하게 된다(sukhumaṁ hoti)"라고 설명하였다.

그중에서도 '앞으로 나아갈 때 생긴 물질은 물러남에 이르지 못한다' 등으로 같은 성품인 물질의 차례·연속의 처음과 끝을 구별하여 알 수 있으면 '지혜가 둔한 이들에게 있어서 명상의 지혜가 최고에 도달했다'라고 말할 수 있다. '지혜가 예리한 이들에게는 한 발걸음마다 여섯 부분씩 나누어져서도 명상의 지혜가 생겨난다'라고 말할 수 있다.

그 밖에 주석서에서 정신 7개조를 나중에 설명한 것도 책의 구성상 더욱 분명하게 하기 위해서일 뿐이다. 실제로 수행할 때에는 물질과 정신을 구별하지 말고 생겨나는 차례대로 분명한 것만을 관찰하고 새겨야 한다. 그렇기 때문에 수행자는 물질을 깨끗하고 분명하게 새길 수 있는 만큼 정신도 분명하게 새길 수 있다. 이렇게 물질을 새기는 것을 통해 분명한 정신도 새길 수 있기 때문에 "정신 7개조를 설명할 때, 물질을 새겨 아는 그 마음 자체를 다시 이어서 관찰하고 새긴다"는 것을 설명해 놓았다. 그래서 이곳에서 "물질에 대한 명상의 지혜가 최고에 이르렀지만 정신에 대한 명상의 지혜는 아직 구족되지 않았다"라고 이해해서는 안 된다. 이렇게 말해서는 안 된다. 사실대로 말하자면 "물질에 대한 명상의 지혜가 미세해지고 선명해지는 것만큼 정신에 대한 명상의 지혜도 미세해지고 선명해진다. 성취되고 구족된다"라고만 확실하게 명심해야 한다. 이상이 두 번째 방법이다.

3) 세 번째 방법: 음식에서 생긴 것으로 관찰하는 방법

> Āhāramayaṁ rūpaṁ chātasuhitavasena pākaṭaṁ hoti. Chātakāle samuṭṭhitaṁ rūpañhi jhattaṁ hoti kilantaṁ, jhāmakhāṇuko viya aṅgāra pacchiyaṁ nilīnakālo viya ca dubbaṇṇaṁ dussaṇṭhitaṁ. Suhitakāle sumuṭṭhitaṁ dhātaṁ pīṇitaṁ mudu siniddhaṁ phassavantaṁ hoti. So taṁ pariggahetvā "chātakāle pavattarūpaṁ suhita kālaṁ appatvā ettheva nirujjhati. 《tasmā taṁ aniccaṁ dukkhaṁ anattā"ti tilakkhaṇaṁ āropeti.》[152]
>
> (Vis.ii.258)

이러한『위숫디막가(淸淨道論)』의 내용 등에 따라 음식에서 생겨난(āhāramaya) 물질은 배고픔과 배부름을 통해 분명하다. 분명한 모습은 다음과 같다. 배고플 때에 생겨난 물질은 퇴색되고 생기가 없다. 불에 탄 그루터기와 같고 숯 바구니에 앉아 있는 까마귀처럼 윤기가 없고 꼴이 사납다. 배부를 때에 생겨난 물질은 포동포동하고, 활기차고, 연하고, 윤기가 있고, 촉감이 좋다. 수행자는 굶주릴 때와 배부를 때 분명히 다른 그 물질을 관찰하고 파악한 뒤 "배고플 때 생긴 물질은 배부를 때에 이르지 않고 오직 그 배고플 때 소멸한다. 배부를 때 생긴 물질도 배고플 때에 이르지 않는다. 바로 그곳에서 소멸한다. 그래서 '무상하다. 괴

152 해석은 본문의 설명과 거의 동일하다.

로움이다. 무아이다'"라고 음식에서 생긴 물질을 관찰하고 보고 이해한다.[153] 이상이 세 번째 관찰방법이다.

4) 네 번째 방법: 온도에서 생긴 것으로 관찰하는 방법

> Utumayaṁ rūpaṁ sītuṇhavasena pākaṭaṁ hoti. Uṇhakāle samuṭṭhitaṁ rūpañhi jhattaṁ hoti kilantaṁ (dubbaṇṇaṁ). Sītautunā sumuṭṭhitaṁ rūpaṁ dhātaṁ pīṇitaṁ mudu siniddhaṁ phassavantaṁ hoti. So taṁ pariggahetvā "uṇhakāle pavattarūpaṁ sitākālaṁ appatvā ettheva nirujjhati. (sītakāle pavattarūpaṁ uṇhakālaṁ appatvā ettheva nirujjhati, tasmā taṁ aniccaṁ dukkhaṁ anattā"ti tilakkhaṇaṁ āropeti.)[154]
>
> (Vis.ii.259)

이러한 『위숫디막가(淸淨道論)』 내용 등에 따라 온도에서 생겨난(utumaya) 물질은 차가움과 뜨거움을 통해 분명하다. 분명한 모습은 다음과 같다. 뜨거울 때에 생겨난 물질은 퇴색되고 생기가 없다. 차가울 때에 생겨난 물질은 포동포동하고, 활기차고, 연하고, 윤기가 있고, 촉감이 좋다. 수행자는 차가울 때와 뜨거울 때 분명히 다른 그 물질을 관찰하고 파악한 뒤 "뜨거울 때 생긴 물질은 차가울 때에 이르지 않고 오직 그 뜨거울 때 소멸한다. 차가울 때 생긴 물질도 뜨거울 때에 이르지 않는다. 바로 그곳에서 소멸한다. 그래서 '무상하다. 괴로움이다. 무아이

---

153 『청정도론』 제3권, p.251 참조.

154 해석은 본문의 설명과 거의 동일하다.

다'"라고 온도에서 생긴 물질을 관찰하고 보고 이해한다.[155] 이상이 네 번째 관찰방법이다.

5) 다섯 번째 방법: 업에서 생긴 것으로 관찰하는 방법

Kammajaṁ āyatanadvāravasena pākaṭaṁ hoti.

(Vis.ii.259)

해석

업에서 생긴 물질은 접촉이 생겨나는 원인인 **감각장소라고 불리는 문을 통해서 분명하다.**

의미 "대상과 마음이 만나는 접촉이 생겨나는 원인인 눈의 선명함(눈 감성물질), 귀·코·혀·몸의 선명함(귀·코·혀·몸 감성물질), 심장 물질이 분명함을 통해 그것들과 함께 결합되어 생겨나는, 업에서 생긴(kammajana) 모든 물질들이 분명하게 된다"라는 말이다.

Cakkhudvārasmiñhi cakkhu – kāya – bhāvadasakavasena tiṁsa kammajarūpāni, upatthambhakāni pana tesaṁ utucittāhārasamuṭṭhānāni catuvīsatīti catuppaṇṇāsa honti.

(Vis.ii.259)

해석

분명한 모습은 다음과 같다. 눈 감각문에는 눈 십원소, **몸** 십원소, **성** 십원소**로 업에서 생긴 30가지 물질들이 있고,** 그 밖에 **그들을 지탱해 주는 온도와 마음과 음식에서 생긴 24가지 물질들이 있어**

155 『청정도론』 제3권, p.252 참조.

모두 54가지 물질들이 있다.[156]

의미 볼 수 있을 정도로 눈이 선명할 때 = 볼 때 그렇게 눈의 선명함이 있다는 사실을 분명하게 아는 것을 통해 "눈동자 속에 그 눈의 선명함(눈 감성물질)과 함께 결합되어 생겨나는" 54가지 물질 모두가 분명하게 된다는 말이다. 그렇지만 아비담마에서 숫자를 헤아리며 살펴보는 곳에서처럼 "눈에는 몇 개의 물질묶음(kalāpa)이 있다. 몇 개의 물질이 있다. 몇 개의 물질묶음들, 몇 개의 물질들이 생겨난다"라는 식으로 분명한 것은 아니다. 또한 그렇게 분명하다는 것을 말하고자 하는 것도 아니다. 바로 그렇기 때문에 'āyatanadvāravasena pākaṭaṁ hoti(감각장소라 불리는 문을 통해서 분명하다)'라고 특별하게 수식하여 설명하였다. 여기에서 일부 사람들이 '물질묶음 6묶음, 물질 54가지들을 명칭, 개수와 함께 모두 다 헤아리고 숙고하여 알아야만 확실하고 바르게 아는 것이다'라고 생각하기도 한다. 그러나 그렇게 생각해서는 안 된다. 무엇 때문인가? 물질묶음 6묶음, 물질 54가지들을 명칭, 개수와 함께 모두 다 헤아리고 숙고한다고 하더라도 확실하고 바른 앎이 생겨나지 않기 때문이다. 분명하게 설명하자면 다음과 같다. 물질묶음 6묶음이라고 하는 것은, 종류가 같은 물질묶음들을 하나로 모아서 개수를 헤아려 나타낸 숫자이다. 각각 생겨날 수 있는 모든 것들을 헤아려 나타낸 숫자가 아니다. 따라서 볼 때 눈동자 속에 눈 십원소 물질묶음들이 몇 개가 생겨나는지, 몸 십원소 등도 각각 물질묶음들이 몇 묶음씩 생겨나는지, 이러한 것들은 부처님을 제외하고는 어떤 누구도 확실하게, 바르게 알 수

---

156 눈 십원소 등은 대림스님·각묵스님 공동번역 및 주해, 초기불전연구원, 『아비담마 길라잡이』(하) (2003), 초판 2쇄, pp.569~570 참조.

없다. 일체지의 영역이다. 그래서 물질묶음 6묶음, 물질 54가지라고 개수를 헤아리며 숙고하여 아는 것도 확실하게, 바르게 아는 것이 아니다.

그 밖에 한 찰나, 한 찰나 볼 때마다 그러한 물질묶음, 물질들을 명칭과 숫자로 완벽하게 헤아리며 숙고할 수도 없다. 설사 숙고할 수 있다고 하더라도 그렇게 헤아리며 숙고할 필요가 없다. 위빳사나 수행을 통해, 잠재된 번뇌가 생겨나는 장소인 상태를 무너뜨리기만 하면 된다.[157] 볼 때 분명한 눈 감성물질을 '무상, 고, 무아'라고 바르게 알면 그 눈 감성물질과 함께 생겨나는, 눈동자에 포함된 모든 물질들에 대해 '항상하다, 행복하다, 자아이다'라고 집착할 수 없게 되어, 그 물질묶음 6묶음, 물질 54가지의 잠재된 번뇌가 생겨나는 장소인 상태를 무너뜨리는 작용도 저절로 성취된다. 바로 그렇기 때문에 위빳사나와 관련된 여러 경전, 성전들에서 물질묶음과 물질의 명칭, 개수를 알도록 설명하지 않고 단지 "cakkhuñca pajānāti. cakkhuṁ aniccanti yathābhūtaṁ pajānāti(눈도 분명히 안다. 눈은 무상하다고 여실하게, 즉 사실대로 바르게 분명히 안다)"라는 등으로 그 물질 54가지 중에 눈 감성물질만을 알도록 설명해 놓은 것이다. 『위숫디막가(淸淨道論)』에서도 음식생성 물질, 온도생성 물질, 마음생성 물질로 관찰하는 방법을 설명할 때 물질묶음들의 명칭이나 개수를 알도록 설명하지 않았다. 일반적으로만 알도록 설명하였다. 그러므로 이 업생성 물질을 통해 관찰하는 방법에서도 "'볼 때마다, 볼 때마다 그 순간에 눈의 선명함 = 눈 감성물질 하나가 분명하기 때문에, 그 눈동자 속에 함께 결합되어 생겨나는 물질묶음 6묶음, 물질 54가

157 관찰하지 않으면 그 대상에 번뇌가 잠재되기 때문에 '잠재된 번뇌가 생겨나는 장소인 상태'라고 표현하였다. 관찰하면 대상에 번뇌가 잠재되지 않기 때문에 잠재된 번뇌가 생겨나는 장소인 상태가 무너진다.

지 모두도 분명하게 된다'는 사실만을 나타내고자 한 내용이다"라고 확실하게 기억해야 한다. 다음에 나올 내용에 대해서도 같은 방법으로 알기 바란다.

Tathā sota – ghāna – jivhādvāresu. Kāyadvāre kāya–bhāvadasakavasena ceva utusamuṭṭhānādivasena ca catucattālīsa. Manodvāre hadayavatthu – kāya – bhāvadasakavasena ceva utusamuṭṭhānādivasena ca catuppaṇṇāsameva.

(Vis.ii.259)

해석

귀와 코와 혀 감각문에도 그와 같다. 《들을 때, 냄새 맡을 때, 맛보아 알 때도 마찬가지로 물질 54가지가 분명하다.》 **몸 감각문에는** = 닿을 때는 **몸과 성 십원소로 〔업에서 생긴 20가지 물질과〕 온도 등에서 생긴 〔24가지 물질들이 있어〕 모두 44가지의 물질들이 있다. 마음 문(意門)에서는** = 생각할 때는 **심장 토대 십원소, 몸 십원소, 성 십원소로 〔업에서 생긴 30가지 물질들이 있고〕, 온도 등에서 생긴 〔24가지 물질들이 있어〕 모두 54가지 물질들이 있다.**[158]

So sabbampi taṁ rūpaṁ pariggahetvā "cakkhudvāre pavattarūpaṁ sotadvāraṁ appatvā ettheva nirujjhati. Sotadvāre pavattarūpaṁ ghānadvāraṁ. Ghānadvāre pavattarūpaṁ jivhādvāraṁ. Jivhādvāre pavattarūpaṁ kāyadvāraṁ. Kāyadvāre pavattarūpaṁ manodvāraṁ

158 「청정도론」 제3권, p.252 참조.

appatvā ettheva nirujjhati, tasmā taṁ aniccaṁ dukkhaṁ anattā"ti evaṁ tathā tilakkhaṇaṁ āropeti.

(Vis.ii.259)

대역

so**그 수행자는** sabbampi taṁ rūpaṁ볼 때 등에서 분명한 눈 감성물질 등의 **이 물질 모두도**(('~도'라는 단어가 있기 때문에 어떤 한 물질도 포함해야 한다)) pariggahetvā관찰하고 새겨 **파악한 뒤** cakkhudvāre pavattarūpaṁ**눈 감각문에서 생긴 물질은** sotadvāraṁ appatvā들을 때, **귀 감각문에 이르지 않고** ettheva nirujjhati**오직** 볼 때, 바로 **그곳에서 소멸한다.** sotadvāre pavattarūpaṁ들을 때, **귀 감각문에서 생긴 물질은** ghānadvāraṁ냄새 맡을 때, **코 감각문에** 이르지 않고 오직 그곳에서 소멸한다. ghānadvāre pavattarūpaṁ냄새 맡을 때, **코 감각문에서 생긴 물질은** jivhādvāraṁ맛보아 알 때, **혀 감각문에** 이르지 않고 오직 그곳에서 소멸한다. jivhādvāre pavattarūpaṁ맛보아 알 때, **혀 감각문에서 생긴 물질은** kāyadvāraṁ닿을 때, **몸 감각문에** 이르지 않고 오직 그곳에서 소멸한다. kāyadvāre pavattarūpaṁ닿을 때, **몸 감각문에서 생긴 물질은** manodvāraṁ생각할 때, 새겨 알 때 등의 **마음 문**(意門)**에** appatvā**이르지 않고** ettheva nirujjhati**오직** 닿을 때, 바로 **그곳에서 소멸한다.** tasmā**그러므로** 볼 때 들을 때 등에서 각각의 순간에서 소멸하기 때문에 (taṁ)**그** 눈 감성물질 등의 물질**들은** aniccaṁ dukkhaṁ anattāti**무상하고, 괴로움이고, 무아라고** evaṁ**이와 같이** tathā**그** 업에서 생긴 물질**에 대해** tilakkhaṇaṁ**세 가지 특성을** āropeti **제기한다.**[159]

위 구절에서 설명한 차례도 가르침의 차례일 뿐이다. '암송하여 이 차

---

159 『청정도론』 제3권, p.252 참조.

례대로 관찰해야 한다'라고 설명한 수행의 차례(paṭipattikkama)가 아니다. 무엇 때문인가? 보고 난 다음에 꼭 바로 들림이 분명한 것도 아니기 때문이다. 어리석은 일반 범부들이 "볼 때의 물질들이 들을 때까지 이른다. 들을 때까지 무너지지 않고 잘 머문다. 볼 수 있을 정도로 선명한 것(= 눈 감성물질)과 들을 수 있을 정도로 선명한 것(= 귀 감성물질)은 하나이다. 보는 것과 듣는 것은 하나이다"라고만 잘못 생각하고 집착하는 것도 아니다. 사실은 보고 난 다음에 바로 냄새 맡는 것이 분명할 수도 있다. 그때 어리석은 범부들은 "볼 때의 물질이 냄새 맡을 때까지 이른다. 냄새 맡을 때까지 무너지지 않고 잘 머문다. 보는 것 그 자체가 다시 냄새 맡는 것이 되어 버린다. 볼 수 있을 정도로 선명한 것(= 눈 감성물질)과 냄새 맡을 수 있을 정도로 선명한 것(= 코 감성물질)은 하나이다. 보는 것도 '나'다. 냄새 맡는 것도 '나'다. 한 존재가 보기도 한다. 냄새 맡기도 한다"라고도 잘못 생각하고 집착한다. 이 정도가 다가 아니다. 보고 난 다음 바로 먹어서 앎, 닿아서 앎, 생각하여 앎 등도 분명하게 생겨날 수 있다. 그때 어리석은 범부들은 "보는 그 자체가 먹고, 닿고, 생각하는 것으로 되어 버린다. 보는 것도 '나'다. 먹는 것, 닿는 것, 생각하는 것도 '나'다. 한 존재이다"라고도 잘못 생각하고 집착한다. 듣고 난 바로 다음에도 앞에서 설명한 방법 중 어느 한 가지로 분명하게 드러나는 모습, 잘못 생각하고 집착하는 모습대로 알기 바란다.

위빳사나라는 것은 물질과 정신들이 분명하게 생겨나는 차례대로 관찰하여 어리석은 범부들의 집착, 집착의 대상, 잠재된 번뇌들을 무너뜨리고 제거하는 것이다. 따라서 어느 분명한 한 가지 문의 바로 다음에 분명한 모든 문을 생겨나는 차례대로 다 설명하는 것이 바람직하지만 전부 다 설명할 수는 없기 때문에 가르침의 차례로만 설명해 놓았다. 그래서 위에서 설명한 차례를 '가르침의 차례일 뿐이다'라고 알아야 한다.

수행의 차례(paṭipattikkama)는 다음과 같다. 봄, 들림 등을, 생겨나는 그 차례대로 놓치지 않도록 열심히 관찰하고 있는 수행자가 보고 난 다음 〔어떤 소리를〕 들으면, '볼 때의 물질들은 들을 때 이르지 못한다. 바로 그 볼 때 사라져 버린다'라고 안다. 그와 마찬가지로 보고 난 다음 냄새를 맡으면, 먹으면, 닿으면, 생각하면 '볼 때의 물질들은 냄새 맡을 때, 먹을 때, 닿을 때, 생각할 때에 이르지 못한다. 바로 그 볼 때 사라져 버린다'라고 안다. 그와 마찬가지로 듣고 난 다음 보면, 냄새를 맡으면, 먹으면, 닿으면, 생각하면 '들을 때의 물질들은 볼 때, 냄새 맡을 때, 먹을 때, 닿을 때, 생각할 때에 이르지 못한다. 바로 그 들을 때 사라져 버린다'라고 안다. 냄새 맡은 다음 보면, 들으면, 먹으면, 닿으면, 생각하면 '냄새 맡을 때의 물질들은 볼 때, 들을 때, 먹을 때, 닿을 때, 생각할 때에 이르지 못한다. 바로 그 냄새 맡을 때 사라져 버린다'라고 안다. 먹고 난 다음 보면, 들으면, 냄새를 맡으면, 닿으면, 생각하면 '먹을 때의 물질들은 볼 때, 들을 때, 냄새 맡을 때, 닿을 때, 생각할 때에 이르지 못한다. 바로 그 먹을 때 사라져 버린다'라고 안다. 닿고 난 다음 보면, 들으면, 냄새를 맡으면, 먹으면, 생각하면 '닿을 때의 물질들은 볼 때, 들을 때, 냄새 맡을 때, 먹을 때, 생각할 때에 이르지 못한다. 바로 그 닿을 때 사라져 버린다'라고 안다. 생각한 다음 보면, 들으면, 냄새를 맡으면, 먹으면, 닿으면 '생각할 때의 물질들은 볼 때, 들을 때, 냄새 맡을 때, 맛볼 때, 닿을 때에 이르지 못한다. 바로 그 생각할 때 사라져 버린다'라고 안다.

거듭해서 볼 때, 거듭해서 들을 때 등에도 '첫 번째 볼 때의 물질이 두 번째 볼 때의 물질에 이르지 못하고, 두 번째 볼 때의 물질이 세 번째 볼 때의 물질에 이르지 못한다. 첫 번째 들을 때의 물질이 두 번째 들을 때의 물질에 이르지 못하고, 두 번째 들을 때의 물질이 세 번째 들을 때의 물질에 이르지 못한다. 바로 그 순간에 사라져 버린다' 등으로 안다. 이렇게 '어떠한 한 순간의 물질이 다른 순간에 이르지 못하고 각각 그 순간에 사라져 버린다'라고 직접 경험하여 알기 때문에 분명한 그 모든 물질들을 '무상하다. 괴로움이다. 무아이다'라고 일부러 깊이 숙고하지 않고 단지 새기는 것만으로 분명하게 알고 보고 이해한다. 이상이 다섯 번째 관찰방법이다.

6) 여섯 번째 방법: 마음에서 생긴 것으로 관찰하는 방법

"cittasamuṭṭhānaṁ somanassitadomanassitavasena pākaṭaṁ hoti[160](마음에서 생긴 물질은 기뻐하는 사람과 슬퍼하는 사람을 통해서 분명하다)"[161] 등의 『위숫디막가(淸淨道論)』 구절에 따라 마음에서 생긴(cittajana) 물질은 기뻐하는 마음, 슬퍼하는 마음을 통해 분명하다. 〔이것은〕 매우 분명한 느낌을 통해서만 설명하려고 했기 때문에 이렇게 말한 것이다. 기쁘지도 않고 슬프지도 않은 마음으로 앉으려 할 때, 서려 할 때, 굽히려 할 때, 펴려 할 때 등에 기쁘지도 않고 슬프지도 않은 마음을 통해서도 분명하다. 그래서 수행자가 기쁨, 슬픔 등이 바뀌었을 때 등에 기뻐하는 마음과 윤기가 있고 활기찬 물질, 슬퍼하는 마음과 마르고 생기가 없는 물질들을, 생겨날 때마다 새겨 다음과 같이 알게 된다.

---

160 원주(본문내용): Vis.ii.259.

161 『청정도론』 제3권, pp.252~253 참조.

즉 '기뻐할 때의 물질은 슬퍼할 때에 이르지 못한다. 슬퍼할 때의 물질은 기뻐할 때에 이르지 못한다. 각각 바로 그 기뻐할 때, 슬퍼할 때에만 사라져 버린다'라고 안다. 앉으려 할 때, 서려 할 때, 굽히려 할 때, 펴려 할 때 등에 의도하는 마음들과 각각의 앉는 물질, 서는 물질, 굽히는 물질, 펴는 물질 등을 생겨날 때마다 새겨 '각각의 그 찰나에만 사라져 버린다'라고 안다. 따라서 마음의 여러 상태에 따라 생겨나는 몸의 여러 가지 물질들을 '무상할 뿐이다. 괴로움일 뿐이다 = 좋지 않은 것일 뿐이다. 바라는 대로 이루어질 수 있게 하는 나라고 할 만한 것은 없다'라고 일부러 깊이 숙고하지 않고 단지 새기는 것만으로 분명하게 알고 보고 이해한다. 이상이 여섯 번째 관찰방법이다.

지금까지 말한 방법을 통해 마음에서 생겨난 물질들에 대해 세 가지 특성들을 관찰하고 보는 이에게, '형성들의 존속 기간이 매우 짧은 모습'이 매우 분명하다고 『위숫디막가(淸淨道論)』에서 설명하였다. 아래에 언급할 여러 게송을 통해 그 의미를 알 수 있다.

Jīvitaṁ atttabhāvo ca, sukhadukkhā ca kevalā;
Ekacittasamāyuttā, lahuso vattate khaṇo.

(Vis.ii.260; Nd1.32)

대역

jīvitaṁ ca**생명과,**
atttabhāvoca또한 **자아라 불리는 것,**
즉 자아라고 불릴 정도로 모여서 생겨나고 있는
물질과 정신의 무더기, 또한
sukhadukkhā ca**행복함과 괴로움은**
kevalā**전부 성품법들일 뿐이다.**

즉 나라고 할 만한 것이나 항상하다고 할 만한 것과는
전혀 섞이지 않고 완전히 분리된,
단지 성품법들일 뿐이다. **또한**
ekacittasamāyuttā**한 찰나**, 한 찰나**의 마음과 결합되어**
khaṇo존속하는 **찰나가** lahuso**매우 빠르게** vattate**생겨난다.**

의미 '생명, 행복함과 괴로움, 자아라고 생각되어지는 법들, 이 모든 것은 나도 아니다. 나와 관련도 없다. 항상하지도 않다. 그 조건에 따라 생멸하고 있는 단지 성품법들일 뿐이다. 마음 한 찰나, 한 찰나만 머물 수 있고 존속할 수 있기 때문에 그 존속하는 시간이 매우 빠르다. 짧다'라는 뜻이다.

Cullāsīti sahassāni, kappaṁ tiṭṭhanti ye marū;
Na tveva tepi tiṭṭhanti, dvīhi cittehi samohitā.

(Vis.ii.260)

대역

ye marū**어떤** 비상비비상처 **범천들은**
cullāsīti sahassāni kappaṁ**8만 4천 대겁 동안이나**
tiṭṭhanti생명을 유지하며 **머무는데**
tepi**그** 비상비비상처 **범천들도**
dvīhi cittehi samohitā**두 마음찰나와 함께**,
즉 두 마음찰나 동안 유지되면서
na tveva tiṭṭhanti그렇게 생명을 유지하며 **머물 수는 없다.**

의미 그 범천들도 인간들처럼 마음 한 찰나, 한 찰나만큼만 목숨이 머물며 존속한다는 의미이다.『닛데사(Niddesa 義釋)』에는 'na dveva tepi jivanti'라고 설해져 있다.

> Ye niruddhā marantassa, tiṭṭhamānassa vā idha;
> Sabbepi[162] sadisā khandhā, gatā appaṭisandhikā.
>
> (Vis.ii.260)

대역

marantassa**죽어 가고 있는 이의**
ye (khandhā)**그** 마지막 **무더기들은** niruddhā**소멸한다.**
idha tiṭṭhamānassa vā이 생에서 **살아서 머물고 있는 이의**
ye (khandhā)**그** 보고, 듣고, 굽히고, 펴는 등의
여러 **무더기들도**
niruddhā새기고 새길 때마다 **소멸한다.**
te khandhā죽은 이, 살아 있는 이의
소멸되어 버린 **그** 두 종류의 **무더기들**
sabbepi**모두도**
sadisā소멸하는 모습으로는 **동일하다.**
appaṭisandhikā**다시 돌아옴과 연결되어 있지 않다.**
즉 다시 생겨나지 않고
gatā**완전히 사라져** 소멸해 **버렸다.**

의미 아직 죽기 전, 관찰하고 있을 때 계속해서 새길 때마다 '사라져버린다'라고 알게 되는 봄, 들림, 굽힘, 폄 등의 정신·물질들은 죽어 갈 때 마지막 사라져 버리는 정신·물질들과 "소멸하는 모습 = 사라지는 모습"

162 CST4 sabbeva.

으로는 동일하다. 다르지 않다. 다시 돌이켜 연결됨, 다시 돌이켜 생겨남이 없다. 완전히 소멸해 버린다는 의미이다.

Anantarā ca ye bhaggā, ye ca bhaggā anāgate;
Tadantarā niruddhānaṁ, vesamaṁ natthi lakkhaṇe.

(Vis.ii.260)

대역

ye ca**또한 어떤 무더기는**
anantarā**바로 앞에** bhaggā**사라져 버렸다.**
ye ca**또한 어떤 무더기는**
anāgate바로 다음을 시작으로 **미래에**
bhaggā**사라질 것이다.**
(tesaṁ ca)그렇게 사라져 버린, 사라질 무더기는,
tadantarā niruddhānaṁ (ca)**그** 과거와 미래 무더기의 **중간인,**
새기고 있는 그 순간에 **사라지는 무더기와**
lakkhaṇe vesamaṁ소멸의 **특성으로 서로 다름이** natthi**없다.**

의미 이미 사라져 버린 물질·정신, 앞으로 사라질 물질·정신의 소멸하는 모습과 지금 새기고 있는 물질·정신의 사라지는 모습은 서로 다름이 없다. '똑같다'라는 의미이다. 바로 그렇기 때문에 새기고 있는 물질·정신의 사라지고 없어지는 모습을 직접 경험하는 수행자는 현재의 물질·정신에서 유추하여 '과거에도 바로 이렇게 사라졌을 것이다. 미래에도 바로 이렇게 사라져 버릴 것이다'라고 과거 생, 미래 생들의 물질·정신들도 결정할 수 있다.

Anibbattena na jāto, paccuppannena jīvati;
Cittabhaṅgā mato loko, paññatti paramatthiyā.

(Vis.ii.260)

대역

anibbattena아직 **생겨나지 않은 마음으로,**
즉 생겨날 마음으로
na jāto**태어나고 있는 것**, 존속하고 있는 것**이 아니다.**
paccuppannena생겨나고 있는 **현재 마음으로만**
jīvati**생존하는 것이다.**
cittabhaṅgā**마음이 소멸하기 때문에**
loko**세상**이라고 부르는 중생**이** mato**죽는다.**
(evaṁ pi)그렇지만, 즉 마음이 소멸할 때마다
중생들이 죽지만,
paññatti'철수가 살아 있다'라고 불리는 상속 **개념은**
paramatthiyā말할 때 현재 마음으로는
생존하고 있는 것이 사실이기 때문에
실재성품과 비슷하다.

의미 생겨날 마음 어느 하나하나도 아직 생겨나기 전에는 존재하지 않는다. 따라서 중생들은 아직 생겨나지 않은 마음으로 살아 있는 것이 아니다. 생겨나고 있는, 머물고 있는 마음만 분명하다. 따라서 생겨나고 있는 마음으로만 살아 있을 수 있다. 이미 생겨났던 마음도 소멸하고 사라져 버렸을 때 어느 곳에도 존재하지 않는다. 죽은 이의 임종 마음처럼, 다시 생겨나지 않은 채 완전히, 철저히 소멸하고 사라지기만 할 뿐이다. 따라서 '마음 하나하나가 계속해서 사라져 버릴 때마다 중생들은 죽는 것이다'라고 할 수 있다. 그렇지만 '철수가 살아 있다. 영희가 살아 있다' 등으로 말할 수 있는 상속 개념은 항상 옳은 실재성품과 비슷하다. 무엇 때문인가? 그렇게 말할 때 마음이 계속해서 새로 생겨나기 때문에, 그렇게 말하는 것처럼 살아 있는 것이 사실이기 때문이다. 만약, 마음 하나가 사라져 버렸을 때 뒤에 다시 새로운 마음이 생겨나지 않는다면 중생은 진실로 죽어 버린다. 이렇게 마음 하나하나가 사라져 버릴 때마다 죽을 수 있는 모습도 수행자는 알고 보고 이해한다. 그래서 "'죽는다'라고 하는 것도 지금 새겨 아는 마음 하나하나가 소멸하는 것과 같다. 이렇게 사라지는 종류일 뿐이다"라고 결정할 수 있다.

Anidhānagatā bhaggā, puñjo natthi anāgate;
Nibbattā yepi tiṭṭhanti, āragge sāsapūpamā.

(Vis.ii.260)

대역

bhaggā**사라져 버린 법들은**
anidhānagatā어느 곳에도 **축척되지 않는다.**
즉 완전히 남김없이 사라져 버린다.
anāgate아직 생겨나지 않은 **미래에** (ṭhitānaṁ)머물 **법들의**
puñjo**무더기도** natthi**없다.**
yepi**어떤** 법들도 nibbattā생겨나고 있는데,
(tepi)**그 생겨나고 있는 법들도**
āragge sāsapūpamā매우 날카로운 **바늘 끝에** 놓인 **겨자씨처럼**
tiṭṭhanti금방이라도 사라져 버릴 것처럼 순간 정도만 **머문다.**
(『닛데사(義釋)』 성전에서는 'nibbattā yeva'라고 되어 있다. 그러면 'nibbattā yeva생겨나는 법들만 āragge sāsapūpamā바늘 끝의 겨자씨

처럼 tiṭṭhanti머문다'라고 번역하라.[163]》

의미 사라져 버린 모든 법들은 어느 곳에도 자취를 남기지 않고 완전히 사라져 버릴 뿐이다. 생겨날 법들도 어느 곳에서 모여 무더기로 모여 있는 것이 아니다. 아직 생겨나기 전에 생겨나는 것을 미리 준비하고 있는 것이 아니다. 계속해서 생겨나고 있는 법들만 분명하게 머문다. 그러한 법들도 오랫동안 머물지 않는다. "매우 예리하고 날카로운 바늘 끝 위에 겨자씨를 올려놓으면, 그 겨자씨가 즉시 떨어지는 것처럼" 생겨나서는 바로 즉시 사라져 소멸한다는 말이다.

Nibbattānañca dhammānaṁ, bhaṅgo nesaṁ purakkhato;
Palokadhammā tiṭṭhanti, purāṇehi amissitā.

(Vis.ii.260)

대역

ca**또한** nesaṁ nibbattānaṁ dhammānaṁ그 **생겨나고 있는 법들도**
bhaṅgo**소멸을** purakkhato**앞에 두고 있다**.
(te)그 생겨나고 있는 법들은
purāṇehi amissitā지나간 **과거의 법들과도 섞이지 않은 채**
palokadhammā**부서지는 성품으로**, 소멸을 앞에 두고
tiṭṭhanti순간만 **머문다**.

Adassanato āyanti, bhaggā gacchantudassanaṁ;
Vijjuppādova ākāse, uppajjanti vayanti ca.

(Vis.ii.260)

163 『위숫디막가(清淨道論)』에는 'nibbattā yepi(생겨나는 법들도)'로 되어 있지만 『닛데사(義釋)』 성전에는 'nibbattā yeva(생겨나는 법들만)'로 되어 있다는 말이다.

대역

(saṅkhārā)형성법들은 adassanato**볼 수 없는 곳으로부터**,
보지 못하고, 경험할 수 없는 곳으로부터
āyanti**왔다**. 즉 생겨났다.
《아직 생겨나기 전에 어느 곳에 무더기로 모여 감춰져 있는 것이 아니다. 따라서 생겨날 때도 어느 곳에서 나와 이동하여 온 것이 아니다. 그 생겨나는 바로 그 곳에서 조건에 따라 생겨난 것이다. 그래서 '볼 수 없는 곳으로부터 왔다'라고 하였다. 또 다른 방법으로 설명하자면, 아직 생겨나기 전에는 전혀 성품이나 모습이나 형체가 없기 때문에 그렇게 아직 생겨나기 전의 형성들은 볼 수 없고, 경험할 수 없다. 생겨났을 때 비로소 성품이나 모습, 형체가 있어 경험하고 볼 수 있다. 그래서 '볼 수 없고, 경험할 수 없는 곳으로부터 생겨났다'라고 하였다.》
bhaggā**소멸한** 형성법**들은** adassanaṁ**볼 수 없는 곳으로**,
볼 수 없고, 경험할 수 없는 곳으로 gacchanti**가 버린다**.
《소멸되어 버렸을 때도 어느 곳에서 모여 머물고 있는 것이 아니다. 그 소멸한 장소에서 어떠한 성품이나 모습, 형체를 남기지 않고 완전히 사라져 소멸해 버린다는 말이다.》
ākāse**허공의** vijjuppādo iva**번개처럼**
uppajjanti그 이전에 전혀 없었다가 새로 **생겨나서는**
vayanti ca전혀 남김없이 **사라져 버린다**.

이 게송들에서 알려 주는 대로 형성들의 수명이 매우 짧은 모습 = 빠르게 소멸하는 모습들은 일반적으로 생멸의 지혜가 깨끗하고 선명하게 생겨났을 때를 시작으로 분명하게 알고 본다. 지혜가 둔한 이들은 그 위의 여러 지혜에 이르렀을 때 비로소 분명하게 알고 본다. 그렇지만 지혜가 아주 예리하고 좋은 이들은 이 명상의 지혜 단계가 성숙되었을 때를 시작으로 해서 분명하게 알고 볼 수 있다. 바로 그렇기 때문에 이곳에서 주석서의 스승이 드러내어 설명한 것이다. '모든 사람마다 이 지혜를 시작으로 분명하게 다 알고 볼 것이다'라고 생각해서는 안 된다. 이상이 여섯 번째 방법이다.

7) 일곱 번째 방법: 자연물질로 관찰하는 방법

옷, 돗자리, 항아리, 그릇, 땅, 물, 바람, 불, 통나무, 기둥, 나무, 돌, 금, 은 등은 자기 외부의 여러 물건들에만 존재하고 생명기능과는 결합하지 않는다. 그래서 무생물(anindriyabaddha)이라고도 불리는 그 모든 외부 물질들을 자연물질(dhammatā)이라고 한다. 그러한 물질들을 볼 때마다, 들을 때마다, 냄새 맡을 때마다, 먹을 때마다, 닿을 때마다 관찰하여, 앞과 뒤가 서로 섞이지 않은 채 생멸하기 때문에 계속해서 끊어져 드러날 때 '항상하지 않다. 괴로움이다. 중생이라고 할 만한 것이 아니다'라고 결정하는 것에 의해서도 자연물질에 대한 관찰이 성취된다. 그 밖에 직접 새겨 알아지는 내부와 외부의 물질들에서 유추하여 직접 볼 수 없는 모든 외부 물질들도 '〔새겨 알아지는〕 이 물질들처럼 〔그 모든 외부 물질들도〕 생멸하고 있는 것일 뿐이다. 항상하지 않다. 괴로움일 뿐이다. 좋지 않은 것들일 뿐이다. 좋아할 만한 것이라고는 하나도 없다. 중생이 아닌, 성품법들일 뿐이다'라고 구분하여 결정하는 것에 의해서도 자연물질에 대한 관찰이 성취된다. 이상이 일곱 번째 방법이다.

(3) 정신 7개조 = 정신을 관찰하는 일곱 가지 방법

1) 첫 번째 방법: 묶음으로 관찰하는 방법

물질 7개조에서 설명했던 방법과 마찬가지로, 어떠한 종류의 물질들을 관찰하고 난 바로 다음에 그 새겨 아는 것을 '관찰함', '새김', '앎'하며 다시 새기며 '무상하다. 괴로움이다. 무아이다'라고 알고 보고 이해하는 것 = 구분하고 결정하는 것을 '묶음(kalāpa)으로 관찰한다'라고 말한다.

2) 두 번째 방법: 쌍으로 관찰하는 방법

어떠한 종류의 물질들을 계속해서 새긴 다음 바로 그 관찰하고 새기는 마음을 다시 새기며 '무상하다. 괴로움이다. 무아이다'라고 알고 보고 이해하는 것 = 구분하고 결정하는 것은 물질에 대한 새김이 한 번, 정신에 대한 새김이 한 번, 이렇게 쌍을 이루어 관찰하는 것이기 때문에 '쌍(yamaka)으로 관찰한다'라고 말한다.

위의 묶음 관찰방법과 쌍 관찰방법, 이 두 가지의 차이점은 다음과 같다. 물질을 새길 때 생겨나는 마음, 새김, 지혜, 삼매, 정진, 접촉, 의도, 느낌 중 어느 하나도 분명하게 알지 못한 채 그 새겨 아는 정신법들을 그냥 묶어 모아서 관찰하는 것이 '묶음으로 관찰하는 방법'이다. 새길 때 포함된 정신법들 중 어느 하나를 분명하게 알고 분명한 그 정신법을 기본으로 해서 관찰하는 것이 '쌍으로 관찰하는 방법'이다. 정신 7개조에서 "마음을 관찰한다"라고 한 말은 새김을 기본으로 한 마음을 대표로 한 말이다. 그래서 마음과 결합하여 생겨나는 접촉, 느낌, 의도, 인식, 새김, 지혜, 삼매, 노력 등의 마음부수들도 관찰이 가능하다. 바로 그렇기 때문에 복주서에서 'cittasīsena hi niddeso(마음을 선두로 한 설명)'이라고 설명하였다.

3) 세 번째 방법: 찰나로 관찰하는 방법

어떤 한 종류의 물질을 새긴 다음 그 새기는 마음을 두 번째 마음으로 새긴다. 그 두 번째 마음을 세 번째 마음으로 새긴다. 그 세 번째 마음을 네 번째 마음으로 새긴다. 그 네 번째 마음을 다섯 번째 마음으로 새긴다. 이렇게 물질을 한 번씩 새길 때마다 새기는 마음의 여러 단계를 네 번씩 단계적으로 새기며 '무상하다. 괴로움이다. 무아이다'라고 알고 보고 이해하는 것 = 구분하고 결정하는 것을 '찰나(khaṇika)로 관찰한다'라고 말한다. 새겨 알면서 생겨나는 그 앞의 여러 마음들을 바로 그 다음에 네 번까지 알고 새기는 것을 통해 '마음이 한 찰나만 머무는 모습'을 분명하게 알고 볼 수 있다. 그래서 이렇게 관찰하는 것을 찰나명상(khaṇika sammasana)이라고 한다.

4) 네 번째 방법: 차제로 관찰하는 방법

어떤 한 종류의 물질을 새긴 다음 그 새기는 마음을 두 번째 마음으로 새긴다. 그 두 번째 마음을 세 번째 마음으로 새긴다. 그 세 번째 마음을 네 번째 마음으로 새긴다. 그 네 번째 마음을 다섯 번째 마음으로 새긴다. 그 다섯 번째 마음을 여섯 번째 마음으로 새긴다. 그 여섯 번째 마음을 일곱 번째 마음으로 새긴다. 그 일곱 번째 마음을 여덟 번째 마음으로 새긴다. 그 여덟 번째 마음을 아홉 번째 마음으로 새긴다. 그 아홉 번째 마음을 열 번째 마음으로 새긴다. 그 열 번째 마음을 열한 번째 마음으로 새긴다. 이렇게 물질을 한 번씩 새길 때 새기는 마음의 여러 단계를 바로 그 다음에 열 번씩 단계적으로 새기며 '무상하다. 괴로움이다.

무아이다'라고 알고 보고 이해하는 것 = 구분하고 결정하는 것을, 새김들의 많은 차례가 생겨나기 때문에 '차제(paṭipāṭi)로 관찰한다'라고 말한다.

Evaṁ vipassanā paṭipāṭiyā sakalampi divasabhāgaṁ sammasituṁ vaṭṭeyya. Yāva dasamacittasammasanā pana rūpakammaṭṭhānampi arūpakammaṭṭhānampi paguṇaṁ hoti. Tasmā dasameyeva ṭhapetabbanti vuttaṁ.

(Vis.ii.262)

대역

evaṁ**이와 같이** vipassanā paṭipāṭiyā**차제로 관찰하는 위빳사나로** sakalampi divasabhāgaṁ**온종일도** sammasituṁ**명상**하고 관찰**하는 것이** vaṭṭeyya**가능하다**. 즉 명상과 관찰이 생겨날 수 있다. 《복주서에 'sambhaveyya'라고 설명하였다.》 pana**하지만** 그렇게 생겨날 수 있다고 하더라도 yāva dasamacitta sammasanā**열 번째** 위빳사나 **마음을 명상**하고 관찰**할 때까지만** 《특별히 분명하게 그 한계를 나타내는 것이다(abhivadhi avadhi)》 (ārabhiyamānaṁ)노력하면[164] rūpakammaṭṭhānampi**물질**을 새기는 **수행주제에도**, arūpakammaṭṭhānampi**정신**을 새기는 **수행주제에도** paguṇaṁ (yasamā)**숙달하게** hoti**된다**. tasmā**그래서** 'dasameyeva**열 번째 마음에서** (sammasanaṁ)명상하고 관찰하는 것을 ṭhapetabbanti**멈추어야 한다'라고** vuttaṁ「성자계보에 대한 논의(Ariyāvaṁsa kathā)」에서 **말하였다**.[165] 《열 번째 마음을 〔열한 번째 마음으로〕 새기고 나면, 분명한 물질만 다시 관

164 원주(본문내용): 특성을 나타내는 것이 포함된 수식어(lakkhaṇavanta visesana)를 첨가하였다.

165 『청정도론』 제3권, p.258 참조.

찰하고 새겨야 한다. 그 물질을 새기는 마음을 시작으로 열 번째 마음에 이르면, 다시 물질을 돌이켜 관찰해야 한다. 이러한 방법으로 물질을 한 번씩 새길 때, 새기는 각 단계의 마음을 열 번씩까지만 새겨야 한다. 열한 번째 마음을 관찰하는 것 등으로 그보다 더 지나치게 마음을 따라서 관찰하면 안 된다는 의미이다.》

주의사항

이곳에서 명심해야 할, 주의해야 할 사항 하나를 주석서의 스승들처럼 설명하고자 한다. 이 제6장에 설명하는 모든 관찰모습, 관찰방법들은 그것대로 따라서 수행하도록 설명한 것이 아니다. 사실은 제5장에서 설명한 대로 관찰하고 새기는 이에게 생겨나는 지혜들과 관련되어 비교해 볼 수 있도록, 바로 그것만을 목적으로 설명한 것이다. 따라서 수행하고 있는 이들은 제5장에서 설명한 대로 쉽게 드러나고 분명한 물질과 정신만을, 그 법들이 생겨나는 차례대로 분명하게 알도록 관찰해야 한다. '물질 7개조, 정신 7개조의 여러 방법들 중에서 어떤 방법에 따라 관찰해야 하는가?'라고 일부러 신경 쓰면 안 된다. 일부러 신경 써서 관찰하면 다음과 같은 허물이 생겨난다. 처음 수행을 시작한 초보자의 경우 그렇게 신경 쓰며 수행하고 있으면 그렇게 신경 쓰는 마음과, 방법이 맞는지 틀리는지를 숙고하는 마음들이 계속해서 자주 생겨나게 된다. 그러한 마음들은 새길 수 없고, 알 수 없는 경우가 대부분이다. 이렇게 새기지 못하고 알지 못하는 마음이 중간중간에 생겨나기 때문에 새겨 앎 = 위빳사나가 하나로 계속 이어져 생겨나지 못한다. 따라서 새김, 삼매, 위빳사나 지혜가 시간이 많이 지나더라도 성숙되지 않고 향상되지 않는다. 특히 처음 수행을 시작한 수행자들의 경우, 그 앞의 여러 위빳사나 마음을 뒤의 여러 마음으로 여러 번, 여러 단계 관찰하게 되면 새겨 아는 그 마음이라는 대상이 차츰 희미해져서 분명하지 않게 되어 버린다. 그러면 새겨야 하는 새로운 대상을 계속해서 다시 찾으며 새긴다. 이렇게 새로운 대상을 찾으면서 새길 때마다 수행을 처음 시작한 것처럼 된다. 그래서 수행이 성숙되지 않고 향상되지 않는다. 이렇게 계속해서 처음 수행하는 것처럼 되어 버려 향상되지 않는 것을 'tathā sati kammaṭṭhānaṁ navaṁ navameva siyā(그렇게 되면, 즉 그렇게 관찰하면 수행주제가 계속해서 새로운 것으로 되어 버려)'[166]라는『대복주서』의 설명을 통해 확실하게 믿어야 한다. 그러므로 제5장에서 설명한 대로만 수행하라. 시기가 되었을 때 물질을 한 번씩 새길 때마다 새기는 마음의 여러 단계를 한 번이든 두 번이든, 그보다 더 많게든, 여러 단계로 새겨 아는 것이 저절로 분명하게 생겨날 것이다. 그렇지만 무너짐의 지혜가 생겨나는 모습을 설명한 성전, 주석서들에서는 '물질을 한 번씩 새길 때마다 새기는 정신이 한 번씩만 생겨나는 것'만 설명하고 있다.[167] 그렇기 때문에 "물질을 한 번씩 새길 때마다 그 새기는 마음을 한 번씩만 새길 수 있으면 도와 과에 이르게 할 정도로 위빳사나 지혜가 구족하게 된다"라는 것에 의심할 여지가 없다. 이렇게 확실하게 기억해야 한다. 도와 과에 이르고 나서, 원할 때마다 과에 입정할 수 있을 정도로 위빳사나에 매우 능숙한 이라면, 그리고 본인이 굳이 확인해 보고자 한다면 그 〔새기는〕 마음의 여러 단계를 원하는 대로 관찰해 볼 수 있다. 그러한 이는 위빳사나 마음의 여러 단계를 백 단계, 천 단계까지라도 계속 이어서 관

166 Pm.ii.414; *Mahāsi Sayadaw*,『*Visuddhimagga Mahāṭīkā Nissaya*(위숫디막가 대복주서 대역)』 제4권, p.358 참조.

167 이 책의 제2권 p.311 참조.

찰해도 새김이 여전히 좋고, 여전히 분명하다. 따라서 이렇게 능숙한 이들만 원한다면 확인하는 의미로 관찰할 수 있다. 도와 과에 아직 이르지 못한, 이제 갓 수행을 시작한 이들은 그러한 〔관찰하는〕 여러 마음 단계들에 대해 전혀 신경 쓰지 말아야 한다.

5) 다섯 번째 방법: 사견버림으로 관찰하는 방법

'내가 관찰하고 있다'라든가, '관찰하는 것은 나의 행위이다'라는 등으로 "새기고 있는 개인, 주체가 있는 것처럼" 생각하는 집착이 아직 사라지지 않았으면, 그러한 수행자의 관찰은 "그러한 잘못된 생각, 집착, 사견을 버리지 못했기 때문에" 아직 사견버림(diṭṭhi ugghāṭana)이라고 말할 수 없다. 아래 단계의 두 가지 청정[168]으로 사견을 어느 정도 제거했어도 아직 도(道)로써 남김없이 제거하지 않았기 때문에 이러한 사견은 여전히 생겨날 수 있다.

미세한 사견, 의심이 아직 다 사라지지 않은 모습

Kāmañcāyaṁ diṭṭhivisuddhikaṅkhāvitaraṇavisuddhisamadhigamena visuddhadiṭṭhiko, maggena pana asamugghāṭitattā anoḷārikāya ca diṭṭhiyā vasenevaṁ vuttaṁ.

(Pm.ii.415)

대역

ayaṁ명상의 지혜를 구족한 **그 수행자는** diṭṭhivisuddhi kaṅkhāvitaraṇavisuddhi samadhigamena**견해청정, 의심극복청정을 증득했기 때문에** kāmañca visuddha diṭṭhiko**깨끗한 견해를 가진 것은 사실이다.**

---

168 견해청정, 의심극복청정.

pana**그렇지만** maggena asamugghāṭitattā**도로써 아직 남김없이 빼어내지 못했기 때문에** anoḷārikāya diṭṭhiyā vasena그러한 **미세한 사견을 두고** evaṁ"'나는 관찰한다. 나의 관찰이다'라고 생각하여 집착한다"라는 **이와 같은 말을** vuttaṁ주석서의 스승이 **한 것이다.** 《이 복주서를 근거로 "명상의 지혜 등을 구족한 수행자에게도 미세한 의심들은 생겨날 수 있다"라고 알아야 한다.》

'나 아닌 형성법들이, 나 아닌 형성법들을 관찰하고 새기고 알고 있다'라고 계속해서 새길 때마다 생각하고 보고 이해하면 그 수행자의 관찰·새김은 "사견을 제거할 수 있기 때문에" 사견버림(diṭṭhi ugghāṭana)이라고 말한다. 이것은 특별하게 예리해진 무아 거듭관찰(anattānupassanā)이다.

Evaṁ saṅkhāre anattato passantassa diṭṭhisamugghāṭanaṁ nāma hoti.

(Vis.ii.264)

대역

evaṁ**이렇게** saṅkhāre새기는 형성, 새겨지는 형성, 이 두 가지 **형성법들을** anattato passantassa**무아라고,** 성품법들일 뿐이라고 **관찰하여 보는** 수행자의 (vipassanā)**위빳사나를** diṭṭhisamugghāṭanaṁ nāma**사견버림이라고** hoti**한다.**[169]

Yadā anattānupassanā tikkhā sūrā visadā pavattati, itarā

---

169 『청정도론』 제3권, p.260 참조.

dvepi tadanugatikā, tadānena diṭṭhiugghāṭanaṁ kataṁ hoti.

(Pm.ii.416)

대역

yadā**어느 때** anattānupassanā**무아 거듭관찰**, 즉 '자아가 아니라고, 나가 아니라고' 관찰하는 것**이** tikkhā sūrā visadā**매우 예리하고 성숙되고 깨끗하게** pavattati**생겨난다**. itarā dvepi무상 거듭관찰(aniccānupassanā), 괴로움 거듭관찰(dukkhānupassanā)이라고 하는 **다른 두 가지** 거듭관찰**도** tadanugatikā**그** 무아 거듭**관찰을 따라 생겨난다**. 《제일 먼저 무아라고 알고 보고 이해하고 나서, 다음에 무상, 고라고 숙고한다는 말이다.》 tadā**그때**, 그렇게 무아 거듭관찰이 특별히 예리해졌을 **때** ānena**이 수행자는** diṭṭhiugghāṭanaṁ**사견버림을** kataṁ **행하는** hoti**것이다**.

6) 여섯 번째 방법: 자만끊음으로 관찰하는 방법

'나는 관찰할 수 있다. 나는 관찰하는 것이 가능하다'라고 생각하여 집착하면 그러한 수행자의 관찰은 "과시하고 드러내려는 자만을 버리지 못했기 때문에" 아직 자만끊음(māna samugghāṭana)이라고 말할 수 없다. '무상한 형성법들이 무상한 형성법들을 관찰하여 알고 보고 있다'라고 계속해서 새길 때마다 생각하고 보고 이해하면 그 수행자의 관찰은 "자만을 버릴 수 있기 때문에" 자만끊음이라고 말할 수 있다. 이것은 특별하게 예리해진 무상 거듭관찰(aniccānupassanā)이다.

Aniccato passantassa mānasamugghāṭanaṁ nāma hoti.

(Vis.ii.264)

역해

〔형성법들을〕 무상이라고 관찰하여 보는 수행자의 위빳사나를 자만끊음이라고 한다.[170]

Yadā pana aniccānupassanā tikkhā sūrā visadā pavattati, itarā dvepi tadanugatikā, tadānena mānasamugghāṭanaṁ kataṁ hoti.

(Pm.ii.416)

역해

무상 거듭관찰이 매우 예리하고 성숙되고 깨끗하게 생겨나고 다른 두 가지 거듭관찰도 그 무상 거듭관찰을 따라 생겨날 때, 그 수행자는 자만끊음을 행하는 것이다.[171]

7) 일곱 번째 방법: 갈망끝냄으로 관찰하는 방법

'아주 잘 알고 본다. 관찰이 잘된다. 새김이 좋다'라고 즐기고 좋아하면 그 수행자의 관찰은 "애착하고 들러붙는 갈망(nikanti)을 아직 소멸시키지 못했기 때문에" 아직 갈망끝냄(nikanti pariyādāna)이라고 말할 수 없다. '끊임없이 생멸하고 있는 형성법들이 끊임없이 생멸하고 있는 형성법들을 관찰하고 새기고 알고 보고 있다'라고 새길 때마다 생각하고 보고 이해하면, 그 수행자의 관찰은 "애착하고 들러붙는 갈애를 소멸시킬 수 있기 때문에" 갈망끝냄이라고 말할 수 있다. 이것은 특별하게 예리해진 괴로움 거듭관찰(dukkhānupassanā)이다. 주석서에서는

---

170 『*Visuddhimagga Myanmarpyan*(위숫디막가 미얀마 어 번역)』 제4권, p.451; 『청정도론』 제3권, p.260 참조.

171 『*Visuddhimagga Mahāṭīkā Nissaya*(위숫디막가 대복주서 대역)』 제4권, p.363 참조.

"'suṭṭhuvipassāmi, manāpaṁ vipassami(잘 관찰한다. 즐겁게 관찰한다)'라고 취하면 자만이 생겨난다. 'vipassituṁ sakkomi(관찰하는 것이 가능하다)'라고 즐기면 갈망이 생겨난다"라고 설명하였다.[172] 복주서에도 그와 마찬가지로 설명하였다.

> Dukkhato passantassa nikantipariyādānaṁ nāma hoti.
>
> (Vis.ii.264)

역해

〔형성법들을〕 괴로움이라고 관찰하여 보는 수행자의 위빳사나를 갈망끝냄이라고 한다.[173]

> Yadā pana dukkhānupassanā tikkhā sūrā visadā pavattati, itarā dvepi tadanugatikā, tadānena nikantipariyādānaṁ kataṁ hoti.
>
> (Pm.ii.416)

역해

괴로움 거듭관찰이 매우 예리하고 성숙되고 깨끗하게 생겨나고 다른 두 가지 거듭관찰도 그 괴로움 거듭관찰을 따라 생겨날 때, 그 수행자는 갈망끝냄을 행하는 것이다.[174]

명상의 지혜가 끝났다.

---

172 『청정도론』 제3권, p.259 참조.

173 『*Visuddhimagga Myanmarpyan*(위숫디막가 미얀마 어 번역)』 제4권, p.451; 『청정도론』 제3권, p.260 참조.

174 『*Visuddhimagga Mahāṭīkā Nissaya*(위숫디막가 대복주서 대역)』 제4권, p.363 참조.

생멸의 지혜와 도·비도 지견청정

1. 위빳사나 평온의 법체와 작용

(1) 위빳사나 평온과 생멸의 지혜

Yā "yadatthi yaṁ bhūtaṁ, taṁ pajahati, upekkhaṁ paṭilabhatī"[175] ti evamāgatā vicinane majjhattabhūtā upekkhā, ayaṁ vipassanupekkhā nāma.

(Vis.i.157; DhsA.218)

대역

"yaṁ**어떤 다섯 무더기(五蘊)는** atthi실재성품으로 **분명히 있다**. yaṁ **어떤 다섯 무더기는** bhūtaṁ조건 따라 **생겨난다**. 즉 존재한다.[176] taṁ **그** 실재성품으로 분명하게 있는, 생겨나고 있는 것(존재하는 것)인 현재의 **다섯 무더기를** pajahati**제거한다**. upekkhaṁ특별히 애쓰지 않아도 무상·고·무아라고 분명하게 알고 보는 위빳사나 **평온을** paṭilabhati**얻는다**"iti**라고** evaṁ āgatā**이렇게** 『맛지마 니까야(후50편)』, 『앙굿따라 니까야(Aṅguttara Nikāya 숫자별 경모음집)』 성전들에

175 M.iii.71; A.vii.55.

176 원주(본문내용): yaṁ atthi, yaṁ bhutaṁ etarahi khandhapañcakaṁ(『맛지마 니까야(후50편) 주석서』); yadatthi yaṁ bhūtaṁ paccuppannakkhandhapañcakaṁ(『앙굿따라 니까야 주석서』, 『맛지마 니까야(후50편) 복주서』); 이러한 여러 문헌들에서 'yaṁ atthi(어떤 것이 분명히 있다)'를 'yaṁ khandhapañcakaṁ paramatthato atthi(어떤 다섯 무더기는 실재성품으로 분명히 있다)'라고 설명하였다. 이를 참조해서 해석하였다.

서 **전승되어 온**, vicinane'무상인지, 고인지, 무아인지' 식별하고 **조사함에 대해** majjhattabhūtā너무 애쓰지 않는 상태, **중립인 상태인** yā upekkhā위빳사나 지혜라고 하는 **어떤 평온**이 (atthi)있는데, ayaṁ**이 평온을** vipassanupekkhā nāma**위빳사나 평온이라고 한다**.

성전에는 'taṁ pajahāmīti upekkhaṁ paṭilabhati'라고 되어 있다. 'taṁ그 있는, 생겨나는 다섯 무더기를 pajahāmi제거한다. iti이렇게 제거하는 것을 통해 upekkhaṁ위빳사나 평온을 paṭilabhati얻는다'라는 의미이다. 그 주석서에는 다음과 같이 설명되어 있다.

taṁ pajahāmīti upekkhaṁ paṭilabhatīti taṁ tattha chandarāgappahānena pajahāmīti vipassanupekkhaṁ paṭilabhati.

(AA.iii.172)

역해

'그것, 즉 다섯 무더기를 제거한다. 그래서 평온을 얻는다'란 '그것, 즉 다섯 무더기에 대한 바람·애착을 제거하는 것에 의해 제거한다. 그래서 위빳사나 평온을 얻는다'는 뜻이다.

처음 수행을 시작하여 지혜가 아직 여릴 때에는 생겨나는 물질과 정신, 현재 무더기를 '무상하다. 괴로움이다. 무아이다'라고 아직 잘 구분하여 알지 못한다. 그래서 오온에 대해 '항상하다. 행복하다. 자아이다'라고 생각하여 바라고 애착하는 바람·애착이 아직 생겨난다. 명상의 지혜가 구족하고 성숙되었을 때에는 특별히 애쓰지 않고 단지 새기는 것만으로 생겨나는 물질과 정신, 현재 무더기들을 '무상하다. 괴로움이다.

무아이다'라고 분명하게 알고 보고 이해한다. 그래서 오온에 대해 '항상하다. 행복하다. 자아이다'라고 생각하여 바라고 애착하는 바람·애착이 생겨나지 못한다. 이렇게 바람과 애착이 생겨나지 못하도록 알고 봄이 생겨나기 때문에 "생겨날 때마다 특별히 애쓰지 않고서도 물질과 정신을 '무상하다. 괴로움이다. 무아이다'라고 새겨 안다"라는 것을 "그 물질과 정신에 대해 생겨날 수 있는 바람·애착도 제거한다"라고 말할 수 있고, "위빳사나 평온이다"라고도 말할 수 있다는 뜻이다. 매우 알기 어려운 내용이다. (『대복주서』에 "yadatthi yaṁ bhūtanti khandhapañcakaṁ, taṁ muñcitukamyatāñāṇena pajahati[177]('있는 것, 존재하는 것'이란 다섯 무더기이다. 그 다섯 무더기를 '벗어나려는 지혜'로 제거한다)"라고 설명한 것은 '최상방법(제일 최상의 법을 거론하여 그 아래의 법도 포함시키는 방법)'이라고 알아야 한다. 이렇게 알아야 생멸의 지혜 단계에서 위빳사나 평온을 설명하고 있는『위숫디막가(淸淨道論)』와 일치한다.)

> Paññā eva hi sā kiccavasena dvidhā bhinnā. Yathā hi purisassa sāyaṁ gehaṁ paviṭṭhaṁ sappaṁ ajapadadaṇḍaṁ gahetvā pariyesamānassa taṁ thusakoṭṭhāke nipannaṁ disvā "sappo nu kho, no"ti avalokentassa sovattikattayaṁ disvā nibbematikassa "sappo, na sappo"ti vacinane majjhattatā hoti, evameva yā āraddhavipassakassa vipassanāñāṇena lakkhaṇattaye diṭṭhe saṅkhārānaṁ aniccabhāvādivicinane majjhattatā

177 Pm.i.186.

uppajjati, ayaṁ vipassanupekkhā.

(Vis.i.157; DhsA.218)

대역

hi〔사실은〕 sā위빳사나 평온과 형성평온이라고 하는 **이 두 가지 평온은** paññā eva법체로는 **통찰지일 뿐이다**. kiccavasena세 가지 특성을 조사하고 숙고하는 것에 대해 평온하게 관찰하는 작용, 형성들에 대해 평온하게 관찰하는 작용, 이렇게 **작용에 따라서** dvidhā**두 가지로** bhinnā**분류되었다**. hi**자세하게 설명하겠다**. 예를 들면 sāyaṁ **저녁에** 어두컴컴할 때 gehaṁ paviṭṭhaṁ sappaṁ**집으로 들어온 뱀을** ajapadadaṇḍaṁ gahetvā pariyesamānassa**Y자 모양의**[178] **막대기를 쥐고 찾다가** taṁ**그 뱀을**, 또는 그 뱀이 thusakoṭṭhāke nipannaṁ disvā**볏짚 무더기 위에 누워 있는 것을 보고는** sappo nu kho, no ti avalokentassa **실제로 뱀인지 아닌지 살펴보다가** sovattikattayaṁ disvā〔뱀 목 부분의〕 **세 줄기 무늬를 본 뒤에는** nibbematikassa'뱀이다'라고 **의심이 사라져서** 결정할 수 있게 된 purisassa**어떤 사람에게** sappo na sappoti vacina-ne**뱀인지 아닌지 조사하는 것에 대해** majjhattatā특별히 애쓰지 않은 채 **중립적인 상태가** hoti yathā**생겨나는**[179] **것처럼** evaṁ eva**바로 이와 마찬가지로** āraddhavipassakassa명상의 지혜로 **위빳사나를 시작한 이에게** vipassanāñāṇena명상의 지혜라는 **위빳사나의 지혜로** lakkhaṇattaye diṭṭhe〔무상·고·무아의〕 **세 가지 특성을 보게 되어** saṅkhārānaṁ aniccabhāvādivicinane**형성들을 무상 등으로 조사하는 것에 대해** yā majjhattatā특별히 애쓰지 않는 **어떤 중립적인 상태가** uppajjati**생겨나는데** ayaṁ특별히 지나치게 애쓰지 않고 아는 성품,

178 원문을 직역하면 '염소 발굽'의 모양이다.

179 저본에서는 뒷부분의 'uppajjati(생겨난다)'라는 단어와 대등하게 '생겨난다'라고 번역하였다.

이것이 vipassanupekkhā**위빳사나 평온이다.**[180]

직접 알 수 있는, 현재 생겨나고 있는 물질·정신들뿐 아니라 그 물질·정신들로부터 유추해서 알 수 있는, 직접 경험할 수 없는 물질·정신들에 대해서도 생겨남과 사라짐, 무상·고·무아라는 특성들을 명상하고 숙고하여 의심 없이 결정할 수 있는 이에게는 앞에서 말한 주석서의 설명과 같이 '무상하다. 괴로움이다. 무아이다'라는 상태를 조사하고 숙고하기 위해 특별히 애쓰지 않고도, 계속해서 생겨나는 그 물질·정신을 단지 새김으로써 처음과 끝이라고 하는 생멸을 분명하게 알고 보는 위빳사나 평온이 생겨난다. 그때를 시작으로 '생겨나는 현재 물질·정신들의 생멸을 알고 보는 생멸의 지혜가 생겨난다'라고 알아야 한다. 그 〔생멸의〕 지혜가 생겨나는 모습을 『빠띠삼비다막가(無碍解道)』를 통해 설명하겠다.

(2) 생멸의 지혜가 생겨나는 모습

1) 생멸의 지혜

Paccuppannānaṁ dhammānaṁ vipariṇāmānupassane paññā udayabbayānupassane ñāṇaṁ.

(Ps.1)

대역

paccuppannānaṁ조건을 의지하여 **생겨나고 있는** dhammānaṁ물질·정

---

180 『청정도론』 제1권, p.407 참조.

신 **법들이** vipariṇamānupassane paññā처음 생겨날 때와 다르게 **변하**고 무너지**는 것을** 〔거듭〕 관찰하고 **보는 통찰지가** udayabbayānupassane ñāṇaṁ**'생멸 거듭관찰의 지혜'이다.**[181]

계속해서 새길 때마다 "'불쑥, 불쑥'하며 생겨나는 것처럼, 머리를 들이밀고 들어오는 것처럼" 새겨지는 물질·정신의 처음 = 생겨남이 새겨 아는 마음에, 지혜에 분명하다. "'쉭, 쉭'하며 사라져 버리는 것처럼, 작은 초의 촛불이 '휙, 휙'하며 꺼지고 사라지는 것처럼" 새겨지는 물질·정신의 마지막 = 사라짐도 새겨 아는 마음에, 지혜에 분명하다. 이렇게 분명하게 되었을 때 계속해서 새길 때마다 그 새겨지는 대상인 물질·정신의 처음 = 생겨남과 마지막 = 사라짐을 알고 보는 것을 생멸의 지혜(udayabbaya ñāṇa)라고 한다.

2) 물질과 생멸의 지혜

Jātaṁ rūpaṁ paccuppannaṁ, tassa nibbattilakkhaṇaṁ udayo, vipariṇāmalakkhaṇaṁ vayo, anupassanā ñāṇaṁ.

(Ps.52)

대역

jātaṁ rūpaṁ**생겨나고 있는** 《생겨남 - 머묾 - 사라짐에 이르고 있는》 **물질이** paccuppannaṁ**현재**물질**이다.** tassa**그** 생겨나고 있는 **물질의** nibbattilakkhaṇaṁ**처음 발생하는 특성이** udayo**생겨남,** vipariṇāmalakkhaṇaṁ처음 생겨났을 때와 다르게 **변하**고 무너지**는 특성이** vayo **사라짐이다.** anupassanā그 생겨남과 사라짐을 알고 보는 것, **거듭 관**

---

181 『청정도론』 제3권, p.263 참조.

찰하는 것이 ñāṇaṁ생멸의 **지혜이다.**[182]

Santatipaccuppanne khaṇapaccuppanne vā dhamme udayabbaya dassanābhiniveso kātabbo. na atītānāgateti vuttaṁ "paccuppannānaṁ dhammāna"nti. …
Jātanti nibbattaṁ paṭiladdhattabhāvaṁ. …
Paccuppannarūpaṁ nāma jātaṁ khaṇattayapariyāpannananti attho. Taṁ pana ādito duppariggahanti santatipaccuppannavasena vipassanābhiniveso kātabbo.
(Pm.ii.419)

대역

santatipaccuppanne vā dhamme**상속현재법이나,** khaṇapaccuppanne vā dhamme**또는 찰나현재법**[183]**에 대해** udayabbaya dassanābhiniveso**생멸을 관찰하고 천착함을** kātabbo**행해야 한다.** 새기고 마음기울여야 한다. na atītānāgate**과거법이나 미래법을** 시작으로 천착하면, 관찰하고 마음기울이면 **안 된다.** iti**그래서** "paccuppannānaṁ dhammāna"nti**"현재법들에 대해"라고** vuttaṁ**설하셨다.**
jātanti**'생겨나고 있는'이란** 'nibbattaṁ**생겨난,** paṭiladdhattabhāvaṁ**모습이나 성품을 얻은' 법이란 뜻이다.** … paccuppannarūpaṁ nāma**'현재물질'이라고 하는 것은** jātaṁ**생겨나고 있는 물질이다.** khaṇattayapariyāpannanaṁ생성 – 머묾 – 소멸이라고 하는 **세 찰나에 포함되는 물질이다.** iti attho**이것이** '생겨나고 있는 물질은 현재이다'라는 구절의 **의미이다.** pana**그렇지만** taṁ**그** 찰나로서의 현재**물질을** ādito생멸의 지혜가 갓 생겨날 때 **처음에는** duppariggahaṁ**아직 파악하기,** 관

182 『청정도론』 제3권, p.263 참조.

183 세 가지 현재에 대한 자세한 내용은 『청정도론』 제2권, pp.390~392 참조.

찰하기 **어렵다.** iti**그래서** santatipaccuppannavasena**상속현재를 통해** vipassanābhiniveso**위빳사나 천착을** kātabbo**행해야 한다.** 즉 마음기울이기 시작해야 한다.

이 복주서의 설명에 따르면, "생겨나고 있는 물질이 현재이다(jātaṁ rūpaṁ paccuppannaṁ)" 등의 성전 구절을 통해 설명하고 있는 현재법들은 생성 – 머묾 – 소멸에 이르고 있는 찰나현재법들이다. 기간현재, 상속현재법들이 아니라는 사실을 알 수 있다.

그 밖에 생멸의 지혜가 처음 생겨나기 시작했을 때에는 상속현재법들의 생멸만을 알 수 있다. 그때를 시작으로 유약한 생멸의 지혜가 생겨난다. '생멸의 지혜가 성숙되었을 때에는 찰나현재법들의 생멸도 알고 볼 수 있다'라고 알아야 한다.

상속현재와 찰나현재

"생겨나고 있는 물질이 현재이다(jātaṁ rūpaṁ paccuppannaṁ)"라는 구절의 의미는 다음과 같다. 〔배가〕 부푸는 물질, 〔배가〕 꺼지는 물질, 앉는 물질, 서는 물질, 뻗는 물질, 굽히는 물질, 펴는 물질 등 몸의 여러 동작에 관련된 물질 모두는 생겨나는, 행하는, 존재하는 순간에 모두 현재법들이다. 그 물질들의 처음 = 일어남이 udaya = 생겨남이다. 마지막 = 소멸이 vaya = 사라짐이다. 한 번의 부풂, 꺼짐, 앉음, 섬, 뻗음, 굽힘, 폄, 움직임, 이동함, 자세바꿈 등을 처음 = 생겨남 한 번, 마지막 = 사라짐 한 번, 이렇게 구분하여 알고 보는 것을 '상속(santati)현재 물질의 생멸을 알고 보는, 처음 생겨나기 시작한 〔유약한〕 생멸의 지혜'라고 한다. 이 정도로 알게 되면 부풂이 따로 + 꺼짐이 따로 + 앉음이 따로, 굽힘이 따로 + 폄이 따로, 왼발 뻗음이 따로 + 오른발 뻗음이 따로, 이러한 등으로 여러 부분으로 서로 분리되어 드러나기 때문에 '어느 하나의 행위는 다른 어떤 몸 행위와 섞이지 않고 바로 그 순간에서만 생겨나서 사라져 버린다'라고 일부러 깊이 숙고하지 않고서도 단지 새기는 것만으로 분명하게 알고 보고 이해한다.

생멸의 지혜가 성숙하고 예리해졌을 때는 한 번 숨을 쉴 때마다 부풀어오는 여러 움직임들의 모임이 여러 단계로 많이 생겨나면서 분명하다. 그러한 작은 움직임들은 "'마치 물 표면 위에 작은 빗방울들이 계속해서 떨어질 때마다, 생겨나서 순간적으로 사라져 버리는 그 작은 물방울들처럼' 한 움직임이 다른 움직임으로, 한 단계가 다음 단계로 이르지 못한 채 바로 그 순간에서만 '휙, 휙'하며 생겨나서 사라져 버린다"라고 생각하게 된다.

한 번의 꺼짐, 앉음, 발의 움직임, 굽힘, 폄, 움직임, 행위 등에 대해서도 같은 방법으로 여러 단계, 여러 부분들로 나뉘어져 분명하게 드러난다. 바로 그때, 끊임없이 생멸하고 있는 몸의 여러 행위들의 처음 생겨남, 마지막 사라짐들을, 생겨나기만 하는 것으로, 소멸하기만 하는 것으로 일부러 숙고하지 않고서도 단지 새기는 것만으로 분명하게 알고 보는 것이, 바로 성전에서 설명한 대로 '찰나(khaṇa)현재 물질의 생성과 소멸을 알고 보는 강력한(balava) 생멸의 지혜'이다. 볼 때, 들을 때 등에도 보이는 형색 물질, 들리는 소리 물질 등이나, 깨끗한 눈 감성물질, 귀 감성물질 등을 각각의 그 순간에 "'휙, 휙'하며 생겨나서 사라져 버린다"라고 알 수 있게 된다.

그렇게 찰나현재를 분명히 구분하여 알 수 있을 정도로 지혜가 빠르게 되었을 때 명칭을 붙여 새기고 있으면, 생겨나고 사라질 때마다 그 생겨나고 사라지는 물질들을 따라잡지 못하게 되기도 한다. 단지 계속해서 알 뿐으로 차례대로 따라 관찰해야만 그 모든 것을 자세하게, 편안하게 새길 수 있다.

3) 느낌 등과 생멸의 지혜

Jātā vedanā paccuppannā … jātā saññā paccuppannā … jātā saṅkhārā paccuppannā … jātaṁ viññāṇaṁ paccuppannaṁ, tassa nibbattilakkhaṇaṁ udayo, vipariṇāmalakkhaṇaṁ vayo, anupassanā ñāṇaṁ.

(Ps.52)

대역

jātā vedanā**생겨나고 있는 느낌이** paccuppannā**현재** 느낌**이다**. … jātā saññā**생겨나고 있는 인식이** paccuppannā**현재** 인식**이다**. … jātā saṅkhārā**생겨나고 있는 형성들이** paccuppannā**현재** 형성들**이다**. … jātaṁ viññāṇaṁ**생겨나고 있는 의식이** paccuppannaṁ**현재** 의식**이다**. tassa**그** 생겨나고 있는 의식의 nibbattilakkhaṇaṁ**처음 발생하는 특성이** udayo**생겨남**, vipariṇāmalakkhaṇaṁ처음 생겨날 때와 같지 않고 **변하고** 무너지는 **특성이** vayo**사라짐이다**. anupassanā그 생겨남과 사라짐을 알고 보는 것, **거듭 관찰하는 것이** ñāṇaṁ생멸의 **지혜이다**.[184]

볼 때, 들을 때, 냄새 맡을 때, 맛볼 때, 닿을 때, 생각할 때, 관찰할 때 포함된 느낌이 현재 느낌이다. 인식이 현재 인식이다. 대상을 단지 아는 것, 단지 대상으로 취하는 것이 현재 의식이다. 나머지 정신법들이 현재 형성들이다. 봄, 들림 등의 여러 동작이나 작용들이 생겨나도록 형성시

---

184 『청정도론』 제3권, p.263 참조.

켜 주는 법들이라는 뜻이다. 그러한 형성법들은 "대상 쪽으로 마음이 도달해 가는 것처럼, 마음 쪽으로 대상이 도달해 오는 것처럼" 대상과 마음의 닿음이라고 하는 접촉(phassa), "대상 쪽으로 하나의 여세로 달려가는 것처럼, 보게 하고 듣게 하고 굽히게 하는 등으로 준비하고 자극하는 것처럼" 대상과 마음을 결합시켜 주고 자극함이라고 하는 의도(cetanā), 〔처음〕 생각함 = 사유(vitakka), 〔거듭〕 숙고함 = 고찰(vicāra), 기뻐함 = 희열(pīti), 고요하고 편안함 = 경안(passaddhi), 믿고 존경함 = 믿음(saddhā), 대상에 밀착시켜 잊어버리지 않게 함 = 새김(sati), 노력하고 애씀 = 노력(vīriya), 집중함 = 삼매(samādhi), 분명하게 앎 = 통찰지(paññā), 바라고 좋아함 = 탐욕(lobhā), 화냄 = 성냄(dosa), 물질·정신을 좋은 것, 또는 훌륭한 것이라 잘못 생각함 = 어리석음(moha), 거만하거나 남과 비교함 = 자만(māna), 산란함 = 들뜸(uddhacca), 물질·정신을 중생이라고 잘못 생각함 = 사견(diṭṭhi), 의심하여 결정하지 못함 = 의심(vicikicchā) 등의 법들이다. 각각 정신 무더기의 처음 = 생성이 생겨남(udaya)이다. 마지막 = 무너짐이 사라짐(vaya)이다. 볼 때 등에서 관찰하고 새겨 이 정신 무더기들의 생성과 소멸을 상속으로든, 찰나로든 구분하여 알고 보는 것이 생멸의 지혜이다.

상속으로 구분하는 모습

저림이 생겨난 곳에서 그 저림이 사라져 편안해진다. 편한 상태에서 다시 저림이든 뜨거움이든 아픔이든 가려움이 생겨난다. 이렇게 생겨날 때, 저림의 처음부터 저림이 없어질 때까지 많은 저림의 무더기들이 생겨나더라도 유약한 생멸의 지혜 단계에서는 그러한 저림들을 따로 구분하여 알지 못한다. 같은 성품이기 때문에 '하나의 저림이다'라고만 생각하여 새긴다. 이렇게 하나인 상태로 생각하여 새겨지는, 성품이 같은 저림의 연속을 상속현재 느낌이라고 한다. 그와 마찬가지로 처음부터 끝까지 하나로 생각되어지는, 성품으로서 같은 편안함, 뜨거움, 아픔, 가려움의 연속도 상속현재 느낌이라고 한다. 그러므로 유약한 생멸의 지혜 단계에서는 "저림이 따로 + 저림이 풀려 편안한 것이 따로 + 다시 저린 것, 뜨거운 것, 아픈 것, 가려운 것이 따로", 이러한 등으로 고통스러운 느낌과 행복한 느낌들을 나누고 구분하여 알고 보고 이해한다.

그 밖에 한 종류인 형색·소리 등을 인식하는 연속을 상속현재 인식이라고 한다. 한 종류인 형색·소리 등의 대상들을 아는 연속을 상속현재 의식이라고 한다. 한 종류의 어떠한 행위를 행하고, 노력하는 연속을 상속현재 형성들이라고 한다. 이러한 인식·의식·형성들도 다른 성품의 인식·의식·형성들로 바뀔 때마다 "앞의 여러 성품이 따로 + 뒤의 여러 성품이 따로"라고 구분하여 알고 보고 이해한다.

찰나로 구분하는 모습

하나의 연속으로 이어서 생겨나고 있는 저림 한 종류에서도 첫 번째 저림이 따로 + 두 번째 저림이 따로 + 세 번째 저림이 따로, 이러한 등으로 '찌릿찌릿'하고 생겨나서 사라져 버리는 여러 저림들을 그 저림들이 생겨나는 대로, 사라지는 대로 각각 나누어 구분하여 알고 보고 이해한다. 저림이 해소되어 편안해졌을 때 등에서도 같은 방법이다.

그 밖에 한 종류의 형색을 인식할 때도 첫 번째 인식하는 것이 따로 + 두 번째 인식하는 것이 따로, 이러한 등으로 각각 나누어 구분하여 안다. 한 종류의 형색을 볼 때도 첫 번째 보는 것이 따로 + 두 번째 보는 것이 따로, 이러한 방법 등으로 각각 나누어 구분하여 안다. 한 종류의 동작을 하려고 의도할 때도 첫 번째 의도하는 것이 따로 + 두 번째 의도하는 것이 따로, 이러한 방법 등으로 각각 나누어 구분하여 안다.

이렇게 성전의 가르침에 따라 정신법들을 찰나로 구분하여 알 수 있을 정도로 앎이 빨라졌음에도 불구하고 명칭을 붙여 새기면, 생겨날 때마다, 사라질 때마다 정신법들을 따라잡을 수가 없게 되기도 한다. '탁, 탁, 탁, 탁'하며 계속 이어져 가듯이 매우 빠르게 생멸하고 있는 정신법들을 단지 알기만 하면서 그 연속에 따라가야만 자세하고 쉽게 새길 수 있다.

『빠띠삼비다막가(無碍解道)』에는 여섯 문, 여섯 대상, 여섯 의식, 여섯 접촉, 여섯 느낌 등도 "생겨나고 있는 눈이 현재이다. 생겨나고 있는 귀가 현재이다(jātaṁ cakkhu paccuppannaṁ. jātaṁ sotaṁ paccuppannaṁ)' 등으로 각각 자세하게 구분하여 설하였다. 여기서는 〔내용이〕 너무 길어지는 것을 염려해 그 자세한 내용을 설명하지 않았다.

4) 생멸의 지혜로 아는 모습

지금까지 설명한 방법대로 찰나현재로 생겨나는 물질과 정신을, 생겨날 때마다 사라질 때마다 일치하도록 따라서 아는 이는 다음과 같이도 결정하고 이해할 수 있다. 어떻게 결정할 수 있는가? '지금 새겨 알아지는, 생멸하고 있는 물질과 정신은 아직 생겨나기 전에 어느 곳에 모여 머물고 있었던 것이 아니다. 생겨날 때도 어느 곳으로부터 이동하여 생겨난 것이 아니다. 사라져 버릴 때도 어느 곳으로 이동하여 가는 것이 아니다. 사라져 버렸을 때도 어느 곳에 모여 머물고 있는 것이 아니다. 사실은 조건에 따라 이곳에서 생겨나서 바로 그 생겨난 곳에서 완전히 사라져 버린다'라고도 결정하고 이해할 수 있다. 반대로 예를 들어 말하면 다음과 같다. 이 지혜의 단계에 아직 이르지 못했을 때는 '굽히려고 하는 손이 아직 굽히기 전에도 그대로 존재한다'라고, 또는 굽히고 있을 때도 '그렇게 존재하는 팔이 움직여 온다'라고, 또는 굽히고 나서 끝났을 때도 '그 굽힌 팔이 바로 아래로 내려간다. 내려놓은 곳에서 그대로 존재하던 대로 존재한다'라고 생겨남과 사라짐이 없이 항상 존재하는 것으로 생각했었다. 지금은 〔이 지혜의 단계에 이르렀을 때에는〕 그처럼 잘못 생각하지 않는다는 뜻이다. 부풂, 꺼짐, 앉음, 다리를 듦, 나아감, 놓음, 들음, 봄 등도 같은 방법으로, 또한 반대로 예를 들어 비교하여 알기 바란다. 이렇게 아는 모습이 생멸의 지혜 단계에서 제일 중요하다.

지금까지 설명한 성전의 의미들만이 생멸의 지혜가 생겨나는 모습을 결정하는 데에 꼭 필요한, 근본적인 내용들에 대한 요약이다. 앞으로 설명할 성전의 의미들은 그 〔생멸의〕 지혜가 생겨나는 모습을 결정하도록 설명하는 내용이 아니다. 그 지혜의 힘, 위력만을 알려주는 내용일 뿐이다.

2. 생멸의 지혜의 위력을 알려 주는 구절

(1) 다섯 가지 특성

Pañcannaṁ khandhānaṁ udayaṁ passanto pañcavīsati lakkhaṇāni passati, vayaṁ passanto pañcavīsati lakkhhaṇāni passati, udayavayaṁ passanto paṇṇāsa lakkhhaṇānaṁ passati.

(Ps.53)

대역

pañcannaṁ khandhānaṁ**다섯 무더기의** udayaṁ passanto**생겨남을 보는 이는**, 또는 생겨남을 볼 때는 pañcavīsati lakkhaṇāni passati**25가지 특성을 본다**. vayaṁ passanto**사라짐을 보는 이는**, 또는 사라짐을 볼 때는 pañcavīsati lakkhhaṇāni passati**25가지 특성을 본다**. udayavayaṁ passanto**생겨남과 사라짐을 보는 이는**, 또는 생겨남과 사라짐을 볼 때는 paṇṇāsa lakkhhaṇānaṁ passati**50가지 특성을 본다**.[185]

Avijjāsamudayā rūpasamudayoti — paccayasamudayaṭṭhena rūpakkhandhassa udayaṁ passati. Taṇhāsamudayā … Kammasamudayā … Āhārasamudayā rūpasamudayoti — paccayasamudayaṭṭhena rūpakkhandhassa udayaṁ passati. Nibbatthilakkhaṇaṁ passantopi rūpakkhandhassa udayaṁ passati. Rūpakkhandhassa udayaṁ passanto imāni pañca lakkhaṇāni passati.

(Ps.53)

대역

'avijjāsamudayā**무명이 있기 때문에** 《avijjāya uppādā, atthibhāvāti attho('무명의 생겨남 때문에, 무명이 있는 상태 때문에(또는 있기 때문에'라는 뜻이다). 이는 『대복주서』의 설명이다.》[186] rūpasamudayoti물질의 생겨남이 있다. 또는 **물질이 생겨난다' 라고**, paccayasamudayaṭṭhena**조건이 있기 때문에** 《paccayassa uppanna bhāvena, atthibhāvatoti attho('조건이 생겨나는 상태에 의해 존재하기 때문

185 『빠띠삼비다막가 역주』, p.158 참조.

186 Pm.ii.420; 『*Visuddhimagga Mahāṭīkā Nissaya*(위숫디막가 대복주서 대역)』 제4권, p.372 참조.

에'라는 뜻이다). 이는 『대복주서』의 설명이다.》[187] rūpakkhandhassa udayaṁ**물질 무더기의 생겨남을** passati알고 이해하고 **본다**. taṇhāsamudayā**갈애가 있기 때문에** … kammasamudayā**업이 있기 때문에** … āhārasamudayā**음식이 있기 때문에** rūpasamudayoti**물질의 생겨남이 있다**. 또는 물질이 생겨난다'**라고**, paccayasamudayaṭṭhena**조건이 있기 때문에** rūpakkhandhassa udayaṁ**물질 무더기의 생겨남을** passati알고 이해하고 **본다**. nibbatthilakkhaṇaṁ**발생**, 즉 처음 생겨남**의 특성을**, passantopi생겨나고 있을 때 **보면서도** rūpakkhandhassa udayaṁ**물질 무더기의 생겨남을** passati알고 **본다**. rūpakkhandhassa udayaṁ**물질 무더기의 생겨남을** passanto**보는 이는** imāni pañcalakkhaṇāni**이러한 다섯 가지 특성을** passati**본다**.[188]

〔생겨남을 볼 때의〕 다섯 가지 특성이라고 하는 것은 과거 생에서 업을 행할 때 포함되었던 무명이 있다는 것이 하나, 갈애가 있다는 것이 하나, 업이 있다는 것이 하나, 지금 생에서 먹는 음식이 있다는 것이 하나, 새겨 알고 있는 현재 물질의 생겨남이 하나, 이러한 다섯 가지이다.

Avijjānirodhā rūpanirodhoti — paccayanirodhaṭṭhena rūpakkhandhassa vayaṁ passati. Taṇhānirodhā … Kammanirodhā … Āhāranirodhā rūpanirodhoti — paccayanirodhaṭṭhena rūpakkhandhassa vayaṁ passati. Vipariṇāmalakkhaṇaṁ passantopi rūpakkhandhassa vayaṁ passati. Rūpakkhandhassa vayaṁ passanto imāni

187 Pm.ii.421; 『*Visuddhimagga Mahāṭīkā Nissaya*(위숫디막가 대복주서 대역)』 제4권, p.373 참조.
188 『빠띠삼비다막가 역주』, p.155; 『청정도론』 제3권, p.264 참조.

pañca lakkhaṇāni passati.

(Ps.53)

대역

'avijjānirodhā**무명의 소멸** = 생겨나지 않음 = 사라짐 **때문에** rūpanirodhoti**물질이 소멸한다.** = 생겨나지 않는다. 사라진다. 생겨나지 않을 것이다'**라고,** paccayanirodhaṭṭhena**조건의 소멸** = 생겨나지 않음 = 사라짐 **때문에** rūpakkhandhassa vayaṁ**물질 무더기의 사라짐** = 없어짐, 존재하지 않음을 passati알고 이해하고 **본다.** 《'aggamaggañāṇena avijjāya anuppādanirodhato anāgatassa rūpassa anuppādanirodho hoti(최상의 지혜(= 아라한 도의 지혜)로 무명이 생겨나지 않음이라고 하는 소멸 때문에 미래의 물질이 생겨나지 않음이라고 하는 소멸이 있다)'[189]라고 하는 이 『대복주서』의 설명에 따라, nirodha = 소멸, anuppāda = 생겨나지 않음, vaya = 사라짐, abhāva = 존재하지 않음, 이러한 단어들은 여기에서는 의미가 모두 동일하다. 생겨나지 않기 때문에 존재하지 않는 것을 말하는 것이다. 생겨나서 사라지고 무너져 버리는 것을 말하는 것이 아니다.》 taṇhānirodhā**갈애가 소멸하기 때문에** … kammanirodhā**업이 소멸하기 때문에** … āhāranirodhā**음식이 소멸하기 때문에,** 즉 음식이 없기 때문에 《pavatti paccayassa kabaḷīkārāhārassa abhāve(진행, 즉 끊임없이 생겨남의 조건이 되는 덩어리 음식이 존재하지 않기 때문에). 이는 『대복주서』의 설명이다》[190] rūpanirodhoti**물질이 소멸한다.** 또는 물질이 소멸할 것이다'**라고,** paccayanirodhaṭṭhena**조건이 존재하지 않기 때문에** rūpakkhandhassa vayaṁ**물질 무더기의 사라짐을,** 즉 존재하지 않음을, 없음을 passati알고 이해하고 **본다.** vipa-

189 Pm.ii.421; 『*Visuddhimagga Mahāṭīkā Nissaya*(위숫디막가 대복주서 대역)』 제4권, p.374 참조.

190 Pm.ii.421; 『*Visuddhimagga Mahāṭīkā Nissaya*(위숫디막가 대복주서 대역)』 제4권, p.375 참조.

riṇāmalakkhaṇaṁ처음 생길 때와 같지 않고 무너져 버리고 **변하는 특성을**, 사라지고 있을 때 passantopi**보면서도** rūpakkhandhassa vayaṁ**물질 무더기의 사라짐을**, 즉 존재하지 않음을, 없음을 passati알고 이해하고 **본다**. 《이 마지막 'vaya lakkhaṇā(사라짐의 특성)'은 생겨난 법들의 사라짐 = 없어짐이라고 하는 소멸의 특성이다.》 rūpakkhandhassa vayaṁ**물질 무더기의 사라짐을**, 즉 존재하지 않음을, 없음을 passanto**보는 이는** imāni pañcalakkhaṇāni**이러한 다섯 가지 특성을** passati**본다**.[191]

〔사라짐을 볼 때의〕 다섯 가지 특성이라고 하는 것은 아라한 도의 지혜로 제거해 버렸기 때문에 무명이 없는 것이 하나, 갈애가 없는 것이 하나, 업이 없는 것이 하나, 먹는 음식이 없는 것이 하나, 새겨 알고 있는 현재 물질의 사라짐이 하나, 이렇게 다섯 가지이다.

정신 무더기 네 가지에 대해서도 위의 물질 무더기에 대해서 보는 것처럼 생겨남의 특성 다섯 가지씩, 사라짐의 특성 다섯 가지씩 설명하였다. 〔물질과〕 다른 점은 느낌·인식·형성 무더기에 대해서는 네 번째 특성을 'phassa samudayā, phassa nirodhā(접촉이 생겨나기 때문에, 접촉이 소멸하기 때문에)'라고, 의식 무더기에 대해서는 네 번째 특성을 'nāmarūpa samudayā, nāmarūpa nirodhā(정신·물질이 생겨나기 때문에, 정신·물질이 소멸하기 때문에)'라고 설명한 정도만 다르다.

이렇게 다섯 무더기 하나하나에 대해 생겨남의 특성 다섯 가지씩, 사라짐의 특성 다섯 가지씩, 합하면 모두 열 가지씩이 된다. 따라서 다섯 무

---

191 『빠띠삼비다막가 역주』, p.156; 『청정도론』 제3권, p.264 참조.

더기 모두에 대해 생겨남의 특성 25가지, 사라짐의 특성 25가지, 모두 합하면 50가지 특성이다. 그 50가지 특성 중, nibbattilakkhaṇā(발생의 특성) 다섯 가지는 생겨나고 있는 다섯 무더기(五蘊)의 생겨남일 뿐이다. vipariṇāmalakkhaṇā(변하고 무너짐의 특성)은 무너지고 있는 다섯 무더기의 사라짐일 뿐이다. 따라서 그 발생의 특성과 무너짐의 특성만을 관찰을 통해 직접 알 수 있다. 나머지 조건의 특성은 수행하기 전이든, 새김의 사이사이에든, 이해하는 것에 따라 숙고하는 것으로만 알 수 있다. 그렇게 아는 모습들을 제1권의 제4장, 무더기를 아는 모습[192]에서 설명했다. 그렇지만 숙고하여 아는 것은 생멸하고 있는 물질 무더기가 실제로 생겨나고 사라지는 것을 아는 것이 아니다. 무명 등이 아직 다 없어지지 않았기 때문에 물질과 느낌 등이 생겨날 수 있다는 것, 무명 등이 사라지면 물질과 느낌 등이 생겨나지 않는다는 것을 숙고하여 단지 이해하는 것 정도일 뿐이다. 그래서 『대복주서』에서는 다음과 같이 설명하였다.

(2) 일부 스승들의 견해

> Ettha ca keci tāva āhu "arūpakkhandhānaṁ udayabbayadassanaṁ addhā – santativaseneva, na khaṇavasenā"ti. Tesaṁ matena khaṇato udayabbayadassanameva na siyā.
>
> (Pm.ii.422)

대역

ca**또한** 이어서 설명하면, ettha**여기서** tāva**우선** keci**어떤 일부 스승들**

192 이 책의 제1권 pp.507~511 참조.

은 "arūpakkhandhānaṁ udayabbayadassanaṁ**정신 무더기의 생멸을** 관찰하여 **보는 것은** addhā – santativaseneva**기간**현재, **상속**현재**를 통해서만 가능하다.** na khaṇavasenā**찰나**현재**를 통해서는 가능하지 않다"** iti**라고** āhu**말한다.** 《이 일부 스승들의 견해를 『빠띠삼비다막가(無碍解道)』에서는 '자론(sakavāda 自論)'의 견해[193]라고 설명하였다.》 tesaṁ**그** 일부 **스승들의** matena**견해에 따르다면** khaṇato udayabbayadassanameva생겨날 때, 사라질 때 그 **찰나를 통해서 생멸을 관찰하여 보는 것은** na siyā**전혀 생겨날 수 없다.**

'찰나현재로서의 정신 무더기들'이라고 하는 것은 다름 아닌 그 순간 관찰하고 있는 위빳사나 마음일어남이다.[194] 그렇기 때문에 관찰하고 있는 마음일어남, 바로 그것의 생멸을 〔동일한〕 마음일어남으로 관찰할 수 있어야 "찰나현재로서의 정신 무더기의 생멸을 볼 수 있다"라고 말할 수 있을 것이다. 하지만 그렇게 관찰하여 보는 것은 "손가락 끝을 바로 그 손가락 끝으로 닿지 못하듯이" 가능하지 않다. 그렇기 때문에 일부 스승들이 "찰나현재를 통해서는 정신 무더기의 생멸을 볼 수 없다"라고 말한 것이다. 이 일부 스승들의 견해를 '완전히 틀렸다'라고 거부할 수는 없다.

그렇지만 "nibbattilakkhaṇaṁ passantopi, vipariṇāmalakkhaṇaṁ passantopi(발생의 특성을 보면서도, 변하고 무너지는 특성을 보면서도)"[195]라는 『빠띠삼비다막가(無碍解道)』, "tyāssa dhammā viditā

---

193 『빠띠삼비다막가』에 대한 주석을 저술하는 자신들의 견해.

194 그 찰나에 생겨나고 있는 것이 관찰하는 마음이기 때문에, 찰나현재로서의 정신무더기와 그 순간 관찰하고 있는 정신무더기가 같은 것이 되어 버리고 만다는 의미다.

195 이 책의 제2권 p.267, 269 참조.

uppajjanti, viditā upaṭṭhahanti, viditā abbhattaṁ gacchanti(그러한 법들이 분명하게 일어난다. 분명하게 머문다. 분명하게 사라진다)"[196]라는「차례대로 경(Anupada sutta)」등의 성전들에서 찰나현재를 통해 드러나는 모습, 아는 모습을 알려 주고 있다. 여러 주석서들에서도 "의지하는 토대와 대상들을 파악했기 때문에 틈 없이 바로 앞에서 생멸해 버린 정신법들의 생성 – 머묾 – 소멸은 현재 지금 생겨나고 있고, 머물고 있고, 소멸하고 있는 것처럼 수행자에게 분명하게 드러난다. 그렇기 때문에 'viditā uppajjanti(분명하게 일어난다)'라는 등으로 설한 것이다"라고 설명했다. 수행자의 새겨 앎 = 지혜에도 틈 없이 바로 앞에 생멸해 버린 정신법들이 바로 지금 현재 일어나고 있고 사라지고 있는 것처럼 분명하게 드러난다.

그렇기 때문에 "일부 스승들의 견해는 수행자들의 지혜가 생겨나는 모습과도 일치하지 않고, 성전과 주석서들의 의미와도 들어맞지 않는다"라고 허물을 드러내어 그 허물을 버리게 하기 위해서 "tesaṁ matena khaṇato udayabbayadassanameva na siyā(그 일부 스승들에 따르면 찰나를 통해서 생멸을 관찰하여 보는 것은 전혀 생겨날 수 없다)"라고 복주서의 스승이 설명한 것이다. 이 구절은 "일부 스승들은 '찰나현재로서의 정신법들의 생멸을 알고 보는 것은 생겨날 수 없다. 성전이나 주석서에서 그렇게 관찰하고 보는 모습으로 설명한 곳이 어디에 있는가?'라고 주장한다. 하지만 성전이나 주석서들에서 그렇게 설명한 곳도 있고, 그렇게 설명한 대로 수행자에게도 드러나고, 수행자들도 안다. 그렇기 때문에 일부 스승들의 견해는 적당하지 않다"는 것을 나타낸다.

---

196 이 책의 제1권 p.340 참조.

(3) 다른 스승들의 견해

Apare panāhu "paccayato udayabbayadassane atītādivibhāgaṁ anāmasitvā sabbasādhāraṇato avijjādipaccayā vedanādīnaṁ[197] sambhavaṁ labbhamānataṁ passati, na uppādaṁ. Avijjādi abhāve ca tesaṁ[198] asambhavaṁ alabbhamānataṁ passati, na bhaṅgaṁ. Khaṇato udayabbayadassane paccuppannānaṁ uppādaṁ bhaṅgañca passatī"ti, taṁ yuttaṁ. Santativasena hi rūpārūpadhamme udayato, vayato ca manasikārontassa anukkamena bhāvanāya balappattakāle ñāṇassa tikkhavisadabhāvappattiyā khaṇato udayabbayā upaṭṭhahantīti.

(Pm.ii.422)

대역

apare pana**하지만** 그 일부 스승 외의 또 **다른 스승들은** "'paccayato udayabbayadassane**조건을 통해 생멸을** 관찰하여 **본다'라고 하는 것은** atītādivibhāgaṁ anāmasitvā**과거의 법 등으로 나누어 명상하지 않고,** 즉 과거·미래·현재로 구분하지 않고, sabbasādhāraṇato과거·미래·현재 **모두에 관련된 것으로** avijjādipaccayā**무명 등의 조건 때문에** vedanādīnaṁ sambhavaṁ labbhamānataṁ**느낌 등이 생겨나기에 적당함,** 생겨날 수 있음, **생겨남을 얻음을** passati경험하여 **보고** 이해하는 **것이다.** uppādaṁ생겨나고 있는 정신법이 실제로 **일어남을** na passati경험하여 **보고** 이해하는 **것이 아니다.** avijjādi abhāve ca**또한 무명 등이 없으면** tesaṁ asambhavaṁ alabbhamānataṁ**그러한 느낌 등의 정신법들이 생겨나기에 적당하지 않음, 얻을 수 없음을** passati경험

197 CST4 vedanā.

198 CST4 tassā.

하여 **보고** 이해하는 **것이다.** bhaṅgaṁ사라지고 있는 정신법이 실제로 **무너짐을** na passati경험하여 **보는 것이 아니다.** 'khaṇato udayabbayadassane생겨날 때, 사라질 때 그 **찰나를 통해 생멸을** [관찰하여] **본다'라고 할 때라야** paccuppannānaṁ생멸하고 있는 지금 **현재** 정신법들이 uppādaṁ ca실제로 **일어남**, bhaṅgaṁ ca실제로 **무너짐을** passatī직접 경험하여 **보는 것이다"**iti**라고 말한다.** taṁ**그** 다른 스승들의 **견해는** yuttaṁ**일리가 있다.** (『아비담마와따라 띠까(Abhidhammāvatāra ṭīkā) 띠』에서는 'ayuttaṁ(일리가 없다)'라고 되어 있지만 이것은 거듭 필사하고 제본하는 과정에서의 오류 때문이다. 'yuttaṁ(일리가 있다)'라고 해야 근거가 되는 다음에 이어지는 문단과 일치한다. 바람직한 견해를 받아들이는 것이기 때문에 적당하기도 하다.) hi**맞다.** 다른 스승들의 견해가 적당한 모습은 다음과 같다. santativasena**상속**현재를 **통해** rūpārūpadhamme**물질·비물질 법들에** udayato ca**생겨남으로** vayato ca**사라짐으로** manasikārontassa**마음을 기울이는 수행자에게** anukkamena**차츰차츰** bhāvanāya balappattakāle**수행에 힘이 생겨났을 때,** ñāṇassa새겨 아는 **지혜가** tikkhavisadabhāvappattiyā**예리하고 깨끗해지기 때문에** udayabbayā**생멸이** khaṇato **찰나**현재를 **통해서**도, 즉 생겨날 때, 사라질 때를 통해서 upaṭṭhahanti**분명하게 드러난다.** iti이상이 위의 견해가 일리가 있다는 것의 근거이다.

(4) 결정

『빠띠삼비다막가(無碍解道) 주석서』에서는 이 다른 스승들(aparevāda)의 견해를 일부 스승들(kecivāda)의 견해로 설명해 놓았다. 이 다른 스승들의 견해의 의미는 다음과 같다. '무명이 아직 다 사라지지 않았기 때문에 느낌이 생겨난다. 무명이 다 사라지면 느낌이 생겨날 수 없다'라는 등으로 정신 무더기의 생멸을 조건을 통해 관찰하고 숙고할 때는, 생겨나고 있고 사라지고 있는 정신법들의 실제 생겨나고 사라짐을 관찰하고 숙고하는 것이 아니다. 과거·미래·현재로 구분하지 않고 일반적으로 "무명 등이 있기 때문에 느낌 등이 생겨날 수 있다"라는 것 정도만, 또한 "무명 등이 없으면 느낌 등이 생겨날 수 없다"라는 정도를 관찰하고 숙고하는 것일 뿐이다.

현재 정신 무더기의 생겨남·사라짐을 바로 그 생겨날 때, 사라질 때 찰나를 통해 새겨 알 때에는 실제로 생겨남인 생성, 실제로 사라짐인 소멸, 그것들을 직접 알고 본다는 말이다. 여기에서 '일부(keci) 스승들'과 '다른(apare) 스승들' 중에 '일부 스승들'을 제외한 '나머지 모든 스승들'이 '다른(apare) 스승들'에 포함된다. 『대복주서』의 스승도 일부 스승들에 대해 그 허물을 드러내고 나서 다른 스승들이 견해가 적합하다고 지지하였기 때문에 다른 스승들에 포함된다. 따라서 이 다른 스승들의 견해가 일부 스승들을 제외한, 모든 스승들이 받아들이는 공통견해(samāna vadā)이다. 이상은 생멸의 지혜가 가진 위력을 설명한 내용이다.

3. 추론관찰 지혜가 생겨나는 모습

생겨나고 있고 사라지고 있는 현재 물질·정신들의 생멸을 능숙하게, 직접 경험하여 알게 된 수행자는 '이전, 과거의 생들에서도 이와 마찬가지로 생멸하고 있었을 것이다. 나중, 미래의 생들에서도 이와 마찬가지로 생멸해 갈 것이다'라고 과거나 미래의 물질·정신들도 직접 경험하고 볼 수 있는 현재 물질·정신들로부터 유추하여 숙고하고 결정한다.

4. 현재를 시작으로 관찰해야 하는 이유

Paṭhamañhi paccuppannadhammānaṁ udayabbayaṁ disvā atha atītānāgate nayaṁ neti.

(Pm.ii.423)

대역

paccuppannadhammānaṁ생겨나고 있는 **현재법들의** udayabbayaṁ**생멸을** paṭhamaṁ disvā**우선 보고 나서** atha**그 다음에** atītānāgate**과거·미래 법들에 대해** nayaṁ**방법을,** 즉 유추하여 숙고하고 결정하는 것을 neti**적용한다**, 즉 생기게 한다.《이 구절도 현재에 대해 제일 먼저 위빳사나 관찰을 해야 하는 것을 직접 알려 주고 있는 근거 중 하나이다.》[199]

5. 위빳사나를 시작한 이

찰나현재 물질·정신의 생멸을 생겨나는 차례대로 놓치지 않고 따라 빠르게 새기고 알 수 있게 되었을 때, '이전에 생겨나지 않았던 법들만 생겨난다. 생겨나는 모든 법들도 아무것도 남기지 않고 완전히 사라져

199 다른 근거들은 이 책의 제1권 pp.293~298 참조.

없어져 버린다'라고 알고 보고 이해하기 때문에 물질·정신 형성들이 새기고 아는 지혜에 계속해서 새롭게만 생겨나며 드러난다. 물 표면에 빗방울이 떨어질 때 생겨나는 작은 물방울들, 물 표면에 막대기로 그릴 때 생겨나는 파동들, 구름에서 뻗어 나오는 번개 빛, '윙, 윙' 하며 계속 울리는 엔진 소리 등, 이러한 것들이 아주 짧은 시간 정도만 머물고 빠르게 소멸해 버리는 것처럼, '형성법들은 매우 짧은 순간 정도만 머물고 빠르게 사라져 버리고 없어져 버린다'라고도 새겨 아는 지혜에 분명하게 드러난다.

금·은·보석꽃 등으로 생각하도록 주술이나 약을 써서 속여 보인, 환술로 만든 물건들, 마치 실제인 것처럼 생각될 정도로 선명하게 보았던 꿈, 저녁에 어두울 때 돌려서 보인 횃불의 둥근 모양, 황무지의 빈 공터에 간답바들이나 야차가 만들어 보이는 마을, 물거품 가게, 바나나 나무 등, 이러한 물건들이 가져와 사용할 수 있는 실체가 전혀 없듯이, '형성법들은 확고하고 튼튼한 실체, 유용한 실체가 없다'라고도 새겨 아는 지혜에 분명하게 드러난다. 새겨 아는 지혜에 이 정도로 분명하게 드러나서 그것을 직접 알고 보는 수행자는 '생멸 거듭관찰(udayabbayānupassanā)'이라고 하는, 위빳사나 지혜의 제일 처음인 유약한 위빳사나 지혜(taruṇa vipassanā ñāṇa)를 얻는다. 관찰하고 새기는 위빳사나를 노력하기 시작했기 때문에, 또한 '위빳사나를 관찰하고 새기는 이'이기 때문에 '위빳사나를 시작한 이(āraddha vipassaka)'라고도 부른다.

(("ārabhatīti āraddho. vipassatīti vipassako. āraddhe ca so vipassako cā ti āraddhavipassako(노력을 시작한다. 그래서 '시작하는 이'다. 〔위빳사나〕 관찰한다. 그래서 '〔위빳사나〕 관찰하는 이'다. '시작하는 이'이기도 하고, '〔위빳사나〕 관찰하는 이'이기도 하다. 그래서 '위빳

사나를 시작하는 이'다)"라는 어의(vacanattha 語義)에 따라 설명한 것이다.》

Ettāvatānena "vayadhammameva uppajjati, uppannañca vayaṁ upetī"ti iminā ākārena samapaññāsa lakkhaṇānani paṭivijjhitvā ṭhitaṁ udayabbayānupassanā nāma (paṭhamaṁ)[200] taruṇavipassanāñāṇaṁ adhigataṁ hoti, yassādhigamā āraddhavipassakoti saṅkhaṁ gacchati.

(Vis.ii.269)

대역

Ettāvatā"jātaṁ rūpaṁ paccuppannaṁ(생겨나고 있는 물질이 현재이다)" 등의 성전 구절 대로, 알고 보는 **이 정도를 통해** "vayadhammameva uppajjati**사라지기 마련인 법** = 사라질 법들**만 생겨난다.** uppannañca vayaṁ upeti**일어난 법도** 무너지고 **사라짐에 이른다"**ti**라고** iminā ākārena직접 아는 **이러한 모습으로** samapaññāsa lakkhaṇānani paṭivijjhitvā ṭhitaṁ50**가지 특성을 통찰하여 확립된,** 《'iminā ākārenā ti iminā yathāvuttenapaccakkhā karaṇakārena('이러한 모습으로'란 '지금까지 말한 이러한 직접적인 관찰 행위를 통해서'라는 말이다)'[201]라고 복주서에 설명되어 있다. 일어남·사라짐을 직접 알고 보는 것으로 50가지 특성을 아는 일이 성취된다는 뜻이다》 udayabbayānupassanā nāma**'생멸 거듭관찰'이라고 하는,** paṭhamaṁ진정한 위빳사나 지혜의 제일 **첫 부분인** taruṇavipassanā ñāṇaṁ**유약한 위빳사나를** anena**이 수행자는** adhigataṁ**얻게** hoti**된다.** yassādhigamā**그 지혜를 얻기 때문에** āraddhavipassakoti saṅkhaṁ**'위빳사나를 시작한 이'**

200 CST4본에는 생략되어 있다.

201 『*Visuddhimagga Mahāṭīkā Nissaya*(위숫디막가 대복주서 대역)』 제4권, p.387 참조.

라는 명칭을 gacchati얻게 된다.[202]

Kalāpasammasanādivasena pavattaṁ sammasanaṁ na nippariyāyena vipassanāsamaññaṁ labhati, udayabbayānupassanādivasena pavattameva labhati.

(Pm.ii.426-7)

해석

묶음명상 등을 통해서 생겨나는 명상 = 지혜는 **엄밀한 의미로는 위빳사나라고 할 수 없다. 생멸 거듭관찰 등을 통해서 생겨나는 명상** = 지혜만 확실하게 위빳사나라는 이름을 **얻는다.**

6. 위빳사나 부수번뇌 = 위빳사나를 오염시키는 법들

생멸의 지혜가 생겨나기 시작할 때 수행자에게 위빳사나 부수번뇌(vipassanupakkilesa 위빳사나를 오염시키는 법) 열 가지가 생겨난다. 어떤 이에게 생겨나고, 생겨나지 않는지를 다음의 『위숫디막가(淸淨道論)』 구절을 통해 알아야 한다.

Vipassanupakkilesā hi paṭivedhappattissa ariyasāvakassa ceva vippaṭipannakassa ca nikkhittakammaṭṭhānassa kusītapuggalassa nuppajjanti. Sammāpaṭipannakassa pana yuttappayuttassa[203] āraddhavipakassa kulaputtassa

202 『청정도론』 제3권, p.268 참조.

203 CST4 yuttapayuttassa.

uppajjantiyeva.

(Vis.ii.269)

대역

vipassanupakkilesā**위빳사나 부수번뇌들은** paṭivedhappattissa**도와 과를 통찰하여 증득한** ariyasāvakassa ceva**성제자(聖弟子)**, vippaṭipannakassa ca**그릇되게 실천하는 이**, nikkhittakammaṭṭhānassa ca**수행주제를 놓아버린 이**, kusītapuggalassa ca**게으르게 건성으로 노력하는 이들에게는** na uppajjanti**생겨나지 않는다**. pana생겨나는 이를 설명하자면, **반대로** sammāpaṭipannakassa**바른 방법에 따라 노력하는**, yuttappayuttassa**끊임없이 노력하는**, āraddhavipakassa'생멸의 지혜'에 이르러 **'위빳사나를 시작하는 이'라고 불리는** kulaputtassa**선한 수행자들에게만** uppajjanti yeva**생겨난다**.[204]《'생겨나지 않을 수 없다'라는 뜻이다. 지혜의 힘이 강한 강력한 위빳사나 수행자(balavavipassaka)에게도 이 위빳사나 부수번뇌가 생겨나지 않기 때문에 '성제자에게 〔생겨나지 않는다〕'라는 말은 '최상을 드러내는 방법(ukkaṭṭha niddesa)'으로 말했다고 『대복주서』에서 설명하였다.[205] 따라서 염오의 지혜 등을 구족한 이에게도 부수번뇌는 생겨나지 않는다고 알아야 한다.》

Obhāse ceva ñāṇe ca, pītiyā ca vikampati;
Passaddhiyā sukhe ceva, yehi cittaṁ pavedhati.
Adhimokkhe ca paggahe[206], upaṭṭhāne ca kampati;

---

204 저본에서는 이렇게 부수번뇌가 생겨나지 않는 경우를 네 가지로 해석하였다. 『청정도론』 제3권, p.269 주196에는 세 가지로 해석하였다.

205 "ariyasāvakassā"ti idaṁ ukkaṭṭhaniddesena vuttaṁ balavavipassanā pattassāpi anuppajjanato("성제자에게는 〔생겨나지 않는다〕"라는 구절은 강력한 위빳사나에 도달한 이에게도 〔부수번뇌는〕 생겨나지 않기 때문에 최상을 드러내는 방법으로 말한 것이다). Pm.ii.427; 『*Visuddhimagga Mahāṭīkā Nissaya*(위숫디막가 대복주서 대역)』 제4권, p.388 참조.

206 CST4 paggāhe.

Upekkhāvajjanāya ca, upekkhāya nikantiyā.

(Ps.292)

대역

obhāse ceva생겨나는 **광명 때문에, 또한**

ñāṇe ca매우 예리하고 빠른 **지혜 때문에도,**

pītiyā ca좋아하고 기뻐하는 **희열 때문에도**

cittaṁ새겨 앎이라는 수행의 마음은

vikampati**동요한다.** 동요하여 무너진다.

passaddhiyā ca몸과 마음의 편안함이라고 하는

경안 때문에, 또한

sukhe ceva마음의 **행복 때문에,** yehi**이** 두 가지 **때문에도**

cittaṁ새겨 앎이라는 수행의 **마음은**

pavedhati**요동친다.** 요동쳐서 무너진다.

adhimokkhe ca매우 깨끗한 믿음이라고 하는 **확신 때문에도,**

paggahe ca특별히 애쓰지 않아도 균등하게

잘 노력하는 **분발 때문에도,**

upaṭṭhāne ca대상에 뚫고 들어가듯 분명한

확립, 즉 새김 **때문에도,**

upekkhāvajjanāya대상을 일부러 찾지 않고서도

균등하게 숙고할 수 있는

전향평온과 함께 생겨나는

upekkhāya ca**위빳사나 평온 때문에도**[207],

nikantiyā ca위빳사나에 대한 애착과 **갈망,** 즉 갈애 **때문에도**

---

207 원주(본문내용): upekkaha(평온)이라고 하는 것이 부수번뇌의 하나로 분명하게 존재하는 것을 설명하기 위해 'upekkhāvajjanāya(대상을 일부러 찾지 않고서도 균등하게 숙고할 수 있는 전향평온과 함께 생겨나는)'이라는 구절로 수식하여 그 의미를 설명하였다.

cittaṁ새겨 앎이라는 수행의 **마음은**

kampati**동요한다**. 동요하여 무너진다.

광명 광명(obhāsa)은 삼매 그 자체 때문에도 생겨나고, 위빳사나 지혜 때문에도 생겨난다. 그중, 부처님공덕 거듭새김(Buddhānussati) 등의 사마타 수행을 계속 노력하고 있는 이들에게, 또한 물질과 정신이 생멸할 때마다 아직 그것을 차례대로 따라가며 빠르게 새겨 알 수 없는, 아직 분명히 구분하여 알 수 없는 위빳사나 수행자에게 생겨나는 광명, 빛의 종류는 삼매 그 자체 때문에 생겨나는 광명, 빛이다. 이것은 아나타삔디까(Anāthapiṇḍika) 장자의 일화를 통해서 확실하게 알 수 있다.

아나타삔디까 장자는 라자가하(Rājagaha)에 있는 장자[208]의 집에 도착한 날 부처님께서 출현하셨다는 소식을 듣고 알게 되어 그 즉시 부처님을 친견하고자 하였다. 하지만 저녁이 다 되어 갈 수 없었기 때문에 '새벽에 날이 밝으면 일찍 일어나서 가야지'라고 생각하고는 '부처님, 부처님'하며 부처님을 대상으로 하여 잠자리에 들었다. 잠에서 세 번 깰 때마다 부처님공덕 거듭새김의 힘 때문에 광명이 생겨났다. 그래서 '날이 환히 밝았다'라고 생각하고는 잠자리에서 일어나 밖에 나가서 확인해 보았지만 아직 날이 밝지 않은 것을 알고 첫 번째, 두 번째에는 다시 돌아와 잠을 청했다. 세 번째에는 '진짜 날이 밝았다'라고 생각했기 때문에 혼자서 부처님께 곧바로 향했다. 성 외곽의 묘지에 도달하자 사람의 시체를 밟게 되어 두려운 마음 때문에 마음이 산란하게 되었다. 그때 부처님공덕 거듭새김의 힘이 약해져 빛도 사라져 버렸다. 암흑에 휩싸이

---

208 아나타삔디까 장자의 처남이다.

게 되었다. 그래서 아나타삔디까 장자는 집으로 돌아가려고 마음먹었고, 바로 그때 묘지를 지키던 천신이 다음과 같은 게송을 읊으며 격려하였다.

Sataṁ hatthī sataṁ assā, sataṁ assatarīrathā;
Sataṁ kaññāsahassāni, āmuttamaṇikuṇḍalā;
Ekassa padavītihārassa, kalaṁ nāgghanti soḷasiṁ.

(S.i.213)

대역

sataṁ hatthī sahassāni**코끼리 십만 마리도,**
sataṁ assā sahassāni**말 십만 마리도,**
sataṁ assatarīrathā sahassāni**노새가 끄는 수레 십만 대도,**
āmutta maṇi kuṇḍalā루비 귀걸이, 에메랄드 귀걸이 등의
보석으로 **잘 장식한**
sataṁ kaññā sahassāni**십만 명의 어린 소녀도,**
ekassa padavītihārassa부처님을 뵙기 위해 가고 있는
한 발자국, **한 발자국의**
soḷasiṁ kalaṁ**십육 분의 일에도** na agghanti**미치지 못한다네.**

"가시오, 가시오. 장자여, 돌아가지 마시오. 계속해서 가는 것이 좋소. 돌아가는 것은 좋지 않소"라고 격려하였다. 그때 장자는 '나 혼자라고 생각했는데 그렇지 않구나. 나와 같이 가는 동료가 있었구나'라고 생각하고는 용기를 되찾고 힘이 다시 생겨나 부처님의 공덕을 생각하던 대로 계속해서 다시 생각하였다. 강력한 부처님공덕 거듭새김의 힘 때문에 광명도 생겨나던 대로 다시 생겨났다. 이러한 방법으로 세 번 광명이

사라졌고, 천신이 격려하는 말 때문에 용기를 되찾고 힘이 다시 생겨나 부처님의 공덕을 다시 생각하자 그때마다 빛이 다시 생겨났다. 그리하여 결국 부처님 앞에 편안하게 도착하였다. 이 일화는 『상윳따 니까야 주석서』 등에 나온다. 이 일화를 통해서 '오직 삼매 때문에도 빛이 생겨날 수 있다'라고 확실하게 알아야 한다.

따라서 일부 위빳사나 수행자가 정신·물질 구별의 지혜가 성숙된 때를 시작으로 경험하기도 하는 '번쩍번쩍', '반짝반짝'하는 작은 빛들이나, 조건파악의 지혜를 시작으로 경험하는 녹색·붉은색·파란색·노란색 등의 여러 빛이나 형색들, 불꽃처럼 밝아 오는 빛들, 이러한 빛들은 삼매에 의한 빛이라고 결정해야 한다. 빛뿐만 아니다. 그러한 삼매의 힘에 따라 부처님의 모습, 아라한의 모습 등 여러 모습·형체들도 정신·물질 구별의 지혜, 조건파악의 지혜 등이 성숙된 때를 시작으로 경험하기도 하는데, 이는 모두 삼매의 힘 때문이라고 결정해야 한다. 명상의 지혜 단계에서도 그러한 것들을 많이 경험할 수 있다. 생멸의 지혜가 아직 미숙한 단계에서도 조금 경험하기도 한다.

서로 다른 점은 다음과 같다. 정신·물질 구별의 지혜 단계에서는 그러한 모습들이 처음 생겨나는 것, 마지막에 사라지는 것들을 아직 분명하게 알 수 없다. 조건파악의 지혜 단계에서는 처음 생겨나는 것은 알 수 있어도 마지막 사라지는 것은 아직 분명하게 알지 못한다. 계속해서 새로 생겨나는 것을 따라가 새기기 때문에 원래 대상이 사라져 버리기도 한다. 명상의 지혜 단계에서는 처음·중간·끝, 이 세 가지 모두가 분명하다. 생겨나서는 분명하게 머물고 나서 위치가 옮겨지거나, 작아지거나, 희미해지거나 하여 사라져 간다. 생멸의 지혜 단계에서는 한 번 새기면 한 대상, 한 대상씩 사라져 간다. 새기지 않고 단지 알기만 하더라도 즉시 사라져 버리는 경우도 있다. 위치가 옮겨지는 일도 없다. 천천히 작아지고 희미해지는 일도 없다. '훽'하고 생겨나서는 바로 그 자리에서 즉시 사라져 버린다. 확실하고 분명하게 드러나서는 그대로 유지되는 중간 부분이라고 하는 것을 경험하지 못한다. 이러한 것들이 다른 점들이다.

그 밖에 '정신·물질 구별의 지혜, 조건파악의 지혜, 명상의 지혜 단계에서는 희열·경안·행복·확신(믿음) 등도 오직 삼매 때문에 특별히 생겨나기도 한다'라고 기억하라.

매우 빠르게 생멸하면서 드러나는 물질과 정신들을 생멸하는 대로 따라서 '훽, 훽' 매우 빠르게 새겨 알 수 있게 되었을 때 생겨나는 '번쩍번쩍' 환하게 생겨나는 빛이 바로 위빳사나 지혜 때문에 생겨나는 광명이다. 이 광명은 일부 수행자들에게는 조금만 생겨난다. 아주 짧은 순간 정도만 지속된다. 손전등을 비추어 놓은 듯한 모습을 경험하기도 한다. 발우 크기로 크고 둥근 모습을 경험하기도 한다. 큰 쟁반이 빙글빙글 돌듯이 큰 광명도 경험한다. 일부 수행자에게는 그 광명이 수행센터 전체 크기, 혹은 그보다 더 크게 아주 광대하게 밝기도 밝고 또 오랫동안 유지되기도 한다. 새겨도 사라지지 않기도 한다. 생각하고 숙고하고 있어도 그대로 계속해서 밝다. 자동차의 헤드라이트를 켜 놓은 것처럼, 손전등을 켜 놓은 것처럼, 달빛·햇빛이 밝은 것처럼 등 여러 종류로 경험한다. 그러한 불빛·광명들이 '몸속에서 비쳐 나온다'라고, 또는 '앞에서, 옆에서 비쳐 온다'라고, 또는 '위에서 혹은 아래에서 비쳐 온다'라고 여러 가지로 생각하기도 한다. 빛이 퍼져 있는 곳에 있는 여러 사물들도 비록 밤일 지라도 마치 낮인 것처럼 분명하게 보기도 한다. 설사 낮이더라도 이러한 빛·광명은 특별히 분명하게 알 수 있다. 보통의 눈으로는 볼 수 없을 정도로 완전히 다른, 구별된 빛이지만 가로막는 것 없이, 직접 바로 앞에 있는 것처럼 볼 수 있다.

이렇게 볼 때 보통의 눈으로 보는 것인가? 그렇지 않고 마음 의식(manoviññāṇa 意識)이라고 부르는 마음으로 보는 것인가? '천안통(dibbacakkhu abhiññāṇa)의 지혜로 보는 것처럼 마음 = 마음 의식으로 본다'라고 간주할 수 있다는 내용을 『대복주서』에서 설명하였다. '보통의 눈으로 볼 수 있는 곳에서는 보통의 눈으로도 볼 수 있다'라고 하기도 한다. 직접 수행해서 빛이 생겨났을 때 살펴보고 숙고하여 스스로 결정해 보라.

이렇게 광명이 생겨났을 때 수행자는 '도와 과, 열반이라는 특별한 법을 얻었기 때문에 광명이 생겨났다'라고 생각하기도 한다. 이 광명 자체를 '열반이라는 특별한 법'이라고도 생각한다. '특별한 법이다'라고 생각하지는 않더라도 그러한 광명을 좋아하고 애착하고 즐기며 지내기도 한다. 이렇게 생각하여 즐기며 지내는 수행자의 관찰과 새김은 무너진다. 혹시 관찰하더라도 새겨야 하는 대상인 형성들이 이전처럼 깨끗하고 분명하지 않다. 그래서 바로 그 광명을 위빳사나를 오염시키는 위빳사나 부수번뇌라는 법 중 하나라고 말했다. 엄밀하게 말하자면 광명과 관련되어 생겨나는 좋아함 = 갈애, 뽐내고 자랑함 = 자만, 잘못된 생각 = 사견이라고 하는 나쁜 법들이 바로 위빳사나를 오염시키는 진짜 장애이다.

지혜 여섯 문에서 매우 빠르게 생멸하면서 드러나는 물질과 정신들을 그 〔드러나는〕 차례에 일치하도록 따라서 '휙, 휙' 빠르게 계속해서 새기며 분명하고 확실하게 아는 것을 지혜(ñāṇa)라고 한다. 매우 예리한 칼로 호박이나 가지 등을 썰 때, '싹, 싹'하며 깨끗하게 잘라져 나가는 것처럼, 드러나는 모든 물질과 정신들을 계속해서 새길 때마다 이 지혜 때문에 '싹, 싹'하며 분명하고 확실하게 구분하여 알아 간다.

그 밖에 계속해서 새기면서 물질·정신의 생겨남과 사라짐, 무상·고·무아의 여러 성품들을 숙고해서도 분명하게 알아 간다. 이렇게 알 때도 '숙고했다'라는 생각조차 하지 않는다. '단지 계속해서 새기면서 저절로 알게 된다'라고만 생각된다. 이러한 지혜를 '특별한 법이다'라고, 또는 '특별한 법을 얻었기 때문에 이렇게 빠르고 예리하고 분명하게 알 수 있다'라고 생각하기도 한다. 이렇게 생각하며 좋아하면 새김이 무너진다. 그래서 그러한 지혜도 '위빳사나 부수번뇌'라고 한다. 엄밀하게 말하면 그 지혜와 관련하여 생겨나는 갈애, 자만, 사견들이 바로 진짜 부수번뇌들이다. 희열을 시작으로 평온까지 나머지 일곱 가지 부수번뇌들을 부수번뇌라고 하는 이유에 대해서도 같은 방법으로 알기 바란다.[209]

희열 작은 희열(kuddikā pīti), 찰나 희열(khaṇikā pīti), 반복 희열(okkantikā pīti), 용약 희열(ubbegā pīti), 충만 희열(pharaṇā pīti), 이 다섯 가지 종류의 희열에 대해서 설명한 문헌들이 많이 있다. 생멸의 지혜가 생겨나기 시작할 때부터 〔이러한 희열들이〕 순서대로 생겨나 점점 증가하면서, 생멸의 지혜가 성숙되었을 때 충만 희열만 생겨난다는 사

209 이 책의 제2권 p.301 참조.

실을 『대복주서』에서 설명하고 있다.

이 다섯 가지 희열 중에, 몸속에서 '오싹'하며 소름 끼치는 것, 피부나 살이 갑자기 떨리는 것, 눈물이 갑자기 흐르는 것, 가슴이나 심장이 '두근두근', '쿵쾅쿵쾅'하며 뛰는 것, 몸속이 '서늘'하며 시원해지는 것 등을 생겨나게 하면서 한번 정도만 생겨나서 사라지는 기쁨, 즐거움을 작은 희열이라고 한다.

'오싹'하며 소름끼치는 것 등을 계속해서 많이 생겨나게 하는, 마치 번갯불이 치는 것처럼 자주, 거듭 생겨나는 기쁨, 즐거움을 찰나 희열이라고 한다.

> Yā panesā dhammaṁ kathentassa vā suṇantassa vā vācentassa vā anto uppajjamānā pīti udaggabhāvaṁ janeti, assūni pavatteti, lomahaṁsaṁ janeti, savāyaṁ saṁsāra vaṭṭassa antaṁ katvā arahattapariyosānā hoti. Tasmā sabbaratīnaṁ evarūpā dhammarati yeva seṭṭhā.
>
> (DhpA.ii.353)

역해

법을 설하는 이에게, 또는 듣는 이에게, 가르치는 이에게, 그들 안에 생겨나는 그 희열은 들썩거림을 생겨나게 한다. 눈물을 흘리게 한다. 전율을 일으킨다. 그러한 희열은 윤회 윤전의 고통을 끝내게 하여 결국에는 아라한 과까지 얻게 하기 때문에 '모든 희락들보다 이와 같은 법의 희락이 최상이다'라고 설하셨다.[210]

---

210 *Ashin Sāradassī Sayadaw*, 『*Dhammapada Aṭṭhakathā Nissaya*(담마빠다 주석서 대역)』 제4권, pp.270~271 참조.

Bhante nāgasena, yo ca mātari matāya rodati, yo ca dhammapemena rodati, ubhinnaṁ tesaṁ rodantānaṁ kassa assu bhesajjaṁ kassa assu na bhesajjanti. Ekassa kho, mahārāja, assu rāgadosehi[211] samalaṁ uṇhaṁ, ekassa pītisomanassena vimalaṁ sītalaṁ. Yaṁ kho, mahārāja, sītalaṁ, taṁ bhesajjaṁ, yaṁ uṇhaṁ, taṁ na bhesajjanti.

(Mil.81)

역해

"존자 나가세나여, 어머니가 돌아가셨기 때문에 우는 사람도 있고, 또 법에 대한 애정 때문에 우는 사람도 있습니다. 이들 두 사람 가운데 어느 사람의 눈물이 약이 됩니까? 또한 어느 사람의 눈물이 약이 되지 않습니까?" "대왕이여, 한쪽 사람의 눈물은 애착·성냄으로 더러움이 함께하여 뜨겁습니다. 한쪽 사람의 눈물은 희열과 즐거움으로 더러움이 없어 청량합니다. 대왕이여, 그 청량한 것은 약이 됩니다. 그 뜨거운 것은 약이 되지 않습니다."[212]

이러한 경전, 주석서를 근거로 해서 희열 때문에 눈물을 흘리거나 울 수도 있다고 알아야 한다.

온몸을 휘감듯이 계속해서 '서늘서늘, 오싹오싹, 찌릿찌릿'하며 온몸에 퍼져 생겨났다가 사라져 가는 희열을 반복 희열이라고 한다. 둑을 다 뒤덮을 것처럼 강하게 부딪혀 오는 파도가 둑에 이르러 산산조각 나듯

211 CST4 rāgadosamohehi.

212 *Ashin Guṇālaṅkāra Mahāthera,*『*Milindapañhavatthu*(밀린다빤하 일화)』, p.136; 동봉 역, 민족사,『밀린다왕문경』①, pp.172~173 참조.

이, 온몸에 매우 강력하게 생겨났다가 사라져 버리는 희열을 말한다.

자기 몸조차도 어떤 상태인지 모를 정도로 '오싹오싹, 찌릿찌릿'하며 매우 강렬하게 생겨나서 온몸이나, 몸의 어느 한 부분을 떠오르게 하고, 움직이게 하고, 들썩이게 하는 희열을 용약 희열이라고 한다. 스리랑카에서 탑을 대상으로 하여 예경을 드리고 있던 스님이나, 한 여인이 이 용약 희열 때문에 하늘로 날아올라 〔마음에〕 대상으로 하고 있던 탑을 향해 즉시 도달한 사실들이 여러 주석서들에 설해져 있다.[213] 지금도 새김확립 수행으로 관찰하고 있는 수행자들 중 어떤 이는 자기 몸의 한 부분이 저절로 올라가는 것을 경험하기도 한다. 어떤 이는 몸의 한 부분이 〔저절로〕 앞으로 나아가는 것을 경험하기도 한다. 손이나 발들이 '휙', '쉭'하며 저절로 갑자기 움직이는 것도 경험한다. 앉아 있는 자세의 변화 없이 그 자리에서 50cm 높이로 여러 번 위로 뛰어오른 수행자도 있었다. 이는 모두 용약 희열의 힘 때문이라고 알아야 한다.

온 몸이 서늘한 듯, 시원한 듯, 매우 좋은 감촉, 희열로 인해 생겨난 물질이 몸전체에 퍼져 힘이 강하게 생겨나는 희열을 충만 희열이라고 한다. 이 〔충만〕 희열이 생겨나면 마치 바람을 가득 채운 공처럼 온몸을 좋은 감촉으로 완전히 채워 놓은 것처럼 생각된다. 그때는 어떠한 몸의 행위, 말의 행위도 할 수 없이 그냥 고요하게 머물게만 된다. 눈썹조차도 깜박이고 싶지 않을 정도로, 눈조차도 뜨고 싶지 않을 정도로 고요하고 편안한 희열의 맛을 즐기기도 한다.

213 『청정도론』 제1권, p.376 참조.

이러한 다섯 가지 종류의 희열이 매우 강하게, 힘있게 생겨나는 이들은 때때로 '쉭'하며 순간적으로 새김을 잊어버리듯 되기도 한다. 부처님께서 출현하셨다는 사실을 들었을 때의 수메다(Sumedha) 행자[214]나 아나타삔디까 장자,[215] 마하깝삐나(Mahākappina) 왕[216]에게 희열이 생겨났을 때의 상황과 비슷하다고 믿고 결정할 수 있다.

이곳에서만 이렇게 되는 것이 아니다.[217] 무너짐의 지혜 등 이 〔생멸의 지혜〕보다 더 높은 단계에서도 새김이 좋을 때 '쉭'하며 순간적으로 잊어버리는 현상이 한 번, 두 번 정도 생겨나기도 한다. 그러고 나서는 또 원래대로 잘 알아차리든가 혹은 더 좋아지기도 한다. 그 단계의 지혜의 힘이 구족하여 매우 강력하게 희열이 생겨난 것이라고 간주할 수 있다.

그 밖에 경안의 힘이 강해진 수행자가 편안하게 잘 새기다가 아무것도 새기지 않고, 아무것도 마음기울이지 않고, 아무것도 생각하지 않은 채 멍하고 있듯이 오랜 시간 그냥 지내기도 한다. 하지만 새김을 다시 확립해서 새기면 원래대로 잘 새긴다. 일부 수행자는 일부러 애쓰지 않아도 편안하게 잘 새기고 있다가 '휙'하며 새김을 놓쳐 버리는 듯 되기도 한다. 그러고 나면 다시 원래대로 계속 잘 새긴다. 이것은 중립평온(tatramajjhattatā upekkhā)의 힘 때문이라고 간주할 수 있다.

일부 수행자는 편안하게 잘 새기고 있다가 대상과 새겨 앎이 점점 희미해져 '깜빡'하고 새김을 놓치기도 한다. 가끔씩은 긴 시간 동안 졸기도 한다. 하지만 깨어나서 다시 새기면 원래 좋던 대로 잘 새긴다. 흐리멍

---

214 밍군 사야도 저·최봉수 역주, 『大佛傳經』 II, pp.90~91 참조.

215 위의 책 V, p.291 참조.

216 무념·응진 역, 『법구경 이야기』 제2권, p.138 참조.

217 생멸의 지혜 단계에서 이 희열이라는 위빳사나 부수번뇌가 생겨났을 때만 잊어버리게 된다는 뜻이 아니다.

덩함이나 어리둥절함이 없다. 이렇게 되는 것은 대상을 애써 새기거나 잘 집중해서 노력하여 새기려는 정진의 힘이 부족하여 삼매가 지나쳤기 때문에 생겨나는 해태·혼침(thinamiddha)이라고 결정할 수 있다. 이때는 새기는 단계를 늘려주던가 특별히 신경 써서, 애써서 새기면 경안, 평온, 해태·혼침 때문에 생겨난 이러한 '잊어버림'을 극복할 수 있다.

경안 너무 애를 썼을 때 생겨나는 산란함, 피곤함 등이 없이 몸과 마음이 편안한 성품을 경안(passaddhi)이라고 한다. 이러한 경안은 뜨거운 곳에서 시원한 곳으로 갑자기 이르렀을 때, 혹은 피곤한 상태에서 즉시 피곤이 '확'하고 풀렸을 때 매우 분명하다. 이 경안 때문에 생겨나는 특별한 현상들에 관해서는 방금 앞에서 설명하였다.

경안이 생겨나면 이 경안과 함께 가벼움(lahutā), 부드러움(mudutā), 적합함(kammaññatā), 능숙함(pāguññatā), 올곧음(ujukatā)도 분명하게 생겨난다.[218] 따라서 수행자의 몸과 마음에 경안이 생겨날 때는 무거움이 없다. 매우 가볍다. 새겨 아는 것도 매우 가볍고 빠르게 생겨난다. 다른 생각을 한번 해 보아도 매우 빠르다. 갈 때도 마치 다리가 없는 것처럼 매우 가볍다. 앉을 때도, 누울 때도, 굽힐 때 등에서도 마치 몸이나 팔, 다리가 없는 것처럼 매우 가볍다. '만약 걷는다면 먼 여행도 금방 도달할 것이다'라고도 생각한다. 빨리 달려가려는 마음도 생긴다. 그러한 마음의 바람처럼 행동하지 않도록 주의해야 한다. 몸이든 마음이든 거칠고 격함이 전혀 없이 매우 부드럽다. 예경을 표하는 것이 어렵게 느껴지지 않는다. 바라는 곳마다 마음을 잘 둘 수 있다. 관찰하고 알아

218 『아비담마 길라잡이』(상), pp.229~232 참조.

차리려는 것을 곧바로 마음기울여 관찰하고 새길 수 있다. 거친 대상들, 거친 사람들과 만나려고 하지 않고 조용하게 관찰하며 지내려 한다. 마음기울여 관찰하도록 몸도 마음도 매우 당당하고 적당하다. 한 시간, 두 시간 등 오랫동안 계속 앉아서 관찰하고 있어도 몸에 저림이나 뜨거움, 아픔, 피곤함이 없이 평상시대로 관찰하며 지낼 수 있다. 새김이 무너지거나 마음이 산란하지 않고 평상시 새김이 좋던 그대로 오랫동안 새김이 잘 유지된다. 몸과 마음 모두가 매우 활기차다. 몸의 힘도 약해지지 않고, 새기는 마음도 "매일 빠지지 않고 예경드리는 예불 게송, 나모 땃사[219] 등의 구절들을 독송할 때 놓치거나 틀리지 않고 잘 하듯이" 새겨야 할 대상들에 차례대로 잘 밀착하며 새긴다. 움츠리거나, 멈추거나, 무너지거나 하지 않고 새김이 하나의 여세로 계속 힘이 좋다. 나쁜 행위에 대한 관심, 자기의 허물을 숨기려 함, 없는 공덕을 드러내어 있는 체함 등의 간교함이 전혀 없다. 마음이 매우 정직하고 올바르다. 또한 그렇게 평생 청정하게 살아가기를 바란다. 이러한 경안 등의 여섯 법들이 매우 강하게 생겨나기 때문에 '앉아 있을 때나, 서 있을 때나, 가고 있을 때나, 누워 있을 때나, 굽히거나 펼 때, 관찰할 때 좋지 않은 것들은 경험하지 않고 항상 좋다'라고만 생각한다. '몸도 마음도 매우 편안하고 지내기에 좋다. 매우 행복하다'라고 생각한다.

(("Tattha kāyaggahaṇena rūpakāyassāpi gahaṇaṁ veditabbaṁ, na vedanādikkhandhattayasseva. Kāyapassaddhi ādayo hi rūpakāyassāpi darathādinimmaddikāti(이 구절에서 몸도 언급한 사실을 통해, 즉 '몸'이라는 단어를 통해 물질적인 몸도 취한 것이라고 알아야

219 namo tassa bhagavato arahato sammāsambuddhassa(아라한이시며, 정등각자이신, 그분 세존께 귀의합니다).

한다. 느낌 등의 세 가지 〔정신〕 무더기만을 취한 것이 아니다. 맞다. 몸의 편안함 등은 물질적인 몸의 피곤 등을 물리칠 수 있다)"[220]라는 『대복주서』에 따라, '물질적인 몸의 편안함 등도 경안 등의 힘 때문에 생겨난다'라고 기억해야 한다.》

행복 관찰하는 마음과 함께 즐거움, 행복함(sukha)이 매우 크게 생겨난다. 이러한 마음의 행복 때문에 몸의 행복도 많이 생겨난다. 따라서 어느 정도 심한 병들이 이때 사라지기도 한다. 그 밖에, 생각하고 숙고하면서도 행복이 많이 생겨난다. 그래서 자신에게 일어난 현상을 마음 맞는 이들에게 말하지 않고서는 견디지 못한다. 이러한 행복, 희열, 경안 등을 구족한 수행자는 일반 사람들, 천신들이 즐기는 것보다 더욱 특별하고 거룩하게 즐기며 누린다. 이러한 행복함을 대상으로 아래의 게송을 설하셨다고 주석서에서 설명하였다.

Suññāgāraṁ paviṭṭhassa, santicittassa bhikkhuno;
Amānusī rati hoti, sammā dhammaṁ vipassato.

Yato yato sammasati, khandhānaṁ udayabbayaṁ;
Labhate pītipāmujjaṁ, amataṁ taṁ vijānataṁ.

(Dhp.67)

대역

suññāgāraṁ**고요한 곳**, 고요한 수행장소**에** paviṭṭhassa**들어가**
santicittassa경안의 힘 때문에 **마음이 고요하여**

---

220 Pm.ii.430; 『*Visuddhimagga Mahāṭīkā Nissaya*(위숫디막가 대복주서 대역)』 제4권, p.395 참조.

dhammaṁ물질·정신 **법들을**

sammā vipassato**바르게** 경험하여 **보는** bhikkhuno**비구에게**,

즉 윤회의 위험을 잘 아는 수행자에게,

amānusī일반 **사람**, 천신의 희락**을 넘어선**,

즉 일반 사람, 천신은 경험할 수 없는, 이를 수 없는,

rati경안 등이 뒷받침해 주는

위빳사나 희열, 행복이라고 하는 **희락이**

hoti**있다**. 생겨난다.

yato yato**각각**의 물질과 정신들**에 대해**

khandhānaṁ udayabbayaṁ다섯 **무더기의 생멸을**

sammasati**명상하면**,

(tato tato)**명상하는 그 각각의**

물질·정신 **무더기들로부터**

pītipāmujjaṁ큰 즐거움이라는 **희열과**

작은 즐거움이라는 **기쁨을** labhate**얻는다**.[221]

taṁ**그 희열·기쁨은**

vijānataṁ생멸을 **아는** 위빳사나 **수행자에게 있어서**

amataṁ죽음이 없는 열반에 확실하게 이르게 하기 때문에

거룩한 열반이다.

《이 게송들을 『맛지마 니까야(후50편) 주석서』에서는 비세속적 행복(nirāmisa sukha)에 포함시켜 설명하였다. 그래서 그 주석서와 일치시키기 위해 행복의 바로 다음에 이 게송을 설명하였다.》[222]

---

221 원주(본문내용): accitabbasaraṁ pubbaṁ(더 중요한, 더 공덕이 높은 단어를 앞에 둔다)라고 하는 빠알리어 문법에 따라, 더 공경할 만한 의미가 있기 때문에 희열을 앞에 두고 쌍을 이루어 놓았다. 생겨나는 순서가 아니다. 생겨나는 순서에 따르면 기쁨이 먼저 와야 한다.

222 『위숫디막가』에는 경안의 바로 다음에 설명하였다. 『청정도론』 제3권, p.274 참조.

확신 관찰하는 마음과 함께하여 매우 깨끗한 믿음(saddhā) = 확신(adhimokkha)도 분명하게 생겨난다.[223] 매우 강력한 이 믿음 때문에 계속해서 새길 때마다 마음은 더럽혀지지 않고 매우 깨끗하다. 새기지 않고 그냥 지낼 때도 그대로 깨끗하다. 광명이나 지혜 등 때문에, 또한 이 위빳사나 믿음의 힘 때문에 업과 업의 결과에 대한 믿음, 삼보의 공덕에 대한 믿음도 매우 강하게 생겨난다. 그래서 자기 스스로도 계속해서 열심히 노력하려고 의욕이 넘치기도 하고, 다른 이들로 하여금 수행하도록 권유하는 생각들도 하게 된다. 같이 수행하는 동료들, 또한 지도하는 스승님도 더욱 존경하게 된다.

분발 새겨야 하는 물질과 정신이 계속해서 생겨날 때마다 잘 새기려고 너무 애를 많이 쓰는 것도 아니고, 그렇다고 완전히 노력하지 않는 것도 아닌, 중간으로 잘 균형 맞추어 자연스럽게 노력하는 정진을 분발(paggaha)이라고 한다. 너무 느슨하지도 않고 너무 지나치지도 않은 노력도 분명하게 생겨난다. 그래서 수행자는 이렇게 되었을 때 '특별히 지나치게 애쓰지 않아도 새겨야 할 그 모든 것을 저절로 새겨 알고 있다'라고 생각하기도 한다.

확립 물질과 정신이 계속해서 생겨날 때마다 새기는 마음속으로 저절로 계속해서 들어오듯이, 또는 새기는 마음이 그 물질과 정신 쪽으로 저절로 계속해서 들어가듯이 분명하게 드러나는 새김(sati)을 확립(upaṭṭhāna)이라고 한다. 대상을 분명하게 드러내는 이 새김의 힘이 매우 강

---

223 보통 adhomokkha를 '결심', '결정'으로 많이 번역하나 여기에서는 '신심'과 관련 있는 것으로 설명되기 때문에 '확신'으로 번역하였다.

력하고 분명하게 생겨나기 때문에 매우 미묘한 물질·정신 현상들도 감추어지지 않고 분명하게 드러난다. 앞의 새김이 끝나자마자 바로 그 다음 새겨야 할 대상이 마치 준비된 듯 분명하게 드러난다. 《이전에 경험했던 것을 다시 돌이켜 생각하면 그 대상이 마치 현재 직접 경험하는 것처럼 매우 분명하고 생생하게 드러나기도 한다. 〔하지만〕 그러한 생각을 일부러 해서는 안 된다.》

평온 앞에서 언급했던 위빳사나 평온과 그 위빳사나 평온의 앞에 생겨나는 전향을 평온(upekkhā)이라고 한다. 분명하게 설명하겠다. 보거나 들을 때, 혹은 관찰할 때 마음 하나하나가 생겨날 때는 대상에 대해 처음 마음기울임 = 전향하는 마음이 제일 먼저 생겨난다. 그 마음이 선(善)한 것으로 마음기울이면 그 다음 마음들도 선한 것으로만 생겨난다. 그 마음이 불선(不善)한 것으로 마음기울이면 그 다음 마음들도 불선한 것으로만 생겨난다. 수행자의 경우에는 '물질과 정신이 생멸할 때마다 그것을 알아차리리라'라고 이전에 미리 마음으로 결의해 놓았기 때문에, 또한 여러 번 계속해서 새겨 익숙해졌기 때문에, 이러한 두 가지 이유 때문에 물질과 정신이 생멸할 때마다 그것을 '생겨난다, 사라진다'라고 사실대로 계속해서 마음기울이며 전향하는 마음이 제일 먼저 생겨난다. 새겨 아는 위빳사나 속행들도 그렇게 전향하는 그대로 '생겨난다, 사라진다'라고 계속 알면서 그 뒤를 따라 생겨난다.

〔나중에는 물론〕 이렇게 될 수 있지만 처음 수행을 시작하여 아직 수행의 힘이 약할 때는 관찰해야 하는 대상이 생겨날 때마다 그것을 바르게, 곧바로 마음기울이도록, 관찰하도록 항상 애를 써야 한다. 항상 〔그 대상을〕 찾고 있는 것처럼 된다. 또한 다른 대상들에 마음기울이게 되는

때도 많다. 새겨야 하는 대상 쪽으로 마음을 보내기 위해서 격려하고 자극하고 있는 것처럼, 느리고 무거운 것처럼 된다.

하지만 생멸의 지혜가 향상되었을 때에는 특별하게 애를 쓰거나 〔새겨야 하는 대상을〕 일부러 찾지 않고서도 앞의 여러 새김 바로 뒤에 생멸하고 있는 여러 물질과 정신에 곧장 바르게 마음기울이기도 마음기울이고, 그 대상 쪽으로 여세를 모아 달려가는 것처럼 알기도 안다.[224] 이렇게 곧장 바르게 마음기울여 생겨나는 전향을 전향평온(āvajjanupekkhā)이라고 한다. 그 전향에 따라 특별히 애쓰지 않아도 물질과 정신이 생멸할 때마다 그것을 계속해서 새겨 알면서 생겨나는 위빳사나 지혜를[225] 위빳사나 평온(vipassanupekkhā)이라고 한다. 특별히 애쓰지 않아도 저절로 전향하고, 저절로 새겨 알고 있는 것처럼 생겨나는 이 두 가지 평온이 한 번씩 새길 때마다 계속해서 포함되어 생겨난다. 이 두 종류의 평온이 여기서 말하는 위빳사나를 오염시키는 부수번뇌이다. 『대복주서』에서 "위빳사나 평온은 법체로는 중립(tatramajjhattatā)일 뿐이다"라고 설명해 놓았다. 이것은 지혜라는 위빳사나 부수번뇌와 법체로 구별하기 위해 설명한 것이다. 『빠띠삼비다막가(無碍解道) 주석서』에서는 이러한 설명을 스승들의 견해(ācariyavāda)[226]라고 드러내어 설명하고 나서 자신들이 이해한 바, 자신들의 견해(sakavāda)로는 균형 맞춰 생겨나는 삼매(samādhi)에 해당한다고 설명하고 있다. 『빠띠삼비다막가(無碍解道)』 간티(gaṇṭhi)[227] 구절에서는 "『위숫디막가(清淨道論)』

224 저본에서 강조의 의미로 반복했기 때문에 여기서도 그대로 옮겼다.

225 바로 다음에 설명하겠지만, 〔위빳사나〕 지혜를 위빳사나 평온이라고 설명한 점에 유의하라.

226 자신과 비슷한, 혹은 더 높은 분의 견해를 말한다.

227 『빠띠삼비다막가(無碍解道)』 중의 어려운 부분을 다시 엮어서 만든 책.

에서 설명한 대로 위빳사나 부수번뇌로서는 지혜이지만, 형성들을 조사하고 전향하는 것에 대해 균형 맞춰 주는 작용으로서는 지혜라는 부수번뇌와 다르기 때문에 전혀 내용으로서 상반되지 않는다"라고 설명하였다. 본인도 이 『빠띠삼비다막가(無碍解道)』 간티 구절이 맞다고 생각한다. 그래서 바로 그 지혜가 위빳사나 평온이라고 앞에서 설명하였다.

갈망 광명 등과 함께 생겨나면서, 특별하게 잘 관찰하고 새길 수 있는 위빳사나에 대해 좋아하고 즐기고 마음에 들어하는 갈애를 갈망(nikanti)이라고 한다. 이러한 갈망은 매우 미묘하다. 그것을 번뇌라고 생각하지 않고 수행을 즐거워하는 것 = 수행 희락(bhāvanārati)이라고 생각하기도 한다. 그래서 그렇게 즐거워하는 그것을 두고 '특별한 법이다'라고, 또는 '특별한 법을 얻었기 때문에 수행에 대해 이렇게 즐거워한다'라고 잘못 생각하기도 한다. 이 갈망이야 말로 진짜 〔위빳사나의〕 부수번뇌이다. 이러한 갈망이 생겨나는 것만으로 위빳사나가 무너지기도 한다. 그 갈망을 갈애, 사견, 자만을 통해 〔특별한 법이라고〕 잘못 생각하여 다시 원하기 때문에 위빳사나가 무너지는 것은 말할 필요도 없다.

이 부수번뇌들은 새겨 아는 마음 한 번씩마다 무작위로 하나씩 생겨나기도 한다. 두 가지나 세 가지, 네 가지, 다섯 가지 등으로 많이 생겨나기도 한다. 갈망을 제외한 나머지 아홉 가지 부수번뇌들은 동시에 생겨날 수도 있다. 반조와 갈망은 각각 따로 하나씩 생겨난다. 그래서 지금까지 설명한 차례는 '생겨나는 차례가 아니다. 가르침의 차례일 뿐이다'라고 알아야 한다.

Navāpi hi upakkilesā ekakkhaṇepi uppajjanti, paccave-
kkhaṇā pana visuṁ hoti.

(Pm.ii.432)

대역

upakkilesā갈망을 제외한 **부수번뇌** nava api**아홉 가지도** ekakkhaṇepi **한 순간에도** uppajjanti**생겨날 수 있다**. paccavekkhaṇā pana**반조는** visuṁ (visuṁ)**따로**따로 hoti**생겨난다**.[228]

이전에 경험해 보지 못했던 특별한 광명과 지혜, 희열 등을 '특별한 법이다'라고, 또는 '특별한 법을 얻었기 때문에 이러한 특별한 현상들이 생겨난다'라고 생각하고 여기는 수행자의 관찰하고 새김이라는 위빳사나 길은 〔바른 길에서〕 어긋나 버린다. 그 위의 특별한 지혜, 특별한 법을 얻도록 열심히 노력하며 관찰하지 않고 혹은 전혀 관찰하지 않고 생겨나는 광명 등만을 좋아하고 애착하며 거듭 숙고하며 지내기도 한다. 광명 등 어느 하나를 좋아하면 갈애로 움켜쥠이 생겨난다. '나만 이러한 특별한 현상들이 생겨난다. 나는 다른 이들과 달리 특별하다'라고 뽐내면 자만으로 움켜쥠이 생겨난다. '내가 빛이 난다. 빛나는 것은 나다. 나의 광명이다. 나의 한 부분이다'라는 등으로 생각하여 집착하면 사견으로 움켜쥠(gāha)이 생겨난다. 이렇게 부수번뇌 토대 하나 하나에 대해 움켜쥠이 세 가지씩, 세 가지씩 생겨난다. 모두 합치면 부수번뇌 토대 10가지에서 30가지 움켜쥠이 생겨난다. 각각의 대상에 대해 생겨나는 세 가지씩을 같은 종류로 묶어서 설명하면 부수번뇌 10가지가 된다.

---

228 원주: 여기에서 '아홉 가지도'라는 단어에서 '~도'라는 단어에 의해 부수번뇌 여덟 가지, 일곱 가지, 여섯 가지 등도 생겨날 수 있다는 것을 포함해서 보였다. '한 순간에도'라는 단어에서 '~도'라는 단어를 통해 동시에 생겨나지 않고 각각 다른 순간에도 생겨날 수 있다는 것을 포함해서 설명하였다.

Ettha ca obhāsādayo upakkilesavatthutāya upakkilesāti vuttā, na akusalattā. Nikanti pana upakkileso ceva upakkilesavatthu ca. Vatthuvaseneva cete dasa. Gāhavasena pana samattiṁsa[229] honti.

(Vis.ii.273)

대역

ettha ca**이** 부수번뇌 10가지 **중에서도** obhāsādayo**광명 등**의, 즉 광명부터 평온까지 부수번뇌 아홉 가지들**은** upakkilesavatthutāya갈애·사견·자만이라고 하는 **번뇌들의 토대가 되기 때문에만** upakkilesāti vuttā**부수번뇌라고 부른다**. na akusalattā**불선법이기 때문**에 부르는 것**이 아니다**. nikanti pana**갈망은** upakkileso ceva진짜 **부수번뇌이기도 하고**, upakkilesavatthu ca**부수번뇌의 토대이기도 하다**. ca**또한** ete**이 부수번뇌들은** vatthu vaseneva광명 등의 **토대로는** dasa10**가지이다**. gāhavasena pana**움켜쥐는** 갈애·사견·자만**으로는** samattiṁsa honti30**가지이다**.[230]

이 『위숫디막가(淸淨道論)』의 내용에 따라 다음과 같은 의미도 기억해야 한다. 광명을 시작으로 평온까지의 부수번뇌 아홉 가지는 갈애, 사견, 자만으로 집착할 수 있기 때문에만 부수번뇌라고 부른다. 집착하지 않으면 부수번뇌라고 부르지 않는다. 따라서 무너짐의 지혜, 형성평온의 지혜 등에서 분명하게 생겨나는 새김 등의 깨달음 구성요소 법들, 혹은 그 깨달음 구성요소들에 따라 생겨나는 행복, 믿음 등을 부수번뇌라고 하지 않는다. 그 밖에 성자들이 다시 위빳사나를 행할 때(는 생멸의

229 CST4 samatiṁsa.

230 『청정도론』 제3권, pp.275~276 참조.

지혜부터 시작하는데] 그 생멸의 지혜 단계에서 경험하는 광명, 빛들도 부수번뇌라고 할 수 없다. 이러한 의미도 잘 알아야 한다.

수행을 지도해 주는 스승님에게서 직접 방법을 잘 배운 수행자들이라면 이러한 광명과 지혜, 희열 등이 생겨났을 때 '스승님께서 말씀해 주신 대로 위빳사나를 더럽히는 장애들이 생겨났다. 이것들은 특별한 법들이 아니다. 특별한 법을 얻었기 때문에 생겨나는 것도 아니다. 이것들에 대해서 생각하고 숙고하는 것도 위빳사나의 바른 길이 아니다. 이 광명 등은 이전에 없었다가 지금에서야 새로 생겨나는 것이기 때문에 무상하다. 괴로움이다. 무아일 뿐이다. 관찰해야 할 법들일 뿐이다. 그것들이 계속해서 드러날 때마다, 존재하는 그때 새겨 아는 것만이 더 높은 지혜, 특별한 법들을 얻게 하는 바른 위빳사나의 길이다'라고 숙고하고 결정하여, 물질과 정신이 드러날 때마다 그 모든 현상들을 단지 새겨 알며 지낸다. 광명이나 지혜, 희열 등을 너무 중시하여 깊게 생각하거나 숙고하지 않고, 새겨 아는 그것만 중시하여 끊임없이 새겨 알아가며 지내는 이에게 물질과 정신의 생멸이 더욱 깨끗하고 분명하게 드러난다. 생겨났다가 사라지고 없어져 버리는 무상의 특성(aniccalakkhaṇā), 생멸이 끊임없이 괴롭히는 괴로움의 특성(dukkhalakkhaṇā), 바라는 대로 되지 않는 무아의 특성(anattalakkhaṇā), 이 세 가지 특성도 매우 깨끗하고 분명하게 드러난다. 그때 계속해서 새길 때마다 생멸을 분명하게 알고 보는 것을, 위빳사나를 더럽히는 부수번뇌로부터 벗어난 생멸의 지혜라고 부른다.

7. 도 · 비도 지견청정

이렇게 관찰할 때 '광명 등도 성스러운 도가 아니다. 그 광명 등을 숙고하고 생각하는 것도 위빳사나의 바른 길이 아니다. 그러한 것들을 중시하지 않고 물질과 정신이 드러날 때마다 그것을 끊임없이 관찰하고 새기는 것만이 위빳사나의 바른 길이다'라고 결정하는 지혜를 도·비도 지견청정(maggāmaggañāṇasassana visuddhi 道非道智見淸淨)이라고 한다.

생멸의 지혜와 도·비도 지견청정이 끝났다.

무너짐의 지혜 등과 실천 지견청정

1. 실천 지견청정

물질과 정신이 생멸할 때마다 그것을 단지 새겨 알기만 하면서 차례대로 따라 생겨나는 특별한 지혜가 광명 등을 중시하지 않고, 집착하지 않기 때문에 부수번뇌로부터 벗어난다. 알아야 할 생멸만을 알면서 생겨나기 때문에 이를 '바른 길에 들어선 생멸의 지혜'라고도 한다. 이 지혜를 시작으로 수순의 지혜까지의 위빳사나 지혜 아홉 가지를 실천 지견청정(paṭipadāñāṇadassana visuddhi 行道智見淸淨)이라고 부른다. '성스러운 도에 도달하게 하는 실천으로서의 깨끗한 앎과 봄'이라는 뜻이다. 이 청정은 새겨야 하는 물질·정신의 생멸을 분명하게 알아서 무상·고·무아의 특성을 잘 알고 볼 때를 시작으로 생겨난다. 단지 생멸을 아는 것만을 통해서 무상·고·무아의 특성이 분명히 드러나는 모습은 제7장에서 설명할 여러 근거를 통해서,[231] 또한 아래 『대복주서』를 통해서 확신할 수 있다.

---

231 이 책의 제2권 p.582, 584 참조.

2. 생멸이 드러나면 세 가지 특성도 드러난다

Udayavaye pana paṭividdhe aniccalakkhaṇaṁ pākaṭaṁ hutvā upaṭṭhāti. Tato "yadaniccaṁ taṁ dukkhaṁ. Yaṁ dukkhaṁ tadanattā"[232]ti itaralakkhaṇampi, athavā udayabbayaggahaṇena hutvā abhāvākāro, abhiṇhasampaṭipīḷanākāro, avasavattanākāro ca vibhūtataro hoti.

(Pm.ii.436)

대역

udayavaye paṭividdhe**생멸을 직접 통찰하여** aniccalakkhaṇaṁ**무상의 특성이** pākaṭaṁ hutvā**분명하게 되어** upaṭṭhāti**드러난다.** tato**그 다음** 'yaṁ aniccaṁ**어떤 무상한 법,** taṁ dukkhaṁ**그 법은 괴로움이다.** yaṁ dukkhaṁ**어떤 괴로운 법,** taṁ anattā**그 법은 무아이다**'iti**라고** itaralakkhaṇampi**나머지** 괴로움의 특성, 무아의 **특성도** pākaṭaṁ hutvā upaṭṭhāti**분명하게 되어 드러난다.** athavā**혹은** 또 다르게 분명한 모습은, udayabbayaggahaṇena**생멸을** 새겨 아는 것, **파악하는 것에 의해** hutvā abhāvākāro**'생겨나서는 존재하지 않게 된다.** 사라져 없어져 버린다' **라고 하는** 무상의 **모습이, 또는** abhiṇhasampaṭipīḷanākāro'생멸이 **끊임없이 괴롭힌다'라고 하는** 괴로움의 **모습이, 또는** avasavattanākāro ca'생겨나지 않게 할 수도 없고, 사라지지 않게 할 수도 없이 **바라는 대로 되지 않는다'라고 하는** 무아의 **모습이** vibhūtataro**특별히 분명하게** hoti**된다.**

물질과 정신이 생멸할 때마다 그것을 새겨 알면서 무상·고·무아의 특성들이 분명하게 드러난 수행자에게 생멸의 지혜가 완전히 구족되고

---

232 S.iii.15.

무르익게 되면 새겨 아는 것이 매우 빠르고 예리하게 생겨난다. 저절로 계속해서 알면서 나아가듯이 생겨난다. 앎이 매우 빠르기 때문에 새겨 알아지는, 생겨나는 순간의 대상 형성들도 매우 빠르게 드러난다. 그때는 생겨나는 처음 = 생성과, 중간 = 머묾에도 마음기울이지 않는다. 끊어짐이 없이 흐르고 있는 강물처럼 하나로 연결되어 계속 생겨나고 있는 물질과 정신의 연속적인 흐름에도 마음기울이지 않는다. 《앞의 여러 물질과 뒤의 여러 물질, 혹은 앞의 여러 마음과 뒤의 여러 마음이 끊어짐 없이, 다름이 없이 하나인 것으로 지혜에 드러나지 않는다는 말이다.》 형체나 모습, 형색이 있는 것처럼 드러나는 형성 표상들에도 마음기울이지 않는다. 《예를 들면 굽힐 때나 펼 때, 이전에는 손의 모습이나 형체가 드러났지만, 이때는 〔손의 모습 등이〕 드러나지 않는다는 뜻이다.》 새길 때마다 '사라진다, 무너진다, 없어져 버린다'라고 아는 지혜만 생겨난다. 그때 무너짐의 지혜가 드러난다.

3. 무너짐의 지혜로 나아가는 모습에 대해 특별히 기억해야 할 사항

Tayidaṁ sabbampi ayaṁ yogāvacaro upakkilesavinimuttena vīthipaṭipannavipassanāsaṅkhātena udayabbayānupassanāñāṇena yāthāvasarasato sallakkheti. Tassevaṁ sallakkhetvā punappunaṁ "aniccaṁ dukkhaṁ anattā"ti rūpārūpadhamme tulayato tīriyato taṁ ñāṇaṁ tikkhaṁ hutvā vahati, saṅkhārā lahuṁ upaṭṭhahanti, ñāṇe tikkhe vahante saṅkhāresu lahuṁ upaṭṭhahantesu uppādaṁ vā ṭhitiṁ vā pavattaṁ vā nimittaṁ vā na sampāpuṇāti. Khaya – vaya – bheda – nirodheyeva sati santiṭṭhati. Tassa "evaṁ upajjitvā evaṁ nāma saṅkhāra-gataṁ nirujjhatī"ti passato etasmiṁ ṭhāne bhaṅgānu-passanā nāma vipassanāñāṇaṁ uppajjati.

(Vis.ii.277)

대역

ayaṁ yogāvacaro**이 수행자는,** upakkilesavinimuttena**부수번뇌로부터 벗어나** vīthipaṭipannavipassanāsaṅkhātena**'바른 과정에 들어선 위빳사나'라고 불리는** udayabbayānupassanā ñāṇena**생멸 거듭관찰의 지혜로** taṁ idaṁ sabbampi다섯 무더기와 세 가지 특성이라고 하는 **그 모든 것도** yāthāvasarasato**사실대로의** 바른 **성품에 따라** sallakkheti**주시한다.** 잘 새긴다. evaṁ sallakkhetvā**이렇게 주시하고 나서,** 잘 새기고 나서, rūpārūpadhamme**물질·비물질 법들을** aniccaṁ dukkhaṁ anattāti**무상·고·무아라고** punappunaṁ**거듭** tulayato tīriyato**비교하고 결정하는** tassa**그 수행자의** taṁ ñāṇaṁ**그 지혜,** 즉 새겨 앎이 tikkhaṁ hutvā**예리하게 되어** vahati**진행된다.** 즉 진행되는 것처럼 생겨난다. saṅkhārā 관찰해야 할 물질·정신 **형성들이** lahuṁ upaṭṭhahanti**빠르게 드러난다.** ñāṇe tikkhe vahante**지혜가 예리하게** 저절로 **진행되**듯이 생겨나고 saṅkhāresu lahuṁ upaṭṭhanatesu**형성들도 빠르게 드러나,** uppādaṁ vā새겨야 하는 물질·정신의 처음인 **생겨남이나,** ṭhitiṁ vā중간인 **머묾,** pavattaṁ vā끊임없이 생겨나는 물질·정신의 **연속된 진행,** nimi-ttaṁ vā형체나 모습이 있는 것처럼 드러나는 형성 **표상들에** na sampāpuṇāti**이르지 않는다.** 《마음기울이지 않는다, 숙고하지 않는다는 뜻이다.》 sati**새겨 아는 사띠가,** 또는 새겨 아는 지혜가 khaya – vaya – bheda – nirodheyeva**다함 – 사라짐 – 무너짐이라고 하는 소멸에만** santiṭṭhati**잘 확립된다.** 《생겨남이 없는 소멸(anuppādanirodha)이 아니라는 것을 알게 하기 위해 다함(khaya) – 사라짐(vaya) – 무너짐(bheda)이라는 단어들로 소멸(nirodha)을 수식하였다. 또한 "satisīsena ñāṇamāha(새김을 선두로 하여 지혜를 말하였다)"라고 『대복주서』에서 설명하였다.》 tassa**그 수행자에게** 'saṅkhāragataṁ**뭇 형성들이** evaṁ upajjitvā**이와 같이 생겨났다가** evaṁ nāma nirujjhatīti**이와 같이 소멸한다'라고** passato관찰하고 **보는** etasmiṁ ṭhāne**바로 이때** bhaṅgānupassanā nāma**무너짐 거듭관찰이라고 하는** vipassanāñāṇaṁ**위빳사나 지혜가** uppajjati**생겨난다.**[233] 《이 성전에 따라 생멸의 지혜 단계에서 무너짐의 지혜 단계로 나아가는 모습에 특히 주의해야 한다.》

4. 무너짐의 지혜가 생겨나는 모습

『빠띠삼비다막가(無碍解道)』에서는 이 무너짐의 지혜가 생겨나는 모습을 자세하게 설명해 놓았다. 여기서는 일부만 조금 드러내어 설명하겠다.

Ārammaṇappaṭisaṅkhā[234] bhaṅgānupassane paññā vipassane ñāṇaṁ.

(Ps.1)

대역

ārammaṇappaṭisaṅkhā한 **대상에 대해** '무너진다, 사라진다'라고 보고

233 『청정도론』 제3권, p.284 참조.

234 CST4 Ārammaṇaṁ paṭisaṅkhā.

알고 나서[235] bhaṅgānupassane paññā그렇게 알고 보는 그 지혜의 **무너짐**, 사라짐을 다시 **거듭 관찰하는**, 다시 알고 볼 때의 **통찰지가** vipassane ñāṇaṁ무너짐의 지혜라고 부르는 **위빳사나 지혜이다**.

Ārammaṇappaṭisaṅkhāti[236] yaṁ kiñci ārammaṇaṁ paṭisaṅkhāya jānitvā, khayato vayato disvāti attho. Bhaṅgāupassane paññati tassa ārammaṇaṁ khayato vayato paṭisaṅkhāya uppannassa ñāṇassa bhaṅgaṁ anupassane yā paññā, idaṁ vipassane ñāṇaṁ.

(Vis.ii.278)

대역

ārammaṇappaṭisaṅkhāti**'대상에 대해** 보고 **알고 나서'라고 하는 것은** "yaṁ kiñci ārammaṇaṁ**어떠한** 하나의 물질 대상, 정신 **대상이든 그것을** paṭisaṅkhāya jānitvā**알고 나서** khayato**'다한다'라고**, vayato**'사라진다'라고** disvā**보고 난 후에"**iti attho**라는 뜻이다**. 즉 이 'paṭisaṅkhā' 라는 구절의 뜻이다. bhaṅgāupassane paññati**'무너짐을** 다시 **거듭 관찰하는 통찰지'라고 하는 것은** ārammaṇaṁ khayato vayato paṭisaṅkhāya uppannassa**어느 대상 하나를 '다한다'라고, '사라진다'라고 알고 보며 생겨나는** tassa ñāṇassa**그** 처음의 **지혜가** bhaṅgaṁ**다시 무너짐**, 부서짐, 사라짐을 anupassane**거듭 관찰할 때**, 즉 알고 볼 때 yā paññā 그 알고 보는 **어떤 통찰지가** (atthi)**있는데**, idaṁ**이 통찰지가** vipassane ñāṇaṁ**위빳사나 지혜이다**.[237] (『빠띠삼비다막가(無碍解道) 주석서』에서도 동일하게 설명하였다.)

---

235 원래 'paṭisaṅkhā'라는 단어는 '성찰하여, 숙고하여'라는 뜻을 가지고 있지만 여기에서는 '알고 나서'라고 알아야 한다고 뒤에 설명하고 있다.

236 CST4 Ārammaṇapaṭisaṅkhāti.

237 『청정도론』 제3권, pp.284~286 참조.

설명 이 『위숫디막가(淸淨道論)』의 설명에서 "'paṭisaṅkhāya jānitvā (알고 보고 나서)'라는 구절의 'paṭisaṅkhā'라는 단어를 '알고 나서'라고만 그 의미를 취해야 한다. '숙고하고서'라는 의미를 취해서는 안 된다"라고 설명하고 있다. "'khayato vayato disvā'ti attho('다한다고, 사라진다고 보고 난 후에'라는 뜻이다)"라는 두 번째 구절을 통해 "'알고 나서'라고 할 때도 이곳은 무너짐의 지혜를 설명하는 곳이므로 보통으로 아는 것을 말하지 않는다. 새겨 앎을 통해서 '다한다, 사라진다'라고 아는 것만을 취하라"라고 분명하게 설명하였다.

이 성전, 주석서들에서 설명하고자 하는 의미는 다음과 같다. 무너짐의 지혜에 이른 수행자는 부풂, 꺼짐, 앉음, 섬, 감, 굽힘, 폄, 봄, 들림, 생각함 등 물질과 정신이 생겨날 때마다 그 어떤 대상 하나하나를 '계속해서 새길 때마다 다한다, 사라진다'라고 알고 본다. 이렇게 알고 보는 것도 '다한다, 사라진다'라고 다시, 거듭해서 알고 본다. 이렇게 대상 하나하나가 드러날 때마다 그 대상과 새겨 앎을 '앞뒤 차례로 거듭 사라져 버린다'라고 알고 보는 이러한 지혜 두 가지를 '무너짐 거듭관찰(bhaṅgānupassanā)이라고 부르는 위빳사나 지혜라고 한다'는 의미이다.

> Rūpārammaṇatā cittaṁ uppajjitvā bhijjati. Taṁ ārammaṇaṁ paṭisaṅkhā tassa cittassa bhaṅgaṁ anupassati. … Vedanārammaṇatā … saññārammaṇatā … saṅkhārārammaṇatā … viññāṇārammaṇatā cittaṁ uppajjitvā bhijjati. Taṁ ārammaṇaṁ paṭisaṅkhā tassa cittassa bhaṅgaṁ anupassati.
>
> (Ps.55)

대역

rūpārammaṇatā cittaṁ**물질을 대상으로 가지는**[238] **마음이** uppajjitvā bhijjati**생겨났다가 소멸한다.** taṁ ārammaṇaṁ**그** 물질이라는 **대상을** paṭisaṅkhā'다한다, 사라진다'라고 **알고** 보고 **나서** tassa cittassa**그** '다한다, 사라진다'라고 알고 보는 위빳사나 **마음의** bhaṅgaṁ**무너짐을** anupassati다시 **거듭 관찰한다.**《"그 대상을 알고 보고 나서(taṁ ārammaṇaṁ paṭisaṅkhā)"란, "그 물질 대상을 알고 나서, 즉 '다한다, 사라진다'라고 보고 나서(taṁ rūpārammaṇaṁ paṭisaṅkhāya jānitvā)"라는 의미이다. "그 마음의 무너짐을 관찰한다(tassa cittassa bhaṅgaṁ anupassati)"란 "그 물질 대상을 '다한다, 사라진다'라고 그 위빳사나 마음으로 보고 나서, 그 위빳사나 마음이 다시 다하고 사라지는 것을 다른 그 다음 마음으로 관찰한다(yena cittena taṁ rūpārammaṇaṁ khayato vayato diṭṭhaṁ, tassa cittassa aparena cittena bhaṅgaṁ anupassatīti attho)"라는 의미이다. 이상은 『위숫디막가(淸淨道論)』에 따라 설명한 것이다.[239]》 vedanārammaṇatā**느낌을 대상으로 가지는** … saññārammaṇatā**인식을 대상으로 가지는** … saṅkhārārammaṇatā**형성들을 대상으로 가지는** … viññāṇārammaṇatā cittaṁ**의식을 대상으로 가지는 마음이** uppajjitvā bhijjati **생겨났다가 소멸한다.** taṁ ārammaṇaṁ**그** 의식이라는 **대상을** paṭisaṅkhā'다한다, 사라진다'라고 **알고** 보고 **나서** tassa cittassa**그** '다한다, 사라진다'라고 알고 보는 위빳사나 **마음의** bhaṅgaṁ**무너짐을** anupassati다시 **거듭 관찰한다.**[240]

---

238 원주(본문내용): 'rūpārammaṇaṁ cittaṁ'라고 〔복주서에〕 설명되어 있다.

239 『청정도론』 제3권, pp.286~287 참조.

240 『청정도론』 제3권, pp.284~285 참조.

의미 부푸는 물질, 꺼지는 물질, 앉는 물질, 굽히는 물질, 펴는 물질, 눈 감성물질, 형색 물질 등을, 〔그 물질들이〕 생겨날 때마다 관찰하면서 '무너진다, 다한다, 사라진다'라고 알고 본다. 이렇게 알고 보는 것을, '알게 된 것(ñāta)', 즉 대상의 소멸을 아는 첫 번째 무너짐의 지혜(bhaṅga ñāṇa)라고 한다. 이 알고 봄도 '무너진다, 다한다, 사라진다'라고 틈이 없이 곧바로 다시 알고 본다. 이렇게 다시 알고 보는 것을, '아는 것(ñāṇa)', 즉 첫 번째 무너짐의 지혜의 소멸을 다시 아는 두 번째 무너짐의 지혜라고 한다. 위빳사나, 바로 그것을 다시, 거듭 관찰하고 보는 것이기 때문에 그 지혜를 재관찰 위빳사나(paṭivipassanā)라고도 부른다. 물질 대상이 분명할 때마다 이와 마찬가지 방법으로 지혜가 생겨난다. 〔즉〕 물질의 소멸을 알고 보는 첫 번째 무너짐의 지혜, 그 알고 보는 것의 소멸을 다시 알고 보는 두 번째 무너짐의 지혜, 이러한 방법으로 무너짐의 지혜가 계속해서 두 단계씩 생겨난다.

아픔 등의 느낌이 분명할 때 '아픔' 등으로 새기며 그 느낌을 '사라져 버린다'라고 알고 본다. 이것이 알게 된 것(ñāta) = 대상의 소멸을 아는 첫 번째 무너짐의 지혜이다. 그 알고 봄도 '사라져 버린다'라고 틈 없이 다시 알고 본다. 이것이 아는 것(ñāṇa) = 첫 번째 무너짐의 지혜의 소멸을 아는 두 번째 무너짐의 지혜인 재관찰 위빳사나이다. 이렇게 느낌이 분명할 때마다 무너짐의 지혜가 두 단계씩 생겨난다.

그 밖의 다른 정신법들이 분명할 때도 이와 마찬가지 방법으로 무너짐의 지혜가 계속해서 두 단계씩 생겨난다. 그때는 대상 하나 하나가 생겨날 때마다 새겨 알아지는 대상과 그것을 새겨 앎이라고 하는 두 가지가 모두 앞뒤 단계로 매우 빠르게 사라지고 무너져 버리는 것을 끊임없이 알고 보게 된다. 이렇게 어느 한 대상의 소멸과, 새겨 아는 위빳사나 마음의 소멸을 차례대로 끊임없이 알고 볼 수 있으면 '무너짐의 지혜가 생겨났다'라고 의심 없이 결정할 수 있다. 여기서 '무너진다'라고 하는 것은 '산산이 조각나는 것'을 말하는 것이 아니다. 사실은 '없어지는 것, 소멸하는 것'만을 말한다고 확실하게 알아야 한다. 바로 그렇기 때문에 주석서에서 'khaya – vaya – bheda – nirodha yeva(다함 – 사라짐 – 무너짐이라고 하는 소멸에만)'라고, 또는 'kayato vayato disvā(다한다고, 사라진다고 보고 나서)'라고 설한 것이다. 꼭 주의하기 바란다.

성전에는 여섯 문, 여섯 대상, 여섯 의식 등도 'cakkhārammaṇatā cittaṁ(눈을 대상으로 가지는 마음이)' 등으로 각각 드러내어 매우 자세하게 분석하여 설명하였다. 'anupassati(거듭 관찰한다)'라는 단어도 '거듭관찰(anupassati) 일곱 가지'로 설명하기까지 하였다. 이 거듭관찰 일곱 가지는 제7장에서 분명하게 설명하겠다.

Vatthusaṅkamanā ceva, paññāya ca vivaṭṭanā;
Āvajjanā balañceva, paṭisaṅkhā vipassanā.

(Ps.56)

대역

vatthusaṅkamanā ceva새겨 알아지는 대상의 소멸로부터
새겨 아는 위빳사나 마음의 소멸로
토대, 즉 대상**을 바꾸**어 알고 볼 수 있**는 것, 또한**
paññāya vivaṭṭanā ca새겨 아는 **통찰지가**
생겨남으로부터 **물러나** 소멸에만 머무**는 것, 또한**
āvajjanā balañceva어느 한 대상의 소멸을 새겨 알고 나서,
바로 그 직후에 그 새겨 아는 마음의 소멸을

알고 볼 수 있도록 바르게 마음기울일 수 있는
전향의 힘,
(esā)이 세 가지를 구족한 지혜가,
paṭisaṅkhā vipassanā대상의 소멸을 알고 본 뒤
그 위빳사나의 소멸을 다시 알고 보는
재성찰 위빳사나라고 하는
무너짐의 지혜이**다.**[241]

어느 한 대상의 소멸을 알고 본 뒤 바로 그 직후에, 앞의 알고 보는 마음의 소멸로 대상을 바꾸어 다시 알고 보는 것이라는 요소 하나, 생멸의 지혜가 생겨날 때처럼 생성을 관찰하지 않고, 소멸만 관찰하고 볼 수 있는 것이라는 요소 하나, 대상 하나하나의 소멸을 알고 보고 나서 그 알고 보는 마음의 소멸을 다시 알고 볼 수 있도록 바로 그 직후에 바르고 정확하게 마음기울일 수 있는[242] 전향이 생겨나는 것이라는 요소 하나, 이러한 세 가지 요소가 갖추어지면 '무너짐의 지혜가 생겨났다'라고 결정할 수 있다. 이 세 가지 요소 중에 세 번째 요소와 첫 번째 요소는 한 번 새겨 알 때 포함된 앞에 생기는 것과 뒤에 따르는 것일 뿐이다. 즉 〔한 대상의 소멸〕 바로 직후에 전향이 곧바로 바르게 마음기울이면, 알고 보는 지혜도 곧바로 바르게 바꾸어 알고 본다.

Vatthusaṅkamanāti rūpādīsu ekekassa bhaṅgaṁ disvā puna yena cittena bhaṅgo diṭṭho, tassāpi bhaṅgadassanavasena purimavatthuto aññavatthusaṅkamanā.

---

241 『청정도론』 제3권, p.285 참조.
242 원주(본문내용): yonisomanasikāra(올바른 마음기울임)라고 부른다.

Paññāya ca vivaṭṭanāti udayaṁ pahāya vaye santiṭṭhanā. Āvajjanābalañcevāti rūpādīsu ekekassa bhaṅgaṁ disvā puna bhaṅgārammaṇassa cittassa bhaṅgadassanatthaṁ anantarameva āvajjanasamatthatā.

(PsA.i.240)

대역

vatthusaṅkamanāti**'토대, 즉 대상을 바꾸는 것'이란** rūpādīsu ekekassa**물질 등 어느 한 대상의** 《『위숫디막가(淸淨道論)』에서는 'rūpassa(물질의)'라고 설명하였다. 유사식별(upalakkhaṇa)방법, 시현(nidassana)방법으로[243] 설명한 것이라고 알라》 bhaṅgaṁ disvā**무너짐을 보고 나서,** yena cittena bhaṅgo diṭṭho**어떤 마음으로 무너짐을 보는데** tassāpi**그** 새기는 **마음의** puna bhaṅgadassanavasena**무너짐도 다시 아는 것을 통해,** purimavatthuto대상의 소멸이라고 하는 **앞의 토대,** 즉 **대상으로부터** aññavatthusaṅkamanā새겨 아는 마음의 소멸이라고 하는 뒤의 **다른 토대, 즉 대상으로 바꾸는 것이다.** paññāya ca vivaṭṭanāti**'통찰지가 물러나는 것'이란** udayaṁ pahāya**생겨남을 버리고** vaye santiṭṭhanā**사라짐에만 머무는 것이다.**[244] āvajjanābalañcevāti**'또한 전향의 힘'이란** rūpādīsu ekekassa**물질 등 어느 한 대상의** 《앞의 구절과 마찬가지로 『위숫디막가(淸淨道論)』에서 'rūpassa(물질의)'라고 설명하였다. 유사식별(upalakkhaṇa)방법, 시현(nidassana)방법으로 설명한 것이라고 알라》 bhaṅgaṁ disvā**무너짐을 보고 나서,**

243 '유사식별 방법'이란 부분을 언급하여 전체를 나타내는 방법이다. 예를 들어 '일산을 가진 왕'이라고 하면 일산뿐 아니라 왕을 나타내는 칼, 불자, 왕관, 신발 등도 다 가졌다는 의미가 포함되어 있다. '시현 방법'이란 글자 자체가 가지는 의미를 언급하여 관련된 전체를 나타내는 방법이다. 예를 들어 '신심으로 보시한 음식을 먹고 나서'라고 하면, 음식만 보시한 것이 아니라 가사, 약 등도 보시했다는 의미가 포함되어 있다.

244 원주(본문내용): 생겨남에 마음기울이지 않고 소멸에만 마음기울여 알고 보는 것을 말한다.

bhaṅgārammaṇassa cittassa**무너짐을 대상으로 하는** 그 새기는 **마음의** puna bhaṅgadassanatthaṁ**무너짐을 다시 보기 위해**, anantarameva대상의 소멸을 알고 난 **바로 그 직후에** 생겨나는 āvajjanasamatthatā**마음 기울이는 전향의 능력이다.**[245]

특별히 기억해야 할 사항 '바로 직후에 마음기울일 수 있다, 전향할 수 있다'라는 구절에서 바왕가 마음에 떨어지지 않고서는 전향이 생겨날 수 없기 때문에 이렇게 〔바왕가 마음에 떨어져야 한다는 사실로는〕 다른 것을 대상으로 하는 인식과정이 생겨나지 않는다는 사실만 취해야 한다.

그 밖에 '토대, 즉 대상을 바꾸는 것(vatthu saṅkamano)'이라는 성전의 구절과 '그 바로 직후에(anantarameva)'라는 주석서의 구절에 따라 의지해서 "하나의 대상을 여러 번, 거듭해서, 반복해서 위빳사나 관찰할 필요는 없다. 대상 하나 하나를 한 번씩만 관찰하면 된다"라고도 확실하게 기억해야 한다.

또한 이 무너짐의 지혜와 관련한 여러 성전, 주석서들을 근거로 "물질과 정신 현상이 계속해서 한 번씩 생겨날 때마다 포함된 모든 법들을 모두 각각, 자세하게 나누고 헤아려 관찰할 필요도 없다. 분명한 대상 하나만을 기본으로 해서 관찰하면 된다"라는 사실, 또한 "하나의 인식과정에 포함된 앞의 여러 마음, 뒤의 여러 마음들도 각각 나누어 자세하게 관찰할 필요가 없다. 하나의 인식과정만 전부 모아서 관찰하면 된다"라는 사실, 또한 "과거나 미래의 법, 그리고 분명하지 않은 법들을 찾아서 유추하여 관찰할 필요가 없다. 현재 분명하고 선명하게 생멸하고 있는

245 『청정도론』 제3권, pp.288~289 참조.

물질과 정신만 직접 관찰해야 한다"라는 사실들을 꼭 명심해야 한다.

Ārammaṇa anvayena, ubho eka vavatthanā;
Nirodhe adhimuttatā, vayalakkhaṇā[246] vipassanā.

(Ps.56)

대역

ārammaṇa anvayena관찰하고 새기며
직접 알 수 있는 현재 **대상으로부터**
그것을 따라 **추론하여**, 즉 추론관찰 지혜로
ubho직접 알 수 있는 현재 대상과
직접 알 수 없는 과거·미래 대상이라는
이 **두 대상들을**[247]
eka vavatthanā무너짐이라는 것으로는
같은 성품으로 구분할 수 있는 것,
또는 즉시 무너진다는 성품으로는
같다고 구분할 수 있는 것,[248]
nirodhe**소멸에** adhimuttatā**열중하여 마음기울이는 것**,
(ea)이 두 가지 요소를 구족한 지혜가
vayalakkhaṇā vipassanā**사라짐의 특성을 관찰하**여 보는
무너짐의 **위빳사나 지혜이다**.

Ārammaṇa anvayena ubho eka vavatthanāti paccakkha-

---

246 CST4 vayalakkhaṇa.

247 원주(본문내용): 『대복주서』에 "ubhoti diṭṭhādiṭṭhābhāvena dvepi ārammaṇāni('두 가지'란 직접 볼 수 있는 것과 직접 볼 수 없는 것으로서의 두 가지 대상이다)"라고 설명되어 있다.

248 원주(본문내용): 『대복주서』에 "khaṇabhaṅguratāya samānāti vavatthāpanā(즉시 무너진다는 성품으로는 같다고 구분할 수 있다)"라고 설명되어 있다.

to diṭṭhassa ārammaṇassa anvayena anugamanena "yathā idaṁ, tathā atītepi saṅkhāragataṁ bhijjittha, anāgatepi bhijjissatī"ti evaṁ ubhinnaṁ ekasabhāveneva vavatthāpananti attho. Vuttampi cetaṁ porāṇehi —

"Saṁvijjamānamhi visuddhadassano,
Tadanvayaṁ neti atītānāgate;
Sabbepi saṅkhāragatā palokino,
Ussāvabindū sūriyeva uggate"ti.

(Vis.ii.280)

대역

ārammaṇa anvayena ubho eka vavatthanāti**'대상으로부터 추론하여 두 대상들을 같다고 구분할 수 있는 것'이란** paccakkhato**직접적으로** diṭṭhassa관찰하여 알고 **볼 수 있는** ārammaṇassa현재 **대상을** anvayena anugamanena**따라 추론하는** 추론관찰 **지혜를 통해** 'idaṁ yathā**이** 소멸하고 있는 형성들**처럼** tathā**그와 마찬가지로** atītepi**과거에도** saṅkhāragataṁ**뭇 형성들이** bhijjittha**소멸했었다.** anāgatepi**미래에도** saṅkhāragataṁ**뭇 형성들이** bhijjissatīti**소멸할 것이다'라고** evaṁ**이와 같이** ubhinnaṁ직접 알 수 있는 형성과 직접 볼 수 없는 형성, 이 **두 가지 형성들을** ekasabhāveneva'무너짐'이라고 하는 **동일한 성품으로만** vavatthāpanaṁ**구분한다**iti attho**라는 이러한 의미이다.** ca = saccaṁ **맞다.** porāṇehi pi**옛 스승들도** etaṁ**다음의 게송을** vuttaṁ**설하였다.**

saṁvijjamānamhi**지금 현재 존재하고 있는**
현재 **형성들에 대해,**
즉 직접 대할 수 있는, 알 수 있는
현재 형성들에 대해
visuddha dassano매우 **깨끗한,** 무너짐의 지혜라는

봄을 갖춘[249] (yogāvacaro)수행하는 **이는**

tadanvayaṁ현재 형성의 무너짐을 보는 **그** 직접관찰 **지혜에**

뒤따라 생겨나는 추론관찰 지혜를

atītānāgate**과거**의 형성, **미래**의 형성들**에**

neti**적용한다**. 생겨나게 한다.[250]

(kathaṁ)어떻게 생겨나게 하는가?

'(sūriye**태양이** uggateti**떠오를 때** ussāvabindū**이슬 방울이**)[251]

palokino iva**말라서** 사라지는 것처럼

saṅkhāragatā과거 · 미래 · 현재의 **뭇 형성들** sabbepi**모두도**

palokino**부서져 버리는 성품이 있다**'iti**라고**

추론관찰 지혜를 생겨나게 한다.

특별히 기억해야 할 사항 이러한 여러 성전, 주석서, 복주서들을 근거로 하여 "위빳사나 수행자는 과거나 미래를 먼저 관찰해서는 안 된다. 현재 생멸하고 있는 현재법들만을 먼저 관찰해야 한다. 현재법들을 깨끗하고 분명하게 직접 알고 본 뒤에, 지혜로 꿰뚫고 이해한 것에 따라서 과거나 미래의 법들을 숙고하여 결정하는 추론관찰 지혜(anumāna ñāṇā)가 법의 성품에 따라 저절로 생겨난다. 이렇게 저절로 생겨나는 추론관찰 지혜만이 과거, 미래의 법들에 대해서 필요하다. 과거나 미래의 법들을 일부러 찾아서, 혹은 일부러 신경쓰며 애를 써서 관찰하고 숙

---

249 원주(본문내용): 『대복주서』에 "paccakkhato upalabbhamāne paccuppanne, suvisuddha bhaṅgadassano(직접 알 수 있는 현재 형성들에 대해 매우 깨끗한 무너짐의 지혜라는 봄을 갖춘)"이라고 설명되어 있다.

250 원주(본문내용): 『대복주서』에 "tassa paccuppanna saṅkhārabhaṅgadassino ñāṇassa anvayaṁ anugatabhūtaṁ ñāṇaṁ pavatteti(그 현재 형성의 무너짐을 보는 지혜에 뒤따라 생겨나는 추론하는 지혜를 생겨나게 한다)"라고 설명되어 있다.

251 번역이 되어 있지 않아 원문에 따라 첨가하였다.

고할 필요가 없다"라는 이 의미도 확실하게 기억해야 한다.

무너짐의 지혜가 매우 예리하게 생겨난 수행자는 "프라이팬 위에 볶여지는 깨가 '탁, 탁' 소리를 내며 터지는 것처럼" 새겨지는 대상 형성과 그것을 새겨 아는 위빳사나 형성들이 앞뒤로 빠르게 계속해서 사라져 버리는 것, 계속해서 무너져 버리는 것을, 마치 지켜보고 있는 것처럼 끊임없이 경험한다. 억수같이 비가 내릴 때 빗방울 때문에 물 표면에 생겨나는 물거품들이 계속해서 매우 빨리 사라져 버리는 것처럼 새겨지는 대상 형성과 그것을 새겨 아는 위빳사나 형성들이 앞뒤로 빠르게 계속해서 사라져 버리는 것만 끊임없이 경험한다. 아물아물 빠르게 움직이며 사라지는 아지랑이처럼 '획, 획'하며 빠르게 사라져 버리는 것만을 끊임없이 경험한다. 이렇게 보는 수행자를 두고 아래 『담마빠다(Dhammapada 法句經)』 게송을 부처님께서 설하셨다고 『위숫디막가(淸淨道論)』에서 설명하였다.

Yathā pubbuḷakaṁ passe, yathā passe marīcikaṁ;
Evaṁ lokaṁ avekkhantaṁ, maccurājā na passati.

(Dhp. 게송 170)

대역

pubbuḷakaṁ**물거품**이 빠르게
passe yathā계속해서 사라져 버리는 것을 **보는 것처럼**
marīcikaṁ**아지랑이**가 빠르게
passe yathā계속해서 사라져 버리는 것을 **보는 것처럼**
evaṁ**이와 같이** lokaṁ다섯 무더기(五蘊)라고 하는 **세상을**
avekkhantaṁ빠르게 사라져 버리는 것으로

알고 보는 이를

maccurājā**죽음의 왕은** na passati**보지 못한다**.

어떤 대상을 '사라져 버린다'라고 무너짐의 지혜로 알고 볼 때 그 대상과 관련해서는 무명, 갈애, 취착, 업, 새로운 생의 무더기(蘊)들이 생겨날 수 없다. 그래서 다시 생겨날 수 없는 그러한 새로운 생의 무더기 때문에 생겨날 죽음이 사라진다는 것, 또한 소멸을 보는 무너짐의 지혜 등으로 차례대로 관찰하여 아라한 과에 이르렀을 때 새로운 생과 관련된 죽음이 완전히, 모두 사라진다는 것을 두고 "죽음의 왕이 보지 못한다"라고 설하셨다.

무너짐의 지혜 등과 실천 지견청정이 끝났다.

두려움의 지혜, 허물의 지혜, 염오의 지혜

1. 두려움의 지혜

무너짐의 지혜의 최정상에 이르러 '이전의 물질·정신들도 소멸해 버렸다. 지금도 소멸하고 있다. 나중에도 지금처럼 소멸할 것이다'라고 확실하게 알게 되었을 때 모든 정신·물질 형성들은 두려운 것이다'라고 알고 보는 두려움의 지혜(bhaya ñāṇa)가 생겨난다.

> Tassa "atītā saṅkhārā niruddhā, paccuppannā nirujjhanti, anāgate nibbattanakasaṅkhārāpi evameva nirujjhissantī"ti passato etasmiṁ ṭhāne bhayatupaṭṭhānañāṇaṁ nāma uppajjati.
>
> (Vis.ii.282)

대역

tassa무너짐의 지혜의 정상에 이른 **그** 수행자**에게**, 'atītā saṅkhārā**과거의 형성들은** niruddhā**소멸하였다**. paccuppannā**현재**의 형성들은 nirujjhanti**소멸하고 있다**. anāgate nibbattanaka saṅkhārāpi**미래에 생겨날 형성들도** evameva**바로 이와 같이** nirujjhissanti**소멸할 것이다**'iti**라고 이렇게** passato**볼 때** etasmiṁ ṭhāne**이 단계에서** bhayatupaṭṭhānañāṇaṁ nāma'두려운 것이다'라고 보아 아는 **두려움 드러남의 지혜**

가 uppajjati생겨난다.[252]

그때는 계속해서 새길 때마다 계속해서 사라져 버리는 형성들에 대해서 두려운 모습과 함께 지혜가 생겨난다. 숙고하게 된 대상들에 대해서도 '두려운 것이다'라고 생각하고 보는 지혜가 생겨난다. 그래서 새기는 마음이 생멸의 지혜나 무너짐의 지혜 단계에서처럼 즐겁거나 기분 좋거나 활기참 없이 의기소침한 듯 생겨난다. 그렇다고 해서 적들이나 귀신들을 두려워하는 것처럼 마음 불편함이 생겨나면서 두려운 것은 아니다. '두려워할 만한 것들이다'라고 사실대로 바르게 알기 때문에 즐겁지 않음이 생겨나는 것일 뿐이다.

Bhayatupaṭṭhānañāṇaṁ pana bhayati na bhāyatīti? Na bhāyati. Tañhi atītā saṅkhārā niruddhā, paccuppannā nirujjhanti, anāgatā nirujjhissantīti tīraṇamattameva hoti.
(Vis.ii.283)

대역

Bhayatupaṭṭhānañāṇaṁ두려움 드러남의 지혜는 pana bhayati na bhāyatīti두려워하는가? 두려워하지 않는가? na bhāyati진짜 두려워하는 것은 아니다. hi맞다. taṁ그 두려움의 지혜는 'atītā과거의 saṅkhārā형성들은 niruddhā소멸하였다. paccuppannā현재의 형성들은 nirujjhanti 소멸하고 있다. anāgatā미래에 생겨날 형성들도 nirujjhissantīti소멸할 것이다'라고 tīraṇamattameva숙고하고 결정하는, 조사하는 것일 hoti 뿐이다.[253]

252 『청정도론』 제3권, p.292 참조.
253 위의 책, pp.293~294 참조.

2. 허물의 지혜

두려움의 지혜가 무르익으면 허물의 지혜(ādīnava ñāṇa)가 생겨난다. 그때는 관찰하여 새긴 형성들에 대해서나, 숙고하게 된 형성들에 대해서 '좋아할 만한 것, 즐길 만한 것, 어떠한 실체가 있다'라고 생각하지 않는다. 새길 때마다, 숙고할 때마다 '싫은 것만 경험하고 있다'라고 생각한다. '안 좋은 것, 거칠고 저속한 것만 경험하고 있다'라고 생각한다. 아래의 내용은 두려움의 지혜, 허물의 지혜가 생겨나는 모습을 알려 주는 『빠띠삼비다막가(無碍解道)』의 구절이다.

첫 번째 문단

Uppādo bhayanti bhayatupaṭṭhāne paññā ādīnave ñāṇaṁ. Pavattaṁ bhayanti … nimittaṁ bhayanti … āyūhanā bhayanti … paṭisandhi bhayanti … gati … nibbatti … upapatti … jāti … jarā … byādhi … maraṇaṁ … soko … paridevo … upāyāso bhayanti bhayatupaṭṭhāne paññā ādīnave ñāṇaṁ.

(Ps.56)

대역

uppādo이 생에 제일 먼저 생겨남인 **일어남은** bhayanti**'두려운 것이다'라고** bhayatupaṭṭhāne paññā위험하고 **두려운 것으로 드러나** 아는 **통찰지가** ādīnave ñāṇaṁ**허물의 지혜이다.** 《[삶의] 진행 등 다음 구절에 대해서도 같은 방법으로 그 의미를 이해하면 된다.》 pavattaṁ다하지 않도록 끊임없이 생겨나는 [삶의] **진행은** bhayanti**'두려운 것이다'라고** 《이전의 여러 물질과 정신들이 사라져 버려도 계속해서 새로 생겨나기 때문에 거듭 새길 때마다 끊임없이 생겨나는 물질과 정신의

〔연속된〕 진행을 '두려운 것이다'라고 알고 본다》 … nimittaṁ모습이나 형체가 실제로는 없음에도 불구하고 모습이나 형체가 마치 있는 것처럼 드러나는 부풂, 꺼짐, 앉음, 굽힘, 폄, 봄, 들림 등의 형성 **표상들은**[254] bhayanti**'두려운 것이다'라고** … āyūhanā행복하고 잘 되기 바라면서 **애씀**이라고 하는 선업, 불선업**은** bhayanti**'두려운 것이다'라고** … paṭisandhi**재생연결은**, 즉 다음 생에 다시 태어남은 bhayanti**'두려운 것이다'라고** … gati지옥·축생·아귀·인간·천상이라고 하는 **태어날 곳은** … nibbatti제일 먼저 생겨나는 **발생은** … upapatti**이르게 된 생은**[255] … jāti**태어남은** … jarā**늙음은** … byādhi**병듦은** … maraṇaṁ**죽음은** … soko**슬픔은** … paridevo**비탄은** … upāyāso**절망은** bhayanti**'두려운 것이다'라고** bhayatupaṭṭhāne paññā위험하고 **두려운 것으로 드러나** 아는 **통찰지가** ādīnave ñāṇaṁ**허물의 지혜이다**.

두 번째 문단

Uppādo dukkhanti bhayatupaṭṭhāne paññā ādīnave ñāṇaṁ. Pavattaṁ dukkhanti … upāyāso dukkhanti bhayatupaṭṭhāne paññā ādīnave ñāṇaṁ.

(Ps.56)

대역

uppādo이 생에 처음 **일어남은** dukkhanti**'괴로움이다'라고** bhayatupa-

---

254 원주(본문내용): 주석서에서 'nimittanti sabbampi saṅkhāranimittaṁ(표상이란 모든 형성 표상을 말한다)'이라고, 복주서에서는 'saṅkhāranimittanti saṅkhārānaṁ samuhādighanavasena sa - kiccaparicchedatāya ca sa viggahānaṁ viya upaṭṭhānaṁ('형성 표상'이란 형성들의 모임 등의 덩어리로, 또는 각자의 작용으로 분명히 구분되는 것으로, 또는 형체나 모습이 있는 것처럼 나타나는 것을 말한다)'이라고 설명하였다. 역주: 『*Visuddhimagga Mahāṭīkā Nissaya*(위숫디막가 대복주서 대역)』 제4권, p.432 참조.

255 저본의 해석에 따랐다.

ṭṭhāne paññā위험하고 **두려운 것으로 드러나** 아는 **통찰지가** ādīnave ñāṇaṁ**허물의 지혜이다.**《나머지 해석은 앞과 동일한 방법으로 알기 바란다.》

세 번째 문단

Uppādo sāmisanti bhayatupaṭṭhāne paññā ādīnave ñāṇaṁ. Pavattaṁ sāmisanti ··· upāyāso sāmisanti bhayatupaṭṭhāne paññā ādīnave ñāṇaṁ.

(Ps.56)

대역

uppādo이 생에 처음 **일어남은** sāmisanti'윤회 윤전의 고통, 감각욕망 대상, 번뇌라고 하는 음식과 섞여 있다. 즉 **세속적이다'라고** bhayatupaṭṭhāne paññā위험하고 **두려운 것으로 드러나** 아는 **통찰지가** ādīnave ñāṇaṁ**허물의 지혜이다.**《뜨거운 여름에 불이 날 만한 물건들로 채워진 집에 대해 '불이 나면 어떡하지'라고 걱정하는 것처럼, 번뇌라는 불의 땔감인 윤회 윤전의 고통, 감각욕망 대상들과 함께 생겨나기 때문에 '걱정거리이다, 두렵고 위험한 것이다'라고, 또는 밥과 반찬이라는 음식으로 뒤범벅이 된 손처럼, 더럽게 하고 때를 묻게 하는 번뇌라는 음식과 함께 생겨나기 때문에 '혐오스러운 것이다'라고 생각하고 본다는 뜻이다. 나머지 해석은 앞과 동일한 방법으로 알기 바란다.》

네 번째 문단

Uppādo saṅkhārāti bhayatupaṭṭhāne paññā ādīnave ñāṇaṁ. pavattaṁ saṅkhārāti ··· upāyāso saṅkhārāti bhayatupaṭṭhāne paññā ādīnave ñāṇaṁ.

(Ps.57)

대역

uppādo이 생에 처음 **일어남은** saṅkhārāti'가만히 있지 못하는 **형성이다'라고** bhayatupaṭṭhāne paññā위험하고 **두려운 것으로 드러나** 아는 **통찰지가** ādīnave ñāṇaṁ**허물의 지혜이다.** 《나머지 해석은 앞과 동일한 방법으로 알기 바란다.》

의미 새겨 알아지는 정신·물질과 새겨 아는 위빳사나가 계속해서 사라지기만 하는 것을 직접 경험하고 보게 되어 '두려운 것들일 뿐이다'라고 이해한 수행자는 "그 물질과 정신들의 제일 처음 생겨남인 현재 생의 재생연결을 숙고해 보면" 그 제일 처음 생겨남을 '두려운 것이다'라고만 생각한다. 이렇게 생각하고 보는 지혜가 두려움의 지혜, 허물의 지혜이다. 이러한 방법으로 〔나머지에 대해서〕 지혜가 생겨나는 모습을 알아야 한다. 서로 다른 점은, 삶의 진행이나 표상 등에 대해서는 특별히 따로 숙고할 필요 없이 단지 새기는 것만으로 '두려운 것이다'라고 알고 볼 수 있다.

일어남(uppāda)을 시작으로, 절망(upāyāsa)을 끝으로 하는 25구절 중, 일어남(uppāda), 삶의 진행(pavatta), 표상(nimitta), 애씀(āyūhanā), 재생연결(paṭisandhi)의 다섯 구절만이 두려움의 지혜, 허물의 지혜가 생겨나는 원래 대상을 설명한 구절들이다. 태어날 곳(gati) 등의 나머지 10구절은 성전의 용어로만 다르기 때문에, 또한 지혜가 광범위한 이들에게는 그렇게 다른 용어를 통해서도 숙고하며 생겨날 수 있기 때문에 첨가하여 거듭 설명해 놓은 것이다. 그 10가지 구절 중, 발생(nibbatti)과 태어남(jāti)이라는 두 구절은 일어남(uppāda)과 재생연결(paṭisandhi)이라는 두 구절과 동일하다. 태어날 곳(gati)과 이르게 된

생(upapatti)이라는 두 구절은 삶의 진행(pavatti)과 동일하다. 늙음(jarā) 등의 여섯 구절은 표상(nimitta)에 포함된다. 따라서 '일어남(uppāda) 등의 다섯 구절에 따라 생각하고 보기만 해도 모두 구족된다'라고 기억해야 한다.

Tatha bhayākārena pavattaṁ ñāṇaṁ byayatupaṭṭhānañāṇaṁ, itarākāravasena pavattaṁ ādīnavañāṇanti daṭṭhabbaṁ.

(Pm.ii.451)

대역

tatha**그** '두려운 모습으로' 등의 **구절에서** "bhayākārena**'두려운 것이다'라는 모습으로** pavattaṁ ñāṇaṁ**생겨나는 지혜가** byayatupaṭṭhānañāṇaṁ**두려움 드러남의 지혜이다.** 즉 두려움의 지혜이다. itarākāravasena**그 외의** '괴로움이다, 세간적이다, 형성이다'라고 생각하는 **것으로** pavattaṁ (ñāṇaṁ)**생겨나는 지혜가** ādīnavañāṇaṁ**허물의 지혜이다**"iti daṭṭhabbaṁ**라고 알아야 한다.**

이 『대복주서』의 설명에 따라 성전에 나와 있는 네 가지 문단 중에 '두려운 것이다'라는 구절로 설명되어 있는 첫 번째 문단으로 두려움의 지혜가 생겨나는 모습을 설명했다. 나머지 세 가지 문단으로는 허물의 지혜가 생겨나는 모습을 설명했다고 나누어 알아야 한다.

일어남(uppāda) 등을 '두려움이다, 괴로움이다, 세속적이다, 형성이다'라고 생각하고 보는 이에게 '제일 먼저 생겨남이 없음, 끊임없이 생겨남이 없음, 형성 표상이 없음, 애쓰는 업이 없음, 거듭 생겨나지 않음[256] 등은 위험이 사라진 것이다. 행복하고 좋은 것이다. 윤회 윤전, 감각 욕망의 대상, 번뇌라고 하는 음식으로부터 벗어난 것이다. 고요한 것이다'라고 열반을 유추하여 반대로 숙고하는 지혜도 생겨난다. 그래서 『빠띠삼비다막가(無碍解道)』에서 다음과 같이 적정의 경지에 대한 지혜(santipada ñāṇā) 네 가지 문단도 이어서 설하셨다.

anuppādo khemanti santipade ñāṇaṁ.

(Ps.56)

역해

'일어나지 않음은 안온하다'라고 〔아는 지혜가〕 적정의 경지에 대한 지혜이다.

anuppādo sukhanti santipade ñāṇaṁ.

(Ps.56)

역해

'일어나지 않음은 행복하다'라고 〔아는 지혜가〕 적정의 경지에 대한 지혜이다.

anuppādo nirāmisanti santipade ñāṇaṁ.

(Ps.57)

역해

'일어나지 않음은 출세간적이다'라고 〔아는 지혜가〕 적정의 경지에

---

256 저본에서 uppāda(제일 먼저 생겨남, 일어남), pavatta(끊임없이 생겨남), upapatti(거듭 생겨남)로 번역하였다. upapatti를 앞에서는 '이르게 된 생'으로 번역하였다.

대한 지혜이다.

anuppādo nibbānanti santipade ñāṇaṁ.

(Ps.57)

역해

'일어나지 않음은 열반이다'라고 〔아는 지혜가〕 적정의 경지에 대한 지혜이다.

이 네 가지 문단을 통해서 알려 주는 '적정의 경지에 대한 지혜'는 두려움의 지혜, 허물의 지혜가 아니다. 이 지혜에 이어서 법의 성품에 따라 생겨나는 이익으로서의 지혜일 뿐이다.

3. 염오의 지혜

허물의 지혜가 성숙하면 염오의 지혜(nibbidā ñāṇa)가 생겨난다. 그때는 허물의 지혜를 통해 허물을 보았기 때문에 계속해서 새길 때마다 지겹고 싫증나는 것으로만 생각한다. 숙고하고 생각해 보아도 지겹고 싫증나는 것으로만 생각한다. 심하게는 생각하고 계획하는 것조차 '지겹고 싫증나는 것이다'라고 생각한다. 이 지혜가 생겨나는 모습을『담마빠다(法句經)』에서 다음과 같이 설하셨다.

Sabbe saṅkhārā aniccāti, yadā paññāya passati;
Atha nibbindati dukkhe, esa maggo visuddhiyā.

(Dhp. 게송 277)

대역

sabbe saṅkhārā**모든** 물질과 정신 **형성들은**

aniccāti**무상하다고**

yadā무너짐의 지혜의 정점에 이르렀을 **어느 때**

paññāya직접관찰 지혜에 따라 생겨나는

추론관찰 **지혜로** passati**본다**.

atha**그렇게 보았을 때**[257]

dukkhe두려움의 지혜, 허물의 지혜 등에 의해

'위험하다'라고 생각하고 보고 난, 허물을 보고 난

그 물질과 정신이라는 **괴로움에 대해**

nibbindati즐기지 않고 **염오하게 된다**.

esa**그** 염오의 **지혜가**

visuddhiyā번뇌의 때로부터 **청정하게 하는**[258]

maggo**길이다**.

Sabbe saṅkhārā dukkhāti, yadā paññāya passati;
Atha nibbindati dukkhe, esa maggo visuddhiyā.

(Dhp. 게송 278)

대역

sabbe saṅkhārā**모든** 물질·정신 **형성들은**

dukkhāti**괴로움이라고** …

《나머지는 첫 게송과 동일하다.》

---

257 원주(본문내용): 『대복주서』에서는 'yadā어느 때 paññāya명상의 지혜 단계의 통찰지로 passati sammasati관찰하고 명상한다. atha pacchā그렇게 명상한 후에 생멸의 지혜 등이 생겨난 다음에'라고 해석하였다.

258 원주(본문내용): 주석서에서는 'visuddhitthāya vodānatthāya(청정하게 하기 위한, 깨끗하게 하기 위한)'라고 해석하였다.

Sabbe dhammā anattāti, yadā paññāya passati;
Atha nibbindati dukkhe, esa maggo visuddhiyā.

(Dhp. 게송 279)

대역

sabbe dhammā**모든** 물질·정신 **성품법들은**

anattāti**무아라고**,

즉 주재하는 자아가 아닌, 나라고 할 만한 것이 없다고 …

《나머지는 첫 게송과 동일하다.》

4. 세 지혜의 차이

두려움의 지혜, 허물의 지혜, 염오의 지혜, 이 세 가지 지혜는 여리고 – 중간이고 – 성숙된 것으로만 세 가지로 차이가 난다. 형성들의 허물을 분명하게 알고 보는 성품이나 특성으로는 같은 종류의 지혜이다. 바로 그렇기 때문에 일부 수행자에게는 두려움의 지혜가 생겨나면 머지않아 즉시 허물의 지혜, 염오의 지혜가 이어서 생겨나기도 한다.

그 밖에 더 높은 단계의 지혜들에 빠르게 도달하는 일부 수행자들에게는 이 두려움의 지혜, 허물의 지혜, 염오의 지혜들의 여러 모습 중 하나나 두 가지 종류의 모습만 분명하게 드러나기도 한다.

Tenāhu porāṇā — "bhayatupaṭṭhānaṁ ekameva tīṇi nāmāni labhi,[259] sabbasaṅkhāre bhayato addasāti

259 CST4 labhati.

bhayatupaṭṭhānaṁ nāma jātaṁ. Tesu yeva saṅkhāresu ādīnavaṁ uppādesīti ādīnavānupassan nāma jātaṁ. Tesu yeva saṅkhāresu nibbindamānaṁ uppannanti nibbidānupassanā nāma jāta"nti. Pāḷiyampi vuttaṁ — "yā ca bhayatupaṭṭhāne paññā, yañca ādīnave ñāṇaṁ, yā ca nibbidā, ime dhammā ekattā, byñjanameva nāna"[260]nti.

(Vis.ii.288)

대역

tena그래서 porāṇā옛 스승들께서 āhu말씀하셨다. bhayatupaṭṭhānaṁ ekameva두려움 드러남의 지혜, 바로 그 한 가지가 tīṇi nāmāni세 가지 이름을 labhi갖는다. sabbasaṅkhāre모든 형성들을 bhayato addasa'두려운 것이다'라고 본다. iti그래서 bhayatupaṭṭhānaṁ nāma jātaṁ'두려움 드러남의 지혜'라는 이름이 생겨난다. tesu yeva saṅkhāresu'두려운 것이다'라고 보게 된 그 형성들에 대해서 ādīnavaṁ허물을 uppādesi분명하게 한다.(('pātvākāsi(선명하게 한다)', 'vibhāvesi(분명하게 한다)'라고 복주서에 설명되어 있다))[261] iti그래서 ādīnavānupassan nāma jātaṁ'허물 거듭관찰'이라는 이름이 생겨난다. tesu yeva saṅkhāresu허물을 본 바로 그 형성들에 대해서 nibbindamānaṁ uppannaṁ염오함이 생겨난다. iti그래서 nibbidānupassanā nāma jātaṁ'염오 거듭관찰'이라는 이름이 생겨난다. iti이렇게 옛 스승들께서 말씀하였다. pāḷiyampi『빠띠삼비다막가(無碍解道)』라는 성전에도 "yā ca bhayatupaṭṭhāne paññā두려움 드러남의 통찰지, yañca ādīnave ñāṇaṁ허물의 지혜, yā ca nibbidā염오의 지혜, ime dhammā이 세 가지 지혜라는 법들은 ekattā성

260 Ps.i.227.

261 본문의 'uppādesi'라는 단어를 '드러나게 한다'라고 직역할 수 있으나 복주서의 설명대로 해석하였다는 뜻이다.

품으로는 하나이다. byñjanameva표현으로만 nānaṁ서로 다르다"iti vuttaṁ라고 설하셨다.[262]

두려움의 지혜, 허물의 지혜, 염오의 지혜가 끝났다.

262 『청정도론』 제3권, p.302 참조.

벗어나려는 지혜, 재성찰의 지혜, 형성평온의 지혜

1. 벗어나려는 지혜

Iminā pana nibbidāñāṇena imassa kulaputtassa nibbindantassa ukkaṇṭhantassa anabhiramantassa sabbabhavayonigativiññāṇaṭṭhitisattāvāsagatesu sabhedakesu saṅkhāresu ekasaṅkhārepi cittaṁ na sajjati, na laggati, na bajjhati, sabbasmā saṅkhāragatā muccitukāmaṁ nissaritukāmaṁ hoti. ··· Tathassa[263] evaṁ sabba saṅkhāresu vigatālayassa sabbasmā saṅkhāragatā muccitukāmassa uppajjati muñcitukamyatāñāṇaṁ.

(Vis.ii.288)

대역

iminā pana nibbidāñāṇena이 염오의 지혜를 통해서 nibbindantassa ukkaṇṭhantassa anabhiramantassa염오하고, 지겨워하고, 즐거워하지 않는 imassa kulaputtassa이 선한 이들에게 sabba bhava모든 존재 세 가지, yoni모태 네 가지, gati태어날 곳 다섯 가지, viññāṇaṭṭhiti의식의 거주처 일곱 가지, sattāvāsagatesu중생의 거처 아홉 가지에서 sabheda-

263 CST4 Athassa.

> kesu부서지는, 부서짐이 있는 saṅkhāresu형성들 중 ekasaṅkhārepi어느 하나의 형성에도 cittaṁ마음이 na sajjati집착하지 않고, na laggati묶이지 않고, na bajjhati고착되지 않는다. sabbasmā saṅkhāragatā muñcitukāmaṁ모든 뭇 형성들로부터 벗어나기를 바라고 nissaritukāmaṁ hoti떠나 버리기를 바란다. … tatha그때 sabba saṅkhāresu evaṁ vigatālayassa모든 형성들에 대해 지금까지 말한 방법대로 집착하지 않고, sabbasmā saṅkhāragatā evaṁ muccitukāmassa모든 뭇 형성들로부터 지금까지 말한 방법대로 이와 같이 벗어나려고 하는 assa이 선한 이들에게 muñcitukamyatāñāṇaṁ uppajjati벗어나려는 지혜가 생겨난다.[264]

존재(bhava) 세 가지라고 하는 것은 욕계 존재, 색계 존재, 무색계 존재이다.

모태(yoni) 네 가지라고 하는 것은, 알에서 태어나는 중생들인 난생(aṇḍaja 卵生), 자궁에서 태어나는 중생들인 태생(jalāvuja 胎生), 습한 곳에서 태어나는 중생들인 습생(saṁsedaja 濕生), 가까운 곳에 즉시 도착하여 오듯이 분명한 모습을 모두 갖춘 상태로 순식간에 태어나는 중생들인 화생(opapātika 化生), 이 네 가지이다.

태어날 곳(gati) 다섯 가지라고 하는 것은 지옥, 축생, 아귀, 인간, 천신, 이 다섯 가지이다.

의식의 거주처(viññāṇaṭṭhiti) 일곱 가지라고 하는 것은 (1) 다른 몸 다른 인식(nānattakāya nānattasaññī 身異想異)《사람이나 욕계천신들은 서로 몸의 모습도 다르다. 재생연결의 인식으로도 서로 다르다. 사람은 사람끼리, 욕계천신은 욕계천신끼리 서로 다르다. 그래서 '다른 몸 다

264 『청정도론』 제3권, pp.302~303 참조.

른 인식'라고 한다》 (2) 다른 몸 같은 인식(nānattakāya ekattasaññī 身異想同)《초선천의 범천들과 악처 중생들은 서로 몸의 모습은 다르지만 인식은 같다. 그래서 '다른 몸 같은 인식'이라고 한다》 (3) 같은 몸 다른 인식(ekattakāya nānattasaññī 身同想異)《제2선천의 범천들은 서로 몸의 모습은 같지만 인식이 다르다. 그래서 '같은 몸 다른 인식'라고 한다》 (4) 같은 몸 같은 인식(ekattakāya ekattasaññī 身同想同)《제3선천의 범천들과 광과천의 천신들은 서로 몸의 모습, 인식이 다 같다. 그래서 '같은 몸 같은 인식'이라고 한다. 정거천의 범천들도 이 의식의 거주처 네 번째에 포함된다[265]》 (5) 공무변처 인식(ākāsānañcāyatanasaññī 空無邊處想)《공무변처의 범천들을 말한다》 (6) 식무변처 인식(viññāṇañcāyatanasaññī 識無邊處想)《식무변처의 범천들을 말한다》 (7) 무소유처 인식(ākiñcaññāyatanasaññī 無所有處想)《무소유처의 범천들을 말한다》, 이 일곱 가지이다.[266]

이 일곱 가지에 무상유정천의 중생과 비상비비상처의 중생들을 더한 것이 중생의 거처(sattāvāsa) 아홉 가지이다.

수행자의 지혜는 익혔거나 기억했거나 들어 보았던 것에 대해서만 숙고하며 대상으로 할 수 있다. 들어 보지 않았던 표현으로는 번뇌도 생겨날 수 없고 지혜도 생겨날 수 없다. 그렇지만 최소한 존재 세 가지에 대해서 염오하는 지혜가 생겨나면 위빳사나가 구족된 것이다. 무엇 때

---

265 이것은 마하시와 장로의 견해이다. 다른 견해로, AA.iii.164에 따르면 이 정거천은 아나함들이 죽어서 태어나는 곳이고, 부처님께서 오랫동안 출현하지 않는 시기에는 이 정거천에 아무도 태어나기 않기 때문에 의식의 거주처 어디에도 포함시키면 안 된다고 설명한다.

266 A7:41; 『앙굿따라 니까야』 제4권, pp.397~399 참조.

문인가? 모태, 태어날 곳 등의 표현들은 그 세 가지 존재에 대해 방편적으로 표현만 달리한 것일 뿐이기 때문이다.

어느 한 곳에 대해 허물을 보고서 즐거워하지 않고, 지겨워하고, 염오하는 이에게, 그곳에서 벗어나려는 마음이 생기는 것, 그곳을 떠나버리려는 마음이 생기는 것은 정해진 법칙(dhammatā)이다. 따라서 새겨지는 대상 형성들과 새기는 위빳사나 형성들로부터, 또한 숙고하게 된 존재, 모태, 태어날 곳 등의 형성들로부터 벗어나려 함 = 그 형성들을 버리려고 하는 성품이 머지않아 생겨난다. 이렇게 벗어나려고, 떠나 버리려고 하는 성품이 '벗어나려는 지혜'이다.

그때 수행자는 감, 앉음, 누움, 굽힘, 폄 등 몸의 여러 동작들 모두로부터, 또한 봄, 들림, 닿음, 생각함, 관찰하여 새김 등 마음의 여러 현상들 모두로부터, 또한 사람으로서의 존재, 천신으로서의 존재, 남자의 상태, 여자의 상태, 범천의 상태 등 모든 존재로부터 벗어나기를, 다른 곳으로 떠나 버리기를 바란다. 그곳으로부터 벗어난 곳에 이르기를 바란다. 바로 그렇기 때문에 일부 수행자들은 '아무것도 마음기울이지 않고, 새기지 않고 그냥 지내는 것이 좋겠다'라고 숙고하기도 한다. 또한 그렇게 숙고한 대로 새기지 않고 그냥 수행을 멈추어 보기도 한다.

2. 재성찰의 지혜

So evaṁ sabbabhavayonigativiññāṇaṭṭhitisattāvāsagatehi sabhedakehi saṅkhārehi muccitukāmo sabbasmā saṅkhāragatā muccituṁ puna te eva saṅkhāre paṭisaṅkhānupassanā ñāṇena tilakkhaṇaṁ āropetvā parigga-ṇhāti.

(Vis.ii.289)

대역

sabba bhava**모든 존재** 세 가지, yoni**모태** 네 가지, gati**태어날 곳** 다섯 가지, viññāṇaṭṭhiti**의식의 거주처** 일곱 가지, sattāvāsagatehi**중생의 거처** 아홉 가지**에서** sabhedakehi부서지는, **부서짐이 있는** saṅkhārehi**형성들로부터** evaṁ muccitukāmo**이와 같이 벗어나려고 하는** so**그** 선한 이**들은** sabbasmā saṅkhāragatā muccituṁ**모든 뭇 형성들로부터 벗어나기 위해** te eva saṅkhāre새겨 안 **바로 그 형성들을** paṭisaṅkhānupassanā ñāṇena다시 관찰하는 **재성찰 거듭관찰의 지혜로** tilakkhaṇaṁ āro-petvā**세 가지 특성을 제기하여** puna pariggaṇhāti**다시 파악한다**. 관찰한다.

형성법들에 대해 항상하다고, 행복하다고, 자아라고 집착하는 것이 완전히 없어진다면 형성들이 소멸된 열반을 직접 실현하게 된다. 그러한 이들은 반열반에 아직 들지 않았어도 그 형성들과 관련하여 걱정이나 근심, 마음의 고통이 없게 되어 그 형성들로부터 벗어난다. 반열반에 들었을 때 그 형성들로부터 벗어나는 것에 대해서는 말할 필요도 없다. 따라서 형성들로부터 벗어나기를 원하면 다른 어떠한 것을 대상으로 할 필요 없이 바로 그 형성들만을 무상·고·무아라고 아주 확실하게 알고 보아 평온하게 관찰할 수 있을 정도로 새기던 대로 끊임없이 새기기만 하면 된다. 벗어나려는 지혜의 힘 때문에 형성들로부터 벗어나기를 바라는 수행자라면 형성들이 생멸할 때마다, 그렇게 생멸하는 그 형성들만을 새기던 대로 거듭 이어서 새겨야 한다. 이렇게 다시 새기면 무상의 모습으로 10가지, 괴로움의 모습으로 25가지, 무아의 모습으로 5가지, 이렇게 40가지 모습 중 어느 한 가지를 새길 때마다 각각에 알맞게 분명히 안다. 간단하게 말하면 새길 때마다 무상의 특성, 괴로움의 특성, 무아의 특성 중 적당하게 어느 한 가지 특성을 분명하게 안다. 이렇게 알고 보는 것은 다시 관찰하는 것 = 다시 알고 보는 것이기 때문에 재성찰의 지혜(paṭisaṅkhā ñāṇa)라고 한다.

무상의 여러 모습들

수행자가 새길 때 가끔씩은 물질·정신 형성들을 ㈎ aniccantika = '끝남에서 벗어날 수 없다, 끝나는 것일 뿐이다, 사라지는 것일 뿐이다'라고 알고 보고 이해한다. ㈏ 가끔씩은 tāvakālika = '그 순간만 머무는 것이다, 아주 짧은 순간 정도만 머무는 것이다'라고 알고 보고 이해한다. ㈐ 가끔씩은 uppādavayaparicchinna = '생겨나고 사라지는 것에 의해 구분되어진 것이다, 처음과 끝, 이 두 가지의 사이에만 있다, 생겨나서는 사라진다, 생겨나기 전에는 아직 없었고 사라진 이후에도 존재하지 않는다, 그 〔생겨남과 사라짐이라는〕 두 가지의 사이에만 존재한다'라고 알고 보고 이해한다.

(1) 가끔씩은 anicca = 무상하다고 안다. (2) 가끔씩은 paloka = 늙어야 하고, 병들어야 하고, 죽어야 하기 때문에 매우 심하게 부서지는 것이라고 안다. 모래 언덕이 계속해서 허물어지듯이, 또는 종이를 '찌익, 찌익' 하며 찢을 때 분명하게 찢어지듯이, 또는 불을 물로 끌 때 '치익, 치익'하며 꺼져 버리듯이, 또는 연기가 바람이 불 때 '휙, 휙'하며 사라져 버리듯이, 계속해서 새길 때마다 그 새겨지는 대상이 심하게 부서지듯이 알고

보는 것도 이 'palokānupassanā(부서짐 거듭관찰)'에 포함된다. ⑶ 가끔씩은 cala = 늙고, 병들고, 죽기도 하면서 고요하지 못하고 계속 동요하고 있다고 안다. 새길 때마다 생겨났다가 사라졌다가 하면서 계속해서 사라지는 것만을 경험하게 되어 "아무 것도 확고하고 튼튼하지 않구나. 계속해서 동요하기만 하는 것일 뿐이다"라고 알고 보는 것도 'calānupassanā(동요함 거듭관찰)'이라고 말할 수 있다. ⑷ 가끔씩은 pabhaṅgu = 매우 부서지기 쉬운 것이다 = 새기기도 전에 먼저 사라져 간다고 안다. ⑸ 가끔씩은 addhuva = 언제 어느 때든 무너질 수 있기 때문에 견실하지 않다고 안다. ⑹ 가끔씩은 vipariṇāmadhamma = '원래 그대로의 상태로 머물지 않고 늙고, 죽으면서 변하고 바뀐다, 처음 생겨날 때와 같지 않고 퇴색되고 무너져 바뀌어 버린다'고 안다. ⑺ 가끔씩은 asāraka = 확고한 고갱이가 없다고 안다. ⑻ 가끔씩은 vibhava = 번영하고 번창함이 없다고 안다. 《의미는 다음과 같다. santatighana = 상속 덩어리 〔개념〕이 아직 없어지지 않았을 때에는 '나무 씨앗으로부터 나무줄기, 그 나무줄기로부터 가지, 잎 등이 생겨나 하나인 것으로 성장하고 성숙해 가는 것처럼, 이 몸과 마음도 어릴 때의 그 생에서부터 존재했고, 천천히 성장하고 성숙해 지금까지 그대로 유지되고 있다'라고 생각했었다. 〔하지만〕 상속 덩어리 〔개념〕이 없어진 지금은 그처럼 생각하지 않는다. '앞의 여러 몸과 마음의 현상이 따로 + 뒤의 여러 몸과 마음의 현상이 따로, 앞의 여러 현상들이 뒤의 여러 현상들의 상태에 이르지 못하고 사라져 간다. 뒤의 여러 현상들도 앞의 여러 현상들 속에 튀어나와 드러나지 않는다. 어느 하나의 물질과 정신도 다른 어떠한 물질과 정신이 되어 번영하고 번창함이 없다'고 알고 본다. 이렇게 아는 모습만을 말하고자 한 것이다. 원인인 물질과 정신 때문에 결과인 물질과 정신이 생겨나지 않는다는 것을 말하는 것이 아니다.》(9) 가끔씩은 saṅkhata = '업·마음·온도·음식 등의 관련된 여러 조건들이 갖추어져 형성된 것이다, 조건들이 갖추어져 생겨난다'고 안다. (10) 가끔씩은 maraṇadhamma = 죽기 마련인 법이라고, 무너지기 마련인 법이라고 알고 보고 이해한다. 이상이 상황에 따라 적절하게 알고, 보는 무상의 모습 10가지이다.[267]

이들 중 '무상하다(anicca)' 등의 10가지 단어들만이 『빠띠삼비다막가(無碍解道)』에서 무상의 모습으로 차례대로 설해 놓은 것들이다. (가, 나, 다)로 설명한 처음의 세 단어들은 주석서에서 설명해 놓은 구절들이다. 그 세 구절들을 무상의 구절에 포함시켜 '무상의 모습 10가지'라고 헤아려 기억하는 것이 적당하다. 괴로움, 무아의 모습에서도 처음 세 가지 단어들을 같은 방법으로 알기 바란다.

괴로움의 여러 모습들

수행자가 새길 때 가끔씩은 물질·정신 형성들을 (가) abhiṇhasampaṭipīḷana = 생겨남·사라짐이 끊임없이 괴롭히고 있다 = 생겨났다가 사라졌다가 하면서 끊임없이 괴롭히고 있다고 안다. (나) 가끔씩은 dukkhama = 참기 힘들다고 안다. (다) 가끔씩은 dukkhavatthu = 여러 가지 괴로움의 토대이다, 생겨나는 곳이라고 안다.

(1) 가끔씩은 dukkha = 괴로움이라고 안다. 좋지 않다고 안다. (2) 가끔씩은 roga = 완전히 뿌리 뽑지 못한 채 주기적으로 생겨나는 병과 같다고 안다. 고질병과 같다고 안다. (3) 가끔씩은 gaṇḍa = 부풀면서 생겨

---

267 『청정도론』 제3권, pp.303~304 참조.

난 종기와 같다고 안다. 《참기 힘듦, 항상하지 않음, 변함이라고 하는 아픔·통증과 결합되어 있기 때문에도 종기와 같다. 새겨 알아지는 물질과 정신은 생겨나서는 순간만 머물다가 사라져 버리기 때문에도 둥글게 부풀어 오르면 즉시 썩어 고름이 되어 버리는 종기와 같다. 소가죽 달인 물이 썩은 것과 같은 번뇌들을 흘러넘치게, 많이 생겨나게 하기 때문에도 종기와 같다는 말이다.》 (4) 가끔씩은 salla = 꽂힌 화살과 같다고 안다. 《참을 수 없을 정도로 괴롭히기 때문에, 또는 몸속에, 마음속에 꿰뚫고 들어와 찌르고 괴롭히기 때문에, 또는 뽑아내기 어렵기 때문에 꽂힌 화살과 같다는 말이다.》 (5) 가끔씩은 agha = 악행처럼 좋지 않은 법 = 죄악이라고 안다. 《성자들이 비난할 만하기 때문에도 죄악과 같다. 불이익들을 생겨나게 하기 때문에도 죄악과 같다. 여러 가지 악행들이 생겨나는 곳, 의지하는 곳이기 때문에도 악행과 같다는 말이다.》 (6) 가끔씩은 aghamūla = 여러 가지 악행들의 근본, 뿌리라고 안다. (7) 가끔씩은 ābādha = 질병과 같다고 안다. 질병들의 무더기라고 안다. 《자기 마음대로 자유롭게 할 수 없도록 괴롭히기 때문에, 또는 여러 가지 아픔, 건강하지 않음을 생겨나게 하는 가장 가까운 원인이기 때문에 질병과 같다는 말이다.》 (8) 가끔씩은 īti = 친척들의 무너짐(ñātivyasana) 등의 무너짐들[268]을 생겨나게 하기 때문에 엄습해 온 고난과 같다고 안다. (9) 가끔씩은 upaddava = 크나큰 불이익들을 미리 알려주지도 않고 생겨나게 하기 때문에, 급작스럽게 다가와 괴롭히는 재난과 같다. 혹은 왕의 형벌 등의 토대가 되기 때문에 왕 등 자기보다 높은 위치의 사람들이 괴롭히는 것과 같다고 안다. (10) 가끔씩은 bhaya = 두려운 것이라고 안다.

---

268 다섯 가지 무너짐(vyasana)이 있다. ① 친척의 무너짐 ② 재물의 무너짐 ③ 건강의 무너짐 ④ 계의 무너짐 ⑤ 견해의 무너짐. 각묵스님 옮김, 초기불전연구원, 『디가 니까야』 제3권, p.409 참조.

《여러 가지 두렵고 위험한 것들을 생겨나게 하는 위험한 구렁텅이와 같기 때문에, 또는 모든 괴로움들이 사라져 진실로 편안한 상태인 열반과 반대인 것, 상반되는 것이기 때문에 두려운 것이라는 뜻이다.》 ⑾ 가끔씩은 upasagga = 친척들의 무너짐 등 외부의 불이익, 심한 질병 등의 내부의 불이익들과 함께 한다, 즉 결합되어 있다. 탐욕 등의 허물들과 결합되어 있다. 야차, 나찰 등의 나쁜 천신들의 유혹 때문에 생겨나는 여러 가지 불이익들처럼 받아들이기에 좋지 않기 때문에 사악한 주문으로 홀려 괴롭히는 화(禍)와 같다고 안다. ⑿ 가끔씩은 atāṇa = 여러 가지 괴로움과 위험이 이르지 못하도록 보호해 줄 수 없다고, 보살펴 줄 수 없다고, 보호처가 아니라고 안다. ⒀ 가끔씩은 aleṇa = 괴로움과 위험으로부터의 피난처가 아니라고 안다. ⒁ 가끔씩은 asaraṇa = 괴로움과 위험을 제거할 수 없고 없앨 수 없기 때문에 의지처가 아니라고 안다. 《아무리 거룩하고 수승한 물질·정신이라 하더라도 괴로움, 위험을 사라지게 할 수 없다. 따라서 모든 물질·정신 형성들은 보호처(tāṇa), 피난처(leṇa), 의지처(saraṇa)가 아니다. 여러 괴로움과 위험들이 없길 바라는 이들을 보호해 주지도 못한다. 여러 괴로움과 위험들이 없길 바라는 이들을 안전하게 해 주는 피난처도 되지 못한다. 의지할 만한 것도 아니라는 뜻이다.》 ⒂ 가끔씩은 ādīnava = 끊임없이 생겨나고 있는 괴로움일 뿐이기 때문에 허물 덩어리일 뿐이다. 항상하지 않고 괴로움이고 변하기 때문에 허물이 있다. 매우 아둔한 법, 물러나는 법이라고 안다. ⒃ 가끔씩은 vadhaka = 그것들(= 물질과 정신들)이 소멸할 때마다 죽을 수 있기 때문에 살인자와 같다고 안다. ⒄ 가끔씩은 sāsava = 번뇌흐름(āsavo)들의 대상, 기초라고 안다. ⒅ 가끔씩은 mārāmisa = 죽음이라는 법의 먹잇감, 번뇌의 먹잇감이라고 안다. ⒆ 가끔씩은 jātidhamma =

생겨나는 성품이 있는 법이라고, 생겨나기 마련인 법이라고 안다. ⒇ 가끔씩은 jarādhamma = 늙고 쇠퇴하기 마련인 법이라고 안다. ㉑ 가끔씩은 byādhidhamma = 병들기 마련인 법이라고 안다. ㉒ 가끔씩은 sokadhamma = 슬픔을 생겨나게 하기 마련인 법이라고, 슬퍼할 것들이라고 안다. ㉓ 가끔씩은 paridevadhamma = 비탄을 생겨나게 하기 마련인 법이라고, 비탄할 것들이라고 안다. ㉔ 가끔씩은 upāyāsadhamma = 절망을 생겨나게 하기 마련인 법이라고, 절망할 것들이라고 안다. ㉕ 가끔씩은 saṁkilesīkadhamma = '번민하게 하는 번뇌들이 집착하는 대상이다. 마음의 때들이 오염시키는 곳이다'라고 알고 보고 이해한다. 이상이 상황에 따라 적절하게 알고 보는 괴로움의 모습 25가지들이다.[269]

특히 기억해야 할 것은 아래 단계인 명상의 지혜가 생겨날 때나 또는 이 재성찰의 지혜가 아직 미숙할 때에는 매우 심하고 분명하게 생겨나는, 참기 힘든 여러 가지 괴로운 느낌들을 직접 경험하기 때문에 "dukkhamato dukkhavatthuto dukkhato rogato gaṇḍato sallato aghato ābādhato (참기 힘들다고, 괴로움의 토대라고, 괴로움이라고, 고질병이라고, 종기라고, 화살이라고, 죄악이라고, 질병이라고)" 등의 구절대로 수행자는 여러 가지 많은 괴로움의 모습들을 알고 보고 이해한다. 바로 그렇기 때문에 『위숫디막가(淸淨道論)』에서 명상의 지혜, 재성찰의 지혜라고 하는 이 두 단계에서 이러한 모습들을 아주 자세하게 설명한 것이라고 이해하는 것이 적당하다. 차이점은 명상의 지혜 단계에서는 한 종류의 괴로

269 『청정도론』 제3권, p.304 참조.

운 느낌들을 여러 부분으로 끊어서 알 수 없다. 하지만 이 재성찰의 지혜 단계에서는 계속해서 새길 때마다 여러 부분으로 끊어서 알 수 있다. 이것이 서로 다른 점이다.

무아의 여러 모습들

수행자가 새길 때 가끔씩은 물질·정신 형성들을 ㈎ asāmika = 소유한 주인이 없는 성품법들일 뿐이라고 알고 보고 이해한다. ㈏ 가끔씩은 anissara = 주재하는 이가 아닌 단지 성품법들일 뿐이라고, 주재할 수 없다고 안다. ㈐ 가끔씩은 avasavattī = 바라는 대로 되지 않는 성품법들일 뿐이다. 바라는 대로 되게 할 수 없는 성품법들일 뿐이라고 안다.

(1) 가끔씩은 anatta = 주재하는 나가 아닌, 항상 머물 수 있는 나가 아닌, 가고 보는 등의 행위를 할 수 있는 나가 아닌, 느낄 수 있는 나가 아닌, 무엇을 생겨나게 할 수 있는, 준비하고 조정할 수 있는 나가 아닌, 바라는 대로 성취하게 할 수 있는 나가 아닌,[270] 단지 성품법들일 뿐이라고 안다. (2) 가끔씩은 para = 자기가 바라는 대로도 되지 않고, 늙지 않도록, 죽지 않도록 준비하고 조정할 수도 없기 때문에 전혀 모르는 남이라고 안다. (3) 가끔씩은 ritta = 항상함도 없고, 행복함도 없고, 깨끗함도 없고, 나라고 할 만한 것도 없기 때문에 전혀 무의미한 성품법들일 뿐이라고 안다. (4) 가끔씩은 tuccha = 전혀 실체·핵심이라고는 없는, 저열한 성품일 뿐이라고, 전혀 쓸모없는 법들일 뿐이라고 안다. (5) 가끔씩은 suñña = 자아가 없는, 빈 것이라고 안다. (("atta = 자아라고 하는 것은

---

270 이 책의 제2권 p.200 참조.

무더기(蘊)라는 집의 주인이다. 무더기라는 집에 항상 머물고 있는 존재이다. 가고 보는 등의 여러 행위들을 성취하게 하는 존재이다. 좋고 나쁜 것을 느끼는 존재이다. '어떻게 될지어다'라고 조정하고 준비할 수 있는 존재이다. 자기가 바라는 대로 성취하게 할 수 있는 존재이다"라고 생각할 만한, 여길 만한, 집착할 만한 생명, 중생, 영혼, 의식, 자아라고는 없는, 비어 있는, 단지 성품법들일 뿐이라고 알고 보고 이해한다는 말이다.》 이상이 상황에 따라 적절하게 알고, 보는 무아의 모습 5가지들이다.[271]

이러한 무상·고·무아의 모습 40가지들을 'aniccato(무상으로), dukkhato(괴로움으로)' 등으로 설하였기 때문에 '~로(to) 40가지'라고 부른다. 그 모습을 통해 아는 지혜 40가지도 위빳사나 40가지라고 부른다.

이러한 모습들은 원래 가진 지혜, 들어서 아는 〔또는 경전지식을 통한〕 지혜 등이 적은 이들에게는 아주 적게 생겨난다. 원래 가진 지혜가 매우 예리한 이들이나 들어서 아는 〔또는 경전지식을 통한〕 지혜가 많은 이들에게는 아주 많이 생겨난다. 윗단계의 도를 위한 위빳사나 단계에서는 〔아랫단계의 도를 위한 때보다〕 더욱 분명하게 많이 드러난다. 그렇지만 "Pañcakkhandhe aniccato passanto anulomikaṁ khantiṁ paṭilabhati. Pañcannaṁ khandhānaṁ nirodho niccaṁ nibbānanti passanto sammattaniyāmaṁ okkamati(다섯 무더기를 무상하다고 〔관찰하여〕 보는 이는, 혹은 볼 때 수순의 이해, 즉 수순의 지혜를 얻는다. 다섯 무더기의 소멸을 항상한 열반이라고 보는 이는, 혹은 볼 때 올바름으로 이끄는 결정, 즉 성스러운 도에 들어간다)"[272]등의 『빠띠삼비

271 『청정도론』 제3권, p.304 참조.

272 이 책의 제2권 p.397 참조.

다막가(無碍解道)』의 구절에 따라 출현으로 인도하는 위빳사나(vuṭṭhānagāminī vipassanā)를 통해 어떤 하나의 모습만을 잘 보고 난 바로 다음에도 도의 지혜가 생겨나기 때문에 "어떤 하나의 모습을 훌륭하게 알고 보고 이해하면 도의 지혜에 이를 수 있을 정도로 위빳사나 지혜가 구족된다"라고 확실하게 믿을 수 있고 장담할 수 있다.

이 재성찰의 지혜는 일부 수행자들에게는 한순간 안에 성숙되기도 한다. 일부 수행자들에게는 하룻낮, 하룻밤, 하루, 이틀, 사흘 등으로 어느 정도의 시간이 걸려야 성숙되기도 한다. 이 〔재성찰의〕 지혜가 생겨나기 시작해서 아직 성숙되기 전에는 'abhiṇhasampaṭipīḷanato dukkhamato(끊임없이 괴롭힌다고, 참기 힘들다고)' 등으로 형성들의 좋아할 만한 점이 없다는 성품, 참기 힘든 성품들을 특별히 분명하게 경험하기 때문에, 또한 형성평온의 지혜처럼 평온하게 관찰할 수 없기 때문에 잘 새기며 알고 있음에도 불구하고 '〔새김이〕 좋지 않다'라고 생각하기도 한다. 만족하지 못하기도 한다. 이 〔재성찰의〕 지혜가 성숙되었을 때 비로소 '새겨 아는 것이 매우 좋아졌다'라고 생각한다. 생멸의 지혜 단계에서 부수번뇌와 섞인 지혜와 부수번뇌로부터 벗어난 지혜, 이 두 가지로 나누어지는 것처럼, 이 재성찰의 지혜에서도 참기 힘든 여러 느낌들과 섞여 아직 만족할 정도로 새김과 앎이 좋지 못한 지혜와 참기 힘든 여러 느낌들이 사라져 만족할 정도로 빠르게 새김과 앎이 좋은 지혜, 이 두 가지로 나누어진다. 그와 마찬가지로 무너짐의 지혜에서도 계속해서 성글게 생겨나 만족할 정도로 좋지는 않은 단계의 지혜와 여러 부분으로 끊어지며 새겨 매우 좋은 단계의 지혜, 이 두 가지로 나누어진다.

3. 형성평온의 지혜

재성찰의 지혜가 완벽하게 구족되었을 때는 계속 생멸하는 형성대상들을 새겨 알기 위해 일부러 애를 쓰지 않아도 된다. 새길 때마다 형성대상들의 소멸하는 특성과 무상·고·무아의 모습 중 어느 하나를 분명하게 알기 위해서도 일부러 애를 쓰지 않아도 된다. "saṅkhārāva saṅkhāre vipassanti(오직 형성들이 형성들을 관찰한다)"라는 구절처럼 저절로 계속해서 새겨 알고 있듯이 새겨 앎이 매우 강력하게 오랫동안 생겨난다. 새길 때마다 소멸의 특성, 무상·고·무아의 모습 중 어느 하나를 매우 분명하게 알고 또 안다. 『위숫디막가(淸淨道論)』의 형성평온의 지혜에 대한 해설 중에 설명한 '두 가지로(dvikoṭika) 관찰하는 모습'[273] 등에 따른 특별한 지혜들도 생겨난다. 그 이전의 여러 지혜들이 생겨날 때처럼 형성들에 대해 허물을 보거나, 염오하거나, 벗어나려고 숙고하거나, 새김이 좋지 않다고 생각하여 만족하지 않거나 하는 것이 전혀 없다. 어떤 물건 하나가 부수어지더라도 전혀 걱정이나 근심이 생겨나지 않는다. 두려움의 지혜처럼 두려움도 생겨나지 않는다. 마음이 매우 깨끗하고 선명하다. '이전에는 한번도 경험해 보지 못한 행복을 경험하고 있다'라고 생각하기도 한다. 그리고 그 정도로 매우 특별한 마음, 매우 깨끗하고 행복한 마음도, 생멸의 지혜가 처음 생겨날 때처럼 매주 좋아함도 없다. 그 〔생멸의 지혜가 처음 생겨날〕 때처럼 매우 즐거워하지도 않는다. 고요하고 미세한 새김과 앎만이 끊임없이 계속 하나의 새김으로 오랜 시간 동안 생겨나게 된다. 그때 특별히 애를 쓰지 않아도 저절로 끊임없이 계속해서 알면서 매우 고요하고, 미세하게 생겨나고 있는

---

273 이 책의 제2권 pp.352~353 참조.

특별한 지혜가 형성평온의 지혜(saṅkhārupekkhā ñāṇa)이다.

> Evamevāyaṁ sabbasaṅkhārehi muccitukāmo[274] hutvā paṭisaṅkhānupassanāya saṅkhāre pariggaṇhanto "ahaṁ mamā"ti gahetabbaṁ adisvā bhayañca nandiñca vippahāya sabbasaṅkhāresu udāsino hoti majjhatto. Tassa evaṁ jānato evaṁ passato tīsu bhavesu catūsu yonīsu pañcasu gatīsu sattasu viññāṇaṭṭhitīsu navasu sattāvāsesu cittaṁ patilīyati patikuṭati pativattati na sampasāriyati, upekkhā vā pāṭikūlyatā vā saṇṭhāti. … Iccassa saṅkhārupekkhāñāṇaṁ nāma uppannaṁ hoti.
>
> (Vis.ii.294)

대역

evameva〔다른 남자와의 부정한 행위라는〕 매우 심한 허물을 알게 되어, 〔그전까지는〕 매우 사랑하고 소중히 생각했던 부인에 대한 애착을 버린 다음에는 〔부인이〕 다른 한 남자와 만나고 어떠한 행위를 하는 것을 보더라도 화내지 않고, 못 참지 않고, 마음 불편하지 않고, 신경쓰지 않고 무덤덤하게 볼 수 있는 한 남자의 모습, 바로 **이와 같이** 《'무덤덤하게 되고 중립적이 된다'와 연결된다》 āyaṁ **이 수행자가** sabbasaṅkhārehi muccitukāmo hutvā**모든 형성들로부터 벗어나려고 하게 되어** saṅkhāre**형성들을** paṭisaṅkhānupassanāya pariggaṇhanto다시 관찰하는 **재성찰 거듭관찰의 지혜로 파악할 때,** 즉 관찰하고 새길 때, "ahaṁ mamā"ti gahetabbaṁ adisvā**'나'라거나 '내 것'이라고 취할만한 것을 아무 것도 보지 못하여,** bhayañca평온하게 관찰할 수 없어 형성대상들의 무너짐과 관련하여 생겨날 수 있는 두려

274 CST4 muñcitukāmo.

움·걱정, 즉 두려움의 지혜로 생겨나는 **두려움과** nandiñca평온하게 관찰할 수 없어 구족됨이나 좋은 것과 관련하여 생겨날 수 있는 만족·즐김, 또는 관찰이 잘 되는 것 때문에 생겨날 수 있는 **만족·즐김을** vippahāya**제거하고**《일부러 신경써서 제거하는 것이 아니다. 생겨나지 않아 저절로 사라지는 것을 말한다》 sabbasaṅkhāresu관찰하는, 숙고하는 **모든 형성들에 대해** udāsino좋아함과 싫어함이 없이 균등하게 관찰하게, **무덤덤하게 되고** majjhatto좋아함과 싫어함이 없이 중간의 상태, **중립적이** hoti**된다.** tassa evaṁ jānato evaṁ passato **이와 같이 알고, 이와 같이 보는 그 수행자에게** tīsu bhavesu**존재 세 가지,** catūsu yonīsu**모태 네 가지,** pañcasu gatīsu**태어날 곳 다섯 가지,** sattasu viññāṇaṭṭhitīsu**의식의 거주처 일곱 가지,** navasu sattāvāsesu**중생의 거처 아홉 가지에 대해** cittaṁ**마음이** patilīyati피하는 것처럼 **물러나고,** patikuṭati**움츠리고,** pativattati**되돌아오고,** na sampasāriyati**펼쳐지지 않는다.**[275] upekkhā vā균등하게 앎, 평온하게 관찰함이라는 **평온이나** pāṭikūlyatā vā**혐오스러움,** 좋아할 만한 것이 없는 점**이** saṇṭhāti 새기는 마음, 숙고하는 마음에 잘 **확립된다.** iti**이와 같이** assa**그에게** saṅkhārupekkhāñāṇaṁ nāma**형성평온의 지혜라고 하는 것이** uppannaṁ hoti**나타난다.**[276]

《이곳에서 두 가지 측면으로 관찰하는 모습 등도 경전지식을 위해 설명하고자 한다.》

275 원주: 'na sampasāriyati(펼쳐지지 않는다)'는 수동태이다. 이때는 여러 대상들로 펼쳐 새기고자 해도 펼쳐 새길 수 없다. 새김이 저절로 힘이 좋아 그냥 새겨 알던 대로 계속해서 새겨 알고만 있다. 수행을 중간에 멈추고 존재〔세 가지〕 등을 일부러 숙고해 보아도, 또는 아무리 좋고 훌륭한 대상들이 생겨나도 마음이 물러나기만 한다. 좋아서 흠뻑 빠지는 일이 없다. 또한 오랫동안 숙고하거나 생각할 수도 없다. 새겨 아는 것에만 다시 돌아가고 돌아간다. 이러한 마음이 생겨나는 것을 말한다.

276 『청정도론』 제3권, pp.311~312 참조.

1) 두 가지 측면으로 관찰하는 모습

> Puna ca paraṁ, bhikkhave, ariyasāvako … iti paṭisañcikkhati — 'suññamidaṁ attena vā attaniyena vā'ti.[277]
>
> (M.iii.50)

대역

bhikkhave**비구들이여**, puna ca aparaṁ**또한** 다시 관찰하여 보는 또 다른 모습은 다음과 같다. ariyasāvako**성제자는**, 즉 부처님의 제자인 수행자는 iti paṭisañcikkhati**다음과 같이 관찰하여 본다.** 즉 'idaṁ**이 정신과 물질은** attena vā suññaṁ**자아라는 상태** = 나라는 상태**가 없다.** attaniyena vā suññaṁ**자아의 것인 상태** = 나의 것인 상태**도 없다**'iti**라고** 관찰하여 본다.(《"'Cakkhu kho, ānanda, suññaṁ attena vā attaniyena vā'ti evamādisu[278] attabhāvena vā attaniyabhāvena vāti attho. Itarathā hi cakkhu attā vā attaniyaṁ vā ti appaṭisiddhameva siyā((('자아라는 상태, 자아의 것인 상태'란) "아난다여, 눈은 실로 '자아'라든가 '자아의 것'이 없다"와 같은 구절 등에서의 '자아라는 상태'라든가 '자아의 것인 상태'라는 뜻이다. 다른 방법으로는 '눈은 자아다, 또는 자아의 것이다'라는 의미는 전혀 성취될 수 없는 의미이다)"라는,「보배경(Ratana sutta)」에 대해 해석한『쿳다까빠타(Kuddakapāṭha 小誦經) 주석서』를 의지해서 단어들을 묶어서(bhāvattha)[279] 번역하였다.》

이『맛지마 니까야(후50편)』「동요없음에 적당함 경(Āneñjasappāya

---

277 M106;『맛지마 니까야』, p.1201 참조.

278 S.iv.85.

279 원문에서 이 구절에 대해 번역할 때 다른 곳에서처럼 단어 하나하나에 대해 대역을 하지 않고 'attaniyena vā suññaṁ자아의 상태가 없다'라고 묶어서 번역했다는 의미이다.

sutta)」등에 따라 두 가지 모습, 두 가지 측면으로(dvikoṭika) '공하다(= 없다)'라고 관찰하여 아는 모습을 『위숫디막가(清淨道論)』에서[280] 설명했다.

수행자가 새기거나 숙고할 때, 그 새기거나 숙고하는 물질과 정신을 '자기가 바라는 대로 성취하게 할 수 있는, 바라는 대로 되게 하는 자아의 상태도 없다. 자아도 아니다'라고, 또한 '자아가 소유한 것인 상태도 없다. 자아와 관련되지 않은 단지 성품법들일 뿐이다'라고 보고 이해한다. 이렇게 보고 이해하면 "두 가지 측면으로 관찰하는 모습과 일치한다"라고 알면 된다.

이 두 가지 측면 중에 '자아가 있다'라고 생각해야 '자아와 관련된 것이 있다'라고도 생각할 수 있다. '자아조차 없다'라고 생각하면 '자아의 것'이라는 생각을 할 수 없다. 따라서 '자아가 아니다. 자아가 없다'라고 확실하게 알고 보면, '자아의 것이 아니다. 자아의 것이 없다'라는 두 번째 측면으로 관찰하고 보는 것도 저절로 성취된다.

2) 네 가지 측면으로 관찰하는 모습

이 「동요없음에 적당함 경」 등에 따라 네 가지 측면으로 관찰하는 모습도 『위숫디막가(清淨道論)』에서 설명했다.

> Puna ca paraṁ, bhikkhave, ariyasāvako iti paṭisañcikkhati — 'nāhaṁ kvacani, kassaci kiñcanatasmi, na ca

---

280 『청정도론』 제3권, p.307 참조.

mama kvacani, kismiñci kiñcanatatthī[281] 'ti.

(M.iii.50)

대역

bhikkhave**비구들이여**, Puna ca paraṁ**또한**, 관찰하여 보는 다른 모습은 다음과 같다. ariyasāvako**성제자는**, 즉 부처님의 제자인 수행자는 iti paṭisañcikkhati**다음과 같이 관찰하여 본다**. 즉 'ahaṁ**나는** kvacani na asmi**어디에도 없다**. 어떠한 때에도 없다. 어떠한 법 안에도 없다. (ahaṁ나는) kassaci**누군가의** kiñcanata = kiñcanatāya**신경 쓸 만한 상태가** nasmi**아니다**.[282]《이 의미를 설명하는 관련된 여러 주석서, 복주서들, 또한 'kiñcanaṁ vuccati palibodho, so na homi('어떠한 것'이라고 하는 것은 '걱정거리 = 신경써야 할 것'을 일컫는다. 그것은, 즉 신경써야 할 것은 '나'가 아니다)'라고 하는 『앙굿따라 니까야 주석서』를 의지해서 문법에도 일치하게 번역한 의미이다. 'kiñcanā ti koci appamattako('어떠한 것'이라고 하는 것은 '정해지지 않은 어떠한 것'이다)'라는 『앙굿따라 니까야(다섯 가지 모음) 주석서』에 따라 'kiñcana'라는 단어를 '전부가 아닌 것을 뜻하는(asākalyattha) 부사'로, 'tasmi'라는 단어는 'ā = a+a'를 대신해서 'ta'가 온 것으로 분석해서 'ahaṁ나는 kassaci어떤 누구의 kiñcana na asmi어떠한 것도 아니다. 아무것도 아니다. 전혀 관련이 없다'라고 번역해도 적당하다.》 (paro ca다른 이도) kvacani na (atthi)**어디에도 없다**. 어떠한 때에도 없다. 어떠한 법 안에도 없다. (so그 다른 이도) kismiñci**어느 누군가에 대해서** mama kiñcanata = kiñcanatāya**내가 신경쓸 만한 상태는** na atthi**있지 않다'라고 관찰하여 본다**. 《'parassa attā'라는 구절을 첨가하였고, 'mama'라는 단어를 그 다음 구절과

---

281 CST4 kiñcanaṁ natthī.

282 M106; 『맛지마 니까야』, p.1201; 『청정도론』 제3권, pp.308~309 참조.

만 연결시켜 의미를 해석하여 설명한 주석서를 의지해서, 문법에 도 일치하게 번역한 의미이다. 여기서도 'kiñcana'라는 단어를 '전부가 아닌 것을 뜻하는(asākalyattha) 부사'로, 'tasmi'라는 단어는 'ā = a+a'를 대신해서 'ta'가 온 것으로 분석해서 'so그 사람은 kismiñci어떠한 이유로도 mama kiñcana나의 어떠한 소유물, 나와 어떻게 관련된 이가, na atthi아니다. 나와 전혀 관련이 없다'라고 번역해도 적당하다.)

의미 〔형성평온의 지혜가 생겨나는〕 그때 수행자는 거듭 새길 때마다 무너져 가는 성품만을 경험하게 된다. 바라는 대로 성취되게 할 수 있는 '자아 = 나'라고 하는 것을 볼 수 없다. 그래서 "'자아 = 나'라고 하는 것은 내 안에도 없다. 내 밖에도 없다. 어디에도 없다. 과거에도 없다. 현재에도 없다. 미래에도 없다. 어느 때에도 없다. 물질 안에도 없다. 정신 안에도 없다. 가고 서고 앉고 눕고 굽히고 펴는 등의 여러 몸의 동작 안에도 없다. 보고 듣고 닿고 생각하는 등의 여러 마음의 현상 안에도 없다. 좋고 나쁜 여러 느낌 안에도 없다. 여러 가지 인식하는 것 속에도 없다. 여러 가지 행하고 노력하는 것 안에도 없다. 어떠한 법 안에도 없다"라고 확실하게 분명히 구분하여 알고 보고 이해한다. 이렇게 알고 보는 것도 한 측면으로 '자아가 없다'라고 관찰하는 것이다. 이상이 첫 번째 측면으로 관찰하여 보는 모습이다.

그 밖에 새길 때든, 새겨 아는 것을 따라 숙고할 때든, "이렇게 사라지고 있는 성품일 뿐이다. '나라든가 중생이라는 것이 없다'라고 알지 못하기 때문에 '나의 아버지, 나의 아들, 나의 형, 나의 동생, 나의 조카' 등으로 다른 이들이 나에 대해 집착하고 신경쓰고 있다. 사실은 그와 같이 다른 이들이 신경쓸 만한 나라고 하는 것은 없다"라고도 알고 보고 이해한다. 이렇게 알고 보는 것도 한 측면으로 '자아가 없다'라고 관찰하는 것이다. 이상이 두 번째 측면으로 관찰하여 보는 모습이다.

《'kiñcanā'라고 단어를 취해 번역한다면[283] "'어떠한 다른 이의 아버지, 아들, 형, 동생, 조카 등인 나라고 할 만한 어떠한 것도 없다. 전혀 아무것도 아니다. 다른 이와 나는 아무런 관련이 없다'라고 알고 본다"라고 의미를 취하라.》

그 밖에 다른 어떠한 이의 형색을 볼 때나 소리를 들을 때 등에 새길 때든 혹은 새겨 아는 것에 따라 숙고할 때든, "'그'라고 부를 만한 자아 = 중생이라고 하는 것은 그 사람의 안에도 없다. 그 사람의 밖에도 없다. 어디에도 없다. 과거에도 없다. 현재에도 없다. 미래에도 없다. 어느 때에도 없다. 물질 안에도 없다. 정신 안에도 없다. 보이는 형색 안에도 없다. 들리는 소리 등에도 없다. 어떠한 법 속에도 '그'라고 부를 만한 것은 없다"라고 확실하게 분명히 구분하여 알고 보고 이해한다. 이렇게 알고 보는 것도 한 측면으로 '자아가 없다'라고 관찰하는 것이다. 이상이 세 번째 측면으로 관찰하여 보는 모습이다.

그 밖에 "'이렇게 소멸하고 있는 성품일 뿐이다. 자아, 중생이라고 하는 것은 없다'라고 이전에 알지 못했기 때문에 '내가 신경써야 할 존재인 어머니, 아버지, 형, 동생, 아들, 딸 등의 다른 이, 다른 어떠한 것이 진실로 존재한다'라고 생각했었다. 사실은 지금처럼 소멸하고 있는 성품일 뿐이다. 내가 신경써야 할 다른 어떠한 존재는 전혀 없다"라고도 알고 보고 이해한다. 이렇게 알고 보는 것도 한 측면으로 '자아가 없다'라고 관찰하는 것이다. 이상이 네 번째 측면으로 관찰하여 보는 모습이다.

---

283 첫 번째 설명을 참조하라.

《'kiñcanā'라는 구절을 취해 번역하여 "나와 관련된 다른 이라고 할 만한 어떠한 것이 어떠한 이유로든 없다. 조금도 없다"라고 의미를 취하라.》

요약 "바라는 대로 성취하게 할 수 있는 '나'도 없다. '다른 이'도 없다. '나'와 관련된 '다른 이'도 없다. '다른 이'와 관련된 '나'도 없다"라고 알고 보고 이해하는 것이 네 가지 측면으로 '자아가 없다'라고 관찰하는 것이다.

이 네 가지 중에서도 '나가 없다'라고 확실하게 알고 보고 이해하는 것만이 필요한 근본의미다. 무엇 때문인가? '나가 없다'라고 확실하게 알고 보고 나면 '나가 없는 것처럼 다른 이도 없다. 나와 관련된 다른 이도 없다. 다른 이와 관련된 나도 없다'라고 쉽게 구분하여 결정할 수 있기 때문이다.

3) 여섯 가지 형태로 관찰하는 모습

여섯 가지 형태(cha ākāra) 등으로 관찰하는 모습을 『닛데사(義釋)』 성전에서 발췌하여 『위숫디막가(清淨道論)』에서 설명했다. 여기서는 그 대역만 설명하겠다.[284]

> Cakkhu suññaṃ attena vā attaniyena vā niccena vā dhuvena vā sassatena vā avipariṇāmadhammena vā.
>
> (Vis.ii.292)

284 본 번역본에서는 원문을 찾아서 다 표시하였다.

대역

cakkhu**눈은** '*attena vā suññaṁ***자아의 상태도 없다.** *attaniyena vā suññaṁ* 자아의 것, **자아가 소유한 상태도 없다.** *niccena vā suññaṁ***항상한 상태도 없다.** *dhuvena vā suññaṁ***견고한 상태도 없다.** *sassatena vā suññaṁ***상주하는 상태도 없다.** *aviparināmadhammena vā suññaṁ***변하지 않는, 원래 상태 그대로 유지되는 상태도 없다'** *iti***라고 관찰한다.**[285]
《이것은 눈 감각문에서 관찰하는 모습이다. 나머지 문, 대상, 의식, 접촉, 느낌 등에 대해서 관찰하는 모습도 같은 방법으로 알기 바란다.》

의미 계속해서 볼 때마다 새기면서 '봄의 토대가 되는 눈의 깨끗함 = 눈 감성물질은 바라는 대로 되는 나의 상태도 없다. 즉 나도 아니다. 나의 한 부분도 아니다. 즉 내가 소유한 것도 아니다. 항상한 상태도 없다. 즉 항상하지도 않다. 견고하지도 않다. 영원히 있는 것도 아니다. 원래 그대로 유지되지도 않는다'라고 알고 보고 이해한다. 들을 때 등에 새기면서 귀 감성물질 등에 대해 알고 보는 모습도 같은 방법으로 자세하게 알 수 있다. 이렇게 관찰하여 보는 모습 중 'nicca, dhuva, sassata, aviparināmadhamma(항상하다, 견고하다, 영원하다, 변하지 않는다)'라는 네 단어들은 표현, 명칭만 서로 다르다. 원래 근본의미로는 같다. 이상이 여섯 가지 형태로 자아가 없다는 것을 관찰하여 보는 모습이다.

4) 여덟 가지 형태로 관찰하는 모습

Rūpaṃ asāraṃ nissāraṃ sārāpagataṃ niccasārasārena vā dhuvasārasārena vā sukhasārasārena vā attasāra-

285 『청정도론』 제3권, p.308 참조.

sārena vā niccena vā dhuvena vā sassatena vā avipariṇāmadhammena vā.

(Vis.ii.292)

대역

rūpaṁ**물질은** '*niccasārasārena vā***항상한** 고갱이(眞髓)[286]라는 **고갱이로도** asāraṁ**고갱이가 아니다.** nissāraṁ**고갱이가 없다.** sārāpagataṁ**고갱이로부터 떠났다.** dhuvasārasārena vā**또는 확고한 고갱이로도** 고갱이가 아니다. 고갱이가 없다. 고갱이로부터 떠났다. sukhasārasārena vā**또는 행복한 고갱이로도** 고갱이가 아니다. 고갱이가 없다. 고갱이로부터 떠났다. attasārasārena vā**또는 자아인 고갱이로도** 고갱이가 아니다. 고갱이가 없다. 고갱이로부터 떠났다. niccena vā**또는 항상한 것으로도** 고갱이가 아니다. 고갱이가 없다. 고갱이로부터 떠났다. dhuvena vā**또는 견고한 것으로도** 고갱이가 아니다. 고갱이가 없다. 고갱이로부터 떠났다. sassatena vā**또는 상주하는 것으로도** 고갱이가 아니다. 고갱이가 없다. 고갱이로부터 떠났다. avipariṇāmadhammena vā**또는** 원래 그대로 머물러 **변하지 않는 것으로도** 고갱이가 아니다. 고갱이가 없다. 고갱이로부터 떠났다'iti**라고 관찰한다.**[287]

《이것은 물질 무더기에 대해서 여덟 가지 형태로 '없다, 공하다'는 것을 관찰하는 모습이다. 나머지 네 가지 정신 무더기와 문, 대상,

---

286 원래 'sāra'라는 단어는 나무의 가운데 부분에 있는 단단한 부분, 심재(心材), 속재목을 뜻한다. 그래서 어떠한 것의 실체, 본질, 핵심을 뜻할 때 사용한다. 반면에 '고갱이'라는 단어는 사물의 핵심을 뜻하기는 하지만 초목의 줄기에 있는 연한 부분을 의미한다. 그래서 'sāra'를 고갱이라고 번역하면 적당하지 않다고 생각할지도 모른다. 하지만 어떠한 법에도 그러한 'sāra'에 해당하는 것은 없기 때문에, 역설적으로 'sāra'를 고갱이라고 번역하면, '핵심이 되는 단단한 부분이 없이 연한 부분일 뿐'임을 암시하게 되어 이 책에서는 'sāra'라는 단어를 '실체가 없다'는 의미로 사용될 때는 '고갱이'라고, 어떠한 것의 핵심, 중요한 부분을 나타낼 때는 '진수'라고, 나무의 속재목을 나타낼 때는 '심재'라고 번역하였다.

287 『청정도론』 제3권, p.308 참조.

의식, 접촉, 느낌 등에 대해서 관찰하는 모습도 같은 방법이다. 이 관찰 방법에서 'niccasāra, dhuvasāra, nicca, dhuva, sassata, avipariṇāmadhamma(항상한 고갱이, 견고한 고갱이, 항상함, 견고함, 영원함, 변하지 않는 법)'라는 여섯 단어는 표현만 다를 뿐이다.》

5) 열 가지 형태로 관찰하는 모습

Rūpaṃ rittato passati. Tucchato … suññato … anattato … anissariyato … akāmakāriyato … alabbhanīyato … avasavattakato … parato … vivittato passati.

(Vis.ii.292)

대역

rūpaṁ**물질을** rittato항상함, 좋고 행복함, 깨끗함, 주재할 수 있음이 **비었다고** passati**본다.** tucchato항상함, 좋고 행복함, 깨끗함, 주재할 수 있음이라고 하는 고갱이가 없기 때문에, 또는 아무런 실체나 핵심이 없어 저열하기 때문에 무의미한 성품법이어서 **쓸모없다고 본다.** suññato바라는 대로 성취하게 할 수 있는 자아라는 실체가 없어 **공(空)하다고 본다.** anattato바라는 대로 성취하게 할 수 있는 **자아가 아니라고 본다.** anissariyato**지배할 수 없다고 본다.** akāmakāriyato **원하는 대로 성취하게 할 수 없다고**, 또는 원하는 대로 성취하게 할 수 있는 모습이 없다고 **본다.** 《그릇 등을 만들기 원하는 이가 물거품으로는 그릇 등을 만들 수 없는 것처럼, 물질법을 항상하도록, 좋고 행복하도록, 깨끗하도록, 나인 것으로 되게 할 수는 없다. 그래서 물질을 'akāmakāriya = 원하는 대로 성취하게 할 수 없는 법'이라고 한다. 다른 방법으로는, 관련된 여러 조건들이 형성되었을 때에만 감·섬·누움·굽힘·폄·뜨거움·차가움·눈으로 봄 등의 어떤 물질적인 현상 하나가 생겨날 수 있다. 자기가 바라는 것만으로는 그러한 어떤 물질적인 현상 하나가 생겨날 수 없다. 그래서 물질을

'akāmakāriya = 원하는 대로 성취하게 할 수 있는 모습이 없는 법'이라고 한다. 이상은 복주서의 설명이었다.》 'alabbhanīyato이렇게만 되기를, 저렇게는 되지 말기를'하고 바라지만 바라는 대로 **얻을 수 없다고 본다**. avasavattanato바라는 대로 되지도 않고, 바라는 대로 되게 할 수도 없다고, 즉 **지배력을 행사할 수 없다고 본다**. parato준비하고 조정하는 대로 되지 않기 때문에 **타인이라고 본다**. vivittato 원인 속에도 결과가 없고, 결과 속에도 원인이 없기 때문에 원인과 결과가 서로서로 **분리되었다고 본다**.[288] 《"kammādiviya, kāraṇehi phalena ca vivittato. na hi kāraṇena phalaṁ, phalena vā kāraṇaṁ sa gabbhaṁ tiṭṭhati('업 등과 마찬가지로, 즉 업과 업의 결과와 마찬가지로, 즉 업과 업의 결과가 서로 공한, 비어 있는, 분리되어 있는 것과 마찬가지로 원인으로부터, 또한 결과로부터 분리되었다'고 〔본다〕. 맞다. 원인은 결과를, 결과는 원인을 임신하거나 잉태하며, 즉 포함하며 함께 머무는 것이 아니다)"[289]라는 구절에 따라 업과 업의 결과는 "kammaṁ natthi vipākamhi, vipāko kamme na vijjati. aññamaññaṁ ubho suññā. na ca kammaṁ vinā phalaṁ(원인인 업이 과보 속에 있는 것이 아니다. 과보가 원인인 업 속에 존재하는 것도 아니다. 업과 과보, 두 법은 서로가 서로로부터 공하다. 즉 분리되어 있다. 그렇지만 업을 떠나서는 과보가 생겨나지 않는다)"[290]이라고 〔앞에서〕 설명했던 것과 마찬가지로 서로서로 분리되어 있는 것처럼, 〔결과는〕 원인으로부터, 〔원인은〕 결과로부터, 서로서로 분리되어 있다고 본다. 이것이 올바른 의

288 『청정도론』 제3권, p.309 참조.

289 『*Visuddhimagga Mahāṭīkā Nissaya*(위숫디막가 대복주서 대역)』, p.456 참조. 스리랑카 본에는 '업 등과 마찬가지로(kammādi viya)'라는 구절이 '행하는 이(kārakādihi viya)'라고 되어 있다. 하지만 저본에서는 '업 등과 마찬가지로'라고 번역해야 뒤의 구절과도 일치한다고 설명하였다.

290 이 책의 제2권 p.169 참조.

미이다. 결과법은 원인법을 임신하거나 잉태하며, 즉 포함하며 함께 머무는 것이 아니다. 원인법도 결과법을, 임신하거나 잉태하며 즉 포함하며 함께 머무는 것이 아니다.[291] 이상은 복주서의 설명이었다. 의미를 더욱 분명하게 알고 싶으면 조건파악의 지혜에서 설명했던 게송들[292]의 의미를 다시 한번 살펴보기 바란다. 느낌, 인식 등에 대해 관찰하는 모습도 같은 방법이다.》

『닛데사(義釋)』 성전에서는 다음과 같이 열 가지 형태로 관찰하는 모습을 설명했다.

Api ca, dasahākārehi suññato lokaṁ avekkhati. Rūpaṁ rittato tucchato suññato anattato asārakato vadhakato vibhāvato aghamūlato sāsavato saṅkhatato.

(Nd2.183)

역해

또한 열 가지 형태로 세상을 '공하다'라고 관찰한다. 물질을 비었다고, 쓸모없다고, 공하다고, 자아가 아니라고, 고갱이가 없는 것으로, 살인자라고, 소멸하는 것이라고, 죄악의 뿌리라고, 번뇌흐름의 대상이라고, 형성된 것이라고 〔관찰한다.〕

〔『위숫디막가(淸淨道論)』라는〕 주석서에서 설명한 10가지 형태 중에 처음 네 가지만 이 〔『닛데사(義釋)』〕 성전과 동일하다. 나머지 여섯 가지는 표현과 의미, 두 가지 모두 다르다.

---

291 마치 임산부가 태아를 임신하여 임산부와 태아가 같이 머무는 것처럼 결과법이 원인법을 포함하여 같이 머무는 것은 아니라는 뜻이다. 서로서로 분리되었다는 뜻이다.

292 이 책의 제2권 p.169 참조.

특별히 주목해야 할 사항

이 〔『닛데사(義釋)』라는〕 성전을 근거로 열 가지 형태의 관찰모습을 드러내어 설명하는 〔『위숫디막가(淸淨道論)』라는〕 주석서에서 성전과 완전히 동일하지 않고 조금 다른 표현의 형태를 설명한 것을 통해 다음과 같은 특별한 의미에 대해 주목해야 한다. "성전과 주석서에서 설명한 여러 가지 형태의 관찰하여 보는 모습을 그렇게 설명한 대로 외워서 완전히 그대로 관찰해야만 수행이 성취되는 것은 아니다. 그렇게 다 외워서 완전히 그대로 관찰하도록 설명한 것도 아니다. 사실은 무상·고·무아의 특성에 포함되는 그 여러 형태들 중 어떤 한 형태든, 여러 가지 형태든, 그것들을 잘 보고 이해하면 수행이 성취된다. 여러 개인의 다양한 바라밀과 지혜, 또한 성향 등에 따라 드러나고 보는 모습, 아는 모습을 모아서 설명한 것일 뿐이다"라는 이 특별한 의미를 확실하게 기억해야 한다.

완벽하게 외워서 관찰하도록 설명했다고 해 보자. 그렇다면 여기에서 〔『위숫디막가(淸淨道論)』라는〕 주석서에 따라 관찰하는 이는 성전의 방법에 따른 10가지 형태 전부를 구족하게 관찰하지 않았기 때문에 수행이 성취되지 않을 것이다. 그렇게 수행이 성취될 수 없다면 성전의 방법과 다른 형태들을 〔『위숫디막가(淸淨道論)』라는〕 주석서에서 설명하지 않았을 것이다. 하지만 방금 보여준 대로 〔다른 형태들을〕 설명해 놓았다. 따라서 완벽하게 외워서 관찰하고 숙고하도록 설명한 글들이 아니다. 사실은 관찰하는 수행자의 지혜에 적합하게 생겨나는 여러 가지 드러나는 모습, 알고 보는 모습들을 나타내는 글들이라고 확실하게 알아야 한다.

6) 열두 가지 형태로 관찰하는 모습

Rūpaṃ na satto, na jīvo, na naro, na māṇavo, na itthī, na puriso, na attā, na attaniyaṃ, nāhaṃ, na mama, na añña-ssa, na kassaci.

(Vis.ii.292)

대역

rūpaṁ**물질을** 자아, 영혼, 혼백, 의식 등으로 생각하고 집착할 수 있는 어떠한 na satto**중생이 아니라고**, na jīvo**영혼이 아니라고**, na naro **사람이 아니라고**, na māṇavo**젊은이가 아니라고**, na itthī**여자가 아니라고**, na puriso**남자가 아니라고**, na attā지배하는 **자아가 아니라고**, na attaniyaṁ자아와 전혀 관련 없다고, 또는 **자아에 속한 것이 아니라고**, na ahaṁ**'나'가 아니라고**, na mama나와 전혀 관련 없다고, 또는 **'나의 것'이 아니라고**, na aññassa다른 사람과 전혀 관련 없다고, 또는 **다른 사람의 것이 아니라고 본다**. 《『닛데사(義釋)』 성전에는 이곳에 '**어느 누구도 아니라고(na koci) 본다**'라는 내용도 있다.》 na kassaci어느 누구와도 관련 없다고, 또는 **어느 누구의 것도 아니**iti**라고 본다**.[293] 《이상은 물질에 대해 관찰하는 모습이다. 느낌이나 인식 등에 대해 관찰하는 모습도 같은 방법이다.》

이렇게 관찰하고 보는 모습에서 'na ahaṁ(나가 아니다)'까지의 여덟 가지 구절들은[294] '생겨남과 사라짐이 없이 무더기라는 집 안에 항상 그대로 머물고 있다'라고, 또는 '감·앉음·굽힘·폄·봄 등을 바라는 대로 성취하게 할 수 있다' 등으로 생각하여 집착할 만한 자아, 영혼, 혼백, 의

---

293 『청정도론』 제3권, p.309 참조.

294 여덟 번째인 attaniyaṁ은 자아에 속한 것을 나타내기 때문에 그것을 빼고 아홉 번째의 ahaṁ까지를 포함해서 여덟 가지 구절들이다.

식, 중생이라는 것만을 제거하기 위해 설명한 구절들이다. 세상에서 보통으로 말하고 표현하는 중생 등을 제거하기 위해 설명한 구절들이 아니다. 'na attaniyaṁ(자아에 속한 것이 아니라고)' 등의 그 다음 구절들도 '자아에 속한 한 부분이 아니다. 자아와 전혀 아무런 관련이 없다'라는 것만을 알려 주는 구절들이다. 세상에서 보통으로 말하고 표현하는 그의 것, 나의 것, 그의 팔다리, 나의 팔다리, 그의 아들딸, 나의 아들딸, 이러한 표현을 제거하기 위한 것이 아니다.

이러한 주석서의 구절들을 접하고 다음과 같이 말하는 사람들도 있다. '부처님께서 설하신 성전에는 주인(sāmī) – 거주자(nivāsī) 등으로 집착할 만한 자아만을 배제하셨다. 붓다고사 존자의 주석서에서는 사람들이 보통으로 말하고 표현하는 여자, 남자, 중생 등도 배제하였다. 따라서 주석서는 성전과 일치하지 않는다'라고 허물을 드러내며 말하고는 한다. 이것은 주석서의 근거인 『닛데사(義釋)』 성전이 말하려는 바를 잘 알지 못하기 때문에, 또한 주석서의 스승이 바라는 바를 잘 알지 못하기 때문에 그렇게 허물을 드러내고, 말하는 것이다. 사실은 주석서에서 '무아(anatta)'라는 곳에 포함시켜 설명한 구절들은 모두 주인(sāmī) – 거주자(nivāsī) 등으로 집착할 만한 자아만을 배제하기 위한 구절들일 뿐이다.[295] 바로 그렇기 때문에 『위숫디막가(淸淨道論)』의 명상의 지혜에 대한 설명에서 "Asārakaṭṭhenāti 'sāmī nivāsī kārako vedako sayaṁvasī'ti evaṁ parikappitassa attasārakassa abhāvena('고갱이가 없다는 뜻에서'란 '〔몸과 마음의 무더기라고 하는 집의〕 주인이라고, 〔몸과 마음이라는 무더기는 무너져도 자신은 무너지지 않고 항상 머물며 지내

295 그렇다고 '집착의 대상이 되지 않는 어떠한 자아가 있다'라고 오해하지 않기 바란다. 자세한 의미는 뒤에서 설명하고 있다.

는〕 거주자라고, 〔감·옴 등의 여러 행위를 행할 수 있는〕 행위자라고, 〔좋고 나쁜 것을 느끼는〕 느끼는 자라고, 〔자신이 원하는 대로 성취할 수 있는〕 자재자라고 〔이렇게 외도들이 상상해 놓은〕 자아라는 고갱이가 없다는 뜻에서'라는 의미이다)"[296], "Sāmī – nivāsi – kāraka – vedakādiṭṭhāyakavirahitatāya suññato. Sayañca assāmikabhāvāditāya anattato(주인 – 거주자 – 행위자 – 느끼는 자 – 지배자〔라고 할 만한 자아〕가 없기 때문에 공하다고 명상한다. 그 스스로도 주인 등이 아니기 때문에 무아라고 명상한다)[297]"라고 확실하게 설명하였다. 여기에 대해서도 성전, 주석서가 말하고자 하는 바를 잘 아는 『대복주서』의 스승은 다음과 같이 설명하였다.

> 'Rūpaṁ na satto'ti ādīsu yo lokavohārena satto, rūpaṁ so na hotīti ayamattho idha nādhippeto tassāvuttasiddhatthā. Na hi loko rūpamattaṁ 'satto'ti voharati, bāhirakaparikappito pana attā 'satto'ti adhippeto. So hi tehi rūpādisu sattavisatthatāya, pare ca[298] sañjāpanaṭṭhena 'satto'ti vuccati, rūpaṁ so na hotīti attho. Suññatā paṭigganhanañhetanti. Esa nayo 'na jīvo'ti ādīsu pi.
>
> (Pm.ii.457)

---

296 Vis.ii.245; 『*Visuddhimagga Myanmarpyan*(위숫디막가 미얀마 어 번역)』 제4권, p.391; 『청정도론』 제3권, p.225 참조.

297 Vis.ii.247; 『*Visuddhimagga Myanmarpyan*(위숫디막가 미얀마 어 번역)』 제4권, p.398; 『청정도론』 제3권, p.229 참조.

298 CST4 paresaṁ.

대역

'Rūpaṁ na satto'ti ādīsu'물질은 중생이 아니다' 등으로 관찰하는 모습에서 lokavohārena yo satto세상 사람들이 보통으로 말하고 표현하는 그 중생이 있는데, rūpaṁ so na hotīti'물질은 그 세상 사람들이 보통으로 말하는 중생이 아니다'라는 ayaṁ attho이러한 의미를 idha nādhippeto'자아가 공하다'라고 관찰한다는 이곳에서 말하고자 한 것이 아니다. (kasmā)무엇 때문인가? tassa avuttasiddhatthā'물질은 보통으로 말하고 표현하는 그 중생이 아니다'라는 그 의미는 특별히 말하지 않아도 저절로 그 의미가 분명하게 성취되기 때문이다. hi맞다. rūpamattaṁ물질만을 'satto'ti중생이라고 loko na voharati세상 사람들이 말하지는 않는다. pana사실은 bāhirakaparikappito부처님 가르침 밖의 여러 외도 사람들이 생각하고 집착하는 attā영혼, 의식 등의 자아를 'satto'ti adhippeto중생이라고 말하는 것이다. hi맞다. rūpādisu물질 등에 대해 satta visatthatāya ca스스로 애착하고 집착하기 때문에, pare sañjāpanaṭṭhena ca또한 다른 사람들을 자신에게 애착하고 집착하도록 하기 때문에 so영혼, 의식 등이라고 불리는 그 자아를 'satto'ti중생이라고 tehi vuccati그 외도들은 말한다. rūpaṁ'새기는 바로 그때 사라진다고 알고 본 물질은 so na hoti그 자아, 중생이 아니다'iti attho라는 이것이 원래 말하고자 하는 의미이다. hi맞다. etaṁ "물질은 중생이 아니다"라고 관찰하고 보는 이것은 suññatā paṭigga-ṇhanaṁ'자아, 나'라는 것이 공하다는 것을 파악하여 알고 보는 지혜이다. iti이렇게 알아야 한다. 'na jīvo'ti ādīsu pi"영혼이 아니다"라는 등으로 관찰하여 보는 모습도 esa nayo'중생이 아니다'에서 설명한 이 방법과 동일하다.

이상이 열두 가지 형태로 관찰하여 보는 모습이다.

4. 형성평온의 지혜는 앞의 두 지혜와 같다

Kathaṁ muñcitukamyatāpaṭisaṅkhāsantiṭṭhanā paññā saṅkhārupekkhāsu ñāṇaṁ? Uppādaṁ muñcitukamyatā-paṭisaṅkhāsantiṭṭhanā paññā saṅkhārupekkhāsu ñāṇaṁ, pavattaṁ … nimittaṁ … āyūhanaṁ … paṭisandhiṁ … upāyāsaṁ muñcitukamyatāpaṭisaṅkhāsantiṭṭhanā paññā saṅkhārupekkhāsu ñāṇaṁ. …
Uppādo dukkhanti … bhayanti … sāmisanti …
Uppādo saṅkhārāti … upāyāso saṅkhārāti muñcitukamyatāpaṭisaṅkhāsantiṭṭhanā paññā saṅkhārupekkhāsu ñāṇaṁ.

(Ps.58)

대역

muñcitukamyatā paṭisaṅkhā santiṭṭhanā paññā처음에 **벗어나려는,** 중간에 벗어나려고 재관찰하는, 즉 **재성찰하는,** 마지막에 특별히 애쓰지 않고 균형을 맞춰 평온하게 관찰하는, 이러한 차례대로 잘 **확립된 통찰지가** saṅkhārupekkhāsu ñāṇaṁ**형성평온의 지혜이다.** (taṁ)그 지혜는 kathaṁ**어떻게 생겨나는가?** uppādaṁ제일 처음 생겨남인 **일어남을,** 또는 제일 처음 일어남이 있는 형성 무더기를 muñcitukamyatā paṭisaṅkhā santiṭṭhanā paññā처음에 **벗어나려고 하면서,** 중간에 벗어나려고 재관찰하면서, 즉 **재성찰하면서,** 마지막에 특별히 애쓰지 않고 균형을 맞춰 평온하게 관찰하는, 이러한 차례대로 잘 **확립된 통찰지가** saṅkhārupekkhāsu ñāṇaṁ**형성평온의 지혜이다.** pavattaṁ다하지 않고 끝나지 않을 정도로 끊임없이 **진행을,** 또는 진행하고 있는 형성 무더기를 … nimittaṁ어떠한 모습, 형체, 실체가 있는 것처럼 드러나는 **표상을,** 또는 표상이 있는 것처럼 드러나는 형성 무더기를 … āyūhanaṁ행복하도록, 잘 살기 위한 목적으로 노력하고 **애씀을,** 또는 애씀이라는 형성 무더기를 … paṭisandhiṁ연결하여 생겨남이 있는 새로운 생의 **재생연결을,** 또는 재생연결이라는 형성 무더기를, … upāyāsaṁ**절망을,** 또는 절망이라는 형성 무더기를 muñcitukamyatā paṭisaṅkhā santiṭṭhanā paññā처음에 **벗어나려고 하면서,** 중간에 벗어나려고 재관찰하면서, 즉 **재성찰하면서,** 마지막에 특별히 애쓰지 않고 균형을 맞춰 평온하게 관찰하면서, 이러한 차례대로 잘 **확립된 통찰지가** saṅkhārupekkhāsu ñāṇaṁ**형성평온의 지혜이다.** …

uppādo새로운 생에 처음 생겨남이라는 **일어남이**, 또는 처음 생겨나는 성품이 있는 이번 생의 형성 무더기는 dukkhaṁ**괴로움**iti**이라고** 알고 본다. … bhayanti**두려움이라고** 알고 본다. … sāmisanti윤회 윤전의 고통, 감각욕망, 번뇌라고 하는 먹잇감과 섞여 있어 **세속적이라고** 알고 본다. …

uppādo새로운 생에 처음 생겨남이라고 하는 **일어남이**, 또는 처음 생겨나는 성품이 있는 이번 생의 형성 무더기는 saṅkhārāti고요하지 않은 **형성이라고** 알고 본다. … upāyāso**절망이** saṅkhārāti**형성이라고** 알고 보면서 muñcitukamyatā paṭisaṅkhā santiṭṭhanā paññā처음에 **벗어나려고 하면서,** 중간에 벗어나려고 재관찰하면서, 즉 **재성찰하면서,** 마지막에 특별히 애쓰지 않고 균형을 맞춰 평온하게 관찰하는, 이러한 차례대로 잘 **확립된 통찰지가** saṅkhārupekkhāsu ñāṇaṁ**형성평온의 지혜이다.**[299] 《세 가지 지혜[300]가 생겨나는 모습을 설명한 『빠띠삼비다막가(無碍解道)』의 구절이다.》

299 『청정도론』 제3권, p.319 참조.

300 벗어나려는 지혜, 재관찰의 지혜, 형성평온의 지혜.

Tattha muñcitukamyatā ca sā paṭisaṅkhā ca santiṭṭhanā cāti muñcitukamyatā – paṭisaṅkhā – santiṭṭhanā. Iti pubbabhāge nibbidāñāṇena nibbindantassa[301] uppādādīni pariccajitukāmatā muñcitukamyatā. Muñcanassa upāyakaraṇatthaṁ majjhe paṭisaṅkhānaṁ paṭisaṅkhā. Muñcitvā avasāne ajjhupekkhaṇā santiṭṭhanā.

(Vis.ii.299)

대역

tattha여기 『빠띠삼비다막가(無碍解道)』에서 muñcitukamyatā ca**벗어나려는**[302] **통찰지도 맞다.** sā**그 통찰지는** paṭisaṅkhā ca**다시 관찰하는 재성찰 지혜도 맞다.** santiṭṭhanā cā**잘 확립된 지혜도 맞다.** iti**이 세 가지 작용 때문에** 'muñcitukamyatā – paṭisaṅkhā – santiṭṭhanā**벗어나려 함 – 재성찰 – 확립'이라고 한다.** iti**그래서** pubbabhāge**처음 단계에서** nibbidā ñāṇena nibbindantassa**염오의 지혜로써 염오하는 이가** uppādādīni**'일어남' 등으로** 나타낸 형성들을, 또는 '일어남' 등과 관련된 형성들을 pariccajitukāmatā**버리기 원하는 상태가** muñcitukamyatā**벗어나려 함이다.** (("uppāda–pavattādi apadesena vutte saṅkhāre. tappaṭibandha chandarāgappahānena vissajjitukāmato((('일어남 등을'이란) '일어남 – 진행 등으로 표현한 형성들을'이란 뜻이다. ('버리기 위해 원하는'이란) '그 일어남 등과 관련된 바람·애착을 제거하는 것을 통해 버리기 원하는'이란 뜻이다)"[303]라는 『대복주서』 설명 중 '일어남 등을 **버리기 원하는**'이라는 구절에서 '일어남이나 진행 등만을 버리길 원하는'이라고 그 의미를 취해서는 안

301 CST4 nibbinnassa.

302 저본에서 앞에서는 '버려 벗어나려는'이라고 번역하였고 이곳에서는 그냥 '벗어나려는'이라고 번역하였다. 본 번역본에서는 모두 '벗어나려는'으로 번역되었다.

303 Pm.ii.469; 『*Visuddhimagga Mahāṭīkā Nissaya*(위숫디막가 대복주서 대역)』 제4권, p.481 참조.

된다. '일어남, 진행 등과 관련된 형성들을 버리길 원하는'이라고 그 의미를 취해야 한다. '버리길 원하는'이라는 구절도 그 형성들과 관련된 바람이나 애착, 애씀 등을 버리길 원하는 것이다. 이상은 복주서의 설명이었다. 이러한 주석서와 복주서, 또한 '일어남' 등의 목적어 구절과 함께 설명한 성전을 근거로 하여, 목적어를 동반한 '벗어나려는'이라는 구절이 원래 뜻하는 바라고 알아야 한다.》 muñcinassa upāyakaraṇatthaṁ**벗어나는** 원인, **방편을 찾기 위해** majjhe paṭisaṅkhānaṁ**중간 단계에서 다시 관찰하는 것이** paṭisaṅkhā**재성찰이다.** muñcitvā**벗어난 뒤**[304] avasāne**마지막에** ajjhupekkhaṇā특별히 애쓰지 않고 차례대로 단지 알기만 알 뿐으로 **평정**하게 관찰**함이** santiṭṭhanā잘 **확립**된 통찰지**이다.** 《"yāva nibbānasampakkhandanā na ijjhati, tāva vicinanepi udāsīnatāya ñāṇassa santānavasena pavattiṁ sandhāyāha(마지막에 열반에 꿰뚫고 들어가는 것을 성취하지 못할 때까지, 못하는 한, 조사하고 숙고하는 것에 대해서도 평정하게 관찰하는 상태로, 지혜의 연속을 통해 계속 생겨나는 것을 두고 '평정하게 관찰함이 잘 확립된 통찰지이다'라고 말했다)"[305] 라는 『대복주서』의 설명대로 재성찰의 지혜가 완전히 성숙된 후부터 시작하여 열반에 꿰뚫어 들어가는 종성의 지혜가 생기기 전까지, 그 사이의 기간 동안 형성들을 조사하고 숙고하는 것에도 특별히 신경 쓰지 않고 단지 알기만 알 뿐으로 평정하게 관찰하며 차례에 따라 하나의 새김으로 오랫동안 특별한 지혜가 생겨나는 것을

---

304 원주: 복주서에 'nirālayabhāvappattiyā apekkhāvisajjanavasean vissajjitvā(들붙음이 사라진 상태에 이르러 열망을 버리는 것을 통해 벗어난 뒤에)'라고 설명하였다. 재성찰의 지혜가 성숙되면 형성들에 대해 이전처럼 애착하고 들붙음, 애씀이 없어진다. 사라진다. 이렇게 애착이 사라지는 바로 그것이 애착의 의지처인 형성들도 버리는 것이다. 역주: Pm.ii.469; 『*Visuddhimagga Mahāṭikā Nissaya*(위숫디막가 대복주서 대역)』 제4권, p.481 참조.

305 Pm.ii.469; 『*Visuddhimagga Mahāṭikā Nissaya*(위숫디막가 대복주서 대역)』 제4권, p.481 참조.

두고 "ajjhupekkhaṇā santiṭṭhanā(평정하게 관찰함이 '잘 확립된 통찰지'이다)"라고 주석서에서 설하였다는 뜻이다.》

이 세 가지 지혜는 처음 – 중간 – 끝, 혹은 여리고 – 중간 정도이고 – 성숙한 것으로만 서로 다르다. 대상과 새겨 앎을 형성 성품일 뿐이라고 알고 보고 이해하는 것이라는 특성으로는 한 종류의 지혜이다. 그래서 『빠띠삼비다막가(無碍解道)』에서 다음과 같이 설하셨다.

Yā ca muñcitukamyatā, yā ca paṭisaṅkhānupassanā, yā ca saṅkhārupekkhā, ime dhammā ekatthā, byañjanameva nānaṁ.

(Ps.259)

대역

yā ca muñcitukamyatā**벗어나려는 지혜**, yā ca paṭisaṅkhānupassanā**재성찰거듭관찰의 지혜**, yā ca saṅkhārupekkhā**형성평온의 지혜**가 (atthi)있는데, ime dhammā**이 지혜들은** ekatthā**동일한 성품법이다**. byañjanameva**표현만** nānaṁ**서로 다르다**.

성품으로는 하나의 지혜이기 때문에, 바로 그렇기 때문에 일부 수행자들에게는 벗어나려는 지혜, 재관찰의 지혜가 생겨난 후 얼마 지나지 않아 바로 형성평온의 지혜가 생겨나기도 한다. [또한] 형성평온의 지혜에 이른 그때 일부 수행자에게는 바로 수순의 지혜, 종성의 지혜, 도와 과의 지혜까지 빠르게 생겨나기도 한다. 일부 수행자에게는 이 형성평온의 지혜만 매우 좋았다가, 보통으로 좋았다가 이렇게 번갈아 가면서 오랫동안 지속되기도 한다. 그래서 『위숫디막가(淸淨道論)』에서는 아래와 같이 설명하였다.

Evameva sace saṅkhārupekkhāñāṇaṁ santipadaṁ nibbānaṁ santato passati, sabbaṁ saṅkhārappavattaṁ vissajjetvā nibbānameva pakkhandati. No ca passati, punappunaṁ saṅkhārārammaṇameva hutvā pavattati. Tadidaṁ suppagge piṭṭhaṁ vaṭṭiyamānaṁ[306] viya. Nippaṭṭitakappāsaṁ vihaṭiyamānaṁ[307] viya nānāppakārato[308] saṅkhāre pariggehetvā bhayañca nandiñca pahāya saṅkhāravicinane majjhattaṁ hutvā tividhānupassanāvasena tiṭṭhati.

(Vis.ii.295)

대역

evameva《옛날에 바다를 항해하는 배에는 까마귀가 실려 있었다. 가까운 육지를 가늠할 수 없을 때 가까운 육지가 있는지 조사하기 위해 그 까마귀를 날려 보낸다. 그 까마귀는 육지를 발견하면 육지 쪽으로 날아가 버리고, 육지를 발견하지 못하면 배로 다시 돌아온다.》 **이** 비유**와 같이** saṅkhārupekkhāñāṇaṁ**형성평온의 지혜가** santipadaṁ 물질·정신 형성들이 **적정(寂靜)해진**, 또한 도의 지혜, 과의 지혜로 도달하기도 도달할 수도 있는, 즉 형성들도 적정해지고 도달하기에도 적당한[309] **경지인** nibbānaṁ**열반을,** santato형성들이 **적정한 것으로** sace passati**만약 본다면** (evaṁ sati)이렇게 볼 수 있다면 sabbaṁ

306 CST4 vaṭṭayamānaṁ.

307 CST4 vihanamānaṁ.

308 CST4 nānappakārato.

309 적정해진 경지를 나누어 해석하였다.

모든 saṅkhārappavattaṁ형성들이 끊임없이 계속해서 생겨나는 것, 즉 **형성들의 진행**이라는 대상을 vissajjetvā**버리고** nibbānameva**오직** 형성들이 적정해진 **열반**이라는 대상**으로만** pakkhandati**뛰어든다.** 《열반이라는 대상으로, 또는 형성들이 적정해짐, 형성들이 소멸함이라는 성품으로 뛰어들듯이 마음이 생겨난다는 뜻이다.》 no ca passati형성들이 적정해진 열반을, 형성들이 적정한 것으로 **만약 보지 못하면** (evaṁ sati)이렇게 볼 수 없다면 saṅkhārārammaṇameva hutvā생멸하고 있는 **형성만 대상으로 하면서**, punappunaṁ pavattati 새겨 알면서 **거듭 반복해서 생겨난다**. tadidaṁ**그 형성평온의 지혜는** suppagge**마치 키 위에서** vaṭṭiyamānaṁ piṭṭhaṁ viya굴려지고 걸러지는 **밀가루를 키질하는 것처럼,** 즉 굴려지고 걸러질수록 더욱더 부드럽고 미세해지는 것처럼, 또는 vihaṭiyamānaṁ nippaṭṭitakappāsaṁ viya**목화씨를 빼낸 다음 솜을 타는**[310] **것처럼** (hutvā)되어, 즉 타면 탈수록 더욱 실이 가늘게 되는 것처럼, 《이 두 가지 비유를 통해 많이 관찰할수록 지혜가 더욱 더 예리해지고 미세해지는 것을 설명해 준다.》 saṅkhāre계속해서 새기는 바로 그때 계속해서 소멸해 가는 **형성들을** nānāppakārato pariggehetvā**여러 방법으로 파악한 뒤**, bhayañca새겨 알고 나서 감각욕망 대상들의 무너짐과 관련한 두려움이나 걱정, 또는 두려움의 지혜 때문에 생겨나는 **두려움과** nandiñca감각욕망 대상들이 구족함과 관련한 즐거움이나 새김이 좋은 것 때문에 생겨나는 **즐김을** pahāya**버리고** 벗어나서 saṅkhāra-vicinane(pi)**형성들을 조사함에 대해서도** majjhattaṁ hutvā특별히 신경 쓰지 않게 되어, **중립적이 되어**[311] tividhānupassanā vasena〔무상·고·

---

310 목화씨를 빼낸 뒤에 활줄로 튀기어 펴지게 하면서 가늘게 만드는 것.

311 원주: pavicayassa sikhāpattatāya saṅkhāresu viya tesaṁ vicinanepi udāsinaṁ hutvā(조사하고 숙고하는 것의 정점에 이른 상태이기 때문에 형성들처럼 그 형성들을 조사하는 것에 대해서도 중립적이 되어): 형성평온의 지혜가 매우 예리해져 구족되었을 때 조사하고 관찰하고 새김이

무아의〕 **세 가지 관찰로** tiṭṭhati**머문다.**[312]

이 〔『위숫디막가(淸淨道論)』라는〕 주석서에서 '형성평온의 지혜가 열반을 볼 수 있다'라고 말한 것은 수순의 지혜가 생겨날 정도로 〔그 형성평온의 지혜가〕 출현으로 인도하는 〔위빳사나의〕 상태로 매우 예리하게 된 것을 두고 말한 것이다. '바로 그 〔형성평온의〕 지혜가 열반에 꿰뚫고 들어간다'라고 다시 말한 것도 수순의 지혜, 종성의 지혜들과 하나로 모아, 한 지혜로 하여 동일화 방법(ekattanaya)으로 말한 것이다. 엄밀하게 말하면 형성평온의 지혜가 많이 생겨나 특히 예리해지고 깨끗해지고 성숙해져서 정점에 이르면 수순의 지혜(anuloma ñāṇa)가 생겨난다. 그 수순의 지혜의 힘 때문에 종성의 지혜(gotrabhū ñāṇa)가 생겨나 열반을 본다. 그 열반이라는 대상 속으로 꿰뚫고 들어간다고 말하는 것이다. 아래는 『대복주서』의 내용이다.

Tikkha visada sūrabhāvena saṅkhāresu ajjhupekkhaṇe sijjhamāne taṁ 〔panetaṁ, CST4〕 saṅkhārupekkhāñāṇaṁ anekavāraṁ pavattamānaṁ paripākagamanena anulomañāṇassa paccayabhāvaṁ gacchantaṁ "nibbānaṁ

정상에 이르러 생겨나기 때문에 특별히 애를 쓰지 않아도 새겨 알아야 하는 형성대상들이 저절로 생겨나고 생겨난다. 그 대상들을 조사하여 앎도 저절로 생겨나고 생겨난다. 알아야 하는 대상들도 저절로 드러나고 그것을 아는 것도 그 자신의 힘으로 저절로 생겨나고 있다고 생각된다. 따라서 "형성들에 대해 특별히 애를 쓰지 않고서 두려움과 즐거움이 없이 중립적으로 관찰할 수 있는 것처럼" 그때 형성들의 소멸, 무상함 등을 알기 위해 특별히 애를 쓰지 않아도 평온하게 관찰할 수 있다는 뜻이다. 복주서의 설명이다. 역주: Pm.ii.460; 『*Visuddhimagga Mahāṭikā Nissaya*(위숫디막가 대복주서 대역)』 제4권, p.462 참조.

312 『청정도론』 제3권, p.312 참조.

santato passati nāma." Tathābhūtañca "〔sabbaṁ, CST4〕 saṅkhārappavattaṁ vissajjetvā nibbānameva pakkhandati nāma." Tayidaṁ idha ñāṇaṁ anulomagotrabhūñāṇehi saddhiṁ ekattaṁ netvā vuttaṁ ekattanayavasena.

(Pm.ii.459)

대역

tikkha visada sūrabhāvena**예리하고 깨끗하고 성숙된 상태로** saṅkhāresu ajjhupekkhaṇe sijjhamāne대상 형성, 위빳사나 **형성**[313]**들에 대해** 특별히 애쓰지 않고서도 두려움이나 즐거움 없이 **중립적으로 관찰하는 것이 성취되고 구족된** taṁ saṅkhārupekkhāñāṇaṁ**그 형성평온의 지혜가** anekavāraṁ pavattamānaṁ**여러 번 아주 많이 생겨나면서** paripāka gamanena**완전히 성숙됨에 이르러** anulomañāṇassa paccayabhāvaṁ gacchantaṁ**수순의 지혜에** 도움을 주는 **조건인 상태에 이른 것을 두고** "nibbānaṁ santato passati nāma""**열반을** 형성들이 **적정한 상태로 본다"라고 한다.** ca이 정도가 다가 아니다. **또한** tathābhūtaṁ **그 지혜를 두고** "saṅkhārappavattaṁ vissajjetvā nibbānameva pakkhandati nāma""끊임없이 생겨나고 있는 **형성들의 진행을 버리고 열반, 바로 그것에 뛰어든다"라고 한다.** tayidaṁ ñāṇaṁ**그** 형성평온의 **지혜를** idha**여기에서** anuloma gotrabhūñāṇehi saddhiṁ ekattaṁ netvā**수순의 지혜, 종성의 지혜와 함께 하나의 지혜인 상태로 만들어** ekattanayavasena vuttaṁ**동일화 방법에 의해 말한 것이다.**

벗어나려는 지혜, 재성찰의 지혜, 형성평온의 지혜가 끝났다.

---

313 대상이라고 하는 형성, 그 대상을 관찰하는 위빳사나 형성.

수순의 지혜, 종성의 지혜, 도와 과의 지혜

1. 수순의 지혜

(1) 동일 거듭관찰 인식과정

지금까지 설명한 대로 수순의 지혜를 생겨나게 할 정도로 형성평온의 지혜가 구족되고 성숙되면 확신(adhimokkha)과 믿음(saddhā)의 힘이 특별히 좋아진다. 이 믿음의 힘 때문에 새겨 아는 마음이 매우 깨끗하게 된다. 그 밖에, 느슨하지도 않고 지나치지도 않게 매우 균형 맞춰 노력하는 정진(vīriya)도 확고하게 생겨난다. 새김도 매우 잘 드러난다. 마음도 새기는 대상에 잘 집중되어 머문다. 형성평온의 지혜도 매우 예리하고 깨끗하게 생겨난다. 그래서 '새겨 앎이 매우 빠르고 분명해지고 좋아졌다. 매우 향상되었다'라고 분명하게 알 수 있다.

그때 생멸하고 있는 어떤 하나의 물질·정신 형성을 무상·고·무아의 세 가지 모습 중 어느 한 가지를 통해서만 관찰하고 보면서 동일 거듭관찰 인식과정(sadisānupassanāvīthi)이 최소 두 번, 세 번 생겨난다. 생겨나는 모습은 다음과 같다. 그 두 번, 세 번의 인식과정 중, 첫 번째 인식과정에서 무상하다고 관찰하고 보는 인식과정이 생겨났다면 두 번째와 세 번째 인식과정에서도 무상하다고만 관찰하고 보는 인식과정이 생겨난다. 그렇지 않고 첫 번째 인식과정에서 괴로움이라고 관찰하고 보는 인식과정이 생겨났다면 두 번째와 세 번째 인식과정에서도 괴로움이라고만 관찰하고 보는 인식과정이 생겨난다. 그렇지 않고 첫 번째 인식과정에서 무아라고 관찰하고 보는 인식과정이 생겨났다면 두 번째와 세 번째 인식과정에서도 무아라고만 관찰하고 보는 인식과정이 생겨난다. 이렇게 한 종류의 모습을 통해서만 알고 보면서 관찰하고 새기는 인식과정이 두 번, 세 번 생겨난다는 뜻이다. 무상의 모습이라고 하는 것은 앞에서 설명한 무상의 모습 10가지 중 어느 하나를 취하면 된다.[314] 괴로움과 무아의 모습이라고 하는 것도 앞에서 설명한 괴로움의 모습 25가지,[315] 무아의 모습 5가지[316] 중 어느 하나를 말한다.

⑵ 출현으로 인도하는 위빳사나

제일 마지막에 생겨나는 이 두 번, 세 번의 동일 거듭관찰 인식과정(sadisānupassanāvīthi)에 포함되는 형성평온의 지혜는 최고에 도달한 지혜이기 때문에 정점에 이른 형성평온(sikhāpattasaṅkhārupekkhā)〔의 지혜〕라고 부른다. 도와 바로 연결되어 있어 도에 이르게 하기 때문에 출현으로 인도하는 위빳사나(vuṭṭhānagāminīvipassanā)라고도 부른다. 도는 위빳사나의 대상인 형성 표상들을 대상으로 하지 않는다. 그래서 표상(nimitta)으로부터도 벗어났다. 생겨날 만한, 여러 가지 관련된 번뇌와 업, 그리고 업의 과보라고 하는 진행(pavatta)도 다시 생겨나게 하지 않고 고요하게 한다. 그래서 진행으로부터도 벗어났다. 표상과

314 이 책의 제2권 pp.340~342 참조.
315 이 책의 제2권 pp.342~345 참조.
316 이 책의 제2권 pp.346~347 참조.

진행, 두 가지 모두로부터 벗어났기 때문에 도를 출현(vuṭṭhāna)이라고 한다. 정점에 이른 형성평온의 지혜, 수순의 지혜, 종성의 지혜, 이 세 가지 지혜는 출현이라고 부르는 도와 하나로 연결되어, 하나로 이어져 생겨나기 때문에 'vuṭṭhānagāminī = 도에 이르게 하는(= 출현으로 인도하는) 위빳사나'라고 한다. 그래서 『아비담맛타 상가하(Abhidhammatthasaṅgaha)』에서는 아래와 같이 말하였다.

> Yā sikhāppattā, sā sānulomā saṅkhārupekkhā vuṭṭhānagāminīvipassanāti ca pavuccati.
>
> (As.65)

역해

형성평온의 지혜가 정점에 도달했을 때, 수순의 지혜와 함께 생겨나는 그 형성평온의 지혜를 '출현으로 인도하는 위빳사나'라고 부른다.[317]

> Yadi vuṭṭhānagāminīvipassanā anattato vipassati, suññato vimokkho nāma hoti maggo. Yadi aniccato vipassati, animitto vimokkho nāma. Yadi dukkhato vipassati, appaṇihito vimokkho nāma.
>
> (As.65)

역해

출현으로 인도하는 위빳사나가 무아라고 관찰하면 그 도는 공 해탈(空解脫)이라고 한다. 무상이라고 관찰하면 그 도는 표상없음 해탈(無相解脫)이라고 한다. 괴로움이라고 관찰하면 그 도는 원함없

317 『아비담마 길라잡이』(하), p.808 참조.

음 해탈(無願解脫)이라고 한다.[318]

윗구절의 의미는 쉽게 이해할 수 있을 것이다.

말하고자 하는 내용만 요약해서 설명하겠다. "수순의 지혜와 정점에 이른 형성평온의 지혜를 '출현으로 인도하는 위빳사나'라고 부른다"라는 것을 첫 번째 문장에서 밝히고 있다. "출현으로 인도하는 위빳사나가 무아라고 관찰한다면"이라는 구절은 동일 거듭관찰 위빳사나(sadisānupassanā)가 생겨나는 것을 알려 준다. 형성평온의 지혜도 무아라고 관찰하고, 수순의 지혜도 무아라고 관찰한다는 말이다. "무상이라고 관찰한다면, 괴로움이라고 관찰한다면"이라는 구절들도 같은 방법으로 알려 준다. 매우 깊이 숙고해 보라.

> Sikhāpattavipassanāti vā vuṭṭhānagāminīti vā saṅkhārupekkhādiñāṇattayasseva etaṁ nāmaṁ. Sā hi sikhaṁ uttamabhāvaṁ pattattā sikhāpattā. Vuṭṭhānaṁ gacchatīti vuṭṭhānagāminī. Vuṭṭhānaṁ vuccati bahiddhānimittabhūtato abhiniviṭṭhavatthuto ceva ajjhattapavattato ca vuṭṭhahanato maggo, taṁ gacchatīti vuṭṭhānagāminī, maggena saddhiṁ ghaṭiyatīti attho.
>
> (Vis.ii.299)

대역

Sikhāpattavipassanāti vā **'정점에 이른 위빳사나', 혹은** vuṭṭhānagāminī vā **'출현으로 인도하는 〔위빳사나〕'라는** etaṁ nāmaṁ**이 두 가지 이름은** saṅkhārupekkhādiñāṇattayasseva**형성평온의 지혜 등 바로 그 세 가지**

318 『아비담마 길라잡이』(하), p.816 참조.

지혜, 즉 형성평온의 지혜, 수순의 지혜, 종성의 지혜**의 이름이다**. ⟪saṅkhārupekkhā anuloma gotrabhusaññitassa ñāṇattayassa (〔'형성평온의 지혜 등 바로 그 세 가지 지혜의'란〕 '형성평온의 지혜, 수순의 지혜, 종성의 지혜라고 불리는 세 가지 지혜의' 〔란 뜻이다〕). 이는 복주서의 설명이다.⟫[319] hi**맞다**. sā**이들** 세 가지 위빳사나는 uttamabhāvaṁ**최상의 상태인** sikhaṁ**정점에** pattattā**이르렀기 때문에** sikhāpattā**'정점에 이른'이라고 하고**, vuṭṭhānaṁ gacchatīti**출현으로 향해가기 때문에** vuṭṭhānagāminī**'출현으로 인도하는'이라고 한다**. bahiddhānimittabhūtato**밖으로는, 즉** 관찰대상이어서 밖에 머무는 위빳사나의 대상인 **표상이기도 한** abhiniviṭṭhavatthuto ceva**천착해야 할**, 즉 숙고해야 할, 관찰해야 할 내부·외부의 형성**대상으로부터**[320], ajjhattapavattato ca**안으로는** 자신의 존재상속에 생겨나는 번뇌의 연속, 과보인 무더기의 연속이라고 하는 **진행으로부터** vuṭṭhahanato**대상을 취하지 않음, 다시 생겨나게 하지 않는 것으로 출현했기 때문에**[321], maggo**도를** vuṭṭhānaṁ**'출현'이라고** vuccati**부른다**. taṁ gacchatīti 출현이라고 부르는 도, **그곳으로 가기 때문에**, 이르기 때문에

---

319 Pm.ii.469; 『*Visuddhimagga Mahāṭīkā Nissaya*(위숫디막가 대복주서 대역)』 제4권, p.482 참조.

320 원주: 여기에서 '밖(bahiddha)'은 다른 이의 존재상속, 무생물(anindriyabaddha)만 뜻하지는 않는다. 위빳사나 지혜를 통해 para(외부인, 밖의 법)이라고 관찰하고 보기 때문에 자신의 내부법들도 위빳사나 대상이면 '밖'일 뿐이다. 이에 관한 복주서의 설명을 살펴보라. 역주: Taṁ panetaṁ sasantatipariyāpannampi parato diṭṭhitāya "bahiddhā"ti vuttaṁ. Tadeva hi "bahiddhā sabbanimittānī"ti tattha tattha vuccati. 그 형성 표상이 자신이 존재상속에 포함된 것이더라도, 그것을 외부인, 남이라고 관찰하기 때문에 "밖으로 모든 표상이기도 한"이라고 말했다. Pm.ii.469; 『*Visuddhimagga Mahāṭīkā Nissaya*(위숫디막가 대복주서 대역)』 제4권, p.482 참조.

321 원주: vuṭṭhahanañca nesaṁ ārammaṇākaraṇaṁ āyatiṁ anuppattidhammatā pādanañca = '출현한다'라고 하는 것은 또한 형성들을 대상으로 행하지 않음, 번뇌와 과보의 무더기들을 다음에 생겨나게 하지 않는 성품에 이르게 하는 것이다. 이는 복주서의 설명이다. 병이 사라진 이를 두고 '병에서 벗어났다'라고 말하는 것처럼 형성대상들, 번뇌, 과보가 사라져 버린 바로 그것을 두고 '그것으로부터 출현했다'라고 말한다. 특별한 빠알리어 용어이다. 역주: Pm.ii.469; 『*Visuddhimagga Mahāṭīkā Nissaya*(위숫디막가 대복주서 대역)』 제4권, p.482 참조.

vuṭṭhānagāminī**'출현으로 인도한다'고 한다.** maggena saddhiṁ ghaṭiyati **'도와 함께 결합한다'**iti**라는** 것이 '출현으로 인도한다'라는 구절의 attho**뜻이다.**[322,323]

출현으로 인도하는 위빳사나에 포함되는 이 정점에 이른 형성평온의 지혜 = 동일 거듭관찰 위빳사나(sadisānupassanā)를 인식과정에 따른 연속으로 다음과 같이 구분해서 기억해야 한다. 즉 '바왕가의 동요 두 번 → 마음 문(意門) 전향 마음 한 번 → 지혜와 결합한 욕계 큰 선업 속행 마음 일곱 번 → 여러 번의 바왕가', 이러한 순서로 두 번, 세 번 이어서 인식과정이 생겨난다고 기억해야 한다. 여기에서 "tilakkhaṇārammaṇika (balava) vipassanāya tadārammaṇaṁ na labbhati(세 가지 특성을 대상으로 하는 (강력한) 위빳사나에는 등록을 얻을 수 없다. 즉 위빳사나 속행 다음에 등록이 생겨나지 않는다)", "vuṭṭhānagāminiyā balava vipassanāya tadārammaṇaṁ na labbhati(출현으로 인도하는 〔위빳사나라는〕 강력한 위빳사나에는 등록을 얻을 수 없다)"[324]라고 하는 『위방가(分別論) 주석서』에 따라 강력한 위빳사나 속행 다음에는 등록이 생겨나지 않는다고 기억해야 한다.

이 동일 거듭관찰 위빳사나 인식과정 두 번, 세 번 중 마지막 인식과정의 일곱 번 속행 마음 다음에 바왕가 마음들이 생겨날 만큼 적당하게 생겨난 후, 그때에는 생멸하고 있는 어느 하나의 정신법이든, 어느 하나

---

322 원주: 이 『위숫디막가』 구절에서는 종성의 지혜도 '출현으로 인도하는 위빳사나'라고 하였다. 동일 거듭관찰(sadisānupassanā)에는 이 〔종성의 지혜〕를 출현으로 인도하는 위빳사나에 포함시켜서는 안 된다.

323 『청정도론』 제3권, p.320 참조.

324 VbhA.147.

의 물질법이든, 바로 앞의 두 번, 세 번의 인식과정과 동일한 것을 대상으로 무상·고·무아의 특성 중 어느 하나를 향하여 마음 문(意門) 전향 마음이 생겨난다. 그 마음의 바로 다음에 바로 그 어느 하나의 정신, 혹은 물질을 "바로 앞의 두 번, 세 번의 인식과정에서 관찰하고 보았던 모습과 동일하게" 관찰하고 보면서 위빳사나 속행 마음이 세 번 생겨난다. 그 세 번의 속행 중, 첫 번째 속행을 준비(parikamma)라고 한다. 두 번째 속행을 근접(upacāra)이라고 한다. 세 번째 속행을 수순(anuloma)이라고 한다. 준비는 적절하게 생겨나도록 미리 준비하는 속행, 근접은 도라는 본삼매의 가까이에(근처에) 생겨나는 속행, 수순은 생멸의 지혜 등 앞의 지혜들과도, 또한 도의 마음이 생겨날 때 포함된 나중의 깨달음 동반법(bodhipakkhiya dhamma 菩提分法)과도 적합하게 생겨나는 속행이라는 뜻이다. 이것은 그 세 가지 속행들을 각각 구별해서 붙인 용어들이다. 특별히 구별하지 않고 부른다면 그 세 가지 속행 모두를 반복(āsevana) 속행이라고, 준비 속행이라고, 근접 속행이라고, 수순 속행이라고 불러도 된다. 이 수순 속행 세 가지에 포함된 지견(智見 앎과 봄)을 수순의 지혜(anuloma ñāṇa)라고 부른다.

수행자에게는 전향과 함께 이 수순 속행 세 가지가 한 번의 새김으로만 분명하게 드러난다. 각각의 세 가지로 구별되어 드러나지 않는다. 예를 들면 이전 단계들에서 '보임, 들림' 등으로 새겨 알 때, 한 번 한 번〔의 인식과정〕에 포함된 전향과 속행 일곱 번들이 각각 구별되어 드러나지 않고 하나의 새겨 앎으로만 분명하게 드러나는 것과 마찬가지다.

(3) 동일 거듭관찰 인식과정 두세 번

위빳사나 속행 일곱 번, 동일 거듭관찰 인식과정 두세 번이라고 하는 것의 근거가 되는 주석서, 복주서들의 내용은 다음과 같다.

> Tassa "dāni maggo uppajjisssatī"ti saṅkhārupekkhā saṅkhāre aniccāti vā dukkhāti vā anattāti vā sammasitvā bhavaṅgaṁ otarati. Bhavaṅgānanataraṁ saṅkhārupekkhāya katanayeneva saṅkhāre aniccāti vā dukkhāti vā anattāti vā ārammaṇaṁ kurumānaṁ uppajjati manodvārāvajjanaṁ. Tato bhavaṅgaṁ āvaṭṭetvā uppannassa tassa kriyācittassānanataraṁ avīcikaṁ cittasantatiṁ anuppabandhamānaṁ tatheva saṅkhāre ārammaṇaṁ katvā uppajjati paṭhamajavanacittaṁ, yaṁ parikammanti vuccati.
>
> (Vis.ii.308)

대역

tassa그 수행자에게 idāni maggo uppajjisssatīti이제 도가 막 생기려는 그 순간에 saṅkhārupekkhā형성평온(의 지혜)는 saṅkhāre형성들을 aniccāti vā무상이라고 또는 dukkhāti vā괴로움이라고 또는 anattāti vā 무아라고 sammasitvā명상하고는 bhavaṅgaṁ otarati바왕가에 들어간다. bhavaṅgānanataraṁ바왕가의 바로 다음에 saṅkhārupekkhāya katanayeneva saṅkhāre aniccāti vā dukkhāti vā anattāti vā ārammaṇaṁ kurumānaṁ형성평온(의 지혜)가 행했던 바로 그 방법대로 형성들을 대상으로 삼아 이것은 무상이라고, 또는 괴로움이라고, 또는 무아라고 하면서 manodvārāvajjanaṁ uppajjati마음 문(意門) 전향이 생겨난다. tato그 전향 마음 다음에 bhavaṅgaṁ āvaṭṭetvā uppannassa바왕가

를 전향하여 생긴 tassa kriyācittassa그 마음 문 전향이라는 작용 마음 ananataraṁ바로 다음에는 cittasantatiṁ마음의 흐름을 avicikaṁ anuppabandhamānaṁ틈이 없이 연결하면서 tatheva바로 그와 같은 방법으로, 두 번, 세 번의 인식과정 동안 형성평온의 지혜가 관찰하여 보던 모습과 같은 방법으로 saṅkhāre ārammaṇaṁ katvā형성들을 대상으로 삼아 관찰하고 보면서 paṭhamajavanacittaṁ uppajjati첫 번째 속행 마음이 생겨난다. yaṁ이것을 parikammanti준비라고 vuccati부른다.[325]

Aniccāti vā dukkhāti vā anattāti vā sammasitvā bhavaṅgaṁ otaratīti aniccādisu ekenākārena sammasantī sattakkhattuṁ pavattitvā bhijjantī bhavaṅga otiṇṇā nāma hoti tato paraṁ bhavaṅgassa vāroti katvā. …
Tathevāti yathā atītāsu dvattijavanavīthīsu saṅkhārupekkhā "aniccā"ti vā "dukkhā"ti vā "anattā"ti vā saṅkhāre ārammaṇamakāsi, tatheva.

(Pm.ii.479)

대역

aniccāti vā dukkhāti vā anattāti vā sammasitvā bhavaṅgaṁ otaratīti'무상이라고 또는 괴로움이라고 또는 무아라고 명상하고는 바왕가에 들어간다'란 aniccādisu무상의 모습 등 가운에 ekenakārena어느 한 가지 모습으로 sammasantī명상하면서 《이 해석에서 '무상이라고 또는'에서 '또는'은 '포함 접속사(samuccayattha jotaka)'가 아니라 '선택 접속사(vikappanattha jotaka)'라고 알게 안다》 sattakkhattuṁ일곱 번 pavattitvā생겨난 후 bhijjantī사라지는 형성평온의 지혜는 bhavaṅga

325 『청정도론』 제3권, p.337 참조.

otiṇṇā nāma hoti**바왕가에 들어간다는 말이다.** 《형성평온〔의 속행〕이 사라진 후 그 다음에 바왕가 마음이 생겨나는 것을 두고 '형성평온이 바왕가가 되는 것처럼' 동일화 방법으로 구별 없이 말한 것이다. 엄밀하게 표현한 말이 아니라는 뜻이다. 무엇 때문에 속행 다음에 등록을 말하지 않고 바왕가만 말했는가? 이 질문에 대해서는 〔이후에〕 'tato paraṁ' 등으로 설명하였다.》 tato출현으로 이끄는 강력한 위빳사나인 **그** 형성평온의 속행 paraṁ**다음에는** bhavaṅgassa vāro**바왕가의 차례이다.** iti katvā**'이렇게 인식과정들을 행하고 나서'라는 뜻이다.**…

tathevā ti**'바로 그와 같은 방법으로'란** atītāsu**'지나가 버린** dvattijavanavīthisu**두세 번의 속행 인식과정에** (pariyāpanna포함된) saṅkhārupekkhā**형성평온이** saṅkhāre**상카라들을** aniccāti vā**무상이라고 또는** dukkhāti vā**괴로움이라고 또는** anattāti vā**무아라고** ārammaṇaṁ akāsi yathā**대상으로 삼았던 것처럼** tatheva**바로 그 방법으로'라는 뜻이다.**

(4) 두세 번을 서른두 번으로 바꾼 설명

요즘 출간된 일부 복주서들 중에서는 두세 번(dvatti)에 해당하는 구절을 서른두 번(dvattiṁsa)이라고 억제음(ṁ)과 자음 'sa' 를 붙여 그릇되게 원문을 손상시키고 있다.[326] 그렇게 잘못된 것을 올바르다고 생각하고 '선정증득(samapatti) 여덟 가지를 실천(paṭipadā)과 특별한 지혜(abhiññā)로 나누어 헤아리는 것[327] 등으로 얻게 되는 형성평온의 지혜 서른두 가지가 바로 그 서른두 번이다'라고도 생각하며 결정한다. 하지

---

326 CST4본도 'dvattiṁsa'로 되어 있다.

327 네 가지 삼매에 대한 설명(『청정도론』 제1권, pp.272~273)을 참조하라.

만 'javanavīthisu(속행 인식과정에서)'라고 하는 피수식 구절과만 관련되는 그 횟수를 나타내는 수식 구절은 속행 인식과정의 숫자만을 알려줄 수 있다. 형성평온의 지혜, 그것의 종류를 나타내는 숫자를 알려줄 수는 없다. 따라서 그렇게 생각되어지는 형성평온의 지혜 서른두 가지 종류는 '속행 인식과정'라고 하는 복주서 원문이 의미하는 바, 원래 표현하고자 한 숫자가 아니다.

그 밖에 동일 거듭관찰(sadisānupassanā) 인식과정 서른두 가지라고도 생각하기도 한다. 하지만 모든 주석서, 복주서들에 동일 거듭관찰 인식과정이 정확히 서른두 번 생겨난다는 것을 설명해 주고 뒷받침해 주는 근거는 전혀 없다. 또한 제4선에 대한 해석에서 설명한 아래 『대복주서』와도 일치하지 않기 때문에 적당하지 않은 견해이다.

> Tādisāya āsevanāya icchitabbattā "yathā maggavīthito pubbe dve tayo javanavārā sadisānupassanāva pavattanti" evamidhāpi appanāvārato pubbe dve tayo javanavāro upekkhāsahagatāva pavattantīti vadanti.
>
> (Pm.i.191; SdṬ.i.371)

대역

tādisāya그러한 성품의 āsevanāya반복이 icchitabbattā필요하기 때문에 "maggavīthito도 인식과정 pubbe전에 sadisānupassanā eva같은 모습으로 관찰하는 동일 거듭관찰, 바로 그것인 dve tayo javanavārā두 번, 세 번의 속행 인식과정들이 pavattanti yathā계속해서 생겨나는 것처럼" evaṁ그와 마찬가지로 idhāpi이곳 제4선에서도 appanāvārato평온과 함께하는 본삼매 속행 인식과정 pubbe전에 upekkhāsahagatāva dve tayo javanavāro평온과 함께하는 두 번, 세 번의 근접삼매 속행 인식

과정들이 pavattanti**계속해서 생겨난다.** iti**이렇게** vadanti〔**스승들이**〕 **말씀하셨다.**

분명한 결정 위 복주서에서 "evamidhāpi~pavattantī(그와 마찬가지로 ~ 생겨난다)"라고 하는, 〔앞에서 든〕 비유의 의미를 설명하는 구절이 바로 〔테라와다〕 스승들의 견해(ācariya vāda)이다. 이러한 견해를 "tādisāya āsevanāya icchitabbattā(그러한 성품의 반복이 필요하기 때문에)"라는 구절로 이유를 설명하면서 "yathā maggavīthito pubbe dve tayo javanavārā sadisānupassanāva pavattanti(도 인식과정 전에 동일 거듭관찰, 바로 그것인 두 번, 세 번의 속행 인식과정이 계속해서 생겨나는 것처럼)"라는 비유가 되는 근거 구절과 비교하여 믿게 하였다. 매우 확실하게 설명해 준다. 따라서 이 비유 구절은 단지 스승들의 견해일 뿐만 아니라 복주서의 스승들, 모든 스승들과 함께 동의하고 받아들이는 공통견해(samāna vāda)이다. 이 공통견해에서는 'dvetayo = 두세 번'이라고만 되어 있다. 'dvattiṁsa = 서른두 번'이라고는 되어 있지 않다.

그 밖에 'dvetayo(두세 번)'이라는 단어를 옮겨 적을 때 잘못되었다고 말할 여지도 없다. 무엇 때문인가? 'dvattiṁsa'라는 단어와 'dvetayo'라는 단어는 모습이 비슷하지 않기 때문이다. 또한 두 번, 세 번이라고 말하면 반복(āsevana)으로서 충분하기 때문이다. 따라서 이 공통견해에 해당되는 비유와 비교해서 본다면, 여기에서 'dvattiṁsa'라는 구절은 거듭 필사하면서 억제음(ṁ)과 자음 'sa'가 첨가되어 잘못 기록된 글 실수임이 분명하다. 또한 dvatti(두세 번)이라고 하는 구절만이 복주서의 스승들이 원래 서술한 구절임도 분명하다. 스리랑카의 복주서에서도

'dvatti'로만 되어 있다. 따라서 'dvatti javanavīthisu = 두세 번의 속행 인식과정에'라고 설명한 구절과 그 의미만 바른 구절, 바른 의미라고 의심 없이 알기 바란다.

2. 종성의 지혜

수순의 지혜 바로 다음에 계속해서 새겨 알던 형성대상들을 버리고 형성들이 소멸된 열반을 대상으로 해서 종성(gotrabhū 種姓)의 속행 마음이 생겨난다. 이 〔종성의〕 속행 마음과 결합된 앎을 종성의 지혜(gotrabhū ñāṇa)라고 한다. 여기에서 '대상으로 한다'라고 말은 했어도 그 이전의 여러 마음들처럼 대상의 외부에 있으면서 아는, 그러한 종류가 아니다. 형성대상들로부터 벗어나 형성들이 소멸한, 적멸한 성품 속으로 뛰어들어 가듯이 아는 것이다. 그래서 『빠띠삼비다막가(無碍解道)』에서 아래와 같이 설하셨다.

> Uppādaṁ abhibhuyyitvā anuppādaṁ pakkhandhatīti gotrabhu. … bahiddhā saṅkhāranimittaṁ abhibhuyyitvā nirodhaṁ nibbānaṁ pakkhandhatīti gotrabhu.
>
> (Ps.63)

대역

uppādaṁ abhibhuyyitvā**일어남**이 있는 형성대상**을 버리고** 벗어나, anuppādaṁ pakkhandhatīti**일어남이 없는 성품 속으로 뛰어들기 때문에** gotrabhu**종성이라고 한다**. bahiddhā saṅkhāranimittaṁ abhibhuyyitvā

외부의, 즉 바깥법으로서 관찰되고, 보여지기 때문에 밖에 머무는 **형성**대상인 **표상을 버리고** 벗어나, nirodhaṁ형성들이 **소멸한 성품인** nibbānaṁ**열반**이라는 대상**으로** pakkhandhatīti**뛰어들기 때문에** gotrabhu**종성이라고 한다**.

3. 도의 지혜, 과의 지혜

종성의 마음 바로 다음에 바로 그 열반을 직접 알고 보아 대상으로 하는 도 속행 마음이 한 번 생겨난다. 그 도 마음과 결합된 앎이 도의 지혜(magga ñāṇa)이다. 지견청정(ñāṇadassana visuddhi)이라고도 부른다. 그 도의 바로 다음에 바로 그 열반을 대상으로 하여 과 마음이 두 번 생겨난다. 지혜가 예리한 이라면 그 이전에 수순의 속행이 두 번만 생겨나기 때문에 도의 바로 다음에 과 마음이 세 번 생겨난다. 과 증득에 입정할 때는 이 과 속행 마음이 한계 없이 여러 번 생겨날 수도 있다. 이 과 마음들과 결합한 앎을 과의 지혜(phala ñāṇa)라고 한다. 이 도와 과의 대상도 외부에 있으면서 대상으로 향하는 것과는 같지 않다. 형성들이 소멸한, 적멸한 성품 속으로 뛰어들어 가듯이 아는 것이다. 그래서 도와 과라는 법을 "appanā(몰입) = 열반에 도달한 법, 열반이라는 대상 속으로 뛰어들어 가듯이 생겨나는 법"이라고 부른다. 과 마음이 두 번, 세 번 생겨난 다음 바왕가 마음들이 적당한 만큼 생겨난다. 그 다음 반조(paccavekkhaṇā)하는 마음들이 생겨난다.

도 인식과정에서 열반만을 대상으로 하면서 생겨나는 이 종성 – 도 –

과가 생겨나는 시간은 〔각각〕 한 찰나 정도뿐이다. 그래서 그 세 가지 종류의 마음은 수행자에게 여러 부분으로 끊어져서 드러나지 않는다. 생겨나는 모습으로만 분명하다. 어떻게 분명한가? 새겨 알아지는 형성대상과 새겨 아는 형성으로부터 벗어나 형성들이 소멸된 성품에 제일 먼저 이르러 가는 모습으로 분명하다. 그 형성들이 소멸된 성품 속으로 들어가듯이 한 순간만 머무는 모습도 분명하다. 그 형성들이 소멸된 성품에 이른 후 돌이켜 숙고하는 반조가 생겨나는 모습도 "마치 잠에서 깨어나듯이, 물속에서 '파아'하고 나오듯이" 분명하다. 그래서 경전지식이 있는 이라면 "형성들이 소멸된 곳에 제일 먼저 이르러 가는 성품을 종성이라고, 또한 형성대상들이 소멸되어 사라져 한순간만 머무는 중간 부분의 성품을 도라고, 또한 반조가 생겨나기 전 형성대상들이 소멸된 마지막 부분의 성품을 과라고" 분명히 구분하여 결정할 수 있다. 이렇게 생겨나는 모습을 이해시키기 위해 『위숫디막가(淸淨道論)』에서는 아래와 같이 설명했다.

> Yathā hi mahāmātikaṁ laṅghitvā paratīre patiṭṭhātukāmo puriso vegena dhāvitvā, mātikāya orimatīre rukkhasākhāya bandhitvā olambitaṁ rajjuṁ vā yeṭṭhiṁ vā gahetvā ullaṅghitvā, paratīraninnapoṇapabbhārakāyo hutvā paratīrassa uparibhāgaṁ patto taṁ muñcitvā, vedhamāno paratīre patitvā saṇikaṁ patiṭṭhāti, evamevāyaṁ yogāvacaropi bhavayonigatiṭṭhitinivāsanaṁ paratīrabhūte nibbāne patiṭṭhātukāmo udayabbayānupassanādinā vegena dhāvitvā, attabhāvarukkhasākhāya bandhitvā olambitaṁ rūparajjuṁ vā vedanā-

disu aññataradaṇḍaṁ vā aniccanti vā dukkhanti vā anattāti vā anulomāvajjanena gahetvā, taṁ amuñcamānova paṭhamena anulomacittena ullaṅghetvā, dutiyena "paratīraninnapoṇapabbhārakāyo viya" nibbānaninnapoṇapabbhāramānaso hutvā, tatiyane "paratīrassa uparibhāgaṁ patto viya" idāni pattabbassa nibbānassa āsanno hutvā, tassa cittassa nirodhena taṁ saṅkhārārammaṇaṁ muñcitvā, gotrabhucittena visaṅkhāre paratīra bhūte nibbāne patati. Ekārammaṇe pana aladdhāsevanatāya "vedhamāno so puriso viya" na tāva suppatiṭṭhito hoti, tato maggañāṇena patiṭṭhāti.

(Vis.ii.313)

해석

큰 개울을 건너뛰어 저쪽 기슭에 머물고자 하는 어떤 사람이 속력을 다해 여덟 발걸음 정도부터 달려와 개울의 이쪽 기슭의 나뭇가지에 묶여 매달려 있는 밧줄이나 장대를 잡고 껑충 뛰어넘어 반대쪽 기슭으로 몸을 향하고 기울이고 기대어서 반대쪽 기슭의 위쪽에 이르렀을 때 잡고 있던 밧줄이나 장대, 그것을 놓아 버리고 반대쪽 기슭에 떨어지면 처음에는 그 몸이 비틀거리다가 서서히 기운을 차려 안주한다. 그와 마찬가지로 존재 - 모태 - 태어날 곳 - 〔의식의〕 거주처 - 〔중생의〕 거처의 반대쪽 기슭인 열반에 머물기를 원하는 수행자도 생멸 거듭관찰의 지혜 등 여덟 가지 지혜로 속력을 다해 달려와 자기 몸이라는 나뭇가지에 묶여 매달려 있는 물질이라는 밧줄이나 느낌 등 중에서 어느 하나인 정신이라고 하는 장대를 수순의 지혜의 앞에 있는 전향 마음으로 '무상이라고, 또는 괴로움이라고, 또는 무아라고' 숙고하면서 잡고는 그 대상을 놓지 않고 첫 번째 수순 마음으로 껑충 뛰어넘어 《준비 속행이 생겨나는 것을 말한다) **"마치 몸을 저쪽 기슭으로 향하고 기울이고 기대듯이" 두 번째** 수순 **마음**[328]**으로 열반을 향하고 기울이고 기대어,**[329] **"반대편 기슭의 위쪽에 이르는 것과 마찬가지로" 세 번째** 수순 **마음**[330]**으로 곧 얻게 될 열반에 가까이 가서 그 마음이 소멸함과 동시에** 그 마음이 소멸하는 것에 의해 계속 알고 있던, **그 마음의 대상이었던 형성대상들을 놓아 버리고 형성들을 여읜 반대편 언덕인 열반에 종성 마음으로 이른다.** 하지만 한 종류인 열반 대상에 기댐, 의지함이라는 **"반복함을 얻지 못해 비틀거리는 그 사람처럼" 하나의 대상에 단박에 잘 안주하지는 못한다. 그 다음에 도의 지혜로써** 비틀거리지 않고 **안주한다.**[331]

이 주석서에서 설명해 놓은 비유와 비유의 의미는 수행자들이 실제로 경험하는 모습과 매우 일치한다. 비유와 비유의 의미를 연관시켜 거듭 숙고해 보고 관찰해 보라. 『맛지마 니까야(중50편)』「말루짜뿟따 긴 경(Mahāmālukyaputta sutta)」과 『앙굿따라 니까야(아홉 가지 모음, 대품)』「다섯 번째 경(Pañcama sutta)」 등에 도의 지혜가 생겨나는 모습을 다음과 같이 설하셨다.

Idhānanda, bhikkhu … vivicceva kāmehi vivicca akusalehi dhammehi savitakkaṁ savicāraṁ vivekajaṁ pītisukhaṁ paṭhamaṁ jhānaṁ upasampajja viharati. So

328 근접 속행.

329 원주: 근접 속행으로 형성들에 대한 애착이 더욱 사라지기 때문에, 또한 열반에 이르는데 더욱 가까워지기 때문에 이렇게 말한 것이다. (하지만) 그 때에는 열반을 대상으로 하지 못한다.

330 수순 속행.

331 『청정도론』 제3권, pp.348~349 참조.

"yadeva tattha hoti rūpagataṁ vedanāgataṁ saññāgataṁ saṅkhāragataṁ viññāṇagataṁ" te dhamme aniccato dukkhato rogato gaṇḍato sallato aghato ābādhato parato palokato suññato anattato samanupassati. So tehi dhammehi cittaṁ paṭivāpeti. So tehi dhammehi cittaṁ paṭivāpetvā amatāya dhātuyā cittaṁ upasaṁharati — "etaṁ santaṁ etaṁ paṇītaṁ, yadidaṁ sabbasaṅkhārasamatho sabbūpadhipaṭinissaggo taṇhākkhayo virāgo nirodho nibbāna"nti.

(M.ii.99; A.iii.220)

대역

ānanda**아난다여**, idha**이 교법에서** bhikkhu**비구는** vivicceva kāmehi**감각욕망들로부터 완전히 멀리 떠나고** vivicca akusalehi dhammehi**불선법들로부터** 완전히 **멀리 떠난 뒤**, savitakkaṁ**일으킨 생각도 있고**, savicāraṁ**지속적 고찰도 있고**, vivekajaṁ pītisukhaṁ장애들로부터 **멀리 떠남에서 생긴 희열과 행복도 있는** pathamaṁ jhānaṁ**초선에** upasampajja viharati**들어**, 입정하여 **머문다**. so**그는**, 그 비구는 tattha**그** 초선에서, 그 초선이 생겨날 때 yadeva hoti rūpagataṁ vedanāgataṁ saññāgataṁ saṅkhāragataṁ viññāṇagataṁ**어떤 뭇 물질, 뭇 느낌, 뭇 인식, 뭇 형성들, 뭇 의식만** (hoti)**생겨나는데**, 있는데, te dhamme**그** 뭇 물질, 뭇 느낌, 뭇 인식, 뭇 형성들, 뭇 의식이라는 **법들을** aniccato**무상하다고** samanupassati**바르게 관찰한다**. dukkhato**괴로움이라고** 바르게 관찰한다. rogato완전히 뿌리 뽑지 못한 채 주기적으로 생겨나는 **고질병이라고** 바르게 관찰한다. gaṇḍato부풀면서 생겨난 **종기라고** 바르게 관찰한다. sallato꽂힌 **화살이라고** 바르게 관찰한다. aghato불이익을 생겨나게 하기 때문에 악행과 같아 **죄악이라고** 바르게 관찰한다. ābādhato괴롭히는 **질병이라고** 바르게 관찰한다.

parato**남이라고** 바르게 관찰한다. palokato이리저리 산산조각 **부서진다고** 바르게 관찰한다. suññato주재자, 나라고 하는 것이 **공한 것이라고** 바르게 관찰한다. anattato samanupassati주재하는 나가 아닌 **무아라고 바르게 관찰한다.** so**그는**, 그렇게 관찰하는 비구는 tehi dhammehi**그** 관찰한 무더기, 물질·정신 **법들로부터** cittaṁ**마음을** paṭivāpeti**돌려 버린다.**[332] so**그는**, 그 비구는 cittaṁ**마음을** tehi dhammehi paṭivāpetvā**그** 관찰한 무더기, 물질·정신 **법들로부터 돌린 뒤** amatāya dhātuyā죽음이 없는, 사라진 **죽음없음**(不死)인 열반**의 경지로** cittaṁ**마음을** upasaṁharati**향하게 한다.** (kathaṁ)어떻게 향하게 하는가? 'sabbasaṅkhārasamatho**모든 형성들의 가라앉음**(止)**이요**, sabbūpadhipaṭinissaggo**모든 재생근거를 다시 내버림이요**, taṇhākkhayo**갈애의 다함이요**, virāgo**애착 빛바램**(離慾)**이요**, nirodho형성들의 **소멸**(滅)**인** yadidaṁ nibbānaṁ형성들이 완전히 다한 **그 열반**이 (atthi)있는데, etaṁ**이것**, 이 형성들이 다한 열반**은** santaṁ**적정하다**. etaṁ**이것**, 이 형성들이 다한 열반**은** paṇītaṁ주체할 수 없을 정도로 매우 좋다, **수승하다'라고** 마음을 향하게 한다.[333]

---

332 원주: nipphannavasena nivatteti = 작용을 성취하는 것으로 돌려 버린다. (『앙굿따라 니까야 주석서』의 설명이다.) 수순의 지혜까지 위빳사나 관찰의 작용을 성취했기 때문에 종성의 마음이 생겨나 그 형성대상으로부터 돌려 떠나 버리는 것을 "수행자가 〔마음을〕 돌려 버린다"라고 하는 것이다. paṭisaṁharati moceti apaneti = 돌아나 물러선다, 벗어나게 한다, 떠나가게 한다. (『맛지마 니까야 주석서』의 설명이다.)

paṭisaṁharatīti tappaṭibandhachandarāgādiupakkilesavikkhambhanena vipassanācittaṁ paṭisaṁharati('돌아나 물러선다'라고 하는 것은 그것과 관련된 바람·애착 등의 부수번뇌들을 억압함으로써 위빳사나 마음이 돌아나 물러선다는 말이다). (그 주석서에 대한 복주서의 설명) 관찰하지 않은 형성들에 대해서 바람·애착 등이 생겨날 수 있다. 〔하지만〕 관찰한 형성들에 대해서는 생겨날 수 없다. 그래서 계속해서 관찰할 때마다 수순의 지혜까지의 위빳사나 마음을 바람·애착 등으로부터, 또한 그 위빳사나 마음의 대상인 형성대상으로부터 수행자가 물러나게 한다고 말한다. 벗어나게 한다고 말한다. 떠나가게 한다고 말한다. 이러한 뜻이다. 주석서의 설명이 더욱 분명하고 정확한 의미라고 생각한다.

333 대림스님 옮김, 초기불전연구원, 『앙굿따라 니까야』 제5권, p.468 참조.

도의 마음이 생겨날 때 "etaṁ santaṁ etaṁ paṇītaṁ(그것은 적정하고, 그것은 수승하다)"이라고 특별히 숙고하거나 읊조리고 있다는 뜻이 아니다. 형성들이 소멸하고 사라지고 끊어진 성품을 "도달하고 이르러 경험하여 아는 것처럼" 고요하고 수승한 것으로 직접 경험하여 아는 것일 뿐이다. '형성들이 소멸하고 사라지고 끊어진 성품은 적정하다. 수승하다. 훌륭하다'라고 아는 것은 돌이켜 숙고하는 반조의 지혜가 생겨날 때만 분명하게 드러난다. 아래는 『맛지마 니까야(중50편) 주석서』의 설명이다.

> Maggacittaṁ nibbānaṁ ārammaṇakaraṇavaseneva, etaṁ santaṁ etaṁ paṇītanti na etaṁ vadati, iminā pana ākārena taṁ paṭivijjhanto tattha cittaṁ upasaṁharati.
>
> (MA.iii.103)

> 대역
>
> nibbānaṁ ārammaṇakaraṇavaseneva**열반을 대상으로 행하는 것, 바로 그것에 의해** maggacittaṁ upasaṁharati**도 마음을 향하게 한다.** 《열반을 대상으로 하여 도 마음이 생겨나는 것을 두고 "열반에 마음을 향하게 한다"라고 말한다는 뜻이다.》 etaṁ santaṁ etaṁ paṇītanti**"이 열반은 적정하다. 이 열반은 수승하다"라고** etaṁ**이렇게** na vadati도 마음 순간에 **말하고 있는 것이 아니다.** pana**또한** 그렇게 말하지 않아도 iminā ākārena**이러한** 적정하고 수승한 **모습으로** taṁ**그것,** 즉 열반**을** paṭivijjhanto곧바로 바르게 **꿰뚫어 아는 이는** tattha cittaṁ upasaṁharati**그것,** 즉 열반**에 마음을 향하게 한다는 말이다.**

『빠띠삼비다막가(無碍解道)』에는 무상의 모습 10가지, 괴로움의 모습

25가지, 무아의 모습 5가지라고 하는 이러한 40가지 모습 중 어느 하나에 의해서 관찰하여 수순의 지혜가 생겨나면, 그 모습의 반대인 것으로 열반을 알고 보면서 도의 지혜가 생겨나는 모습을 40구절로 자세하게 설명하고 있다. 여기에서는 그 40구절 중에서 여섯 가지 구절 정도만 설명하겠다.

첫 번째 구절

> Pañcakkhandhe aniccato passanto anulomikaṁ khantiṁ paṭilabhati. Pañcannaṁ khandhānaṁ nirodho niccaṁ nibbānanti passanto sammattaniyāmaṁ okkamati.
>
> (Ps.411)

> 대역
>
> pañcakkhandhe**다섯 무더기(五蘊)를** aniccato**무상하다고** passanto**보는 이는**, 볼 때 anulomikaṁ khantiṁ paṭilabhati**수순의 이해**, 즉 수순의 지혜를 **얻는다**. pañcannaṁ khandhānaṁ nirodho**다섯 무더기의 소멸은** niccaṁ nibbānanti**항상한 열반이라고** passanto**보는 이는**, 볼 때 sammattaniyāmaṁ okkamati**올바름으로 이끄는 결정**, 즉 성스러운 도**에 들어간다**.[334]

이 성전에서 '다섯 무더기를(pañcakkhandhe)'이라고 일반적으로 하나로 묶어서 설한 구절은 모든 것을 포함하는 구절(sabbasaṅgāhika) = 여러 수행자들이 관찰하는 모든 무더기들을 모아서 알려 주려는 구절일 뿐이다. 다섯 무더기를 하나로 묶어서 한번에 관찰하여 보라는 뜻이 아

334 『빠띠삼비다막가 역주』, p.942 참조.

니다. 사실은 '다섯 무더기 중 어느 한 가지 무더기, 어느 한 가지 물질법, 어느 한 가지 정신법만 직접 관찰하면서 수순의 지혜가 생겨난다'라는 뜻이다. 바로 그렇기 때문에 앞에서 설명했던 『위숫디막가(淸淨道論)』에서 "rūparajjuṁ vā vedanādisu aññataradaṇḍa vā(물질이라는 밧줄이나 느낌 등 가운데 어느 하나인 정신이라고 하는 장대를)"[335]라는 구절로, 물질만이든, 느낌·인식·형성·의식 중 어느 한 가지 정신법만이든 관찰하여 수순의 지혜가 생겨나는 것을 보였었다.

그 밖에 여러 많은 주석서들에도 "rūpāvuṭṭhāti arūpāvuṭṭhāti(물질로부터 출현한다. 정신으로부터 출현한다)"[336]라는 구절을 통해 물질을 관찰하는 수순의 지혜, 정신을 관찰하는 수순의 지혜 바로 다음에 종성의 지혜, 도의 지혜들이 생겨난다고만 설명했다. 물질·정신 전부를 하나로 묶어 관찰하는 지혜의 바로 다음에 종성의 지혜, 도의 지혜가 생겨난다고는 확실하게 말하지 않았다. 'ekappahārena pañcahi khandhehi vuṭṭhāti(한 번에 다섯 무더기로부터 출현한다)'[337]라는 구절도 '엄밀하게 말한 구절(nippariyāya)'이 아니다. 지혜가 특별한 이들에게 한 번에 앉아서, 짧은 순간 사이에 빠르게 위빳사나 지혜, 도의 지혜가 생겨나는 것을 두고 말한 '방편으로 말한 구절(sandhāyabhāsita)'일 뿐이다.

이러한 의미를 대복주서에서는 "aññathā ekeneva lokiyacittena pañcānaṁ pariggaha parijānanādinaṁ asambhavato, nahi sanidassanasappaṭighādi ekaccaṁ ārammaṇaṁ kātuṁ sakkā(다른 어떤 하나의 세간 위빳사나 마음을 통해 다섯 무더기들을 묶어 구분하여 아

335 이 책의 제2권 p.392 참조.

336 『청정도론』 제3권, p.321 참조.

337 『청정도론』 제3권, p.321 참조.

는 것은 가능하지 않기 때문이다. 맞다. 보이는 것 – 부딪힘이 있는 것 등의 법들을 하나로 모아 대상으로 할 수는 없다)"[338]라고 부가(byatireka) 이유들과 함께 설명했다.

따라서 이 『빠띠삼비다막가(無碍解道)』 성전에서 원래 말하고자 하는 근본의미를 다음과 같이 알아야 한다. 즉 '생멸하고 있는 물질·정신 무더기 중 어느 하나를 무상하다고 관찰하면서 수순의 지혜가 생겨난다. 그 지혜의 바로 다음에 그 무상한 모든 물질·정신이 소멸한, 사라진 성품을 항상한 것으로 직접 알고 보면서 종성의 지혜, 도의 지혜가 생겨난다'라는 이러한 의미를 알아야 한다.

위빳사나 지혜가 생겨나는 때에는 새겨 알아지는 물질·정신의 처음과 끝 = 생겨남과 사라짐을 직접 경험하여 무상하다고 아는 것만 분명하다. 열반을 대상으로 하는 종성의 지혜, 도의 지혜, 과의 지혜 순간에는 생멸을 경험하지 못한다. 형성들이 소멸된, 사라진 성품만 분명하다. 그래서 열반만을 생겨남과 사라짐이 없는, 항상한 것으로 알고 볼 수 있다. 이어서 설명할 구절들에 대해서도 수순의 지혜, 도의 지혜가 생겨나는 모습을 같은 방법으로 알기 바란다.

두 번째 구절

> Pañcakkhandhe palokato passanto anulomikaṁ khantiṁ paṭilabhati. Pañcannaṁ khandhānaṁ nirodho apalokadhammo nibbānanti passanto sammattaniyāmaṁ okka-

338 Pm.ii.470; 『*Visuddhimagga Mahāṭikā Nissaya*(위숫디막가 대복주서 대역)』 제4권, p.484 참조. 보이는 것, 부딪힘이 있는 것 등에 대해서는 『아비담마 길라잡이』(하), pp.554~555 참조.

mati.

(Ps.412)

대역

pañcakkhandhe다섯 무더기(五蘊)를 palokato분명하게 부서진다고, 심하게 부서진다고 passanto볼 때 anulomikaṁ khantiṁ paṭilabhati수순의 이해, 즉 수순의 지혜를 얻는다. pañcannaṁ khandhānaṁ nirodho다섯 무더기의 소멸은 apalokadhammo nibbānanti부서짐이 없는 성품인 열반이라고 passanto볼 때 sammattaniyāmaṁ okkamati올바름으로 이끄는 결정, 즉 성스러운 도에 들어간다.

세 번째 구절

Pañcakkhandhe dukkhato passanto anulomikaṁ khantiṁ paṭilabhati. Pañcannaṁ khandhānaṁ nirodho sukhaṁ nibbānanti passanto sammattaniyāmaṁ okkamati.[339]

(Ps.411)

대역

pañcakkhandhe다섯 무더기(五蘊)를 dukkhato괴로움이라고 passanto볼 때 anulomikaṁ khantiṁ paṭilabhati수순의 이해, 즉 수순의 지혜를 얻는다. pañcannaṁ khandhānaṁ nirodho다섯 무더기의 소멸은 sukhaṁ nibbānanti행복한 열반이라고 passanto볼 때 sammattaniyāmaṁ okkamati올바름으로 이끄는 결정, 즉 성스러운 도에 들어간다.

339 저본에서 『빠띠삼비다막가』 원문의 순서와 약간 다르게 배열하였다. 이렇게 배열한 이유는 뒤에 설명되어 있다.

네 번째 구절

Pañcakkhandhe bhayato passanto anulomikaṁ khantiṁ paṭilabhati. Pañcannaṁ khandhānaṁ nirodho abhayaṁ nibbānanti passanto sammattaniyāmaṁ okkamati.

(Ps.412)

대역

pañcakkhandhe**다섯 무더기(五蘊)를** bhayato**두려운 것이라고** passanto**볼 때** anulomikaṁ khantiṁ paṭilabhati**수순의 이해**, 즉 수순의 지혜를 **얻는다**. pañcannaṁ khandhānaṁ nirodho**다섯 무더기의 소멸은** abhayaṁ nibbānanti**두려운 것이 아닌 열반이라고** passanto**볼 때** sammattaniyāmaṁ okkamati**올바름으로 이끄는 결정**, 즉 성스러운 도**에 들어간다**.

다섯 번째 구절

Pañcakkhandhe anattato passanto anulomikaṁ khantiṁ paṭilabhati. Pañcannaṁ khandhānaṁ nirodho paramatthaṁ nibbānanti passanto sammattaniyāmaṁ okkamati.

(Ps.412)

대역

pañcakkhandhe**다섯 무더기(五蘊)를** anattato주재자, 나가 아닌, 단지 성품법일 뿐인 **무아라고** passanto**볼 때** anulomikaṁ khantiṁ paṭilabhati **수순의 이해**, 즉 수순의 지혜를 **얻는다**. pañcannaṁ khandhānaṁ nirodho**다섯 무더기의 소멸은** paramatthaṁ nibbānanti매우 거룩하고 **수승한 실재성품인 열반이라고** passanto**볼 때** sammattaniyāmaṁ okkamati**올바름으로 이끄는 결정**, 즉 성스러운 도**에 들어간다**. (('반대인 것으로 알고 보면서 도의 지혜가 생겨난다'라고 앞 구절들에서 설명한 것은 대부분이 그렇다는(yebhuyya) 뜻이다. 이 무아의 구절에서 "paramatthaṁ nibbānaṁ = 실재성품인 열반"이라고 〔앞의 'anattato(무아라고)'라는 구절과〕 반대가 아닌 구절로 설한 것처럼, 'parato(다른 이라고)'라는 구절에서도 "aparapaccayaṁ nibbānaṁ = 다른 조건이 없는 열반"이라고, 또한 'suññato(공하다고)'라는 구절에서도 "parama suññaṁ nibbānaṁ = 형성들이 완전히 비어 있는 열반"이라고 반대가 아닌 구절로 설한 곳도 있다.》

여섯 번째 구절

Pañcakkhandhe tucchato passanto anulomikaṁ khantiṁ paṭilabhati. Pañcannaṁ khandhānaṁ nirodho atucchaṁ nibbānanti passanto sammattaniyāmaṁ okkamati.

(Ps.413)

대역

pañcakkhandhe**다섯 무더기**(五蘊)**를** tucchato가치 없고, 사용할 곳이 없고, **쓸모없다고** passanto**볼 때** anulomikaṁ khantiṁ paṭilabhati**수순의 이해**, 즉 수순의 지혜**를 얻는다**. pañcannaṁ khandhānaṁ nirodho**다섯 무더기의 소멸은** atucchaṁ nibbānanti쓸모없지 않은, 가치가 많은, 거룩하고 수승한, **매우 귀중한 열반이라고** passanto**볼 때** sammattaniyāmaṁ okkamati**올바름으로 이끄는 결정**, 즉 성스러운 도**에 들어간다**.

이 여섯 구절 중 처음의 두 구절은 수순의 지혜로 무상(anicca 無常)의 특성을 본 뒤 표상없음(animitta 無相)의 도가 생겨나는 모습을 설명했다. 두 번째 두 구절은 괴로움(dukkha 苦)의 특성을 본 뒤 원함없음(appaṇihita 無願)의 도가 생겨나는 모습을 설명했다. 세 번째 두 구절은 무아(anantta 無我)의 특성을 본 뒤 공함(suññata 空)의 도가 생겨나는 모습을 설명했다. 나머지 서른네 가지 구절에 대해서는 『빠띠삼비다막가(無碍解道)』「위빳사나에 관한 논의(Vipassanā kathā)」를 참조하여 알기 바란다.[340] 간략하게 알고자 한다면 재성찰의 지혜에서 설명했던 40가지 모습을 살펴보기 바란다.[341] 그러한 40가지가 수순의 지혜로 알고 보는 모습들이다.

『밀린다빤하(Milindapañha 밀린다왕문경)』에서는 열반을 실현하여 도와 과가 생겨나는 모습을 다음과 같이 설해 놓았다.

> Tassa taṁ cittaṁ aparāparaṁ manasikaroto pavattaṁ samatikkamitvā appavattaṁ okkamati, appavatta-manuppatto, mahārāja, sammāpaṭipanno 'nibbānaṁ sacchikarotī'ti vuccati.
>
> (Mil.311)

대역

aparāparaṁ**차례차례** manasikaroto**마음기울이**며 관찰하**다가**, 또는 마음기울이며 관찰하는 tassa**그 수행자의** taṁ cittaṁ마음기울이며 관찰하는 **마음이** pavattaṁ끝없이 계속 생겨나고 있는 물질·정신의 연속된 **진행을** samatikkamitvā**넘어서서**, appavattaṁ끝없이 계속 생겨나는 물질·정신의 연속된 진행의 반대인 성품에, 즉 생멸이라는 **진행이 사라진 성품에** okkamati**이릅니다**. mahārāja**대왕이여**, sammāpaṭipanno **바른 길을 따라** 실천하여 appavattaṁ anuppatto끊임없이 생겨나고 있는 물질·정신의 연속된 **진행이 사라진 성품에 도달하는 수행자를 두고** nibbānaṁ sacchikarotīti**'열반을 실현한다'라고** vuccati**말합니다**.

340 『빠띠삼비다막가 역주』, pp.942~947 참조.

341 이 책의 제2권 pp.340~347 참조.

계속해서 끊임없이 흐르고 있는 강물의 흐름을 보고 있듯이, 위빳사나 지혜가 생겨날 때는 하나씩, 하나씩 끝이 없이 생멸하면서 분명한 물질·정신의 흐름을 차례차례 마음기울여 관찰하고, 새기며 알고 있다. 바로 그렇게 새겨 알다가 특별히 매우 빠르고 분명한 출현으로 인도하는 지혜가 생겨나면 수행자의 마음은 계속해서 새겨 알고 있던 물질·정신의 연속에 더 이상 마음기울이지 않고 그 끊임없이 생겨나고 있던 물질·정신의 흐름과 정반대인 성품에 들어가듯이 이르게 된다. '끊임없이 생겨나고 있는 물질·정신의 연속과 반대되는 성품'이라고 하는 것은 끊임없이 생겨나고 있는 물질·정신 대상과, 새겨 앎이 사라진, 소멸한, 없어진 성품이다. '이르게 된 마음'이라고 하는 것도 종성의 마음, 도의 마음, 과의 마음을 말한다. 이렇게 이르게 되면 '그 수행자가 열반을 실현한다'라고 부른다는 뜻이다.

여러 많은 경전들에서 도의 지혜가 생겨나는 모습을 다음과 같이 설하셨다.

> Dhammacakkhuṁ udapādi — "yaṁ kiñci samudayadhammaṁ, sabbantaṁ nirodhadhama"nti.
>
> (D.i.102 등)

대역

samudayadhammaṁ**생겨남의 성품이 있는**, 즉 생겨나는 yaṁ kiñci**어떤** 모든 **법들이** (atthi)있는데 taṁ sabbaṁ**그** 생겨나는 **모든 법들은** nirodhadhamaṁ**소멸함의 성품이 있다**. 즉 소멸한다. iti**이렇게** 알고 보아 dhammacakkhuṁ도(道) 지견이라는 지혜의 **법안**(法眼)**이** udapādi**생겨난다**.

도의 순간에 '생겨남의 성품이 있는 그 모든 법들은 소멸함의 성품이 있다'라고 마음기울이고 숙고한다는 말이 아니다. 사실은 생겨남의 성품이 있는 그 모든 형성들이 소멸되고 사라진 열반을 직접 알게 될 뿐이다. 그렇지만 도의 순간에 그렇게 알게 되기 때문에 다시 돌이켜 숙고하는 반조의 순간에 '대상과 새겨 아는 위빳사나라는 그 모든 생겨나는 형성들이 소멸되고 사라진 곳에 이르렀다'라고도 알 수 있다. '무여(anupādisesa) 열반 요소에 이를 때는 생겨나는 그 모든 형성들이 다 소멸하고 사라진다'라고도 알고 보고 이해할 수 있다. 그 밖에 '생겨나는 그 모든 형성들은 모두 사라지고 소멸하고 없어지는 것일 뿐이다'라고도 알고 볼 수 있다. 바로 그렇기 때문에 도와 과에 이른 수행자가 〔이렇게〕 반조한 다음 원래 새기던 대로 다시 새기면 생멸을 알고 보는 생멸의 지혜에 다시 머문다. 아래는 앞의 성전에 대한 주석서의 설명이다.

> Dhammacakkhunti ettha sotāpattimaggo adhippeto. Tassa uppatti ākāradassanatthaṁ "yaṁ kiñci samudayadhammaṁ, sabbantaṁ nirodhadhamma"nti āha. Tañhi nirodhaṁ ārammaṇaṁ katvā kiccavasena evaṁ sabbasaṅkhātaṁ paṭivijjhantaṁ uppajjati.
>
> (DA.i.248 등)

대역

dhammacakkhunti**'법안(法眼)'이라는 구절은** ettha**여기**(「암밧타 경(Ambaṭṭha sutta)」[342])**에서** sotāpattimaggo**수다원 도를** adhippeto**의미한다.** (「브라흐마유 경(Brahmāyu sutta)」[343]에서는 아래 세 가지

[342] D3; 『디가 니까야』 제1권, p.312 참조.

[343] M91; 『맛지마 니까야』, p.1030 참조.

도를, 「라훌라 훈계 경(Rāhulovāda sutta)」[344]에서는 네 가지 도 모두를 의미한다고 설하기도 하였다.》 tassa**그 도가** uppatti ākāradassanatthaṁ**일어나는 모습을 보여 주기 위해** "yaṁ kiñci samudayadhammaṁ, sabbantaṁ nirodhadhamma"nti**"생겨남의 성품이 있는 그 모든 법들은 소멸함의 성품이 있다"라고** āha**설하셨다.** 《"도는 asaṅkhata = 조건 따라 형성되지 않은, 무위법만을 대상으로 한다. saṅkhata = 조건 따라 형성된, 유위법을 대상으로 하지 않는다. 그럼에도 불구하고 '생겨남의 성품이 있는 그 모든 법들은 소멸함의 성품이 있다'라고 알고 보면서 도가 생겨난다고 왜 말씀하셨는가?"라는 질문에 대해 그 다음 구절을 통해 대답하였다.》 hi**맞다.** '생겨나는 모습을 본다는 의미이다'라고 말한 것의 이유는 다음과 같다. taṁ**그 도의 지혜는** nirodhaṁ모든 형성들이 **소멸**한, 없어진 열반**을** ārammaṇaṁ katvā**대상으로 하여** kiccavasena확실하게 안다는 **작용을 통해** sabbasaṅkhātaṁ**모든 형성된 유위법들을** evaṁ**이렇게** '생겨남의 성품이 있는 그 모든 법들은 소멸함의 성품이 있다'라고 아는 이 모습으로 paṭivijjhantaṁ**분명하고 바르게 꿰뚫어 알면서** uppajjati**생겨난다.**

특별히 주의해야 할 사항

도 인식과정이 생겨나는 모습을 설명한 것은 주석서에서도, 또는 이 책에서도 단지 경전지식을 위해서일 뿐이다. 한 인식과정에서 같은 대상을 가진 마음이 얼마만큼 생겨난다고 각각 나누어 숫자를 헤아려 직접관찰의 지혜로 알 수는 없다. 따라서 도 인식과정이 생겨날 때 '무슨 속행 마음이 몇 번 생겨난다'라는 등으로 조사할 필요가 없다. 그 이전

344 「라훌라 훈계 작은 경(Cūḷarahūlovāda sutta)」을 말한다. M147; 『맛지마 니까야』, p.1581 참조.

에 수순의 지혜까지 위빳사나 지혜들이 차례대로 생겨나는 모습, 그리고 특별한 지혜인 출현으로 인도하는 위빳사나가 생겨나는 모습, 또한 수순의 지혜라고 부르는 마지막으로 새겨 아는 것의 바로 다음에 열반이라는 대상으로 저절로 건너가 이르러 가는 모습, 또한 그 다음에 다시 숙고하는 반조의 지혜가 생겨나는 모습, 또 그 다음에 계속 새기던 대로 새기면서 생멸의 지혜 단계에 머무는 모습, 이러한 것만 특히 주의하면서 성전과 주석서에 일치하는지, 일치하지 않는지 숙고하고 조사하고 검토해야 한다.

수순의 지혜, 종성의 지혜, 도와 과의 지혜가 끝났다.

반조의 지혜

1. 반조의 지혜

도의 지혜, 과의 지혜로 열반을 직접 증득하여 경험한 이는 자신이 도달한 도와 과, 열반을 우선 돌이켜 숙고해 본다. 경전지식이 있는 이라면 제거해 버린 번뇌, 아직 제거하지 못한 번뇌들도 이어서 숙고해 보기도 한다. 이러한 숙고에 포함된 특별한 지혜를 반조의 지혜(paccavekkhaṇā ñāṇa)라고 한다. 아래는 간단히 요약한『아비담맛타 상가하』의 게송이다.

> Maggaṁ phalañca nibbānaṁ, paccavekkhati paṇḍito.
> Hīne kilese sese ca, paccavekkhati vā na vā.
>
> (As.65)

대역

paṇḍito열반을 직접 증득하여 안 **지혜 있는 이는**
maggañca이전에 새겨 알던 위빳사나 도와 함께
형성들이 모두 소멸하고 사라진 곳에 이른
성스러운 **도라는 법을,**
phalañca**또한** 도의 바로 다음에 이어서 생겨나는
과라는 법을,
nibbānañca**또한** 모든 형성들이 소멸된,

사라진, 잠재워진 **열반을**

paccavekkhati**돌이켜 반조한다.**

hīne = pahīne**이미 제거한** kilese ca**번뇌, 또는**

sese ca**아직 남아있는 번뇌들은**

paccavekkhati vā**반조하기도 하고,**

na (paccavekkhati) vā**반조하지 않기도 한다.**[345]

도를 반조하는 것, 과를 반조하는 것, 열반을 반조하는 것이라는 이 세 가지 반조는 확실히 생겨난다. 제거한 번뇌를 반조하는 것과 아직 제거하지 못한 번뇌를 반조하는 것, 이 두 가지 반조는 생겨나는 경우도 있고, 생겨나지 않는 경우도 있다. 꼭 생겨나는 것은 아니다. 상황에 따라 다르다. '어떠한 도가 어떠한 번뇌들을 제거한다'라고 들어 보았던 수행자에게만 생겨난다. 들어 보지 못했던 이에게는 생겨나지 않기도 한다는 뜻이다. 여러 주석서들에도 이와 같이만 설명해 놓았다. 일부 수행자에게는 반조의 지혜가 생겨나지 않기도 한다는 것을 아래『맛지마 니까야(근본50편)』「괴로움 무더기 짧은 경(Cūḷadukkhakkhandha sutta)」과 그 주석을 통해 알 수 있다.

Tassa mayhaṁ, bhante, evaṁ hoti — 'kosu nāma me dhammo ajjhattaṁ appahīno yena me ekadā lobhadhammāpi cittaṁ pariyādāya tiṭṭhanti, dosadhammāpi cittaṁ pariyādāya tiṭṭhanti, mohadhammāpi cittaṁ pariyādāya tiṭṭhantī'ti. So eva kho te, mahānāma, dha-

345『아비담마 길라잡이』(하), p.812 참조.

mmo ajjhattaṁ appahīno.

(M.i.126)

대역

"bhante세존이시여, tassa mayhaṁ탐욕·성냄·어리석음이 마음을 뒤덮어버린 **그런 저에게** evaṁ**이와 같은 의심이** hoti**생겨났습니다**, 부처님. (kinti)어떻게 생겨났는가 하면, 'yena아직 제거하지 못한 **그 번뇌라는 법 때문에** ekadā**가끔씩** lobhadhammāpi**탐욕의 법도** me**나의** cittaṁ깨끗한 **마음을** pariyādāya**무너지게 하면서** tiṭṭhanti**머물고**, dosadhammāpi**성냄의 법도** cittaṁ나의 깨끗한 **마음을** pariyādāya**무너지게 하면서** tiṭṭhanti**머물고**, mohadhammāpi**어리석음의 법도** cittaṁ나의 깨끗한 **마음을** pariyādāya**무너지게 하면서** tiṭṭhanti**머문다**. me ajjhattaṁ**나의 내부** 존재상속**에** appahīno**아직 제거하지 못한** so dhammo**그** 번뇌 **법들은** ko nāma**도대체 어떠한 법들인가?'라고** evaṁ**이와 같은 의심이** hoti**생겨났습니다."라고** 〔마하나마 왕이 세존께〕 **말씀드렸다**. "mahānāma**마하나마 왕이여**, te ajjhattaṁ**그대의 내부** 존재상속**에** appahīno**아직 제거하지 못한 법들은** so eva kho dhammo 깨끗하지 못한 마음을 무너지게 하는 **바로 그** 탐욕·성냄·어리석음이라는 **법들이다**. … "라고 부처님께서 대답하셨다.[346]

한 가지 반조만 생겨나는 경우도 있다

Ayaṁ kira rājā "sakadāgāmimaggena lobhadosamohā niravasesā pahīyantī"ti saññī ahosi, ayaṁ "appahīnaṁ me atthī"tipi jānāti, appahīnakaṁ upādāya pahīnakampi puna pacchato vā vattatīti saññī hoti. Ariyasāvakassa evaṁ sandeho uppajjatīti? Āma uppajjati. Kasmā?

---

346 『맛지마 니까야』, p.225 참조.

Paṇṇattiyā akovidattā. "Ayaṁ kileso asukamagga-vajjho"ti imissā paṇṇattiyā akovidassa hi ariyasāvaka-ssapi evaṁ hoti. Kiṁ tassa paccavekkhaṇā natthīti? Atthi. Sā pana na sabbesaṁ paripuṇṇā hoti. Eko hi pahīnakilesameva paccavekkhati. Eko avasiṭṭhakilesameva, eko maggameva, eko phalameva, eko nibbānameva. Imāsu pana pañcasu paccavekkhaṇāsu ekaṁ vā dve vā no laddhuṁ na vaṭṭati.

(MA.i.366)

대역

ayaṁ rājā사다함인 이 마하나마 왕은 "sakadāgāmimaggena lobhadosa-mohā niravasesā pahīyantī"ti saññī'탐욕·성냄·어리석음을 사다함의 지혜로 남김없이 다 제거한다'라고 인식하고 ahosi kira있었다고 한다. ayaṁ이 왕은 "appahīnaṁ me atthī"tipi'나에게 아직 제거되지 않은 번뇌들이 있다'라고도 jānāti알았다. 'appahīnakaṁ upādāya아직 제거되지 않은 것을 의지해서 pahīnakaṁ pi이미 제거한 번뇌들도 puna pacchato vā vattatīti saññī다시 그 이후에 생겨난다'라고 인식하고 hoti있었다. ariyasāvakassa성제자에게 evaṁ sandeho이와 같은 의심이 uppajjatīti생겨날 수 있는가? āma uppajjati맞다. 생겨날 수 있다. kasmā무엇 때문인가? paṇṇattiyā akovidattā가르침에 능숙하지 못하고 잘 이해하지 못했기 때문이다. hi자세히 설명하겠다. "Ayaṁ kileso asukamaggavajjho"ti imissā paṇṇattiyā akovidassa'이 번뇌를 이 도가 제거한다'라는 가르침에 능숙하지 못하고 잘 이해하지 못하는 ariyasāvakassapi성제자도 evaṁ이와 같이 의심하기도 hoti한다. 그러면 tassa그 성제자에게는 paccavekkhaṇā반조의 지혜가 natthi kinti없는가? atthi있다. pana하지만 sā그 반조의 지혜는 sabbesaṁ모든 성제자들이 paripuṇṇā na hoti다 구족하는 것은 아니다. hi구족하지 못하는 경우도 있다. **맞다.** 구족하지 못하는 모습을 설명하겠다. eko**어떤 성제자는** pahīnakilesameva**제거한 번뇌만** paccavekkhati**반조한다.** 《여기에서 '만(eva)'이라는 단어를 통해 나머지 네 가지에 대해서는 반조하지 않는다는 것을 알려 준다. 나머지 구절에 대해서도 같은 방법으로 알기 바란다.》 eko**어떤 성제자는** avasiṭṭhakilesameva**남아 있는 번뇌만** 반조한다. eko**어떤 성제자는** maggameva**도만** 반조한다. eko **어떤 성제자는** phalameva**과만** 반조한다. eko**어떤 성제자는** nibbānameva**열반만** 반조한다. imāsu pana pañcasu paccavekkhaṇāsu**이 다섯 가지 반조 중에** ekaṁ vā**한 가지나** dve vā**두 가지의 반조를** no laddhuṁ na vaṭṭati**하지 않는 것은 적당하지 않다.** 《다섯 가지 반조의 지혜 중에 한 가지나 두 가지는 꼭 생겨난다는 뜻이다.》

다른 주석서들에는 "도와 과, 열반은 꼭 반조한다. 제거한 번뇌와 아직 제거하지 못한 번뇌는 상황에 따라 반조하기도 하고 반조하지 않기도 한다"라고 이구동성으로 설명한다. 이 『맛지마 니까야(근본50편)』 「괴로움 무더기 짧은 경(Cūḷadukkhakkhandha sutta)」의 주석에서는 반조의 지혜가 하나만 생겨나는 경우도 있다고 설명한다. 다른 주석서들과는 다르다. 그렇지만 반조의 지혜가 하나만 생겨나는 성제자가 있는지 없는지를 확실하게 결정하는 것은 일반인들의 영역이 아니다. 부처님의 교법에 있는 모든 성제자들의 마음이 생겨나는 모습을 모두, 완전하게 알고 볼 수 있는 거룩한 이의 영역일 뿐이다. 따라서 이 「괴로움 무더기 짧은 경(Cūḷadukkhakkhandha sutta)」의 주석의 설명도 의미 깊게 기억할 만하다.

2. 제거하는 번뇌

여기서 부처님 가르침에 능숙함(paṇṇattikovida)을 생겨나게 하기 위해 네 가지 도가 각각에 따라 제거하는, 사라지게 하는 번뇌들을 간단하게 구분하여 설명하겠다.

Saṁyojanesu tāva sakkāyadiṭṭhi vicikicchā sīlabbata-parāmāso apāyagamanīyā ca kāmarāgapaṭighāti ete pañca dhammā paṭhamañāṇavajjhā, sesā kāmarāga-paṭighā oḷārikā dutiyañāṇavajjhā, sukhumā tatiyañā-ṇavajjhā, rūparāgādayo pañcapi catutthañāṇavajjhā eva.

(Vis.ii.325)

해석

족쇄 열 가지 중에서 존재더미 사견(有身見), 의심, 계행·의식 집착, 악처로 인도하는 감각욕망 애착, 적의, 이 다섯 가지 법들은 첫 번째 도의 **지혜가 제거하고,** 악처에 태어나게 하지 않는 감각욕망 애착과 적의 중 **나머지 거친 감각욕망 애착과 적의는 두 번째 지혜가 제거하고, 미세한 감각욕망 애착과 적의는 세 번째 지혜가 제거하고, 색계 애착 등의 다섯 가지**《색계 애착, 무색계 애착, 자만, 들뜸, 무명》**는 오직 네 번째 지혜**인 아라한 도의 지혜**가 제거한다.**[347]

주목 〔이 다음의 구절들에서〕 '오직(eva)'이라는 단어로 특별히 수식하지 않고 '위의 도가 제거한다'라고 말하면, "그 번뇌 중에 악처에 가게 하는 정도는 첫 번째 도가 제거하고, 악처에 가게 하는 것이 아닌 것 중에

347 『청정도론』 제3권, pp.371~372 참조.

거친 것은 두 번째 도가 제거하고, 미세한 것은 세 번째 도가 제거한다. 이렇게 아랫 단계에서 제거할 만한 정도는 아래의 여러 도가 이미 제거하였다"라고 알기 바란다.[348]

Kilesesu diṭṭhivicikicchā paṭhamañāṇavajjhā, doso tatiyañāṇavajjho, lobhamohamānathinauddhaccaahirika anottappāni catutthañāṇavajjhāni.

(Vis.ii.325)

해석

번뇌 열 가지 **중에서 사견과 의심은 첫 번째 지혜가 제거하고, 성냄은 세 번째 지혜가 제거하고, 탐욕, 어리석음, 자만, 해태, 들뜸, 도덕적 부끄러움없음, 도덕적 두려움없음은 네 번째 도가 제거한다.**
《여기에서 '오직(eva)'이라는 단어로 한정지어 놓지 않았기 때문에 성냄의 경우 악처에 나게 하는 것, 거친 것들은 첫 번째, 두 번째 도가 제거하고, 탐욕, 어리석음 등의 일곱 가지 번뇌의 경우, 악처에 나게 하는 부분, 거친 부분, 감각욕망과 관련된 미세한 부분들을 각각 첫 번째, 두 번째, 세 번째 도가 제거한다고 알아야 한다. 이 다음 구절들에 대해서도 같은 방법으로 알기 바란다.》

Micchattesu micchādiṭṭhi musāvādo micchākammanto micchāājīvoti ime paṭhamañāṇavajjhā, micchāsaṅkappo

---

348 parato pi ca yattha yattha eva - saddena niyamaṁ na karissāma. Tattha yaṁ yaṁ upari ñāṇavajjho ti vakkhāma, so so purimañāṇehi hatāpāyagamanīyādibhāvo va hutvā upari ñāṇavajjho hotī ti veditabbo(다음 구절들에도 '오직'이라는 단어로 한정하지 않을 것이다. 각각의 구절들에서 각각의 불선법들을 '위의 도들이 제거하는 법이다'라고 말한다면, 그 각각의 불선법들 중에서 '악처에 나게 하는 불선법들은 아래 도가 이미 제거했다'라고 알아야 한다). 『*Visuddhimagga Myanmarpyan*(위숫디막가 미얀마 어 번역)』 제4권, pp.625~626 참조. 『청정도론』 제3권, p.372 해석과 비교해 보라. 바로 다음 구절에 대한 설명을 읽으면 그 의미가 분명할 것이다.

pisuṇavācā pharusavācāti ime tatiyañāṇavajjhā, cetanāyeva cettha vācāti veditabbā. Samphappalāpamicchāvāyāmasatisamādhivimuttiñāṇāni catuttha ñāṇavajjhāni.

(Vis.ii.325)

대역

micchattesu삿된 견해, 삿된 사유, 삿된 말, 삿된 행위, 삿된 생계, 삿된 노력, 삿된 새김, 삿된 삼매, 삿된 지혜, 삿된 해탈이라고 하는 **삿됨 열 가지 중에서** micchādiṭṭhi musāvādo micchākammanto micchāājīvoti ime**삿된 견해,** 삿된 말 중의 **거짓말, 삿된 행위, 삿된 생계라는 이러한 법들은** paṭhamañāṇavajjhā**첫 번째 도가 제거한다.** micchāsaṅkappo pisuṇavācā pharusavācāti ime**삿된 사유,** 삿된 말 중의 **중상모략,** 삿된 말 중의 **욕설이라고 하는 이러한 법들은** tatiyañāṇavajjhā**세 번째 지혜가 제거한다.** ca**또한** 앞의 구절에서 잘못 이해할 만한 것을 배제하자면 ettha거짓말, 중상모략, 욕설 등 **여기서** cetanāyeva불이익을 생겨나게 하려는 **의도만을** vācāti**'말'이라고** veditabbā**알아야 한다.** 《엄밀하게 말하면 말하는 소리만을 '말(vācā)'이라고 한다. 그렇지만 그 음성 자체인 소리 물질은 도가 제거할 수 있는 법(pahātabba)이 아니다. 그 말을 생겨나게 하는 불선 의도만이 제거할 수 있는 법이다. 따라서 여기에서 그 불선(不善) 의도만을 삿된 말, 중상모략, 욕설이라고 표현한다. 이 의도만을 도가 제거한다. 음성 그 자체를 삿된 말, 중상모략, 욕설이라고 말하지 않는다. 또한 그 음성 자체를 도가 제거하는 것도 아니다. 하지만 의도가 없으면 그 의도와 관련된 말도 다 잠재워진다. 뻴린다왓차(Pilindavaccha) 장로처럼 매우 소수의 사람들은 불선 마음, 의도가 조금도 없이 단지 습관이 배어서 말하는 경우도 있다.[349]》 samphappalāpamicchāvāyāmasa-

349 『법구경 이야기』 제3권, pp.462~464 참조.

tisamādhivimuttiñāṇāni삿된 말 중의 **잡담, 삿된 노력, 삿된 새김, 삿된 삼매, 삿된 해탈, 삿된 지혜는** catutthañāṇavajjhāni**네 번째 지혜가 제거한다.**

이 열 가지 삿됨 중에, 말의 악행 네 가지와 결합한 불선(不善) 의도를 삿된 말이라고 한다. 몸의 악행 세 가지와 결합한 불선 의도를 삿된 행위라고 한다. 생계유지와 관련된 몸과 말의 악행 일곱 가지와 결합한 불선 의도를 삿된 생계라고 한다. 딸이나 아내를 회상함, 이전에 즐기던 것을 회상함, 싸웠던 것을 회상함 등 세간의 여러 가지 대상·물건·행위들을 다시 회상하고 기억하는 모습으로 생겨나는 불선 마음일어남을 삿된 새김이라고 한다. 악행을 성취하게 하는 방법을 궁리하여 그 악행을 행하고 나서, 그 행했던 것을 '잘했다'라고 돌이켜 반조하며 생겨나는 어리석음을 삿된 지혜라고 한다. 번뇌로부터 해탈하지 못했음에도 불구하고 '해탈했다'라고 생각하거나, 번뇌로부터 해탈하게 하지 못하는 법을 해탈하게 하는 법이라고 생각하는 것을 삿된 해탈이라고 한다. 법체로는 탐욕을 뿌리로 하는 마음일어남일 뿐이다. 악처에 나게 하는 이러한 삿된 해탈은 첫 번째 도가 제거한다. 악처에 나게 하는 것이 아닌 거친, 미세한 감각욕망과 관련한 삿된 해탈은 각각 두 번째, 세 번째 도가 제거한다. 존재 애착과 관련한 삿된 해탈은 아라한 도가 제거한다. 나머지 삿됨의 법들은 그 법체가 분명하다.

Lokadhammesu paṭigho tatiyañāṇavajjho, anunayo catutthañāṇavajjho, yase ca pasaṁsāya ca anunayo catutthañāṇavajjhoti eke.

(Vis.ii.325)

해석

세간법 여덟 가지 **중에서** 이익을 얻지 못함, 대중이 적거나 없어짐, 괴로움, 비난 때문에 생겨나는 **적의는 세 번째 지혜가 제거하고,** 이익을 얻음, 대중이 많음, 몸과 마음의 행복함, 칭송을 받음 때문에 생겨나는 **즐김** = 탐욕**은 네 번째 지혜가 제거한다. 일부**의 견해(ekevāda)로**는 대중이 많음과 칭송에 대한 즐김** = 탐욕**은 세 번째 지혜가 제거한다고 말한다.** 《일부 문헌들에는 이 혹자의 견해에 해당하는 구절에서도 네 번째 지혜가 제거한다고 되어 있다. 그렇게 되면 이 구절이 일반적인 견해와 서로 그 의미가 다르지 않게 된다. 따라서 여기서는 '세 번째 지혜가 제거한다'라는 것이 원래 구절이라고 알아야 한다.》

〔Macchariyāni paṭhamañāṇavajjhāneva.〕

〔(Vis.ii.325)〕

역해

〔인색은 첫 번째 지혜가 제거한다.〕[350]

절 주변, 절 건물, 절 안의 침소 등 자신이 거주하는 곳에 다른 이가 와서 머물려고 할 때 그것을 참지 못하는 것, 바라지 않는 것, 이미 와서 머무는 이들도 빨리 다른 곳으로 떠나가길 바라는 것들을 거주처 인색(āvāsa macchariya)이라고 한다.[351] 하지만 화를 잘 내는 사람 등 나쁘고 저열한 사람들이 와서 머무는 것을 바라지 않는 것은 인색이 아니다. 《Bhaṇḍana kārakādinaṁ pana tattha vāsaṁ anicchato āvāsama-

350 본 책에 포함되지 않아 역자가 첨가하였다.

351 거주처 인색은 출가자와만 관계된다. Mahāsi Sayadaw, 『*Dhammadāyada thouk tayato*(법상속경에 대한 법문)』, p.187 참조.

cchariyaṁ nāma na hoti[352](그러나 분쟁을 일으키는 나쁜 이들, 즉 나쁜 비구들이 그 거주처에 머무는 것을 바라지 않는 비구에게는 거주처 인색이 생겨나지 않는다).》[353]

남자 신도, 여자 신도, 친척 등 자기와 가까운 이들에게 다른 이들이 가까이 다가가는 것을 참지 못하는 것, 바라지 않는 것을 가문 인색(kula macchariya)이라고 한다. 저열하고 나쁜 이들이 가까이 다가가는 것을 바라지 않는 것은 인색이 아니다. 《pāpapuggalassa pana upasaṅkamanaṁ anicchanto pi maccharī nāma na hoti[354](그러나 저열한 이들이 〔자신과 가까운 이들에게〕 가까이 다가가는 것을 바라지 않는 비구에게는 인색이라고 하는 것이 생겨나지 않는다).》[355]

다른 이들은 자신이 얻은 것처럼 여러 재산들을 얻기를 바라지 않는 것을 재산 인색(lābha maccahriya)이라고 한다. 하지만 saddhādeyya vinipātana(신심으로 보시한 것을 파괴하는 것) 등으로 재산을 무너뜨리려고 하는 이들에 대해, 또는 재산이 많고 구족하면 다른 이를 괴롭히고 못살게 구는 것 등 적당하지 않은 행위를 하는 이들이 〔재산을〕 얻지 않기를 바라는 것은 인색이 아니다. 그 밖에 자신이 적당하게 이미 소유한 물건을 보시할 만한 계를 잘 구족한, 같이 지내는 이에게 보시하지

---

352 원주(본문내용): DhsA.405.

353 *Byi Sayadaw, Nissaya DVD - ROM,*『*Aṭṭhasālinī Aṭṭhakathā Nissayā*(담마상가니 주석서 대역)』 제4권, p.401 참조.

354 원주(본문내용): DhsA.405.

355 *Byi Sayadaw, Nissaya DVD - ROM,*『*Aṭṭhasālinī Aṭṭhakathā Nissayā*(담마상가니 주석서 대역)』 제4권, p.401 참조.

못하는 것도 재산 인색이다. 하지만 매우 소중히 생각하고 아끼는 물건을 보시하지 못하는 것은 인색 때문이 아니라 탐욕(lobha) 때문에도 생겨날 수 있다. "자신의 물건을 다른 이가 소유하고 사용하는 것을 참을 수 없는 것이 인색의 특성이다. 자신의 물건을 버릴 수 없을 정도로 매우 아끼고 애착하는 것이 탐욕의 특성이다"라고 이렇게 서로 다른 점도 알아야 한다.[356] 그 밖에 없어서는 안 될, 매우 유용한 물건이어서 그것을 버리지 못하는 것은 재성찰의 지혜(paṭisaṅkhā ñāṇa) 때문에 생겨날 수도 있다. 제4장 족쇄를 아는 모습을 다시 살펴보라.

다른 이의 용모가 아름다운 것, 행실이 훌륭한 것 등의 여러 덕목들을 말하고 싶어 하지 않음, 듣고 싶어 하지 않음 등이나 혹은 다른 이는 자신이 가지고 있는 덕목들을 구족하지 않기를 바라는 것을 칭찬 인색(vaṇṇa macchariya)이라고 한다. 하지만 사실이 아닌, 바르지 않은 공덕으로 칭찬하는 말을 하고 싶어 하지 않는 것, 듣고 싶어 하지 않는 것은 인색이 아니다.

자신이 알고 있는 법이나 경전내용을 다른 이가 알지 못하기를 바라는 것을 법 인색(dhamma macchariya)이라고 한다. 하지만 마음가짐이 정직하지 않은, 바르지 않은 이가 알지 못하기를 바라는 것은 인색이 아니다. 이 다섯 가지 인색은 수다원 도가 제거한다.

Vipallāsesu anicce niccaṁ, anattani attāti ca saññācitta-

356 이 책의 제1권 pp.517~519 참조.

diṭṭhivipallāsā, dukkhe sukhaṁ, asubhe subhanti diṭṭhivipallāso cāti ime paṭhamañāṇavajjhā, asubhe subhanti saññācittavipallāsā tatiyañāṇavajjhā, dukkhe sukhanti saññācittavipallāsā catutthañāṇavajjhā.

(Vis.ii.326)

해석

전도(顚倒) 열두 가지 **중에서 무상한 것**인 물질·정신**을 항상하다고, 무아인 것**인 물질·정신**을 자아라고 하는 인식과 마음과 견해의 전도, 그리고 괴로움**인 물질·정신**을 행복하다고, 더러운(不淨) 것**인 물질**을 깨끗하다고 하는 견해의 전도, 이들** 여덟 가지 전도**는 첫 번째 도가 제거한다. 더러운 것**인 물질**을 깨끗하다고 하는 인식의 전도와 마음의 전도, 이들** 두 가지 전도**는 세 번째 지혜가 제거한다. 괴로움**인 물질·정신**을 행복하다고 하는 인식의 전도와 마음의 전도, 이들** 두 가지 전도**는 네 번째 지혜가 제거한다.**

수다원, 사다함 등에게는 자신의 무더기(蘊), 다른 이의 무더기에 대해서 '깨끗하다, 행복하다'라고 잘못 생각하는 인식의 전도와 잘못 아는 마음의 전도가 아직 사라지지 않았다. 그래서 감각욕망 대상인 여러 물건들을 즐기고 느끼면서 행복하게 지내기도 한다. 하지만 '진짜 깨끗한 것이다. 진짜 행복한 것이다'라고 강하게 집착하는 견해의 전도라는 법은 이미 사라졌다. 그래서 깊이 숙고하고 생각해 볼 때는 '좋고 행복하다'라고 할 만한 어떠한 것을 경험하지 못한다. 아나함도 '행복하다'라고 잘못 생각하는 인식의 전도, 잘못 아는 마음의 전도가 아직 사라지지 않았다. 그래서 자신의 무더기를 아끼고 애착하여 색계 존재, 무색계 존재에 〔태어나〕 즐길 수 있는 것이다.

Agati paṭhamañāṇavajjhāva.

(Vis.ii.326)

해석

잘못따름, 즉 도리에 어긋난 행위(非道) 네 가지는 **첫 번째 지혜가 제거한다.**

법에 따라 판결할 때, 재산을 분배할 때, 상벌을 내릴 때, 훈계하고 칭찬할 때 등에 자기가 좋아하는 이의 편에 서서 바르지 않게 행하는 것을 '바람에 잘못따름(chandāgati)'라고 한다. 자기가 싫어하는 이를 괴롭히며 바르지 않게 행하는 것을 '성냄에 잘못따름(dosagati)'라고 한다. 모르고 이해를 잘 못해서 바르지 않게 행하는 것을 '어리석음에 잘못따름(mohagati)'라고 한다. 그 사람이 두려워서 바르지 않게 행하는 것을 '두려움에 잘못따름(bhayagati)'라고 한다. 이러한 네 가지 잘못따름은 수다원 도가 제거한다.

Āsavesu diṭṭhāsavo paṭhamañāṇavajjho, kāmāsavo tatiyañāṇavajjho, itare dve catutthañāṇavajjhā.

(Vis.ii.326)

해석

번뇌흐름 네 가지[357] **중에서 사견 번뇌흐름은 첫 번째 지혜가 제거한다. 감각욕망 번뇌흐름은 세 번째 지혜가 제거한다. 나머지 둘은 네 번째 지혜가 제거한다.**[358]

---

357 감각욕망 번뇌흐름(kāmāsava), 존재 번뇌흐름(bhavāsava), 사견 번뇌흐름(micchadiṭṭhāsava), 무명 번뇌흐름(avijjhāsava).

358 원래는 설명이 먼저 되어 있고 원문이 나중에 나와 있으나, 문단의 통일을 위해 먼저 소개하였다. 또한 따로 원문에 대해 해석이 되어 있지 않으나, 역시 문단의 통일을 위해 해석을 첨부하였다.

경전 방법에 의하면 감각욕망 번뇌흐름(kāmāsava)과 존재 번뇌흐름(bhavāsava)을 다음과 같이 구분하여 기억해야 한다. 다섯 가지 감각욕망 대상에 대해 바라고 애착하고 좋아하고 즐기는 탐욕이 감각욕망 번뇌흐름이다. 색계존재·무색계존재·색계선정·무색계선정에 대해 좋아하고 바라는 탐욕, 혹은 상견(sassatadiṭṭhi)과 함께하는 탐욕, 또는 사람·천신·용·금시조·남자·여자 등의 욕계존재에 대해 바라고 애착하는 탐욕이 존재 번뇌흐름이다. 이상은 경전 방법에 의해 구분하는 모습이다. 아비담마 방법에 의하면 "bhavāsavo catusu diṭṭhigatavippayutta lobhasahagata cittuppādesu uppajjati(존재 번뇌흐름은 사견과 결합하지 않은, 탐욕과 함께하는 마음 네 가지가 생겨날 때 생겨난다)"[359]라는 『담마상가니(Dhammasaṅgaṇi 法集論)』, "rūpārūpasaṅkhāte kammako upapattito ca duvidhepi bhave āsavo bhavāsavo(색계·무색계라고 불리는 업 = 업 존재와, 거듭 생겨남 = 업 때문에 생겨나는 재생연결 = 거듭 태어남 존재의 두 가지 존재에 대한 번뇌흐름이 존재 번뇌흐름이다)"[360]라는 『담마상가니(法集論) 주석서』에 따라 색계존재·무색계존재·색계선정·무색계선정에 대해 애착하고 좋아하며 생겨나는 '사견과 결합하지 않은 탐욕'만 존재 번뇌흐름이라고 한다. 이는 아나함의 존재상속에도 여전이 남아있으며 아라한 도로써 제거되는 존재 애착이다.

---

359 Dhs.278; *Ashin Aggadhamma Mahāthera, Nissaya DVD - ROM,* 『*Dhammasaṅgaṇī Pāḷi Nissaya*(담마상가니 대역)』, p.481 참조. '탐욕과 함께하고(원래 『아비담맛타 상가하』에서는 '탐욕을 뿌리로 한'으로 표현되었다.) 사견과 결합하지 않은 마음 네 가지'에 대해서는 『아비담마 길라잡이』(상), pp.113~114 참조.

360 DhsA.401; *Ashin Janaka Bhivaṁsa, Nissaya DVD - ROM,* 『*Aṭṭhasālinī Aṭṭhakathā Bhāsāṭīkā* (담마상가니 주석서 역주해석서)』, p.164 참조.

"kāmāsavo aṭṭhasu lobhasahagatacittuppādesu uppajjati(감각욕망 번뇌흐름은 탐욕과 함께한 마음 여덟 가지가 생겨날 때 생겨난다)"[361]라는 『담마상가니(法集論)』, "pañcakāmaguṇikarāgoti ukkaṭṭhavasena vuttaṁ bhavāsavaṁ ṭhapetvā sabbo lobho kāmāsavoti yuttaṁ siyā(다섯 감각욕망 대상에 대한 애착이라는 것은 대표로 말한 것이다. 존재 번뇌흐름을 제외한 모든 탐욕이 감각욕망 번뇌흐름이다. 이것이 적당한 설명이다)"[362]라는 『담마상가니(法集論) 근본복주서』, "Tattha kāmabhavapatthanāya tāva kāmāsavābhāvo hotu, rūpārūpabhavesu sassatābhinīvesasahagata rāgassa kathanti? Sopi yathā vuttavisaye kāmanavasena pavattito kāmāsavoyeva nāma. Sabbepi hi tebhūmikā dhammā kamanīyaṭṭhena kāmāti. Na cettha aniṭṭhappasaṅgo, diṭṭhivippayuttalobhassa bhavāsava bhāvena visuṁ uddhaṭattā. Avassañcetamevaṁ viññātabbaṁ, itarathā rūpārūpabhavesu ucchedadiṭṭhisahagatassapi lobhassa bhavāsavabhāvo āpajjeyyāti(여기서 욕계존재를 기원하는 것까지가 감각욕망 번뇌흐름이다. [그렇다면] 색계·무색계존재에 대한 상견(常見) 고집과 함께하는 애착은 무엇인가? 그것도 역시 이미 말한 대상을 바라는 것으로 진행되기 때문에 감각욕망 번뇌흐름일 뿐이다. 맞다. 삼계의 법 모두도 '즐길만 하다'라는 의미로 감각욕망이라고 한다. 여기서 해당되지 않는 의미는 포함되지 않았다. 사견과 결합하지 않는 탐욕을 존재 번뇌흐름이라고 따로 뽑아냈기 때문이다. 나머지는 이와 마찬가지로 알아

---

361 Dhs.278

362 DhsMṬ.170; *Ashin Janaka Bhivaṁsa, Nissaya DVD - ROM,* 『*Dhammasaṅgaṇī Mūlaṭīkā Nissaya*(담마상가니 근본복주서 대역)』 제4권, p.406 참조.

야 한다. 색계·무색계존재에 대해 단견과 함께한 것도 제외한 탐욕이 존재 번뇌흐름에 해당된다)"[363]라는 『담마상가니(法集論) 복복주서』에 따라, 존재 번뇌흐름을 제외한 나머지 모든 탐욕은 감각욕망 번뇌흐름들이다. 사견이 사견 번뇌흐름이다. 어리석음이 무명 번뇌흐름이다. 이 네 가지 번뇌흐름들 중 사견 번뇌흐름은 첫 번째 도가 제거한다. 감각욕망 번뇌흐름은 세 번째 도가 제거한다. 존재 번뇌흐름, 무명 번뇌흐름은 아라한 도가 제거한다.

Nīvaraṇesu vicikicchānīvaraṇaṁ paṭhamañāṇavajjhaṁ, kāmacchando byāpādo kukkuccanti tīṇi tatiyañāṇavajjhāni, thinamiddhauddhaccāni catutthañāṇavajjhāni.

(Vis.ii.326)

해석

장애 다섯 가지 **중에서 의심 장애는 첫 번째 지혜가 제거한다.** 〔경전 방법에 의하면〕 **감각욕망 바람과 악의, 후회의 세 가지는 세 번째 지혜가 제거한다. 해태, 혼침, 들뜸은 네 번째 지혜가 제거한다.** 아비담마 방법에 의하면 색계 애착, 무색계 애착도 감각욕망 바람이라고 하기 때문에 이러한 〔색계, 무색계〕 감각욕망 바람은 아라한 도가 남김없이 제거한다.

Kāmacchandassa anāgāmimaggena pahānaṁ ukkaṭṭha nīvaraṇavasena vuttanti veditabbaṁ. ··· tasmā sabbo lobho kāmacchanda nīvaraṇanti arahattamaggenassa

363 DhsAnṬ.184.

pahānavacanaṁ yuttaṁ.

(DhsMṬ.175)

역해

감각욕망 바람을 아나함 도가 제거한다는 것은 대표적 장애로 말한 것이라고 알아야 한다. … 따라서 '모든 탐욕이 감각욕망 바람 장애이다'라고 하는 것은 아라한 도가 제거한다는 말과 관련된다.

Upādānesu sabbesampi lokiyadhammānaṁ vatthukāmavasena kāmāti āgatattā rūpārūparāgopi kāmupādāne patati, tasmā taṁ catutthañāṇavajjhaṁ, sesāni paṭhamañāṇavajjhāni.

(Vis.ii.326)

해석

취착 네 가지 **중에서 '모든 세간법들은 대상으로서 감각욕망이므로 감각욕망이라고 한다'라고 언급했기 때문에**[364] **색계와 무색계에 대한 애착도 감각욕망 취착에 포함된다. 그러므로 이것은 네 번째 지혜가 제거한다. 나머지는 첫 번째 지혜가 제거한다.**[365]

대상으로서의 감각욕망(vatthukāma)이라고 불리는 모든 세간법들에 대해 애착하고 즐기는 탐욕을 감각욕망 취착(kāmupādāna)이라고 한다. 그것은 아라한 도가 제거한다. 소나 개 등의 행동을 실천하는 것으로 윤회로부터 해탈하고 청정해져 영원히 행복하다고 생각하는 견해를 계행·의식 취착(sīlabbatupādāna)이라고 한다. 여덟 가지 성스러운

---

364 Nd.1 - 2 참조.

365 원문에는 해석이 없으나 역자가 첨가하였다. 『청정도론』 제3권, p.373 참조.

도(八聖道) 없이 세간의 지계, 세간의 실천 정도로 윤회로부터 해탈하고 청정해진다고 생각하는 것도 계행·의식 취착에 포함된다. 존재더미 사견(sakkāyadiṭṭhi 有身見)[366] 스무 가지[367]라고 하는 자아사견(attadiṭṭhi)이 자아교리 취착(attavādupādāna)이다. 나머지 모든 사견은 견해 취착(diṭṭhupādāna)이다. 이러한 사견과 관련된 취착 세 가지는 첫 번째 도가 제거한다.

Anusayesu diṭṭhivicikicchānusayā paṭhamañāṇavajjhāva, kāmarāgapaṭighānusayā tatiyañāṇavajjhā, mānabhavarāgāvijjānusayā catutthañāṇavajjhā.

(Vis.ii.326)

해석

잠재번뇌 일곱 가지 **중에서 사견과 의심 잠재번뇌는 첫 번째 지혜가 제거한다. 감각욕망 애착과 적의 잠재번뇌는 세 번째 지혜가 제거한다. 자만과 존재 애착, 무명 잠재번뇌는 네 번째 지혜가 제거한다.**[368]

이 잠재번뇌들이 사라졌는가, 사라지지 않았는가는 드러난 번뇌가 생

366 존재더미 사견(sakkāyadiṭṭhi)이란 빠알리어는 sa(= santo 분명히 존재한다)+kāya(무더기)+diṭṭhi(사견) = 분명히 존재하는 물질과 정신의 무더기를 자아라고, 나라고, 중생이라고 잘못 생각하는 것을 '존재더미 사견(有身見)'이라고 부른다. *Mahāsi Sayadaw,『Takkathou Vipassanā*(대학 위빳사나)』, p.16 참조.

367 물질이 자아이다(attato rūpaṁ), 자아가 물질을 소유한다(attānaṁ rūpavantaṁ), 물질이 자아 안에 있다(attani rūpaṁ), 자아가 물질 안에 있다(rūpasmiṁ attānaṁ)라고 이렇게 네 가지로 취착한다. 나머지 느낌, 인식, 형성, 의식에 대해서도 마찬가지로 취착하기 때문에 존재더미 사견은 모두 5×4 = 20가지이다.『맛지마 니까야』, p.540 참조.

368『청정도론』제3권, p.374 참조.

겨나지 않는가, 생겨나는가를 통해 알 수 있다.

> Akusalakammapathesu pāṇātipāto adinnādānaṁ micchācāro musāvādo micchādiṭṭhīti ime paṭhamañāṇavajjhā, pisuṇavācā pharusavācā byāpādoti tayo tatiyañāṇavajjhā, samphappalāpābhijjhā catutthañāṇavajjhā.
>
> (Vis.ii.326)

대역

akusalakammapathesu**불선업 궤도**(不善業道)[369] 열 가지 **중에서**, pāṇātipāto살아있는 생명체를 죽이는 **살생**, adinnādānaṁ주인이 주지 않은 물건을 훔치는 **도둑질**, micchācāro**삿된 음행**, musāvādo**거짓말**, 《다른 이의 이익을 무너뜨려야 불선업 궤도에 해당된다》 micchādiṭṭhi '업과 업의 결과는 없다'라는 등으로 잘못된 견해를 가지는 **사견**iti**이라는** ime**이러한** 다섯 가지 **불선업 궤도는** paṭhamañāṇavajjhā**첫 번째 지혜가 제거하는 법이다**. pisuṇavācā좋아하는 두 사람 사이를 갈라놓는 **중상모략**, 《그 두 사람이 실제로 갈라서야 불선업 궤도에 해당된다》 pharusavācā듣기 힘들 정도로 거친 말인 **욕설**, byāpādo다른 이를 죽이려고 하거나 파멸시키려고 하는 **분노**iti**라는** tayo**세 가지 불선업 궤도는** tatiyañāṇavajjhā**세 번째 지혜가 제거하는 법이다**. samphappalāpābhijjhā이익이 없는 말인 **잡담과** 《그 말을 듣는 사람이 그 말을 믿어야 불선업 궤도에 해당된다》 다른 이의 물건을 가지기를 바라며, 자기 것으로 만들려고 먼저 생각하는 **탐애는** catuttha-

---

369 'kammapatha'란 다음 생에 악처에 태어나게 할 수 있을 정도로 무르익은 불선업을 말한다. 그래서 기존의 '불선업도', 또는 '불선업의 길'이라는 번역어보다는 '한번 그 길에 오르면 벗어나지 못하는'이라는 의미를 가지고 있는 '궤도(軌道)'라는 단어를 써서 '불선업 궤도'라고 번역해 보았다.

ñāṇavajjhā**네 번째 지혜가 제거하는 법이다.**

여기에서 세 번째 지혜로 제거하는 불선업 궤도, 네 번째 지혜로 제거하는 불선업 궤도를 '오직'이라는 단어로 한정짓지 않았기 때문에 악처에 나게 하는 중상모략, 욕설, 악의, 잡담, 탐애는 첫 번째 도가 제거한다. 악처에 나게 할 정도가 아닌 그 다섯 가지 불선업 궤도 중에서 거친 감각욕망 애착, 악의에 해당되는 것은 두 번째 도가 제거한다. 미세한 감각욕망 애착, 악의에 해당되는 것은 세 번째 도가 제거한다. 존재 애착과 관련된 잡담, 탐애는 아라한 도가 제거한다고 구분하여 알아야 한다.

Akusalacittuppādesu cattāro diṭṭhigatasampayuttā vicikicchāsampayutto cāti pañca paṭhamañāṇavajjhāva, dve paṭighasampayuttā tatiyañāṇavajjhā, sesā catutthañāṇavajjhāti.

(Vis.ii.326)

대역

akusalacittuppādesu**불선 마음일어남** 열두 가지 **중에서,** cattāro diṭṭhigatasampayuttā**사견과 결합하는 네 가지 마음과** vicikicchāsampayutto ca**의심과 결합하는 마음,** iti**이** pañca**다섯 가지는** paṭhamañāṇavajjhā eva**오직 첫 번째 지혜가 제거하는 법들이다.** dve paṭighasampayuttā**적의와 결합하는 두 가지 마음은** tatiyañāṇavajjhā**세 번째 지혜가 제거한다.** sesā**나머지** 사견과 결합하지 않는 마음 네 가지와 들뜸과 결합한 마음은 catutthañāṇavajjhā**네 번째 지혜가 제거한다.**[370]

370 『청정도론』 제3권, p.374 참조.

여기에서도 세 번째, 네 번째 지혜로 제거하는 불선 마음일어남을 '오직'이라는 단어로 한정짓지 않았기 때문에 '사견과 결합하지 않은 네 가지, 성냄 뿌리 두 가지 중에 악처에 나게 하는 모두 여섯 가지 불선 마음일어남은 첫 번째 도가 제거한다. 악처에 나게 할 정도가 아닌 것 중에서 거친 감각욕망 애착, 적의와 결합한 해로운 마음일어남 여섯 가지, 그리고 거친 감각욕망 애착, 적의와 같이 제거되는(pahānekaṭṭha) 들뜸과 함께한 해로운 마음일어남은 두 번째 도가 제거한다. 미세한 감각욕망 애착, 적의와 결합한 불선 마음일어남 여섯 가지, 그리고 미세한 감각욕망 애착, 적의와 같이 제거되는 들뜸과 함께한 불선 마음일어남은 세 번째 도가 제거한다. 존재 애착과 관련된, 사견과 결합하지 않은 불선 마음일어남 네 가지와, 들뜸과 함께한 나머지 불선 마음일어남은 아라한 도가 제거한다'라고 구분하여 알아야 한다.

여기에서 'pahānekaṭṭha = 같이 제거되는'이라고 하는 것은, 한 사람의 존재상속에 도의 힘으로 하나의 번뇌가 제거되면 그 번뇌와 수준이 같은 번뇌들도 같이 제거되는데, 같이 결합한, 관련된 법이 아니더라도 이렇게 같이 제거되는, 같은 수준의 번뇌들을 'pahānekaṭṭha = 같이 제거되는〔번뇌〕'라고 한다. '한 존재상속에서 같이 제거되는 법'이라는 뜻이다.

"Cattāro diṭṭhigatavippayutta lobhasahagatacittuppādā, dve domanassasahagatacittuppādā, ime dhammā siyā dassanena pahātabbā(사견과 결합하지 않고 탐욕과 함께하는 마음일어남 네 가지, 그리고 싫은 느낌과 함께한〔= 성냄을 뿌리로 하는〕 마음일어남 두 가지, 이러한 법들은 봄에 의해〔= 수다원 도에 의해〕 제거되는 법들이다)"[371]라고 하는 『담마상가니(法集論)』 내용에 따라 악처에 나게 하는,

371 Dhs.293.

사견과 결합하지 않은 〔탐욕에 뿌리 한〕 불선 마음일어남과 성냄에 뿌리 한 불선 마음일어남도 수다원 도가 제거한다고 알아야 한다.

"Katame dhammā na dassanena pahātabbā? Uddhacca sahagato cittuppādo. Katame dhammā bhāvanāya pahātabbā? Uddhaccasahagato cittuppādo(어떠한 법이 봄에 의해 제거되지 않는 법인가? 들뜸과 함께하는 마음일어남이다. 어떠한 법이 수행에 의해〔= 위의 세 가지 도에 의해〕 제거되는 법인가? 들뜸과 함께하는 마음일어남이다)"[372] 라고 하는 『담마상가니(法集論)』 내용에 따라 들뜸과 함께한 불선 마음일어남은 수행(bhāvanā)이라고 하는 위의 세 가지 도만이 제거한다. 이 성전에서 "아라한 도만이 제거한다"라고 알아서는 안 된다. 근거를 통해 살펴보더라도 사다함이나 아나함의 존재상속에 있는 들뜸과 함께하는 마음은 범부나 수다원에 있는 〔들뜸과 함께하는〕 마음처럼 거칠거나 심하지 않기 때문에 들뜸과 함께하는 마음은 수행이라고 하는 위의 세 가지 도가 각각 제거한다고 설명한 것이다.

『위숫디막가(淸淨道論)』나 이 책에서 직접적으로 설명하지 않은, 제거해야 하는 불선법들이 아직 많이 남아 있다. 그 불선법들 중에서 법체로 따로 존재하는 불선법들은 앞에서 설명한 족쇄 등과 마찬가지로 제거하는 모습을 알면 된다. 법체로 따로 존재하지 않는 불선법들은 관련된 불선 마음일어남에 포함시켜 네 가지 도가 제거하는 모습을 적절하게 취하면 된다. 그래서 『대복주서』에서는 다음과 같이 설명하였다.

---

372 Dhs.293

Cittuppādaggahaṇena cettha makkha paḷāsa māyā sāṭheyya pamāda thambha sārambhādinaṁ saṅgaho katoti daṭṭhabbaṁ.

(Pm.ii.498)

대역

ca'법체로 따로 존재하지 않는 불선법들을 제거하는 모습은 어떻게 알아야 하는가?'라는 질문에 대해 대답하자면, **또한** ettha『위숫디막가(清淨道論)』에서 설명한 이 족쇄 등에서, 또는 제거해야 하는 법을 설명한 **여기**『위숫디막가(清淨道論)』**에서** cittuppādaggahaṇena**마음일어남을** 통해, 즉 불선 마음일어남을 **취하는 것으로** makkha paḷāsa māyā sāṭheyya pamāda thambha sārambhādinaṁ**망은, 건방, 속임, 허풍, 방일, 거만, 뽐냄 등** 제거해야 할 불선법들을 saṅgaho**모아서** katoti주석서의 스승이 **말했다고** daṭṭhabbaṁ**알아야 한다.**

『맛지마 니까야(근본50편)』「옷감 비유 경(Vatthūpama sutta)」[373] 등에서는 탐애라는 비정상적 탐욕(abhijjhā－visamalobha), 분노(byāpāda), 화(kodha), 원한(upanāha), 망은(makkha), 건방(paḷāsa), 질투(issā), 인색(macchariya), 속임(māyā), 허풍(sāṭheyya), 거만(thambha), 뽐냄(sārambha), 자만(māna), 오만(atimāna), 교만(mada), 방일(pamāda)이라고 하는 열여섯 가지 제거해야 할 부수번뇌들을 설하셨다. 그 밖에도 여러 다른 경전들, 또는『위방가(分別論)』「사소한 것에 대한 분별」등에서 몇 천 가지 이상으로 많이 제거해야 할 불선법들을 설하셨다. 그 불선법들 중 법체로서 따로 존재하지 않는 망은, 건방 등에 대해서는 관련된 불선 마음일어남에 포함시켜 그 불선 마음일어남을

373 M7;『맛지마 니까야』, pp.134~145 참조.

제거하는 도가 그 법도 제거한다고 알아야 한다는 뜻이다.

이 중에서 망은(makkha)은 은혜를 입은 사람에게 은혜를 잊어버리고 말할 때, 그가 베푼 은혜를 배반하는 모습으로 생겨나는 '싫은 느낌과 함께하는 마음일어남'이다. 《atthato pana paresaṁ guṇamakkhanākārena pavatto domanassa sahagata cittuppādoti daṭṭhabbaṁ(또한 의미로는 다른 이의 은혜를 덮어버리는 모습으로 생겨나는, 싫은 느낌과 함께하는 마음일어남이라고 알아야 한다).[374] 이는 『이띠웃따까(Itivuttaka 如是語經) 주석서』의 설명이다.》

건방(paḷāsa)은 신심이나 지계 등의 공덕으로 자기보다 더 높고 훌륭한 이에 대해서, 자기보다 훌륭하고 높다고 앎에도 불구하고 그의 공덕을 낮추고 저열하게 보이도록 자기와 같은 수준이라고 견주듯이 말하려고 하는 모습으로 생겨나는 '성냄을 뿌리로 한 마음일어남'이다.

속임(māyā)은 자신의 허물을 덮으려고 하는 모습으로 생겨나는 '탐욕을 뿌리로 한 마음일어남'이다.

허풍(sāṭheyya)은 자신에게 분명하게 존재하지 않는 공덕을 드러내고 자랑하려고 하는 모습으로 생겨나는 '탐욕을 뿌리로 한 마음일어남'이다.

거만(thambha)은 존경할 만한 이에 대해 존경하지 않고 예를 표하지 않을 정도로 거칠고 무례한 모습으로 생겨나는 '자만과 결합한 마음일어남'이다. 《"cittassa thaddhatā tathāpavattacittamevāti vadanti, mānaviseso vā daṭṭhabbo(완고한 마음, 그곳에서 생겨나는 마음이라

374 ItA.46.

고 말한다. 또는 특별히 심한 자만이라고 알아야 한다)"[375]라는 『위방가(分別論) 근본복주서』에 따르면 자만의 특별한 형태라고도 말할 수 있다.)[376]

뽐냄(sārambha)은 다른 이들보다 더 유명하고 더 낫게 보여 경쟁에서 이기길 바라는, 지배하기를 바라는 모습으로 생겨나는 '자만을 바탕으로 한 사견과 결합하지 않은 마음일어남'이다.

방일(pamāda)은 다섯 가지 감각욕망이나 악행을 즐기는 모습, 선법에 게으른 모습으로 생겨나는 '탐욕을 뿌리로 한 마음일어남'이다.

Sotāpattimaggena makkho paḷaso issā macchariyaṁ māyā sāṭheyyanti ime cha pahīyanti. Anāgāmimaggena byāpādo kodho upanāho pamādoti ime cattāro. Arahatta maggena abhijjhā visamalobho thambho sārambho māno atimāno madoti ime cha pahīyanti.

(MA.i.175)

역해

수다원 도는 망은, 건방, 질투, 인색, 속임, 허풍이라는 여섯 가지를 제거한다. 아나함 도는 분노, 화, 원한, 방일이라는 네 가지를, 아라한 도는 탐애라는 비정상적 탐욕, 거만, 뽐냄, 자만, 오만, 교만이라는 여섯 가지를 제거한다.

---

375 VbhMṬ.217.

376 여기서 설명하지 않은 자만, 오만, 교만에 대해 조금 설명하면 다음과 같다. 자만(māna)은 어떤 한 가지 공덕을 이유로 하여 스스로 자만하는 성품이다. 오만(atimāna)은 매우 큰 자만이다. 교만(으로 도취됨, mada)은 27가지를 연유로 해서 교만하여 도취되는 것을 말한다. 27가지 연유는 태생, 가문, 건강, 젊음, 수명, 이득, 헌공, 공경, 대표자, 무시당하지 않음, 대중, 재물, 외모, 견문, 지혜, 연장자, 탁발·두타행, 자세, 명성, 성취, 지계, 선정, 기술, 키, 체형, 모습, 신체구족 등을 말한다. 『*Dhammadāyada thouk tayato*(법 상속자 경에 대한 법문)』, pp.220~241 참조.

이 『맛지마 니까야(근본50편)』「옷감 비유 경(Vatthūpama sutta)」의 주석에 따라 '망은(makkha), 건방(paḷāsa), 질투(issā), 인색(macchariya), 속임(māyā), 허풍(sāṭheyya)이라고 하는 여섯 가지는 수다원 도가 제거한다. 분노(byāpāda), 화(kodha), 원한(upanāha), 방일(pamāda)이라고 하는 부수번뇌 네 가지는 아나함 도가 제거한다. 탐애라고 하는 비정상적 탐욕(abhijjhā–visamalobha), 거만(thambha), 뽐냄(sārambha), 자만(māna), 오만(atimāna), 교만(mada)이라고 하는 여섯 가지는 아라한 도가 제거한다'라고 알아야 한다.

여기에서 '아나함 도, 아라한 도가 제거한다'라고 할 때는 남김없이 완전히 제거한다는 것을 두고 말한 것이다. 따라서 '아나함 도, 아라한 도가 제거하는 부수번뇌 열 가지들에 해당되는 것들 중 악처에 나게 하는 정도는 그 아래의 도들이 제거한다'라고 알아야 한다.

3. 수다원 판단기준 — 법의 거울 경

(1) 법의 거울 경

Tasmātihānanda, dhammādāsaṁ nāma dhammapariyāyaṁ desessāmi, yena samannāgato ariyasāvako ākaṅkhamāno attanāva attānaṁ byākareyya — 'khīṇanirayomhi khīṇatiracchānayoni khīṇapettivisayo khīṇāpāyaduggativinipāto, sotāpannohamasmi avinipātadhammo niyato sambodhiparāyaṇo'ti.

Katamo ca so, ānanda, dhammādāso dhammapariyāyo, …

Idhānanda, ariyasāvako buddhe aveccappasādena samannāgato hoti — 'itipi so bhagavā arahaṁ sammāsambuddho vijjācaraṇasampanno sugato lokavidū anuttaro purisadammasārathi satthā devamanussānaṁ buddho bhagavā'ti.

Dhamme aveccappasādena samannāgato hoti — 'svākkhāto bhagavatā dhammo sandiṭṭhiko akāliko ehipassiko opaneyyiko paccattaṁ veditabbo viññūhī'ti.

Saṅghe aveccappasādena samannāgato hoti — 'suppaṭipanno bhagavato sāvakasaṅgho, ujuppaṭipanno bhagavato sāvakasaṅgho, ñāyappaṭipanno bhagavato sāvakasaṅgho, sāmīcippaṭipanno bhagavato sāvakasaṅgho yadidaṁ cattāri purisayugāni aṭṭha purisapuggalā, esa bhagavato sāvakasaṅgho āhuneyyo pāhuneyyo dakkhiṇeyyo añjalikaraṇīyo anuttaraṁ puññakkhettaṁ lokassā'ti.

Ariyakantehi sīlehi samannāgato hoti akhaṇḍehi acchiddehi asabalehi akammāsehi bhujissehi viññūpasatthehi aparāmaṭṭhehi samādhisaṁvattanikehi.

Ayaṁ kho so, ānanda, dhammādāso dhammapariyāyo, yena samannāgato ariyasāvako ākaṅkhamāno attanāva attānaṁ byākareyya — 'khīṇanirayomhi khīṇatiracchānayoni khīṇapettivisayo khīṇāpāyaduggativinipāto, sotāpannohamasmi avinipātadhammo niyato sambodhiparāyaṇo'ti.

(D.ii.79; S.iii.311)

대역

ānanda**아난다여,** tasmā죽어 버린 이가 태어난 곳과 그의 지혜(gatiñāṇa)에 대해서 계속 물어보면 나 여래가 피곤할 것이다. **그러므로** dhammādāsaṁ nāma**'법의 거울(法鏡)'이라는** dhammapariyāyaṁ**법문을** desessāmi**설하리니,** yena거울과 같은 원인법들인 **이것을** samannāgato**구족한** ariyasāvako**성제자는** ākaṅkhamāno**원하기만 하면** attanā eva**바로 자기 스스로** attānaṁ**자신에 대해서** byākareyya**수기를 말할 수 있을 것이다.**[377] 결정을 할 수 있을 것이다. (kinti)어떻게 결정할 수 있는가? '(ahaṁ)**나는** khīṇanirayo amhi**지옥을 부수었다.** 즉 지옥에 태어남이 다했다. (ahaṁ)**나는** khīṇatiracchānayoni**축생의 모태를 부수었고,** 즉 축생으로 태어나는 것이 다했고, khīṇapettivisayo**아귀계를 부수었으며,** 즉 아귀로 태어남이 다했으며, (ahaṁ)**나는** khīṇāpāyaduggativinipāto**악처·악도·파멸처를 부수었다.** ahaṁ**나는** sotāpanno **수다원이** asmi**되었다.** avinipātadhammo**파멸처에 떨어지게 하는 성품이 없고** niyato성스러운 도에 의해 태어날 곳과 지혜(gatiñāṇa)가 **확실하며** sambodhiparāyaṇo윗 단계의 도의 지혜라고 하는 **바른 깨달음으로** 〔확실하게〕 **나아가는 이가 되었다'**iti**라고** 스스로 자신에 대해서 설명을 할 수 있다. 결정을 할 수 있다.

ānanda**아난다여,** dhammādāso**법의 거울이라는** so dhammapariyāyo**그 법문이란** katamo ca**어떠한 것인가?** …

ānanda**아난다여,** 'idha**이 교법에서** ariyasāvako**성제자는** buddhe**부처님에 대해** aveccappasādena바르게 아는 것을 통해서 생겨나는 믿음, 혹은 **흔들리지 않는 깨끗한 믿음을** samannāgato hoti**지닌다.** (kinti)어떻게 흔들리지 않는 믿음을 지니는가? 'so bhagavā우리의 진정한 스승이신 **그 세존께서는** itipi**이와 같이** 계, 삼매, 통찰지, 해탈, 해탈지

---

377 수기(byākaraṇa)란 미래에 틀림없이 생겨날 일에 대한 예언을 말한다.

견이라는 특별하고 거룩한 공덕을 구족하셨기 때문에 **또한** arahaṁ **아라한(應供)**, 즉 사람과 천신, 범천, 모든 세상 존재들의 특별한 공경을 받을 만하신 분, 또는 습관과 함께 탐욕·성냄·어리석음 등의 번뇌라는 때들로부터 벗어나신, 깨끗하게 되신 분**이시며**, sammāsambuddho모든 법들을 **스스로**의 지혜로 **바르게 깨달은 분(正等覺者)이시며**, vijjācaraṇasampanno위빳사나 등의 여러 가지 지혜의 눈이라는 **지혜와** 도와 과, 열반에 이르게 하는 기본실천인 계 등의 여러 가지 **실천을** 완벽하게 **구족한 분(明行足)이시며**, sugato**피안으로 잘 가신 분(善逝)**, 또는 바르고 이익이 있는 말씀만 하시는 분, 또는 훌륭하고 여법하고 존경할 만한 몸과 말과 마음의 모습을 구족하신 분**이시며**, lokavidū**모든 세상**에 관한 여러 가지를 **잘 아시는 분(世間解)이시며**, anuttaro**가장 높은 분(無上士)이시며**, purisadammasārathi**사람을 잘 길들이는 분(調御丈夫)**, 즉 훈계할 만한 이들이 이익과 번영을 가질 수 있도록 빠르게 이끄시고 훈계하시는 분**이시며**, anuttaropurisadammasārathi또는 〔이 두 구절을 합하여〕 훈계할 만한 이들이 이익을 가질 수 있도록 이끌어 주고 끌어 주시는 위없는 스승이시며(**無上士 調御丈夫**), devamanussānaṁ satthā**천신과 인간의** 하나뿐인 진짜 **스승(天人師)이시며**, buddho알아야 할 모든 법들을 모두 깨달으시고, 또는 사성제의 바른 법을 스스로 깨달으시고 제도 가능한(veneyya) 모든 중생들에게도 또한 설하시고 드러내시어 알게 하시는 **부처님(佛)이시며**, bhagavā비교할 수 없고, 측량할 수 없는 복덕과 선업, 바라밀을 구족하신, 또는 사람과 천신, 범천이라는 모든 중생들의 예경과 친견과 존경을 받을 만한 거룩한 분이신 **세존(世尊)이시다'**iti**라고** 이와 같이 buddhe**부처님에 대해** aveccappasādena바르게 아는 것을 통해서 생겨나는 믿음, 혹은 **흔들리지 않는 깨끗한 믿음을** samannāgato hoti**지닌다.** 《이렇게 부처님의 공덕에 대한 흔들림 없는 믿음이 '법의 거울' 중 한 가지 항목

이다.》

dhamme또한 **법에 대해** aveccappasādena바르게 아는 것을 통해서 생겨나는 믿음, 혹은 **흔들리지 않는 깨끗한 믿음을** samannāgato hoti**지닌다.** (kinti)어떻게 믿음을 지니는가?

'bhagavatā**세존께서** akkhāto**설하신** dhammo도와 과, 열반, 교학 등의 가르침이라는 **법은** svākkhāto훌륭하고 바르게 **잘 설해진 가르침이다.** sandiṭṭhiko실천하고 노력하면 진실로 **스스로** 경험하여 **보아 알 수 있는 가르침이다.** akāliko시간을 기다릴 필요 없이, 즉시 결과를 주는, **시간이 걸리지 않는 가르침이다.** ehipassiko**와서** 실천해 **보라**고 권유할 만한 **가르침이다.** opaneyyiko**향상으로 인도하는,** 즉 몸과 마음에 확실하게 이르도록 실천할 만한 **가르침이다.** viññūhi법을 알고 본, 성스러운 지혜가 있는 **지자(智者)들이** paccattaṁ**각자**가 자신의 존재상속에서 veditabbo**알 수 있는,** 알고 보고, 경험할 수 있는 **가르침이다**'iti**라고 이와 같이** dhamme**법에 대해** aveccappasādena바르게 아는 것을 통해서 생겨나는 믿음, 혹은 **흔들리지 않는 깨끗한 믿음을** samannāgato hoti**지닌다.** 《이렇게 가르침의 공덕에 대한 흔들림 없는 믿음도 '법의 거울' 중 한 가지 항목이다.》

saṅghe또한 **승가에 대해** aveccappasādena바르게 아는 것을 통해서 생겨나는 믿음, 혹은 **흔들리지 않는 깨끗한 믿음을** samannāgato hoti**지닌다.** (kinti)어떻게 믿음을 지니는가?

'bhagavato**세존의** sāvakasaṅgho**제자들인 승가는** suppaṭipanno탐욕, 성냄, 어리석음이 사라지도록 훌륭하게 **잘 수행한다.** 《『앙굿따라 니까야(세 가지 모음, 아난다 품)』「아지와까 경(Ājīvaka sutta)」[378]에 따라 번역하였다.》 bhagavato**세존의** sāvakasaṅgho**제자들인 승가는** ujuppaṭipanno몸과 말 마음, 이 세 가지 왜곡됨이 없도록 **바르게 수**

378 『앙굿따라 니까야』 제1권, p.508 참조.

행한다. bhagavato**세존의** sāvakasaṅgho**제자들인 승가는** ñāyappaṭipanno꼭 알아야 할 열반만을 향해, 또는 모든 고통을 잠재우기 위해 적당하고 적합한 팔정도의 실천을 **참되게 수행한다**. bhagavato**세존의** sāvakasaṅgho**제자들인 승가는** sāmīcippaṭipanno다른 이들이 올리는 예경에 합당하게, 또는 출세간의 아홉 가지 거룩한 법에 **합당하게** 팔정도의 실천을 **수행한다**.

yadidaṁ(= yāni imāni) cattāri purisayugāni곧 도의 위치에 있는 분들과 과의 위치에 있는 분들을 쌍으로 모으면 **네 쌍의 분들이요(四雙)** aṭṭha purisapuggalā (honti)각각 표시하면 **여덟 단계에 있는 분들(八輩) 이시다**. esa**이러한**, 네 쌍의 여덟 분이 계신 bhagavato**세존의** sāvakasaṅgho**제자들인 승가는** āhuneyyo멀리서 가져와 보시하는 것을, 또한 초청하여 보시하는 것도 **공양을 받아 마땅하다**. 《āmantesvā havanaṁ dāhanaṁ āhunaṁ(초청해서 올리고 보시하는 것을 'āhunaṁ(공양)'이라고 한다). 이는 『대복주서』의 설명이다.》[379] pāhuneyyo좋아하고 소중히 생각하는 손님들을 위해 특별히 마련하여 준비한 먹을 것, 사용할 것도, 또는 제일 먼저 가져와 존경의 마음과 깨끗한 신심으로 올리는 것도 **선사를 받아 마땅하다**. dakkhiṇeyyo행복이 늘어나고 많은 이익이 생겨나기를 바라면서 올린 거룩한 **보시를 받아 마땅하다**. añjalikaraṇīyo좋은 이익을 바라면서 두 손 모아 높이 올려 예경 드리는 **합장을 받아 마땅하다**. lokassa**세상의**, 즉 이익을 바라는 중생들의 anuttaraṁ puññakkhettaṁ**위없는 복밭(福田)**, 즉 선업이라는 씨를 심어 잘 자라 많은 열매를 맺게 하는 복밭**이시다'**iti**라고** saṅghe**승가에 대해** aveccappasādena바르게 아는 것을 통해서 생겨나는 믿음, 혹은 **흔들리지 않는 깨끗한 믿음을** samannāgato hoti**지닌다**. 《이렇게 승가의 공덕에 대한 흔들림 없는 믿음

---

379 Pm.2.327; 『*Visuddhimagga Mahāṭīkā Nissaya*(위숫디막가 대복주서 대역)』 제4권, p.145 참조.

도 '법의 거울' 중 한 가지 항목이다.》

ariyakantehi**성자들이** 한 생에서도 절대로 범하지 않고 소중히 여기고 **좋아하는** sīlehi5**계를** samannāgato hoti**구족한다**. (kīdisehi)어떻게 계를 구족하는가? akhaṇḍehi처음과 끝의 계목을 범하지 않아 **훼손되지 않았고**, acchiddehi중간의 계목들이 어느 하나 무너지지 않아 **뚫어지지 않았고**, asabalehi계목 두세 개를 연속하여 범하지 않아 **오점이 없고**, akammāsehi계목을 띄엄띄엄 범하지 않아 **얼룩이 없고**[380] bhujissehi갈애의 노예인 상태에서 **벗어나게 하고** 《세간의 행복만을 위해 바라면서 지키는 계가 아니라는 뜻이다》 viññūpasatthehi부처님 등의 **지자들이 찬탄하고**, aparāmaṭṭhehi사견이라고 하는 집착의 법이 '나, 나의 계'라고 잘못 그릇되게 생각하면서 **들러붙지 않고**, samādhisaṁvattanikehi근접삼매, 본삼매, 찰나삼매인 위빳사나 삼매, 도 삼매, 과 삼매를 생겨나게 하는, 즉 **삼매에 도움이 되는** sīlehi완전히 청정한 5**계를** samannāgato hoti**구족한다**. 《이렇게 계를 구족한 것도 '법의 거울' 중 한 가지 항목이다.》

ānanda**아난다여**, dhammādāso**법의 거울(法鏡)이라는** so dhammapariyāyo내가 설할 것이라고 말했던 **그 법문은** ayaṁ kho**바로 이것이다**. 즉 세 가지 믿음과 계라는 법이다.[381]

yena세 가지 믿음과 청정한 계라는 **이것을** samannāgato**구족한** ariyasāvako**성제자는** ākaṅkhamāno**원하기만 하면** attanā eva**바로 자기 스스로** attānaṁ**자신에 대해서** byākareyya**수기를 말할 수 있을 것이다**. 결정을 할 수 있을 것이다. (kinti)어떻게 결정할 수 있는가? '(ahaṁ)**나**

---

380 훼손 등에 대한 자세한 설명은『청정도론』제1권, p.204 참조.

381 원주: 복주서에 성스러운 도의 지혜, 혹은 도라는 법, 이러한 법들을 법의 거울에 해당된다고 설명하였다. 이것은 근본원인에 해당되는 법만을 설명한 것이라고 알아야 한다. 성제자들은 그러한 근본원인에 해당되는 법의 거울인, 증득(adhigama)을 통한 계와 신심의 힘 때문에 생겨나는 그 결과인 신심, 계가 확고하고 청정한 모습만을 숙고하고 분명하게 알고 결정할 수 있다. 그래서 결과인 신심과 지계만을 취하여 여기서 법의 거울이라고 말한 것이다.

는 khīṇanirayo amhi**지옥을 부수었다**. 즉 지옥에 태어남이 다했다. (ahaṁ)**나는** khīṇatiracchānayoni**축생의 모태를 부수었고**, 즉 축생으로 태어나는 것이 다했고, khīṇapettivisayo**아귀계를 부수었으며**, 즉 아귀로 태어남이 다했으며, (ahaṁ)**나는** khīṇāpāyaduggativinipāto**악처·악도·파멸처를 부수었다**. ahaṁ**나는** sotāpanno**수다원이** asmi**되었다**. avinipātadhammo**파멸처에 떨어지게 하는 성품이 없고** niyato성스러운 도에 의해 태어날 곳과 지혜가 **확실하며** sambodhiparāyaṇo윗 단계의 도의 지혜라고 하는 **바른 깨달음으로** (확실하게) **나아가는 이가 되었다'**iti**라고** 스스로 자신에 대해서 설명을 할 수 있다. 결정을 할 수 있다.[382]

이 「법의 거울 경(Dhammādāsa sutta)」에 따라서 그 원인인 법의 거울을 증득한 힘 때문에 확고하고 청정하게 생겨나는 결과인 법의 거울에 해당하는 네 가지 법 모두가 자신에게 구족된 것을 거듭 조사해 보면, 재가자로서 수다원인 사람은 같은 수준의 사람들에게 말을 듣기 전에 자기 스스로 수다원인 사실을 결정하여 말할 수 있다. 다른 이에게 가서 그 사람의 결정에 따를 필요가 없다. 부처님을 제외하고 어느 누구도 결정하여 말할 수 없다. 그렇지만 수행 지도자라면 여러 위빳사나 지혜들과 도와 과의 지혜, 반조의 지혜들이 생겨나는 모습들, 또는 이 「법의 거울 경」 등 관련된 여러 경전의 가르침들을 제자인 수행자에게 설명해 줄 의무가 있다. 무엇 때문에 설명을 해 주어야 하는가? 일반제자일 뿐인 성자는 자신에게 생겨난 지혜들의 명칭, 혹은 구족한 여러 공덕들의 종류, 사라진 번뇌들, 아직 사라지지 않은 번뇌들의 구분 등에 대해서 (다

382 『디가 니까야』 제2권, pp.192~195 참조.

른 사람으로부터〕 듣지 않고 스스로의 지혜만으로는 충분히 알 수 없기 때문이다. 그중 지혜들의 명칭을 알 수 없는 것은 "아직 가 보지 않은 여행을 가는 이가 만나게 된 도시나 마을의 여러 가지를 확실하게 알 수는 있어도 그 도시나 마을의 이름은 듣지 않고 스스로 알 수는 없는 것처럼" 알아야 한다. 구족한 여러 특별한 공덕들을 충분히 알 수 없기 때문에 아나타삔디까 장자 등의 여러 성제자들에게 특별한 공덕들을 충분히 알려 주기 위해 수다원 구성요소(sotāpattiyaṅga) 등의 여러 법문들을 〔부처님께서〕 설해 주셨다.[383] 〔그 법문을〕 들었을 때 그러한 특별한 공덕들을 스스로 구족하고 있다는 사실도 그 성제자들이 인정하고 말하였다. 그때 사리뿟따 존자 등의 대장로들이 "신도님, 그대는 수다원 과를 지금 말하고 있습니다"라는 등으로 칭송하였다.[384] 수다원, 사다함, 아나함 등이 사악처에서 벗어났다는 내용은 부처님께서 설해 주셔야 알 수 있다. 이 다음에 여러 일화들을 설명할 것이다. 이렇게 〔다른 사람이〕 설명해 주어야 하는 것을 근거로 해서 일반제자들은 성자들이 갖춘 특별한 공덕들을 〔자신이 갖추었다고〕 스스로는 충분하게 알 수 없다고 기억해야 한다. 제거한 번뇌, 아직 제거하지 못한 번뇌의 구분도 〔일부 성자는〕 알 수 없다. 그 사실은 이미 설명한 여러 성전과 주석서를 통해 분명히 알 수 있다. 따라서 수행을 지도하는 스승이라면 수행을 다 마친 제자 수행자에게 지혜의 단계에 대한 명칭 등을 설명해 주어야 한다. 만약 어떤 비구가 성자가 되었다면 bhūtārocana(實得上人法 戒)[385] 계목을 어기지 않

---

383 S55; 『상윳따 니까야』 제6권, pp.251~368 참조.

384 『상윳따 니까야』 제6권, p.324 참조.

385 단타죄 8번: Yo pana bhikkhu anupasampannassa uttarimanussadhammamā āroceyya, bhūtasmiṁ, pācittiyaṁ. 어떤 비구가 구족계를 받지 않은 이에게, 자기에게 실재하는 수승한 법이라도 그것을 이야기하면, 단타죄(= 고백을 해야 하는 죄)이다.

는 한에서 자신이 성자가 되었다는 사실을 알릴 수 있다.

(2) 성제자들의 신심이 확고한 모습

성제자들의 믿음, 존경 등의 신심은 유혹해도 무너지지 않고, 위협해도 무너지지 않고, 속여도 무너지지 않는다.

그중 유혹해서 무너지지 않는 모습을 숩빠붓다(Suppabuddha)의 일화를 통해 알 수 있다.

1) 숩빠붓다의 일화

숩빠붓다는 문둥병 때문에 온몸에 진물이 흘러 계속해서 신음하는 소리를 내며 지내야 했다. 지낼 집도 없었다. 어릴 때부터 동냥그릇 하나를 들고 혼자서 구걸하며 연명해야 했다. 매우 고통받는 사람이었다. 어느 날 숩빠붓다는 부처님께서 법을 설하는 법회에 가서 대중 끝에 앉아 법문을 들었다. 그리고 법문을 들으면서 수다원이 되어 자신이 얻은 특별한 법을 부처님께 아뢰고자 생각했다. 하지만 많은 대중들 앞에서 감히 아뢸 수가 없어 대중들과 함께 조금 되돌아 갔다가 다시 부처님께 다가갔다. 그때 제석천왕이 그를 시험하고자 하늘에 서서 다음과 같이 말했다.

"오, 숩빠붓다여. 그대는 매우 가난한 이다. 지낼 집도 없는 부랑자이다. 매우 낮은 위치의 사람이다. 만약 그대가 '부처님은 진짜 부처님이 아니다. 가르침은 진짜 가르침이 아니다. 승가는 진짜 승가가 아니다. 나는 부처님, 가르침, 승가가 필요 없다'라고 말한다면 내가 그대에게 비교할 수 없을 정도로 많은 재산을 주겠다."

"그대는 누구시오?"

"나는 제석천왕이다."

"오, 어리석고 부끄러운 줄도 모르는 제석천왕이여. 그대는 해서는 안 될 말을 했소. 그대는 나와 말할 상대조차 되지 않소. 그대는 어찌 나에 대해서 '가난한 이, 가난뱅이, 부랑자' 등으로 말을 하시오? 나는 부처님의 진짜 아들이오. 가난한 이, 가난뱅이, 지낼 집조차 없는 부랑자가 아니오. 사실대로 말하자면 나는 제일 훌륭하고 거룩한 행복을 즐기며 행복하게 잘 사는 이, 매우 부자인 사람이오."

그렇게 말하면서 숩빠붓다는 아래의 게송을 읊었다.

Saddhādhanaṁ sīladhanaṁ, hīri ottappiyaṁ dhanaṁ;
Sutadhanañca cāgo ca, paññā ve sattamaṁ dhanaṁ.

Yassa ete dhanā atthi, itthiyā purisassa vā;
Adaliddoti taṁ āhu, amoghaṁ tassa jīvitaṁ.

(UdA.258)

대역

saddhādhanaṁ**믿음이라는 재산**, sīladhanaṁ**계라는 재산**,
hīri(dhanaṁ)**도덕적 부끄러움이라는 재산**,
ottappiyaṁ dhanaṁ**도덕적 두려움이라는 재산**,
sutadhanañca**배움이라는 재산**, cāgo ca**버림이라는 재산**,[386]
paññā**통찰지라는**, ve**바로 그** sattamaṁ dhanaṁ**일곱 번째 재산**.

---

386 원주: 첫 번째 도에 의해 그 첫 번째 도와 관련된 번뇌들, 업형성(abhisaṅkhāra)들을 제거하여 버리는 것을 〔여기에서〕 '버림'이라고 한다. 이러한 버림 때문에 보시할 물건을 보시할 때에도 성제자들에게 기꺼이 버리는 것(muttacāga)이 생겨날 수 있다. 도로써 성취된 '증득이라고 하는 버림'이 성제자들마다 구족되어 있다. 숩빠붓다도 구족되어 있었다. 이상은 주석서의 설명이다.

ete dhanā**이러한** 일곱 가지 **재산**은

yassa itthiyā vā그것이 **여인에게** (atthi)존재하**든**,

yassa purisassa vā**남자에게** (atthi)존재하**든**,

taṁ**그**것을 가지고 있는 여자나 남자**에 대해서**

adaliddoti'**가난한 이가 아니다**, 부자이다'라**고**

āhu부처님 등의 선한 이들은 **말한다네**.

'tassa**그 사람의** jīvitaṁ**삶은**

amoghaṁ헛되지 않다, **가치 있는 삶이다'라고**

āhu부처님 등의 선한 이들은 **말한다네**.

그때 제석천왕은 부처님 앞에 먼저 가서 방금 있었던 일을 아뢰었다. 그러자 부처님께서는 "'부처님, 가르침, 승가는 진짜가 아니다'라고 말하도록 그대와 같은 이가 몇 백, 몇 천 명이 유혹하더라도 〔그 숩빠붓다는〕 유혹할 수 없을 것이다"라고 말씀하셨다.

숩빠붓다도 부처님 앞에 가서 그 사실을 모두 아뢰었다. 그리고나서 집으로 돌아갈 때 이전에 원한이 있던 야차녀가 암소의 모습으로 변신해서 그를 들이받아 숩빠붓다는 죽게 되었다. 하지만 법문을 들을 때부터 생겨났던 믿음, 계, 배움, 버림, 지혜 등의 힘 때문에 도리천 천상세계에 위력이 큰 천신으로 태어났다. 인간세상에서는 매우 가난하고 낮은 위치에 있었지만 성스러운 도의 위력 때문에 다른 천신들보다 더욱 위력이 큰 천신으로 태어난 것이다. 그래서 일부 천신들이 질투가 나서 불평하고 투덜거렸다. 그 말을 듣고 제석천왕이 "그대 천신들이여, 이 숩빠붓다 천신에 대해 질투를 하지 마시오. 이 숩빠붓다는 사람이었을 때 부처님의 가르침에서 믿음, 계, 배움, 버림, 지혜 등을 잘 수지하고 모아 놓았기 때문에 지금처럼 위력이 큰 천신으로 태어난 것이오"라는 말 등

으로 다른 천신들을 훈계하였다. 성스러운 도의 위력은 이처럼 매우 대단한 것이다. 《이 일화는 『우다나(Udāna 感興語) 주석서』,[387] 『담마빠다(法句經) 주석서』,[388] 『상윳따 니까야』[389] 등에 나온다.》

이 일화에서 설명한 대로 진짜 부처님, 진짜 가르침, 진짜 승가에 대해 "진짜 부처님 등이 아니다. 혹은 진짜 부처님 등은 없다"라고 말하도록, 〔삼보를〕 버리도록 세간의 여러 명예, 재산 등으로 아무리 유혹하더라도 진짜 성제자인 사람은 그러한 말을 할 수가 없다. 진짜 부처님, 진짜 가르침, 진짜 승가를 버릴 수가 없는 것이다. 본인 스스로 숙고해 보아도 아무리 많은 재산, 명예 등과도 바꿀 수 없는 삼보에 대한 신심, 존경심이 확고한 것만 알게 될 것이다.

2) 다난자니의 일화

〔성제자의 신심을〕 위협해도 무너뜨릴 수 없는 것은 다난자니(Dhanañjānī)라는 바라문 여인의 일화를 통해 알 수 있다. 어느 날 남편인 바라드와자(Bhāradvāja) 바라문이 부인인 다난자니에게 다음과 같이 말했다.

"부인, 내일 우리 집에서 500명의 바라문께 공양청을 하고자 하오. 당신은 서 있거나, 앉아 있거나, 재채기하거나, 기침하거나 하면 바로 그 자리에서 'namo buddhassa(부처님께 귀의합니다)'라고 하면서[390] 까까

---

387 전재성, 『우다나 의석』, pp.399~406 참조.

388 『법구경 이야기』 제2권, pp.53~56 참조.

389 『상윳따 니까야』 제1권, pp.730~732 참조.

390 『담마빠다 주석서』 원문에는 'namo tassa bhagavato arahato sammāsambuddhassā(아라한이시며 정등각자이신 그분 세존께 예경드립니다)'라고 읊는다고 나온다.

머리 사문들에게 예경을 올리는데, 내일 하루만이라도 그것 좀 안하면 좋겠소. 초청한 바라문 스승들께서 자리에 앉아 계실 때 그렇게 말하면서 예경을 올리지 않도록 잘 단속해 주면 좋겠소. 당신이 예경하는 것을 그분들이 보게 되면 나에 대해 잘못 생각하거나 오해하여 사이가 갈라질 것이오."

다난자니는 "오, 당신에 대해 바라문들이 오해해서 사이가 갈라지는 것은 제가 어떻게 할 수 없어요. 〔당신이 믿는〕 천신들과 사이가 갈라지는 것도 제가 어떻게 할 수 없어요. 저는 부처님이 생각날 때 예경을 드리지 않고 그대로 있을 수는 없어요"라고 거절했다.

남편이 "여보, 생각해 보시오. 마을의 큰 성문조차 닫아 둘 수 있거늘 바라문들께서 음식을 드시는 그 잠시 동안 두 손가락 정도 넓이의 그 작은 입을 닫는 것이 뭐 그리 어렵단 말이오. 닫아 주시오"라고 반복해서 예경하지 말라고 부탁했지만 부인은 말을 듣지 않았다. 그러자 남편인 바라드와자는 큰 칼을 꺼내 들고 "좋소, 부인. 여기 보시오. 내일 바라문들께서 음식을 먹고 있을 때 까까머리 그 사문에게 예경을 하면 그대의 몸을 이 칼로 발바닥부터 시작해서 머리털 끝까지 산산조각 내 버리겠소"라고 위협하며 말했다. 그때 다난자니는 다음의 게송을 포함한 500개의 게송을 읊으며 거절했다.

Sace me aṅgamaṅgāni, kāmaṁ chejjasi brahmāṇa;
Nevāhaṁ viramissami, buddhaseṭṭhassa sāsanā.

(SA.i.208)

대역

brahmāṇa오, **바라문이여,** (tvaṁ)**그대가** me**나의**
aṅgamaṅgāni**몸의 여러 부분을**

kāmaṁ원하는 대로 sace chejjasi절단하더라도,

ahaṁ나는 buddhaseṭṭhassa거룩한 부처님의 sāsanā교법을

neva viramissami삼갈 수가 없습니다.

그러자 남편 바라드와자는 "좋소, 그러면 그대 하고 싶은 대로 한번 해 보시오"라고 한 발 물러났다. 다음날 바라문 손님들에게 자리를 마련하고 공양올리고 있을 때, 다난자니가 그루터기에 걸려 넘어지게 되었다. 그렇게 넘어져 입은 상처 때문에 아프고 쓰라린 괴로운 느낌이 생겨났고, 그때 다난자니는 부처님을 상기하게 되어 머리 위에 합장한 손을 높이 올려 부처님께서 계신 웰루와나(Veḷuvana) 정사 쪽을 향해 몸을 돌리고 "Namo tassa bhagavato arahato sammāsambuddhassa(아라한이시며 정등각자이신 그분, 세존께 예경드립니다)"라고 세 번 소리 내어 읊으면서 예경을 올렸다.

그러자 손님으로 온 바라문들이 "견해가 다른 이가 올리는 공양을 우리는 받고 싶지 않소"라고 화를 내면서 일어나 가 버렸다.

남편인 바라드와자도 화를 버럭 내며 부인인 다난자니에게 여러 가지 욕설을 퍼부었고 그것으로도 분이 풀리지 않자 '그 스승에게 가서 질문을 하여 논쟁을 벌여야겠다'라고 생각하고는 부처님께 가서 어려운 질문을 했다. 부처님께서 그 질문에 대한 대답을 설하시자 바라드와자 바라문은 해탈의 법을 증득했고 불교 가르침에 출가하여 머지않아 아라한이 되었다. 《이 일화는 『상윳따 니까야(범천 상윳따)』에 나온다.[391]》

진짜 성자인 사람은 "부처님, 가르침, 승가, 부처님의 교법을 버려라. 버리지 않으면 죽여 버리겠다"라고 살인자가 아무리 위협하고 협박하

391 S7:1; 『상윳따 니까야』 제1권, pp.541~544; 『법구경 이야기』 제3권, pp.441~444 참조.

더라도 이 다난자니 바라문 여인과 같이 〔삼보에 대한 믿음을〕 버리지 않는 확고한 신심을 갖추고 있다.

3) 수람밧타의 일화

속여도 신심이 무너지지 않는 것은 수람밧타(Sūrambaṭṭha)의 일화를 통해서 알 수 있다. 《일부 문헌에는 '수라 암밧타(Sūra ambaṭṭha)'라고도 표기한다.》 지금으로부터 10만 대겁 전 빠두뭇따라(Padumuttara) 부처님 재세시에 "흔들림 없는 청정한 믿음을 가진(aveccapasanna) 재가신자 중에 제일이 될 것이다"라는 수기를 받은 수람밧타는 고따마 부처님 재세 시에 사왓티의 한 거부장자의 아들로 태어났다. 어느 날 수람밧타가 부처님을 초청하여 공양을 올렸고 부처님께서는 공양을 마치시고 난 뒤 설법을 해 주셨다. 그 법문의 끝에 수람밧타는 수다원이 되었다. 부처님께서 정사로 돌아가시고 난 다음, 마라가 수람밧타를 시험하기 위해 부처님의 모습으로 변신해서 수람밧타 집 대문 근처에 서 있었다. 그러자 수람밧타가 '가신 지 얼마 되지 않았는데 부처님께서 다시 오신 것은 무슨 특별한 이유가 있을 것이다'라고 숙고하면서 급하게 나가 '부처님'이라고 생각하며 예경을 올린 후 〔다시 오신〕 연유를 여쭈었다. 그때 부처님 모습으로 변신한 마라가 "오, 수람밧타여. 내가 그대에게 법을 설하는 동안 한 가지 깊이 숙고하지 않고 설한 것이 있다. 그것이 무엇인가 하면, 다섯 무더기(五蘊) 전부가 무상하고, 괴로움이고, 무아라고 내가 설했는데, 그 다섯 무더기 전부가 무상하고, 괴로움이고, 무아인 것이 아니다. 사실은 일부의 무더기는 영원하고, 견실한 성품을 가지고 있다"라고 말했다.

그러자 수람밧타는 다음과 같이 숙고하였다.

'이 말은 매우 의미심장한 말이다. 부처님의 금구(金句)라고 하는 것은 두 갈래로 나누어짐이 없다. 마라는 항상 부처님과 반대되는 행위를 한다고 들어본 적이 있는데 이 앞에 있는 존재는 마라임에 틀림없을 것이다'라고 숙고하고는 "그대는 마라가 아닌가?"라고 물었다.

그러자 마라가 "맞다"라고 인정했다.

수람밧타는 "'그대와 같은 마라가 몇 백, 몇 천 명이 와도 나의 신심을 동요시키거나 무너지게 할 수 없다'라고 잘 기억해 두어라. 위대하신 고따마 부처님께서 나에게 법을 설하실 때 '모든 형성들은 무상하다'고만 알게 하시면서 설하셨다. 그대는 나의 대문 근처에 서 있지 말라"라고 손가락을 튕기면서 마라를 내쫓았다.

부처님께서는 이 일화를 설명하시면서 불교 가르침에 있어서 삼보의 공덕을 사실대로 바르게 알아 흔들리지 않고 깨끗한 믿음을 가진 남자 재가신자 중에 수람밧타가 으뜸이라고 제일칭호를 수여하셨다. 《이 일화는 『앙굿따라 니까야 주석서』[392]에 나온다.》

진짜 성자인 사람은 수람밧타처럼 제일칭호를 받을 정도로 믿음이 아주 뛰어나지는 않더라도 부처님, 가르침, 승가, 부처님의 교법을 절대로 버리지 않을 수 있을 정도의 신심은 모두 구족하였다. 아무리 잘 속이는 이가 속임수를 써서 말하더라도 삼보에 대한 믿음은 절대로 무너지지 않는다. 어떤 사람이 "'형성들은 영원하고, 행복하고, 자아인 것이다'라고 부처님께서 말씀하셨다"라고 말하면, '그 말은 부처님께서 진짜 설하신 가르침이 아니다'라고 결정할 수 있다. 또한 어떤 사람이 '세상에서 모든 법을 다 알 수 있는 붓다라고 하는 존재는 없다', 혹은 '붓다라도

392 『앙굿따라 니까야』 제1권, p.140 참조.

일부 법들은 알 수 없다', 혹은 '도와 과, 열반이라고 하는 것은 없다', 혹은 '실천하고 노력하더라도 번뇌가 사라지는 것, 없어지는 일은 없다', 혹은 '특별하게 마음이 고요하고 집중된 삼매, 혹은 물질과 정신이 무상하고 괴로움이고 무아라는 사실을 스스로의 지혜로 특별하게 아는 지혜라고 하는 것은 없다', 혹은 '번뇌가 사라지도록 실천하고 있는, 그리고 실천한 성자라고 하는 존재는 없다'라고 하면 그 말도 잘못된 말, (부처님의 가르침과) 반대되는 말이라고 결정할 수 있다.

(3) 성자들의 계가 매우 청정한 모습

Ariyakantehīti ariyānaṁ kantehi piyehi manāpehi. Pañcasīlāni hi ariyāsāvakānaṁ kantāni honti, bhavanterepi avijahitabbato. Tāni sandhāyetaṁ vuttaṁ.

(Dhammādāsa sutta Aṭṭhakathā, DA.ii.134)

대역

ariya kantehīti**'성자들이 좋아하는'이란**, 'ariyānaṁ**성자들이** kantehi piyehi manāpehi**좋아하고, 아끼고, 마음에 들어 하는** 계를 구족한다' **라는 뜻이다.** hi**맞다.** pañcasīlāni**5계를** bhavanterepi avijahitabbato**다른 생에 태어나더라도 범하지 않기 때문에** ariyāsāvakānaṁ kantāni**성제자들이 좋아한다고** honti**말한 것이다.** tāni sandhāya**그것(5계)과 관련하여** etaṁ'성자들이 좋아하는 계를 구족한다'라는 **이 말을** vuttaṁ여기 「법의 거울 경」에서 **말하였다.**

Sacepi (hi, CST4) bhavantaragataṁ ariyasāvakaṁ attano ariyabhāvaṁ ajānantampi koci evaṁ vadeyya, "imaṁ kuntakipillikaṁ[393] jīvitā voropetvā sakalacakkavāḷagabbhe cakkavattirajjaṁ paṭipajjāhī"ti, neva so taṁ jīvitā voropeyya. Athāpi naṁ evaṁ vadeyyuṁ, "sace imaṁ na ghātessapi sīsaṁ te chindissāmā"ti, sīsamevassa chindeyyuṁ[394], neva so taṁ ghāteyya.

(VbhA.406; MA.iv.75)

해석

다른 생에 태어나 머물면서 자신이 성자인 사실을 모른다고 하더라도 어떤 사람이 성제자들에게 만약 "이 개미를 죽이면 우주 전체를 다스리는 전륜성왕이 될 것이다"라고 말하더라도 그 성제자는 그 개미를 죽일 수 없다. 또 다르게 말하자면, 어떤 사람이 성제자에게 "만약 그대가 이 개미를 죽이지 못한다면 그대의 머리를 내가 내리치겠다"라고 말해도 그렇게 말한 이가 그 성제자의 머리를 자르는 일만 있게 될 것이다.[395] 그 성제자는 개미를 죽이지 못할 것이다.

성제자들은 다른 이의 재산을 훔치는 행위, 다른 이의 여인과 삿된 음행을 하는 행위, 다른 이의 불이익을 위해 거짓말을 하는 행위, 술을 마시는 행위 등도 살생하는 행위와 마찬가지로 절대로 할 수 없다. 거부장자의 부귀영화, 왕의 부귀영화, 자기의 몸과 목숨보다도 5계를 더욱 가치를 두고 소중히 생각한다.

따라서 수다원인 성제자는 스스로 숙고해 보았을 때든, 번뇌를 생겨

---

393 CST4 kunthakipillikaṁ.

394 CST4 chindeyya.

395 성제자의 머리만 잘릴 것이라는 뜻이다.

나게 하는 여러 대상들과 만났을 때든, 앞에서 설명한 「법의 거울 경」에 따라 신심과 계가 확고하고 청정한 것만 경험하게 될 것이다. 또한 자신이 첫 번째 도로 제거한 번뇌들이 어떠한 대상들과 만나더라도 생겨나지 않고 저절로 사라진 상태에 있다는 사실을 직접 분명하게 경험하게 될 것이다.

4. 성자들의 의혹

모든 성자들은, 비록 아직 취착이 남아있는(saupādisesa) 성자라 할지라도 사악처로부터는 모두 벗어난 존재들이다. 아직 취착이 남아 있는 성자들 중에서 수다원, 사다함들은 욕계선처와 색계, 무색계세상에만 태어난다. 욕계선처에도 저열하고 낮은 가문에는 태어나지 않는다. 거룩하고 높은 가문에만 태어난다. 아나함은 색계, 무색계세상에만 태어난다. 여기에서 "그 성자들이 스스로 'apāyaparimutta = 악처로부터 완전히 벗어난 이'라는 사실을 스스로의 지혜로 저절로 알 수 있는가? 결정할 수 있는가?"라는 질문에 대해 『앙굿따라 니까야(아홉 가지의 모음, 사자후 품)』 「두 번째 경」을 통해 그 답을 알 수 있다. 여기에서는 중요한 내용만 간단하게 소개하겠다.

> Tena kho pana samayena tesaṁ aññatitthiyānaṁ paribbājakānaṁ sannisinnānaṁ sannipatitānaṁ ayamantarākathā udapādi — 'yo hi koci, āvuso, saupādiseso kālaṁ karoti, sabbo so aparimutto nirayā apari-

mutto tiracchānayoniyā aparimutto pettivisayā aparimutto apāyaduggativinipātā'ti. Atha kho ahaṁ, bhante, tesaṁ aññatitthiyānaṁ paribbājakānaṁ bhāsitaṁ neva abhinandiṁ nappaṭikkosiṁ. Anabhinanditvā appaṭikkositvā uṭṭhāyāsanā pakkamiṁ — 'bhagavato santike etassa bhāsitassa atthaṁ ājānissāmī'ti.

(A.iii.185)

해석

부처님, 유행자들이 모여 있는 곳에 제가 앉아 있을 때, **그때 외도 유행승들은 함께 모여 앉아 "도반들이여, 취착이 남은 채로 임종하는 모든 사람은 결코 지옥에서 벗어나지 못하며, 축생의 모태에서 벗어나지 못하며, 아귀계에서 벗어나지 못하며, 악처·악도·파멸처에서 벗어나지 못합니다"라는 이야기를 하고 있었습니다. 그때, 부처님, 저는 외도 유행승들의 말을 인정하지도 못하고 반박하지도 못했습니다. 인정하지도 반박하지도 못한 채 '나는 세존의 곁에 가서 이 말의 뜻을 〔여쭈어서〕 정확하게 알아보리라'라고 〔생각하며〕 자리에서 일어나 나왔습니다.**[396]

Ke ca, sāriputta, aññatitthiyā paribbājakā bālā abyattā, ke ca saupādisesaṁ vā 'saupādiseso'ti jānissanti, anupādisesaṁ vā 'anupādiseso'ti jānissanti!
Navayime, sāriputta, puggalā saupādisesā kālaṁ kurumānā parimuttā nirayā parimuttā tiracchānayoniyā parimuttā pettivisayā parimuttā apāyaduggativinipātā.

(A.iii.185)

396 사리뿟따 존자가 부처님께 여쭙는 내용이다. 『앙굿따라 니까야』 제5권, p.402 참조.

대역

sāriputta**사리뿟따여**, aññatitthiyā이 가르침과 다른 견해를 가진 **외도인** bālā**어리석고** abyattā**영리하지 못한** paribbājakā**유행자들이** ke ca**도대체 누구란 말이냐?** 즉 취착이 남아 있는 이, 취착이 남아 있지 않은 이, 또한 그들이 악처에서 벗어난 사실을 아는 지혜에 있어서 도대체 어떠한 이란 말이냐?[397] ke ca**그들이 도대체 누구기에**, saupādisesaṁ vā**취착이 남은 이를** 'saupādiseso'ti**취착이 남은 이라고** jānissanti **알고**, anupādisesaṁ vā**취착이 남지 않은 이를** 'anupādiseso'ti**취착이 남지 않은 이라고** jānissanti**알 수 있겠는가?**[398]

sāriputta**사리뿟따여**, saupādisesā**취착이 남은 채로** kālaṁ kurumānā**임종하더라도** ime nava puggalā**이러한 아홉 부류의 사람은** nirayā**지옥에서**, 지옥에 태어남에서 parimuttā**완전히 벗어나고**, tiracchānayoniyā **축생의 모태에서** parimuttā완전히 **벗어나고**, pettivisayā**아귀계에서** parimuttā완전히 **벗어나고**, apāyaduggativinipātā**악처·악도·파멸처에서** parimuttā완전히 **벗어난다.**[399]

이렇게 설하시고 나서 그 〔취착이 남아 있는〕 아홉 부류의 성제자들을 자세하게 나누어 설하셨다. 그 아홉 부류의 성제자들은 (1) 중간 반열

397 원주: '그 특별한 지혜와 그 외도 유행자들과는 아무런 관계가 없다. 그들의 영역이 아니다'라는 뜻이다. 'ke ca'라는 구절에서 'kiṁ'이라는 단어는 '반어(비난)'의 뜻을 나타낸다.

398 원주: '그 외도 유행자들이 정등각자 부처님, 벽지불, 육신통과 사무애해를 갖춘 아라한이기라도 하여 알 수 있다는 말인가? 그들은 전혀 알 수 없다'라는 뜻이다. 위의 두 구절은 『맛지마 니까야(근본50편)』「코끼리 자취 비유 짧은 경(Cūḷahatthipadopama sutta)」에 나오는 "Kocāhaṁ bho, ko ca samaṇassa gotamassa paññāveyyattiyaṁ jānissāmi?(존자여, 제가 누구입니까? 제가 누구기에 사문 고따마의 탁월한 지혜를 감히 알겠습니까?)"라는 구절처럼 폄하하는 글이다. 따라서 첫 구절의 'ke ca'라는 구절이나 둘째 구절의 'keci(스리랑카 본)'구절 모두 원래 구절(ko ca)과 약간 달라진 구절들이다.

399 『앙굿따라 니까야』 제5권, pp.402~403 참조.

반자(anatarā parinibbāyī 中般涅槃) (2) 후반 반열반자(upahacca parinibbāyī 生般涅槃) (3) 무행 반열반자(asaṅkhāra parinibbāyī 無行般涅槃) (4) 유행 반열반자(sasaṅkhāra parinibbāyī 有行般涅槃) (5) 최상 색구경행자(uddhaṁsota akaniṭṭhagāmī 上流色究竟行) 《이상은 모두 아나함들이다》 (6) 사다함(sakadāgāmi) 〔수다원들로서는〕 (7) 한 생자(ekabījī 一種) (8) 여러 생자(kolaṁkola 家家) (9) 최대 칠생자(sattakkhattuparama 極七反)의 아홉 성자들이다.[400]

그 다음에 이어서 또 아래와 같은 설법을 하셨다. 이 내용이 지금 말하고자 하는, 알아야 하는 핵심 내용이다.

> Na tāvāyaṁ, sāriputta, dhammapariyāyo paṭibhāsi bhikkhūnaṁ bhikkhunīnaṁ upāsakānaṁ upāsikānaṁ. Taṁ kissa hetu? Māyimaṁ dhammapariyāyaṁ sutvā pamādaṁ āhariṁsūti. Api ca mayā, sāriputta, dhammapariyāyo pañhādhippāyena bhāsitoti.
>
> (A.iii.187)

---

400 ① '중간 반열반자'란 정거천 가운데 어느 한 곳에 태어나 수명의 절반에 도달하기 전에 반열반에 드는 이다.(『*Visuddhimagga Myanmarpyan*(위숫디막가 미얀마 어 번역)』 제4권, p.721 참조. 『청정도론』 제3권, p.423의 설명과 비교해 보라.) ② '후반 반열반자'란 정거천 가운데 어느 한 곳에 태어나 수명의 절반을 넘긴 후에 반열반에 드는 이다. ③ '무행 반열반자'란 매우 열심히 노력하지 않아도 반열반에 드는 이다. ④ '유행 반열반자'란 매우 열심히 노력해서 반열반에 드는 이다. ⑤ '최상 색구경행자'란 자신이 태어난 정거천 가운에 어느 한 곳에서 계속해서 위로 올라가 정거천 중에 제일 높은 세상인 색구경천에서 반열반에 드는 이다. ⑥ 사다함은 분명하다. ⑦ '한 생자'란 〔수다원으로서〕 인간 세상에 다시 한 번 더 태어나 반열반에 드는 이다. ⑧ '여러 생자'란 〔수다원으로서〕 두 번, 세 번 정도(최소 두 생, 최대 여섯 생이라고 알아야 한다. 『*Visuddhimagga Myanmarpyan*(위숫디막가 미얀마 어 번역)』 제4권, p.711 참조.) 거룩한 생에 이른 후에 반열반에 드는 이다. ⑨ '최대 칠생자'란 〔수다원으로서〕 선처에 일곱 번 윤회한 후 반열반에 드는 이다. 자세한 내용은 『청정도론』 제3권, pp.422~423 참조.

대역

sāriputta**사리뿟따여**, bhikkhūnaṁ**비구들과** bhikkhunīnaṁ**비구니들과** upāsakānaṁ**청신사들과** upāsikānaṁ**청신녀들에게** tāva**지금까지는**, 즉 질문을 받기 전에 먼저, ayaṁ dhammapariyāyo취착이 아직 남아 있는 성제자라 할지라도 악처에서 완전히 벗어났다는 사실을 설명하는 **이 법문의 가르침은** na paṭibhāsi**밝히지 않았다**. 즉 설하지 않았다.[401] taṁ**그것**, 즉 밝히지 않고 설하지 않은 것**은** kissa hetu**무엇 때문인가?** imaṁ dhammapariyāyaṁ sutvā**이 법문의 가르침을 듣고** 또는 들을 수 있기 때문에 (te)**그들** 취착이 아직 남아 있는 성제자들**이** pamādaṁ mā āhariṁsu**방일하게 지내지 않게 하기 위해서**, 또는 방일함에 이르지 않게 하기 위해서, iti**이러한 목적 때문이다**.[402] sāriputta**사리뿟따여**, api ca**더군다나** 방일함에 빠지지 않게 하기 위해 설하지 않고 그대로 두는 것이 마땅하지만 ayaṁ dhammapariyāyo**이 법문의 가르침을** pañhādhippāyena**질문을 받았기 때문에** mayā**나는**

---

401 원주: Na tāvāyaṁ, sāriputta, dhammapariyāyo paṭibhāsīti appaṭibhānaṁ nāma bhagavato natthi, na tāvāhaṁ imaṁ dhammapariyāyaṁ kathesinti ayaṁ panettha attho. = na tāvāyaṁ, sāriputta, dhammapariyāyo paṭibhāsīti'사리뿟따여, 이 법문의 가르침은 지금까지는 밝히지 않았다'란 bhagavato세존께는 appaṭibhānaṁ nāma(그 어떤 법문이라도) 드러나지 않음이 natthi없다. pana사실은 'ahaṁ나는 imaṁ dhammapariyāyaṁ이 법문의 가르침을 tāva그때까지, 즉 질문을 하기 전까지는 na kathesiṁ설하지 않았다'iti ayaṁ라는 이것이 ettha여기서 attho말하고자 하는 원래 뜻이다. 이는 주석서의 설명이다.

402 원주: Māyimaṁ dhammapariyāyaṁ sutvā pamādaṁ āhariṁsūti "mayaṁ kira catūhi apāyehi muttā"ti upari arahattatthāya vīriyaṁ akarontā mā pamādaṁ āpajjiṁsu. = māyimaṁ dhammapariyāyaṁ sutvā pamādaṁ āhariṁsūti'이 법문의 가르침을 듣고 그들 취착이 아직 남아있는 성제자들이 방일하게 지내지 않게 하기 위해서'란 "'mayaṁ나는 catūhi apāyehi사악처에서 muttā kira이미 벗어났다'iti라고 생각하고 upari arahattatthāya그 위의 아라한 과를 위해 vīriyaṁ akarontā정진을 행하지 않고 pamādaṁ방일함에 mā āpajjiṁsu빠지지 말라"라는 뜻이다. 이는 주석서의 설명이다.

bhāsito설했다.[403,404]

이 경에서 아직 취착이 남아 있는(saupādisesa) 성자인 수다원, 사다함, 아나함들이 스스로 악처에서 완전히 벗어났다는 사실을 들어서 알게 되면, 아라한 과에 이르도록 열심히 노력하지 않고 방일하게 지낼 것을 아시고는 〔누군가〕 질문을 하기 전까지는 그 법문의 가르침을 설하지 않은 채 기다리고 있었다는 사실을 밝히고 있기 때문에, '보통의 수다원, 사다함, 아나함들은 자신들이 다음에 태어날 곳이 확실한 사실을 부처님의 가르침을 통해서만 알 수 있고 결정할 수 있다. 자신만의 지혜로는 알 수 없고 결정할 수 없다'라는 사실이 매우 분명하다. 그렇게 스스로의 지혜만으로는 알 수 없고, 결정할 수 없기 때문에, 바로 그 때문에 사다함이었던 마하나마 왕에게 다시 태어날 곳에 대한 의혹이나 걱정이 생겨났던 사실을 『상윳따 니까야(사라나니 품)』 「첫 번째 경」과 「두 번째 경」에서 아래와 같이 알 수 있다.

"Tassa mayhaṁ, bhante, tasmiṁ samaye mussateva bhagavantaṁ ārabbha sati, mussati dhammaṁ ārabbha sati, mussati saṅghaṁ ārabbha sati. Tassa mayhaṁ, bhante, evaṁ hoti — 'imamhi cāhaṁ samaye kālaṁ kareyyaṁ, kā mayhaṁ gati, ko abhisamparāyo'ti?"

---

403 원주: Pañhādhippāyena bhāsitoti tayā pucchitapañhassa sabhāvena kathitoti dasseti. = pañhādhippāyena bhāsitoti'질문을 받았기 때문에 설했다'라는 구절로 'tayā pucchitapañhassa그대가 물은 질문에 대한 sabhāvena적당한 대답의 성품으로, 또는 대답하는 것으로 kathito설한 것이다'iti라고 이렇게 dasseti알려준다. 이는 주석서의 설명이다.

404 『앙굿따라 니까야』 제5권, pp.404~405 참조.

"Mā bhāyi, mahānāma, mā bhāyi, mahānāma! Apāpakaṁ te maraṇaṁ bhavissati apāpikā kālaṁkiriyā. Yassa kassaci, mahānāma, dīgharattaṁ saddhāparibhāvitaṁ cittaṁ sīlaparibhāvitaṁ cittaṁ sutaparibhāvitaṁ cittaṁ cāgaparibhāvitaṁ cittaṁ paññāparibhāvitaṁ cittaṁ, tassa yo hi khvāyaṁ kāyo rūpī 〔cātumahābhūtiko mātāpettikasambhavo odanakummāsūpacayo aniccucchādan aparimaddanabhedanaviddhaṁsanadhammo.〕[405] Taṁ idheva kākā vā khādanti gijjhā vā khādanti kulalā vā khādanti sunakhā vā khādanti siṅgālā vā khādanti vividhā vā pāṇakajātā khādanti; yañca khvassa cittaṁ dīgharattaṁ saddhāparibhāvitaṁ ... paññāparibhāvitaṁ taṁ uddhagāmi hoti visesagāmi."

(첫 번째 경, S.iii.322)

해석

"《세존이시여, 제가 부처님이나 비구 스님들을 친견하고 난 다음 해거름에 까삘라왓투로 들어갈 때면, 이리저리 다니는 거친 코끼리, 거친 말, 난폭한 마차, 난폭한 수레의 행렬, 또는 거칠고 나쁜 사람들과 만나게 됩니다.》 **세존이시여, 그러면 그때 세존을 대상으로 하여 생겨난 저의 새김은 흐리멍덩해지고, 법을 대상으로 하여 생겨난 저의 새김도 흐리멍덩해지고, 승가를 대상으로 하여 생겨난 저의 새김도 흐리멍덩해 집니다. 세존이시여, 그러면 그때 저에게 '이러한 때, 내가 만일 바로 지금 죽는다면 나의 태어날 곳은 어디일까? 다음 생에 나는 어떻게 머물 것인가?'라는** 의심, **생각이 듭니다."**

405 원문에는 생략되어 있으나 참고 삼아 모두 소개한다.

"마하나마여, 두려워하지 말라. 마하나마여, 두려워하지 말라. 그대의 죽음은 나쁘지 않을 것이다. 저열하지 않고, 거룩하고 좋을 것이다. 그대는 나쁘지 않게, 거룩하게 임종할 것이다. 마하나마여, 누구든지 오랜 세월 믿음으로 마음이 굳건해지고, 계행으로 마음이 굳건해지고, 배움으로 마음이 굳건해지고, 보시로 마음이 굳건해지고, 통찰지로 마음이 굳건해진 사람이 있다고 하자. 그의 몸, 물질이 있는데 〔네 가지 근본 물질(四大)로 이루어진 것이며, 부모에게서 생겨났고, 밥과 죽으로 모인 것이고, 무상하고 파괴되고 분쇄되고 해체되고 분해되기 마련인〕 그 몸, 물질을 이 현재 세상에서 까마귀 떼가 쪼아 먹고, 독수리 떼가 쪼아 먹고, 솔개 무리가 쪼아 먹고, 개 떼가 뜯어먹고, 자칼들이 뜯어먹고, 여러 가지 벌레들이 다 달려들어 파먹겠지만 그의 마음은 오랜 세월 믿음으로 굳건해지고 계행과 배움과 보시와 통찰지로 굳건해졌기 때문에 위로만 올라가고 도와 과의 특별한 경지로만 가게 된다."[406] (첫 번째 경)

"Catūhi kho, mahānāma, dhammehi samannāgato ariyasāvako nibbānaninno hoti nibbānapoṇo nibbānapabbhāro."

(두 번째 경, S.iii.323)

해석

"오, 마하나마여, 부처님에 대한 흔들림 없는 확고한 믿음, 법에 대한 흔들림 없는 확고한 믿음, 승가에 대한 흔들림 없는 확고한 믿음, 청정한 5계를 구족함이라고 하는 이 네 가지 법을 구족한 성스러운 제자는 열반으로만 흐르고, 열반으로만 향하고, 열반으로만

406 『상윳따 니까야』 제6권, pp.296~297 참조.

들어간다."[407]

그 밖에, 버터 단지나 참기름 단지를 물속에 담근 후 깨어 버리면 깨진 단지 조각들만 가라앉고 버터나 참기름은 물 위로 떠오르는 것과 마찬가지로, 몸이라는 물질은 무너져 버려도 믿음 등으로 굳건해진 마음 요소는 단계적으로 향상되어 가는 사실처럼, 또한 동쪽으로 기울어진 나무의 뿌리를 자르면 원래 기울어져 있던 동쪽으로만 넘어지는 것처럼, 원래 향해진, 기울어진 열반 쪽으로만 마음 요소가 향하고 기울어진다는 사실도 그 경들에서 〔비유로〕 설하셨다.

이 경에서 'kā mayhaṁ gati, ko abhisamparāyo(나의 태어날 곳은 어디일까? 다음 생에 나는 어떻게 머물 것인가?)'라는 구절이나, 또는 앞에서 설명했던 「괴로움 무더기 짧은 경(Cūḷadukkhakkhandha sutta)」의 'ajjhattaṁ apahīno(나에게 아직 제거되지 않은)' 등으로 마하나마 왕이 말한 사실을 확인할 수 있기 때문에 태어날 곳에 대한 의혹, 제거했거나 아직 제거하지 못한 번뇌에 대한 의혹은 일부 수다원, 사다함에게 생겨날 수 있다는 사실을 알 수 있다. 그렇지만 그러한 의혹들이 있기 때문에 의심(vicikicchā)이 아직 제거되지 않았다고 말하면 안 된다. 무엇 때문인가? 이러한 의혹들은 도로써 제거되는 의심이라는 번뇌(vicikicchā kilesā)가 아니기 때문이다. 의심극복의 청정에서 설명했던, 자아사견에 근거한(attadiṭṭhi upanissaya) 여덟 가지 의심, 열여섯 가지 의심들만이 제거해야 할(pahātabba) 의심이라는 번뇌들이다.

---

407 『상윳따 니까야』 제6권, p.299 참조.

5. 중대한 반조 일곱 가지

이제 『맛지마 니까야(근본50편)』「꼬삼비 경(Kosambiya sutta)」에 나오는 수다원의 중대한 반조 일곱 가지를 설명하겠다.

Kathañca, bhikkhave, yāyaṁ diṭṭhi ariyā niyyānikā niyyāti takkarassa sammā dukkhakkhayāya?

(M.i.397)

해석

비구들이여, 허물이 없어 **고귀하고,** 해탈로 **이끄는,** 즉 자신의 역할을 충분히 수행하는 수다원 도(道) 지견(앎과 봄)이 있다. **그 지견은** 그 도라는 실천을 **실천하는 이로 하여금 올바로 괴로움을 소멸시키기 위해 어떻게 이끄는가?** 번뇌를 제거하여 자신의 역할을 어떻게 충분히 수행하는가?

(1) Idha, bhikkhave, bhikkhu araññagato vā rukkhamūlagato vā suññāgāragato vā iti paṭisañcikkhati — 'atthi nu kho me taṁ pariyuṭṭhānaṁ ajjhattaṁ appahīnaṁ, yenāhaṁ pariyuṭṭhānena pariyuṭṭhitacitto yathābhūtaṁ nappajāneyyaṁ na passeyya'nti? Sace, bhikkhave, bhikkhu kāmarāgapariyuṭṭhito hoti, pariyuṭṭhitacittova hoti. Sace, bhikkhave, bhikkhu byāpādapariyuṭṭhito hoti, pariyuṭṭhitacittova hoti. Sace, bhikkhave, bhikkhu thīnamiddhapariyuṭṭhito hoti, pariyuṭṭhitacittova hoti. Sace, bhikkhave, bhikkhu uddhaccakukkuccapariyuṭṭhito hoti, pariyuṭṭhitacittova hoti. Sace, bhikkhave, bhikkhu vicikicchāpariyuṭṭhito hoti, pariyuṭṭhitacittova

hoti. Sace, bhikkhave, bhikkhu idhalokacintāya pasuto hoti, pariyuṭṭhitacittova hoti. Sace, bhikkhave, bhikkhu paralokacintāya pasuto hoti, pariyuṭṭhitacittova hoti. Sace, bhikkhave, bhikkhu bhaṇḍanajāto kalahajāto vivādāpanno aññamaññaṁ mukhasattīhi vitudanto viharati, pariyuṭṭhitacittova hoti. So evaṁ pajānāti — 'natthi kho me taṁ pariyuṭṭhānaṁ ajjhattaṁ appahīnaṁ, yenāhaṁ pariyuṭṭhānena pariyuṭṭhitacitto yathābhūtaṁ nappajāneyyaṁ na passeyyaṁ. Suppaṇihitaṁ me mānasaṁ saccānaṁ bodhāyā'ti. Idamassa paṭhamaṁ ñāṇaṁ adhigataṁ hoti ariyaṁ lokuttaraṁ asādhāraṇaṁ puthujjanehi.

(M.i.397)

해석

비구들이여, 이 교법에서 한 비구가, 또는 성자가 **숲으로 가거나, 나무 밑으로 가거나, 한가한 곳으로 가서 '마음을 얽어매기 때문에 내가 있는 그대로 알 수 없고 볼 수 없는, 그 드러나 얽어매는 번뇌가 내** 〔존재상속〕 **안에 아직 제거되지 않은 채 여전히 존재하는가?' 라고 이와 같이 성찰한다.** 《이 다음의 구절들은 범부와 유학들의 존재상속에 생겨날 수 있는 여러 드러난 번뇌들이 무엇인지 설명해 준다. 성자들의 존재상속에 그러한 드러난 번뇌들이 모두 생겨난다고 말하는 것이 아니다.》

비구들이여, 만약 비구가 감각욕망 애착에 얽혀 있으면, 얽혀 있는 마음이 여전히 존재하는 것이다. 비구들이여, 만약 비구가 분노에 얽혀 있으면, 얽혀 있는 마음이 여전히 존재하는 것이다. 비구들이여, 만약 비구가 해태·혼침에 얽혀 있으면, 얽혀 있는 마음이 여전히 존재하는 것이다. 비구들이여, 만약 비구가 들뜸·후회에 얽혀

> **있으면, 얽혀 있는 마음이 여전히 존재하는 것이다. 비구들이여, 만약 비구가 의심에 얽혀 있으면, 얽혀 있는 마음이 여전히 존재하는 것이다. 비구들이여, 만약 비구가 이 세상에 대한 사유를 즐기면, 얽혀 있는 마음이 여전히 존재하는 것이다. 비구들이여, 만약 비구가 저 세상에 대한 사유를 즐기면, 얽혀 있는 마음이 여전히 존재하는 것이다. 비구들이여, 만약 비구가 말다툼하고 언쟁하고 논쟁하고 서로 입에 칼을 물고 찌르면, 얽혀 있는 마음이 여전히 존재하는 것이다.** 《지금까지 드러나 얽어매는 번뇌가 어떠한 것인지를 설명했다.》 **그는 이와 같이 성찰하여 내** 〔존재상속〕 **안에는 '마음을 얽어매기 때문에 내가 있는 그대로 알 수 없고 볼 수 없는, 아직 제거되지 않은 그 드러나 얽어매는 번뇌가 존재하지 않는다.** 네 가지 진리라는 **진리를 깨닫기 위해 나는 마음을 잘 준비하였다'고 안다.** 수다원 성자인 **이** 비구**는 범부와 전혀 관련되지 않고** 성자들과만 관련되어 **성스러운 출세간법을 의지하여 생겨난 이 첫 번째** 반조의 **지혜를 증득한다.** 《내용이 많아 일부는 생략하여 번역하였다. 자세한 것은 원문을 참조하라.》

성자들에게는 위빳사나 관찰을 할 때 생겨날 만한 일부 '드러나 얽어매는 번뇌들'이 가끔씩은 생겨나지만 물질과 정신의 생멸을 바르게 알 수 없을 정도로 얽어매지는 않는다. 생겨난 드러나 얽어매는 번뇌들도 즉시 이어서 새겨 제거할 수 있다. 그래서 계속해서 새기면서 사실대로 바르게 알던 대로 계속 알 수 있다. 새김과 지혜가 좋던 대로 계속해서 좋다. 새길 수 없을 정도로 오랫동안 지속되는 산란함은 없다. 위빳사나의 힘이 매우 좋을 때에는 그러한 드러난 번뇌조차 전혀 생겨나지 않는다. 위빳사나 관찰을 하면서 조사하고 반조하는 성자들은 물질과 정신의 생멸을 사실대로 바르게 알 수 없을 정도로 얽어매는 드러난 번뇌를 경험하지 못하기 때문에 위와 같이 결정할 수 있는 것이다.

(2) Puna caparaṁ, bhikkhave, ariyasāvako iti paṭisañcikkhati — 'imaṁ nu kho ahaṁ diṭṭhiṁ āsevanto bhāvento bahulīkaronto labhāmi paccattaṁ samathaṁ, labhāmi paccattaṁ nibbuti'nti? So evaṁ pajānāti — 'imaṁ kho ahaṁ diṭṭhiṁ āsevanto bhāvento bahulīkaronto labhāmi paccattaṁ samathaṁ, labhāmi paccattaṁ nibbuti'nti. Idamassa dutiyaṁ ñāṇaṁ adhigataṁ hoti ariyaṁ lokuttaraṁ asādhāraṇaṁ puthujjanehi.

(M.i.398)

해석

비구들이여, 또한 반조하는 또 다른 모습은 **성제자는 이와 같이 '이** 도(道) 지견이라는 **견해를 의지하고 수행하고 많이 행하고 있는 나는 내 마음에 가라앉음을 성취했는가?**《들뜨고 밖으로 달려 나가는, 장애법이라는 드러난 번뇌들이 가라앉은 상태를 증득했는가?》 **내 마음에 번뇌들의 적멸을 성취했는가?**《관찰하고 새기는 대상에 대해 번뇌가 생겨나지 않음을 증득했는가?》**'라고 성찰한다.** 그 성제자**는 이와 같이 성찰하여 '이** 도(道) 지견이라는 **견해를 의지하고 수행하고 많이 행하고 있는 나는 내 마음에** 장애법들의 **가라앉음을** 바르게 **성취했다. 내 마음에** 잠재된 번뇌들의 **적멸을** 바르게 **성취했다'라고 안다.** 수다원 성자인 **이 비구는 범부와 전혀 관련되지 않고 성자들과만 관련되어 성스러운 출세간법을 의지하여 생겨난 이 두 번째 반조의 지혜도 증득한다.** 《도(道) 지견을 증득한 성자는 위빳사나 지견을 거듭 생겨나게 하면서 그 도 지견을 의지한다. 수행한다. 많이 행한다. 이렇게 행하기 때문에 드러나서 얽어매는 장애의 번뇌들이 가라앉은 사실도 스스로 경험한다. 새겨 아는 여러 대상마다 그 대상과 관련하여 번뇌들이 생겨나지 않는 것도 스스로 경험한다. 그래서 반조했을 때 이 두 번째 지혜가 생겨나는 것이다.》

(3) Puna caparaṁ, bhikkhave, ariyasāvako iti paṭisañcikkhati — 'yathā rūpāyāhaṁ diṭṭhiyā samannāgato, atthi nu kho ito bahiddhā añño samaṇo vā brāhmaṇo vā tathārūpāya diṭṭhiyā samannāgato'ti? So evaṁ pajānāti — 'yathārūpāyāhaṁ diṭṭhiyā samannāgato, natthi ito bahiddhā añño samaṇo vā brāhmaṇo vā tathārūpāya diṭṭhiyā samannāgato'ti. Idamassa tatiyaṁ ñāṇaṁ adhigataṁ hoti ariyaṁ lokuttaraṁ asādhāraṇaṁ puthujjanehi.

(M.i.398)

해석

비구들이여, 또한 성제자는 이와 같이 '나는 이러한 도(道) 지견이라는 **견해를 성취하였다.** 여섯 문에서 물질과 정신이 생멸할 때마다 그것을 생겨나는 대로 바르게 알도록 노력해야 하는 이 가르침과 다른 **그 밖의 다른 수행자나 성직자 중에 그러한** 도(道) 지견이라는 **견해를 성취한 이가 있는가?'라고 성찰한다. 그는 이와 같이 성찰하여** '여섯 문에서 물질과 정신이 생멸할 때마다 그것을 생겨나는 대로 바르게 알도록 노력해야 하는 이 가르침과 다른 **그 밖의 다른 수행자나 성직자 중에 나에게 생겨난** 도(道) 지견이라는 **그러한 견해를 성취한 이는 없다'고 안다.** 수다원 성자인 **이** 비구는 **범부와 전혀 관련되지 않고** 성자들과만 관련되어 **성스러운 출세간법**

을 의지하여 생겨난 이 세 번째 반조의 지혜도 증득한다.

성자들이 범할 수 있는 범계들

(4) Puna caparaṁ, bhikkhave, ariyasāvako iti paṭisañcikkhati — 'yathārūpāya dhammatāya diṭṭhisampanno puggalo samannāgato, ahampi tathārūpāya dhammatāya samannāgato'ti. Kathaṁrūpāya ca, bhikkhave, dhammatāya diṭṭhisampanno puggalo samannāgato? Dhammatā esā, bhikkhave, diṭṭhisampannassa puggalassa – 'kiñcāpi tathārūpiṁ āpattiṁ āpajjati, yathārūpāya āpattiyā vuṭṭhānaṁ paññāyati, atha kho naṁ khippameva satthari vā viññūsu vā sabrahmacārīsu deseti vivarati uttānīkaroti; desetvā vivaritvā uttānīkatvā āyatiṁ saṁvaraṁ āpajjati'. Seyyathāpi, bhikkhave, daharo kumāro mando uttānaseyyako hatthena vā pādena vā aṅgāraṁ akkamitvā khippameva paṭisaṁharati; evameva kho, bhikkhave, dhammatā esā diṭṭhisampannassa puggalassa — 'kiñcāpi tathārūpiṁ āpattiṁ āpajjati yathārūpāya āpattiyā vuṭṭhānaṁ paññāyati, atha kho naṁ khippameva satthari vā viññūsu vā sabrahmacārīsu deseti vivarati uttānīkaroti; desetvā vivaritvā uttānīkatvā āyatiṁ saṁvaraṁ āpajjati'. So evaṁ pajānāti — 'yathārūpāya dhammatāya diṭṭhisampanno puggalo samannāgato, ahampi tathārūpāya dhammatāya samannāgato'ti. Idamassa catutthaṁ ñāṇaṁ adhigataṁ hoti ariyaṁ lokuttaraṁ asādhāraṇaṁ puthujjanehi.

(M.i.399)

해석

비구들이여, 또한 성제자는 이와 같이 '도(道) 지견이라는 견해를 성취한 사람이 구족한 것과 같은 본래성품을 나도 구족했는가?'라고 성찰한다. 도(道) 지견이라는 견해를 성취한 사람은 어떠한 본래성품을 구족하는가? 출죄(出罪)할 수 있는 범계를 가끔 범할지라도 스승이신 부처님이나 현명한 동료 수행자에게 그것을 즉시 고백하고 드러내고 밝힌다. 고백하고 드러내고 밝힘으로써 다음에 〔다시 범하지 않도록 잘〕 지킨다. 이것이, 비구들이여, 도(道) 지견이라고 하는 지견을 구족한 사람이 구족한 본래성품이다. 즉시 고백하고 나서 잘 지키는 것에 대한 비유는 다음과 같다. 예를 들면, 비구들이여, 아직 어리고 연약하여 드러누워만 있는 아이가 손이나 발로 작열하는 숯에 어쩌다 닿게 되면, 즉시 그 손이나 발을 잡아당기는 것과 같이, 비구들이여, 도(道) 지견이라는 견해를 성취한 사람은 '출죄(出罪)할 수 있는 범계를 가끔 범할지라도 스승이신 부처님이나 현명한 동료 수행자에게 그것을 즉시 고백하고 드러내고 밝힌다. 고백하고 드러내고 밝힘으로써 다음에 〔다시 범하지 않도록 잘〕 지킨다'[408]라는 본래성품《어떤 조건 하나를 연유로 해서가

---

408 원주: ariyasāvako hi āpattiṁ āpajjanto garutāpattīsu kuṭikārasadisaṁ, lahukāpattīsu sahaseyyādisadisaṁ, acittakā pattiṁ yeva āpajjati. tampi sasañcicca, no sañcicca, āpannaṁ na paṭicchādeti = 성제자인 비구가 만약 범계를 범했다면 무거운 범계(重罪) 중에서는 작방계(作房戒 kuṭikāra, 여섯 번째 승잔죄로 비구가 시주자 없이 스스로를 위해서 자신의 노력으로 꾸띠를 만들 때는 정해진 치수에 따라 지어야 하는 계)와 같은 종류, 가벼운 범계(輕罪) 중에서는 동와계(同臥戒 sahaseyya, 단타죄 중 6번, 44번, 45번과 관련된 것으로 여인과 함께 눕는 것에 대한 계목) 등과 같이 '인식하지 못하고 범하는 범계(acittapaṇṇattivajja)'만 범한다. 또한 그러한 범계도 범하려는 의도 없이 범하게 된다. Āpatti paṭiggāhake sabhāga puggale sati ekaṁ divasmaṁ vā rattiṁ vā anadhi vā setvā ratticaturaṅgepi tameva sabhāvabhikkhuno vasanaṭṭhānaṁ gantvā deseti yeva = 범계의 고백을 들어 줄 같이 지내는 비구가 있으면 하룻낮, 하룻밤도 기다리지 않고 네 가지 요소를 갖춘(역주: 그믐날, 자정, 검은 먹구름이 덮인, 깊은 숲 속) 칠흑 같은 어둠 속에서도 같이 지내는 비구의 처소에 가서 범계를 고백한다. 이상은 주석서의 설명이다. 재가자인 성제자라면 자신의 허물을 감추어 두는 일이 없다. 같이 지내는 이가 물으면 사실대로 바르게 자신의 허물을 밝힐 수 있다.

아니라 저절로 구족된 성품을 말한다》을 **구족한다. 그는 이와 같이 성찰하여** '도 지견이라는 **견해를 성취한 사람이 구족한 것과 같은** 《허물을 감추지 않고 잘 보호하는》 **성품을 나도 구족했다'라고 안다.** 수다원 성자인 **이 비구는 범부와 전혀 관련되지 않고** 성자들과만 관련되어 **성스러운 출세간 법을 의지하여 생겨난 이 네 번째** 반조의 **지혜도 증득한다.**

(5) Puna caparaṁ, bhikkhave, ariyasāvako iti paṭisañcikkhati — 'yathārūpāya dhammatāya diṭṭhisampanno puggalo samannāgato, ahampi tathārūpāya dhammatāya samannāgato'ti. Kathaṁrūpāya ca, bhikkhave, dhammatāya diṭṭhisampanno puggalo samannāgato? Dhammatā esā, bhikkhave, diṭṭhisampannassa puggalassa — 'kiñcāpi yāni tāni sabrahmacārīnaṁ uccāvacāni kiṁkaraṇīyāni tattha ussukkaṁ āpanno hoti, atha khvāssa tibbāpekkhā hoti adhisīlasikkhāya adhicittasikkhāya adhipaññāsikkhāya'. Seyyathāpi, bhikkhave, gāvī taruṇavacchā thambañca ālumpati vacchakañca apacinati; evameva kho, bhikkhave, dhammatā esā diṭṭhisampannassa puggalassa — 'kiñcāpi yāni tāni sabrahmacārīnaṁ uccāvacāni kiṁkaraṇīyāni tattha ussukkaṁ āpanno hoti, atha khvāssa tibbāpekkhā hoti adhisīlasikkhāya adhicittasikkhāya adhipaññāsikkhāya'. So evaṁ pajānāti — 'yathārūpāya dhammatāya diṭṭhisampanno puggalo samannāgato, ahampi tathārūpāya dhammatāya samannāgato'ti. Idamassa pañcamaṁ

ñāṇaṁ adhigataṁ hoti ariyaṁ lokuttaraṁ asādhāraṇaṁ puthujjanehi.

(M.i.399)

해석

비구들이여, 또한 성제자는 이와 같이 '도(道) 지견이라는 **견해를 성취한 사람이 구족한 것과 같은 본래성품을 나도 구족했는가?'라고 성찰한다. 비구들이여,** 도(道) 지견이라는 **견해를 성취한 사람은 어떠한 본래성품을 구족하는가? 동료 수행자와 관련되어 해야 할** 가사를 만드는 일, 물들이는 일, 탑을 보수하는 일 등의 **큰일,** 장로의 발을 씻겨 드리는 일, 기름을 발라 드리는 일 등의 **작은 일 가운데 그 어떠한 것이라도** 회피하지 않고 '무슨 일을 해야 합니까?'라고 묻고는 **거기에 노력을 기울이면서도, 그는 높은 계 공부지음(增上戒學), 높은 마음 공부지음(增上心學), 높은 통찰지 공부지음(增上慧學)에 열렬한 관심을 가진다. 이것이 비구들이여,** 도(道) 지견이라고 하는 **견해를 구족한 사람들이 구족한 본래성품이다. 비구들이여, 예를 들어 어린 송아지를 거느린 어미 소가 풀을 뜯어 먹으면서도 송아지를 보호하듯이, 비구들이여, 동료 수행자와 관련되어 해야 할** 가사를 만드는 일, 물들이는 일, 탑을 보수하는 일 등의 **큰일,** 장로의 발을 씻겨 드리는 일, 기름을 발라 드리는 일 등의 **작은 일 가운데 그 어떠한 것이라도** 회피하지 않고 '무슨 일을 해야 합니까?'라고 묻고는 **거기에 노력을 기울이면서도, 그는 높은 계 공부지음, 높은 마음 공부지음, 높은 통찰지 공부지음에 열렬한 관심을 가지는, 이것이 비구들이여,** 도(道) 지견이라는 **견해를 성취한 사람들이 구족한 본래성품이다. 그는 이와 같이 성찰하여** '도(道) 지견이라는 **견해를 성취한 사람이 구족한 것과 같은,** 즉 삼학의 실천을 매우 열렬히 바라는 **성품을 나도 구족했다'라고 안다.** 수다원 성자인 **이** 비구는 **범부와 전혀 관련되지 않고** 성자들과만 관련되어 **성스러운 출세간**

법을 의지하여 생겨난 이 다섯 번째 반조의 지혜도 증득한다.

(6) Puna caparaṁ, bhikkhave, ariyasāvako iti paṭisañcikkhati — 'yathārūpāya balatāya diṭṭhisampanno puggalo samannāgato, ahampi tathārūpāya balatāya samannāgato'ti. Kathaṁrūpāya ca, bhikkhave, balatāya diṭṭhisampanno puggalo samannāgato? Balatā esā, bhikkhave, diṭṭhisampannassa puggalassa yaṁ tathāgatappavedite dhammavinaye desiyamāne aṭṭhiṁkatvā manasikatvā sabbacetasā samannāharitvā ohitasoto dhammaṁ suṇāti. So evaṁ pajānāti — 'yathārūpāya balatāya diṭṭhisampanno puggalo samannāgato, ahampi tathārūpāya balatāya samannāgato'ti. Idamassa chaṭṭhaṁ ñāṇaṁ adhigataṁ hoti ariyaṁ lokuttaraṁ asādhāraṇaṁ puthujjanehi.

(M.i.399)

해석

비구들이여, 또한 성제자는 이와 같이 '도(道) 지견이라는 견해를 성취한 사람이 구족한 것과 같은 힘을 나도 구족했는가?'라고 성찰한다. 비구들이여, 도(道) 지견이라는 견해를 성취한 사람은 어떠한 힘을 구족하는가? 여래께서 선언하신 진짜 가르침과 계율이 설해지면, 그 성제자는 큰 재산을 바라는 것처럼 주의를 기울이고 마음을 기울이고, 온 마음을 쏟고, 귀를 기울여 그것을 듣는다. 이렇게 법을 아주 정성스럽게, 아주 간절하게, 집중해서 듣는 이것이 도(道) 지견이라는 견해를 성취한 사람이 구족한 것과 같은 힘이다. 그는 이와 같이 성찰하여 '도(道) 지견이라는 견해를 성취한 사람이 구족한 것과 같은, 즉 법을 정성스럽게 듣는 힘을 나도 구족했다'라고 안다. 수다원 성자인 **이** 비구는 **범부와 전혀 관련되지 않고** 성자들과만 관련되어 **성스러운 출세간 법을 의지하여 생겨난 이 여섯 번째** 반조의 **지혜도 증득한다.**

(7) Puna caparaṁ, bhikkhave, ariyasāvako iti paṭisañcikkhati — 'yathārūpāya balatāya diṭṭhisampanno puggalo samannāgato, ahampi tathārūpāya balatāya samannāgato'ti. Kathaṁrūpāya ca, bhikkhave, balatāya diṭṭhisampanno puggalo samannāgato? Balatā esā, bhikkhave, diṭṭhisampannassa puggalassa yaṁ tathāgatappavedite dhammavinaye desiyamāne labhati atthavedaṁ, labhati dhammavedaṁ, labhati dhammūpasaṁhitaṁ pāmojjaṁ. So evaṁ pajānāti — 'yathārūpāya balatāya diṭṭhisampanno puggalo samannāgato, ahampi tathārūpāya balatāya samannāgato'ti. Idamassa sattamaṁ ñāṇaṁ adhigataṁ hoti ariyaṁ lokuttaraṁ asādhāraṇaṁ puthujjanehi.

(M.i.400)

해석

비구들이여, 또한 성제자는 이와 같이 '도(道) 지견이라는 **견해를 성취한 사람이 구족한 것과 같은 힘을 나도 구족했는가?'라고 성찰한다. 비구들이여,** 도(道) 지견이라는 **견해를 성취한 사람은 어떠한 힘을 구족하는가? 여래께서 선언하신 진짜 가르침과 계율이 설해지면, 그는 그 의미도 매우 좋아하고 마음에 들어 하고, 그 가르침의 차례도 매우 좋아하고 마음에 들어 하고, 그 법과 관련된 기쁨을 얻는다.** (가끔씩 소름이 끼치면서 전율을 느끼면서 기쁨이 생기기도 한다. 가끔씩은 가슴이나 심장이 쿵쾅 뛰면서 기쁨이 생기기도 한다.》 법을 들을 때 이렇게 매우 좋아하고 마음에 들어하고 기뻐하는 바로 **이것이** 도(道) 지견이라는 **견해를 성취한 사람이 구족한 것과 같은 힘이다.** 《이해할 수 있을 정도의 법을 이해할 수 있도록 설했을 때만 해당된다.》 **그는 이와 같이 성찰하여** '도(道) 지견이라는 **견해를 성취한 사람이 구족한 것과 같은**, 즉 법문을 들을 때 그 의미와 가르침의 차례를 좋아하고 기뻐하는 **힘을 나도 구족했다' 라고 안다.** 수다원 성자인 **이** 비구는 **범부와 전혀 관련되지 않고** 성자들과만 관련되어 성**스러운 출세간 법을 의지하여 생겨난 이 일곱 번째** 반조의 **지혜도 증득한다.**

Evaṁ sattaṅgasamannāgatassa kho, bhikkhave, ariyasāvakassa dhammatā susamanniṭṭhā hoti sotāpattiphalasacchikiriyāya. Evaṁ sattaṅgasamannāgato kho, bhikkhave, ariyasāvako sotāpattiphalasamannāgato hoti.

(M.i.400)

해석

비구들이여, 이와 같이 중대한 반조의 지혜 **일곱 가지를 구족한 성제자는 수다원 과를 실현하는 지혜를 통해, 성제자들의 본래성품을 잘 갖춘 것이다. 비구들이여, 이와 같이** 중대한 반조의 지혜 **일곱 가지를 갖춘 성제자는 수다원 과를 갖춘 것이다.**[409] 《이 구절은 중대한 반조 일곱 가지 가르침의 결어이다. 이 중대한 반조의 지혜와 관련된 성전의 의미를 자세하게 알고자 한다면 이에 대해 잘 알고 있는 스승에게 가서 배우기 바란다.》

반조의 지혜가 끝났다.

---

409 『맛지마 니까야』, pp.567~570 참조.

과 증득에 입정하는 모습

1. 과 증득이란 무엇인가

"Kā phalasamāpattīti? Yā ariyaphalassa nirodhe appanā(과 증득이란 무엇인가? 소멸, 즉 열반에 성스러운 과가 이름, 즉 도달함이다)"[410] 라고 하는 『위숫디막가(淸淨道論)』의 구절에 따라 모든 물질·정신 형성들이 완전히 소멸한, 사라진 열반이라는 대상에 들어가 도달해 있는 것처럼 성스러운 과의 마음이 생겨나는 것을 과 증득이라고 한다.

2. 누가 입정하는가, 누가 입정하지 못하는가

이 과 증득은 범부는 아직 얻지 못했기 때문에 입정할 수 없다. 모든 성자들은 얻었기 때문에 입정할 수 있다. 그렇지만 자신이 얻은 과 하나에만 입정할 수 있다. 이전에 얻었던 아랫단계의 과와 아직 얻지 못한 윗단계의 과에는 입정할 수 없다.

『위숫디막가(淸淨道論)』에서는 "삼매 공부지음(定學)을 완전하게 실

---

410 『*Visuddhimagga Myanmarpyan*(위숫디막가 미얀마 어 번역)』 제4권, p.674 ; 『청정도론』 제3권, p.402 참조.

천한 아나함과 아라한만 과에 입정할 수 있다. 수다원과 사다함들은 삼매 공부지음을 아직 완전하게 실천하지 못했기 때문에 입정할 수 없다" 라는 다른 견해를 소개하고 나서, 다음과 같이 "범부일지라도 자신이 얻은 세간 선정증득에 입정할 수 있기 때문에, 성자들이 자신이 얻은 과에 입정하지 못하는 일은 있을 수 없다"라고 분명하게 결정하였다. 또한 "'sotāpatti phalasamāpattittāya sakadāgāmi phalasamāpattittāya uppādaṁ abhibhuyyatīti gotrabhu(수다원 과 증득을 위해, 사다함 과 증득을 위해 일어남을 극복한다. 그래서 종성의 지혜이다)'[411] 등의 『빠띠삼비다막가(無碍解道)』 구절을 통해 수다원 과 증득, 사다함 과 증득도 생겨날 수 있다는 사실을 직접적으로 설명해 준다. 그래서 '진짜 성자라면 자신이 증득한 과에 모두 입정할 수 있다'라고 의심 없이 결정해야 한다"고 『위숫디막가(淸淨道論)』에서 말하였다.[412] 따라서 성자임에도 불구하고 〔자신이 증득한〕 과에 입정할 수 없다면, 〔그것은〕 삼매와 함께 나머지 기능(indriya)들이 아직 충분히 예리하지 못하기 때문이라고만 간주해야 한다. 그 삼매의 기능 등이 충분하게 예리해지도록 위빳사나 수행만 거듭 반복해서 열심히 노력해야 한다. 완벽하게 예리해졌을 때 과 증득에 이를 것이다. 과 증득에 거듭 입정할 수도 있다고 마음을 놓을 수 있다.

Vipassanā paneso[413] tividhā hoti — saṅkhārapaṭiggaṇhanakavipassanā,[414] phalasamāpattivipassanā, nirodha-

411 『빠띠삼비다막가 역주』, p.186 참조.

412 『청정도론』 제3권, pp.402~403 참조.

413 CST4 panesā.

414 CST4 saṅkhārapariganhanaka.

samāpattivipassanāti. Tattha saṅkhārapaṭiggaṇhanakavipassanā mandā vā hotu tikkha vā, maggassa padaṭṭhānaṁ hoti yeva. Phalasamāpattivipassanā tikkhāva vaṭṭati maggabhāvanā sadisā. Nirodhasamāpattivipassanā pana nātimanda nātitikkhā vaṭṭati.

(Vis.ii.347; PsA.i.287)

대역

이 위빳사나에는 도를 〔증득하기〕 위해 형성들을 파악하는 **형성 파악 위빳사나(行把握觀),** 과에 입정하기 위해 관찰하는 **과 증득 위빳사나(果定觀),** 멸진정에 입정하기 위해 관찰하는 **멸진정 증득 위빳사나(滅定觀), 이렇게 세 종류가 있다. 그중 형성 파악 위빳사나는 무디거나, 예리하거나 모두 도의 가까운 원인들이다.**[415] 《위빳사나가 무디면 더딘 지혜(dandhābhiññā)의 도를 성취한다. 예리하면 빠른 지혜(khippābhiññā)의 도를 성취한다. 이것이 무디고 예리한 것의 차이다. 출현으로 인도하는(vuṭṭhānagāminī) 특성을 구족한 위빳사나는 모두 도의 가까운 원인들이다. 이는 복주서의 설명이다.》 phalasamāpattivipassanā**과 증득 위빳사나는** saṅkhārārammaṇepi sati**형성들을 대상으로 하더라도** sabbasaṅkhārehi vinibattanākāreneva pavattanato**모든 형성들로부터 물러나는 양상으로만 생겨나기 때문에,** 또한 maggoviya도 인식과정에서 과에게 조건이 되는, 즉 도움을 주는 **도처럼,** visaṅkhāragatassa phalassa paccayabhāvato ca**형성이 사라진** 열반을 대상으로 하며 머무는 **과에게 조건이 되는,** 즉 도움을 주는 **성품이기 때문에** 《복주서의 설명을 보충하였다.》, maggabhāvanā sadisā그러한 **도를 얻기 위해 수행하는 것과 같이** tikkhā eva**전부 예리해야** vaṭṭati**한다. 멸진정 증득 위빳사나는 너무 무디지도 너무 예**

415 저본에 이 부분은 그냥 해석만 되어 있다.

리하지도 않은, 균형 맞춰진 **상태여야 한다**.[416]

이 『위숫디막가(清淨道論)』의 "과 증득 위빳사나는 전부 예리해야 한다"라는 구절은 과에 입정하기 위해 처음 노력하는 이의 위빳사나를 두고 한 말이다. 무엇 때문인가? 형성평온의 지혜에 대한 『빠띠삼비다막가(無碍解道) 주석서』의 설명에서 아래와 같은 내용을 볼 수 있기 때문이다.

Saṅkhārupekkhāya tikkhabhāve sati kilesappahānena samatthassa maggassa sambhavato tassā tikkhabhāvadassanatthaṁ vevacanapadehi saha daḷhaṁ katvā mūlapadāni vuttāni. Phalassa pana nirussāhabhāvena santasabhāvattā maggāyuttattā ca mandabhūtāpi saṅkhārupekkhā phalassa paccayo hotīti dassanatthaṁ mūlapadāneva vuttānīti veditabbāni.

(PsA.i.252)

대역

saṅkhārupekkhāya tikkhabhāve sati**형성평온의 지혜가 예리한 상태이어야**, 즉 예리해야만 kilesappahānena samatthassa maggassa sambhavato **번뇌를 제거할 수 있는 도가 생겨날 수 있기 때문에**, tassā tikkhabhāvadassanatthaṁ도의 원인인 **그** 형성평온의 **지혜가 예리한 상태를 보여 주기 위해** vevacanapadehi saha태어날 곳(gatiṁ) 등의 여러 가지 방법으로 **동의어** 열 가지 **구절과 함께** daḷhaṁ katvā**확실하게 설명하면서** mūlapadāni생겨남(uppādaṁ) 등의 **기본 다섯 구절을**

416 저본에서 일부만 대역으로 번역하였다. 『청정도론』 제3권, p.414 참조.

vuttāni도의 차례에서 **설하셨다**. phalassa pana**반면에 과는** nirussāhabhāvena santasabhāvattā ca**노력함이 사라져 고요한 성품이 있기 때문에, 또한** maggāyuttattā ca**이미 얻은 도와 연결되어 생겨나기 때문에**[417] mandabhūtāpi〔형성평온의 지혜가〕 **무딘 상태라 하더라도**[418] saṅkhārupekkhā**형성평온의 지혜는** phalassa paccayo hoti**과에게 조건이 된다**. 즉 도움을 준다. iti dassanatthaṁ**이것을 보여 주기 위해** mūlapadāni eva생겨남 등의 **기본 다섯 구절만을** vuttānī과 증득의 차례에서 **설하셨다**. iti veditabbāni**이렇게 알아야 한다**.[419]

---

417 원주: '새로 생겨나게 해야 하는 특별한 법이 아니라 이미 얻은 도를 의지해서 그와 비슷하게 다시 생겨나는 법이기 때문에'라는 뜻이다.

418 원주: 여기에서 '~도'라는 단어는 폄하를 나타내는 접속사다. 무딘 상태라 하더라도 과를 생겨나게 할 수 있다. 예리한 상태가 과를 생겨나게 할 수 있다는 사실은 말할 필요도 없다는 뜻이다.

419 관련된 구절은 다음과 같다. Katamā dasa saṅkhārupekkhā vipassanāvasena uppajjanti? Sotāpattimaggaṁ paṭilābhatthāya uppādaṁ pavattaṁ nimittaṁ āyūhanaṁ paṭisandhiṁ gatiṁ nibbattiṁ upapattiṁ jātiṁ jaraṁ byādhiṁ maraṇaṁ sokaṁ paridevaṁ upāyāsaṁ paṭisaṅkhāsantiṭṭhanā paññā saṅkhārupekkhāsu ñāṇaṁ. Sotāpattiphalasamāpattatthāya uppādaṁ pavattaṁ nimittaṁ āyūhanaṁ paṭisandhiṁ … paṭisaṅkhāsantiṭṭhanā paññā saṅkhārupekkhāsu ñāṇaṁ. Sakadāgāmimaggaṁ paṭilābhatthāya … sakadāgāmiphalasamāpattatthāya … anāgāmimaggaṁ paṭilābhatthāya … anāgāmiphalasamāpattatthāya … arahattamaggaṁ paṭilābhatthāya … arahattaphalasamāpattatthāya … suññatavihārasamāpattatthāya … animittavihārasamāpattatthāya uppādaṁ pavattaṁ nimittaṁ āyūhanaṁ paṭisandhiṁ paṭisaṅkhāsantiṭṭhanā paññā saṅkhārupekkhāsu ñāṇaṁ(수다원 도를 얻기 위해 일어남, 〔삶의〕 진행, 표상, 애씀, 재생연결, 태어날 곳, 제일 먼저 생겨남, 이르게 된 생, 태어남, 늙음, 병듦, 죽음, 슬픔, 비탄, 절망을 다시 관찰하여 확립되는 통찰지가 형성평온의 지혜이다. 수다원 과를 얻기 위해 일어남, 〔삶의〕 진행, 표상, 애씀, 재생연결 … 사다함 도를 얻기 위해 … 사다함 과를 얻기 위해 … 아나함 도를 얻기 위해 … 아나함 과를 얻기 위해 … 아라한 도를 얻기 위해 … 아라한 과를 얻기 위해 … 공함(空性)에 머물기 위해 … 표상없음(無相)에 머물기 위해 일어남, 〔삶의〕 진행, 표상, 애씀, 재생연결을 다시 관찰하여 확립되는 통찰지가 형성평온의 지혜이다).

여기서 주의할 점은 수다원 도, 사다함 도, 아나함 도, 아라한 도를 얻기 위한 관찰을 설명할 때는 '일어남, 〔삶의〕 진행, 표상, 애씀, 재생연결'이라고 하는 기본 다섯 가지 외에 그 단어들과 동의어인 '태어날 곳, 제일 먼저 생겨남, 이르게 된 생, 태어남, 늙음, 병듦, 죽음, 슬픔, 비탄, 절망'이라고 하는 열 가지 단어들로 자세하게 관찰하는 모습을 설명했고, 수다원 과, 사다함 과, 아나함 과, 아라한 과, 공함, 표상없음 등 과를 증득하기 위한 관찰을 설명할 때는 '일어남, 〔삶의〕 진행, 표상, 애씀, 재생연결'이라고 하는 기본 다섯 가지만 관찰하는 모습을 설명했다는 뜻이다. 그 이유를 설명한 주석서의 내용이다. 기본 다섯 가지, 동의어 열 가지의 의미는 '허물의 지혜'를 살펴보기 바란다. Ps.62; 『빠띠삼비다막가 역주』, p.177 참조.

과 증득을 거듭 반복해서 여러 번 입정할 수 있게 되었을 때, 이『빠띠삼비다막가(無碍解道)주석서』의 내용 그대로 형성평온의 지혜가 아주 예리하지 않다고 하더라도 과에 입정할 수 있는 것을 직접 경험하여 결정할 수 있을 것이다.

3. 과에 입정하는 것의 이익

세상의 여러 왕들, 천신들이 자신들이 소유한 왕의 부귀영화, 천신의 부귀영화를 누리듯이 성자들도 자신이 직접 증득한 과의 행복, 열반의 행복이라고 하는 출세간 행복을 현생에 직접 누리기 위해 '이 정도의 시간 동안 과의 마음만 생겨나게 하리라'라고 미리 결의하고 나서 바라는 만큼의 시간 동안 과 증득에 입정한다. 과에 입정한 동안은 생겨나고 사라지기만 하여 고요하지 않은 모든 형성 고통들이 완전히 사라진 상태에 이르기 때문에 고요하게 지낼 수 있다는 이익을 얻는다. 그 밖에 도와 과에 이른 후부터 시작하여 그 성자는 과에 여러 번 이를 수 있는 것, 과에 오랫동안 머물 수 있는 것, 또한 그를 통해 스승과 같이 지내는 동료로 하여금 마음을 편안하게 해 주는 이익도 얻는다.

4. 과 증득에 이르는 모습

"Dve kho āvuso paccayā animittāya cetovimuttiyā samāpattiyā —

sabbanimittānañca amanasikāro, animittāya ca dhātuyā manasikāro(도반이여, 표상없음 마음해탈을 증득하는 데는 두 가지 조건이 있습니다. 즉 모든 표상에 마음기울이지 않는 것과 표상없음 요소에 마음을 기울이는 것입니다)"[420]라고 하는 「교리문답 긴 경(Mahāvedalla sutta)」의 구절에 따라 물질·느낌·인식·형성·의식이라고 하는 형성 표상 대상을 관찰하고 새기면서 그 모든 형성 표상 대상을 뛰어넘어 형성 표상이 사라진, 없어진, 고요한 열반이라는 요소에 마음이 이르게 되었을 때 과 증득에 도달한다. 입정하는 모습의 차례를 아래 『위숫디막가(淸淨道論)』를 통해 알 수 있다.

> Phalasamāpattatthikena hi ariyasāvakena rahogatena paṭisallīnena udayabbayādivasena saṅkhārā vipassitabbā. Tassa pavattānupubbavipassanassa saṅkhārārammaṇagotrabhuñāṇānantarā phalasamāpattivasena nirodhe cittaṁ appeti. Phalasamāpattininnatāya cettha sekkhassāpi phalameva uppajjati, na maggo.
>
> (Vis.ii.342)

대역

phalasamāpattatthikena ariyasāvakena**과 증득을 원하는 성제자는** paṭisallīnena rahogatena동료들을 떠나 **혼자서** 고요하고 조용한 **외진 곳에 머물며** saṅkhārā생멸하는 물질·정신 **형성들을** udayabbayādivasena vipassitabbā**생멸의 지혜 등을 통해서 관찰해야 한다.**[421]

---

420 M.i.370; 『맛지마 니까야』, p.535; 『청정도론』 제3권, p.404 참조.

421 원주: 성자가 위빳사나 관찰을 하면 〔그 위빳사나 지혜는〕 항상 생멸의 지혜를 시작으로 생겨난다. 그래서 이렇게 말한 것이다.

pavattānupubbavipassanassa형성평온의 지혜까지 **위빳사나가 차례대로 진행된 후** tassa**그 성자에게** saṅkhārārammaṇagotrabhuñāṇānantarā**형성들을 대상으로 하는 종성의 지혜가 생겨나고, 바로 그 다음에**[422] phalasamāpattivasena**과 증득으로** cittaṁ**마음이** nirodhe appeti형성들이 소멸한 열반인 **소멸에 들어간다.** ca**또한** ettha**여기서** phalasamāpattininnatāya**과 증득으로 마음이 기울기 때문에** sekkhassāpi**유학(有學)에게도** 《'~도'라는 단어는 폄하의 접속사이다. 무학(無學)인 아라한에게 생겨난다는 것은 말할 필요도 없다는 뜻이다》 phalameva uppajjati**과만 생겨난다.** na maggo그보다 윗단계의 **도는 생겨나지 않는다.**[423]

성자의 위빳사나는 생멸의 지혜부터 시작한다

성자가 위빳사나 관찰을 할 때는 생멸이 먼저 드러난다. 생멸을 알고 보는 생멸의 지혜부터 시작하여 차례대로 위빳사나 지혜들이 생겨나 머지않아 형성평온의 지혜가 생겨난다. 그래서 과에 입정하기 위해 위빳사나 관찰을 하는 성자에게는 생멸의 지혜부터 시작해서 형성평온의 지혜까지 위빳사나 지혜들이 차례대로 생겨난다. 형성평온의 지혜의 힘이

---

422 원주: 『빠띠삼비다막가』를 근거로 여기에서 '종성(의 지혜)'라고 말했다. (하지만) 『빳타나』에서는 '형성을 대상으로 하는 이 지혜는 수순의 지혜이다'라고만 설하셨다. 바로 그렇기 때문에 『위숫디막가』의 (이 '과 증득'에 관련된 내용 중의) 후반부에 "Gotrabhūti cettha anulomaṁ veditabbaṁ. Vuttaṁ hetaṁ paṭṭhāne — 'arahato anulomaṁ phalasamāpattiyā anantarapaccayena paccayo. sekkhānaṁ anulomaṁ phalasamāpattiyā anantarapaccayena paccayo'ti(여기에서 '종성(의 지혜)'라고 하는 것은 수순(의 지혜)라고 알아야 한다. 『빳타나』에서 다음과 같이 "아라한의 수순(의 지혜)는 과를 증득하는 데 틈이 없는 조건으로 조건이 된다. 유학의 수순(의 지혜)는 과를 증득하는 데 틈이 없는 조건으로 조건이 된다"라고 설했기 때문이다)"라고 이어서 말하고 있다. 역주: 『*Visuddhimagga Myanmarpyan*(위숫디막가 미얀마 어 번역)』 제4권, p.682 ; 『청정도론』 제3권, p.406 참조.

423 『청정도론』 제3권, p.404 참조.

구족되었을 때 수순의 지혜가 생겨난 뒤 새겨 알던 형성대상을 버리고 형성이 소멸된, 사라진 열반 대상 속으로 마음이 꿰뚫고 들어가는 것처럼 된다. 그런 마음이 생겨나는 모습은 이전에 도가 생겨날 때 마음이 생겨나는 모습과 동일하다. 그전에 생겨났던 도의 결과이기 때문에, 이 마음을 '과 마음'이라고 부른다. 이전에 생겨났던 과 마음을 바라면서 위빳사나 관찰을 했기 때문에, 이전에 생겨났던 과 마음만 생겨난다. 바라지 않은 그 위의 도 마음들은 그때 생겨나지 않는다.

만약 그 위의 도를 염두에 두고, 목적으로 하고 기대하면서 위빳사나 관찰을 했다고 하자. 그때는 위빳사나 지혜가 바른 정근 네 가지 모두를 성취하면서 생겨나기 때문에 과만을 위해 관찰할 때의 위빳사나와는 다르기도 다르고, 그 위의 여러 위빳사나 지혜들에 이전처럼 쉽게 이르지 못하기도 한다. 그래서 『대복주서』에서는 "aññoyeva vipassanācāro ariyamaggāvaho, añño phalāsamāpattiāvaho = 성스러운 도를 생겨나게 하는 위빳사나가 생겨나는 모습이 따로이고, 과 증득을 생겨나게 하는 위빳사나가 생겨나는 모습이 따로이다"라고 설명하였다. 도를 위해 위빳사나 지혜들이 단계적으로 향상되어 형성평온의 지혜가 성숙되고 구족되면 목적으로 하던 위의 도만 생겨난다. 목적으로 하지 않은 과의 마음은 생겨나지 않는다. 그렇지만 그 위의 도를 생겨나게 할 정도로 지혜가 아직 성숙되지 않았다면 형성평온의 지혜만 계속해서 생겨난다. 그때 이미 얻은 과에 대한 집착을 잘 끊어내지 못한 일부 성자는 이미 얻었던 과라는 법에 마음을 향하게 된다. 그렇게 마음을 향했기 때문에 이전에 얻었던 과의 마음이 생기기도 한다. 그렇기 때문에 그 위의 도와 과를 위해 수행하기를 바라는 이라면 수행할 기간 동안 '이미 얻은 과의 법에 입정하지 않기를'이라고 〔이전에 얻은 과에 대해〕 확실하게 집착을 끊어 두어야 한다.[424] 또한 수행을 하는 동안에도 이미 얻은 과에 마음을 향하지 않도록 특히 주의를 기울여야 한다.

5. 과 증득에 머무는 모습

"Tayo kho, āvuso, paccayā animittāya cetovimuttiyā ṭhitiyā — sabbanimittānañca amanasikāro, animittāya ca dhātuyā manasikāro, pubbe ca abhisaṅkhāro(도반이여, 표상없음 마음해탈에 머무는 데는 세 가지 조건이 있습니다. 즉 모든 표상에 마음기울이지 않는 것과 표상없음 요소에 마음을 기울이는 것, 미리 의도함입니다)"[425]라는 「교리문답 긴 경(Mahāvedalla sutta)」의 구절에 따라 5분이든 10분이든, 30분이든, 한 시간이든 두 시간이든, 그보다 더 길게, 혹은 더 짧게, 과 증득에 머물기를 바라는 성자라면 그 이전에 '이 정도 시간 동안 과 증득에 머물리라'라고 결의하고 나서 위빳사나 관찰을 해야 한다. 관찰하는 동안에는 그 과 증득에 머물도록 애를 쓰면 안 된다. 기대하지도 말고 바라지도 말아야 한다. 계속 관찰하고 새기기만 해야 한다. 그렇게 관찰하다가 형성평온의 지혜가 힘이 구족되었을 때 이전에 결의해 둔 시간 동안 모든 형성 표상을 대상으로 하지 않고 형성이 소멸된, 사라진 열반의 요소에만 마음이 꿰뚫고 들어가 머문다. 그리고 그렇게 결의해 둔 시간 동안 내내 과 증득에 머문다. 그렇지만 이렇게 결의해 둔 시간

---

424 이 책의 제2권 pp.113~114 참조.

425 M.i.371; 『맛지마 니까야』, p.535; 『청정도론』 제3권, p.405 참조.

동안 내내 잘 머무는 것은 위빳사나 지혜가 매우 예리하여 능숙한 이들만 가능하다. 예리하지 못하고 능숙하지 못한 이들은 결의한 그대로 되지 않는 경우도 있다. 또한 미리 기간을 결의하지 않고 입정하면 오랫동안 머물지 못하는 경우가 많다. 입정했을 때 과의 마음이 머무는 모습, 삼매가 생겨나는 모습을 『앙굿따라 니까야(열 가지 모음, 열한 가지 모음)』에서 아래와 같이 설하셨다.

과에 입정했을 때는 열반 아닌 다른 것은 아무것도 모른다

Idhānanda, bhikkhu evaṁsaññī hoti — 'etaṁ santaṁ etaṁ paṇītaṁ yadidaṁ sabbasaṅkhārasamatho sabbūpadhipaṭinissaggo taṇhākkhayo virāgo nirodho nibbāna'nti. Evaṁ kho, ānanda, siyā bhikkhuno tathārūpo samādhipaṭilābho yathā neva pathaviyaṁ pathavisaññī assa, na āpasmiṁ āposaññī assa, na tejasmiṁ tejosaññī assa, na vāyasmiṁ vāyosaññī assa, na ākāsānañcāyatane ākāsānañcāyatanasaññī assa, na viññāṇañcāyatane viññāṇañcāyatanasaññī assa, na ākiñcaññāyatane ākiñcaññāyatanasaññī assa, na nevasaññānāsaññāyatane nevasaññānāsaññāyatanasaññī assa, na idhaloke idhalokasaññī assa, na paraloke paralokasaññī assa; saññī ca pana assā.

(A.iii.263; 523)

해석

아난다여, 여기 이 가르침에서 **비구는 '이것,** 즉 열반**은 모든 형성들의 가라앉음**(止)**이요, 모든** 무더기(khnadha)라는 **재생근거를 다시 내버림이요, 갈애의 다함이요, 애착 빛바램**(離慾)**이요,** 형성들의

소멸(滅)이다. 열반, **이것은 적정하고 이것은** 주체할 수 없을 정도로 매우 좋다, **수승하다'라는 이러한 인식을 가진다.** 《이 구절까지는 과에 입정했을 때 〔열반을〕 대상으로 하는 모습을 설명한다》 **아난다여,** 과 증득에 입정한 비구가 그렇게 〔과 증득에〕 머물 수 있는 것은 **다음과 같이** 마음을 기울여 생겨난 것이다. 〔과 증득에 머물 때〕 **비구는 땅** 까시나**에 대해 땅이라는 인식이 없고, 물** 까시나**에 대해 물이라는 인식이 없고, 불** 까시나**에 대해 불이라는 인식이 없고, 바람** 까시나**에 대해 바람이라는 인식이 없고,** 《이 네 구절을 통해 색계선정을 구족한 이라 하더라도 과에 입정했을 때에는 색계선정의 대상들에 마음이 이르지 않는다는 것을 설명해 준다》 **공무변처에 대해 공무변처라는 인식이 없고, 식무변처에 대해 식무변처라는 인식이 없고, 무소유처에 대해 무소유처라는 인식이 없고, 비상비비상처에 대해 비상비비상처라는 인식이 없고,** 《이 네 구절을 통해 무색계선정을 구족한 이라 하더라도 과에 입정했을 때에는 무색계선정의 대상들에 마음이 이르지 않는다는 것을 설명해 준다》 **이 세상에 대해 이 세상이라는 인식이 없고,** 《이 구절을 통해 신통의 마음이나 보통의 마음으로 눈에 보이거나, 눈에 보이지 않는[426] 현재 세상과 관련되어 인식하는 것, 생각하는 것이 생겨나지 않는다는 것을 설명해 준다. 따라서 과에 입정했을 때는 자신의 몸과 마음으로부터 시작해서 눈앞의 직접 경험하는 세상의 여러 가지 것들도 전혀 인식할 수 없고 알 수 없으며 천상 등 직접 경험하지 못하는 세상에 관한 것들도 생각하지 않는다는 것을 설명해 준다》 이전에 보았던, 들었던, 냄새 맡았던, 맛보았던, 닿았던, 생각했던, 생각 속에서 이르렀던, 주로 다녔던, 그러한 여러 대상들이라고

426 직역하면 '눈 앞의, 등 뒤의'라는 뜻이다. '지금 현재 벌어지는 현상들을 보통의 마음으로 직접적으로 경험하는, 신통의 마음으로는 멀리 떨어진 것들도 경험할 수 있는'이라는 뜻이다.

하는 **저 세상에 대해 저 세상이라는 인식이 없지만,** 《이 구절을 통해 도와 과가 생겨날 때는 현재를 제외한 다른 시간 동안 경험했던, 알았던 실재성품과 개념 대상 모두에 대해 생각하지 않고 마음기울이지 않는다는 것을 설명해 준다》 **그러나** 인식이 완전히 없는 것은 아니다. **인식이 있다.** 《이 구절을 통해 형성들이 소멸한 그 열반을 인식하는 인식이 있다는 것을 설명해 준다.》 다른 어떠한 대상에 대한 인식이나 생각함, 앎이 없이 열반 대상만을 인식하고 아는 **그런 삼매를** 지금까지 말한 대로 마음기울이며 **얻을 수 있다.**[427]

Etaṁ santaṁ etaṁ paṇītanti santaṁ santanti appetvā nisinnassa divasampi cittuppādo "santaṁ santa"nteva pavattati, paṇītaṁ paṇītanti appetvā nisinnassa divasampi cittuppādo "paṇītaṁ paṇīta"nteva pavattati. (sabbasaṅkhārasamathoti ādinipi tasseva vevacanāni. sabbasaṅkhārasamathoti appetvā nisinnassa hi divasampi cittuppādo sabbasaṅkhārasamathoteva pavattati …)[428] nibbānaṁ nibbānanti appetvā nisinnassa divasampi cittuppādo "nibbānaṁ nibbāna"nteva pavattatīti sabbampetaṁ phalasamāpattisamādhiṁ sandhāya vuttaṁ.

(AA.iii.288)

대역

etaṁ santaṁ etaṁ paṇītanti**'이것은 적정하고 이것은** 주체할 수 없을 정도로 매우 좋다, **수승하다'란,** santaṁ santanti appetvā nisinnassa**'적정하다, 적정하다'라고 〔과 증득에〕 입정해 있는 성자의** cittuppādo과

427 『앙굿따라 니까야』 제6권, pp.76~77 참조.

428 원주(본문내용): 소괄호 안의 구절은 'AA.ii.101'에서 가져와 보충하였다.

(果) 마음일어남은 "santaṁ santaṁ"ti eva'적정하다, 적정하다'라고만 divasampi pavattati하루 내내 진행되기도 한다. 《과에 입정했을 때 '적정하다'라고 생각하거나 읊조리는 것을 말하는 것이 아니다. 그렇지만 적정한 상태를 대상으로 하여 과의 마음이 생겨나는 모습을 알게 하기 위해서 이렇게 말하였다. 이 의미를 설명해 주는 주석서를 앞서 도가 생겨나는 모습의 내용[429]에서 드러내 보였고, 다음의 여러 구절들에 대해서도 같은 방법으로 알기 바란다.》 paṇītaṁ paṇītanti'주체할 수 없을 정도로 매우 좋다, 수승하다, 수승하다'라고 appetvā nisinnassa입정하여 지내는 성자의 cittuppādo과(果) 마음일어남은 "paṇītaṁ paṇītaṁ"ti eva'수승하다, 수승하다'라고만 divasampi pavattati하루 내내 진행되기도 한다. (sabbasaṅkhārasamathoti ādinipi '모든 형성들의 가라앉음' 등의 구절도 tasseva'적정하다, 수승하다'라고 하는 바로 그 열반과 vevacanāni명칭만 다르지 의미는 동일한 동의어일 뿐이다. hi과(果) 마음이 생겨나는 모습을 이어서 말하자면, sabbasaṅkhārasamathoti appetvā nisinnassa'모든 형성들이 가라앉았다'라고 입정해 있는 성자의 cittuppādo과(果) 마음일어남은 sabbasaṅkhārasamathoti eva'모든 형성들이 가라앉았다'라고만 divasampi pavattati하루 내내 진행되기도 한다.) 《지금부터는 원문에 생략한 내용이다. sabbūpadhipaṭinissaggo appetvā nisinnassa cittuppādo'모든 무더기라는 재생근거를 내버렸다'라고 입정해 있는 성자의 과(果) 마음일어남은 sabbūpadhipaṭinissaggoti eva'모든 재생근거를 내버렸다'라고만 divasampi pavattati하루 내내 진행되기도 한다. taṇhākkhayoti appetvā nisinnassa cittuppādo'갈애가 다했다'라고 입정해 있는 성자의 과(果) 마음일어남은 taṇhākkhayoti eva'갈애가 다했다'라고만 divasampi pavattati하루 내내 진행되기도 한다. virāgoti appetvā nisinnassa

429 원주: 이 책의 제2권 p.396 참조.

cittuppādo'**애착이 빛바랬다'라고 입정해 있는 성자의** 과 **마음일어남은** virāgoti eva'**애착이 빛바랬다'라고만** divasampi pavattati**하루 내내 진행되기도 한다**. nirodho nirodhoti appetvā nisinnassa cittuppādo'**소멸, 소멸'이라고**, 즉 '형성들이 소멸되었다'라고 **입정해 있는 성자의** 과 **마음일어남은** nirodho nirodhoti eva'**소멸, 소멸'이라고만**, 즉 '형성들이 소멸되었다'라고만 divasampi pavattati**하루 내내 진행되기도 한다**. 지금까지 원문에 생략한 내용이었다》[430] nibbānaṁ nibbānanti appetvā nisinnassa cittuppādo'형성 괴로움이 모두 사라진 **열반이다**, 형성 괴로움이 모두 사라진 **열반이다'라고 입정해 있는 성자의** 과(果) **마음일어남은** "nibbānaṁ nibbānaṁ"ti eva'**열반이다. 열반이다'라고만** divasampi pavattati**하루 내내 진행되기도 한다**. iti**이렇게** etaṁ sabba-mpi**이 모든 것도** phalasamāpattisamādhiṁ sandhāya**과 증득 삼매와 관련하여** vuttaṁ**설하신 것이다**.

6. 과 증득에서 출정하는 모습

"Dve kho āvuso paccayā animittāya cetovimuttiyā vuṭṭhānāya — sabbanimittānañca manasikāro, animittāya ca dhātuyā amanasikāro(도반이여, 표상없음 마음해탈에서 출정하는 데는 두 가지 조건이 있습니다. 즉 모든 표상에 마음기울는 것과 표상없음 요소에 마음을 기울이지 않는 것입니다)"[431]라고 하는 「교리문답 긴 경(Mahāvedalla sutta)」의 구절에 따라 형성들이 모두 소멸한, 사라진 열반 대상을 버

---

430 앞의 원주 392에서 밝혔듯이 소괄호 안의 구절은 'AA.ii.101'에서 가져와 보충한 내용이다.
431 M.i.370; 『맛지마 니까야』, p.535; 『청정도론』 제3권, p.405 참조.

리고 물질·느낌·인식·형성·의식이라고 하는 형성 표상 다섯 가지 중 어느 한 가지를 대상으로 했을 때 과 증득에서 출정한다. 아래는 위 경전에 대한 『위숫디막가(淸淨道論)』의 설명이다.

모든 것을 포함시키는 말

Sabbanimittānanti rūpanimittavedanāsaññāsaṅkhāraviññāṇanimittānaṁ. Kāmañca na sabbānevetāni ekato manasikaroti sabbasaṅgāhikavasena panetaṁ vuttaṁ. Tasmā yaṁ bhavaṅgassa ārammaṇaṁ hoti, taṁ manasikaroto phalasamāpattivuṭṭhānaṁ hoti.

(Vis.ii.343)

대역

sabbanimittānanti**'모든 표상'이란** rūpanimittavedanāsaññāsaṅkhāraviññāṇanimittānaṁ**물질** 대상 **표상, 느낌** 대상 표상, **인식** 대상 표상, **형성** 대상 표상, **의식** 대상 **표상이다.** ca**또한,** 이어서 설명하겠다. sabbā eva etāni**물론** 수행자가 **이** 형성 표상[432] **모든 것들을** ekato**한꺼번에** kāmaṁ na manasikaroti**마음기울이는 것은 아니지만,** 한꺼번에 마음기울일 수 없는 것이 사실이지만, pana**그렇지만** sabbasaṅgāhikavasena과 증득에서 출정한 마음의 대상이 될 수 있는 **모든 표상을 포함시키기 위해** etaṁ**이와 같이** '모든 표상'이라고 vuttaṁ**말했다.**[433]

---

432 다섯 무더기 각각의 형성과 다섯 무더기를 전부 포함하여 말한 형성을 잘 구분하기 바란다.

433 원주: 마지막 과 속행의 바로 다음에 생겨나는 각각의 바왕가 마음들은 형성 표상 중 어느 한 가지만을 대상으로 한다. 형성 표상 다섯 가지 모두를 한꺼번에 대상으로 하지 않는다. 그렇지만 과에 입정한 모든 성제자들의 존재상속에 생겨나는 여러 가지 바왕가 마음의 표상대상 모두를 남김없이 포함시키기 위해, 'sabbanimittānaṁ(모든 표상을)'이라고 말했다. 직접관찰 위빳사나(paccakkhavipassanā)에 대해 말할 때도, "정신·물질 무더기 중의 어느 한 가지만을 대상으로 할 수 있으면, 관찰할 수 있으면 삼계의 모든 형성들을 관찰하는 것이다. 또는 다섯 가지 무더기를 관찰하는 것이다"라고 이렇게 설명한 경전, 주석서들도 위와 마찬가지로 '모든 것을 포함하는 말'일 뿐이라고 알아야 한다.

tasmā**그러므로** 어느 한 가지 형성 표상만을 대상으로 할 수 있기 때문에 yaṁ**어떤** 표상이 bhavaṅgassa ārammaṇaṁ hoti**바왕가의 대상**이라면, taṁ**그 표상을** manasikaroto바왕가 마음이 생겨나면서 **마음기울이는 이에게**, 〔또는 마음 기울이는 이는〕 phalasamāpattivuṭṭhānaṁ **과 증득으로부터 출정이** hoti**생겨난다**. 〔또는 과 증득으로부터 출정한다.〕[434]

바왕가 마음이 생겨나면 과 증득에서 출정한 것이다. 하지만 일반 성자들은 그 바왕가 마음을 분명하게 알기 어렵다. 바왕가 마음 바로 다음에 열반을 반조하는 것, 다른 대상 하나에 마음기울이는 것, 관찰하는 것 등이 이어서 생겨난다. 그렇게 반조하거나 마음기울이거나 관찰하는 마음들만 분명하고 쉽게 안다. 그래서 그러한 마음들이 생겨났을 때 과 증득에서 출정했다라고 인식할 수 있다.

일부 성자는 과에 입정하기 위해 관찰하면 과에 이르는 것도 빠르게 이르고 과에서 출정하는 것도 빠르게 출정한다. 그래서 과만 생겨나는 것이 한 차례, 관찰이나 반조만 하는 것이 한 차례, 이렇게 번갈아 많이 생겨난다. 그때 입정에 능숙하지도 못하고 경전지식도 적은 이라면 '과에 입정한 동안에도 여러 대상들을 생각할 수 있다, 관찰할 수 있다'고 생각하기도 한다. 이것은 〔아래에 설명할〕 마하목갈라나(Mahāmoggallāna) 존자가 생각한 것과 같은 종류라고 알아야 한다.

마하목갈라나 존자가 다른 비구들에게 "도반들이여, 내가 십삐니까(Sippinikā) 강 언덕에서 부동삼매(āneñjasamādhi 不動三昧)에 입정하고 있을 때, 그 강물 속에 들어갔다가 나왔다가 하는 코끼리들의 울음소

---

434 『청정도론』 제3권, pp.406~407 참조.

리를 들었소"라고 말했다. 부동삼매라고 하는 것은 색계 제4선과 무색계 4선정의 다섯 가지, 또는 그 다섯 가지 중 어느 하나를 바탕으로 하여 입정한 아라한 과 삼매를 말한다고 『우다나(感興語) 주석서』에서 설명하고 있다. 이러한 부동삼매에 입정했을 때에는 천둥치는 소리조차 들을 수 없다. 어떤 것 하나 때문에 움직이거나 무너짐이 없는 삼매이다. 그러자 한 비구가 그것을 믿지 못해 부처님께 그 사실을 여쭈었고 그때 부처님께서는 다음과 같이 결정해 주셨다.

깨끗하지 못한 과 삼매도 있다

"Atttheso, bhikkhave, samādhi so ca kho aparisuddho[435] = 비구들이여, 목갈라나가 입정한 그 부동삼매는 〔부동삼매가 맞기는〕 맞다. 하지만 그 삼매는 완벽하게 깨끗하지는 못하다." 《부동삼매가 한 차례, 보통의 마음이 한 차례, 이렇게 번갈아 섞여서 생겨나기 때문에 코끼리 소리를 들을 수 있었다는 말이다.》

목갈라나 존자는 출가한 후 일주일 되던 날에 아라한이 되었다. 아라한이 갓 된 그때 증득 자유자재(vasī) 다섯 가지[436]에 아직 익숙하지 않은 상태에서 제4선에 입정했다가 그 선정에서 출정했을 때 코끼리 소리를 들었던 것이다. 이렇게 선정에서 출정했을 때 들었던 것을 '증득에 입정하고 있을 때 들었다'라고 생각할 수도 있다는 사실을 『율장 주석서』에서 설명하였다. 여기에서 제4선이라고 일반적으로 말했어도 아라

---

435 Vi.i.149.

436 전향 자유자재, 입정 자유자재, 머묾 자유자재, 출정 자유자재, 반조 자유자재. 자세한 것은 『청정도론』 제1권, p.393 참조.

한이 되고 나서 얼마 지나지 않아 입정한 선정이기 때문에 아라한 과의 제4선이라고 알아야 한다.

특별히 부언할 사항

방금 설명한 성전, 주석서와 관련된 글 중에 "선정으로부터 출정했을 때 코끼리 소리를 들었다. 그렇게 들은 것을 '증득에 입정하고 있을 때 들었다'라고 생각하였다"라는 구절을 통해 '선정증득에서 출정했을 때 제일 먼저 반조의 지혜가 생겨나지 않고 다른 생각, 마음기울임도 생겨날 수 있다'라고 알아야 한다.

같은 단계의 성자라도 원하는 대로 원하는 순간에 과에 입정할 수 있는 성자와 입정할 수 없는 성자가 있다. 이렇게 다른 모습을 아래 『맛지마 니까야(후50편) 주석서』를 통해 알아야 한다.

7. 항상 수행하며 지냄과 항상 수행하며 지내지는 않음

Dve hi khīṇāsavā satatavihārī ca no satatavihārī ca. Tattha satatavihārī yaṁkiñci kammaṁ katvāpi phalasamāpattiṁ samāpajjituṁ sakkoti, no satatavihārī pana appamattakepi kicce kiccappasuto hutvā phalasamāpattiṁ appetuṁ na sakkoti.

(MA.iv.46)

대역

khīṇāsavā**번뇌다한 이**, 즉 아라한**에는** satatavihārī ca**항상** 끊임없이 사

마타·위빳사나 **수행을 하며 지내는 이와** no satatavihārī ca**항상** 끊임없이 사마타·위빳사나 **수행하며 지내지는 않는 이,** (iti)이렇게 dve**두 종류가 있다.** tattha**그** 두 종류 **중에** satatavihārī**항상 수행하며 지내는 아라한은** yaṁkiñci kammaṁ katvāpi**어떠한 일을 하고 나서도** phalasamāpattiṁ samāpajjituṁ sakkoti**바로 과 증득에 입정할 수 있다.** 《여기서 '~도'라는 단어는 칭송의 접속사다. 어떠한 작은 일 하나를 애써서 행하고 나서도 과에 입정할 수 있다. 아무 일도 하지 않고 조용히 지낼 때에 입정할 수 있다는 사실은 말할 필요도 없다는 뜻이다.》 no satatavihārī pana**반면에 항상 수행하며 지내지는 않는 아라한은** appamattakepi kicce**어떠한 사소한 일에 대해서도** kiccappasuto hutvā**그 일을 하고 나서** phalasamāpattiṁ appetuṁ**과 증득에 입정할** na sakkoti**수가 없다.** 《여기서 '~도'라는 단어는 폄하의 접속사다. 언급조차 할 수 없는 사소한 일을 하고 나서도 과 증득에 입정할 수 없다. 그러니 크고 어려운 일을 하고 났을 때 입정할 수 없다는 사실은 말할 필요조차 없다는 뜻이다.》

그 주석서에서 이 내용과 관련된 일화도 하나 소개하고 있다. 한 장로스님과 그의 제자인 한 사미가 숲 속 절에서 같이 지내고 있었는데, 장로스님만 잠자리가 있었고 사미에게는 잠자리가 없었다. 장로스님은 사미 제자가 잠자리를 얻지 못한 것에 대해 계속 생각하고 신경 쓰느라 안거 삼 개월 내내 하루도 과 증득에 입정할 수가 없었다. 제자인 사미는 안거 삼 개월 내내 과 증득에 입정하면서 행복하게 시간을 보냈다. 해제날, 사미가 "스님, 숲에서 지내시기 편안하셨습니까?"라고 묻자, 장로스님은 "나는 그리 편하게 지내지 못했다"라고 대답했다. 이 일화에서 사미는 '항상 수행하며 지내는 아라한(satatavihārī)'이었다. 그래서 잠자리를 얻지 못했더라도 과 증득에 원하는 대로 입정할 수 있었다. 스승인 장로스님은 '항상 수행하며 지내지는 않는 아라한(no satatavihārī)'이었다. 그래서 제자가 잠자리를 얻지 못한 것에 대해 신경쓰고 애쓰는 것 정도 때문에도 과 증득에 입정할 수 없었다. 따라서 과 증득을 원하는 순간에 원하는 만큼 입정할 수 있는 성자인 항상 수행하며 지내는 이가 되도록 위빳사나 수행을 끊임없이 실천해야 한다.

과 증득에 입정하는 모습이 끝났다.

열반에 관한 논의

1. 열반

이제 도와 과의 대상인 열반(nibbāna)[437]에 대해 간략하게 설명하고자 한다. 열반은 어떠한 궁전 같은 건물이 아니다. 어떠한 도시, 어떠한 나라도 아니다. 휘황찬란한 빛도 아니다. 깨끗한 요소, 차가운 요소도 아니다. 무엇 때문인가? 그러한 건물, 도시, 나라, 빛, 깨끗한 요소, 차가운 요소 등은 형성되지 않은(asaṅkhāta 조건지어지지 않은, 無爲의) 실재성품법이 아니다. 그러한 것은 각각 개념법[438], 형성된(saṅkhāta 조건지어진, 有爲의) 실재성품법[439]일 뿐이기 때문이다. 사실은 형성되지 않은 실재성품법인 열반은 'santi-lakkhaṇā = 번뇌, 윤회의 고통이 사라짐 = 소멸됨 = 적정함'이라는 성품일 뿐이다. 'visaṅkhāra'라는 단어처럼 끊임없이 생멸하고 있는 물질·정신이 완전히 소멸된, 없는 성품일 뿐이다. 형성들이 사라져 형성들과 반대인 상태이기 때문에 그 열반에 대해 형성들의 명칭과 반대되는 명칭으로 설하셨다. 아래는 『빠띠삼비다막가(無碍解道)』의 내용이다.

---

437 원주: nir + vāna 라고 분석을 할 수 있고, 'r'이 있기 때문에 'ṇ'으로 표현하여 'nibbāṇa'라고 해도 적당하다. 하지만 삼장과 일치하게 표현하여 'nibbāṇa'라고 표현하지 않고 그대로 'nibbāna'라고 표현하였다.

438 건물, 도시, 나라, 빛 등으로 앞에서 표현하였다.

439 깨끗한 요소, 차가운 요소 등으로 앞에서 표현하였다.

Uppādo saṅkhārā, anuppādo nibbānaṁ.
Pavattaṁ saṅkhārā, appavattaṁ nibbānaṁ.
Nimittaṁ saṅkhārā, animittaṁ nibbānaṁ.
Āyūhanā saṇkhārā, anāyūhanā nibbānaṁ.
Paṭisandhi saṅkhārā, appaṭisandhi nibbānaṁ.

(Ps.58)

대역

uppādo**일어남이 있는 법은** saṅkhārā**형성이다.**
anuppādo**일어남이 없는 법이** nibbānaṁ**열반이다.**
pavattaṁ끊임없이 생겨나는 물질·정신의 **진행은** saṅkhārā**형성이다.**
appavattaṁ끊임없이 생겨나는 물질·정신의 **진행이 소멸된 법이** nibbānaṁ**열반이다.**
nimittaṁ모습이나 형체, 형태 등의 **표상으로 드러나는 법은** saṅkhārā**형성이다.**
animittaṁ모습이나 형체 등의 **표상으로 드러나지 않는 법이** nibbānaṁ**열반이다.**
āyūhanā행복하기 위해 **애씀은** saṇkhārā**형성이다.**
anāyūhanā**애씀이 사라진 법이** nibbānaṁ**열반이다.**
paṭisandhi이전 생의 마음과 연결시키는 **재생연결은** saṅkhārā**형성이다.**
appaṭisandhi**재생연결이 사라진 법이** nibbānaṁ**열반이다.**

이 성전을 통해 "제일 먼저 생겨남(= 발생), 끊임없이 생겨남(= 진행), 모습·형체 등의 표상, 애씀, 앞의 마음과 연결하여 생겨남이라고 하는 재생연결" 등 정신·물질 형성들이 모두 소멸된 성품을 열반이라고 설명했다. 따라서 "nibbanti dhīrā(현자〔= 아라한〕는 〔등불이 꺼져버리듯〕〔번뇌가〕 소멸되었다)[440], nibbāpenti rāgaggiṁ(애착의 불을 소멸시킨다), parinibbāyati(반열반하였다), parinibbātu sugato(선서께서는 반열반에 드십시오), parinibbāyeyya(반열반에 든다면), parinibbāyī(반열반에 든 이), parinibbāyissati(반열반에 들 것이다), antarā parinibbāyī(중간 반열반자), parinibbuto(완전히 소멸된, 반열반에 든), khandhaparinibbānaṁ(무더기의 반열반)" 등 성전이나 주석서에 분명한 여러 파생어들을 근거로 하여 'nibbāna(열반)'의 어의(語義)를 아래와 같이 이해할 수도 있다.

> Nibbāti vaṭṭadukkhaṁ etthāti, nibbāti vaṭṭadukkhaṁ etasmiṁ, adhigato ti vā nibbānaṁ, nibbāyate vā nibbānaṁ.[441]

대역

ettha형성되지 않은 성품인 **이곳에서는** vaṭṭadukkhaṁ〔윤회의〕 세 가지 **윤전이라는 괴로움이** nibbāti**소멸된다**. iti**그래서** 이렇게 괴로움이 소멸되기 때문에 taṁ**그** 형성되지 않은 **성품을** nibbānaṁ**열반이라고 한다**. 《윤회 윤전의 괴로움이 소멸된 곳이라는 뜻이다》

vā**또는**, 또 다르게 설명하면, etasmiṁ형성되지 않은 요소·성품인 **이것을** adhigate도의 지혜로 알게 되면, **증득하게 되면** vaṭṭadukkhaṁ윤회 **윤전의 괴로움이** nibbāti**소멸된다**. iti**그래서** 이렇게 윤회 윤전의 괴로움을 소멸시키는 것이기 때문에 taṁ**그** 형성되지 않은 **성품을** nibbānaṁ**열반이라고 한다**. 《윤회 윤전의 괴로움을 소멸시키는 원인

---

440 Khp.5 등.

441 저본에서 여러 문헌들을 근거로 직접 어의를 설명한 구절이다.

법이라는 뜻이다.》

vā**또는**, 또 다르게 설명하면, nibbāyate**소멸됨이** nibbānaṁ**열반이다**.
《물질·정신 형성이라고 하는 윤회 윤전의 괴로움이 확실히 생겨나지 않는, 소멸된 성품, 없는 성품이라는 뜻이다.》

모든 물질·정신 형성들, 윤회 윤전의 괴로움이 소멸된 곳, 소멸시키는 원인, 소멸된 성품이라고 하는 열반은 'atakkāvacaro(사유의 대상이 아닌)'라는 단어처럼 단지 생각하고 사유하는 것만으로 알 수 있는, 존재않음이라는 개념(abhāva paññatti)이 아니다. 'gambhīro duddaso (심오하고 보기 어려운)'라는 구절처럼 매우 심오하기도 하다. 보통의 지혜로는 알기도 어렵다. 'paṇḍita vedanīyo ti sammāpaṭipadaṁ paṭipannehi paṇḍitehi veditabbo('지혜로운 이가 알 수 있는'이란 '바른 실천을 닦은 지혜로운 이들이 알 수 있는'이란 뜻이다)'라는 구절처럼 위빳사나의 바른 실천을 닦아서 도와 과의 지혜를 구족한 지혜로운 이들만이 직접 알고 볼 수 있는 형성되지 않은(asaṅkhata) 실재성품법이다. 갈애의 대상이 아니다. 따라서 열반은 욕망(vāna)이라고 부르는 갈애(taṇhā)로부터도 벗어났다. 갈애가 없는 곳, 갈애가 소멸된 곳이기도 하다. 열반을 도의 지혜로 알게 되면 그렇게 알게 된 이의 존재상속에 갈애가 소멸된다. 그래서 "vānaṁ vuccati taṇhā, yo ragā … lobho akusalamūlaṁ, vānapahānaṁ vānavūpasamaṁ vānappaṭinissaggaṁ vānappaṭipassaddhaṁ[442] amataṁ nibbānaṁ(애착 … 탐욕, 불선의 뿌리인 갈애를 욕망이라고 부른다. 그 욕망의 제거, 욕망의 종식, 욕망

442 CST4 vānapaṭinissaggaṁ vānapaṭippassaddhiṁ.

의 다시 내버림, 욕망의 안식이 죽음없는 법인 열반이다)"[443]라는 『쭐라 닛데사(Cūla Niddesa 小義釋)』, "taṇhāya vippahānena, nibbānaṁ iti vuccati(갈애를 완전히 제거한다. 그래서 열반이라고 부른다)"[444]라는 『숫따니빠따(Suttanipāta 經集)』 등을 의지하여 'nibbāna(열반)'의 어의(語義)를 여러 주석서들에서는 아래와 같이 설명하였다.

> Vānato nikkhantaṁ nibbānaṁ, natthi vānaṁ etthāti vā nibbānaṁ, natthi vānaṁ etasmiṁ adhigateti vā nibbānaṁ.
>
> (ItA.157)
>
> 대역
>
> vānato각각의 생과 다른 생, 결과와 업을 얽어매는 갈애인 **욕망으로부터** nikkhantaṁ**벗어남이** nibbānaṁ**열반이다**. 《갈애로부터 벗어난 법이라는 뜻이다.》
>
> vā**또는**, 또 다르게 설명하면, ettha형성되지 않은 요소·성품이라는 **이곳에는** vānaṁ갈애라고 하는 **욕망이** natthi**없다**. iti**그래서** nibbānaṁ **열반이다**. 《갈애가 없는 곳, 갈애가 소멸된 곳이라는 뜻이다.》
>
> vā**또는**, 또 다르게 설명하면, etasmiṁ형성되지 않은 요소·성품이라는 **이것을** adhigate도의 지혜로 알게 되면, **증득하게 되면** vānaṁ갈애라고 하는 **욕망이** natthi**없다**. 즉 생겨나지 않는다. iti**그래서** nibbānaṁ**열반이다**. 《갈애가 없는 원인, 갈애소멸의 원인법이라는 뜻이다.》

법체로는 모든 물질·정신 형성들, 윤회 윤전의 괴로움들이 사라진, 소

443 Nd2.139.

444 Sn.446.

멸된 성품일 뿐이다. 이렇게 모든 물질·정신 형성들, 윤회 윤전의 괴로움들이 사라진, 소멸된 성품일 뿐인 열반은 'animitta-paccupaṭṭhānaṁ(표상없음으로 나타남)'이라는 구절처럼 모습, 형체, 형태 등의 표상이 없는 것으로만 성자들의 지혜에 드러난다. 따라서 열반을 증득한 이라 할지라도 그 열반에 대해 "어떠한 형체, 형태다"라고, 또는 "어떤 물건과 비슷하다"라고 말할 수 없다. 끊임없이 생멸하는 물질·정신 형성들이 완전히 드러나지 않고 소멸된, 사라진 것으로만 알기도 하고, 말하기도 할 수 있다. 그래서 『밀린다빤하』에서는 다음과 같이 설명하였다.

> Appaṭibhāgaṁ mahārāja, nibbānaṁ na sakkā nibbānassa rūpaṁ vā saṇṭhānaṁ vā vayaṁ vā pamāṇaṁ vā opammena vā kāraṇena vā hetunā vā nayena vā upadassayituṁ.
>
> (Mil.303)

대역

mahārāja**대왕이여**, nibbānaṁ**열반은** appaṭibhāgaṁ그것과 **닮은꼴이 없습니다**. nibbānassa**열반의** rūpaṁ vā**형색이나** 색, 모습이나 saṇṭhānaṁ vā**형태로도**, vayaṁ vā**연대로도**, pamāṇaṁ vā**규모로도**, opammena vā **비유로도**, kāraṇena vā지지해 주는 **근거로도**, hetunā vā생기게 하는 **원인으로도**, nayena vā알게 해 주는 **방법으로도** upadassayituṁ**나타낼 수** na sakkā**없습니다**.

2. 열반과 존재않음이라는 개념은 같지 않다

형성들이 소멸된, 사라진, 생겨나지 않는, 없는 성품을 열반이라고 했기 때문에, 또한 그 열반에는 형색이나 형태, 연대, 규모가 없다고 했기 때문에, 또한 그 열반을 원인 등의 비유로 드러나기 쉽게 설명할 수도 없다고 했기 때문에 '열반이라는 것은 아무것도 없는 것이다'라고 존재 않음(abhāva)이라는 개념과 동일한 것으로 생각하기도 한다. 하지만 열반은 존재않음이라는 개념처럼 아무것도 없는 것이 아니다. 형성들의 소멸, 사라짐, 생겨나지 않음, 존재않음이라는 성품으로 분명하게 존재한다. 바로 그렇게 분명하게 존재하기 때문에 그 형성들이 소멸된 성품을 직접 경험하여 아는 도라는 법, 과라는 법이 생겨날 수 있는 것이다.[445] 아라한의 물질·정신의 연속도 반열반의 임종 마음 다음에야 비로소 전혀 생겨남 없이 완전히 끊어져 소멸할 수 있다.[446] 아래는 실재성품(paramattha) = 직접 경험하여 알 수 있는 성품으로서 열반이 분명하게 존재하는 모습을 설명한 『우다나(感興語)』, 『이띠웃따까(如是語經)』 성전 내용이다.

> Atthi, bhikkhave, ajātaṁ abhūtaṁ akataṁ asaṅkhataṁ. No cetaṁ, bhikkhave, abhavissa ajātaṁ abhūtaṁ akataṁ asaṅkhataṁ, nayidha jātassa bhūtassa katassa saṅkhatassa nissaraṇaṁ paññāyetha. Yasmā ca kho, bhikkhave, atthi ajātaṁ abhūtaṁ akataṁ asaṅkhataṁ, tasmā jātassa bhūtassa katassa saṅkhatassa nissaraṇaṁ paññāyati.
>
> (Ud.178; It.220)

445 뒤에서 말할 번뇌의 반열반이 존재함을 뜻한다.

446 뒤에서 말할 무더기의 반열반이 존재함을 뜻한다.

대역

bhikkhave**비구들이여**, ajātaṁ**태어나지 않는** 또는 태어남이 없는 열반이, abhūtaṁ**분명하게 생겨나지 않는**, akataṁ어떤 이유 때문에 **만들어진 것이 아닌** 열반이, asaṅkhataṁ여러 조건들에 의해 **형성되지 않은 것**, 즉 열반**이** atthi**있다**. bhikkhave**비구들이여**, ajātaṁ**태어나지 않는** 또는 태어남이 없는, abhūtaṁ**분명하게 생겨나지 않는**, akataṁ 어떤 이유 때문에 **만들어진 것이 아닌**, asaṅkhataṁ여러 조건들에 의해 **형성되지 않은** etaṁ**이것**, 즉 열반**이** no ce abhavissa**없다면** (evaṁ sati)이렇게 없다면 idha**이 세상에서** jātassa**태어나는**, bhūtassa**분명하게 생겨나는**, katassa어떤 이유 때문에 **만들어진**, saṅkhatassa여러 조건들에 의해 **형성된** 다섯 무더기(五蘊), 물질·정신 **법들의** nissaraṇaṁ생겨나지 않음, 사라짐이라고 하는 **떠나감이** na paññāyetha**알려질 수 없다**. 또는 분명하게 드러나지 않는다, 알 수 없다.《appavatti apagameva nissaraṇaṁ(생겨나지 않음, 사라짐 그것이 떠나감이다). 이는 주석서의 설명이다.》bhikkhave**비구들이여**, ajātaṁ**태어나지 않는** 또는 태어남이 없는, abhūtaṁ**분명하게 생겨나지 않는**, akataṁ어떤 이유 때문에 **만들어진 것이 아닌**, asaṅkhataṁ여러 조건들에 의해 **형성되지 않은 그것**, 즉 열반, 적멸한 요소법**이** kho**진실로** atthi빠라맛타 성품으로 **있기** yasmā**때문에** tasmā**그렇기 때문에**, 그 열반이라고 하는 적멸한 요소법이 빠라맛타 실재성품으로 분명하게 있기 때문에 jātassa**태어나는**, bhūtassa**분명하게 생겨나는**, katassa어떤 이유 때문에 **만들어진**, saṅkhatassa여러 조건들에 의해 **형성된** 다섯 무더기, 물질·정신 **법들의** nissaraṇaṁ생겨나지 않음, 사라짐이라고 하는 **떠나감이** paññāyati**알려진다**. 또는 떠나감을 알 수 있다.[447]

---

447 『우다나 의석』, p.216, pp. 522~523 참조.

의미 물질·정신 형성들이 생겨나지 않고 소멸함이라고 하는 열반 요소는 물질·정신 법들처럼 생겨남이 없기 때문에 'ajāta(태어나지 않는), abhūta(분명하게 생겨나지 않는)'라고 한다. 원인법들이 만든 것이 아니기 때문에 'akata(만들어지지 않은)'라고 한다. 조건들에 의해 형성된 것이 아니기 때문에 'asaṅkhāta(형성되지 않은)'라고 한다. 그 열반이라는 고요한 요소법이 없다면, 끊임없이 생멸하고 있는 물질·정신 무더기의 연속의 끊어짐이라고 하는 것이 있을 수 없다. 그렇지만 그 〔열반이라고 하는〕 고요한 요소법은 존재않음이라는 개념처럼 존재하지 않는 것이 아니다. 도와 과의 직접적인 대상이기 때문에 실재성품법으로서 분명하게 존재한다. 바로 그렇게 분명하게 존재하기 때문에 바르게 실천하는 이의 존재상속에 끊임없이 생겨나는 물질·정신 무더기의 연속이 반열반의 임종 마음 다음에 다시 생겨나지 않은 채 완전히 소멸해 버릴 수 있는 것이다. 이렇게 소멸함이라는 것이 분명하게 존재한다는 뜻이다. 지혜로 잘 알 수 있기를 바란다.

> Atthi, bhikkhave, tadāyatanaṁ, yattha neva pathavī, na āpo, na tejo, na vāyo, na ākāsānañcāyatanaṁ, na viññāṇañcāyatanaṁ, na ākiñcaññāyatanaṁ, na nevasaññānāsaññāyatanaṁ, nāyaṁ loko, na paraloko, na ubho candimasūriyā. Tatrāpāhaṁ, bhikkhave, neva āgatiṁ vadāmi, na gatiṁ, na ṭhitiṁ, na cutiṁ, na upapattiṁ; appatiṭṭhaṁ, appavattaṁ, anārammaṇamevetaṁ. Esevanto dukkhassā.
>
> (Ud.177)

대역

bhikkhave**비구들이여**, taṁ āyatanaṁ**그** 열반이라고 하는 대상**원인**[448] **이** atthi빠라맛타 성품으로 분명하게 **존재하는데**, yattha열반이라고 하는 대상원인인 **그곳에는** neva pathavī**땅** 요소도 **없고**, na āpo**물** 요소도 **없고**, na tejo**불** 요소도 **없고**, na vāyo**바람** 요소도 **없고**, 《네 가지 근본 물질(四大)이 없다는 것을 설명함으로써 그 네 가지 근본 물질을 의지하여 생겨나는 파생 물질도 없고, 물질을 의지하여 생겨나는 욕계세상·색계세상과 관련된 정신법들도 없다는 것을 설명해 준다》 na ākāsānañcāyatanaṁ**공무변처도 없고**, na viññāṇañcāyatanaṁ**식무변처도 없고**, na ākiñcaññāyatanaṁ**무소유처도 없고**, na nevasaññānāsaññāyatanaṁ**비상비비상처도 없고**, 《무색계와 관련된 대상과 〔그것을〕 대상으로 하는 정신법(ārammaṇika) 모두가 없다는 뜻이다》 na ayaṁ loko**이 세상도 없고**, na paraloko**저 세상도 없고**, 《이 세상, 저 세상과 관련된 모든 법들이 없다는 뜻이다. 바로 그렇기 때문에 열반을 대상으로 하는 도나 과가 생겨나는 순간에는 이 세상, 저 세상과 관련된 모든 대상들을 알지 못한다》 na ubho candimasūriyā**달이나 태양 두 가지도 없다**. 《물질이 없기 때문에 어둠도 없다. 따라서 어둠을 없애기 위한 빛도 필요하지 않다. 그래서 달이나 태양 등의 천체·별 등도 없다고 설명해 준다. 다른 경전에서는 "tameva tattha na vijjati = 그곳에는 어둠도 없다"라고 직접적으로 설하셨다》 bhikkhave**비구들이여**, tatrāpi열반이라고 하는 대상원인인 **그곳에 대해서는 또한** āgatiṁ**오는 것을** ahaṁ**나는** neva vadāmi**말하지 않는다**. gatiṁ다른 곳으로 이동해 **가는 것도** na (vadāmi)**말하지 않는다**. ṭhitiṁ**머무는 것도** na (vadāmi)**말하지 않는다**.

---

448 āyatana(處)에는 머무는 장소, 광산, 만나는 장소, 출산지, 원인 등의 여러 뜻이 있는데 여기에서는 '원인'으로 해석하였다. 『청정도론』 제2권, pp.507~508 참조.

cutiṁ**죽는 것도** na (vadāmi)**말하지 않는다**. upapattiṁ**다시 생겨나는 것도** na (vadāmi)**말하지 않는다**. 《다른 어느 세상에서 인간세상, 욕계천상세상으로 오는 것, 〔인간세상 등에서〕 다른 세상으로 옮겨 가는 것처럼, 〔다른 곳에서〕 열반에 오는 것은 없다. 열반에서 다른 곳으로 옮겨 가는 것도 없다. 열반에는 인간세상, 욕계천상세상처럼 개인, 중생들의 머묾도 없다. 죽음도 없다. 새로 생겨남도 없다. 도와 과, 반조의 지혜로 아는 것, 대상이 되는 것으로 존재할 뿐이라는 뜻이다.》 etaṁ열반이라고 하는 대상원인인 **그것은** appatiṭṭhaṁ eva**의지처가 진실로 없고**, 《물질법이 아니기 때문에 어느 곳에도 의지하고 있지 않다. 어느 법에도 의지하여 머물지 않는다. 정신법이기는 하지만 조건 따라 생겨난 결과법이 아니기 때문에 어떠한 원인법에도 의지하여 머물지 않는다는 뜻이다》 appavattaṁ (eva)끊임없이 생겨난다는 **진행도 진실로 없고**, 《즉 '끊임없이 생겨나는 정신·물질의 연속과 반대인 성품이다'라는 뜻이다》 anārammaṇaṁ eva정신법이기는 하지만 마음·마음부수처럼 대상을 취할 수 있는 성품이 아니다. **대상을 취하지 못하는** 성품**법이다**. Eso eva도와 과의 대상원인인 **바로 이것**, 즉 열반이라고 하는 적멸한 요소법**이야말로** 《tadadhigame sati, sabbadukkhābhāvato = 그 열반을 알면 모든 괴로움이 없기 때문에. 이는 주석서의 설명이다》 dukkhassā정신·물질 형성이라고 하는 윤회 윤전 **괴로움의** anto**종식이다**.[449]

449 『우다나 의석』, pp.214~215, pp.518~520 참조.

3. 형성과 열반은 서로 반대이다

Yasmā nibbānaṁ sabbasaṅkhāravidhurasabhāvaṁ tasmā yathā saṅkhatadhammesu katthaci natthi, tatthapi sabbe saṅkhatadhammā. Na hi saṅkhātāsaṅkhata-dhammānaṁ samodhānaṁ sambhavati.

(UA.353)

대역

nibbānaṁ형성들의 소멸인 **열반은** sabbasaṅkhāravidhurasabhāvaṁ불과 물, 뜨거움과 차가움, 어둠과 밝음처럼 **모든 형성들과 서로 반대인 성품이기** yasmā**때문에** tasmā**그렇기 때문에** saṅkhatadhammesu**형성된 법들**, 즉 형성법들 **중에** katthaci**어떠한 하나**의 형성된 법들, 즉 형성법들**에도** nibbānaṁ형성들의 소멸인 열반은 natthi yathā**없는 것처럼**, tatthapi**마찬가지로** 형성의 소멸인 **열반에도** sabbe saṅkhatadhammā**모든 형성된 법들**, 즉 형성법들**이** (tathā)**없다**. hi**맞다**. saṅkhātāsaṅkhata-dhammānaṁ samodhānaṁ**형성된 법과 형성되지 않은 법들이 서로 결합하는 일은** na sambhavati**생겨날 수 없다**.

이 『우다나(感興語) 주석서』에 따르면 끊임없이 생겨나고 있는 형성법들이 아직 있으면 형성이 소멸한 열반에 아직 이를 수 없다. 열반을 알고 있는 동안에는 어떤 하나의 형성법도 드러나지 않는다. '반열반에 들었을 때에는 어떤 하나의 형성법도 생겨나지 않는다. 존재하지 않는다'라고 알아야 한다.

모든 형성들이 사라져 형성들이 소멸된 성품인 열반을 도의 지혜로 알게 되면, 열반을 아는 이의 존재상속에 사악처에 태어나게 하는 갈애, 거친 감각욕망에 대한 갈애, 미세한 감각욕망에 대한 갈애, 색계·무색계에 대한 갈애들이 생겨나지 않는다.[450] 남김없이 제거되고 소멸된다. 갈애를 버린 것이 된다. 다시 생겨날 수 없도록 멀리 놓아 버린 것이기도 하다. 갈애라는 엉킴을 풀어 버린 것도 된다. 갈애라고 하는 애착·집착이 없다. 그래서 네 가지 도의 대상인, 형성들이 소멸된 성품 = 열반은 갈애가 제거된 곳, 사라진 곳이기도 하다. 갈애를 버린 곳이기도 하다. 다시 내버린 곳이기도 하다. 갈애라는 엉킴을 풀어 버린 곳이기도 하다. 갈애라는 애착·들붙음이 사라진 곳이기도 하다. 그래서 열반을 아래와 같이 설명하기도 하셨다.

> Katamañca bhikkhave dukkhanirodho ariyasaccaṁ? Yo tassāyeva taṇhāya asesa virāga nirodho cāgo paṭinissaggo mutti anālayo, idaṁ vuccati bhikkhave dukkhanirodho ariyasaccaṁ.
>
> (S.iii.369)

대역

bhikkhave**비구들이여**, dukkhanirodho**괴로움의 소멸인** ariyasaccaṁ**성스러운 진리**, 성자들이 알 수 있는 진리**란** katamañca**무엇인가?** tassāyeva taṇhāya좋아하고 즐길 만한 것에 대해 생겨나는 **바로 그 갈애가** yo asesa virāga nirodho**남김없이 빛바래어 소멸함**, yo cāgo〔갈애를〕 **버림**, yo paṭinissaggo〔갈애를〕 **다시 내버림**, yo mutti〔갈애로부터〕 **벗어남**, yo anālayo〔갈애에〕 **들붙지 않음**이 (atthi)있는데, bhikkhave**비구들이여**, idaṁ**바로 이것을** dukkhanirodho ariyasaccaṁ**괴로움의 소멸**

450 네 가지 도에 따라 단계적으로 표현한 것이다.

이라는 성스러운 진리라고 vuccati부른다.[451,452]

그 밖에 도의 지혜 네 가지로 열반을 알면 그렇게 아는 동안에도 모든 형성들이 드러나지 않고 소멸된다. 열반을 알지 못하면 생겨날 수도 있는 번뇌, 무더기(蘊)도 그렇게 알게 된 시점부터 생겨나지 않는다. 소멸된다. 따라서 열반은 모든 형성들이 소멸된 곳이기도 하고, 무더기·번뇌·업형성(abhisaṅkhāra)·감각욕망이라고 하는 재생근거(upadhi)를 버린 곳이기도 하다. 갈애를 완전히 놓아 버린 곳이기도 하다. 번뇌라고 하는 애착을 제거한 곳이기도 하다. 모든 고통이 사라진 곳이기도 하다. 그래서 열반을 아래와 같이 설하시기도 하셨다.

> Idampi kho ṭhānaṁ duddasaṁ, yadidaṁ sabbasaṅkhārasamatho sabbūpadhi paṭinissaggo taṇhākkhayo virāgā nirodho nibbānaṁ.
>
> (D.i.31 등)

---

451 원주: satipi dvinnaṁ padānaṁ samānādhikaraṇabhāve liṅgabhedo gahito, yathā dukkhasamudayo ariyasaccanti(〔"일어남은 두려움이고 일어나지 않음은 안온이다"라는 이 구절에서 '일어남'은 수식어이고, '두려움'은 피수식어이다. 이렇게〕 두 구절이 같은 위치에 있더라도 성(性) 분리를 취해야 한다. 〔무엇과 같은가 하면〕 '괴로움 생겨남의 성스러운 진리'처럼). 〔역주: Pm.ii.449; 『*Visuddhimagga Mahāṭikā Nissaya*(위숫디막가 대복주서 대역)』 제4권, p.437 참조.〕 원주: 허물의 지혜에 대한 『대복주서』의 이와 같은 설명에 따라 불변 남성명사인 'nirodha(소멸)'라는 단어는 〔중성명사인〕 'saccaṁ(진리)'이 따라온다고 해서 '중성명사'가 되어서는 안 된다. 〔역주: 즉 중성명사의 형태인 'nirodhaṁ'으로 바뀌어서는 안 된다는 뜻이다.〕 원주: 『빠띠삼비다막가 주석서』(PsA.158)에는 '성 전도(liṅgavipallāsa)'라고 말했다. 〔역주: 즉 중성명사로 바뀐 것이라고 말했다.〕 원주: 하지만 'dukkhanirodhagāminīpaṭipadā ariyasaccaṁ(괴로움 소멸로 인도하는 실천이라는 성스러운 진리)'이라고 하는 구절에도 '성 전도(liṅgavipallāsa)'가 생겨나지 않기 때문에 『대복주서』의 설명이 더욱 근거가 있다.

452 『상윳따 니까야』 제6권, p.386 참조.

대역

sabbasaṅkhārasamatho**모든 형성들이 가라앉은 곳**, sabbūpadhi paṭinissaggo**모든 재생근거를 다시 내버린 곳**, taṇhākkhayo**갈애가 다한 곳**, virāgā번뇌라고 하는 **애착이 빛바랜**, 즉 사라진 **곳**, nirodho모든 괴로움들이 **소멸된 곳인**, yadidaṁ nibbānaṁ욕망(vāna)이라고 하는 갈애로부터 벗어난, **이러한 열반**이라는 성품, 또는 모든 고통이 소멸된 성품인 열반이라는 성품이 (atthi)있는데, Idampi kho ṭhānaṁ열반이라고 하는 **이곳도** duddasaṁ**매우 보기 어렵다.**[453]

4. 유여열반과 무여열반

도와 과의 대상인 열반은 물질·정신 형성들, 윤회 윤전의 괴로움, 이 모든 것들의 사라짐, 소멸됨이라고 하는 '적정함이라는 특성(santi–lakkhaṇā)'으로는 한 종류이지만 무더기(khandhā 蘊)라는 잔재가 아직 있는 상태와 없는 상태로 나누어지기 때문에 방편상으로 유여열반(saupādisesa nibbāna)와 무여열반(anupādisesa nibbāna), 이렇게 두 종류로 나눈다. 그중 반열반에 아직 들기 전에[454] 아라한의 존재상속에 번뇌들이 전혀 생겨날 수 없어 고요한, 적정한 상태를 유여열반(saupādisesa nibbāna)[455]이라고 한다. sa《함께 생겨나는》 + upādi《갈애 등이

453 『디가 니까야』 제2권, p.84 참조.

454 아직 목숨을 마치기 전에.

455 원주: Taṇhādihi phalabhāvena upādīyatīti upādi, khandhapañcakaṁ. Upādi yeva sesoti upādiseso, saha upādisesenāti saupādisesā(ItA.157; 갈애 등의 과보인 상태로 집착된다. 그래서 '집착된 것'이다. 곧 다섯 무더기이다. 바로 그 집착된 것이 아직 남아 있다. 그래서 '집착된 것이 남아 있는'이다. 집착된 것이 남아 있는 것과 함께하기 때문에 '유여(有餘)'라고 한다). 역주: *Bhaddanta Jāgara Mahāthera, Nissaya DVD - ROM,* 『*Itivuttaka Aṭṭhakathā Nissaya*(이띠웃따까 주석서 대역)』, p.419 참조.

과보인 상태로 취할 만한 무더기, 혹은 갈애·취착·업의 과보인 무더기》 + sesa《번뇌를 제외하고 남아 있는》 + nibbāna《열반》 = saupādisesa nibbāna《유여열반, 즉 과보인 무더기라는 잔재와 함께 생겨나는, 번뇌가 소멸된 성품 = 또는 과보인 무더기(五蘊)가 아직 남아 있으면서 번뇌가 소멸된 성품》이라는 뜻이다.

반열반의 임종 마음 다음에 물질·정신 형성들이 아라한에게 생겨나지 않고 완전히 소멸된 성품을 무여열반(anupādisesa nibbāna)이라고 한다. ana《없는》 + upādi《과보인 무더기》 + sesa《남아 있는》 + nibbāna《열반》 = saupādisesa nibbāna《무여열반, 즉 반열반의 임종 마음 다음에 번뇌를 제외한, 나머지 과보인 무더기조차 없이, 모든 형성들이 완전히 소멸된 성품》이라는 뜻이다.

> Katamā ca, bhikkhave, saupādisesā nibbānadhātu? Idha, bhikkhave, bhikkhu arahaṁ hoti khīṇāsavo vusitavā katakaraṇīyo ohitabhāro anuppattasadattho parikkhīṇa-bhavasaṁyojano sammadaññā vimutto. Tassa tiṭṭha-nteva pañcindriyāni yesaṁ avighātattā manāpāma-nāpaṁ paccanubhoti, sukhadukkhaṁ paṭisaṁvedeti. Tassa yo rāgakkhayo, dosakkhayo, mohakkhayo — ayaṁ vuccati, bhikkhave, saupādisesā nibbānadhātu.
> Katamā ca, bhikkhave, anupādisesā nibbānadhātu? Idha, bhikkhave, bhikkhu arahaṁ hoti khīṇāsavo vusitavā katakaraṇīyo ohitabhāro anuppattasadattho parikkhīṇa-bhavasaṁyojano sammadaññā vimutto. Tassa idheva,

bhikkhave, sabbavedayitāni anabhinanditāni sīti bhavissanti. Ayaṁ vuccati, bhikkhave, anupādisesā nibbānadhātu.

(It.221)

대역

bhikkhave**비구들이여,** saupādisesā갈애 등이 과보인 상태로 취할 만한 무더기와 함께 생겨나는, 즉 갈애·취착·업의 과보인 무더기라는 잔재가 아직 남아 있는 nibbānadhātu열반 요소인 **유여열반 요소란** katamā ca**어떠한 것인가?** bhikkhave**비구들이여,** Idha**이 교법에서** bhikkhu**어떤 비구가** arahaṁ**아라한,** 즉 번뇌로부터 멀리 떠나 깨끗한 이, 여러 중생들의 공양을 받을 만한 이, khīṇāsavo**번뇌흐름이 다한 이,** vusitavā**수행을 마친 이,** katakaraṇīyo**해야 할 일을** 네 가지 도를 통해서 **다한 이,** ohitabhāro번뇌·무더기·업형성(abhisaṅkhāra)이라고 하는 무거운 세 가지 **짐을 내려놓은 이,** 《번뇌와 업형성과 마찬가지로, 생겨날 그 새로운 생의 무더기도 아라한 도에 의해 소멸되었다. 그래서 무더기라는 짐도 내려놓았다고 말한 것이다》 anuppattasadattho아라한 과라고 하는 **자신의** 참된 **이익도 얻은 이,** parikkhīṇabhavasaṁyojano여러 생에 대해 얽어매는 **모든 족쇄가 사라진 이,** sammadaññā vimutto**바르게 알아** 번뇌로부터 **해탈한 이**hoti**이다.** tassa하지만 **그 아라한의** pañcindriyāni눈·귀·코·혀·몸이라고 하는 **다섯 감각기능들은** tiṭṭhanti eva마지막 현재 삶을 생겨나게 한 업의 힘이 아직 다하기 전까지의 기간 동안 **계속해서 생겨나며 유지되고 머문다.** yesaṁ**그** 다섯 **감각기능들이** avighātattā다시 생겨나지 않아 완전히 소멸되는 것처럼 **아직 소멸되지 않았기 때문에** (so)아라한인 **그는** manāpāmanāpaṁ**마음에 들고 들지 않는** 여러 **대상을** paccanubhoti**감수해야 한다.** sukhadukkhaṁ과거 업의 결과인 **행복과 괴로움을** paṭisaṁvedeti**경험해야 한다.** 《'그 아라한의 감각기능들은 유지된다. ~경험해야 한다'라는 구절은 무더기의 잔재가 남아있는 모습을 설명해 준다. 이후의 구절을 통해 유여열반을 설명해 준다》 tassa갈애·취착·업의 과보인 무더기라는 잔재가 아직 남아있는 아라한인 **그의 존재상속에** yo rāgakkhayo**애착이 다함**, 없음, 영원히 일어나지 않음, 《rāgassa khayo khīṇākāro abhāvo accantamanuppādo[456](애착의 다함, 다한 상태, 존재하지 않음, 영원히 일어나지 않음). 이는 주석서의 설명이다》 yo dosakkhayo**성냄이 다함**, 없음, 영원히 일어나지 않음, yo mohakkhayo**어리석음이 다함**, 없음, 영원히 일어나지 않음이 (atthi)있는데, bhikkhave**비구들이여**, ayaṁ'애착 등이 영원히 일어나지 않음'이라고 하는 번뇌가 다함, 소멸함, **이것을** saupādisesā nibbānadhātu**유여열반 요소라고** vuccati**부른다**. 《rāgādikkhayo saupādisesā nibbānadhātūti dassito[457]('애착 등의 다함'이 '유여열반 요소다'라고 설명했다). 이는 주석서의 설명이다.》 《번뇌의 반열반이다.》

bhikkhave**비구들이여**, anupādisesā과보인 무더기라는 잔재가 전혀 남아 있지 않은 nibbānadhātu열반요소인 **무여열반 요소란** katamā ca**어떠한 것인가?** bhikkhave**비구들이여**, Idha**이 교법에서** bhikkhu**어떤 비구가** arahaṁ**아라한**, 즉 번뇌로부터 멀리 떠나 깨끗한 이, 여러 중생들의 공양을 받을 만한 이, khīṇāsavo**번뇌흐름이 다한 이**, vusitavā **수행을 마친 이**, katakaraṇīyo**해야 할 일을 다한 이**, ohitabhāro**짐을 내려놓은 이**, anuppattasadattho**자신의 참된 이익도 얻은 이**, parikkhīṇabhavasaṁyojano**모든 족쇄가 사라진 이**, sammadaññā vimutto**바르게 알아 번뇌로부터 해탈한 이**hoti**이다**. tassa그리고 아라한인 **그가** sabbavedayitāni**감수해야 할 모든** 무기(無記)의 **느낌들이** anabhina-

---

456 ItA.159.
457 ItA.159.

nditāni갈애·자만·사견에 의해 **받아들여지지 않고** idha eva**바로 이번 생에서** sīti bhavissanti**청량해질 것이다.** 즉 다시 이어져서 생겨남이 없이 완전히 소멸될 것이다.[458] bhikkhave**비구들이여,** ayaṁ새로운 생의 무더기(蘊)가 생겨나게 하지 않고 바로 이번 생에서 아라한의 무더기가 소멸되는 것, 즉 반열반에 들어 임종했을 때 무더기가 사라진 후에 다시 새로운 무더기가 이어져서 생겨나지 않고서 항상 적멸함, **이것을** anupādisesā nibbānadhātu**무여열반 요소라고** vuccati**부른다.** 《무더기의 반열반이다.》

이 무여열반은 무더기의 반열반이다.[459] 도 수행(maggabhāvanā)을 닦지 않으면 생겨날 새로운 생의 무더기가 도 수행을 닦았기 때문에 반

---

458 원주: Accantavūpasamena saṅkhāradarathappaṭipassaddhiyā sītalī bhavissanti. appaṭisandhika nirodhena nirujjhissantīti attho. Na kevalaṁ vedayitāniyeva, sabbepipana khīṇāsavasantāne pañcakkhandhā nirujjhissanti, vedayita sīsena desanākathā(〔'청량해질 것이다'란〕 '영원히 그쳐 고요함을 통해 형성이라고 하는 뜨거움으로부터 안식하여 시원하게 될 것이다, 다시 재생연결하지 않는 소멸로 소멸할 것이다'란 뜻이다. 오직 느끼는 느낌만 소멸하는 것이 아니다. 번뇌흐름이 다한 이〔= 아라한〕의 존재상속에 있는 다섯 무더기 모두도 소멸할 것이다. 〔단지〕 느끼는 느낌을 대표로 하여 가르침을 설하셨다). 이는 주석서의 설명이다. 〔역주: 『*Itivuttaka Aṭṭhakathā Nissaya*(이띠웃따까 주석서 대역)』, p.419 참조.〕 원주: 'sītī(청량한, 시원한, 고요한)'라는 단어는 과거수동분사(abhūtatabbo)로서 'cī'로 끝나는〔역주: sīta(청량한, 형용사)+ci = sītī〕 불변사(abyaya)이다. 느낌을 대표로 하여 설하셨기 때문에 다음과 같은 의미를 알아야 한다. 아라한의 존재상속에 있는 느낌 등의 다섯 무더기(五蘊)들은 갈애·자만·사견에 의해 집착되지 않기 때문에 번뇌, 업, 새로운 생의 무더기, 어느 하나도 생겨나게 하지 않는다. 따라서 "새로운 심지가 공급되지 않는 등불은 새로운 등불을 계속 생겨나게 하지 못하고 다 타고 나면 단지 꺼져 버리기만 하듯이" 그와 마찬가지로 과거의 업 때문에 생겨나 존재하는 아라한의 무더기들도 새로운 생의 무더기 어느 하나도 생겨나게 하지 못한 채, 스스로 생겨나서는 사라져 버리기만, 계속해서 소멸해 버리기만 한다. 〔그렇게 하다가〕 반열반의 임종 마음과 함께 무더기가 완전히 소멸해 버렸을 때, 어느 하나의 무더기도 생겨나지 않는다. 따라서 아라한의 존재상속에 과거 업의 힘 때문에 계속해서 생겨나던 무더기는 새로운 무더기를 이어서 생겨나게 하지 못한다. 바로 이 생에서 완전히 소멸해 버린다는 뜻이다.

459 앞에서 유여열반을 '번뇌의 반열반'이라고 했다.

열반의 임종 마음 다음에 생겨나지 않는다. 소멸된다. 따라서 이 무더기의 반열반도 아라한 도의 순간에 이미 성취했다. 그렇지만 소멸이라는 것은 생겨나는 성품이 아니기 때문에 "어느 시기에 생겨난다"라고 말할 수가 없다. 분명하게 설명하겠다. 도 수행을 닦지 않으면 조건이 형성된 순간마다, 조건이 형성된 시기마다 번뇌와 새로운 생의 무더기가 생겨난다. 생겨날 수 있다. 그렇게 〔조건이 형성되면〕 생겨날 수 있는 번뇌, 새로운 생의 무더기는 이미 생겨난 것이 아니기 때문에 과거〔법〕이 아니다. 지금 생겨나고 있는 것도 아니기 때문에 현재〔법〕도 아니다. 확실하게 나중에 생겨날 것도 아니기 때문에 미래〔법〕도 아니다. 삼세에서 벗어난, 시간을 벗어난 법이다. 〔따라서〕 시간을 벗어난 법인 그 번뇌, 새로운 생의 무더기가 소멸함, 없음, 확실하게 생겨나지 않음도 과거도 아니고, 미래도 아니고, 현재도 아닌, 시간을 벗어난 법이다. 이렇게 '유여열반 = 번뇌의 반열반', '무여열반 = 무더기의 반열반', 이 두 가지 열반 모두가 시간을 벗어난 법이기 때문에 "어느 시기에 생겨난다"라고 말할 수 없다. 또한 시간을 벗어난 법인 번뇌·무더기의 소멸, 생겨나지 않음이라는 성품일 뿐이기 때문에도 "어느 시기에 생겨난다"라고 말할 수 없다.

그 밖에 〔조건이 형성되면〕 생겨날 수 있는 번뇌·무더기의 소멸, 없음, 확실하게 생겨나지 않음이라고 하는 열반이 삼세에서 벗어난, 시간을 벗어난 법이기 때문에 "종성의 순간에는 미래의 열반을 대상으로 하는가? 도의 순간에는 현재인 '번뇌의 열반'을 대상으로 하는가? 미래인 '무더기의 열반'을 대상으로 하는가?"라는 이러한 질문들은 적당하지 않다. 심사숙고해 보라.

Duve imā cakkhumatā pakāsitā,
Nibbānadhātū anissitena tādinā;
Ekā hi dhātu idha diṭṭhadhammikā,
Saupādisesā bhavanettisaṅkhayā;
Anupādisesā pana samparāyikā,
Yamhi nirujjhanti bhavāni sabbaso.

Ye etadaññāya padaṁ asaṅkhataṁ,
Vimuttacittā bhavanettisaṅkhayā;
Te dhammasārādhigamā khaye ratā,
Pahaṁsu te sabbabhavāni tādino.

(It.221)

대역

diṭṭhadhammikā**현재 생에 직접 성취되는,**
bhavanettisaṅkhayā**존재 갈애의 파괴라고 불리는,**
saupādisesā**무더기라는 잔재와 함께 생겨나는**
ekā dhātu**하나의** 열반 **요소는**
idha**여기에,** 현재 생에 (siddhā)**성취되어 분명하게 존재한다.**
yamhi무여열반, **그곳에는**
bhavāni욕계 · 색계 · 무색계 **존재들이**[460]
sabbaso남김없이 **모두** nirujjhanti**소멸하였다.**
생겨나지 않는다.[461]
anupādisesā**무더기의 잔재가 없는**
sa pana nibbānadhātū**그 열반 요소는**

460 원주(본문내용): 단어의 성(性) 전도(liṅgavipallāsa)이다.
461 원주(본문내용): 소멸함 그 자체를 '소멸한 곳'으로 표현하여 말씀하신 것에 주의하라.

samparāyikā반열반의 임종 마음 **다음에 분명하게 성취된다.**

(iti)**이러한** duve**두 가지의** imā nibbānadhātū**이 열반 요소를**

cakkhumatā다섯 가지 **눈을 갖추신,**

anissitena어떠한 법에도 갈애나 사견으로

애착하지 않으시는,

tādinā좋고 나쁜 두 대상을 좋아함이나 싫어함 없이,

평정하게 바라보는 부처님께서

pakāsitā**드러내어 설명하셨다.**[462]

ye어떤 이는

asaṅkhataṁ업·마음·온도·음식 등의

여러 조건들이 모여 **형성된 것이 아닌,**

또는 형성되어진 형성과 반대인,

padaṁ도의 지혜, 과의 지혜로 이를 수 있는 **경지인,**

etaṁ (nibbānadhātuṁ)유여열반, 무여열반으로 나누어 설명하신

그 열반 요소를

aññāya네 가지 도의 **지혜로 분명하게 알고**

bhavanettisaṅkhayā존재로 이끄는

존재 갈애를 파괴시켰기 때문에

vimuttacittā번뇌로부터 **마음이 해탈한 이**(hoti)이다.

te**바로 그는**, 번뇌로부터 마음이 해탈한 그는

---

462 원주: anissitena에는 asitena, ekā hi dhātu에는 ekā hi dhātū, saupādi에는 sopādi, anupādi에는 nopādi, yamhi에는 yasmiṁ, 이렇게 있다면 Indavaṁsā 시형(時形)과 일치한다. 역주: Indavaṁsa 시형이란 네 구절로 된 시의 각 구절이 ta gaṇa(장 - 장 - 단), ta gaṇa(장 - 장 - 단), ja gaṇa(단 - 장 - 단), ra (장 - 단 - 장)으로 구성된 시를 말한다. *Ashin Tiloka Bhivaṁsa,* 『*San Letsaung* (시형 설명서)』, p.40 참조. 여기에서 gaṇa란 시를 지을 때 사용되는 여러 가지 음절 구성들이다. 여기에는 모두 여덟 가지가 있다. 『빠알리 - 한글사전』, p.906 참조.

dhammasārādhigamā**법의 진수**(眞髓)인

아라한 과를 **증득했기 때문에**

khaye애착 등이 **다한 곳**, 다한 성품인 열반**을**, 또는

dhammasārādhigamā**법의 진수**인

열반을 알고 **증득했기 때문에**

khaye모든 형성들이 **다한 곳**, 다한 성품인 무여열반**을**

ratā**즐기고 좋아한다**.

te열반에 도달한 **그는**[463]

tādino좋고 나쁜 두 대상을 좋아함이나 싫어함 없이,

평정하게 관찰할 수 있게 되어

sabbabhavāni**모든 생을** pahaṁsu반열반의 임종 마음 다음에

완전히 버려 버린다.

번뇌의 반열반과 무더기의 반열반도 실재성품이다

이 게송에서 "Ye etadaññāya padaṁ asaṅkhataṁ(형성되지 않은 그 경지〔= 열반〕를 〔네 가지 도의〕 지혜로 분명히 안 이)"라는 구절을 특히 주의해서 살펴보아야 한다. 잔재가 남아 있는(saupādisesa 有餘) 것과 잔재가 남아 있지 않은(anupādisesa 無餘) 것으로 나누어 설하신, 번뇌가 소멸한 성품과 무더기가 소멸한 성품은 어떠한 조건법이 만들어 낸, 형성시킨 법이 아니기 때문에 '형성되지 않은(asaṅkhata)'이라고 한다. 물과 불, 뜨거움과 차가움, 어둠과 빛, 밀림과 황야처럼 끊임없이 생멸하고 있는 형성과 반대되고 상반되기 때문에도 '형성되지 않은(asa-

---

463 원주(본문내용): "teti nibbānapattā('그'란 '열반에 이른 이'다)"라고 하는 다른 본의 해석에 따라 번역하였다. "teti nipātamattaṁ('te'란 '불변사'일 뿐이다)"라고 하는 제6차 결집본을 따르지 않았다.

ṅkhata)'라고 한다. 도와 과의 지혜로 직접 알아 이를 수 있기 때문에 '이를 수 있는 경지(pada)'라고 한다. 유여〔열반〕, 무여〔열반〕으로 나누어 설명한, "형성되지 않은, 이를 수 있는 경지"라고 이르는, "번뇌의 소멸과 무더기의 소멸"이라고 하는 바로 이 열반을 성자들은 도와 과의 지혜로 안다. 이러한 의미를 위의 구절을 통해 직접적으로 설명하고 있다. 따라서 "도와 과의 대상인, 적정함이라는 특성이 있는 실재성품 열반이라고 하는 원인으로서의 열반이 따로, 유여〔열반〕이라고 하는 번뇌의 반열반, 무여〔열반〕이라고 하는 무더기의 반열반이라고 하는 결과로서의 열반이 따로"라고 이렇게 나누지 말아야 한다. 만약에 그렇게 나누게 되면 위의 성전과도 반대가 된다. 〔또한〕 아래 『아비담맛타 상가하』와도 반대가 된다.

Tadetaṁ sabhāvato ekavidhampi saupādisesanibbānadhātu, anupādisesanibbānadhātu duvidhaṁ hoti kāraṇapariyāyena.

(As.45)

대역

taṁ etaṁ도와 과의 대상인 열반, **그것은** 《'~한 종류이다', '~두 종류이다'와 연결하여 해석하라》 sabhāvato적정함의 특성이라는 자신의 **고유성품으로는** ekavidhampi**한 종류이지만**, 한 종류라 하더라도 saupādisesanibbānadhātu**유여열반 요소와** anupādisesanibbānadhātu**무여열반 요소**, (iti)**이러한** kāraṇapariyāyena**모습·방편으로는** duvidhaṁ**두 종류**hoti**이다**.

도와 과의 대상인 열반은 적정함의 특성으로는 한 종류일 뿐이다. 적정함의 특성이 있는 열반, 적정함의 특성이 없는 열반, 이렇게 나눌 수 없다. 열반이라고 하면 전부 적정함의 특성이 있는 것뿐이다. 그렇지만 잔재가 남아 있음, 잔재가 남아 있지 않음이라고 나누는 모습, 나눌 수 있는 의미에 따르면, 바로 그 도와 과의 대상인 열반을 무여열반 요소와 유여열반 요소의 두 종류로 나눈다는 뜻이다. 여기에서 'tadetaṁ duvidhaṁ hoti(〔열반,〕 그것은 두 종류이다)'라는 말을 통해 도와 과의 대상인 열반, 바로 그것이 두 종류로 나누어진다는 것을 분명히 알 수 있다. 따라서 유여열반과 무여열반을 도와 과의 대상인 열반과 다른 것으로 분별하면『아비담맛타 상가하』와도 반대가 된다.

열반은 존재않음이라는 개념이 아니다

이뿐만 아니다. 그렇게 분별하면 "도와 과의 대상인 열반이 적정함의 특성이 있는 실재성품이기 때문에 그것으로부터 갈라진 유여열반과 무여열반은 적정함의 특성이 없다"라고, 혹은 "실재성품으로는 분명하게 존재하지 않는 개념일 뿐이다"라고 말하는 것이 되어 버리고 만다. 〔또한〕 일부는 유여열반·무여열반을 존재않음(abhāva)이라는 개념법[464]이라고까지 말하기도 한다. 만약 그렇다면 빤냣띠 = 개념이라고 불리는 모든 법들은 생각 = 마음 의식(意識)의 대상일 뿐이지, 빠라맛타 = 실재성품으로는 분명하게 존재하지 않기 때문에, 유여열반이라고 하는 번뇌의 소멸, 무여열반이라고 하는 무더기의 소멸도 "사견이 집착하는 곳인 자아처럼" 생각 = 마음 의식의 대상일 뿐, 단지 불리고 표현되어지는 것뿐일 것이다. 생겨날 번뇌·무더기의 완전한 소멸, 다시는 생겨나지 않음

464 저본에서 빤냣띠라는 단어 뒤에도 '법'이라는 단어를 붙였다.

이 없는 것이 되고 말 것이다. 〔번뇌·무더기의 완전한 소멸이〕 만약 그렇게 없다면, 아라한의 존재상속에 번뇌들이 이전에 생겨나던 대로 계속해서 생겨날 것이고, 반열반의 임종 마음 다음에 무더기도 생겨나던 대로 계속해서 생겨날 것이다. 어느 누구도 윤회 윤전의 괴로움에서 벗어나지 못할 것이다. 이렇게 생각하는 것은 모두 유여열반, 무여열반을 도와 과의 대상으로서의 열반과 분별하여, '존재않음이라는 개념일 뿐이다'라고 여긴 것으로부터 비롯된 허물들이다. '그 〔유여열반, 무여열반이라고 하는〕 두 가지 열반에는 적정함의 특성이 없다'라고 하더라도 〔그렇게 말하는 것은〕 '〔두 가지 열반이〕 개념법일 뿐이다'라고 말하는 것이 되기 때문에 지금 설명한 여러 허물들에 이르게 되고, 또한 적정함의 특성이 있는 열반과 함께 세 가지 종류의 열반[465]을 서로 완전히 다른 것으로 말하는 허물에도 이르게 된다. 따라서 아래에 설명한 대로 정확하게 구분하여 결정해야 한다.

도와 과의 대상으로서의 열반

도와 과의 대상으로서의 열반은 일반(sāmañña) 열반이다. 유여열반·무여열반은 그 일반적인 열반에 포함되는 특수(visesa) 열반이다. 따라서 도와 과가 생겨날 때에는 유여열반·무여열반으로 나누어 대상으로 하는 것이 아니다. 탐욕의 소멸과 성냄의 소멸과 어리석음의 소멸, 물질의 소멸과 느낌의 소멸, 이러한 등으로 여러 부분으로 나누어 대상으로 하는 것도 아니다. 지금의 소멸과 나중의 소멸 등으로 나누어 대상으로 하는 것도 아니다. '열반이다', '소멸이다', '사라짐이다', '번뇌가 없다',

465 앞에서 말한 도와 과의 대상인, 적정함이라는 특성이 있는 빠라맛타 실재성품으로서 열반, 유여〔열반〕이라고 하는 번뇌의 열반, 무여〔열반〕이라고 하는 무더기의 열반, 이 세 가지를 말한다.

'무더기가 없다', '형성이 없다'라는 명칭 개념과 함께 대상으로 하는 것도 아니다. 사실은 새겨 알아지는 물질·정신 형성, 새겨 아는 〔정신〕 형성이 드러나지 않고 소멸함 = 사라짐 = 끊어짐이라는 성품을 대상으로 하는 것일 뿐, 아는 것일 뿐이다. 이렇게 아는 대상 성품에는 모든 물질과 정신이 소멸되고 사라지기 때문에 번뇌의 소멸이라고 부르는 유여열반도 포함된다. 무더기의 소멸이라고 부르는 무여열반도 포함된다.

여기에서 설명한 번뇌·무더기의 소멸 = 없음 = 진실로 생겨나지 않음에 대해 아직도 '존재않음이라는 개념일 뿐이다'라거나 '심오하지 않다'라고 생각하고 집착하고 있다면 "심오하기 때문에 나는 아직 바르게 알지 못하는구나"라고, 혹은 "아직 바르게 알지 못하기 때문에 '존재않음이라는 개념일 뿐이다'라고 생각하고 있구나"라고 기억하라. 이 정도로도 아직 만족되지 않으면 자신의 존재상속에 번뇌가 전혀 생겨나지 않은 채 완전히 고요해지도록 생각만으로 노력해 보라. 죽음의 바로 다음에 새로운 생의 무더기가 생겨나지 않은 채 완전히 소멸되도록 생각만으로 노력해 보라. 그때 "생겨날 번뇌와 새로운 생의 무더기의 소멸 = 없음 = 진실로 생겨나지 않음의 성품이 단지 생각하고 사유하는 것만으로 알 수 있는 존재않음이라는 개념이 아니다. 실재성품으로 분명히 존재하는 '형성되지 않은(asaṅkhata) 성품의 법'이구나"라고, 또는 "매우 심오한 성품의 법이구나(gambhīra vata)"라고, 또는 "자신의 존재상속에 성취되고 구족되어 보기에 매우 어려운 성품의 법이구나(duddaso vata)"라고, 또는 "단지 생각하고 사유하는 것만으로는 이를 수 없는, 사유의 영역이 아닌 성품의 법이구나(atakkāvacaro vata)"라고 이해할 수 있을 것이다.

5. 감각장소의 소멸로서의 열반

Tasmātiha, bhikkhave, se āyatane veditabbe yattha cakkhu ca nirujjhati, rūpasaññā ca nirujjhati, se āyatane veditabbe. Yattha sotañca nirujjhati, saddasaññā ca nirujjhati, se āyatane veditabbe. Yattha ghānañca nirujjhati, gandhasaññā ca nirujjhati, se āyatane veditabbe. Yattha jivhā ca nirujjhati, rasasaññā ca nirujjhati, se āyatane veditabbe. Yattha kāyo ca nirujjhati, phoṭṭhabbasaññā ca nirujjhati, se āyatane veditabbe. Yattha mano ca nirujjhati, dhammasaññā ca nirujjhati, se āyatane veditabbe.

(S.ii.317)

대역

bhikkhave**비구들이여**, tasmā**그러므로** 《열반을 네 가지 도를 통해서 아직 알지 못했다면, 번뇌의 여러 대상들로 마음이 달아나지 않도록 마음을 잘 보호하는 불방일이라는 법, 즉 새김이라는 법을 생겨나게 해야 하고, 만약 〔열반을 네 가지 도를 통해서〕 알았다면 관련된 여러 번뇌의 대상들로 마음이 달아나지 않도록 불방일, 새김이라는 법을 생겨나게 할 필요가 없으므로》 se āyatane = taṁ āyatanṁ 열반이라고 하는 **그** 대상으로서의 **원인**[466]**법을** veditabbe = veditabbaṁ**알아야 한다**. 즉 네 가지 도를 통해 알도록 노력해야 한다. yattha**어떤 곳**, 즉, 열반**에는** cakkhu ca**눈** 감성물질**도** nirujjhati**소멸하고**, rūpasaññā ca**형색**에 대한 **인식도** nirujjhati**소멸하는데**, se āyatane눈과 형색 인식이 소멸하는 열반이라고 하는 **그** 대상으로서의 **원인 법을** veditabbe**알아야 한다**. 《눈과 형색 인식이 소멸된 성품, 바로 그

466 앞에서도 설명했듯이 여기에서 'āyatana'는 원인의 뜻이다. 저본에서도 원인으로 번역하였다.

것을 “yamhinirujjhanti bhavāni(그곳에서 생이 소멸된다)”라고 말하는 것처럼 ‘소멸된 곳’이라고 설했다고 알아야 한다. 봄과 관련된 형성들을 새겨 안 뒤 바로 그 다음에 열반을 아는 이에게는 눈과 형색 인식이 소멸된, 사라진 성품이 매우 분명하다. 그래서 그러한 이가 아는 열반에 대해서는 눈과 형색 인식이라고 하는 두 가지 감각장소가 소멸된 것으로 특별하게 드러내어 설명하셨다고 알아야 한다. 이것은 ‘yattha cakkhu ca nirujjhati, rūpasaññā ca nirujjhati, se āyatane veditabbeti ettha dvinnaṁ āyatanānaṁ paṭikkhepena nibbānaṁ dasstitaṁ(‘눈도 소멸하고, 형색 인식도 소멸한 그 원인법을 알아야 한다’라는 구절에서 두 가지 감각장소가 제거된 열반을 드러내어 보이셨다)’이라고 하는『맛지마 니까야(후50편)』「다섯과 셋 경(Pañcattaya sutta)」[467]의 주석에 따른 설명이다. 그중에서도 눈의 소멸이 분명하기 때문에 눈과 함께 생겨나는 물질의 소멸도 분명하다. 형색 인식의 소멸이 분명하기 때문에 그 인식과 결합한 마음, 마음부수들의 소멸도 분명하다. 그 인식의 대상인 형색 물질의 소멸도 분명하다. 눈과 형색 인식의 소멸이 분명하기 때문에 봄과 관련된 형성들을 새겨 아는 위빳사나의 소멸도 분명하다. ‘이러한 모든 것도 분명하다’라고 알아야 한다. 일반적으로 말하자면, 도에 의해 알아지는 열반에는 모든 형성들의 소멸이 매우 분명하다. 바로 그렇기 때문에 도와 과가 생겨나는 순간에는 물질·정신 무더기, 형성들, 그 모든 것들을 전혀 알지 못한다. 다음 구절에 대해서도 같은 방법으로 알기 바란다.》 yattha**어떤 곳**, 즉 열반**에는** sotañca**귀** 감성물질**도** nirujjhati**소멸하고**, saddasaññā ca**소리**에 대한 **인식도** nirujjhati**소멸하는데**, se āyatane귀와 소리 인식이 소멸하는 열반이라고 하는 **그** 대상으로서의 **원인법을** veditabbe**알아**

467 M102;『맛지마 니까야』, p.1177 참조.

야 한다. yattha어떤 곳, 즉 열반에는 ghānañca코 감성물질도 nirujjhati 소멸하고, gandhasaññā ca냄새에 대한 인식도 nirujjhati소멸하는데, se āyatane코와 냄새 인식이 소멸하는 열반이라고 하는 그 대상으로서의 원인법을 veditabbe알아야 한다. yattha어떤 곳, 즉 열반에는 jivhā ca혀 감성물질도 nirujjhati소멸하고, rasasaññā ca맛에 대한 인식도 nirujjhati소멸하는데, se āyatane혀와 맛 인식이 소멸하는 열반이라고 하는 그 대상으로서의 원인법을 veditabbe알아야 한다. yattha어떤 곳, 즉 열반에는 kāyo ca몸 감성물질도 nirujjhati소멸하고, phoṭṭhabbasaññā-ca감촉에 대한 인식도 nirujjhati소멸하는데, se āyatane몸과 감촉 인식이 소멸하는 열반이라고 하는 그 대상으로서의 원인법을 veditabbe알아야 한다. yattha어떤 곳, 즉 열반에는 mano ca마음(意)도 nirujjhati소멸하고, dhammasaññā ca법에 대한 인식도 nirujjhati소멸하는데, se āyatane마음(意)과 법 인식이 소멸하는 열반이라고 하는 그 대상으로서의 원인법을 veditabbe알아야 한다.[468]

이 『상윳따 니까야(여섯 감각장소 상윳따)』「감각욕망 대상 경(Kāmaguṇa sutta)」에서는 여섯 구절 중 각각 한 구절을 통해 특별히 분명한 감각장소 각각 두 가지씩이 소멸한 곳, 소멸한 성품을 열반이라고 설명한다. 경 전체를 통해서는 모든 감각장소가 소멸한 곳, 소멸한 성품을 열반이라고 설명한다. 그래서 이 경에 대해 자세하게 설명하는 아난다 존자가 다음과 같이 말하였다.

Saḷāyatananirodhaṁ no etaṁ, āvuso, bhagavatā sandhāya bhāsitaṁ.

(S.ii.319)

468 『상윳따 니까야』 제4권, p.263 참조.

대역

āvuso**도반들이여**, saḷāyatananirodhaṁ내부의 여섯 감각장소, 외부의 여섯 감각장소가 소멸된 곳, 소멸된 성품인 열반, 즉 **여섯 감각장소들의 소멸과** sandhāya**관련하여** bhagavatā**세존께서** etaṁ'그러므로 열반이라고 하는 그 대상으로서의 원인법을 알아야 한다' 등으로 **이 경을** no**우리들에게** bhāsitaṁ**말씀하신 것입니다**. 《saḷāyatananirodho vuccati nibbānaṁ. taṁ sandhāya bhāsitanti attho[469] (감각장소의 소멸을 열반이라고 부른다. 그 열반과 관련하여 말씀하셨다는 의미다). 이는 주석서의 설명이다.》

『우다나(感興語)』에서도 "tato tvaṁ, bāhiya, nevidha nahuraṁ na ubhayamantarena, esevanto dukkhassā"[470]라고 이 사실을 밝히고 있다.

이 성전에 대한 『우다나(感興語) 주석서』에서는 "모든 감각장소의 소멸이라고 하는 바로 그 열반을 두고 설하셨다"라고 일부 스승들의 견해를 다음과 같이 설명하였다.

Aññe "idhāti ajjhattikāyatanāni, huranti bāhirāyatanāni, ubhayamantarenāti cittacetasikā"ti.

(UdA.84)

대역

aññe **다른 스승들은** "idhāti**'이 세상'이란** ajjhattikāyatanāni여섯 가지 **내부의 감각장소를** (vuttāni)**말한다**. 'huranti**저 세상'이란** bāhirāyatanāni여섯 가지 **외부의 감각장소를** (vuttāni)**말한다**. ubhayama-

---

469 SA.iii.35.

470 해석은 뒤에 설명되어 있다.

ntarenāti**'그 양자의 중간'이란** cittacetasikā**마음과 마음부수를** (vuttāni) **말한다"**iti**라고** (vadanti)**말하였다.**

이 해석에 따라 위의 경전내용을 해석해 보면 다음과 같다.

Tato tvaṁ, bāhiya, nevidha nahuraṁ na ubhayamantarena, esevanto dukkhassā.

(Ud.85)

해석

바히야여, 보이는 형색, 들리는 소리, 맡아지고 맛보아지고 닿아지며 감각되는 냄새·맛·감촉, 알아지는 성품 대상에 대해 번뇌로, 번뇌와 함께 머물지 않는, 그때 그대는 눈·귀·코·혀·몸·마음이라고 하는 **이** 내부의 **감각장소에도 없다.** 형색·소리·냄새·맛·감촉·법이라고 하는 **저** 외부의 **감각장소에도 없다.** 그 두 가지를 제외한 나머지, 즉 여섯 의식, 마음, 마음부수라고 하는 **중간에도 없다.** 이렇게 문·대상·마음·마음부수에 그대가 존재하지 않는 것, 문·대상·마음·마음부수가 드러나지 않음, **바로 그것이** 번뇌의 괴로움, 윤회 윤전의 괴로움이라는 **모든 괴로움의** 끝, **종식**인 열반**이다.**

수행자가 위빳사나 관찰을 할 때는 문 여섯 가지, 대상 여섯 가지, 마음과 마음부수, 이러한 여러 법들 중 분명한 어느 한 가지 법을 끊임없이 새기고 알면서 관찰한다. 〔하지만〕 도와 과가 생겨날 때는 그러한 문, 대상, 마음, 마음부수들 중 어떤 한 법도 드러나지 않는다. 그 모든 법들이 소멸한 성품만 알 수 있다. 이렇게 알아지는 소멸된 성품, 바로 그것이 모든 괴로움의 끝, 종식인 열반이다. 바로 이러한 뜻이다. 중요한 내용이니 확실하게 알아야 한다.

모든 감각장소가 소멸된다면 모든 형성들도 소멸된다. 따라서 아래 경전에서는 모든 형성들을 제거하고 뿌리째 뽑은, 그 모든 형성들의 반대인 성품을 열반이라고 설하셨다.

Yattha āpo ca, pathavī, tejo vayo na gādhati;
Ato sarā nivattanti, ettha vattaṁ na vattati;
Ettha nāmañca rūpañca, asesaṁ uparujjhati.

(S.i.15)

대역

yattha**어떤 곳**, 즉 열반**에는**
āpo ca흐르고 결합시켜 주는 성품인 **물** 요소**도**,
pathavī단단하고 거칠고 부드럽고
미끄러운 성품인 **땅** 요소**도**,
tejo뜨겁고 차가운 **불** 요소**도**,
vayo팽팽하고 움직이는 **바람** 요소**도**
na gādhati**확고하게 머물지 않는다**.
ato네 가지 요소가 없는 곳인 **이 열반에는**
sarā무더기의 연속된 흐름인 윤회라고 하는
강물의 **흐름도** nivattanti**흘러가지 않는다**.[471]
즉 끊임없이 흘러감이 없이 그대로 멈춰졌다.
ettha열반, **이곳에는**
vattaṁ번뇌 윤전, 업 윤전, 과보 윤전이라고 하는
세 가지 **윤전이** na vattati**멈추어 돌아가지 않는다**.

---

471 원주: 빠알리어 사전에는 'sara'에 대해서 '한 쪽을 막아 놓은 호수, 연못'으로만 설명되어 있다. 하지만 여기서는 "samuddaparamā sarā, vuṭṭhi ve paramā sarā('바다는 최상의 sarā, 즉 흐름이다. 진실로 비는 최상의 sarā, 즉 흐름이다)"라는 구절처럼, '물의 흐름'이라고만 이해해야 한다.

ettha열반, **이곳에는**

nāmañca대상 쪽으로 향하는 성품인 **정신**법**도**,

rūpañca무너지고 변화하는 성품인 **물질**법**도**

asesaṁ**남김없이** uparujjhati**소멸한다**.[472]

《ettha pana saṅkhārapaṭipakkhena[473] nibbānaṁ dassitaṁ[474]

(또한 여기에서 형성과 반대로서의[475] 열반을 드러내어 보이셨다).

이는『맛지마 니까야(후50편)』「다섯과 셋 경(Pañcattaya sutta)」의

주석에 따른 설명이다.》

Viññāṇaṁ anidassanaṁ, anantaṁ sabbatopabhaṁ;

Ettha āpo ca pathavī, tejo vāyo na gādhati.

Ettha dīghañca rassañca, aṇuṁ thūlaṁ subhāsubhaṁ;

Ettha nāmañca rūpañca, asesaṁ uparujjhati;

Viññāṇassa nirodhena, etthetaṁ uparujjhatī.

(Kevaddha sutta, D.i.213)

대역

Viññāṇaṁ**특별한** 성스러운 도의 **지혜로** 직접 **알아지는**

(yaṁ nibbānaṁ**그 열반은**)[476]

472『상윳따 니까야』제1권, pp.182~183 참조.

473 CST4 saṅkhārapaṭikkhepena.

474 MA.iv.17.

475 CST4 형성을 제거하는 것으로서의.

476 원주: viññātabbanti viññāṇaṁ. nibbānassetaṁ nāmaṁ(DA.i.325; 도의 지혜로 직접 분명하게 알고 볼 수 있다. 그래서 '알아지는'이다. 이것은 바로 열반을 말한다). 이는 주석서의 설명이다; viññātabbanti visiṭṭhena ñātabbaṁ, uttamena ariyamaggañāṇena paccakkhato jānitabbanti attho(DAṬ.i.393; '알아져야 한다'란 특별하게 알아져야 한다는 말이다. 최상의 지혜인 성스러운 도의 지혜로 직접 알아져야 한다는 뜻이다). 이는 복주서의 설명이다. 뒤에 지시대명사가 있어서 관계대명사를 첨가하여 해석하였다.

anidassanaṁ보여지는, 볼 수 있는 형색이나 빛도 없다.

볼 수 없다.

즉 견주어 보일 만한 같은 모습, 비유도 없다.

anantaṁ생겨남·머묾·사라짐이라고 하는 **한계도 없다.**

sabbatopabhaṁ서른여덟 가지 수행주제 중

어느 한 가지 수행주제라고 하는

입구를 통하여 열반에 들어갈 수 있기 때문에,

모든 곳, 즉 모든 수행주제**로부터 들어갈 수 있는**

성소의 계단을 가졌다. 〔또 다르게 번역하면〕

바른 방법에 따라 올바르게 노력하면,

어떠한 장소를 막론하고 열반을 알 수 있기 때문에,

모든 장소에서 분명하다. 〔또 다르게 번역하면〕

온전히 빛난다, 전체로 찬란하다.[477]

열반은 번쩍번쩍 빛나는 어떠한 것이 아니다

《이 'sabbatopabhaṁ'이라는 구절에 대한 세 가지 해석 중에[478] 두 번째, 세 번째 해석들은 『맛지마 니까야(근본50편)』「범천 초대 경(Brahmanimantanika sutta)」[479]의 주석에만 나온다. 이 『디가 니까야(계 무더기 품)』「께왓다 경(Kevaddha sutta)」의 주석에는 그러한 〔두 번째, 세 번째〕 해석들이 없다. 그중 〔세 번째로 해석한 의미에서〕 열반을 "빛난다"라고 말한 것은 더럽게 하는 어떤 한 가지와도 결합하지 않기 때문이라고 이해해야 한다. 'paññā aloko,

---

477 원어는 'sabbatopabhaṁ'이다. 이것에 대한 자세한 설명은 『디가 니까야』 제1권, pp.558~559 참조.

478 ① 모든 곳(수행주제)로부터 들어갈 수 있는 성소의 계단을 가졌다. ② 모든 장소에서 분명하다. ③ 온전히 빛난다. 즉 전체로 찬란하다.

479 M49; 『맛지마 니까야』, p.580 참조.

paññā obhāso, paññā pajjoto'라는 구절에서 지혜를 두고 '지혜의 빛, 지혜의 광명, 지혜의 광채'라고 한 것과 마찬가지로, 또한 'pabhassaramidaṁ bhikkhave cittaṁ(비구들이여, 이 빛나는 마음을)'이라는 구절에서 부수번뇌와 결합되지 않은 마음을 '빛난다'라고 말한 것처럼 알아야 한다. 'sabbatopabhaṁ'에 대해서 복주서에서는 "visuddhaṭṭhena vā sabbatopabhaṁ, kenaci anupakkiliṭṭhatāya samantato pabhassaranti attho.[480] = vā또는 〔또 다른 의미로는〕 visuddhaṭṭhena특별하게 깨끗하다는 의미로 sabbatopabhaṁ '온전히 빛난다'이다. kenaci더럽게 하는 어떤 한 가지 법도 anupakkiliṭṭhatāya괴롭히지 못하기 때문에, 더럽히지 못하기 때문에 samantato pabhassaraṁ'전체로 찬란하다'이다. iti이러한 attho의미이다"라고 설명하였다. 그 의미는 다음과 같다. 원래 빛나는 성품이 있는 마음이라는 법, 지혜라는 법들은 "더럽히는 법들과 결합하여, 혹은 그 앞뒤로 덮여, 괴롭힘을 당하고 더러워지면" 빛나지 않게 될 수도 있다. 〔하지만〕 열반은 번뇌·형성들이 완전히 소멸한 성품이기 때문에 더럽히는 법들과는 조금도 결합되지 않는다. 만날 수가 없다. 따라서 그러한 〔괴롭히고 더럽히는〕 법들이 조금도 괴롭힐 수 없고 더럽힐 수 없다. 허공을 숯검정으로 닦을 수 없는 것과 마찬가지이다. 그래서 열반을 "온전히 빛난다"라고 한 것이다. 사실대로 말하자면 '더럽히는 법들과 전혀 결합하지 않는다. 더러움으로부터 완전히 깨끗하다, 청정하다'라는 의미만 주석서나 복주서에서 설명하고자 했다. "햇빛, 달빛, 별빛, 불빛처럼 번쩍번쩍 빛난다. 그러한 빛을 도와 과의 지혜로 알고 본다"라고 알아서는 안 된다. 그렇게 의미를 해석하면 "anidassanaṁ(볼 수 없는)"이라는 앞의 구절과도 상반된다. "animittapaccupaṭṭhānaṁ(표상없음으로 나타나는)"이

---

480 DAṬ.i.393.

라는 구절과도 상반된다. 앞에서 언급했던 『밀린다빤하』의 구절과도 상반된다.[481] "열반에는 물질법이 없다"라고 설명한 모든 성전, 주석서들과도 상반된다. 그 밖에, 생겨날 번뇌와 무더기들이 진실로 생겨나지 않은 채 소멸한 성품은 번쩍번쩍 빛나는 빛이 아닌 것은 〔어떻게 보면〕 당연하다. 만약 그렇다면(= 빛나는 것이라면) "열반이라고 하는 것은 번쩍번쩍 빛나는 것처럼"이라고 성전이나 주석서에서 쉽게 설명했을 것이다. 'rāgakkhayo(애착이 다함)', 또는 'sabbasaṅkhāra samatho(모든 형성이 가라앉음)', 또는 'anuppādo(일어나지 않음)' 등으로 번뇌나 형성들의 반대, 상반된 성품으로 나타내면서 알기 어려운 표현으로 설명하지 않았을 것이다. 깊이 숙고해 보라.》

ettha열반, **이곳에는**
āpo ca무생물인 **물** 요소**도**,
pathavī ca무생물인 **땅** 요소**도**,
tejo ca무생물인 **불** 요소**도**,
vāyo ca무생물인 **바람** 요소도
na gādhati**굳건히 서지 못한다.**
즉 조건이 없기 때문에 의지처가 없이 소멸한다.
Ettha열반, **이곳에는**
dīghañca**긴 모습**이라고 불릴만한 파생 물질**도**,
rassañca**짧은 모습**이라고 불릴만한 파생 물질**도**,
aṇuṁ ca**미세하다고** 불릴만한 형색 물질**도**,
thūlaṁ ca**크다고** 불릴만한 형색 물질**도**,
subhaṁ ca**아름답다고** 불릴만한 마음에 드는 물질**도**,

481 이 책의 제2권 p.500 참조.

āsubhaṁ ca**더럽다고** 불릴만한 마음에 들지 않는 물질**도**

uparujjhati**소멸한다**.

Ettha열반, **이곳에는**

nāmañca향함 · 앎이라는 **정신법도**,

rūpañca무너짐 · 바뀜이라는 **물질법도**

asesaṁ생겨남이 없는 것으로 **남김없이**

uparujjhati**소멸한다**.[482]

《"upādinnakadhammajātaṁ nirujjhati apavattaṁ hoti(취착된 법 무더기들이 소멸한다, 다시 생겨나지 않게 된다)"라고 주석서에서 설명하고 있다.[483] 이 구절에서 '소멸한다'라는 것은 생겨나지 않아 없는 것을 말한다. 지금까지의 구절을 통해 열반을 설명하였다. 다음의 구절을 통해 소멸한 이유를 설명해 준다.》

viññāṇassa반열반의 임종 마음과 업형성의 의식,

이 두 가지 **의식이**

nirodhena완전히 무너져 다하고, 생겨나지 않고서

소멸하기 때문에

etaṁ (sabbaṁ)**이**와 같은 생겨날 모든 물질 · 정신 **법들이**

ettha**이곳**, 열반이라는 고요한 요소**에는**

uparujjhati다시 새로 생겨나지 않고 **소멸한다**.

반열반의 임종 마음이 소멸하기 때문에 존재하던 모든 물질과 정신

---

482 원주: '소멸한다'라고 하는 것은 여기에서 생겨나지 않아 없는 것을 말한다. 지금까지의 구절로 열반을 설명했다. 다음의 구절로 소멸한 이유를 설명한다.

483 *Ashin Janaka Bhivaṁsa, Nissaya DVD - ROM,* 『*Sīlakkhandha Pāḷito Nissaya*(디가 니까야 계 무더기 품 대역)』 제4권, p.374 참조.

이 소멸한다. 끊어진다. 결과를 줄 수 있는 업형성 의식이 없기 때문에 새로운 물질과 정신이 생겨나지 않고 계속 소멸된 상태로 있다. 따라서 심지가 다한, 기름이 다 마른 등불이 꺼지는 것처럼, 모든 물질과 정신이 소멸한 요소가 분명하기 때문에 그 소멸한 요소를 의지해서 "소멸되었다, 사라졌다, 꺼졌다"라고 말한다는 뜻이다. 'etthāpi[484] saṅkhārapaṭikkhepena nibbānaṁ dasstitaṁ(이 구절에서도 형성을 없애 버리는 것으로 열반을 드러내 보이셨다)'[485]이라고 하는 『맛지마 니까야(후50편)』「다섯과 셋 경」의 주석에 따른 설명이다.[486]

6. 기억해야 할 것의 요약

Nissesa saṅkhāra viveka lakkhaṇaṁ;
Sakala saṅkhāta vidhura sabhāvaṁ.
Nibbānametaṁ sugatena desitaṁ;
Jāneyya saṅkhāra nirodhamattakaṁ.

대역

Nissesa saṇkhāra viveka lakkhaṇaṁ **남김없이 모든 형성들의 멀리 떠남이라는 특성이 있는,**

484 CST4 ettha.

485 paṭikkhepa에는 '방해하다'의 뜻도 있지만 여기서는 '없애 버리다'라고 해석하였다. *Bhaddanta Jāgara Mahāthera,* 『*Majjhima Nikāya Aṭṭhakathā Nissaya*(맛지마 니까야 후50편 주석서 대역)』, p.52 참조.

486 원주(본문내용): MA.iv.18.

sakala saṅkhāta vidhura sabhāvaṁ**모든 형성들과**
조금도 같지 않은, 정반대인 **성품인,**
sugatena desitaṁ**선서(善逝)이신 부처님께서 설하신,**
etaṁ nibbānaṁ적정한 특성이 있는 **이 열반**이라는 **법을,**
saṅkhāra nirodhamattakaṁ원인과 결과, 두 가지로 서로서로
연결되어 계속해서 생겨나고 있는
모든 물질·정신 **형성들이**
완전히 사라진, **소멸된 성품일 뿐이라고**[487]
(paññavā)**지혜 있는 이들이,**
jāneyya의심 없이, 의혹 없이, 바르고 확실하게
알게 되기를.[488]

열반에 관한 논의가 끝났다.

제6장 지혜 단계에 대한 결정이 끝났다.

---

487 원주: "'avijjāya tveva asesa virāga nirodhā saṅkhāranirodhā(무명이 남김없이 빛바래고 소멸하여 형성이 소멸한다)' 등의 성전을 통해 열반을 설했다"라고 설명하는 주석서의 내용에도 특히 주의하라.

488 Indavaṁsā, dutapada, 이 두 종류를 결합한 Upajāti 시형(詩形)이다.

제7장

중대한 위빳사나 열여덟 가지

Aṭṭhārasa mahāvipassanā nāma aniccānupassanādikā paññā. Yāsu

(1) aniccānupassanaṁ bhāvento niccasaññaṁ pajahati,

(2) dukkhānupassanaṁ bhāvento sukhasaññaṁ pajahati,

(3) anattānupassanaṁ bhāvento attasaññaṁ pajahati,

(4) nibbidānupassanaṁ bhāvento nandiṁ pajahati,

(5) virāgānupassanaṁ bhāvento rāgaṁ pajahati,

(6) nirodhānupassanaṁ bhāvento samudayaṁ pajahati,

(7) paṭinissaggānupassanaṁ bhāvento ādānaṁ pajahati,

(8) khayānupassanaṁ bhāvento ghanasaññaṁ pajahati,

(9) vayānupassanaṁ bhāvento āyūhanaṁ pajahati,

(10) vipariṇāmānupassanaṁ bhāvento dhuvasaññaṁ pajahati,

(11) animittānupassanaṁ bhāvento nimittaṁ pajahati,

(12) appaṇihitānupassanaṁ bhāvento paṇidhiṁ pajahati,

(13) suññatānupassanaṁ bhāvento abhinivesaṁ pajahati,

(14) adhipaññādhammavipassanaṁ bhāvento sārādānābhinivesaṁ pajahati,

(15) yathābhūtañāṇadassanaṁ bhāvento sammohābhinivesaṁ pajahati,

(16) ādīnavānupassanaṁ bhāvento ālayābhinivesaṁ pajahati,

(17) paṭisaṅkhānupassanaṁ bhāvento appaṭisaṅkhaṁ pajahati,

(18) vivaṭṭānupassanaṁ bhāvento saṁyogābhinivesaṁ pajahati.

(Vis.ii.264)

대역

aṭṭhārasa mahāvipassanā nāma**열여덟 가지 중대한 위빳사나는** aniccā-nupassanādikā paññā**무상 거듭관찰 등의 통찰지이다.** yāsu**그** 열여덟 가지 **중에서**

(1) aniccānupassanaṁ'무상하다'라고 관찰하는 지혜인 **무상 거듭관찰을** bhāvento수행하는, **닦는 이는** niccasaññaṁ**항상하다는 인식을** pajahati**제거한다.** 사라지게 한다. 생겨날 기회를 주지 않는다.

(2) dukkhānupassanaṁ'괴롭다'라고 관찰하는 지혜인 **괴로움 거듭관찰을** bhāvento수행하는, **닦는 이는** sukhasaññaṁ**행복하다는 인식을** pajahati**제거한다.** 사라지게 한다. 생겨날 기회를 주지 않는다.

(3) anattānupassanaṁ'주재하는 자아가 없다'라고 관찰하는 지혜인 **무아 거듭관찰을** bhāvento수행하는, **닦는 이는** attasaññaṁ**자아라는 인식을** pajahati**제거한다.** 사라지게 한다. 생겨날 기회를 주지 않는다.

(4) nibbidānupassanaṁ염겨워하면서 관찰하는 지혜인 **염오 거듭관찰을** bhāvento수행하는, **닦는 이는** nandiṁ수행하면서 즐기는 갈애, 즉 **즐김을** pajahati**제거한다.** 사라지게 한다. 생겨날 기회를 주지 않는다.

(5) virāgānupassanaṁ애착을 제거하면서 관찰하는 지혜인 **애착 빛바램 거듭관찰을** bhāvento수행하는, **닦는 이는** rāgaṁ애착하는 갈애, 즉 **애착을** pajahati**제거한다.** 사라지게 한다. 생겨날 기회를 주지 않는다.

(6) nirodhānupassanaṁ'소멸한다'라고 관찰하는 지혜, 또는 다음 새로운 생에 태어나지 않도록 형성들이 소멸되도록 관찰하는 지혜인 **소멸 거듭관찰을** bhāvento수행하는, **닦는 이는** samudayaṁ**생겨남을** pajahati**제거한다.** 사라지게 한다. 생겨날 기회를 주지 않는다.

(7) paṭinissaggānupassanaṁ'항상하다, 행복하다, 자아이다'라고 생각하고 집착하는 번뇌들을 다시 내버리며, 또는 열반으로도 기울게

다시 내버리며 관찰하는 지혜인 **다시 내버림 거듭관찰을** bhāvento 수행하는, **닦는 이는** ādānaṁ생길 기회를 주는 것으로 번뇌를 취함, 받아들임, 형성대상들에 대해 그 허물을 보지 못하고 취함, 받아들임이라는 **취함을** pajahati**제거한다**. 사라지게 한다. 생겨날 기회를 주지 않는다.

(8) khayānupassanaṁ'무너진다'라고 관찰하는 지혜인 **다함 거듭관찰을** bhāvento수행하는, **닦는 이는** ghanasaññaṁ'한 덩어리이다'라고 생각하는 **덩어리라는 인식을** pajahati**제거한다**. 사라지게 한다. 생겨날 기회를 주지 않는다.

(9) vayānupassanaṁ직접 볼 수 있는 현재 형성들의 사라짐, 그것을 바탕으로 직접 접하지 못하는 과거·미래 형성들의 사라짐을 구분하여 관찰하는 지혜인 **사라짐 거듭관찰을** bhāvento수행하는, **닦는 이는** āyūhanaṁ수행하면서 행복하고 잘 되려고 노력함이라는 **애씀을** pajahati**제거한다**. 사라지게 한다. 생겨날 기회를 주지 않는다.

(10) vipariṇāmānupassanaṁ'원래 그대로 머물지 않고 바뀐다'라고 관찰하는 **변함 거듭관찰을** bhāvento수행하는, **닦는 이는** 수행하면서 dhuvasaññaṁ'바뀌지 않고, 변화하지 않는다, 원래 그대로이다'라는 **견고하다는 인식을** pajahati**제거한다**. 사라지게 한다. 생겨날 기회를 주지 않는다.

(11) animittānupassanaṁ'항상한 모습이나 형체가 없다'라고 관찰하는 **표상없음 거듭관찰을** bhāvento수행하는, **닦는 이는** nimittaṁ수행하면서 항상한 모습, 형체가 있는 것처럼 드러나는 형성 표상, 덩어리 표상, 항상하다는 표상 등의 **표상을** pajahati**제거한다**. 사라지게 한다. 생겨날 기회를 주지 않는다.

(12) appaṇihitānupassanaṁ바라고 즐기는 것과 반대되는 것으로 관찰하는 **원함없음 거듭관찰을** bhāvento수행하는, **닦는 이는** paṇidhiṁ행복을 바라는 갈애, **원함을** pajahati**제거한다**. 사라지게 한다. 생겨날

기회를 주지 않는다.

⒀ suññatānupassanaṁ'주재하는 실체는 없다, 비었다'라고 관찰하는 **공(空)함 거듭관찰을** bhāvento수행하는, **닦는 이는** abhinivesaṁ주재하는 실체라고 생각함, 집착함, **고집을** pajahati**제거한다.** 사라지게 한다. 생겨날 기회를 주지 않는다.

⒁ adhipaññādhammavipassanaṁ대상으로서의 형성, 대상을 취하는 것으로서의 형성, 이 두 가지 형성 모두의 소멸을 반복해서 경험하고 알게 되어 '형성들만 사라진다'라고 성품법에 대하여 관찰하여 생겨나는 **높은 통찰지 법 관찰 위빳사나를** bhāvento수행하는, **닦는 이는** sārādānābhinivesaṁ항상한 실체, 주재하는 실체 등의 **고갱이 취함 고집을** pajahati**제거한다.** 사라지게 한다. 생겨날 기회를 주지 않는다.

⒂ yathābhūtañāṇadassanaṁ원인과 함께 물질과 정신을 여실하게, 즉 사실대로 바르게 아는 **여실지견을** bhāvento수행하는, **닦는 이는** sammohābhinivesaṁ'과거에는 나라는 것이 있었는가?' 등의 여러 의심, '중생들은 창조주가 창조하였다' 등의 여러 잘못된 견해라는 **미혹 고집을** pajahati**제거한다.** 사라지게 한다. 생겨날 기회를 주지 않는다.

⒃ ādīnavānupassanaṁ두려운 것이라고 생각하기 때문에 모든 형성에 대해 허물을 보는 **허물 거듭관찰을** bhāvento수행하는, **닦는 이는** ālayābhinivesaṁ형성들은 의지할 만한, 기댈 만한 것이라고 잘못 생각하는 **들붙음 고집을** pajahati**제거한다.** 사라지게 한다. 생겨날 기회를 주지 않는다.

⒄ paṭisaṅkhānupassanaṁ형성들을 버리기 위해 다시 관찰하는 **재성찰 거듭관찰을** bhāvento수행하는, **닦는 이는** appaṭisaṅkhaṁ무상하고 괴로움이고 무아인 형성들을 **재성찰하지 않음,** 즉 다시 관찰하지 않음, 다시 알지 못함이라고 하는 어리석음을 pajahati**제거한다.** 사

라지게 한다. 생겨날 기회를 주지 않는다.

⒅ vivaṭṭānupassanaṁ모든 형성들로부터 물러서면서 관찰하는 **물러섬 거듭관찰을** bhāvento수행하는, **닦는 이는** saṁyogābhinivesaṁ형성들과 함께하며 즐기는 **속박 고집**, 즉 번뇌를 pajahati**제거한다**. 사라지게 한다. 생겨날 기회를 주지 않는다.[489]

489 『청정도론』 제3권, pp.260~261 참조.

무상 거듭관찰

1. 무상, 무상의 특성, 무상 거듭관찰

물질·정신 형성들을 그 고유특성을 통해 새겨 알다가 생겨남과 사라짐도 경험하게 되어 '무상하다'라고 관찰하여 아는 지혜를 무상 거듭관찰(aniccānupassanā)이라고 한다. 여기에서 'anicca = 무상한 법', 'aniccalakkhaṇā = 무상의 특성', 'aniccānupassanā = 무상하다고 관찰함', 이 세 가지를 나누어 알아야 한다.

그중 여섯 문에서 생멸하고 있는 다섯 무더기(五蘊), 물질·정신 법들은 생겨남 – 머묾(성숙함) – 사라짐이 있기 때문에 〔그 다섯 무더기, 물질·정신 법들을〕 무상한 법(anicca)이라고 한다. 또 다른 방법으로는 생겨나서는 없어짐 = 사라짐, 무너짐이 있기 때문에 무상한 법이라고 한다.

생겨남 – 성숙함 – 사라짐을 무상의 특성《aniccalakkhaṇā, 무상하다고 알게 하는 특성》이라고 한다. 또는 생겨나서는 없어짐, 사라짐, 무너짐을 무상의 특성이라고 한다.

새겨 알면서 그 무상의 특성을 경험하여 '무상하다'라고 관찰하고 보는 지혜를 무상 거듭관찰(aniccānupassanā)이라고 한다.

Aniccanti khandhapañcakaṁ. Kasmā? Uppādavayaññathattabhāvā, hutvā abhāvato vā. Uppādavayañña-thattaṁ aniccalakkhaṇaṁ hutvā abhāvasaṅkhāto vā ākāravikāro.

(Vis.ii.276)

대역

aniccanti**무상한 법이란** khandhapañcakaṁ**다섯 무더기(五蘊)이다.** kasmā**무엇 때문인가?** Uppādavayaññathattabhāvā**생겨나고 사라지고 성숙하는 성품을 가졌기 때문이다.** 《aññathattaṁ = 생겨남·사라짐과 또 다른 성품이 'jarā(성숙, 또는 머묾)'이다. 이는 복주서의 설명이다.》 vā**또는** hutvā abhāvato**생겨나서는**[490] **즉시 없어지기 때문이다.** 《uppajjitvā vinassanato = 생겨나서는 소멸하기 때문에. 이는 복주서의 설명이다.》 uppādavayaññathattaṁ**생겨나고 사라지고 성숙하는 것이** aniccalakkhaṇaṁ**무상의 특성이다.** vā**또는** hutvā abhāvasaṅkhāto**있다가 없어짐이라는** ākāravikāro**형태의 변화가** aniccalakkhaṇaṁ**무상의 특성이다.**[491]

Aniccatāti tesaṁyeva uppādavayaññathattaṁ, hutvā abhāvo vā, nibbattānaṁ etenevākārena aṭṭhatvā khaṇabhaṅgena bhedoti attho. Aniccānupassanāti tassā aniccatāya vasena rūpādīsu aniccanti anupassanā.

(Vis.i.281)

대역

aniccatāti항상하지 않은 상태, 무상의 특성인 **무상한 성질이란** tesaṁ

490 저본에서 'hutvā'를 '생겨나서는'으로 번역하였다. 이를 그대로 따랐다. 이후에도 그대로 '생겨나서는'이라고 번역하였다.

491 『청정도론』 제3권, p.283 참조.

yeva그 항상하지 않은 다섯 무더기, 바로 **그들에게 존재하는,** uppādavayaññathattaṁ**생겨나고 사라지고 성숙하는 성질이다.** vā**또는** hutvā abhāvo**생겨나서는 없어지는 성질이다.** nibbattānaṁ**생긴** 물질·정신 **무더기가** eteneva ākārena**그** 생겨나서 성숙하고 있는 **본래의 모습으로** aṭṭhatvā**머물지 않고** khaṇabhaṅgena**찰나로 무너짐을 통해** bhedo**부서진다는** iti attho**이러한 뜻이다.** aniccānupassanāti**무상 거듭관찰이란** tassā aniccatāya vasena**그 무상한 성질을 통해** rūpādīsu aniccanti anupassanā**물질 등에 대해 무상하다고 관찰하는 것이다.**[492]

방금 설명한 무상의 특성 두 가지 중, hutvā abhāva(생겨나서는 없어짐, 사라짐, 무너짐)이라고 하는 두 번째 특성은 윗단계인 무너짐의 지혜 등에서 특별히 분명하기 때문에 더욱 수준이 높은, 기본이 되는 특성이다. 그 특성을 잘 알고 보면 무상 거듭관찰 지혜가 더욱 예리해진다. 그래서 복주서에서도 다음과 같이 말하였다.

Hutvā abhāvaṭṭhenāti idaṁ itaresaṁ catunnaṁ ākārānaṁ saṅgahakattā visuṁ vuttaṁ.

(VbhMṬ.37)

대역

itaresaṁ'생겨나서는 없어지기 때문에'라고 하는 것 **이외에** catunnaṁ ākārānaṁ앞으로 말할 **다른 네 가지 모습을** saṅgahakattā**포함해서 취할 수 있는 성질이기 때문에** hutvā abhāvaṭṭhenāti idaṁ**'생겨나서는 없어지기 때문에'라는 이 구절을** visuṁ vuttaṁ주석서의 스승이 **따로 특별히 말했다.**

492 『청정도론』 제2권, p.125 참조.

의미 『위방가(分別論) 주석서』에서 '생겨나서는 없어지기 때문에 무상하다'라고 말하고 나서 다른 이유 네 가지 때문에도 '무상하다'라고 다시 설명하였다. 이렇게 설명한 구절에서, 이유 다섯 가지를 모두 모아서 설명하지 않고 '생겨나서는 없어지기 때문에'라고 따로 말한 주석서 스승의 의도는 다음과 같다. 즉 위빳사나 관찰을 하는 수행자가 'hutvā abhāva = 생겨나서는 없어진다, 사라진다, 무너진다'라고 알고 볼 수 있으면 그 관찰 대상인 물질의 'uppādavayavantatā = 일어남과 사라짐이 있다는 성질', 또한 'vipariṇāma = 원래 그대로 머물지 않고 바뀌고 변화한다는 성질,', 또한 'tāvakālika = 한 순간, 찰나 정도만 머문다는 성질', 또는 'niccapaṭikkhepa = 무상하다고 설명하고 장담하는 것처럼 항상한 상태를 없애 버림', 이러한 네 가지 모습도 알고 볼 수 있다. 그래서 'hutvā abhāva = 생겨나서는 없어진다'라는 이 무상의 특성은 생겨남과 사라짐이 있다는 성질 등의 다른 무상의 모습 네 가지를 다 포함할 수 있다. 따라서 〔생겨나서는 없어진다는〕 이 모습을 다른 이유들과 섞어 놓지 않고 주석서의 스승이 따로 설했다는 뜻이다.

> Kiñcāpi uppādādi tividhampi saṅkhatalakkhaṇatāya aniccalakkhaṇaṁ tathāpi jātijarādīsu na diṭṭhāsu tathā aniccalakkkhaṇaṁ pākaṭaṁ hutvā upaṭṭhāti yathā vayalakkhaṇeti āha "bhaṅgo nāma aniccatāya paramākoṭī"ti.
>
> (Pm.ii.440)

대역

uppādādi**일어남 등의**, 즉 일어남 – 머묾 – 사라짐이라고 하는 tividhampi**세 가지 종류 모두도** saṅkhatalakkhaṇatāya**형성된 법의 특성이**

기 때문에 aniccalakkhaṇaṁ**무상의 특성일 뿐인 것은** kiñcāpi (hoti)**사실이지만**, tathāpi그 일어남 – 머묾 – 사라짐이라는 세 가지 모두 무상의 특성인 것은 사실이지만 **그중에서도** yathā vayalakkhaṇe**사라지는 순간만큼**, 즉 사라지는 순간에 무상의 특성이 분명한 정도만큼 diṭṭhāsu**볼 때** jātijarādīsu**태어남**, 즉 생겨남**과 성숙함**, 즉 머묾**의 순간 등에서는** aniccalakkkhaṇaṁ**무상의 특성이** tathā pākaṭaṁ hutvā na upaṭṭhāti**그 정도로 분명하게 생겨나 분명하게 드러나지 않는다**. iti **그래서** bhaṅgo nāma aniccatāya paramākoṭīti**'무너짐이 무상이라는 특성의 정점이다'라고** āha주서서의 스승이 **말하였다**.

의미 여러 가지 많은 조건들이 모여, 형성되어 이루어지는 성품을 '형성(saṅkhāra)법, 형성된(saṅkhata) 법'이라고 한다. 그 형성된 법들은 모두 생겨남 – 머묾 – 사라짐이 있는 법들이다. 따라서 태어남(jāti) – 성숙함(jarā) – 죽음(maraṇa)이라고도 부르는 그 생겨남 – 머묾 – 사라짐, 세 가지 모두도 '형성된 법'이라고 알게 하는 특성이기 때문에 'saṅkhātalakkhaṇā(형성된 특성)'이라고 한다. anicca = 무상한 법이라고 하는 것도 그러한 형성된 법들일 뿐이다. 그래서 생겨남 – 머묾 –사라짐이라고 하는 이 형성된 특성 세 가지 모두 '무상한 법'이라고 알게 하는 특성이므로 'aniccalakkhaṇa(무상의 특성)'이라고 부를 수 있는 것들이다. 그렇지만 단지 형성들의 생겨남과 머묾을 아는 것 정도만으로는 그 형성들의 무상한 성품을 분명하게 알기 힘들다. "생겨남과 머묾이 있으면 사라짐도 항상 존재하기 때문에 '무상한 법일 뿐이다'"라고 유추만으로 알 수 있다. 따라서 생겨나고 있는 순간, 머물고 있는 순간에는 '무상한 성품'으로 그리 분명하지 않다. 형성들의 사라짐 = 소멸됨, 없어짐을 알아야 '무상한 성품'을 분명하게 알 수 있다. 그렇기 때문에 소멸의 순간에 무상한 성품이 매우 분명하게 드러난다. 이렇게 생겨남 – 머묾 – 사라짐의 세 가지 순간 중에서 소멸하는 그 순간에 '무상한 것이다'라고 하는 무상의 특성이 특히 분명하기 때문에 그 소멸하는 순간을 '무상이라는 특성의 정점'이라고 주석서의 스승이 말했다는 뜻이다.

이와 같이 말한 대로 무상한 법과 무상의 특성이 따로 분리되고 구별되지만, 무상〔한 법〕(anicca)이라고 하는 물질·정신 무더기를 그 고유특성(sabhāvalakkhaṇā) = 생겨나는 그 본래 성품에 따라 새겨 앎이 없이 단지 무상의 특성 정도만을 숙고하고 생각만 하면 개념만 생각하는 것이 되기 때문에 진짜 무상 거듭관찰의 지혜(aniccānupassanā ñāṇa)가 생겨나지 않는다. 사실은 물질·정신 형성들의 고유특성 = 생겨나는 그 본래 성품을 새겨 알면서, 앞에서 설명했던 무상의 특성들 중 어느 하나를 알고 보아야만 진짜 무상 거듭관찰이 생겨난다. 그래서 『담마상가니(法集論) 주석서』에서는 다음과 같이 설명하였다.

> Vuṭṭhānagāminī pana vipassanā kimārammaṇāti? Lakkhaṇārammaṇāti. Lakkhaṇaṁ nāma paññattigatikaṁ na vattabbadhammabhūtaṁ. Yo pana aniccaṁ dukkhamanattāti tīṇi lakkhaṇāni sallakkheti, tassa pañcakkhandhā kaṇṭhe baddhakuṇapaṁ viya honti. Saṅkhārārammaṇameva ñāṇaṁ saṅkhārato vuṭṭhāti. Yathā hi eko bhikkhu pattaṁ kiṇitukāmo pattavāṇijena pattaṁ ābhataṁ disvā haṭṭhapahaṭṭho gaṇhissāmīti cintetvā vīmaṁsamāno tīṇi chiddāni passeyya, so na chiddesu nirālayo hoti, patte pana nirālayo hoti; evameva tīṇi

lakkhaṇāni sallakkhetvā saṅkhāresu nirālayo hoti. Saṅkhārārammaṇeneva ñāṇena saṅkhārato vuṭṭhātīti veditabbaṁ. Dussopamāyapi eseva nayo.

(DhsA.i.269)

대역

vuṭṭhānagāminī vipassanā**출현으로 인도하는 위빳사나는** kiṁ ārammaṇā**무엇을 대상으로 하는가?** iti**이것은 질문이다.** 《형성을 대상으로 하는가? 그렇지 않으면 특성을 대상으로 하는가? 만약 형성을 대상으로 한다면 무상·고·무아라는 특성을 알 수 없지 않은가? 만약 특성을 대상으로 한다면 종성의 지혜나 도의 지혜가 '형성대상으로부터 벗어난다'라고 말할 수 없지 않은가? 이러한 의심이 생길 수 있기 때문에 이 질문을 한 것이다.》 lakkhaṇārammaṇā무상·고·무아라고 하는 **특성을 대상으로 한다.** iti**이것이 대답이다.** lakkhaṇaṁ nāma**특성이라고 하는 것은** paññattigatikaṁ**개념이다.** na vattabbadhammabhūtaṁ욕계법, 고귀한 법 등으로 부를 수 없는, **부르기에 적당하지 않은 법이다.** pana**그렇지만** yo**어떤 이가** aniccaṁ dukkhaṁ anattāti**무상이라고, 괴로움이라고, 무아라고** tīṇi lakkhaṇāni **이 세 가지 특성을** sallakkheti**주시한다면,** 새긴다면, tassa**그렇게** 주시하는 이**에게** pañcakkhandhā새겨지는 **다섯 무더기(五蘊)가** kaṇṭhe baddhakuṇapaṁ viya**마치 목에 걸어 매달아 놓은 죽은 뱀의 시체, 개의 시체처럼** honti매우 혐오스러워 버려야 할 것으로 **드러난다.** (tasmā)**그래서** 이렇게 특성과 형성들을 하나로 묶어서 알고 보기 때문에, saṅkhārārammaṇameva**형성들만 대상으로 하는** ñāṇaṁ**지혜가** saṅkhārato**형성들로부터** vuṭṭhāti**출현한다.** hi**맞다.** 비유를 통해서 분명하게 설명하겠다. pattaṁ kiṇitukāmo**발우를 사려고 하는** eko bhikkhu**한 비구가** pattavāṇijena ābhataṁ pattaṁ**발우 장수가 꺼내어 보인 발우를** disvā**보고** haṭṭhapahaṭṭho**매우** 기쁘고 **즐거워하면서**

gaṇhissāmīti cintetvā**'가질 것이다'라고 생각하고 나서** vīmaṁsamāno이리저리 **조사해 보았을 때** tīṇi chiddāni passeyya**구멍 세 개를 발견하였다.** 《그래서 그 구멍 세 개를 보고 원하지 않게 되었다.》 (ettha)여기서, 이렇게 원하지 않게 된 사실에서 so**그 비구는** chiddesu**구멍에 대한** nirālayo**들붙음이 사라진 것이** na hoti**아니다.** pana**사실은** patte nirālayo**발우에 대한 들붙음이 사라진** hoti yathā**것이다.** evameva**바로 이와 마찬가지로** tīṇi lakkhaṇāni무상 · 고 · 무아라는 **세 가지 특성을** sallakkhetvā**주시하고서,** 새겨 알고서 saṅkhāresu그 세 가지 특성과 관련된 **형성들에 대한** nirālayo**들붙음이 사라지게** hoti**된다.** (tasmā)**그래서** saṅkhārārammaṇeneva**형성들만 대상으로 하는** ñāṇena**지혜를 통해서** saṅkhārato**형성**대상**으로부터** vuṭṭhāti**출현한다.** iti veditabbaṁ**이렇게 알아야 한다.** dussopamāyapi**구멍 세 개가 난 옷의 비유도** eseva nayo**이** 구멍 세 개가 난 발우**와 마찬가지 방법이다.**

의미 정점에 이른 형성평온의 지혜와 수순의 지혜라고 하는 '출현으로 인도하는 위빳사나'는 《kakkhaḷatta = 딱딱함, phusana = 대상과 마음의 닿음, vijānana = 대상을 앎 등의》 고유특성을 통해서 형성들을 새기면서, 그 형성들의 소멸도 보기 때문에 무상·고·무아의 특성 중 어느 하나의 특성도 관찰하여 본다. 이렇게 관찰하여 보는 이에게 그 관찰하여 보게 된 특성과 연결된 형성들이 혐오스러운 것, 버려야 할 것으로만 드러난다. 비유하면 목에 썩은 뱀 시체, 썩은 개 시체를 매달아 놓으면 그 썩은 시체들이 그 사람에게 매우 혐오스러운 것, 버려야 할 것으로 드러나고, 또한 그 썩은 시체를 빨리 버려 버리는 것과 마찬가지로, 형성들이 수행자의 지혜를 통해 버려야 할 것으로 드러난다. 이렇게 온전히 특성들만을 관찰하고 숙고하는 것이 아니라 형성들과 한 무더기로 관찰하여 보기 때문에 형성들을 무상 등으로 관찰하여 보면서 생겨나는 수순의 지혜 바로 다음에 종성의 지혜, 도의 지혜가 '그 형성들로부터 출현한다'라고 하는 것이다. '출현한다'라고 하는 것은 그러한 형성들을 대상으로 하지 않고 형성들이 사라진 열반 대상에 이르러 가는 것, 바로 그것이다.

특성들을 경험하게 되어 그 특성들과 연결된 형성들을 버리는 것에 대한 비유를 하나 들어 보면 다음과 같다. 발우를 하나 마련하려는 어떤 비구가 있다고 하자. 발우 가게 주인이 진열해 놓은 발우를 보고 마음에 들어 '적당하구나'라고 생각하고는 이리저리 살펴보다가, 구멍이 세 개 난 것을 발견하여, 그 구멍이 난 발우에 대해 바라는 마음이 사라져 버렸다. 이 상황에서 발우를 사려는 이가 그 구멍을 보지 않았다면 발우를 계속 원했을 것이다. 따라서 구멍을 보았을 때 원하지 않게 된 것도 사실은 발우와만 관련되어 있다. 구멍 그 자체에 대해 원하는 것이 사라진 것이 아니다. 무엇 때문인가? 구멍 그 자체는 이전부터 원하지 않았기 때문이다. 그와 마찬가지로, 수행자도 세 가지 특성을 아직 보기 전에는 형성들을 애착하고 원해 왔다. 무상·고·무아라고 하는 특성에 대해서는 한번도 좋아하거나 애착한 적이 없었다. 따라서 세 가지 특성을 보게 되어 애착이 사라지고 버리려고 하는 것은 그 세 가지 특성과 결합되어 있는, 연결되어 있는 형성들과만 관련되어 있다. 그 형성들만을 버리려고 하는 것이다. 특성 그 자체에 대해 애착이 사라짐, 버리려고 함이 아니다. 이렇게 특성과 함께 형성들을 버려야 할 것으로 관찰하면서 위빳사나가 생겨나기 때문에 그 위빳사나의 바로 다음에 열반을 대상으로 하여 생겨나는 종성의 지혜, 도의 지혜는 '형성들로부터만 출현하는 것이 아니다'라는 뜻이다. 이 주석서에서 말하고자 하는 의미는 아래『담마상가니(法集論) 근본복주서』를 통해 분명하게 알 수 있다.

> Aniccanti ādinā saṅkhāresu pavattamānena ñāṇena lakkhaṇānipi paṭividdhāni honti, tadākārasaṅkhāraggahaṇatoti āha lakkhaṇrammaṇāti. Saṅkhārārammaṇā eva yathāvuttādhippāyenalakkhaṇārammaṇatāti vuttātidassento lakkhaṇaṁ nāmāti ādimāha. Aniccatā dukkhatā anattatāti hi visuṁ gayhamānaṁ lakkhaṇaṁ paññattigatikaṁ paramatthato avijjamānaṁ, avijjamānattā eva parittādivasena navattabbadhammabhūtaṁ. Tasmā visuṁ gahetabbassa lakkhaṇassa paramatthato abhāvā "aniccaṁ dukkhamanattā"ti saṅkhāre sabhāvato sallakkhentova lakkhaṇāni sallakkheti nāmāti āha "yo pana aniccaṁ dukkhamanattāti tīṇi lakkhaṇāni sallakkhetī"ti. Yasmā ca aniccantiādinā saṅkhārāva dissamānā, tasmā te kaṇṭhe baddhakuṇapaṁ viya paṭinissajjanīyā honti.
>
> (DhsMṬ.i.115)

대역

aniccaṁ**'무상하다'**iti ādinā**라는 등으로** saṅkhāresu**형성들에 대해** pavattamānena ñāṇena**생겨나는 지혜를 통해** lakkhaṇānipi무상·고·무아의 **특성 등도** paṭividdhāni**알게** honti**된다**. (kasmā)**무엇 때문인가?** 무엇 때문에 이렇게 아는가? tadākārasaṅkhāraggahaṇato**그 무상·고·무아의 특성이 있는 형성들을 취했기 때문이다**. 새겨 알았기 때문이다. iti**이렇**게 형성들을 무상·고·무아라고 아는 지혜를 통해 특성도 알기 **때문에** lakkhaṇrammaṇāti출현으로 인도하는 위빳사나는

'특성을 대상으로 한다'라고 āha주석서의 스승이 말했다. "saṅkhārārammaṇā eva형성만 대상으로 하는, 바로 그 위빳사나에 대해 yathāvuttādhippāyena'형성을 무상·고·무아라고 아는 지혜가 특성도 안다'라고 설명한 그러한 의미로 lakkhaṇārammaṇatāti vuttāti'특성을 대상으로 한다'라고 나는 말했다"라고 dassento다시 설명하고자 lakkhaṇaṁ nāmāti ādiṁ'특성이라고 하는 것은' 등의 말을 āha이어서 했다.[493] hi분명하게 말하겠다. aniccatā무상한 성질 = '무상하다'라고 말하게 하는 것, 알게 하는 것, 무상의 특성, dukkhatā괴로운 성질 = '괴롭다'라고 말하게 하는 것, 알게 하는 것, 괴로움의 특성, anattatā 무아의 성질 = '무아이다'라고 말하게 하는 것, 알게 하는 것, 무아의 특성, iti이렇게 visuṁ형성들을 새겨 알지 않고 따로 gayhamānaṁ 취하고 숙고한 lakkhaṇaṁ세 가지 특성은 paññattigatikaṁ단지 개념성품일 뿐이다. paramatthato직접 알 수 있는 거룩한 성품, 실재성품으로는 avijjamānaṁ분명하게 존재하지 않는다. avijjamānattā eva바로 그렇게 분명하게 존재하지 않기 때문에 parittādivasena욕계법 등으로 na vattabbadhammabhūtaṁ부를 수 없는, 불리지 못하는 법일 뿐이다. tasmā visuṁ gahetabbassa lakkhaṇassa paramatthato abhāvā따라서 따로 숙고하여 아는 특성은 실재성품으로 실재하지 않기 때문에 saṅkhāre물질·정신 형성들을 sabhāvato고유성품이라고 하는 고유특성에 따라서 sallakkhento eva주시하여야만, 새겨 알아야만, 즉 계속해서 새기는 수행자라야만 aniccaṁ dukkhaṁ anattāti무상·고·무아라고 하는 lakkhaṇāni세 가지 '특성을 sallakkheti nāma주시한다, 새긴다'라고 말한다. iti바로 이렇기 때문에 yo pana aniccaṁ dukkhama-

493 원주: 형성들을 그 고유성품에 따라 새기면서 무상·고·무아라고 아는 지혜는 무상·고·무아라는 특성들도 알기 때문에, 바로 그 때문에 '특성을 대상으로 한다'라고 말했다. 형성들을 그 고유성품에 따라 새겨 앎이 없이 무상·고·무아의 특성만 대상으로 하기 때문에 그렇게 말한 것이 아니라는 뜻이다.

nattāti tīṇi lakkhaṇāni sallakkhetīti.**'그렇지만 어떤 이가 무상이라고, 괴로움이라고, 무아라고 이 세 가지 특성을 주시한다면'이라고** āha주석서의 스승이 **말한 것이다.** ca**또한** aniccaṁ**무상** iti ādinā**등을 통해서** saṅkhārāva**형성들만** dissamānā**관찰하여 보기** yasmā**때문에** tasmā**그렇**게 형성들만을 무상하다고, 괴로움이라고, 무아라고 관찰하여 보기 **때문에** te**그** 관찰하여 알아지는 **형성들이** kaṇṭhe baddhakuṇapaṁ viya**목에 걸어 놓은 썩은 시체처럼** paṭinissajjanīyā**멀리 버려 버리고 싶은 것으로 드러나게** honti**된다.**

이러한 주석서, 복주서의 내용에 따라 생겨나는 물질·정신 형성들을 고유특성(sabhāvalakkhaṇā) = 드러나는 본래성품에 따라 새기면서 앞에서 설명했던 무상의 특성 중 어느 한 가지도 분명하게 경험하여 무상하다고 알고 보는 지혜를 무상 거듭관찰(aniccānupassanā)이라고 부른다. 이 무상 거듭관찰은 고유특성을 새겨 알면서 생겨나기는 하지만 정신·물질 구별의 지혜, 조건파악의 지혜라고 하는 숙지 구분지(ñatā pariññā 熟知區分智)가 생겨날 때는 새겨 아는 지혜가 단지 그 본래성품, 고유특성만 알기 때문에 아직 무상 거듭관찰이라고는 부르지 않는다. 명상의 지혜 등 그 위의 지혜 단계가 생겨날 때라야만 무상·고·무아의 특성도 알고 보기 때문에 무상 거듭관찰 등으로 부른다.

그때도 '무상하다'라는 모습으로 알고 보면 무상 거듭관찰이라고 부른다. 괴로움 거듭관찰 혹은 무아 거듭관찰이라고 부르지 않는다. 그와 마찬가지로 '괴로운 것이다'라는 모습으로 알고 보면 괴로움 거듭관찰이라고 부른다. '무아이다'라는 모습으로 알고 보면 무아 거듭관찰이라고 부른다. 그와 다른 무상 거듭관찰 등으로는 부르지 않는다. 아래는 『위방가(分別論) 근본복주서』의 내용이다.

Aniccādīhi aniccalakkhaṇādīnaṁ aññattha vacanaṁ ruppanādivasena pavattarūpādiggahaṇato visiṭṭhassa aniccādiggahaṇassa sabbhāvā. Na hi nāmarūpaparicchedamattena kiccasiddhi hoti, aniccādayo ca rūpādīnaṁ ākārā daṭṭhabbā.

(VbhMṬ.39)

대역

aniccādīhi**무상 등인 법**, 즉 무상·고·무아〔인 법이〕라고 하는 무더기(蘊)**로부터** aniccalakkhaṇādīnaṁ**무상 등의 특성**, 즉 무상·고·무아의 특성들 **중** aññattha vacanaṁ**어느 하나**의 허물**을 나타낸 것은**, ruppanādivasena pavattarūpādiggahaṇato**무너짐 등의 모습을 통해서 생겨나는 물질 등을 취함** = 새겨 앎**으로부터** visiṭṭhassa**특별한** aniccādiggahaṇassa**무상의 특성 등을 취함** = 새겨 앎**이** sabbhāvā**있기 때문이다**. hi**분명하게 설명하겠다**. nāmarūpaparicchedamattena**단지 물질과 정신을 분명하게 구별하여 아는 것만으로는** kiccasiddhi무상 거듭관찰, 괴로움 거듭관찰, 무아 거듭관찰이라는 **작용을 구족함이** na hoti**아직 생겨나지 않는다**. rūpādīnaṁ**물질 등** 무더기**의** aniccādayo ākārā ca**무상 등의 모습들도** daṭṭhabbā아직 **관찰하고 새겨야 한다**.

다섯 무더기의 본래성품 정도만 아는 지혜가 따로, 그 무더기의 무상·고·무아의 특성을 아는 지혜가 따로, 이렇게 아는 지혜가 서로 구분되기 때문에 무상·고·무아의 특성을 무상·고·무아〔인 법〕이라고 하는 무더기와 구분하여 주석서의 스승이 설명하였다. 만약 서로 구분되지 않고 하나라고 해 보자. 그렇다면 물질과 정신을 구별하여 아는 것만으로 "무상이라고, 괴로움이라고, 무아라고" 알고 보는 일이 성취될 것이다. 하지만 그렇게 성취되지 않는다. 바로 그렇게 성취되지 않기 때문에 "그 무더기의 무상·고·무아의 모습은 조사 구분지(tīraṇa pariññā)에 해당되는 명상의 지혜 등을 통해 관찰하고 새겨야 한다"라고 말한 것이다. 그래서 『위방가(分別論) 근본복주서』에서 "tameva bhedaṁ ñātatīraṇapariññāvisayatāya pākaṭaṁ kātuṁ 'nahī'ti ādimāha(〔무너짐 등의 성품과 무상 등의 성품의 차이를 말했다.〕 바로 그 차이를 숙지 구분지와 조사 구분지의 영역으로 설명하기 위해서 'nahī(분명하게 설명하자면 ~ 아직 생겨나지 않는다)'라고 말하였다)"[494]라고 설명하였다. 무상·고·무아〔인 법이〕라고 하는 무더기는 숙지 구분지의 영역, 무상·고·무아의 특성은 조사 구분지의 영역으로 서로 다르다는 뜻이다.

> "Anicca"nti ca gaṇhanto "dukkhaṁ anattā"ti na gaṇhāti,
> tathā dukkhādiggahaṇe itarassāgahaṇaṁ.
>
> (VbhMṬ.39)

대역

ca**또한** "anicca"nti gaṇhanto**무상이라고 취하는**, 새겨 아는 **이는**, 또는 무상이라고 새겨 알면서 "dukkhaṁ anattā"ti**괴로움이라고, 무아라고** na gaṇhāti**취하지 않는다**. 새겨 알지 않는다. tathā**그와 마찬가지로** dukkhādiggahaṇe**괴로움의 특성 등을 취하는**, 새겨 아는 것은 itarassa**다른 것을**, 즉 무상 등을 gahaṇaṁ**취하는**, 새겨 아는 **것이 아니라고** (veditabbaṁ)**알아야 한다**.

494 VbhMṬ.45.

2. 무상 거듭관찰이 생겨나는 모습

이 무상 거듭관찰은 계속 생겨나는 물질·정신을 그 본래성품에 따라 새기는 수행자에게 상속 덩어리(santati ghana)가 해체될 정도로 지혜가 깨끗해졌을 때를 시작으로 생겨난다. 자세하게 설명하겠다. 생겨나는 물질·정신의 여러 현상들을, 계속해서 생겨날 때마다 관찰하고 새기지 않으면 그 물질·정신의 본래성품조차 알지 못한다. 그 물질·정신의 생멸을 알지 못하는 것은 말할 필요조차 없다. 이렇게 관찰하고 새기지 않기 때문에 물질과 정신이 실제로 생멸하는 것을 알지 못하는 일반 사람들은 한 존재상속에 지속되고 있는 형색 물질을 거듭거듭 볼 때, 그 이전에 보았던 여러 형색과 나중에 보았던 여러 형색을 '하나이다'라고만 여긴다. 거듭거듭 듣는 소리 등도 '하나이다'라고만 여긴다. 그 이전의 여러 봄과 나중의 여러 봄도 '하나이다'라고만 여긴다. 들음 등도 같은 방법으로 '하나이다'라고만 여긴다. 한 존재상속에 지속되면서 생겨나는 봄·들림 등의 모든 앎도 '하나이다'라고만 여긴다. 이렇게 '하나이다'라고 여기게 할 정도로 끊임없이 계속해서 생겨나고 있는 물질·정신의 흐름을 '상속 덩어리'라고 한다. 이 상속 덩어리가 가렸기 때문에 일반 사람들에게 "생겨나서는 사라져 버림"이라고 하는 무상의 특성이 분명하지 않은 것이다. '상속 덩어리가 가렸다'라고 하는 것은 〔다른 것이 아니라〕 끊임없이 이어지는 물질·정신의 연속으로 드러나는 것일 뿐이다. '계속해서 유지되고 있다'라고 생각하는 것일 뿐이다. 이 상속 덩어리는 끊임없이 생멸하고 있는 물질·정신의 생멸에 주의를 기울이지 않고, 관찰하지 않았기 때문에 〔그 생멸의 특성을〕 가릴 수 있는 것이다. 물질과 정신이 제일 처음 생겨남, 마지막에 사라짐을 끊임없이 새겨 관찰하고 주의를 기울이는 이에게는 하나로 여겨지는 물질과 하나로 여겨지는 정신에 대해서도 생겨날 때가 따로, 사라질 때가 따로, 이렇게 나누어져 드러난다. 그 이전의 여러 물질이 따로, 나중의 여러 물질이 따로, 그 이전의 여러 정신이 따로, 나중의 여러 정신이 따로, 이렇게 각각 분리되어서만 드러난다. 여러 부분으로 나뉘어져 생겨나는 것으로만 드러난다. 항상 지속되는 것으로, 하나인 것으로는 드러나지 않는다. 그러한 이들에게는 관찰하고 새기는 그 물질과 정신들이 앞뒤로 서로 이어지지 않고 계속 끊어져서만 생겨나고 드러나기 때문에 '하나이다'라고 여기는 상속 덩어리가 사라져 버린다. 그때 상속 덩어리가 덮어 버리지 못하기 때문에 새겨지는 물질·정신의 생겨남 – 성숙함 – 무너짐이라고 하는 무상의 특성, 그리고 생겨나서는 없어짐 = 사라짐이라고 하는 무상의 특성이 저절로 분명해 진다. 이렇게 상속 덩어리가 사라져 저절로 드러나는, 진짜 무상의 특성을 알고 보는 때를 시작으로 진짜 무상 거듭 관찰이 생겨난다.

부연 설명 이렇게 진짜 무상의 특성을 분명하게 알고 보게 되었을 때, 물질과 정신이 생멸할 때마다 그 물질과 정신의 모습을 'anicca, anicca = 무상하다, 무상하다'라고 특별히 새기고자 한다면 그렇게 새겨도 된다. 그와 마찬가지로 진짜 괴로움의 특성, 진짜 무아의 특성을 분명하게 알고 보게 되었을 때도 'dukkha, dukkha = 괴로움이다, 괴로움이다', 혹은 'anatta, anatta = 무아이다, 무아이다'라고 특별히 알아차리려고 한다면 그렇게 새겨도 된다. 그렇지만 "무상하다, 괴로움이다, 무아이다"라고 읊조리는 것, 생각하는 것, 마음 기울이는 것은 근본이 아니다. 거듭해서 새길 때마다 진짜 무상·고·무아의 특성을 분명하게 알고 보고 이해하는 것, 그것만이 근본적으로 필요한 것이다. "무상하다, 괴로움이다, 무아이다"라고 읊조리지 않아도 계속해서 새길 때마다 진짜 무상·고·무아의 특성을 분명하게 알고 본다면 무상 거듭관찰 등이 생겨나는 것이다.

그 밖에 '무상하다, 괴로움이다, 무아이다'라고 특별히 애를 써 읊조리거나 마음기울이게 되면 무상·고·무아의 특성이 분명하게 드러나지 않을 때도 마음을 그것으로 향해 단지 인식으로만 아는 것들이 생겨나기도 한다. 그 인식으로 아는 것을 '지혜로 안다'라고 잘못 생각하기도 한다. 따라서 관찰하여 새기는 모습을 설명한 제5장에서 '무상하다, 괴로움이다, 무아이다'라고 특별하게 의식해서 마음기울이는 모습을 나타내지 않은 채, 물질과 정신이 생멸할 때마다 그 물질과 정신의 모습을 바른 성품에 따라서 알도록 차례대로 따라서 관찰하고 새기는 모습 정도만을 설명했던 것이다. 이상은 부연 설명이었다.

> Aniccalakkhaṇaṁ tāva udayabbayānaṁ amanasikārā santatiyā paṭicchannattā na upaṭṭhāti. … Udayabbayampana pariggahetvā santatiyā vikopitāya aniccalakkhaṇaṁ yāthāvasarasato upaṭṭhāti.
>
> (Vis.ii.276)

대역

tāva**우선** aniccalakkhaṇaṁ**무상의 특성은** udayabbayānaṁ amanasikārā**생멸에 마음기울이지 않고**, santatiyā paṭicchannattā'하나이다'라고 여기도록 끊임없이 생겨나는 앞뒤 물질·정신의 연속인 **상속이 가려 버린 상태이기 때문에** na upaṭṭhāti**나타나지 않는다**. … pana**반면에** 나타나는 모습은, udayabbayam pariggahetvā**생멸을 파악하여**, 관찰하여 santatiyā vikopitāya**상속을 끊어 버리면** aniccalakkhaṇaṁ무상하다고 알

게 하는 무상의 특성이 yāthāvasarasato자기의 사실대로 바른 성품에 따라 upaṭṭhāti나타난다.[495]

Santatiyā hissa paṭicchannattā aniccalakkhaṇaṁ na upaṭṭhāti, sā ca santati udayabbayāmanasikārena paṭicchādikā jātā. …
Udayabbayaṁ passato na udayāvatthā vayāvatthaṁ pāpuṇāti, vayāvatthā vā udayāvatthaṁ. Aññova udayakkhaṇo, aññova vayakkhaṇoti ekopi dhammo khaṇavasena bhedato upaṭṭhāti, pageva atītādikoti āha "udayabbayaṁ pana … upaṭṭhātī"ti. Tattha santatiyā vikopitāyāti pubbāpariyena pavattamānānaṁ dhammānaṁ aññoññabhāvasallakkhaṇena santatiyā ugghāṭitāya. Na hi sammadeva udayabbayaṁ sallakkhentassa dhammā sambandhabhāvena upaṭṭhahanti, atha kho ayosalākā viya asambandhabhāvenāti suṭṭhutaraṁ aniccalakkhaṇaṁ pākaṭaṁ hoti.

(Pm.ii.436~37)

대역

Santatiyā상속이 paṭicchannattā가려 버린 상태이기 때문에 aniccalakkhaṇaṁ무상의 특성이 assa그 관찰하지 않는 이에게 na upaṭṭhāti드러나지 않는다. sā ca santati또한 그 상속도 udayabbayāmanasikārena생멸에 마음기울이지 않기 때문에 paṭicchādikā가림이 jātā발생한다. 《생멸을 관찰하지 않기 때문에 상속이 가릴 수 있다. 상속이 가려 버렸기 때문에 무상의 특성이 드러나지 않고 있다는 뜻이다.》 …

495 『청정도론』 제3권, pp.282~283 참조.

udayabbayaṁ**생멸을** passato**관찰하는 이에게는** udayāvatthā**생겨날 때가** vayāvatthaṁ na pāpuṇāti**사라질 때까지 이르지 못하고**, vayāvatthā vā udayāvatthaṁ (na pāpuṇāti)**사라질 때도 다시 생겨날 때에 이르지 못한 채**, udayakkhaṇo**생겨나는 그 순간은** añño eva사라질 때와 **다른 것이고**, vayakkhaṇo**사라지는 그 순간도** añño eva생겨날 때와 **다른 것이라고**, iti**이렇게** ekopi dhammo**하나의** 물질법, 정신**법이라도** khaṇavasena생겨나는 순간, 사라지는 순간이라는 **찰나로** bhedato**서로 분리되어** upaṭṭhāti**드러난다**. atītādiko**그러니 과거 등의 법들에 대해서는** pageva**말할 필요도 없다**. 《과거와 현재, 현재와 미래라고 하는 이 시간으로 분리되어 드러나는 물질과 정신은 더욱 분명하게 분리되어 드러난다는 뜻이다.》 iti이렇게 분리되어 드러나기 때문에, **그래서** "udayabbayaṁ pana … upaṭṭhātī"ti**"또한 생멸을 파악하여** 상속을 끊어 버리면 무상의 특성이 자기의 사실대로 바른 성품에 따라 **나타난다"라고** āha주석서의 스승이 **말하였다**. tattha**이 설명에서** santatiyā vikopitāyāti**'상속을 끊어 버리면'이란**, 'pubbāpariyena**앞뒤의 상태로**, 즉 앞의 단계, 뒤의 단계로 pavattamānānaṁ dhammānaṁ**생겨나는** 물질·정신 **법들이** aññoññabhāvasallakkhaṇena**서로 다른 상태라는 것을 주시함으로써**, 새김으로써, 즉 서로 다르게, 따로따로, 각각 생겨나는 모습을 새김으로써 santatiyā물질과 정신이 끊임없이 이어져 생겨남이라고 하는 **상속을** ugghāṭitāya**무너뜨리면** = 자르면, 열어젖히면'**이라는 뜻이다**.[496] hi**맞다**. udayabbayaṁ**생멸을** samma-

496 원주: 이 구절을 통해서 "상속을 끊어 버리다"라는 구절은 "'하나이다, 하나로 이어졌다'라고 생각되어지는 물질·정신의 연속을 잘랐다, 열어젖혔다"라는 뜻임을, 또한 "잘랐다, 열어젖혔다"라는 구절도 "그 이전의 여러 물질·정신이 다음의 여러 물질·정신과 서로 다른 상태라는 것을, 또한 다음의 여러 물질·정신도 그 이전의 여러 물질·정신과 다른 상태라는 것을 새겨 아는 것"이라는 뜻임을 알려 준다. "na hi sammadeva(맞다. 생멸을 바르게만~)"등의 그 다음 구절들을 통해서 "생멸을 새겨 아는 것을 제외하고, 상속을 잘라 내는, 열어젖히는 다른 어떠한 것이 없다"라는 것을 알려 주기 때문에 그 앞의 구절들을 확고하게 해 준다.

deva**바르게만**, 정확하게만 sallakkhentassa**주시하는**, 즉 새겨 아는 **이에게** dhammā물질·정신 **법들이** sambandhabhāvena**계속 이어진 상태로는** na upaṭṭhahanti**드러나지 않는다**. atha kho**사실은** ayosalākā viya**마치** 나란히 **나열해 놓은 철사 가닥들**이 서로 연결되어 있지 않고 따로따로인 것**처럼**, asambandhabhāvena**서로 이어지지 않고 끊어진 것으로만** upaṭṭhahanti**드러난다**. iti**그래서** 이렇게 〔끊어져〕 드러나기 때문에 aniccalakkhaṇaṁ'무상하다'라고 새겨 알게 하는 특성인 **무상의 특성이** suṭṭhutaraṁ**더욱** pākaṭaṁ**분명하게** hoti**된다**.

이 주석서, 복주서에 따라 물질과 정신이 생겨날 때마다 그 물질과 정신을 끊임없이 관찰하고 새기는 수행자에게는 하나의 물질법, 하나의 정신법도 처음 생겨남, 마지막에 사라짐으로 서로 분리되어 드러나기 때문에 그 이전의 여러 물질·정신과 다음의 여러 물질·정신들이 서로 따로따로인 것으로 분리되어 드러난다. '계속 연결되어 있다, 하나이다'라고는 드러나지 않는다. 이렇게 따로따로 분리된 것으로 드러나도록 생겨남과 사라짐을 관찰하고 새기는 것이야말로 '계속 연결되어 있다, 하나이다'라고 이전에 생각했던 상속 개념을 '끊어 버린다, 무너뜨린다'라고 말한다. 이 상속개념을 끊어 버리고 무너뜨린 이에게는 생겨남 – 성숙함 – 사라짐이라고 하는 무상의 특성, 생겨나서는 없어지고 사라져 버림이라고 하는 무상의 특성, 이 두 가지 중 어느 한 가지 무상의 특성이 바른 성품에 따라 저절로 분명하게 드러난다. 그렇게 분명하게 드러나는 진짜 무상의 특성을 경험하여, 그렇게 물질과 정신이 드러날 때마다 무상하다고 알고 보는 지혜가 진짜 무상 거듭관찰(aniccānupassanā)이라고 알아야 한다.

3. 제거

(1) 항상하다는 인식을 제거한다

이 진짜 무상 거듭관찰 지혜가 계속해서 생겨날 때마다 물질과 정신을 항상하다고 여기는 '항상하다는 인식(nicca saññā)'도 제거하고, 그 인식에 연속하여 생겨날 번뇌 윤전, 업 윤전, 과보인 무더기의 윤전이라는 윤회 윤전의 고통도 제거한다.

Aniccato anupassanto niccasaññaṁ pajahati.

(Ps.55)

대역

aniccato**무상이라고** anupassanto〔거듭〕 **관찰하는 이는** niccasaññaṁ**항상하다는 인식을** pajahati**제거한다**, 사라지게 한다.

이 성전에서 '인식을 제거한다'라는 구절은 대표로 나타내는 구절일 뿐이다. 따라서 '왕이 행차하신다'라고 하면 그 왕을 뒤따르는 여러 신하들도 따라 나선다고 알아야 하는 것처럼, 인식과 함께, 그 뒤를 따라서 생겨나는 견해의 전도(diṭṭhivipallāsa), 마음의 전도(cittavipallāsa) 등의 모든 불선법들도 제거한다고 알아야 한다. 그래서 『대복주서』에서는 아래와 같이 설명하였다.

Niccasaññanti niccagāhaṁ, saññāsīsena niddeso;
Sukhasaññaṁ attasaññanti, etthāpi eseva nayo.

(Pm.ii.442)

대역

niccasaññanti**'항상하다는 인식'이라고 하는 것은**

niccagāhaṁ**'항상하다'라고 취함을,**

즉 항상하다고 취하고 집착하는 번뇌를

《eso'항상하다는 인식'이라는 이 구절이》

saññāsīsena**인식을 선두로 하여**, 즉 인식을 대표로

niddeso**설명한 구절이다.**

sukhasaññaṁ attasaññanti**'행복하다는 인식, 자아라는 인식'이라는**

etthāpi**이러한 구절들도** eseva nayo**이와 마찬가지 방법이다.**

Niccasaññāyāyāti "saṅkhatadhammā niccāsassatā"ti evaṁ pavattāya micchāsaññāya, saññāggahaṇeneva diṭṭhicittānampi gahaṇaṁ daṭṭhabbaṁ. Esa nayo ito parāsu.

(Pm.i.79)

대역

niccasaññāyāyāti**'항상하다는 인식을'이라는 구절은 "**saṅkhatadhammā **형성된 법들을** niccāti**'항상하다'라고,** sassatāti**'항상 지속되는 것이다' 라고** evaṁ pavattāya**이렇게** 〔여기면서〕 **생겨나는** micchāsaññāya**잘못된 인식을"**〔이란 뜻이다. 이것은〕 saññāggahaṇeneva**인식만을 취함을 통해** diṭṭhicittānampi**견해와 마음도** gahaṇaṁ**취함을** daṭṭhabbaṁ**설명해 준다.** ito**이** 무상 거듭관찰 **외에** parāsu**다음의 나머지 구절들도** esa nayo**같은 방법이다.**

무상 거듭관찰이 제거하는 '항상하다는 인식'이라는 것은 봄·들림 등의 형성법들을 '항상하다, 그대로 지속되고 있다'라고 잘못 생각하는

'micchāsaññā(잘못된 인식)'이다. 그 인식의 전도를 제거하면 견해의 전도, 마음의 전도도 제거된다고 알아야 한다. 괴로움 거듭관찰, 무아 거듭관찰들이 '행복하다는 인식, 자아라는 인식을 제거한다'는 구절들에서도 같은 방법으로 알아야 한다는 뜻이다.

(2) 제거되는 번뇌

여기에서 무상 거듭관찰이 제거하는 '항상하다는 인식' 등은 과거인가? 미래인가? 현재인가? 만약 과거의 번뇌들이라면 이미 생겨나 소멸해 버렸다. 소멸해 버려 존재하지 않는 그 과거의 번뇌를 다시 제거할 필요가 없게 된다. 따라서 '과거의 번뇌를 제거한다'라고도 할 수 없다. 또한 미래의 번뇌들이라고 해도 〔그러한 미래의 번뇌들은〕 위빳사나 관찰하는 지금 현재에는 아직 존재하지 않는다. 나중에 확실히 생겨날 번뇌들일 뿐이다. 따라서 '미래의 번뇌를 제거한다'라고도 할 수 없다. '무상하다'라고 계속 관찰하는 그 현재 순간에도 위빳사나 선업만 계속 생겨나고 있다. 제거할 번뇌들이 존재하지 않는다. 따라서 '현재의 번뇌를 제거한다'라고도 할 수 없다. 사실대로 말하자면, 여섯 문에서 생겨나는, 드러나는 물질·정신 형성들을 '무상하다'라고 사실대로 바르게 관찰하지 못하면, 알고 보지 못하면, 조건이 형성되었을 때 바로 그 형성들을 '항상하다'라고 생각하면서 어떤 번뇌가 생겨날 수 있다. 바로 그렇게 '조건이 형성되면 생겨날 수 있는 그 번뇌를 제거한다'라고 알아야 한다.[497]

---

497 『청정도론』 제3권, pp.374~381 참조.

대상 잠재번뇌

조건이 형성되면 생겨날 수 있는 이 번뇌는 이미 생겨난 것이 아니기 때문에 과거가 아니다. 확실하게 앞으로 생겨날 것도 아니기 때문에 미래도 아니다. 지금 생겨나고 있는 것도 아니기 때문에 현재도 아니다. 삼세에서 벗어난 잠재된 번뇌(anusayakilesa)일 뿐이다. 이 잠재된 번뇌도 존재상속에 잠재된 상속 잠재번뇌, 대상에 잠재된 대상 잠재번뇌, 이렇게 두 가지 종류가 있다. 그 두 가지 중, 도로써 아직 제거하지 못했기 때문에 조건이 형성되면 범부나 유학(有學)의 존재상속에 언제든 생겨날 수 있는 번뇌들을 '상속 잠재번뇌(santānāusaya)'라고 한다. 또한 범부나 유학(有學)들이 아직 위빳사나 수행을 하지 않아 "무상이라고, 괴로움이라고, 무아라고" 바르게 알지 못하는 대상마다 언제든 조건이 형성되면 '항상하다, 행복하다, 자아이다'라고 돌이켜 생각하면서 생겨날 수 있는 번뇌들을, '관찰하지 않은 대상에 대해 생겨나는 대상 잠재번뇌(ārammaṇānusaya)'라고 한다. 혹은 '대상을 거머쥠에서 생겨난 번뇌(ārammaṇādhiggahituppanna)'라고도 한다. "위빳사나는 이 대상 잠재번뇌만을 제거한다"라고 알아야 한다. 확실하게 알게 하기 위해 근거가 되는 성전도 설명하겠다.

> Sattānusayā — kāmarāgānusayo, paṭighānusayo, mānānusayo, diṭṭhānusayo, vicikicchānusayo, bhavarāgānusayo, avijjānusayo. Yaṁ loke piyarūpaṁ sātarūpaṁ, ettha sattānaṁ rāgānusayo anuseti. Yaṁ loke appiyarūpaṁ asātarūpaṁ, ettha sattānaṁ paṭighānusayo anuseti. Iti imesu dvīsu dhammesu avijjā anupatitā,

tadekaṭṭho māno ca diṭṭhi ca vicikicchā ca daṭṭhabbā.

(Vbh.353; Ps.119)

대역

anusayā조건이 형성되면 생겨날 수 있는 **잠재번뇌는** kāmarāgānusayo **감각욕망 애착 잠재번뇌,** paṭighānusayo대상을 무너뜨리기를 바라는 **적의 잠재번뇌,** mānānusayo비교하여 우쭐거리는 **자만 잠재번뇌,** diṭṭhānusayo잘못된 견해를 가지는 **사견 잠재번뇌,** vicikicchānusayo**의심 잠재번뇌,** bhavarāgānusayo새로운 생에 애착하는 **존재 애착 잠재번뇌,** avijjānusayo사실을 모르고 잘못 아는 **무명 잠재번뇌,** iti**이렇게** satta**일곱 가지이다.** loke형성법들이라고 하는 **이 세상에** yaṁ piyarūpaṁ**어떤 좋아할 만하고** yaṁ sātarūpaṁ**기꺼워할 만한 그러한 성품이** (atthi)있는데 ettha**그** 좋아할 만하고 기꺼워할 만한 그러한 **성품에** sattānaṁ**중생들의** rāgānusayo감각욕망 애착, 존재 애착 등 **애착 잠재번뇌가** anuseti**잠재된다.** loke**세상에** yaṁ appiyarūpaṁ**어떤 싫어할 만하고** yaṁ asātarūpaṁ**꺼릴 만한 그러한 성품이** (atthi)있는데 ettha**그** 싫어할 만하고 꺼릴 만한 그러한 **성품에** sattānaṁ**중생들의** paṭighānusayo**적의 잠재번뇌가** anuseti**잠재한다.** iti**이렇게** 잠재된 imesu dvīsu dhammesu**이** 좋고, 나쁜 **두 가지 법들에는** avijjā**무명 잠재번뇌도** anupatitā**잠재되어 있다.** māno ca**자만 잠재번뇌도** tadekaṭṭho그 무명과 결합하여 **하나의 무더기로** 마음에 **머문다고** daṭṭhabbā **알아야 한다.** diṭṭhi ca**사견 잠재번뇌,** vicikicchā ca**의심 잠재번뇌도** tadekaṭṭho그 무명과 결합하여 **한 무더기로 마음에 머문다고** daṭṭhabbā**알아야 한다.**

진실로 좋은 대상을 'sabhāva iṭṭhā(고유성품으로 원하는) 대상'이라고 한다. 그 본래의 성품 자체가 〔중생들의〕 마음에 드는, 〔중생들이〕 좋아하는 대상이라는 뜻이다. 진실로 아름다운 형색, 진실로 듣기 좋은 소리 등이라고 알면 된다. 대변이나 썩은 개 시체 등의 대상은 그 본래 성품에 따르면 좋지 않은 대상이지만 개나 돼지, 독수리 등의 중생들에게는 좋은 대상으로 생각되어지기 때문에 '좋아할 만한 대상, 기꺼워할 만한 대상'이다. 이렇게 실제로는 좋지 않은 대상이지만 좋은 것으로 〔일부 중생들에게〕 생각되어지고 여겨지는 대상을 'parikappa iṭṭhā(분별하여 원하는) 대상'이라고 한다. 분별하여 취해서 좋아할 만한 대상, 기꺼워할 만한 대상이라는 뜻이다. 진짜 '좋은 대상', 가짜 '좋은 대상'인 그 고유성품으로 원하는 대상, 분별하여 원하는 대상, 이 두 가지 대상을 'piya(좋아하는) 대상, sāta(기꺼워하는) 대상'이라고 한다. 이렇게 원하는 대상인 세간법에는 감각욕망 애착 잠재번뇌, 존재 애착 잠재번뇌가 잠재된다.

그와 마찬가지로 진짜로〔그 본래 성품 자체로〕 바라지 않는 대상을 'sabhāva aniṭṭhā(고유성품으로 원하지 않는) 대상'이라고 한다. 그 본래 성품 자체로 바라지 않은, 싫어하는 대상이라는 뜻이다. 〔고유성품으로는〕 좋은 대상임에도 불구하고 좋지 않은 것으로 생각하고 여기는 사람에게 나쁜 것으로 여겨지는 대상을 'parikappa aniṭṭhā(분별하여 원하지 않는) 대상'이라고 한다. 분별하여 취해서 마음에 들지 않는, 싫어하는 대상이라는 뜻이다. 진짜 '좋지 않은 대상', 가짜 '좋지 않은 대상'인 그 '고유성품으로 원하지 않는 대상', '분별하여 원하지 않는 대상', 이 두 가지 대상을 'appiya(싫어하는) 대상, āsāta(꺼리는) 대상'이라고 한다. 이렇게 좋아하지 않는 대상인 세간법에는 적의 잠재번뇌가 잠재된다. 이 원하는 대상, 원하지 않는 대상에 각각 애착, 성냄들이 계속해서 잠재될 때마다 무명 잠재번뇌도 잠재된다. 무명이 잠재되면 하나의 마음에 무명과 결합되어 생겨나는 자만, 사견, 의심도 잠재된다. 이러한 뜻이다.

'잠재된다'라고 하는 것도 '어느 한 장소에 감춰져 머물러 있다'라는 뜻이 아니다. 사실은 위빳사나 지혜나 도의 지혜로 아직 제거하지 못했기 때문에 조건이 형성되었을 때 언제든 그 〔번뇌가〕 잠재되었던 대상에 관련되어 생겨날 수 있는 것을 두고 '잠재된다'라고 말하는 것이다.

Ettha sattānaṁ rāgānusayo anusetīti etasmiṁ iṭṭhārammaṇe sattānaṁ appahīnaṭṭhena rāgānusayo anuseti.

(VbhA.441)

대역

ettha sattānaṁ rāgānusayo anusetīti**'그곳에 중생들의 애착 잠재번뇌가 잠재된다'란** etasmiṁ iṭṭhārammaṇe**이 원하는 대상에** sattānaṁ**중생들의** rāgānusayo**애착 잠재번뇌가** appahīnaṭṭhena위빳사나 지혜, 도의 지혜로 **아직 제거하지 못했다는 의미로** anuseti**잠재된다**는 뜻이다. 《'잠재된다'란 '아직 제거하지 못했다'는 의미이다.》

Ārammaṇasantānānusayanesu iṭṭhārammaṇe ārammaṇānusayenena anuseti.

(VbhMṬ.213)

대역

ārammaṇasantānānusayanesu**대상 잠재번뇌, 상속 잠재번뇌 중에** iṭṭhārammaṇe**원하는 대상에 대해** ārammaṇānusayenena**대상 잠재번뇌로서** anuseti**잠재된다.**

Ārammaṇasantānānusayanesūti ārammaṇānusayanaṁ, santānānusayananti dvīsu anusayanesu. Yathā hi maggena asamucchinno rāgo kāraṇalābhe uppajjanāraho thāmagataṭṭhena santāne anusetīti vuccati, evaṁ iṭṭhārammaṇepīti tassa ārammaṇānusayanaṁ daṭṭhabbaṁ.

(VbhAnṬ.212)

대역

ārammaṇasantānānusayanesūti'**대상 잠재번뇌, 상속 잠재번뇌 중에**'는, 'ārammaṇānusayanaṁ**대상 잠재번뇌**, santānānusayanaṁ**상속 잠재번뇌**, iti dvīsu anusayanesu**이러한 두 가지 잠재번뇌 중에**'라는 **뜻이다**. hi잠재된 모습을 **자세하게 설명하겠다**. 'maggena asamucchinno**도로써 아직 근절하지 못했기 때문에** kāraṇalābhe uppajjanāraho**조건을 얻으면 생겨날 수 있는** rāgo**애착이**, thāmagataṭṭhena생겨날 수 있는 **힘이 있다는 성품에 의해**, santāne anusetīti존재상속인 **상속에 잠재된다**'라고 vuccati yathā**말하는 것과 마찬가지로** evaṁ**이와 같이** 《vipassanāmaggehi asamucchinno rāgo kāraṇalābhe uppajjanāraho thāmagataṭṭhena = 위빳사나와 도로 아직 근절하지 못했기 때문에 조건을 얻으면 생겨날 수 있는 애착이, 생겨날 수 있는 힘이 있다는 성품에 의해》 'iṭṭhārammaṇepi anusetīti**원하는 대상에도 잠재된다**'라고 vuccati**말하는 것이다**. iti**이렇**게 말할 수 있**기 때문에** tassa**그** 원하는 대상에 잠재된 **애착의** ārammaṇānusayanaṁ'**대상에 잠재됨**'을 daṭṭhabbaṁ**알아야 한다**.

위빳사나 지혜, 도의 지혜로 아직 바르게 알지 못하는 대상에 번뇌가 생길 수 있다는 것 = 번뇌가 생겨남을 아직 제거하지 못했다는 것을 "그 대상에 번뇌가 잠재된다"라고 말한다는 사실을 위의 주석서, 복주서, 복복주서를 통해 매우 분명하게 알 수 있다. 대상에 잠재된 이러한 잠재번뇌를 대상 잠재번뇌(ārammaṇānusaya)라고 부른다.

> Sukhāya, bhikkhave, vedanāya rāgānusayo pahātabbo, dukkhāya vedanāya paṭighānusayo pahātabbo, adukkhamasukhāya vedanāya avijjānusayo pahātabbo.
>
> (S.ii.407)

해석

비구들이여, 행복한 느낌에 대해서는 애착 잠재번뇌를 제거해야 한다. 괴로운 느낌에 대해서는 적의 잠재번뇌를 제거해야 한다. 괴롭지도 행복하지도 않은 느낌에 대해서는 무명 잠재번뇌를 제거해야 한다.[498]

이러한 『상윳따 니까야(느낌 상윳따, 게송품)』「제거경(Pahāna sutta)」의 주석에는 "imasmiṁ sutte ārammaṇanusayo kathito = 이 경에서는 대상 잠재번뇌를 설하고 있다"라고 설명되어 있다. 같은 『상윳따 니까야(느낌 상윳따, 게송품)』의 여섯 번째 경인 「화살 경(Salla sutta)」[499]의 주석에도 마찬가지로 대상 잠재번뇌를 설하신 것이라고 설명되어 있다. 생겨남, 즉 생겨난 번뇌를 네 가지로 나누어 설명하는 〔『위숫디막가(淸淨道論)』라는〕 주석서에서도 바로 이 대상 잠재번뇌를 'ārammaṇādhiggahituppanna(대상을 거머쥠에서 생겨난 번뇌)'라고 설명하였다.[500] 아래 내용과 같다.

---

498 『상윳따 니까야』 제4권, p.430 참조.

499 『상윳따 니까야』 제4권, pp.434~438 참조.

500 ① 현재 생기고 있는(= 現行하는) 생겨남, ② 대상을 거머쥠에서 생겨남, ③ 억압하지 못함에서 생겨남, ④ 뿌리 뽑지 못함에서 생겨남. 『청정도론』 제3권, pp.380~381 참조.

Cakkhādīnaṁ pana āpāthagate ārammaṇe pubbabhāge anuppajjamānampi kilesajātaṁ ārammaṇassa adhiggahitattā eva aparabhāge ekantena uppattito ārammaṇādhiggahituppannanti vuccati.

(Vis.ii.330)

대역

cakkhādīnaṁ**눈 등의 영역에** āpāthagate ārammaṇe형색 등의 **대상이 드러나** pubbabhāge대상을 처음 취하는 **앞부분에는** anuppajjamānampi kilesajātaṁ**번뇌가 아직 생겨나지 않았어도** 《그때부터 시작하여 생겨나는 것에 대해서는 말할 필요도 없다는 뜻이다[501]》 ārammaṇassa adhiggahitattā eva**대상을** 분명하고 확고하게 **거머쥠, 바로 그 때문에** aparabhāge돌이켜 숙고하는 등의 조건이 형성되어 ekantena uppattito **나중에 틀림없이 생겨나기 때문에** ārammaṇādhiggahituppannanti**'대상을 거머쥠에서 생겨난 〔번뇌〕'라고** vuccati**한다.**[502]

의미 원하고, 원하지 않는 형색·소리·냄새·맛·감촉·성품이라고 하는 여섯 대상을 분명하게 보고 듣고 냄새 맡고 맛보고 닿고 알 때 바로 그 순간에 탐욕·성냄·어리석음 등의 번뇌들이 생겨나기도 한다. 생겨나지 않기도 한다. 바로 그 순간에 생겨났다면 다음에 이어서 생겨날 수 있다는 것은 분명한 사실이다. 올바른 마음기울임(yonisomanasikāra) 등 때문에 그 순간에는 번뇌가 생겨나지 않더라도 대상을 분명하고 확실하게 취해 거머쥔 이라면 나중에 돌이켜 생각하거나, 비슷한 모양의 대상

---

501 '~도'라는 단어를 통해 대상을 처음 취하는 앞부분에서도 생겨날 수 있고, 그 후에 대상을 거머쥐면서도 생겨날 수 있다는 사실을 알게 한다.

502 『청정도론』 제3권, p.380 참조.

과 만나거나, 반대되는 대상과 만나거나, 다른 이가 상기시켜 주는 등의 여러 조건들이 형성되었을 때 취해 놓은 그 대상과 관련하여 번뇌들이 확실하게 생겨난다. 무엇 때문에 이렇게 생겨날 수 있는가? 대상을 분명하고 확고하게 거머쥐었기 때문이다. 따라서 대상을 확고하고 분명하게 거머쥐었기 때문에, 생겨날 준비가 되어 있는 그러한 번뇌들을 'ārammaṇādhiggahituppanna(대상을 거머쥠에서 생겨난) 번뇌'라고 말한다. 여기에서 'ārammaṇassa adhiggahitattā eva(대상을 분명하고 확고하게 거머쥠, 바로 그 때문에)'라는 〔대상을 거머쥠에서 생겨난 번뇌라는 명칭에 대한〕 이유를 나타내는 구절에 특히 주의해야 한다. 대상을 확고하고 분명하게 거머쥐었기 때문에, 바로 그 때문에 그 대상과 관련하여 나중에 번뇌가 생겨난다. 그렇지 않으면 번뇌가 생겨날 수 없다. 이러한 의미도 알아야 한다.

도(道)로 남김없이 제거한 성제자에게는 '대상을 거머쥠에서 생겨난 번뇌'라고 하는 이 대상 잠재번뇌가 없다는 것에 대해 의심의 여지가 없다. 〔그러면〕 위빳사나에 의해서는 어떻게 제거되는가? 여섯 문에서 계속해서 드러나는, 계속해서 생겨나는 형색과 봄, 소리와 들림 등의 대상을 '무상하다'라고, 또는 '괴로움이다'라고, 또는 '주재할 수 없는 성품일 뿐이다. 〔무아이다〕'라고 관찰하고 새기면서 알고 본 이에게는 그렇게 새겨 알 때, 또는 돌이켜 생각하는 나중에, 그 새겨 알아 버린 대상을 '항상하다, 행복하다, 주재하는 자아이다'라고 생각하여 취착하는 번뇌들이 생겨나기에 적당하지 않다. 생겨날 수 없다. 생겨날 기회가 없다. 이렇게 번뇌가 생겨날 기회를 얻지 못하기 때문에 "새겨 알 때마다 그 대상에 대해 번뇌가 잠재되지 못한다"라고, 또는 "대상을 거머쥠에서 생겨난 번뇌라고 부르는 대상 잠재번뇌가 사라진다"라고 말하는 것이다.

대상 잠재번뇌가 사라지면 그 잠재된 번뇌가 있어야 생겨날 수 있는 드러난(pariyuṭṭhāna) 번뇌, 범하는(vitikkama) 번뇌들과 함께 선업과 불선업이라는 업, 과보의 무더기도 모두 한 무더기로 사라져 버린다. 사실대로 바르게 알고 보는 위빳사나 때문에 잘못 알고, 잘못 보고, 잘못 생각하여 번뇌와 업, 과보들이 생겨날 수 없고 사라지는 것은 위빳사나에 의해 제거했기 때문이다. 아래는 『대복주서』의 설명이다.

> Aniccānupassanā tāva tadaṅgappahānavasena niccasaññaṁ pariccajati, pariccajantī ca tathā appavattiyaṁ ye "nicca"nti gahaṇavasena kilesā, tammūlakā abhisaṅkhārā, tadubhayamūlakā ca vipākakkhandhā anāgate uppajjeyyuṁ, te sabbepi appavattikaraṇavasena pariccajati, tathā dukkhānupassanādayo.[503] Tenāha "vipassanā hi tadaṅgavasena saddhiṁ khandhābhisaṅkhārehi kilese pariccajatī"ti.
>
> (Pm.i.345)

대역

tāva**먼저** aniccānupassanā**무상 거듭관찰은** niccasaññaṁ**항상하다는 인식을** tadaṅgappahānavasena**부분 제거를 통해** pariccajati**제거한다**. ca**이어서 말하자면** (sā)그 무상 거듭관찰은 항상하다는 인식을 pariccajantī**제거하여**(('~생겨나지 않게 함을 통해 제거한다'와 연결하라)), tathā appavattiyaṁ무상하다고 관찰하여 보는 무상 거듭관찰이 **생겨나지 않으면**(('~미래에 생겨날 수 있는'과 연결하라)) niccanti gahaṇavasena**항상하다고 거머쥠에 의해** ye kilesā**어떤 번뇌와**, tammūlakā

---

503 원문에는 dukkhasaññādayo로 되어 있다. 저본을 따랐다.

그 번뇌를 원인으로 하는 ye abhisaṅkhārā ca선업·불선업이라고 하는 **어떤 업형성, 또한** tadubhayamūlakā**그** 번뇌와 업형성이라는 **두 가지를 원인으로 하는** ye vipākakkhandhā ca새로운 생의 **과보 무더기가** anāgate**미래에** uppajjeyyuṁ**생겨날 수 있는데,** te sabbepi**그** 생겨날 수 있는 번뇌, 업, 과보 무더기라는 **모든 것도** appavattikaraṇavasena**생겨나지 않게 함을 통해,** 즉 생겨날 수 없도록 만들어 pariccajati**제거한다.** dukkhānupassanādayo**괴로움 거듭관찰 등도** tathā**그** 무상 거듭관찰**과 같은 방법이다.** tena**그래서** vipassanā hi tadaṅgavasena saddhiṁ khandhābhisaṅkhārehi kilese pariccajatīti**'위빳사나는 과보 무더기, 업형성과 함께 번뇌를 부분 제거를 통해 제거한다'라고** 주석서에서 āha**말했다.**

의미 여섯 문에서 드러나는 대상을 '무상하다'라고 알고 봄이 생겨나지 않으면 그 대상을 '항상하다'라고 생각하고 집착하는 번뇌가 생겨날 기회를 얻는다. 이렇게 생겨날 기회를 얻었기 때문에 '무상하다'라고 알고 보지 못한 그 대상에 번뇌가 잠재된다고 말한다. 이렇게 잠재되었기 때문에 나중에 조건이 형성될 때마다 그 대상을 항상한 것으로 생각하고 여기게 된다. 이렇게 생각하고 여기는 것은 드러난 번뇌이다. 다시 조건이 형성되면 항상한 것이라고 숙고한 그 대상을 얻기 위해, 잘 살기 위해, 혹은 무너뜨리기 위해 노력하고 행하게 된다. 이렇게 노력하는 것은 "'항상하다'라고 생각하는 번뇌로부터 계속되어 생겨났기 때문에" 그 번뇌를 근본원인으로 하는 업형성이다. 선업·불선업이라고 하는 이 업형성 때문에 조건이 형성되었을 때 재생연결의식 등의 새로운 생의 과보 무더기가 생겨난다.

이렇게 된 것에서, 새로운 생의 과보 무더기들은 업형성이라고 하는 업

원인이 있어야 생겨날 수 있다. 업이 없으면 생겨날 수 없다. 업도 '항상하다'라고 여기는 번뇌가 없으면 생겨날 수 없다. 번뇌도 '항상하다'라고 생각하고 거머쥠이 없으면 생겨날 수 없다. 여섯 문에서 대상이 드러날 때마다, 그 순간마다, 그 대상을 '무상하다'라고 사실대로 바르게 알고 본다면, '항상하다'라고 생각하고 거머쥘 기회도 얻지 못한다. 그래서 여섯 문에서 계속해서 드러나는 대상을 '무상하다'라고 사실대로 바르게 아는 것 = 무상 거듭관찰(aniccānupassanā)이 생겨난다면, 그 대상을 '항상하다'라고 생각하고 거머쥐는 잠재된 번뇌도 사라진다. '항상하다'라고 숙고할 드러난 번뇌도 사라진다. 그 대상과 관련하여 범함 = 범하는 번뇌, 애씀 = 업형성도 사라진다. 업형성이 없기 때문에 그 업의 과보인 새로운 생의 과보 무더기도 생겨나지 않은 채 사라진다. 이렇게 잠재된 번뇌로부터 새로운 생의 과보 무더기까지 생겨나지 않은 채 사라져 버리게 할 수 있기 때문에 "무상 거듭관찰은 번뇌, 업, 과보 무더기들을 제거한다"라고 말하였다. '제거한다'라는 말은 '사라지게 한다, 생겨나지 않게 한다, 생겨날 기회를 주지 않는다'는 뜻이다. 괴로움 거듭관찰, 무아 거듭관찰도 '행복하다, 자아이다'라고 생각함으로써 생겨날 번뇌 등을 같은 방법으로 제거한다. 그래서 주석서에서 "위빳사나는 과보 무더기와 업형성, 또한 번뇌들을 부분 제거를 통해 제거한다"라고 말했다. 이러한 뜻이다.

상속 잠재번뇌

범부, 수다원, 사다함, 아나함들의 존재상속에, 도(道)로써 아직 제거하지 못했기 때문에 조건이 형성되면 언제든 생겨날 수 있는 번뇌들을 상속 잠재번뇌(santānānusaya)라고 한다. 그 개인의 존재상속에 생겨나기 위해 미리 준비되어 있는 번뇌, 잠재되어 있는 번뇌라는 뜻이다.

예를 들면 열병이 아직 완치되지 않은 환자에게 "건강하십니까?"라고 누군가 물었다면, 그렇게 질문을 받았을 때는 그다지 열이 심하지 않더라도 이전에도 열이 심했고, 나중에도 열이 심할 것이기 때문에 "계속 아픕니다"라고 대답하는 것과 마찬가지이다. 또는 육식을 주로 먹는 이에게 "육식하십니까?"라고 누군가 물었다면, 그렇게 질문을 받았을 때는 고기를 먹고 있지 않더라도 이전에도 육식을 했고, 나중에도 육식을 할 것이기 때문에 "육식합니다"라고 대답하는 것과 마찬가지이다.

그와 마찬가지로 범부의 존재상속에는 잠재번뇌 일곱 가지, 수다원·사다함의 존재상속에는 사견과 의심을 제외한 나머지 잠재번뇌 다섯 가지, 아나함의 존재상속에는 존재 애착, 자만, 무명이라고 하는 잠재번뇌 세 가지, 이러한 번뇌들이 지금 그 순간 생겨나서 – 머물고 – 사라지는 것으로 생겨나고 있지는 않더라도 이전에도 생겼었고, 나중에도 조건이 형성되면 생겨날 것이기 때문에, 생겨남이 끊어지지 않았기 때문에 각각 개인의 존재상속에 생겨나기 위해 '미리 준비되어 있다, 잠재되어 있다'라고 말하는 것이다. 아래는 『야마까(Yamaka 雙論)』의 설명이다.

> Anāgāmissa avijjānusayo ca mānānusayo ca bhavarāgānusayo ca anusenti, … Dvinnaṁ puggalānaṁ avijjānusayo ca kāmarāgānusayo ca paṭighānusayo ca mānānusayo ca bhavarāgānusayo ca anusenti, no ca tesaṁ diṭṭhānusayo ca vicikicchānusayo ca anusenti. Puthujjanassa avijjānusayo ca anuseti kāmarāgānusayo ca paṭighānusayo ca mānānusayo ca diṭṭhānusayo ca vicikicchānusayo ca bhavarāgānusayo ca anusenti.
>
> (Yam.ii.60)

대역

anāgāmissa**아나함**의 존재상속**에는** avijjānusayo ca**무명 잠재번뇌**, mānānusayo ca**자만 잠재번뇌**, bhavarāgānusayo ca**존재 애착 잠재번뇌가** anusenti**잠재된다**. … dvinnaṁ puggalānaṁ수다원·사다함, **이 두 개인**의 존재상속**에는** avijjānusayo ca**무명 잠재번뇌**, kāmarāgānusayo ca**감각욕망 애착 잠재번뇌**, paṭighānusayo ca**적의 잠재번뇌**, mānānusayo ca**자만 잠재번뇌**, bhavarāgānusayo ca**존재 애착 잠재번뇌가** anusenti**잠재된다**. ca**하지만** tesaṁ**그들**, 수다원·사다함**에게는** diṭṭhānusayo ca**사견 잠재번뇌**, vicikicchānusayo ca**의심 잠재번뇌는** no anusenti **잠재되지 않는다**. puthujjanassa**범부에게는** avijjānusayo ca**무명 잠재번뇌**, kāmarāgānusayo ca**감각욕망 애착 잠재번뇌**, paṭighānusayo ca**적의 잠재번뇌**, mānānusayo ca**자만 잠재번뇌**, diṭṭhānusayo ca**사견 잠재번뇌**, vicikicchānusayo ca**의심 잠재번뇌**, bhavarāgānusayo ca**존재 애착 잠재번뇌가** anusenti**잠재된다**.

이 성전에서 설명한 번뇌 일곱 가지 중에서 감각욕망 애착과 존재 애착, 애착과 적의·의심, 적의와 자만·사견·의심·애착, 자만과 사견·의심·적의, 사견과 의심·존재애착·자만, 이러한 법들은 한 무더기로 같이 생겨나지 못한다.[504] 이렇게 한 무더기로 생겨날 수 없는 번뇌들에 대해서도 "잠재된 번뇌로는 한 무더기로 잠재한다. 생겨난다"라고 설했다. 따라서 잠재번뇌라고 말할 때는 드러난 번뇌, 범하는 번뇌처럼 생겨남 – 머묾 – 사라짐이라는 모습으로 생겨나는 것을 말하는 것이 아니다. 사실은 도(道)로써 아직 제거하지 못했기 때문에 각각의 개인의 존재상속

504 마음과 마음부수의 결합과 조합을 살펴보라. 『아비담마 길라잡이』(상), pp.274~275, 도표 2.4 참조.

에 조건이 형성되면 생겨날 수 있다는 뜻인 'thāmagatabhāva(힘이 구족된 상태)'를 두고 '잠재된다'라고 부른다. '생겨날 수 있는 번뇌들일 뿐이다'라고 알아야 한다. 아래는 감각욕망 애착과 적의가 한 무더기로 잠재되는 모습, 생겨나는 모습을 설명한 『야마까(雙論)』의 내용이다.

Yassa kāmarāgānusayo anuseti, tassa paṭighānusayo anusetīti?
Āmantā.
Yassa kāmarāgānusayo uppajjati, tassa paṭighānusayo uppajjatīti?
Āmantā.

(Yam.ii.56)

대역

yassa**어떤 이에게**, 어떤 이의 존재상속에 kāmarāgānusayo**감각욕망 애착 잠재번뇌가** anuseti**잠재되었다면**, 즉 적당한 조건이 형성되면 생겨날 수 있다면, tassa**그에게**, 그의 존재상속에 paṭighānusayo**적의 잠재번뇌가** anuseti**잠재될 수 있는가**, 적당한 조건이 형성되면 생겨날 수 있는가? iti**이렇게 질문한다면**,
āmantā**그렇다**. '잠재될 수 있다'라고 대답한다.
yassa**어떤 이에게**, 어떤 이의 존재상속에 kāmarāgānusayo**감각욕망 애착 잠재번뇌가** uppajjati**생겨나고 있다면** tassa**그에게**, 그의 존재상속에 paṭighānusayo**적의 잠재번뇌가** uppajjati**생겨나고 있는 것인가?** iti**이렇게 질문한다면**,
āmantā**그렇다**. '생겨나고 있는 것이다'라고 대답한다.

Yamhi santāne anusayā appahīnā, yamhi vā pana nesaṁ

santāne uppattipaccaye sati uppatti anivāritā.

(YamA.326)

대역

yamhi santāne**어떤 이의 존재상속에** anusayā**잠재번뇌가** appahīnā**아직** 도의 지혜로 **제거되지 않았다면**, pana"도에 의해서 아직 제거되지 않은 번뇌마다 '잠재된다'라고 말하는가?"라는 질문에 이어서 말하자면 **또한**, yamhi santāne**어떤 이의 존재상속에** nesaṁ**그 잠재번뇌를** uppattipaccaye sati**생겨나게 하는 조건이 있다면** uppatti vā그 잠재번뇌의 **일어남도** anivāritā**가로막을 수 없다**. 《이 뒷부분의 구절을 통해 "생겨나게 하는 조건이 형성되었을 때 번뇌들을 생겨나지 않도록 아직 가로막을 수 없는 존재상속에 그 번뇌들은 생겨날 수 있는 힘이 구족되어(thāmagata) 버렸다. 그렇게 힘이 구족된 일곱 가지 번뇌들, 바로 그것들을 '잠재된(anusaya) 번뇌'라고 말한다"라고 설명해 준다. '힘이 구족된(thāmagata) 상태는 잠재번뇌 일곱 가지와만 관련된다. 다른 번뇌들과는 관련되지 않는다'라고 근본복주서에서 말하였다. 따라서 이 구절은 "도로써 아직 제거되지 않았어도 힘이 구족된(thāmagata) 상태가 아닌 다른 번뇌들은 잠재번뇌라고 말하지 않는다"라는 이 사실을 알게 한다고 이해해야 한다.》

《이 구절을 또 다르게 해석하자면》 pana또한 "도에 의해서 아직 제거되지 않은 번뇌만[505] '잠재된다'라고 말하는가?"라는 질문에 이어서 말하자면, yamhi santāne**어떤 이의 존재상속에** nesaṁ**그 잠재번뇌를** uppattipaccaye sati**생겨나게 하는 조건이 있다면** uppatti그 잠재번뇌의 **일어남을** anivāritā vā사마타와 위빳사나로 제거하여 **가로막을 수 없기도 하다**. 《이 의미는 "samathavipassanānaṁ aññatara-vasena avikkhambhitaṁ kilesajātaṁ cittasantatiṁ anāruḷha-

505 앞에서는 '번뇌마다'라고 번역한 것에 유의하라.

mpi uppitti nivārakassa hetuno āsāvā avikkhambhituppannaṁ nāma(사마타와 위빳사나 가운데서 어느 것으로도 억압되지 않은 번뇌 무더기는 그것이 비록 마음의 상속에 들어오지 않았더라도 〔그 번뇌 무더기의〕 일어남을 가로막을 수 있는 원인이 없기 때문에 '억압하지 못함에서 생겨나는 번뇌흐름이라고 한다)"[506] 라고 하는 『위숫디막가(淸淨道論)』를 근거로 해석하였다. 이 구절을 통해 "도로써 아직 제거되지 않은 'asamūhatuppanna(뿌리 뽑지 못함에서 생겨나는 번뇌)'만 잠재된 번뇌라고 말하지 않는다. 사마타나 위빳사나를 통해 아직 억압하지 못한 'avikkhambhituppanna(억압하지 못함에서 생겨나는 번뇌)'도 잠재된 번뇌라고 말한다"라는 것을 설명해 준다. 'yamhi santāne anusayā appahīnā(어떤 이의 존재상속에 잠재번뇌가 아직 제거되지 않았다면)'이라는 첫 번째 구절은 "samathavipassanāvasena pana vikkhambhitampi ariyamaggena asamūhatatthā uppattidhammataṁ anatītatāya asamūhatuppannanti vuccati(비록 사마타와 위빳사나로 억압되었다 하더라도 성스러운 도로 근절되지 않아 〔번뇌가〕 생겨날 가능성을 초월하지 못했기 때문에 '뿌리뽑지 못함에서 못함을 통해 생겨나는 번뇌'라고 한다)"[507]라는 『위숫디막가(淸淨道論)』의 구절과 마찬가지로 'asamūhatuppanna(뿌리뽑지 못함에서 생겨나는 번뇌)'만 나타낸다고 알아야 한다.》

Yattha anuppajjanakkhaṇepi uppannapubbañceva kālantare uppajjanakañca upādāya yassa kāmarā-

506 『*Visuddhimagga Myanmarpyan*(위숫디막가 미얀마 어 번역)』 제4권, p.645; 『청정도론』 제3권, p.380 참조.

507 『*Visuddhimagga Myanmarpyan*(위숫디막가 미얀마 어 번역)』 제4권, p.645; 『청정도론』 제3권, pp.380~381 참조.

gānusayo uppajjati, tassa paṭighānusayo uppajjatiyeva nāmāti.

(YamA.326)

대역

tattha잠재번뇌를 아직 제거하지 못한, 아직 억압하지 못한 **그 존재상속에서** uppannapubbañceva**그 이전에 생겨났던 것이나** kālantare uppajjanakañca**나중에 언젠가 생겨날 것을** upādāya**집착해서,** anuppajjanakkhaṇepi일어남 – 머묾 – 사라짐에 이르러 번뇌가 **직접 생겨나는 순간은 아닐지라도** yassa kāmarāgānusayo uppajjati**어떤 이의 존재상속에 감각욕망 애착 잠재번뇌가 생겨나는데** 〔감각욕망 애착 잠재번뇌가 생겨나는〕 tassa**그의 존재상속에** paṭighānusayo**적의 잠재번뇌가** uppajjatiyeva nāma**생겨나고 있다고만 말한다.**

이러한 『야마까(雙論)』, 그리고 그 주석서의 내용에 따르면, 앞에서 설명한 잠재번뇌 일곱 가지, 다섯 가지, 세 가지들은 범부와 유학들의 존재상속에 언제나 '잠재되어 있다'라고 말한다. 선업, 과보, 재생연결, 바왕가, 임종 마음이 생겨날 때도 '잠재되어 있다'라고 말한다. 무상유정천의 중생들의 존재상속에도 '잠재되어 있다'라고 말한다. 불선 마음이 생겨날 때는 말할 필요도 없다. 이렇게 생겨남을 완전히 뿌리뽑지 못했기 때문에, 조건이 형성되면 생겨날 수 있기 때문에 "범부나 유학의 존재상속에 잠재되어 있다. 생겨나고 있다"라고 말한 이 잠재번뇌 일곱 가지, 다섯 가지, 세 가지들을 상속 잠재번뇌(santānānusaya)라고 한다. 이 상속 잠재번뇌들은 도의 지혜로만 남김없이 제거될 수 있다. 위빳사나 지혜로는 남김없이 제거되지 않는다. 'samathavipassanāvasena pana vikkhambhitampi(비록 사마타와 위빳사나로 억압되었다 하더라도)'라는『위숫디막가(淸淨道論)』의 구절에 따라 억압 제거를 통해 잠시 멈추게 하는 정도만 할 수 있다.

따라서 '무상 거듭관찰은 항상하다는 인식을 제거한다'라는 구절에서, 앞에서 설명한 방법에 따라 'ārammaṇādhiggahituppanna(대상을 거머쥠에서 생겨난) 번뇌'라고 하는 대상 잠재번뇌와 그 번뇌와 관련된 드러난 번뇌, 범하는 번뇌, 업, 과보 무더기라고 하는 법들만을 부분 제거를 통해 제거한다, 사라지게 한다고 기억해야 한다. 바로 이러한 내용을 두고『위숫디막가(淸淨道論)』에서 "aniccānupassanaṁ bhāvento niccasaññaṁ pajahati(무상 거듭관찰을 닦는 이는 항상하다는 인식을 제거한다)"라고 말했다.

4. 무상을 알면 괴로움과 무아도 안다

여기에서 "무상이라고 알아 버린 그 대상에 대해 '항상하다'라고 생각하고 집착하는 것이 생겨날 수 없다는 것은 분명하다. 그렇다고 해도 무상이라고 알아 버린 그 대상에 대해 '행복하다'라고, 또는 '자아이다'라고 생각하고 집착하는 번뇌는 그래도 생겨날 수 있지 않은가?"라고 질문한다면 "생겨날 수 없다"라고 결정해야 한다. 무엇 때문인가? '생겨난 다음에는 사라지고 무너져 버린다'라고 하는 진짜 무상의 특성을 분명하게 경험하여 '무상하다'라고 관찰하고 본 수행자는 바로 그 무상한 대상을 '행복하다'라고도, '주재하는 자아이다, 중생이다'라고도 생각할 수 없기 때문이다.

사실은 "생겨나서는 그 즉시 사라져 버린다"라고 알아 버린 그 모든 법들을 다시 돌이켜 숙고해 보게 되면 '무상하다'라고 알고 본 그 지혜에 따라서 "생겨남과 사라짐이 없어지지 않았기 때문에 괴로운 법일 뿐이다. 참기 힘든 법, 받아들이기에 적당하지 않은 법, 바라거나 좋아할 만한 것이 아닌 법"이라고, 또는 "바라는 대로 되지 않기 때문에 주재할 수 없는 법, 주체가 없는 법, 자기 성품에 따라서 생멸해 가는 법"이라고만 생각하고 결정할 수 있다. 아래의 『상윳따 니까야』 성전이 이러한 의미에 대한 확실한 근거이다.

> Aniccasaññā bhāvetabbā asmimānasamugghātāya. Aniccasaññino, bhikkhave, anattasaññā saṇṭhāti. Anattasaññī asmimānasamugghātaṁ pāpuṇāti diṭṭheva dhamme nibbānaṁ.
>
> (A.iii.162)

대역

asmimānasamugghātāya**'나'라고 여기는 자만을 뿌리 뽑기 위해** aniccasaññā**무상하다는 인식을** bhāvetabbā**닦아야 한다**. bhikkhave**비구들이여**, aniccasaññino**무상하다는 인식을 가진 비구에게는** anattasaññā**무아라는 인식이** saṇṭhāti**확립된다**. 즉 저절로 생겨난다. anattasaññī**무아라는 인식을 가진 자는** asmimānasamugghātaṁ**'나'라고 여기는 자만을 뿌리 뽑는 것을** pāpuṇāti**증득하고** diṭṭheva dhamme**지금·여기에서**, 현생에서 nibbānaṁ**열반을 증득한다**.[508]

이 성전에서 "aniccasaññino, bhikkhave, anattasaññā saṇṭhāti(비구들이여, 무상하다는 인식을 가진 비구에게는 무아라는 인식이 확립된

508 『앙굿따라 니까야』 제5권, pp.366~367 참조.

다)"라는 바로 이 구절이 이곳에서 소개하고자 하는 근본내용이다. 나머지 구절들은 관련이 있기 때문에 소개하였을 뿐이다. 그 구절 중에 포함된 "asmimāna('나'라는 자만)"라고 하는 것은 수다원, 사다함, 아나함들의 존재상속에도 생겨나는, 칭송받을 만한, 사실대로 바른 어떠한 공덕을 원인으로 '나'라고 우쭐거리는 '사실 자만(yāthāva māna)'이다.[509] 그 성자들은 사견을 남김없이 제거해 버렸기 때문에 '자아(atta), 중생(satta), 영혼(jīva)' 등으로 범부들이 생각하고 집착하는 '나'라는 것은 없다고 확실하게 안다. 그렇지만 칭송받을 만한 어떠한 공덕을 알고 봄, 말함, 행함 등을 의지하여 이러한 '나'라는 자만으로 우쭐거리며 "나는 알고 볼 수 있다. 나는 말할 수 있다. 나는 행할 수 있다" 등으로 생각하기도, 말하기도, 행하기도 한다. 성자들의 존재상속에 생겨나는 이러한 자만을 "존재더미 사견(有身見)과 생겨나는 모습이 어느 한 부분으로는 동일하기 때문에" 사견 자만(diṭṭhimāna)이라고도 부른다. '그 위의 도에 포함되는 정견이 사견을 제거한다'라고 말할 때의 사견이란 바로 이러한 사견 자만을 두고 말하는 것이다. 이 '나'라는 자만은 아라한 도에 의해서만 남김없이 제거된다. '무상하다'라고 확실하게 알고 보면 무아도 알고 볼 수 있다. 무아라고 확실하게 알고 보면 '나'라는 자만을 아라한 도에 의해 남김없이 제거할 수 있다. 따라서 그 '나'라는 자만을 제거하도록 부처님께서 "무상하다는 인식을 닦아야 한다"라고 설하셨던 것

509 자만에는 ① seyya māna(다른 이보다 더 낫다고 생각하는 자만), ② sadisa māna(동등하다고 생각하는 자만), ③ hīna māna(저열하다고 생각하는 자만)의 세 가지가 있다. 또한 사실이 아닌 것에 대해서 그렇게 자만하는 것을 ayathāva māna(비사실 자만), 사실인 것에 대해서 그렇게 자만하는 것을 yāthāva māna(사실 자만)이라고 하는데 '비사실 자만'은 수다원 도에 의해 제거되고, '사실 자만'은 아라한이 되어야 제거된다. 『*Dhammadāyada thouk tayato*(법 상속자 경에 대한 법문)』, pp.209~213 참조.

이다. 아래는 그 경의 주석이다.

Anattasaññā saṇṭhātīti aniccalakkhaṇe diṭṭhe anattalakkhaṇaṁ diṭṭhameva hoti. Etesu hi tīsu lakkhaṇesu ekasmiṁ diṭṭhe itaradvayaṁ diṭṭhameva hoti. Tena vuttaṁ — "aniccasaññino, bhikkhave, anattasaññā saṇṭhātī"ti.

(AA.iii.285)

대역

anattasaññā saṇṭhātīti**'무아라는 인식이 확립된다'란** aniccalakkhaṇe**무상의 특성을** diṭṭhe**보면** anattalakkhaṇaṁ**무아의 특성도** diṭṭhameva**본 것이** hoti**된다는 뜻이다.** hi**맞다.** etesu tīsu lakkhaṇesu무상·고·무아라는 **이 세 가지 특성들 중** ekasmiṁ**어느 한 가지 특성을** diṭṭhe**보면** itaradvayaṁ**나머지 두 가지 특성도** diṭṭhameva**본 것이** hoti**된다.** tena어느 한 가지 특성을 알고 보면 나머지 두 가지 특성도 본 것이 되기 때문에, **그래서** "aniccasaññino, bhikkhave, anattasaññā saṇṭhātī"ti**"비구들이여, 무상하다는 인식을 가진 자는 무아라는 인식이 확립된다"라고** vuttaṁ**설하셨다.**

'무상·고·무아의 특성 중 어느 한 가지 특성을 알고 보면, 나머지 두 가지 특성들도 알고 본다'라고 하는 이 성전과 주석서에 따라 위빳사나 수행자가 '무상하다'라고 관찰하여 본 대상에 대해서 다시 돌이켜 생각하게 되면 괴로운 것으로, 무아인 것으로만 경험하여 본다. 행복한 것으로, 자아인 것으로는 경험하여 보지 못한다. 따라서 '무상하다'라고 알고 본 그 직접관찰 대상에 대해 '항상하다'라고 집착하며 생겨날 번뇌만 사라진 것이 아니다. 적당한 만큼 '괴로움이다, 무아다'라고도 알고 볼 수 있게 되었기 때문에 '행복하다, 자아이다'라고 집착하며 생겨날 번뇌도 사라진 것이라고 알아야 한다.

여기서 다른 문헌에 나오는 내용 하나를 비교해서 설명하고자 한다. 『위방가(分別論) 주석서』에 다음과 같은 내용이 있다.

(Hatthato hi taṭṭake vā sarake vā kismiñcideva vā patitvā bhinne 'aho anicca'nti vadanti. Evaṁ aniccaṁ pākaṭaṁ nāma. Attabhāvasmiṁ pana gaṇḍapiḷakādīsu vā uṭṭhitāsu khāṇukaṇṭakādīhi vā viddhāsu 'aho dukkha'nti vadanti. Evaṁ dukkhaṁ pākaṭaṁ nāma. Anattalakkhaṇaṁ apākaṭaṁ andhakāraṁ avibhūtaṁ duppaṭivijjhaṁ duddīpanaṁ duppaññāpanaṁ. Aniccadukkhalakkhaṇāni uppādā vā tathāgatānaṁ anuppādā vā paññāyanti. Anattalakkhaṇaṁ vinā buddhuppādā na paññāyati, buddhuppādeyeva paññāyati. Mahiddhikā hi mahānubhāvā tāpasaparibbājakā sarabhaṅgasatthārādayopi 'aniccaṁ dukkha'nti vattuṁ sakkonti, 'anattā'ti vattuṁ na sakkonti. Sace hi te sampattaparisāya anattāti vattuṁ sakkuṇeyyuṁ, sampattaparisāya maggaphalapaṭivedho bhaveyya.[510] Anattalakkhaṇapaññāpanañhi aññassa kassaci avisayo,

---

510 이곳까지에 해당되는 빠알리어 원문은 원본에 수록되지 않아 역자가 보충하였다. 그리고 그 다음의 부분도 각주로 수록한 것을 역자가 본문에 소개하였다.

sabbaññubuddhānameva visayo. Evametaṁ anattalakkhaṇaṁ apākaṭaṁ. Tasmā satthā anattalakkhaṇaṁ dassento aniccena vā dassesi, dukkhena vā, aniccadukkhehi vā.)

(VbhA.ii.46)

해석

작은 그릇이든, 작은 컵이든 어느 하나가 손에서 미끄러져 떨어져서 부서져 버리면 '오, 무상하구나'라고 말하기도 한다. 이렇게 무상의 특성은 분명하다. 몸에 종기 등의 병이 생기든지, 혹은 가시에 찔리든지 하면 '오, 괴롭구나'라고 말하기도 한다. 이렇게 괴로움의 특성도 분명하다. 하지만 무아의 특성은 분명하지 않다. 암흑속에 있는 듯 분명하게 드러나지 않는다. 알기 어렵다. 설명하기 어렵다. 분명하게 드러내기 어렵다. 부처님께서 출현하셨을 때든, 출현하시지 않았을 때든 무상의 특성과 괴로움의 특성은 여전히 분명하다. 〔하지만〕 무아의 특성은 부처님께서 출현하셨을 때를 제외하고는 분명하지 않다. 부처님께서 출현하셨을 때라야만 분명하다. 신통과 위력이 매우 컸던 보살 사라방가(Sarabhaṅga) 스승[511] 등의 수행자, 대선인 등도 무상과 괴로움만을 설할 수 있었다. 무아라고는 설할 수 없었다. 무아라고 설할 수 없었다는 것을 유추해서 알 수 있는 근거는 다음과 같다. 부처님 가르침 밖의 스승들이 주위의 대중들에게 '무아'라고 만약 설할 수 있었다면, 그 주위의 대중들은 도와 과를 증득할 수 있었을 것이다. 무아의 특성을 시설함, 설함은 다른 어떤 이의 영역이 아니다. 일체지를 갖춘 부처님만의 영역이다. 이렇게 이 무아의 특성은 분명하지 않다. 그래서 부처님께서 무아의 특성을 설하실 때는 무상의 특성을 통해서, 혹은 괴로움의 특

---

511 J.522 참조.

성을 통해서, 혹은 무상과 괴로움의 특성을 통해서 가르치셨다.

이렇게 설하신 내용 중, '불교 가르침 밖의 스승들도 분명하게 알고 설하고 보일 수 있다'라고 설명한 무상의 특성, 괴로움의 특성들은 위빳사나의 대상인 진짜 무상의 특성, 괴로움의 특성이 아니다. 세속적 개념과 관련된 무상의 특성, 괴로움의 특성일 뿐이다. 분명하게 설명하겠다. 그릇이나 컵 등이 깨지는 것이라고 하는 무상의 특성은 위빳사나 지혜로 알 수 있는 실재성품으로서의 물질·정신과 관련되지 않은, 그릇이나 컵 등의 세속적 개념과만 관련된 것이다. 따라서 진짜 무상의 특성이 아니다. 장례식장에서 '무상하구나'라고 아는 것도 가짜 무상의 특성만 아는 것이다. 병이 나는 것, 가시에 찔리는 것 등 때문에 생겨난 몸의 참기 힘든 느낌이라고 하는 괴로움의 특성도 일반 사람들에게 실재성품법으로 드러나는 것이 아니다. 사람이라는 개념과만 관련되어 "나는 괴롭다, 나는 아프다"라는 등으로 드러나는 것이다. 따라서 위빳사나 지혜를 통해서 알아지는 실재성품으로서의 물질·정신과 관련되지 않고, '나, 중생'이라는 개념과만 관련된다. 그래서 진짜 괴로움의 특성이 아니다. 이렇게 위빳사나 지혜를 통해서 알아야 하는 진짜 무상의 특성, 괴로움의 특성이 아니라, 개념과만 관련된 가짜 무상의 특성, 가짜 괴로움의 특성만 알기 때문에 '사라방가 등 불교 가르침 밖의 스승들은 진짜 무아의 특성을 알 수 없다, 설할 수 없다'고 알아야 한다.

앞에서 언급했던 『앙굿따라 니까야』 성전과 주석서의 구절은 위빳사나 지혜를 통해서만 알 수 있는 "hutvā abhāva, udayabbayappaṭipīḷana, avasavattanākāra(생겨나서는 없어짐, 생멸이 괴롭힘, 주재할 수 없음)"라고 하는 진짜 무상·고·무아의 특성만 설명한 구절이다. 이 진짜 세 가지 특성 중 어느 한 가지를 알고 본다면 나머지 두 가지 특성들도 알고 볼 수 있다. 바로 그렇기 때문에 앞에서 언급했던 『위방가(分別論) 주석서』에서도 〔대중들로 하여금〕 무아의 특성을 알게 하기 위해 〔부처님께서〕 무상과 괴로움의 특성을 설하고 드러내셨다는 사실을 말하였다. 여기서 무아의 특성을 알게 하는 조건인 무상과 괴로움의 특성은 위빳사나를 통해 알 수 있는 진짜 특성이다. 무아의 특성처럼 알기 어렵다. 〔진짜 무상의 특성, 괴로움의 특성이라는〕 그러한 것들도 부처님을 제외하고 다른 누구도 설할 수 없다. 그래서 『위방가(分別論) 근본복주석서』에서는 다음과 같이 설명하였다.

> Anattalakkhaṇapaññāpanassa aññesaṁ avisayattā anattalakkhaṇadīpakānaṁ aniccadukkhalakkhaṇānañca paññāpanassa avisayatā dassitā hoti. Evaṁ pana duppaññāpanatā etesaṁ durūpaṭṭhānatāya hoti.
>
> (VbhMṬ.ii.39)

대역

anattalakkhaṇapaññāpanassa**무아의 특성을 시설하는 것**, 즉 알게 하는 것, 설하는 것**은** aññesaṁ avisayattā부처님을 제외한 **다른 누구의 영역이 아니기 때문에** anattalakkhaṇadīpakānaṁ**무아의 특성을 설명하기 위해** aniccadukkhalakkhaṇānaṁ**무상과 괴로움의 특성을** paññāpanassa ca**시설하는 것**, 즉 알게 하는 것, 설하는 것**도** avisayatā부처님을 제외한 다른 누구의 **영역이 아니라는 사실을** dassitā주석서의 스승이 **보여준** hoti**것이다**. evaṁ duppaññāpanatā pana**이렇게 시설하기**, 즉 알게 하기, 설하기 **매우 어려운 것은** etesaṁ**이** 진짜 무상의 특성, 괴로움의 특성, 무아의 **특성이** durūpaṭṭhānatāya**지혜에 드러나**

기 어렵기 때문hoti이다.

의미 '무아의 특성을 다른 누구도 설할 수 없다. 부처님께서만 설하실 수 있다'라고 하고 나서, '그렇게 알기 어려운 무아의 특성을 무상의 특성, 괴로움의 특성을 통해 설하셨다'라고 하는 주석서의 구절을 통해 "진짜 무상의 특성, 괴로움의 특성을 알지 못하기 때문에, 바로 그 때문에 무아의 특성을 모르는 것이다. 진짜 무상의 특성, 괴로움의 특성을 안다면 무아의 특성도 알 수 있다"라는 사실, 또한 "부처님을 제외하고 다른 누구도 무아의 특성을 〔스스로〕 알 수 없는 것처럼, 진짜 무상의 특성, 진짜 괴로움의 특성도 자신 스스로 알 수 없다. 따라서 무아의 특성을 알게 할 수 있는 〔진짜〕 무상의 특성, 괴로움의 특성도 부처님을 제외한 다른 누구도 설할 수 없다. 부처님만이 설할 수 있다"라는 사실, 이러한 의미를 설명해 준다. "진짜 무상의 특성, 괴로움의 특성, 무아의 특성을 설하고 드러내기 어려운 것도 그 진짜 특성들이 지혜에 드러나기 어렵기 때문이다"라고 설명해 준다.

이 복주서에서 '무아의 특성을 설명해 주는 무상의 특성, 괴로움의 특성'이라고 하는 것은 위빳사나를 통해 알 수 있는 진짜 무상의 특성, 괴로움의 특성이다. 그릇이 깨지는 것, 가시에 찔리는 것 등과 관련된 가짜 무상의 특성, 괴로움의 특성이 아니다. 그 가짜 특성들은 〔무아의〕 특성을 확실하게 알게 해 주는 원인이 아니라는 것이다. 그래서 복복주서에서는 다음과 같이 설명하였다.

Na hi ghaṭabhedakaṇṭakavedhādivasena labbhamānā aniccadukkhatā sattānaṁ ekantato anattatādhigamahetū honti. Paccayapaṭibaddhatāabhiṇhasampaṭipīḷanādivasena pana labbhamānā honti. Tathā hi cakkhādīni kammādimahābhūtādipaccayapaṭibaddhavuttīni, tato eva ahutvā sambhavanti, hutvā paṭiventīti aniccāni, abhiṇhasampaṭipīḷitattā dukkhāni, evaṁbhūtāni ca avasavattanato anattakānīti pariggahe ṭhitehi samupacitañāṇasambhārehi passituṁ sakkā.

(VbhAnṬ.ii.43)

대역

hi맞다. '진짜 무상의 특성, 괴로움의 특성이 무아의 특성을 드러내 줄 수 있다. 그러한 진짜 특성은 부처님만 설하실 수 있다'라는 근본복주서의 말은 사실이다. ghaṭabhedakaṇṭakavedhādivasena labbhamānā그릇이 깨지는 것, 가시에 찔리는 것 등을 통해 얻을 수 있는, 알 수 있는 aniccadukkhatā무상과 괴로움의 특성들은 sattānaṁ중생들로 하여금 ekantato anattatādhigamahetū무아의 특성을 확실하게 알게 하는 원인이 na honti아니다. paccayapaṭibaddhatāabhiṇhasampaṭipīḷanādivasena pana labbhamānā조건들과 관련되어 있음, 끊임없이 괴롭힘 등을 통해 얻을 수 있는, 알 수 있는[512] aniccadukkhatā무상과 괴로움의 특성들만이 ekantato anattatādhigamahetū무아의 특성을 확실하게 알게 하는 원인honti이다. tathā hi그 구절을 자세하게 설명하겠다. cakkhādīni눈〔감성물질〕 등의 물질·정신 감각장소들은 kammādimahābhūtādi paccayapaṭibaddhavuttīni업 등의 과거 조건, 네 가지 근본물질 등의 현재 조건들과 관련되어 생겨난다. tato eva바로 그렇게

512 원주(본문내용): 여기에서 '~등'이라는 것은 'uppādavayaparicchinnatā(일어남과 사라짐으로 제한된 성품), tāvakālikatā(한순간 정도만 머문다는 성품), anaccantikatā(영원하지 않다는 성품), viparināmatā(바뀌고 변화하는 성품)'라는 등과, 또한 'dukkhamatā(참기 힘든 성품), dukkhavatthutā(괴로움의 토대인 성품)'라는 등을 말한다.

여러 조건들과 관련되었**기 때문에** ahutvā sambhavanti이전에는 **존재하지 않은 채 새로 생겨남,** hutvā paṭiventīti**생겨나서는 다시 사라져버림**이라고 하는 이러한 이유 **때문에** aniccāni**'무상하다'**iti**라고,** ⟪'~ 볼 수 있다'와 연결하라⟫ abhiṇhasampaṭipīḷitattā또는 **생겨남과 사라짐이 끊임없이 괴롭히기 때문에** dukkhāni**'괴로움이다'라고** ⟪'~ 볼 수 있다'와 연결하라⟫ evaṁbhūtāni ca**또는** 이 정도가 다가 아니다. 항상하지 않은 법, 괴로운 법이라고 하는 **이러한 감각장소들은** avasavattanato생겨나지 않기를 바라거나 소멸하지 않기를 바라지만 그 바람대로 되지 않고 생겨나고 사라지기 때문에, 즉 **주재할 수 없기 때문에** anattakāni'주재할 수 있는 자아는 없다, 주재하는 자아가 아니다, **무아이다'**iti**라고** ⟪'~ 볼 수 있다'와 연결하라⟫ samupacitañāṇasambhārehi**이미 증득한** 위빳사나 **지혜라는 쌓임이 있는,** 즉 위빳사나 지혜의 쌓임인 바라밀을 축척하여 pariggahe ṭhitehi물질과 정신을 **파악하여** 관찰하고 새김에 **머무는 이가** passituṁ sakkā**볼 수 있다.**

5. 무상 거듭관찰에 대한 요약

여섯 문에 드러나는, 생겨나는 물질·정신 대상들을 생겨나는 그 고유 성품에 따라, 즉 고유특성에 따라 새기는 바로 그때 생겨남과 소멸함, 그 두 가지를 보든, 또는 '사라지고 없어진다'라고만 보든, '무상하다'라고 알고 보고 이해하는 것을 무상 거듭관찰이라고 한다. 새기는 대상을 '무상하다'라고 직접 아는 이러한 지혜가 직접 무상 거듭관찰이다.

이렇게 직접 관찰함을 통하여 능숙하게 알고 보았을 때 직접 알 수 없는 과거의 물질·정신에 대해서도 같은 방법으로 '무상하다'라고 숙고하여 결정하며 관찰한다. 〔미래의 물질·정신에 대해서도,〕 외부 존재상속의 물질·정신에 대해서도 같은 방법으로 '무상하다'라고 숙고하여 결정하며 관찰한다. 세상에 존재하는 모든 물질·정신들에 대해서도 같은 방법으로 '무상하다'라고 숙고하여 결정하며 관찰한다. 이렇게 숙고하여 결정하는 지혜가 추론 무상 거듭관찰이다. 귀납적 지혜(anvaya ñāṇa)라고도 부른다.

직접관찰의 지혜, 추론관찰의 지혜, 이 두 가지 무상 거듭관찰은 명상의 지혜 단계를 시작으로 생겨난다. 무너짐의 지혜 단계부터는 번뇌들을 제거하는 작용을 통해서 구족하게 생겨난다. 따라서 무너짐의 지혜에 대해 분석하는 『빠띠삼비다막가(無碍解道)』에서 "aniccato anupassanto niccasaññaṁ pajahati(무상하다고 〔거듭〕 관찰하는 이는 항상하다는 인식을 제거한다)"라고 제거하는 작용과 함께 구족하게 설하셨다. 의미는 앞을 참조하라.

괴로움 거듭관찰 등에서는 특별한 점만 설명하면서 간략하게 서술하려 한다. 동일한 내용 또는 방법을 의지해서 취할 만한 내용은 이 무상 거듭관찰을 참고하여 알기 바란다.

무상 거듭관찰이 끝났다.

괴로움 거듭관찰

1. 괴로움, 괴로움의 특성, 괴로움 거듭관찰

물질·정신 형성들을 고유특성을 통해 새기고 알면서, 바로 그렇게 하면서 생멸이 끊임없이 괴롭히는 것도 경험하여 '괴로움이다'라고 관찰하고 보는 지혜를 괴로움 거듭관찰(dukkhānupassanā)이라고 한다.

여섯 문에서 생멸하고 있는 다섯 무더기(五蘊), 물질·정신 법들은 생멸의 괴롭힘을 계속 당하기 때문에 '괴로움(dukkha) = 괴로운 법'이라고 한다. 생멸이 끊임없이 괴롭힘 = 생멸이 사라지지 않음을 '괴로움의 특성(dukkhalakkhaṇā) = 괴로움이라고 알게 하는 특성'이라고 한다. 계속 생멸하고 있는 물질과 정신을 바로 그렇게 새기고 아는 동안에 그 괴로움의 특성도 경험할 수 있다. '괴로움이다'라고 관찰하고 보는 지혜를 괴로움 거듭관찰(dukkhānupassanā)이라고 한다. '두려운 것이다', 또는 '위험한 것이다', 또는 '염오스러운 것이다', 또는 '좋지 않은 것이다'라는 등으로 마음에 들지 않는 것으로 알고 보는 모든 것도 괴로움 거듭관찰일 뿐이다.

"Yadaniccaṁ taṁ dukkha"nti[513] vacanato pana tadeva

---

513 S.iii.15.

khandhapañcakaṁ dukkhaṁ. Kasmā? Abhiṇhappaṭipīḷanā, abhiṇhappaṭipīḷanākāro dukkhalakkhaṇaṁ.

(Vis.ii.277)

대역 •

yaṁ aniccaṁ taṁ dukkhanti vacanato**"어떤 법이 무상하다면 그 무상한 법은 괴로움이다"라고 설하셨기 때문에** tadeva khandhapañcakaṁ**그 다섯 무더기(五蘊), 바로 그것이** dukkhaṁ**괴로움**, 즉 괴로운 **법이다.** kasmā**무엇 때문인가?** abhiṇhappaṭipīḷanā**생멸이 끊임없이 괴롭히기 때문이다.** abhiṇhappaṭipīḷanākāro**끊임없이 괴롭히는 모습이** dukkhalakkhaṇaṁ**괴로움의 특성이다.**[514]

2. 괴로움의 특성 세 가지

'dukkhadukkhatā(고통 괴로움의 성질)'라고 부르는 dukkhadukkhalakkhaṇā(고통 괴로움의 특성), 'vipariṇāmadukkhatā(변함 괴로움의 성질)'라고 부르는 vipariṇāmadukkhalakkhaṇā(변함 괴로움의 특성), 'saṅkhāradukkhatā(형성 괴로움의 성질)'라고 부르는 saṅkhāradukkhalakkhaṇā(형성 괴로움의 특성), 이렇게 괴로움의 특성에는 세 가지가 있다. 이 중에서 몸이나 마음에 일어나는 참기 힘든 괴로운 느낌의 참기 힘든 특성을 '고통 괴로움의 특성'이라고 한다. 몸이나 마음에 일어나는 좋아할 만한 행복한 느낌들의 무상함을 '변함 괴로움의 특성'이라고 한다. '끊임없이 괴롭히는 모습(abhiṇhappaṭipīḷanākāro)'이

514 『청정도론』 제3권, p.283 참조.

라고 하는 형성법들의 생멸이 사라지지 않음을 '형성 괴로움의 특성'이라고 한다. 이 괴로움의 특성 세 가지 중에 '끊임없이 괴롭히는 모습'이라고 하는 형성 괴로움의 특성만 위 주석서에서 설명하였다. 그 형성 괴로움만 삼계의 모든 형성들과 관련되어 기본이 되기 때문이다.

Tīsu dukkhatāsu saṅkhāradukkhatāva byāpinī.

(Pm.ii.392)

대역

tīsu dukkhatāsu**괴로움의 특성**[515] **세 가지 중에** saṅkhāradukkhatā eva**형성 괴로움의 특성, 바로 그것은** byāpinī**모든 형성들에 해당된다.**

여섯 문에서 끊임없이 생멸하고 있는 물질과 정신을 관찰하고 새기지 않는 이는 생겨남과 사라짐이 끊임없이 괴롭히고 있는 것을 알 수 없다. 생겨남과 사라짐이 끊임없이 괴롭히는 것에 마음기울이지 않고, 관찰하고 새기지 않는 이는 어느 한 자세로 오랫동안 머물러 저리거나 뜨거움 등의 참기 힘든 괴로운 느낌이 생겨나도, 바로 그 느낌을 형성 성품법으로 새기지 못하고 다른 자세로 바꾸어 버린다. 그러한 이들에게는 마음기울이지 않는 것과 관찰하고 새기지 않는 것, 또한 자세를 바꾸는 것이 덮어 버리기 때문에, 생겨나는 참기 힘든 괴로운 느낌이라고 하는 그 고통 괴로움의 특성조차 분명하게 드러나지 않는다. 변함 괴로움의 특성, 형성 괴로움의 특성이 분명하게 드러나지 않는 것은 말할 필요조차 없다. 이렇게 최소한 고통 괴로움의 특성조차 분명하게 드러나지 않는 이에게 진짜 괴로움 거듭관찰이 생겨날 수 없다.

---

515 저본에서 '괴로움의 특성'으로 해석하였다.

여섯 문에서 끊임없이 생멸하고 있는 물질과 정신을 관찰하고 새기는 이는 생겨남과 사라짐이 끊임없이 괴롭히고 있는 것도 알 수 있다. 생겨남과 사라짐이 끊임없이 괴롭히는 것에 마음기울이고, 관찰하고 새기기 때문에 어느 한 자세를 기본으로 머물고 있던 중에 생겨났던 행복한 느낌 다음에 〔그 행복한 느낌의〕 사라지고 없어짐이라고 하는 변함 괴로움의 특성도 알 수 있다. 그때 생겨난 저리거나 뜨거움 등의 참기 힘든 괴로운 느낌도 형성 성품법으로 새기며 안다. 참기 힘들어 다른 자세로 바꾸려고 하는 것도, 자세를 바꾸는 동작들도, 바꾸고 났을 때 참기 힘든 느낌이 사라져 다시 편안함이라는 새로운 행복한 느낌이 생겨나는 것도 차례대로 새겨 안다. 이렇게 생멸이 끊임없이 괴롭히는 것에 마음기울이고, 관찰하고 새기며, 생겨나는 참기 힘든 느낌, 바꾸려고 하는 마음, 바꾸는 동작들을 새겨 아는 수행자는 괴로움의 특성을 가려버리는 자세의 변화를 '걷어내어 버렸다'라고 한다. 이러한 수행자에게는 매우 미세한 형성 괴로움의 특성도 쉽게 드러나기 때문에 진짜 괴로움 거듭관찰이 생겨난다.

> Dukkhalakkhaṇaṁ abhiṇhasampaṭipīḷanassa amanasikārā iriyāpathehi paṭicchannattā na upaṭṭhāti. … Abhiṇhasampaṭipīḷanaṁ manasikatvā iriyāpathe ugghāṭite dukkhalakkhaṇaṁ yāthāvasarasato upaṭṭhāti.
>
> (Vis.ii.276)

대역

abhiṇhasampaṭipīḷanassa생멸이 **계속해서 괴롭힘에** amanasikārā**마음기울이지 않고,** iriyāpathehi계속해서 새로 누웠다가, 앉았다가, 섰다가, 갔다가 하는 **자세**〔의 변화〕**가** paṭicchannattā**가려 버린 상태이기 때문**

에 dukkhalakkhaṇaṁ**괴로움의 특성은** na upaṭṭhāti**나타나지 않는다.** … abhiṇhasampaṭipīḷanaṁ생멸이 **계속 괴롭힘에** manasikatvā**마음기울이고,** iriyāpathe ugghāṭite가린 **자세**〔의 변화〕**를 걷어내 버리면** dukkhala-kkhaṇaṁ**괴로움의 특성이** yāthāvasarasato자기의 **사실대로 바른 성품에 따라** upaṭṭhāti**나타난다.**[516]

이 〔『위숫디막가(淸淨道論)』라는〕 주석서에서 "가린 자세〔의 변화〕를 걷어내 버리면 괴로움의 특성이 나타난다"라고 말했기 때문에 "고통 괴로움의 특성이 드러나는 모습을 설명해 준다"라고 기억할 만하다. 그렇지만 '계속 괴롭힘에 마음기울이고(abhiṇhasampaṭipīḷanassa)'라는 말을 통해 형성 괴로움의 특성, 변함 괴로움의 특성이 드러나는 모습도 설명해 준다. 따라서 괴로움의 특성 세 가지가 드러나는 모습을 모두 설명해 준다고 알아야 한다.

3. 제거

바른 성품에 따라 드러나는 괴로운 특성을 통해 '괴로움이다'라고 알고 보는 진짜 괴로움 거듭관찰이 계속해서 생겨날 때마다 행복하다는 인식을 제거한다. 제거하는 모습은 다음과 같다. 분명한 물질·정신 대상을 '괴로움이다'라고 사실대로 바르게 알지 못한다면, 그렇게 모르는 대상에 대해 '행복하다'라고 잘못 생각하는 인식의 전도도 생겨날 수 있다. 견해의 전도, 마음의 전도도 생겨날 수 있다. 어떤 다른 번뇌도 생겨날

516 『청정도론』 제3권, pp.282~283 참조.

수 있다. 선업과 불선업들도 생겨날 수 있다. 그 업들의 결과인 과보 무더기들도 생겨날 수 있다.

'괴로움이다'라고 사실대로 바르게 알고 본다면 그 대상과 관련하여 인식의 전도 등이 생겨날 수 없게 된다. 이렇게 인식의 전도를 시작으로, 과보의 무더기를 끝으로 하는 이 모든 법들이 생겨날 수 없는 것은 바로 괴로움 거듭관찰이 제거했기 때문이다. 사라지게 했기 때문이다. 그래서 『위숫디막가(淸淨道論)』에서 "dukkhānupassanaṁ bhāvento sukhasaññaṁ pajahati(괴로움 거듭관찰을 닦는 이는 행복하다는 인식을 제거한다)"라고 말했다.

Dukkhato anupassanto sukhasaññaṁ pajahati.

(Ps.55)

대역

dukkhato**괴로움이라고** anupassanto**(거듭)관찰하는 이는** sukhasaññaṁ **행복하다는 인식을** pajahati**제거한다**. 사라지게 한다.

4. 괴로움 거듭관찰에 대한 요약

여섯 문에 드러나는, 생겨나는 물질·정신 대상들을 생겨나는 그 본래 성품에 따라 새기는 바로 그때 생겨남과 사라짐이 괴롭힘을 보든, 또는 변하고 무너지는 것을 보든, 또는 참기 힘들 정도로 생겨나면서 괴롭히는 것을 보든, '괴로움이다'라고 직접 아는 이러한 지혜가 직접 괴로움 거듭관찰(paccakkhadukkhānupassanā)이다.

이렇게 직접관찰을 통하여 능숙하게 알고, 보았을 때 직접 알 수 없는 과거의 물질·정신에 대해서도, 미래의 물질·정신에 대해서도, 외부 존재상속의 물질·정신에 대해서도, 세상에 존재하는 모든 물질·정신들에 대해서도 같은 방법으로 '괴로움이다'라고 숙고하여 결정하며 관찰한다. 이렇게 숙고하여 결정하는 특별한 지혜가 추론 괴로움 거듭관찰(anumānadukkhānupassanā)이다. 귀납적 지혜(anvaya ñāṇa)라고도 부른다.

이 두 가지 괴로움 거듭관찰은 명상의 지혜 단계를 시작으로 생겨난다. 무너짐의 지혜 단계부터는 번뇌들을 제거하는 작용을 통해서 구족하게 생겨난다.

괴로움 거듭관찰이 끝났다.

무아 거듭관찰

1. 무아, 무아의 특성, 무아 거듭관찰

물질·정신 형성들을 고유특성을 통해 새기고 알면서, 바로 그렇게 관찰하면서 바라는 대로 되지 않음을 경험하게 되어 '주재하는 자아가 아니다. 그 자체의 성품에 따라 생멸하는 성품법일 뿐이다'라고 관찰하고 보는 지혜를 무아 거듭관찰(anattānupassanā)이라고 한다.

여기에서 무아의 반대인 '자아(atta)'라고 하는 것은 물질 무더기, 정신 무더기, 몸을 말하는 것이 아니다. 어떠한 형체나 모습을 말하는 것도 아니다. 사실은 '주인(sāmī), 거주자(nivāsī), 행위자(kāraka), 느끼는 자(vedaka), 지배자(adhiṭṭhāyaka), 독존자(sayaṁvasī)'라고 어리석은 범부들이 생각하여 집착하는 '영혼, 혼백, 의식, 중생'을 말한다. 어리석은 범부들이 집착하는 모습에 대해서는 제6장 무아에 대한 명상 부분[517]을 다시 살펴보라.

그 '자아'라고 하는 것은 다섯 무더기(五蘊), 물질·정신 법들도 아니다. 다섯 무더기, 물질·정신 법들 안에 있는 것도 아니다. 그렇다고 다른 곳에 실제로 있는 것도 아니다. 사견이 아직 사라지지 않은, 어리석은

---

517 이 책의 제2권 pp.191~196 참조.

범부가 생각하여 집착하는 개념일 뿐이다. 그래서 다섯 무더기, 물질·정신 법들을 무아(anatta)〔인 법〕이라고 한다. 《na attā anattā, natthi attā etassa khandhāpañcakassāti vā anattā(자아가 아니다. 그래서 무아이다. 또는 그 다섯 무더기에는 자아가 없다. 그래서 무아이다).》 주재하는 자아가 아닌 법, 주재하는 자아가 없는 법이란 뜻이다.

무엇 때문에 무아라고 하는가? 만약 자아가 맞다면 바라는 대로 생겨나게 할 수 있어야 한다. 자아 = 주재하는 이가 있다면 자기가 바라는 대로 이루어지게 할 수 있어야 한다. 그럼에도 불구하고 다섯 무더기는 바라는 대로 되지 않는다. 그래서 무아일 뿐이다. 무아라고 인식하고 알게 하기 때문에 이렇게 바라는 대로 되지 않는 모습을 무아의 특성(anatalakkhaṇā)이라고 한다.

물질·정신 무더기가 생겨날 때마다 그것들을 새겨 아는 수행자는 자기 성품에 따라 생멸하고 있는 법들일 뿐이라는 사실을 직접 경험한다. '바라는 대로 이루어지게 할 수 있다, 주재한다, 지배한다'라고 말할 만한 자아는 전혀 경험하지 못한다. 그래서 새겨 알게 된 물질·정신을 '주재하는 자아가 아니다. 단지 성품법일 뿐이다'라고 알고 보고 이해한다. 이렇게 알고 보는 것을 무아 거듭관찰(anattānupassanā)이라고 한다.

> "Yaṁ dukkhaṁ tadanattā"ti[518] pana vacanato tadeva khandhapañcakaṁ anattā. Kasmā? Avasavattanato, avasavattanākāro anattalakkhaṇaṁ.
>
> (Vis.ii.277)

518 S.iii.15.

대역

yaṁ dukkhaṁ taṁ anattāti pana vacanato**"어떤 법이 괴로움이라면, 그 괴로운 법은 자아가 아니다"라고 설하셨기 때문에** tadeva khandhapañcakaṁ**그 다섯 무더기(五蘊), 바로 그것이** anattā**무아**, 즉 무아인 **법이다.** kasmā**무엇 때문인가?** avasavattanato바라는 대로 이루어지게 할 수 없기 때문에, **지배할 수 없기 때문이다.** avasavattanākāro바라는 대로 이루어지게 할 수 없는, **지배할 수 없는 모습이** anattalakkhaṇa**무아의 특성이다.**[519]

2. 드러나는 모습

여섯 문에서 여러 법들이 생멸할 때마다 관찰하고 새기지 않는 이에게는 그러한 법들이 찰나·성품·작용·대상 등으로 각각 나누어져 드러나지 않는다. 한 무더기, 한 덩어리, 하나의 실체로만 드러난다. 비유하자면 보는 그 순간에, 봄이라는 성품, 그 하나만 분리되어 드러나지 않는다. 보려고 함, 봄, 보임, 이어서 생각함, 이러한 것들이 한 무더기가 되어 하나로, 하나의 실체로만 드러나는 것과 마찬가지이다. 이렇게 하나의 무더기로 드러나는 '덩어리 개념'이 덮고 있기 때문에 관찰하고 새기지 않는 이에게는 무아의 특성이 드러나지 않은 채 감추어져 있다. 무아의 특성이 드러나지 않는 이에게는 진짜 무아 거듭관찰도 생겨날 수 없다.

여섯 문에서 여러 법들이 생멸할 때마다 관찰하고 새기는 이에게는

---

519 『청정도론』 제3권, p.283 참조.

새김·삼매·지혜가 성숙되었을 때, 그러한 법들이 찰나·성품·작용·대상 등으로 각각 나누어져 드러난다. 한 무더기, 한 덩어리, 하나의 실체로는 드러나지 않는다. 비유하자면 보는 그 순간에 봄이라는 성품, 그 하나만 분리되어 드러나는 것과 마찬가지이다. 그렇게 관찰하는 수행자에게는 하나의 무더기로 드러나는 덩어리 개념이 무너져 버리기 때문에 '바라는 대로 되지 않는다'라는 무아의 특성이 바른 성품에 따라 저절로 드러난다. 이렇게 바른 성품에 따라 무아의 특성이 드러나는 이에게만 진짜 무아 거듭관찰이 생겨날 수 있다.

> Anattalakkhaṇaṁ nānādhātuvinibbhogassa amanasikārā ghanena paṭicchannattā na upaṭṭhāti. … Nānādhātuyo vinibbhujitvā ghanavinibbhoge kate anattalakkhaṇaṁ yāthāvasarasato upaṭṭhāti.
>
> (Vis.ii.276)

대역

nānādhātuvinibbhogassa**여러** 물질 요소의 성품, 정신 요소의 성품 등 각각의 **요소(界)로 분해됨에** amanasikārā**마음기울이지 않고**, 즉 알도록 관찰하지 않고, ghanena한 무더기, 한 덩어리로 생각하는 **덩어리** 개념**이** paṭicchannattā**가려 버린 상태이기 때문에** anattalakkhaṇaṁ **무아의 특성은** na upaṭṭhāti**나타나지 않는다**. … nānādhātuyo**여러** 물질 요소의 성품, 정신 요소의 성품 등 각각의 **요소로** vinibbhujitvā따로따로 **분해하여** 관찰하고 마음기울여 ghanavinibbhoge**덩어리** 개념**을 분해해** kate**버리면** anattalakkhaṇaṁ**무아의 특성이** yāthāvasarasato 자기의 **사실대로 바른 성품에 따라** upaṭṭhāti**나타난다**.[520]

---

520 『청정도론』 제3권, p.283 참조.

3. 덩어리 개념 네 종류

무아의 특성을 가려 버리는 덩어리 개념에는 상속 덩어리(santatighana), 모임 덩어리(samūhaghana), 작용 덩어리(kiccaghana), 대상 덩어리(ārammaṇaghana), 이렇게 네 가지 종류가 있다. 그중 상속 덩어리에 대해서는 제7장 무상 거듭관찰을[521] 참조하라. 가려 버리는 모습과 무아의 특성이 드러나는 모습만 다르다.

1) 상속 덩어리

상속이 가려 버리는 모습

보는 그 순간에 보려고 함, 봄, 보임, 계속해서 보임, 생각함 등을 각각 따로따로 나누어 알지 못하는 이는 그러한 법 모두를 하나의 덩어리로, 하나의 무더기로 생각한다. 연속된 하나의 덩어리라고 생각하는 상속 덩어리〔라는 개념〕이 가려 버렸기 때문에, '보고 싶을 때마다 볼 수 있다, 보일 때마다 보인다, 원할 때마다 생각할 수 있다, 알 수 있다'라고 생각하여 '원하는 대로 이루어지게 하는 자아가 있다'라고 집착한다. 들을 때 등에서도 같은 방법으로 알면 된다. 굽힐 때, 펼 때도 굽히려고 함과 펴려고 함의 여러 단계와 굽히고 펴는 동작의 여러 단계를 나누어 알지 못하는 이는, 또한 갈 때, 설 때, 앉을 때, 누울 때 등에도 가려고 함, 서려고 함, 앉으려고 함, 누우려고 함의 여러 단계와 감, 섬, 앉음, 누움의 여러 단계를 각각 나누어 따로따로 알지 못하는 이는 '바랄 때마다 굽힐 수 있고, 펼 수 있고, 갈 수 있고, 설 수 있고, 앉을 수 있고, 누울 수 있는 자아가 있다'라고만 집착한다. 순간으로 서로 나누어지고 분리되

---

521 이 책의 제2권 p.555 참조.

는 물질·정신의 여러 단계를 구분할 수 없어 상속 덩어리(santati-ghana)가 무아의 특성을 가려 버렸기 때문이다. 앞뒤의 물질·정신을 나눌 수 없어 '나'라고 잘못 생각하여 집착하는 모든 것은 바로 이와 같은 모습들일 뿐이다.

상속을 무너뜨려 무상의 특성이 드러나는 모습

보려고 하는 것이 따로, 보는 것이 따로, 이러한 등으로 수행자가 각각 나누어 구분하여 안다면, 그러한 모든 법들을 연속된 하나의 덩어리, 하나의 실체라고 생각하지 않는다. 그래서 상속 덩어리가 무너진다. 상속 덩어리가 무너지기 때문에 '보려고 하는 것이 봄이나 보임 등을 성취하게 할 수 없다. 봄도 보려고 함이나 보임 등을 성취하게 할 수 없다. 보임도 보려고 함이나 봄을 성취하게 할 수 없다' 등으로 이해한다. 따라서 '바랄 때마다 볼 수 있는, 보일 수 있는, 생각할 수 있는, 알 수 있는 자아라고 하는 것은 없다. 조건이 형성되어야 생겨나는 성품법들만 존재한다'라고 무아의 특성을 알 수 있다. 들을 때 등에도 같은 방법으로 알면 된다. 굽힐 때와 펼 때에도 굽히려고 함, 펴려 함의 여러 단계와 굽힘, 폄의 여러 단계를 각각 나누어 구분하여 알기 때문에 '굽히려고 하는 것이 굽힘을 성취하게 할 수 없다. 굽힘도 굽히려고 함을 성취하게 할 수 없다. 펴려고 함이 폄을 성취하게 할 수 없다. 폄도 펴려고 함을 성취하게 할 수 없다'라고 이해한다. 따라서 '바랄 때마다 굽힐 수 있는, 펼 수 있는 자아라고 하는 것은 없다. 조건이 형성되어야 생겨나는 성품법들만 존재한다'라고 무아의 특성을 알 수 있다. 갈 때 등에도 같은 방법으로 알면 된다.

2) 모임 덩어리

여섯 문에서 생겨나고 있는 물질과 정신을 위빳사나 관찰을 통해 새긴 적이 없는, 구분하여 본 적이 없는 이들은 정신과 물질을 모여있는 하나의 덩어리로, 하나의 실체로만 생각한다. 정신이 따로, 물질이 따로, 이렇게 나누어 알 수 없다. 예를 들면 손이나 발을 굽히거나 펴고 있을 때 굽히려고 하거나 펴려고 하는 정신과 굽혀지고 펴지는 물질을 '하나이다'라고만 생각한다. 한 개인의 존재상속에 있는 눈 감성물질, 귀 감성물질 등을, 또는 형색 물질, 소리 물질 등을 '하나이다'라고만 생각한다. 그래서 자신의 손 등을 보고 나서 만졌을 때, 또는 만지고 나서 보았을 때 등에, 보이는 형색 물질과 닿았던 감촉 물질을 '하나이다'라고만 생각한다. '보이는 것도 이 손이다. 닿은 것도 이 손이다' 등으로 생각한다. 그 밖에 봄의 토대 물질과 닿음의 토대 물질도 '하나이다'라고만 생각한다. 지금까지는 〔한 덩어리로 잘못 생각하는〕 모습만 설명한 것이다. 잘못 생각하여 집착하는 모습은 매우 광범위하다. 이러한 방법으로 물질 무더기나 정신 무더기, 또는 물질·정신 무더기를 집착하여 한 덩어리, 한 무더기로 생각하여 집착하는 것을 모임 덩어리(samūhaghana) 개념이라고 한다. 성품상으로 서로 다른 법들을 위빳사나를 통해 각각 나누어 알지 못하기 때문에 그러한 이에게는 여섯 문에서 생겨나는 물질·정신의 무아의 특성을 모임 덩어리가 항상 가리고 있다.

여섯 문에서 정신과 물질이 생겨날 때마다 그것을 끊임없이 새기는 수행자에게는 제일 낮은 단계로 정신과 물질이 따로 분리되어 드러난다. 어떻게 드러나는가? 굽힐 때 굽히려고 하는 마음이 따로 + 굽히는 물질이 따로, 이렇게 분리되어 드러난다. 펼 때 펴려는 마음이 따로 + 펴는 물질이 따로, 이렇게 분리되어 드러난다. '부푼다'하며 새길 때, 부푸는 물질이 따로+새기는 마음이 따로, 이렇게 분리되어 드러난다. 다른 현상들을 새길 때도 마찬가지 방법으로 분리되어 드러난다. 이 정도로 드러나면 물질·정신 무더기라는 모임 덩어리 개념이 무너지게 되어 '굽히려는 마음, 펴려는 마음은 굽히는 동작, 펴는 동작을 행할 수 없다. 굽히는 물질, 펴는 물질도 굽히려고 함, 펴려고 함 없이 저절로 생겨날 수 없다. 부푸는 물질, 꺼지는 물질 등도 새겨 앎을 행할 수 없다. 새겨 앎도 굽히는 물질, 펴는 물질 등 새겨지는 대상이 없이 저절로 생겨날 수 없다' 등으로 알 수 있기 때문에 '바라는 대로 되지 않는다'는 무아의 특성이 바른 성품에 따라 분명하게 드러난다.

그 밖에 봄·들림·닿음 등을 계속 이어서 새길 때도 '보이는 형색이 따로 + 들리는 소리가 따로 + 닿아서 알아지는 감촉이 따로'라고 분리되어 드러난다. '봄의 토대인 눈 감성물질이 따로 + 들음의 토대인 귀 감성물질이 따로+닿음의 토대인 몸 감성물질이 따로'라고도 분리되어 드러난다. '봄(보아서 아는 마음)이 따로 + 형색, 접촉(phassa)이 따로 + 보아서 좋음과 싫음(느낌)이 따로' 등으로도 분리되어 드러난다. 이렇게 각각 분리되어 드러나는 수행자에게는 모임 덩어리 개념이 잘 사라진다. 그래서 '몸의 행위, 말의 행위, 마음의 행위, 어느 하나도 바라는 대로 되지 않는다. 조건이 형성되어야만 어느 한 행위, 작용이 성취된다'라고 이해한다. 그러한 수행자에게 'avasavattanākāra(지배할 수 없는 모습)'라고 하는 무아의 특성이 바른 성품에 따라 분명하게 드러난다.

3) 작용 덩어리

물질·정신 법들은 작용으로 각각 나뉘어 분리되어 있다. 그렇지만 위빳사나로 아직 구분하지 못하는 이들은 그 물질과 정신을 '하나로, 한 덩어리'로만 생각한다. 어떻게 생각하는가? 볼 때 눈 감성물질은 형색을 보게 만든다. 눈 의식은 본다. 형색 물질은 보인다. 이렇게 작용으로 서로 나누어져 있지만 한 존재상속에 생겨나는 그 눈 감성물질, 형색 물질, 봄이라는 정신들을 하나의 실체라고만 생각한다. 들을 때 등에도 같은 방법이다.

그 밖에 눈 의식(眼識)은 본다. 귀 의식(耳識)은 듣는다. 코 의식(鼻識)은 냄새 맡는다. 혀 의식(舌識)은 맛을 안다. 몸 의식(身識)은 닿아 안다. 마음 의식(意識)은 여러 가지로 생각하여 안다. 이렇게 작용으로 나누어져 있지만 한 존재상속에 생겨나는 그 정신법들을 하나의 실체라고만 생각한다. 보는 것도 나이고 듣는 것, 냄새 맡는 것, 맛보는 것, 닿는 것, 생각하는 것도 나라고만 생각한다.

그 밖에 행복한 느낌은 마음을 기쁘게 한다. 괴로운 느낌은 마음을 즐겁지 않게 한다. 무덤덤한 느낌은 기쁘지도 슬프지도 않게 고요하게 한다. 이렇게 작용으로 나누어져 있지만 한 존재상속에 생겨나는 그 세 가지 느낌을 하나의 실체라고만 생각한다. 즐겁고 행복한 것도 나, 괴롭고 슬픈 것도 나, 즐겁지도 않고 슬프지도 않아 고요하고 무덤덤한 것도 나라고만 생각한다.

그 밖에 굽히려는 마음이 굽히는 모습으로 움직이는 물질들을 생겨나게 한다. 굽힘이라는 물질은 원하는 방향으로 움직이며 생겨난다. 이렇게 작용으로 나누어져 있지만 그 마음과 물질을 하나의 실체라고만 생각한다. '내가 굽히려고 한다. 내가 굽힌다. 굽히려고 하는 것도 나다. 굽히는 것도 나다'라고만 생각한다. 폄, 감 등도 마찬가지 방법이다.

이렇게 작용으로 서로 나누어져 있는 물질·정신을 위빳사나를 통해 각각 나누어 분리하여 알지 못하기 때문에 하나로, 하나의 실체로 생각하는 것이 작용 덩어리(kiccaghana)〔개념〕이다. 이 작용 덩어리가 가려 버리기 때문에 일반 사람들에게 무아의 특성이 드러나지 않은 채 감춰져 있다.

정신과 물질이 생겨날 때마다 그것을 끊임없이 새겨 아는 위빳사나 수행으로 각각 나누어 구분할 줄 아는 수행자에게는 그 물질·정신들이 작용으로 나누어져 서로 섞이지 않고 따로따로 생겨나는 것으로 드러난다. 그래서 하나인 것으로, 하나의 실체인 것으로 이전에 생각했던 작용 덩어리 개념이 사라진다. 이렇게 작용 덩어리 개념이 사라진 수행자는 '어느 작용 하나를 성취하게 하는 성품법 외에 다른 법이 그 작용을 성취하게 할 수 없다'라고 알고 보기 때문에 '바라는 대로 되지 않는다'라는 무아의 특성이 바른 성품에 따라 분명하게 드러난다.

4) 대상 덩어리

정신법들이 '대상을 취함'이라는 것으로 나누어져 드러난다고 하더라도 위빳사나로 아직 구분하지 못한 이들은 그렇게 나누어져 드러난 정신법들을 하나로, 하나의 실체로만 생각한다. 어떻게 생각하는가? 눈 의식(眼識)은 형색을 보며 대상으로 취한다. 귀 의식(耳識)은 소리를 들으며 대상으로 취한다. 코 의식(鼻識)은 냄새를 맡으며 대상으로 취한다. 혀 의식(舌識)은 맛을 알면서 대상으로 취한다. 몸 의식(身識)은 여러 가지 감촉을 닿아 알면서 대상으로 취한다. 마음 의식(意識)은 여러 가지 성품 대상들을 생각하여 알면서 대상으로 취한다. 따라서 보는 마음은 듣는 마음 등이 아니다. 듣는 마음 등도 보는 마음 등이 아니다.

여러 가지 형색을 볼 때도 흰색을 보는 마음은 검은색·파란색·노란색 등을 보는 마음이 아니다. 검은색·파란색·노란색 등을 보는 마음도 흰색 등을 보는 마음이 아니다. 여러 가지 소리를 들을 때도 마찬가지 방법이다.

어떠한 형색을 계속해서 볼 때도 처음 보는 마음은 두 번째, 세 번째 등 그 다음 단계의 보는 마음들이 아니다. 두 번째, 세 번째 등 그 다음 단계의 보는 마음들도 첫 번째 보는 마음이 아니다. 한 종류의 소리를 여러 단계로 들을 때도 마찬가지 방법이다.

이렇게 대상을 취함이 나누어질 때마다 정신법들도 각각 생겨나며 나누어진다. 그렇지만 한 존재상속에 생겨나는 그 모든 정신법들을 하나로, 하나의 실체로만 생각한다. '나라는 한 존재가 듣기도 한다. 보기도 한다' 등으로, 또는 '나라는 한 존재가 보려고도 생각하고, 보기도 한다'라는 등으로, 또는 '나라는 한 존재가 흰색도 보고, 검은색·파란색·노란색도 본다' 등으로, 또는 '나라는 한 존재가 오랫동안 보고 있다, 듣고 있다' 등으로 '하나의 존재'라고만 생각한다. 이렇게 대상을 취함에 따라 나누어지는 그 정신법들에 대해 하나의 실체라고 생각하는 것이 대상 덩어리(ārammaṇaghana) [개념]이다. 이 대상 덩어리 개념이 가려 버리기 때문에도 일반 사람들에게 무아의 특성이 드러나지 않은 채 감춰져 있다.

볼 때, 들을 때 등에 '봄, 들림' 등으로 끊임없이 새기는 수행자에게는, 그의 새김·삼매·지혜가 예리해졌을 때, 대상 덩어리 개념이 잘 사라진다. 볼 때 "보려고 하는 마음이 따로 + '보려고 함'이라고 새기는 마음이 따로 + 보는 마음이 따로+'봄'하며 새기는 마음이 따로"라고 이렇게 구분되어 드러난다. 들을 때 등에도 마찬가지 방법이다.

그 밖에 "보는 마음이 따로 + 듣는 마음이 따로+닿아 아는 마음이 따로 + 생각하여 아는 마음이 따로+새기는 마음이 따로"라고도 구분되어 드러난다.

여러 가지 색깔을 볼 때도 "흰색을 보는 것이 따로+새기는 것이 따로+검은색을 보는 것이 따로+새기는 것이 따로" 등으로도 구분되어 드러난다.

한 종류의 형색을 여러 단계로 볼 때도 "처음 보는 것이 따로+처음 새기는 것이 따로+두 번째 보는 것이 따로+두 번째 새기는 것이 따로" 등으로 구분되어 드러난다. 한 종류의 소리를 여러 단계로 들을 때도 마찬가지 방법이다.

이렇게 대상으로 하는 것이 각각 나누어져 구분되어 드러나서 그 정신법들을 구분할 수 있는 수행자에게는 "한 종류의 모습으로 대상을 취하면서 생겨나는 정신법이 다른 모습으로 대상을 취하면서 생겨날 수 없다는 사실을 이해하기 때문에" '바라는 대로 되지 않는다'라는 무아의 특성이 바른 성품에 따라 분명하게 드러난다. 아래는 『위숫디막가(淸淨道論)』에 대한 주석인 『대복주서』의 내용이다.

4. 제거

Yā hesā aññamaññūpatthaddhesu samuditesu rūpārūpadhammesu ekattābhinivesavasena aparimadditasaṅkhārehi gayhamānā samūhaghanatā, tathā tesaṁ tesaṁ dhammānaṁ kiccabhedassa satipi paṭiniyatabhāve ekato gayhamānā kiccaghanatā, tathā sārammaṇadhammānaṁ satipi ārammaṇakaraṇabhede ekato gayhamānā ārammaṇaghanatā ca, tā dhātūsu ñāṇena vinibbhujitvā dissamānā hatthena parimajjiyamāno pheṇapiṇḍo viya vilayaṁ gacchanti, "yathāpaccayaṁ pavattamānā suññā ete dhammā dhammamattā"ti anattalakkhaṇaṁ pākaṭataraṁ hoti.

(Pm.ii.437)

대역

hi**맞다**. 이제 덩어리가 분해되어 무아가 드러나는 모습을 설명하겠다. aññamaññūpatthaddhesu**서로서로 지지해 주며** samuditesu한 존재상속에 한 무더기로 **생겨나는** rūpārūpadhammesu**물질·비물질 법들에 대해서**, aparimadditasaṅkhārehi**형성들을** 위빳사나를 통해 **아직 분쇄하지 못한 이들이** ekattābhinivesavasena**하나라고**, 하나의 실체라고 **집착하는 모습으로** gayhamānā**취하여 생각하는**, yā esā samūhaghanatā ca모임으로 하나의 덩어리, 하나의 실체라고 생각하는 **어떤 모임 덩어리 개념**('~이 (atthi)있는데'와 연결하라),[522] tathā**그 밖에** tesaṁ tesaṁ dhammānaṁ**그 여러** 물질·정신 **법들은** kiccabhedassa**서로 다른 작용으로** paṭiniyatabhāve satipi**각각 확실하게 정해졌음에도 불구하고** ekato gayhamānā**하나라고**, 하나의 실체라고 **취하여 생각하는**, yā esā kiccaghanatā ca작용으로 하나의 덩어리, 하나의 실체라고 생각하는 **어떤 작용 덩어리 개념**('~이 (atthi)있는데'와 연결하라), tathā**그 밖에** sārammaṇadhammānaṁ**대상을 취할 수 있는** 정신**법들은** ārammaṇakaraṇabhede satipi **서로 대상을 취하는 것이 다름에도 불구하고** ekato gayhamānā**하나라고**, 하나의 실체라고 **취하여 생각하는**, yā esā ārammaṇaghanatā ca대상으로 하나의 덩어리, 하나의 실체라고 생각하는 **대상 덩어리 개념이** (atthi)있는데, tā**그** 세 가지 **덩어리 개**

---

522 원주(본문내용): 여기에서 'tā'는 특별한 뜻이 없다.

념은 《'~완전히 분해되어 버린다'와 연결하라》 dhātūsu물질성품, 정신성품이라고 하는 **요소를** ñāṇena vinibbhujitvā dissamānā위빳사나 **지혜로 각각 나누어** 관찰하여 **보면** vilayaṁ gacchanti**완전히 분해되어 버린다.** 즉 사라진다. (kiṁ viya)무엇과 같은가? pheṇapiṇḍo**물거품을** hatthena parimajjiyamāno**손으로 만지면** vilayaṁ gacchanti viya**터져 부서지는 것과 마찬가지이다.** atha덩어리 개념들이 사라진 **그때,** yathā paccayaṁ pavattamānā**조건에 따라 생겨나는** ete dhammā**이** 물질·정신 **법들은** 'suññā**공하다.** 즉 주재자, 자재자, 바라는 대로 이루어지게 할 수 있는 자 등으로 집착할 만한 자아가 없다. dhammamattā**단지** 성품**법들일 뿐이다**'iti**라고** 이렇게 **알**고 보고 이해하**기 때문에** anattalakkhaṇaṁ바라는 대로 되지 않음이라고 하는 **무아의 특성이** pākaṭataraṁ**매우 분명하게 드러나게** hoti**된다.**

이러한 주석서, 복주서의 내용에 따르면, 덩어리 개념이라는 견고한 덩어리가 부서져서 바른 성품에 따라 드러나는 무아의 특성을 통해서, 관찰하고 새기는 물질·정신 대상을 '자재하는 자아가 아닌, 단지 성품법들일 뿐이다'라고 알고 보는 진짜 무아 거듭관찰이 거듭 생길 때마다 자아라는 인식 등을 제거한다.

제거하는 모습은 다음과 같다. 분명한 물질·정신 대상에 대해 '무아'라고 사실대로 바르게 알고 보지 못한다면 그 알지 못하는 대상에 대해 '나다, 중생이다'라고 잘못 생각하는 인식의 전도도 생겨날 수 있다. 견해의 전도, 마음의 전도도 생겨날 수 있다. 이러한 전도들을 토대로 다른 여러 가지 번뇌, 불선업, 선업들도 생겨날 수 있다. 그 업의 결과인 과보 무더기들도 생겨날 수 있다.

무아라고 사실대로 바르게 알고 보면, 그 대상과 관련하여 인식의 전도 등이 생겨나지 않는다. 이렇게 인식의 전도를 시작으로 해서 과보 무더기까지 윤회 윤전의 괴로움이라는 법들이 생겨나지 않는 것은 바로 무아 거듭관찰이 〔자아라는 인식을〕 제거했기 때문이다. 사라지게 했기 때문이다. 그래서 『위숫디막가(清淨道論)』에서 "anattānupassanaṁ bhāvento attasaññaṁ pajahati(무아 거듭관찰을 닦는 이는 자아라는 인식을 제거한다)"라고 말했다.

Anattato anupassanto attasaññaṁ pajahati.

(Ps.55)

대역

anattato자아가 아니라 성품법일 뿐인 **무아라고** anupassanto**〔거듭〕 관찰하는 이는** attasaññaṁ**자아라는 인식을** pajahati**제거한다**. 사라지게 한다.

5. 무아 거듭관찰에 대한 요약

여섯 문에 드러나는, 생겨나는 물질·정신 대상들을 생겨나는 그 본래 성품에 따라 새기는 바로 그때 바라는 대로 되지 않음을 보든, 마음대로 할 수 없음을 보든, 무상하고 괴로움임을 보든, "자아가 아니다. 단지 성품법들일 뿐이다"라고 알고 보고 이해하는 지혜가 직접 무아 거듭관찰(paccakkha anattānupassanā)이다.

이렇게 직접 관찰함을 통하여 능숙하게 알고 보았을 때 직접 알 수 없는 과거의 물질·정신에 대해서도, 미래의 물질·정신에 대해서도, 외부 존재상속의 물질·정신에 대해서도, 세상에 존재하는 모든 물질·정신들에 대해서도 같은 방법으로 '자아, 중생이 아닌, 단지 성품법일 뿐이다'라고 숙고하여 결정하며 관찰한다. 이렇게 숙고하여 결정하는 특별한 지혜가 추론 무아 거듭관찰(anumānaanattānupassanā)이다. 귀납적 지혜(anvaya ñāṇa)라고도 부른다.

이 두 가지 무아 거듭관찰은 명상의 지혜 단계를 시작으로 생겨난다. 무너짐의 지혜 단계부터는 번뇌들을 제거하는 작용을 통해서 구족하게 생겨난다.

무아 거듭관찰이 끝났다.

세 가지 관찰에서 특별히 기억해야 할 사항

Visesato dhammānaṁ khaṇikanirodhe aniccatāvohāroti dassento "hutvā abhāvo vā"ti ādimāha.

(Pm.i.344)

대역

visesato**특히** dhammānaṁ물질·정신 **법들의** khaṇikanirodhe**찰나 소멸에** aniccatāvohāro'**무상의 성품** = 무상의 특성'**이라는 명칭이** (hoti)**생겨난다.** iti**이렇게** dassento**보여 주기 위해** 주석서의 스승이 "hutvā abhāvo vā"ti ādiṁ'**생겨나서는 없어짐' 등으로** āha**말하였다.**

Aniccato tāva anupassanā bhaṅgānupassankassa yuttā, bhaṅgo nāma aniccatāya paramā koṭīti.

(Pm.ii.441)

대역

bhaṅgo nāma**무너짐이라고 하는 것은** aniccatāya'무상하다고 알게 하는 성품인 **무상의 특성의** paramā koṭi**최상의 부분이다.** iti**그래서** aniccato anupassanā무상하다고 관찰하는 **무상 거듭관찰이** bhaṅgānupassankassa**무너짐을 관찰하는 이에게** tāva yuttā**적당하다.**

이 복주서들의 설명에 따르면 무상 거듭관찰에 대한 설명에서 언급했던 무상의 특성 두 가지 중 'hutvā abhāva = 생겨나서는 없어짐'이라고 하는 두 번째 특성은 현재 물질·정신의 사라짐이라고 하는 '찰나 소멸'이다. 이 특성은 특별한 무상의 특성이기도 하다. 따라서 '무너짐의 지혜를 구족한 수행자는 생멸하고 있는 물질·정신의 사라짐, 없어짐, 무너짐을 새겨 아는 것만으로 무상 거듭관찰을 구족하게 한다'라고 알 수 있다. 계속해서 생멸하고 있는 물질·정신을 '사라진다, 무너진다'라고 알고 보는 그 수행자는 그렇게 사라지고, 무너져 버리는 그 물질·정신을 '행복하다, 좋다'라고도, '좋아할 만한 것이다'라고도 생각하지 않는다. 소멸이 끊임없이 괴롭히기 때문에, 또는 계속해서 무너져 버리기 때문에 '괴로운 법이다', '좋지 않은 법이다', '좋아할 만한 점이 없는 법이다'라고만 알고 보고 이해한다. 이때 괴로움 거듭관찰이 생겨난다. 그 밖에 그 물질·정신 법들이 사라지지 않게, 무너지지 않게 할 수 없다는 것을, 또는 항상하도록, 행복하도록 할 수 없다는 것을 알고 보고 이해하게 되었을 때 무아 거듭관찰도 생겨난다. 이상이 현재 물질·정신의 소멸을 관찰하여 알 때, 그렇게 마음기울이는 것에 따라서 세 가지 관찰이 각각 알맞게 생겨나는 모습이다. 아래는 『위숫디막가(淸淨道論)』의 내용이다.

> Yasmā bhaṅgo nāma aniccatāya paramā koṭi, tasmā so bhaṅgānupassako yogāvacaro sabbaṁ saṅkhāragataṁ aniccato anupassati, no niccato. Tato aniccassa dukkhattā, dukkhassa ca anattattā tadeva dukkhato anupassati, no sukhato. Anattato anupassati no attato.
>
> (Vis.ii.279)

대역

bhaṅgo nāma**무너짐이라고 하는 것은** aniccatāya무상하다고 알게 하는 성품, **무상의 특성의** paramā koṭi**최상의 부분이기** yasmā**때문에** tasmā**그러므로** bhaṅgānupassako**무너짐을 관찰하는** so yogāvacaro**그 수행자는** sabbaṁ saṅkhāragataṁ**모든 뭇 형성들을** aniccato anupassati **무상하다고만 관찰한다.** no niccato**항상하다고는 관찰하지 않는다.** tato그렇게 무상하다고 관찰하고 나서 **그 다음** aniccassa dukkhattā**무상한 것**인 물질·정신은 **괴로움이기 때문에,** dukkhassa ca anattattā**또한 괴로운 것**인 물질·정신은 주재하는 나, **자아가 아니기 때문에** tadeva무상하다고 알고 보는 바로 **그 형성들을** dukkhato anupassati**괴로움이라고 관찰한다.** no sukhato**행복하다고 관찰하지 않는다.** anattato anupassati**무아라고 관찰한다.** no attato**자아라고 관찰하지 않는다.**[523]

무너짐의 지혜의 정점에 이르렀을 때 단지 소멸을 관찰하고 아는 것만으로 모든 관찰이 구족된다. 〔다시 내버림 거듭관찰 다음에 설명할〕 요약을 보면 분명하게 알 수 있을 것이다.

세 가지 관찰에서 특별히 기억해야 할 사항이 끝났다.

---

523 『청정도론』 제3권, p.287 참조.

염오 거듭관찰

염오 거듭관찰(nibbidānupassanā)은 제6장 허물의 지혜 바로 다음에 설명했던 염오의 지혜이다. 무너짐의 지혜의 힘 때문에 계속해서 새길 때마다 소멸만 경험하게 되어 형성들을 두려운 것, 허물 있는 것이라고 알고 보게 되면, 계속해서 새길 때마다 '사라져 간다, 무너져 간다'라고 알게 되는 그 물질·정신 형성들, 또한 숙고해 본 형성대상들을 진절머리 나는 것, 염오스러운 것으로 여기면서 이 염오 거듭관찰이 생겨난다.

이 〔염오의〕 관찰을 통해 알고 보기 전에는 그 형성들을 좋아할 만한 것으로 생각하여 'sappītikataṇhā(희열이 함께하는 갈애)'라고 하는 즐김이 생겨날 수 있다. 그 즐김을 의지하여 번뇌와 업도 생겨날 수 있다. 그 업의 결과인 과보 무더기도 생겨날 수 있다. 이 〔염오의〕 관찰을 통해서 '진절머리 나는 것이다, 염오스러운 것이다'라고 알고 본 형성들에 대해서는 그러한 즐김, 갈애 등이 생겨날 수 없다. 이렇게 생겨날 수 없는 것은 염오 거듭관찰이 제거했기 때문에, 사라지게 했기 때문이다. 그래서 『위숫디막가(清淨道論)』에서 "nibbidānupassanaṁ bhāvento nandiṁ pajahati(염오 거듭관찰을 닦는 이는 즐김을 제거한다)"[524]라고

524 원주(본문내용): Vis.ii.264.

언급했다. “nibbidānupassanāya nandito(염오 거듭관찰로 즐김으로부터)”[525]라는 『위숫디막가(清淨道論)』 구절에 대해 『대복주서』에서는 아래와 같이 설명하였다.

Nibbidānupassanāyāti saṅkhāresu nibbindanākārena pavattāya anupassanāya. Nandiyāti sappītikataṇhāya.

(Pm.i.343)

대역

nibbidānupassanāyāti**‘염오 거듭관찰로’란** ‘saṅkhāresu**형성들에 대해** nibbindanākārena진절머리 내고 **염오하는 모습으로** pavattāya**진행되는** anupassanāya**관찰로’라는 뜻이다**. nandiyāti**‘즐김으로부터’란** sappītikataṇhāya**‘희열과 함께 생겨나는 갈애로부터**, 또는 매우 만족하며 즐김으로부터’ (cittaṁ mocento마음을 벗어나게 한다)**라는 뜻이다.**

염오 거듭관찰이 끝났다.

---

525 『청정도론』 제1권, p.202 참조.

애착 빛바램 거듭관찰

Virāgānupassanāyāti tattha virajjanākārena pavattāya anupassanāya.

(Pm.i.343)

대역

virāgānupassanāyāti**'애착 빛바램 거듭관찰로'란** 'tattha**그 형성들에 대한** virajjanākārena**애착을 버리는 모습으로** pavattāya**생겨나는** anupassanāya**관찰로'라는 뜻이다.**

이 복주서에 따르면 염오의 지혜를 통해 형성들에 대해 혐오하게 된 수행자가 계속해서 새길 때마다 형성들의 소멸만 경험하기 때문에 그 형성들에 대한 애착이 사라져, 형성들이 소멸된 열반에만 마음이 향하면서 생겨나는 관찰이 애착 빛바램 거듭관찰(virāgānupassanā)이다. 그래서 『위숫디막가(清淨道論)』에서는 다음과 같이 설명하였다.

Khayavirāgoti saṅkhārānaṁ khaṇabhaṅgo. Accantavirāgoti nibbānaṁ. Virāgānupassanāti tadubhayadassanavasena pavattā vipassanā ca maggo ca.

(Vis.i.282)

대역

〔애착 빛바램은 두 가지이다. (1) 다함으로서 애착 빛바램과 (2) 영원한 애착 빛바램이다. 그중〕 (1) khayavirāgoti**다함으로서 애착 빛바램이란** saṅkhārānaṁ관찰되는 **형성들이** khaṇabhaṅgo**찰나로 무너지는 것이다.** (2) accantavirāgoti**영원한 애착 빛바램이란** nibbānaṁ형성들이 완전히 소멸된 **열반이다.** virāgānupassanāti**애착 빛바램 거듭관찰이란** tadubhayadassanavasena**이 둘을 보아** pavattā**생겨나는** vipassanā ca**위빳사나와** maggo ca성스러운 **도이다.**[526]

관찰되는 형성들이 사라지고 없어지는 것을 '다함으로서 애착 빛바램(khayavirāga)'이라고 한다. 관찰하는 것인 위빳사나는 이 다함으로서 애착 빛바램을 대상으로 하여 알고 본다. 모든 형성들이 영원히 소멸한 상태인 열반을 '영원한 애착 빛바램(accantavirāga)'이라고 한다. 위빳사나는 영원한 애착 빛바램이라는 열반을 대상으로 하여 볼 수 없다. 그렇지만 염오의 지혜 바로 다음에 생겨나는 벗어나려는 위빳사나(muñcitukamyatā vipassanā)는 형성들로부터 벗어나기를 바라면서 생겨난다. 형성들로부터 벗어나기를 바라는 것은 형성들이 소멸된 열반으로 향하는 것이다. 따라서 '벗어나려는 〔지혜〕'라는 이 위빳사나는 '영원한 애착 빛바램'이라는 열반에 대해서는 '향하는 것으로 본다'라고 말한다. '본다'라고 말할 수 있다. 이렇게 애착 빛바램 두 가지 모두를 적절하게 관찰하고 보기 때문에 벗어나려는 지혜를 애착 빛바램의 지혜라고 한다. "형성들에 대한 애착을 버리는 모습으로 생겨나는"이라고 말한 『대복주서』의 구절은 "열반을 향하는 것으로 보는"이라는 구절과 의미

526 『청정도론』 제2권, p.126 참조.

로는 동일하다. 성스러운 도는 '영원한 애착 빛바램'이라는 열반을 대상으로 하여 알고 본다. '다함으로서 애착 빛바램'이라는 형성들의 다함은 '미혹하지 않게 아는 작용을 이미 성취한 것으로 안다'라고 말한다. 그래서 〔성스러운 도도〕 애착 빛바램 거듭관찰이라고 말한다. 세간의 위빳사나만 분석하고 있는 이곳에서는 위빳사나만 애착 빛바램 거듭관찰(virāgānupassanā)이라고 알아야 한다.

> Ārammaṇato vā vipassanāya khayavirāgānupassanāvasena pavatti, tanninnabhāvato accantavirāgānupassanāvasena, maggassa pana asammohato khayavirāgānupassanāvasena, ārammaṇato accantavirāgānupassanāvasena pavatti veditabbā.[527]
>
> (Pm.i.344)

역해

위빳사나는, 다함으로서 애착 빛바램에 대해서는 대상으로 취하는 상태로, 영원한 애착 빛바램에 대해서는 향하는 상태로 생겨난다. 또한 도는, 다함으로서 애착 빛바램에 대해서는 미혹하지 않는 상태로, 영원한 애착 빛바램에 대해서는 대상으로 취하는 상태로 생겨난다. 이렇게 알아야 한다.[528]

방금 앞에서 설명했던 염오 거듭관찰과 이 애착 빛바램 거듭관찰은 소멸의 지혜가 예리하고 구족하게 생겨난 수행자에게만 생겨난다. 그래

527 원주(본문내용): 이 『대복주서』 구절에 따라 위의 설명을 하였다.

528 『*Visuddhimagga Mahāṭikā Nissaya*(위숫디막가 대복주서 대역)』 제2권, p.282를 참조하여 해석하였다.

서 『빠띠삼비다막가(無碍解道)』에서 소멸의 지혜에 대해 설하신 "nibbindati no nandati virajjati no rajjati(염오하고 즐기지 않으며 애착이 빛바래고 애착하지 않는다)"라는 구절에 대해 『위숫디막가(淸淨道論)』에서는 아래와 같이 주석하였다.

> Yasmā pana yaṁ aniccaṁ dukkhamanattā, na taṁ abhinanditabbaṁ. Yañca anabhinanditabbaṁ, na tattha rajjitabbaṁ. Tasmā etasmiṁ bhaṅgānupassanānusārena "aniccaṁ dukkhamanattā"ti diṭṭhe saṅkhāragate nibbindati, no nandati. Virajjati, no rajjati.
>
> (Vis.ii.279)

대역

yaṁ**어떤** 법은 aniccaṁ**무상하고** dukkhaṁ**괴로움이고** anattā**무**아이다. taṁ무상하고 괴로움이고 무아**인 그 법은** na abhinanditabbaṁ**즐길 만한 것이 아니다.** yaṁ ca**또한 어떤** 법은 anabhinanditabbaṁ**즐길 만한 것이** 아니다. tattha즐길 만한 것이 **아닌 그 법에는** na rajjitabbaṁ**애착할 만하지도 않기** yasmā**때문에** 《무상하고 괴로움이고 무아인 형성들은 즐길 만하지 않고, 애착할 만하지 않기 때문에》 tasmā**그러므로** 《'~염오한다' 등과 연결하라》 bhaṅgānupassanānusārena**무너짐의 관찰을 하면서** "aniccaṁ dukkhaṁ anattā"ti diṭṭhe**무상하고 괴로움이고 무아라고 보았을 때** etasmiṁ saṅkhāragate**이 뭇 형성들에 대해** nibbindati**염오하고** no nandati**즐기지 않으며** virajjati**애착이 빛바래고** no rajjati**애착하지 않는다.**[529]

529 『청정도론』 제3권, p.287 참조.

무상 거듭관찰 등에서는 '무상하다, 무상하다' 등으로 말하면서 마음기울일 수도 있지만, 이 염오의 지혜, 애착 빛바램의 지혜에서는 '염오한다, 염오한다'라거나, '애착이 빛바랜다, 애착이 빛바랜다'라고 말하면서 마음기울이기에 적당하지 않다는 사실은 분명하다. 따라서 위의 주석서에서 설명한 내용 그대로, 무너짐의 지혜에 따라 '무상하다, 괴로움이다, 무아이다'라고 알고 본 그 형성들에 대해 관찰할 때마다, 숙고할 때마다 즐기지 않고, 염오하면서 생겨나는 지혜를 염오 거듭관찰이라고 한다. 애착이 사라지면서 생겨나는 지혜를 애착 빛바램 거듭관찰이라고 한다. 이렇게 알아야 한다. 그 밖에 무상 거듭관찰 등에서도 "무상하다, 무상하다"라는 등으로 읊조리는 것은 중요하지 않다. 관찰하는, 숙고하는 물질·정신을 무상한 것 등으로 알고 보는 것만이 중요하다. 이렇게 알아야 한다.

애착 빛바램 거듭관찰이 끝났다.

소멸 거듭관찰

Nirodhānupassanāyāti saṅkhārānaṁ nirodhassa anupassanāya. Yathā saṅkhārā nirujjhantiyeva, āyatiṁ punabbhavavasena na uppajjanti, evaṁ vā anupassanā nirodhānupassanā. Muñcitukamyatā hi ayaṁ balappattā.

(Pm.i.343)

대역

Nirodhānupassanāyāti'소멸 거듭관찰로'란 saṅkhārānaṁ**형성들의** nirodhassa**소멸을** anupassanāya〔거듭〕**관찰하는 지혜로**, vā**또는**, 또 다른 방법으로는, yathā**어떠한 모습으로** anupassiyamānā**관찰되어지는** saṅkhārā**형성들이** nirujjhantiyeva**소멸되기만 한다**. āyatiṁ**이후에** punabbhavavasena**다시 존재하는 모습으로는** na uppajjanti**생겨나지 않는다**. evaṁ**이러한 모습으로** anupassanā〔거듭〕**관찰하는 지혜가** nirodhānupassanā**소멸 거듭관찰이다**. hi**맞다**. ayaṁ**이것**, 소멸 거듭관찰은 balappattā**힘이 강해진** muñcitukamyatā**벗어나려는 지혜이다**.

이 복주서에서는 첫 번째 해석방법으로 "nirodhassa, nirodhato vā anupassanā(〔형성들의〕 소멸을 〔관찰하는 거듭관찰〕, 또는 〔형성들이〕 소멸한다고 관찰하는 〔거듭관찰〕)"라고 어의(語義)를 설명했다. 두 번째 해석방법으로 "nirodhāya anupassanā nirodhetīti nirodho, nirodho ca so anupassanā cā ti vā nirodhānupassanā(소멸 거듭관찰이란 〔어의를 분석하면〕 '소멸시킨다', 그래서 소멸이다. 소멸이기도 하고, 〔거듭〕 관찰이기도 하다. 그래서 소멸 거듭관찰이다)"라고 어의(語義)를 설명했다. 이렇게 소멸 거듭관찰이 어의로는 나누어지지만 법체로는 두 가지로 나누어지지 않는다. 한 가지일 뿐이다. 따라서 다음과 같이 알아야 한다. 새기는 형성들의 소멸, 무너짐을 잘 알면서 그러한 형성들로부터도 벗어나려고 바라는 매우 예리해진 '벗어나려는 지혜'가 바로 직접 소멸 거듭관찰(paccakkha nirodhānupassanā)이다.

형성들을 버리고자 하는 모습과 함께 형성들의 소멸을 보지 못한다면 그 보지 못한 형성들과 관련하여 그 다음에 새로운 생의 형성들이 생겨날 수 있다. 이 소멸 거듭관찰을 통해 관찰하면 그렇게 관찰하여 본 형성들에 관련하여 다음에 그러한 새로운 생의 형성들이 생겨날 수 없다. 이렇게 새로운 생의 형성들이 생겨날 수 없도록 관찰하고 보는 것이 그 새로운 생의 형성들을 소멸시키는 것, 사라지게 하는 것이다. 따라서 복주서의 첫 번째 해석방법에서는 '형성들의 소멸을 관찰하는 거듭관찰, 형성들이 소멸한다고 관찰하는 거듭관찰'이라는 의미를, 두 번째 해석방법에서는 '새로운 생의 형성들이 소멸되도록 관찰하는 거듭관찰, 새로운 생의 형성들을 소멸시키도록 관찰하는 거듭관찰'이라는 의미를 설명하였다.

또 다른 방법으로, 「들숨날숨의 장」에 대한 주석서의 "소멸 거듭관찰은 애착 빛바램 거듭관찰과 마찬가지 방법으로 알아야 한다"라는 설명에 따라,[530] 다함으로서 소멸(khayanirodha), 즉 계속해서 새겨지는 형

---

530 『청정도론』 제2권, p.126 참조.

성들의 사라짐, 없어짐을 직접 알고 보면서, 그리고 영원한 소멸(accanata – nirodha), 즉 형성들이 완전히 소멸된 열반으로 향하면서 매우 예리하게 생겨나는 벗어남의 지혜를 소멸 거듭관찰이라고 한다. 이 해석 방법에서 "다함으로서 소멸을 알고 보며 생겨나는"이라는 말은 위 복주서의 첫 번째 해석방법과 동일하다. 영원한 소멸로 향하면서 생겨나는 것은 형성들로부터 벗어나려고 하는 것이다. 따라서 복주서의 두 번째 해석방법과 동일하다.

> "nirodheti, no samudeti. ··· nirodhento samudayaṁ pajahati"
>
> (Ps.55)
>
> 대역
>
> 〔그는〕 nirodheti애착을 **소멸시킨다.** no samudeti**생겨나게 하지 않는다.** 《또 다른 방법으로는》 nirodheti직접 보지 못한 과거·미래 형성들도 '소멸한다'라고만 관찰한다. no samudeti'생겨난다, 존재한다, 증장된다'라고는 관찰하지 않는다. … nirodhento**소멸시키면서** 혹은 '소멸한다'라고 관찰하면서 samudayaṁ애착의 **생겨남을** pajahati**제거한다.** 혹은 '생겨난다. 증장된다. 존재한다'라고 생각하는 번뇌를 제거한다.[531]

소멸 거듭관찰을 설명해 주는 이러한 『빠띠삼비다막가(無碍解道)』 성전에 대하여 『위숫디막가(淸淨道論)』에서는 다음과 같이 설명하였다.

---

531 『청정도론』 제3권, p.285 참조.

So evaṁ arajjanto lokikeneva tāva ñāṇena rāgaṁ nirodheti, no samudeti. Samudayaṁ na karotīti attho. Atha vā so evaṁ viratto yathā diṭṭhaṁ saṅkhāragataṁ, tathā adiṭṭhampi anvayañāṇavasena nirodheti, no samudeti. Nirodhatova manasikaroti. Nirodhamevassa passati, no samudayanti attho.

(Vis.ii.279)

대역

evaṁ무상이라고, 괴로움이라고, 무아라고 알고 본 그 형성들에 대해 '염오스럽다, 애착이 사라졌다'라고 말한 대로 **이와 같이** arajjanto **애착하지 않는** so**그** 수행자**는** tāva출세간 지혜가 생겨나기 전 **우선** lokikeneva ñāṇena**세간적인** 위빳사나 **지혜만으로** rāgaṁ형성들에 대한 **애착을** nirodheti**소멸시킨다**. no samudeti**생겨나게 하지 않는다**. 'samudayaṁ na karoti**애착의 생겨남을 행하지 않는다**. 즉 애착이 생겨나도록 마음기울이지 않는다'iti attho**라는** 것이 '생겨나게 하지 않는다'라는 구절의 **뜻이다**.

atha vā**혹은**, 또 다른 방법으로는, evaṁ viratto이렇게 말한 대로 **이와 같이 애착이 빛바랜** so**그** 수행자**는** "diṭṭhaṁ**직접** 관찰하여 **본** saṅkhāragataṁ현재 **뭇 형성들을** nirodheti yathā**소멸시키듯이**, 또는 '소멸한다'라고만 관찰하듯이", tathā**그와 마찬가지로** adiṭṭhampi**직접 보지 않은** 과거, 미래의 **뭇 형성들도** anvayañāṇavasena직접관찰 지혜에 따라 생겨나는 **추론관찰 지혜로** nirodheti**소멸시킨다**. 또는 '소멸한다'라고만 관찰한다. no samudeti**생겨나게 하지 않는다**. 또는 '생겨난다, 존재한다, 증장된다'라고 관찰하지 않는다. "nirodhatova**'소멸한다'라고만** manasikaroti**마음기울인다**. assa직접 보지 못하는 그 과거·미래 형성들도 **그것의** nirodhameva**소멸만** passati**관찰한다**. samudayaṁ**생겨남**, 존재함, 증장됨**은** no passati**관찰하지 않는다**"

iti attho**라는** 것이 '소멸시킨다. 생겨나게 하지 않는다'라는 구절의 **뜻이다.**[532]

이 주석서에서 설명한 두 가지 방법 중, 첫 번째 방법은 'ni(부정접두사) + rudh(어근) + ṇe(사역형) + ti(접미사)'라는 어의(語義)분석으로 'nirodheti'라는 단어를 설명했다. 두 번째 방법은 'nirodha(명사) + ṇe(마음기울인다, 혹은 본다는 뜻을 나타내는 동사화 접사), 혹은 i + ti(접미사)'라는 어의분석을 통한 설명이었다. 이렇게 어의분석의 차이에 따라서 그 해석에 차이가 나기는 하지만, 소멸의 지혜에 두 종류가 있는 것은 아니다. 매우 힘이 강해진 벗어나려는 지혜, 한 종류일 뿐이다. 따라서 의미와 성품으로는 동일하다고 기억해야 한다.

어떻게 동일한가? 첫 번째 방법에서는 "애착을 소멸시킨다"라고만 말했다. '어떠한 법을 어떻게 관찰해서 어떠한 법에 대해 생겨나는 애착을 소멸시키는가?'라는 것은 말하지 않았다. 그렇지만 두 번째 방법에서 '이와 같이'라는 구절을 통해 직접 새겨 알아지는 현재 형성들과 직접 보지 못하는 과거·미래 형성들을 '소멸한다'라고 관찰하여 그 형성들에 대해 '존재한다, 증장한다, 좋아진다'라고 생각하며 생겨날 애착을 소멸시킨다고 충분히 알 수 있다.

두 번째 방법에서는 "어떠한 번뇌를 소멸시키는가?"라는 사실을 설명하지 않았다. 그렇지만 첫 번째 방법에서 '이와 같이'라는 구절을 통해서 애착을 소멸시킨다고 충분히 알 수 있다. 무엇 때문인가? 형성들을

---

532 뒤에서 설명하겠지만, nirodheti 라는 단어를 '소멸시킨다'라고 해석하는 방법이 하나, '소멸한다고 관찰한다'고 해석하는 방법이 하나, 두 가지로 해석될 수 있다고 저본에서 설명한다. 『청정도론』 제3권, p.287과 비교해 보라.

'소멸한다'라고만 관찰하여 보면, 소멸한다고 알고 본 그 형성들을 '항상 존재한다, 증장된다, 좋아진다'라고 생각하며 애착하는 것이 생겨나지 않기 때문이다. 그래서 두 가지 방법 모두 그 의미로는 동일하다.

'애착을 소멸시킨다'라는 구절에서도 '애착을 근본으로 하는 번뇌와 업, 또한 그 업의 결과인 과보 무더기, 형성들, 이러한 법들도 소멸시킨다'라고 알아야 한다. 따라서 앞에서 언급한 복주서의 첫 번째, 두 번째 방법들도 이 주석서의 두 번째, 첫 번째 방법과 동일하다고 알아야 한다.

여기서 현재 형성들을 '소멸한다, 무너진다'라고 새겨 알면서 생겨나는 소멸 거듭관찰을 직접 소멸 거듭관찰(paccakkha nirodhānupassanā)이라고 한다. 이 직접관찰의 지혜가 무르익었을 때 직접 알 수 없는 과거·미래 형성들도 '현재 형성들처럼 소멸하는 것일 뿐이다'라고 마음기울이고 숙고하며 생겨나는 소멸 거듭관찰을 추론 소멸 거듭관찰(anumānanirodhānupassanā)이라고 한다. 귀납적 지혜(anvaya ñāṇa)라고도 한다. 아래는 『대복주서』의 설명이다.

Yathā diṭṭhaṁ sampati upaṭṭhitaṁ saṅkhāragataṁ nirodheti nirodhaṁ manasikaroti, adiṭṭhampi atītānāgataṁ anvayañāṇavasena yathā idaṁ etarahi, evaṁ itarepīti anuminanto nirodheti manasikatassāpi nirodhaṁ manasikaroti.

(Pm.ii.442)

대역

sampati upaṭṭhitaṁ**바로 지금** 지혜에 **드러나** diṭṭhaṁ**직접 보는** saṅkhāragataṁ현재 **뭇 형성들을** nirodheti yathā**'소멸한다'라고** 관찰하는 것

과 마찬가지로, nirodhaṁ현재 뭇 형성들의 **소멸에** manasikaroti yathā **마음기울이는 것과 마찬가지로,** evaṁ**이와 같이** adiṭṭhaṁ**직접 볼 수 없는** atītānāgataṁ pi**과거·미래** 형성**들도** anvayañāṇavasena**추론관찰 지혜를 통해** "etarahi**바로 지금** idaṁ yathā**이러한 형성들처럼** itarepi **그 밖의 다른 형성들도** evaṁ**이와 마찬가지다.** 소멸한다"iti**라고** anuminanto**추론하여** nirodheti**'소멸한다'라고 관찰한다.** manasikatassāpi**또한 그렇게 마음기울이**고 숙고하는 **형성들의** nirodhaṁ**소멸에도** manasikaroti**마음기울이고 숙고한다.**

이 소멸 거듭관찰을 '힘이 강력해진 벗어나려는 지혜(balappatta muñcitukamyatā ñāṇā)'라고 복주서에서 설명하였기 때문에 앞에서 말한 애착 빛바램 거듭관찰을 '힘이 유약한(taruṇa) 벗어나려는 지혜'라고 알아야 한다. 그 밖에 추론을 통해 숙고하여 관찰되는 형성들에 대해 생겨날 수 있는 애착 등을 제거하는 것은 억압 제거를 통해 잠시 억압된 상태일 뿐이라고도 알아야 한다. 그렇기 때문에 『대복주서』에서 "rāgaṁ nirodhetīti vikkhambhana nirodhaṁ pāpeti, vikkhambhetīti attho ('애착을 소멸시킨다'란 '애착을 억압하여 소멸됨에 이르게 한다'이다. '억압시킨다'라는 뜻이다)"[533]라고 설명하였다. 무엇 때문인가? 직접 볼 수 없는 과거·미래 형성들에 이미 잠재된, 앞으로 잠재될 잠재번뇌들은 세간의 위빳사나로는 남김없이 제거할 수 없고, 출세간 도의 지혜로만 남김없이 뿌리째 제거할 수 있기 때문이다.

소멸 거듭관찰이 끝났다.

---

533 Pm.ii.443.

다시 내버림 거듭관찰

Saṅkhārānaṁ paṭinissajjanākārena pavattā anupassanā paṭinissaggānupassanā. Paṭisaṅkhā santiṭṭhanā hi ayaṁ. (Pm.i.79)

대역

saṅkhārānaṁ **형성들을**, 또는 형성들에 대해 '항상하다, 행복하다, 자아이다'라고 생각하여 집착하는 번뇌들을 paṭinissajjanākārena**다시 내버리는 모습으로** pavattā**생겨나는** anupassanā**관찰**, 지혜, 통찰지**가** paṭinissaggānupassanā**다시 내버림 거듭관찰이다.** hi**맞다.** ayaṁ**이 다시 내버림 거듭관찰은** paṭisaṅkhā santiṭṭhanā형성들을 내버리기 위해 거듭 관찰하는 **재성찰의 지혜와** 평정하게 관찰하면서 **잘 확립된** 형성평온의 **지혜이다.**

이 복주서에서 "형성들을 다시 내버리는 모습으로 생겨나는"이라는 구절은 nītattha = 엄밀하게 말한 구절이 아니다. neyyattha = 방편으로 말한 구절이다. 사실은 "바로 그 형성들을 '무상하다, 행복하다, 자아이다'라고 생각하여 집착하여 생겨날 만한 번뇌들을 다시 잘 놓아버리는 모습으로 생겨나는"이라고 말하고자 한 것이다. 그래서 〔위의 해석에서〕 '또는'이라고 다른 해석 방법을 제시하였다. 무엇 때문인가? "rūpaṁ bhikkhave na tumhākaṁ, taṁ pajahatha = 비구들이여, 물질은 그대들의 것이 아니다. 그 물질을 제거하라"라고 훈계하신 말씀과 마찬가지다. 이 말씀에서 "물질을 제거하라"라고 말씀하셨어도 물질은 제거해야 하는(pahātabba) 법이 아니다. 물질에 대해 바라고 애착하여 생겨날 만한 바람·애착만이 제거해야 하는(pahātabba) 법이다. 따라서 "물질을 제거하라"라는 구절은 "그 물질에 대해 생겨날 수 있는 바람·애착을 제거하라"라는 뜻이며, 이것이 부처님께서 알게 하시고자 한 근본내용이라고 주석서에서 설명하였다.

비유하자면 크나큰 괴로움을 계속해서 자주 겪게 하는, 매우 나쁜 아들을 버리려는[534] 이가 그 아들에게 있는 크고 나쁜 모든 허물들을 거듭 숙고하여 그 아들에 대해 '내 아들이다'라는 인식을 완전히 제거하여 버리게 되면, 그때부터 시작하여 그 나쁜 아들과 관련된 몸과 마음의 괴로움도 제거하여 버린 것이 된다. 여기에서 '내 아들이다'라는 인식, 애착을 완전히 제거하여 버릴 수 있는 이라면 그 아들도 버렸다고 말할 수 있는 것과 마찬가지로 형성들에 대해 '항상하다, 행복하다, 자아이다'라고 집착하는 번뇌들을 그렇게 집착하면서 생겨나지 않도록 '무상하다, 괴로움이다, 무아이다'라고 거듭거듭 잘 관찰하면서 제거하여 버리는 것은 그 번뇌들이 집착하는 대상인 형성들도 제거하여 버리는 것이 된다. 그래서 복주서에서 번뇌들을 제거하여 버리는 관찰을 "형성들을 다시 놓아 버리는 모습으로 생겨나는"이라고 말하였다. 아래는 엄밀하게 설명한(nītattha)『위숫디막가(淸淨道論)』의 구절이다.

Ayampi aniccādianupassanā tadaṅgavasena saddhiṁ

---

534 저본에서는 'pajahati'라는 단어를 '제거하다'라는 단어로 번역한다. 그리고 그 명사형인 'pahāna'도 '제거'라는 단어로 번역한다. 하지만 이 비유에서는 '제거하여 버리려는'이라고 '버린다'라는 의미도 첨가하여 번역하였다. 이를 따라서 '버리려는'이라고 번역하였다.

khandhābhisaṅkhārehi kilesānaṁ pariccajanato, saṅkhatadosadassanena ca tabbiparīte nibbāne tanninnatāya pakkhandanato pariccāgapaṭinissaggo ceva pakkhandanapaṭinissaggo cāti vuccati.

(Vis.ii.279)

대역

khandhābhisaṅkhārehi saddhiṁ새로운 생의 **무더기, 업형성과 함께** kilesānaṁ'항상하다, 행복하다, 자아이다'라고 집착하여 생겨날 수 있는 **번뇌들을** tadaṅgavasena**부분 제거를 통해** pariccajanato ca**포기할 수 있기 때문에**, 제거하여 버릴 수 있기 때문에, saṅkhatadosadassanena**또한 형성들의** 무상함, 괴로움 등의 **허물을 봄으로써** 《'~향하는 성품으로'와 연결하라》 tabbiparīte**그 형성들의 반대인**, 즉 항상하고 행복한 실재성품법인 nibbāne**열반에** tanninnatāya**향하는 성품으로** pakkhandanato ca**뛰어들기 때문에**, ayampi aniccādianupassanā**무상 등으로 관찰하는 이 위빳사나도** 《'~도'라는 조사는 성스러운 도도 포함시킨다는 말이다》 pariccāgapaṭinissaggo ceva**'포기함을 통한 다시 내버림'이라고도 부르고**, pakkhandanapaṭinissaggo ca**'뛰어듦을 통한 다시 내버림'이라고** iti vuccati**이와 같이 부른다.**[535]

의미 '다시 내버림 거듭관찰(paṭinissaggānupassanā)'이라고 하는 구절에서 'paṭinissagga'라는 단어는 '다시 내버린다'라는 의미다. 이 '다시 내버림'이란 원하지 않는 것을 다시 버리는 것, 원하는 곳으로 다시 향하게 하는 것의 두 가지 의미가 있다. 그중 '다시 버리는 것'을 'pariccāga – paṭinissaga(포기함을 통한 다시 내버림)'라고 부르고, '다시 향하게 하는 것'을 'pakhandana – paṭinissaga(뛰어듦을 통한 다시 내버

535 『청정도론』 제3권, p.288 참조.

림)'이라고 부른다. 재성찰의 지혜, 형성평온의 지혜에 포함되는 위빳사나는 "관찰 대상인 형성들에 대해 '항상하다, 행복하다, 자아이다'라고 집착하며 생겨날 수 있는 번뇌들을, 또한 그 번뇌들을 근본원인으로 하는 불선업·선업들, 또한 그 업들의 결과인 과보 무더기들을" 부분제거를 통해 다시 제거한다. 다시 버린다. 이 때문에 다시 내버림(paṭinissagga)이라고 한다.

〔또한〕 어느 한 곳에서 위험을 본 이가 위험이 없는 다른 곳으로만 가기를 바라는 것과 마찬가지로 형성들의 허물을 관찰하고 보면서 생겨나는 이 위빳사나는 허물이 있는 그 형성들과 반대의 성품인 《형성들이 사라져 항상하고 행복한 빠라맛타 실재성품인》 열반에 향하게 된다. '향한다'라고 하는 것은 '형성들이 사라지기를 바란다'라는 것일 뿐이다. 아직 열반을 대상으로 하는 것은 아니다. 이렇게 향하는 것으로 열반에 들어가기 때문에, 자신을 보내 버리기 때문에, 이 때문에도 다시 내버림(paṭinissagga)이라고 한다.

따라서 "paṭinissaggo eva anupassanā paṭinissaggānupassanā(다시 내버림이 곧 〔거듭〕관찰이다. 그래서 다시 내버림 거듭관찰이다)"[536]라는 주석서의 설명에 따라, 번뇌들을 다시 놓아 버려 관찰하고 보기 때문에, 또한 열반에 향하는 것으로 뛰어들면서 관찰하고 보기 때문에 재성찰의 위빳사나 지혜, 형성평온의 위빳사나 지혜를 다시 내버림 거듭관찰(paṭinissaggānupassanā)이라고 한다.

> Tasmā tāya samannāgato bhikkhu yathāvuttena nayena kilese pariccajati, nibbāne ca pakkhandati. Nāpi nibba-

---

536 PsA.i.86.

ttanavasena kilese ādiyati, na adosadassitāvasena saṅkhatārammaṇaṁ.

(Vis.ii.279)

대역

tasmā번뇌들을 다시 버리기 때문에, 또한 열반에 향하는 것으로 뛰어들기 때문에 '다시 내버림'이라고 부른다. **따라서** tāya**그** '다시 내버림'이라고 부르는 **관찰을** samannāgato**구족한** bhikkhu**비구는** yathāvuttena nayena**앞에서 설한 방법대로** 《부분 제거와 열반에 향하는 것을 말한다》 kilese ca'항상하다, 행복하다, 자아이다'라고 집착하여 생겨날 수 있는 **번뇌들도** pariccajati부분 제거를 통해 **포기한다**. nibbāne ca열반도, 즉 **열반에도** pakkhandati향하는 것으로 **뛰어든다**. nibbattanavasena**생겨나게 하는 것으로**, 즉 생겨날 기회를 주는 것으로 kilese pi**번뇌들도** na ādiyati**취하지 않는다**. saṅkhatārammaṇaṁ**형성된** 것인 형성**대상들도** adosadassitāvasena**허물을** 관찰하여 **보지 못함에 의해** na ādiyati**취하지 않는다**.[537]

의미 '무상하다, 괴로움이다, 무아이다'라고 관찰하고 보지 않으면 그렇게 관찰하지 못한, 보지 못한 대상들에 대해 번뇌들이 생겨날 기회를 얻는다. 〔번뇌들이〕 생겨날 기회를 얻으면 〔그것을 두고〕 그 번뇌들을 '생겨나게 한 것'이라고, '취한 것'이라고, '받아들인 것'이라고 말한다. 이 수행자는 '무상하다, 괴로움이다, 무아이다'라고 잘 관찰하고 보기 때문에, 그 관찰하는 대상에 대해 번뇌들이 생겨날 기회를 얻지 못한다. 생겨날 기회를 얻지 못하기 때문에 〔그것을 두고〕 '그 번뇌들을 생겨나게 한다'고 말하지 않는다. '취한다, 받아들인다'라고 하지 않는다. 그래

537 『청정도론』 제3권, p.288 참조.

서 "nāpi nibbattavasena kilesā ādiyati(생겨나게 하는 것으로, 즉 생겨날 기회를 주는 것으로 번뇌들도 취하지 않는다)"라고 말했다.

그 밖에 무상함 등의 허물을 보지 못한 채 형성들에 마음기울이고 숙고하고 있으면 〔그것을 두고〕 계속해서 숙고할 때마다 번뇌들로 집착하고자 형성대상들을 '취하고 있다'라고 말한다. 〔하지만〕 이 수행자는 무상함 등의 허물을 보면서 관찰하기 때문에 그 형성들을 대상으로 하지만 '취한다, 받아들인다'라고 말하지 않는다. 번뇌들로 집착하면서 생겨나지 않기 때문에 관찰할 때마다 그 형성대상들을 '받아들이지 않는다, 버린다'라고만 말한다. '취하지 않는다'라고만 말한다. 그래서 "na adosadassitāvasena saṅkhatārammaṇaṁ(허물을 보지 못함에 의해 형성된 대상들도 취하지 않는다)"라고 말했다.

Tena vuccati "paṭinissajjati no ādiyatī"ti.

(Vis.ii.279)

대역

tena번뇌들을 포기함, 열반으로 향하게 함, 번뇌들이 생겨날 기회를 주지 않으면서 취하지 않음, 형성대상들을 허물이 없는 것으로 취하지 않음, 이러한 여러 이유 때문에, **그래서** "paṭinissajjati no ādiyatī" ti**'다시 내버린다, 취하지 않는다'라고** vuccati 『빠띠삼비다막가(無碍解道)』에서 **설하셨다.**

첫 부분에서 언급했던 『대복주서』에 따라 다시 내버림 거듭관찰은 법체로는 재성찰의 지혜, 형성평온의 지혜라고 알아야 한다.

다시 내버림 거듭관찰이 끝났다.

지금까지의 요약

무상 거듭관찰을 시작으로 해서 다시 내버림 거듭관찰까지, 이 일곱 가지 관찰을 성취하고 구족하면, 앞으로 말할 나머지 위빳사나 관찰 10가지도[538] 그것에 포함되어 〔저절로〕 구족된다. 바로 그렇기 때문에 여러 주석서들에서 "위빳사나 수행자는 이 일곱 가지 관찰을 통해 관찰해야 한다"고 여러 번 설명하고 있다. 『빠띠삼비다막가(無碍解道)』에서도 이 일곱 가지 관찰을 여러 번 설하셨다.

그 밖에 무상 거듭관찰, 괴로움 거듭관찰, 무아 거듭관찰, 이 세 가지 관찰을 성취하고 구족하면 염오 거듭관찰, 애착 빛바램 거듭관찰, 소멸 거듭관찰, 다시 내버림 거듭관찰, 이 네 가지 관찰도 그것에 〔저절로〕 포함되어 구족된다. 바로 그렇기 때문에 부처님께서는 삼장의 모든 성전에서 무상·고·무아만을 주로 설하셨다. 확실하게 믿게 하기 위해 근거로 아래의 『대복주서』 구절을 설명하겠다.

> "Sattadhā aṭṭhārasadhā"tiādinā vibhattāpi hi anupassanāpakārā aniccānupassanādīsveva tīsu antogadhāti matthakappattā vipassanā tāsaṁ eva vasena tiṭṭhati.
>
> (Pm.ii.460)

---

538 여실지견은 의심극복청정에만 해당되기 때문에 제외하였다. 이 책의 제2권 p.642 참조.

대역

"sattadhā**일곱 가지 종류**의 관찰, aṭṭhārasadhā**열여덟 가지 종류**의 관찰"iti ādinā**이라는 등으로** vibhattāpi hi anupassanāpakārā**관찰의 종류가 나누어질지라도** tīsu aniccānupassanādīsu eva**무상 거듭관찰 등의 세 가지에 다** antogadhā**포함된다**. iti이렇게 포함되기 때문에, **그래서** matthakappattā**정점에 이른** vipassanā**위빳사나는** tāsaṁ eva vasena무상·고·무아라는 세 가지 관찰, **그것의 힘으로만** tiṭṭhati**머문다**.

거듭관찰(anupassanā) 일곱 가지, 중대한 위빳사나(mahāvipassanā) 열여덟 가지, 위빳사나(vipassanā) 마흔 가지 등으로 여러 가지로 나누어 설명하였지만, 그러한 각각의 위빳사나 관찰들은 무상 거듭관찰, 괴로움 거듭관찰, 무아 거듭관찰, 이 세 가지 관찰에 다 포함된다. 세 가지 관찰을 성취하고 구족하면, 다른 모든 위빳사나도 그것에 포함되어 저절로 구족된다. 따라서 위빳사나 지혜가 매우 예리해지고 성숙해져 정점에 이르게 되면 무상 거듭관찰, 괴로움 거듭관찰, 무아 거듭관찰, 이 세 가지 관찰만 생겨나 머문다는 뜻이다.

포함되어 구족되는 모습

"Yā ca aniccānupassanā yā ca animittānupassanā, ime dhammā ekatthā, byañjanameva nānaṁ", "Yā ca dukkhānupassanā yā ca appaṇihitānupassanā, ime dhammā ekatthā, byañjanameva nānaṁ", "Yā ca anattānupassanā yā ca suññatānupassanā, ime dhammā ekatthā, byañjanameva nānaṁ".

(Ps.229; Vis.ii.265)

대역

yā ca aniccānupassanā**무상 거듭관찰과** yā ca animittānupassanā**표상없음 거듭관찰**이 (atthi)있는데, ime dhammā**이 두 법은** ekatthā**뜻은 같고** byañjanameva**명칭만** nānaṁ**다를 뿐이다**. yā ca dukkhānupassanā**괴로움 거듭관찰과** yā ca appaṇihitānupassanā**원함없음 거듭관찰**이 (atthi)있는데, ime dhammā**이 두 법은** ekatthā**뜻은 같고** byañjanameva**명칭만** nānaṁ**다를 뿐이다**. yā ca anattānupassanā**무아 거듭관찰과** yā ca suññatānupassanā**공(空)함 거듭관찰**이 (atthi)있는데, ime dhammā**이 두 법은** ekatthā**뜻은 같고** byañjanameva**명칭만** nānaṁ**다를 뿐이다**.[539]

따라서 무상 거듭관찰을 성취하면 표상없음 거듭관찰도 성취한다. 괴로움 거듭관찰을 성취하면 원함없음 거듭관찰도 성취한다. 무아 거듭관찰을 성취하면 공함 거듭관찰도 성취한다.

Adhipaññādhammavipassanā pana sabbāpi vipassanā. Yathābhūtañāṇadassanaṁ kaṅkhāvitaraṇavisuddhiyā eva saṅgahitaṁ.

(Vis.ii.265)

대역

vipassanā**위빳사나**, 즉 무상 거듭관찰, 괴로움 거듭관찰, 무아 거듭관찰 sabbāpi**모두도**[540] adhipaññādhammavipassanā**높은 통찰지 법 관**

539 『청정도론』 제2권, p.262 참조.

540 원문의 'pi'라는 단어를 '~도'라고 해석하였다. 이 의미는 '모든 위빳사나를 다 합한 것만 높은 통찰지 법 관찰 위빳사나라고 하는 것이 아니다. 일부분의 위빳사나도 높은 통찰지 법 관찰 위빳사나라고 부를 수 있다'는 것을 나타낸다. 『*Visuddhimagga Myanmarpyan*(위숫디막가 미얀마 어 번역)』 제4권, pp.454~455 참조.

찰 위빳사나라고 한다. yathābhūtañāṇadassanaṁ**여실지견은** kaṅkhāvitaraṇavisuddhiyā eva**의심극복청정에만** saṅgahitaṁ**포함시켜야 한다.**

따라서 무상 거듭관찰, 괴로움 거듭관찰, 무아 거듭관찰, 이 세 가지를 구족하면 높은 통찰지 법 관찰 위빳사나(adhipaññādhammavipassanā)도 구족한다. 그 관찰의 원인이기 때문에 여실지견은 이미 구족되었다. 나머지 관찰 열가지가 포함되는 모습은 아래『대복주서』를 통해 알 수 있다.

Aniccānupassanāya hi siddhāya nirodhānupassanā, khayānupassanā, vayānupassanā, vipariṇāmānupassanā ca ekadesena siddhā nāma honti, dukkhānupassanāya siddhāya nibbidānupassanā, virāgānupassanā, ādīnavānupassanā ca, anattānupassanāya siddhāya itarā.

(Pm.ii.418)

대역

aniccānupassanāya**무상 거듭관찰을** siddhāya**성취함으로써** nirodhānupassanā**소멸 거듭관찰,** khayānupassanā**다함 거듭관찰,** vayānupassanā**사라짐 거듭관찰,** vipariṇāmānupassanā ca**변함 거듭관찰도** ekadesena**일부분으로** siddhā nāma**성취되었다고 말하는 것이** honti**된다.** dukkhānupassanāya**괴로움 거듭관찰을** siddhāya**성취함으로써** nibbidānupassanā**염오 거듭관찰,** virāgānupassanā**애착 빛바램 거듭관찰,** ādīnavānupassanā ca**허물 거듭관찰도** siddhā nāma**성취되었다고 말한다.** anattānupassanāya siddhāya**무아 거듭관찰을 성취함으로써** itarā**나머지 관찰**인 다시 내버림 거듭관찰, 재성찰 거듭관찰, 물러섬 거듭관찰도 siddhā nāma**성취되었다고 말한다.**

이 복주서에서 "일부분으로 성취되었다"라고 하는 구절은 이 부분이 명상의 지혜 단계에서 설명한 것이기 때문이다.[541] 무너짐의 지혜 등 그 위의 지혜 단계에서 생겨나는 무상 거듭관찰 등으로는 관련된 위빳사나를 모두 성취한다고 알아야 한다.

그 밖에 여러 다른 복주서들에는 괴로움 거듭관찰에 애착 빛바램 거듭관찰(virāgānupassanā)이라는 구절이 누락되어 있다. 무엇 때문인가? 『빠띠삼비다막가(無碍解道)』에서 '애착 빛바램 거듭관찰은 괴로움 거듭관찰처럼 감각욕망 취착만을 제거한다'라고 설하셨다. 무아 거듭관찰처럼 '사견 취착과 계행·의식 취착을 제거한다'라고는 설하지 않으셨다. 따라서 애착 빛바램 거듭관찰은 제거하는 작용이 같지 않은 무아 거듭관찰에 포함되어서는 안 된다. 제거하는 작용이 같은 괴로움 거듭관찰에만 포함되어야 적당하다. 이렇게 포함되기에 적당함에도 불구하고 원문에는 찾아볼 수 없기 때문에 '누락된 것이다'라고 알아야 한다.

이 복주서의 내용에 따르면 무상 거듭관찰을 성취하면 소멸 거듭관찰, 다함 거듭관찰, 사라짐 거듭관찰, 변함 거듭관찰, 이 네 가지 관찰도 성취한다. 괴로움 거듭관찰을 성취하면 염오 거듭관찰, 애착 빛바램 거듭관찰, 허물 거듭관찰, 이 세 가지 관찰도 성취한다. 무아 거듭관찰을 성취하면 다시 내버림 거듭관찰, 재성찰 거듭관찰, 물러섬 거듭관찰, 이 세 가지 관찰도 성취한다. 이상이 무상 거듭관찰 등의 세 가지 관찰에 다른 모든 관찰이 포함되는 모습이다.

무상 거듭관찰, 괴로움 거듭관찰, 무아 거듭관찰, 이 세 가지 관찰도

541 『청정도론』 제3권, p.262 참조.

형성들의 소멸만을 관찰하고 보는 지혜가 매우 예리해졌을 때에는 관찰하고 새겨지는 물질·정신의 소멸을 관찰하고 보는 것만으로 성취된다. 그래서 『대복주서』에서는 아래와 같이 설명하였다.

> Keci panettha "aniccato anupassati, no niccatotiādinā visuṁ dassanakiccaṁ natthi, bhaṅgadassaneneva sabbaṁ diṭṭhaṁ hotī"ti vadanti, taṁ bhaṅgānupassanāya matthakappattiyaṁ yuttaṁ, tato pana pubbabhāge anekākāravokārā anupassanā icchitabbāva.
>
> (Pm.ii.441)

대역

keci pana**그러나 일부 스승들은** ettha무너짐의 지혜, **여기에서** "'aniccato anupassati**무상이라고만 관찰한다.** no niccato**항상하다고는 관찰하지 않는다**'iti ādinā**라는 등으로** visuṁ dassanakiccaṁ**각각 관찰하여 볼 일이** natthi**없다.** bhaṅgadassaneneva형성들의 **무너짐을 관찰하여 보는 것만으로** sabbaṁ**모든** 무상의 모습 등을 diṭṭhaṁ**보는** hoti **것이다**"iti vadanti**라고 말한다.** taṁ**그 일부 스승의 말은** bhaṅgānupassanāya**무너짐의 관찰이** matthakappattiyaṁ**정점에 이르렀을 때라야** yuttaṁ**적당하다.** tato**정점에 이르기 그** pubbabhāge pana**앞부분에는** anekākāravokārā**여러 가지 모습으로 섞인** anupassanā**관찰이** icchitabbāva**바람직하다.**

이 복주서에서 일부 스승들의 견해로 설명했어도 그것은 무너짐의 지혜가 아직 여릴 때에만 일부 스승들의 견해이다. 무너짐의 지혜가 정점에 이르렀을 때에는 "복주서의 스승조차 '적당하다'라고 지지하기 때문에" 복주서의 스승이 인정하는 견해이다. 바로 그렇기 때문에 『빠띠삼비다막가(無碍解道)』에서 “vayalakkhaṇupaṭṭhānekattaña vipassakānaṁ[542] = 형성들의 사라지는 특성으로 드러나는 (마음)하나됨이 위빳사나 관찰하는 수행자의, 번뇌들과 함께하지 않는 위빳사나 마음하나됨”이라고 설하셨다.

지금까지의 요약이 끝났다.

542 Ps.167.

다함 거듭관찰

"khayānupassananti saṅkhārānaṁ khaṇabhaṅgānupassanaṁ(다함 거듭관찰이란 형성들이 찰나로 무너짐을 〔거듭〕관찰하는 것이다)"[543]이라고 하는 『대복주서』 내용에 따르면, 고유특성을 통해 새기던, 계속해서 사라지는 물질·정신 형성들의 그 사라져 버림이라고 하는 '찰나로 무너짐'을 관찰하는 지혜, 또는 그 관찰하고 새기는 것의 사라져 버림이라고 하는 '찰나로 무너짐'을 관찰하는 지혜를 다함 거듭관찰(khayānupassanā)이라고 한다. 이 다함 거듭관찰은 'ñāta = 〔알아지는〕 대상, ñāṇa = 〔아는〕 위빳사나 지혜'의 사라짐, 무너짐을 알고 보는 '무너짐의 지혜'일 뿐이다. 따라서 모습, 형체, 형색 등으로 생각되어지는 덩어리 표상 개념이 사라져 단지 그 성품만으로 존재하는 물질·정신의 무너짐만 드러날 때 이 다함 거듭관찰은 구족되어 생겨난다.

> Khayānupassanāti paccuppannānaṁ rūpakkhandhādīnaṁ bhaṅgadassanañāṇañca taṁ taṁ khandhabhaṅgadassanānantaraṁ tadārammaṇacittacetasikabhaṅgadassanañāṇañca.
>
> (PsA.i.97)

543 Pm.ii.417; 『*Visuddhimagga Mahāṭikā Nissaya*(위숫디막가 대복주서 대역)』 제4권, p.364 참조.

대역

khayānupassanāti**다함 거듭관찰이란** paccuppannānaṁ**현재** 생겨나고 있는 대상인 rūpakkhandhādīnaṁ**물질 무더기 등의** bhaṅgadassana-ñāṇañca**무너짐을 보는 지혜, 혹은** taṁ taṁ khandhabhaṅgadassanā-nantaraṁ**그 각각 무더기의 무너짐을 보고 난 바로 다음에** tadārammaṇacittacetasikabhaṅgadassanañāṇañca**그** 무더기의 무너짐을 **대상으로 하는** 위빳사나 **마음·마음부수의 무너짐을 보는 지혜를 말한다.**

Khayānupassanāti pana ghanavinibbhogaṁ katvā aniccaṁ khayaṭṭhenāti evaṁ khayaṁ passato ñāṇaṁ.

(Vis.ii.336)

대역

khayānupassanāti**다함 거듭관찰이란** ghanavinibbhogaṁ'하나이다, 한 덩어리이다'라고 생각하는 **덩어리** 개념**의 각각 분해됨을** katvā'무너짐의 지혜'로 **행하여** aniccaṁ khayaṭṭhenāti**'다하기 때문에 무상하다'라고** evaṁ**이와 같이** khayaṁ**다함을** passato**관찰하여 보는** ñāṇaṁ**지혜이다.**[544]

덩어리 네 가지가 부서지는 모습은 무상 거듭관찰, 무아 거듭관찰을 설명할 때 이미 설명했다.[545] 무너짐의 지혜가 매우 예리하게 생겨나 덩어리 〔개념〕이 부서지는 수행자에게는 〔예를 들어〕 굽히고 있을 때, 굽히는 동작으로 생겨나는 작은 움직임들만 여러 단계, 여러 부분으로 끊어져서 드러난다. 그래서 그 작은 움직임들을 '사라져 버린다, 사라져 버린

---

544 『청정도론』 제3권, p.390 참조.

545 이 책의 제2권 pp.555~556, 604~611 참조.

다'라고 알고 본다. 이렇게 알고 보는 마음들도 그 마음의 대상과 하나로, 앞 단계와 뒤 단계로 '사라져 버린다, 사라져 버린다'라고 계속해서 바로 그 다음에 알고 본다. 따라서 '굽힌다'라고 불리는 물질이 보통 사람들에게 드러나는 것처럼 팔의 모습, 손가락의 모습 등 한 덩어리, 한 모습으로 드러나지 않는다. 바로 그 손도 항상 그대로 머물고 있는 것으로 드러나지 않는다. 또한 새겨 아는 마음도 보통 사람들에게 드러나는 것처럼 '어떤 한 사람'이 새겨 아는 것으로 드러나지 않는다. 사실은 그 각각의 순간에 여러 부분으로 끊어져 계속해서 사라져 버리는 것으로만 드러난다. 〔그러면〕 수행자는 그 물질과 정신을 바로 그렇게 드러나는 대로 '사라져 버린다, 사라져 버린다'라고 안다. 펼 때, 볼 때 등에도 마찬가지 방법이다. 이렇게 알기 때문에 새겨 알아지는 그 물질·정신에 대해 '한 덩어리이다, 한 무더기이다'라고 생각하는 인식의 전도 등이 생겨날 수 없게 된다. 그래서 "이 〔무너짐의〕 관찰을 수행하는 이는 덩어리라는 인식을 제거한다"[546]라고 말하였다.

> Bhaṅgānupassanato paṭṭhāya tassā pāripūrīti ghanasaññāya pahānaṁ hoti, tato pubbe aparipuṇṇatāya taṁ na hoti. Evamaññatthāpīti paripuṇṇāparipuṇṇatā pahānatīraṇapariññāsu vipassanāpaññāya daṭṭhabbā.
>
> (Pm.ii.417)

대역

bhaṅgānupassanato paṭṭhāya**무너짐의 관찰을 시작으로** tassā**그** 〔다함 거듭관찰〕**을** pāripūrīti**완전히 구족하는 것이** hoti**된다.** (iti)바로 그 무

546 『청정도론』 제3권, p.390 참조.

너짐의 지혜가, 구족된 다함 거듭관찰이기 때문에 ghanasaññāya'하나, 한 무더기'라고 생각하는 **덩어리라는 인식을** pahānaṁ**제거하는** hoti**것이다**. tato**그** 무너짐의 지혜 pubbe**전에는** aparipuṇṇatāya다함 거듭관찰이 **아직 구족되지 못했기 때문에** taṁ**그 덩어리라는 인식을 제거하는 것이** na hoti**아니다**.《이 구절을 통해 무너짐의 지혜에 아직 도달하지 못한 수행자에게는 모습, 형체, 형색 등의 덩어리 개념이 드러나는 것이 아직 사라지지 않는다는 사실을 직접적으로 설명해 준다. 잘 살펴 주의하라.》 aññatthāpi**다른** 무상 **거듭관찰 등도** evaṁ**이** 다함 거듭관찰**과 마찬가지다**. iti**이렇게** 무너짐의 지혜를 시작으로 위빳사나가 구족되기 때문에 pahānatīraṇapariññāsu**제거 구분지와 조사 구분지의 단계에서** vipassanāpaññāya**위빳사나 통찰지가** 〔각각〕 paripuṇṇāparipuṇṇatā**완전히 구족됨과 구족되지 않음을** daṭṭhabbā**알아야 한다**.

명상의 지혜, 생멸의 지혜라고 하는 조사 구분지의 단계에서는 위빳사나의 힘이 아직 구족되지 않았다. 그래서 그 단계에서 생겨나는 무상 거듭관찰 등은 항상하다는 인식 등을 완전히 사라지도록 제거할 수는 없다. 무너짐의 지혜 등의 제거 구분지의 단계에서는 위빳사나의 힘이 완전히 구족된다. 그래서 그 단계에서 생겨나는 무상 거듭관찰 등은 항상하다는 인식 등을 완전히 사라지도록 제거할 수 있다는 뜻이다.

다함 거듭관찰이 끝났다.

사라짐 거듭관찰

Vayānupassanāti —
Ārammaṇānvayena, ubho ekavavatthānā;
Nirodhe adhimuttatā, vayalakkhaṇavipassanāti.
— Evaṁ vuttā paccakkhato ceva anvayato ca saṅkhārānaṁ bhaṅgaṁ disvā tasmiññeva bhaṅgasaṅkhāte nirodhe adhimuttatā, tāya āyūhanassa pahānaṁ hoti. Yesaṁ hi atthāya āyūheyya, "te evaṁ vayadhammā"ti vipassato āyūhane cittaṁ na namati.

(Vis.ii.336)

대역

vayānupassanāti**사라짐 거듭관찰이란,**
"āramman̩ānvayena직접 볼 수 있는
현재**대상에 따르는 지혜를 통해,**
ubho직접 볼 수 있는 현재대상,
직접 볼 수 없는 과거·미래 대상, 이러한 **두 가지 대상을**
ekavavatthānā'무너짐'으로는
동일한 성품이라고만 결정하는 것, 또는
'무너진다'라는 모습으로는
동일한 성품이라고 결정하는 것,
nirodhe**그리고 소멸에 대해**서만

adhimuttatā향하는 상태인 **열중함,**

(so)이러한 두 가지 요소를 구족한 지혜 · 통찰지, **이것이** vayalakkhaṇavipassanā**사라짐의 특성을 관찰하는 위빳사나이다."** iti evaṁ**라고 이와 같이** 《『빠띠삼비다막가(無碍解道)』, 무너짐의 지혜에 관한 설명에서》 **설하신,** 《'~ 향하고 열중하는 통찰지를'과 연결하라》 paccakkhato ceva**직접관찰과,** anvayato ca직접관찰에 따라 생기는 **추론관찰로** saṅkhārānaṁ〔직접 보는, 보지 못하는〕 **형성들의** bhaṅgaṁ**무너짐을** disvā**본 뒤,** bhaṅgasaṅkhāte**그 무너짐이라 불리는** tasmiññeva nirodhe**소멸에 대해서만** adhimuttatā향하고 **열중하는** 지혜·**통찰지를** vayānupassanā사라짐 거듭관찰이라고 vuttā**말한다.** tāya모든 형성들을 '무너진다'라고 마음기울이는 사라짐 거듭관찰, **그것을 통해서** āyūhanassa행복하고 잘 살기 위해 **애씀을** pahānaṁ hoti**제거한다.** hi**분명하게 설명하겠다.** yesaṁ항상 머물러 있다고 생각하는 **그 형성들의** atthāya행복, 번성이라는 **이익을 위해서** āyūheyya형성들의 소멸을 보지 못하는 이들은 **애를 쓰는데, "**te'항상하다'라고 이전부터 생각해 왔던 그 형성들은, 또는 행복하고, 잘되고, 번성하기 바라는 **그 형성들은** evaṁ vayadhammāti**모두 이와 같이** 빠르게 **사라지기 마련인 법이다"라고** vipassato**관찰하는 수행자의** cittaṁ**마음은** āyūhane행복하고 잘 살기 위해 **애씀으로** na namati**기울지 않는다.**[547]

직접 새겨 알 수 있는 현재의 물질·정신이 순간순간 끊임없이 사라지는 것을 알고 본 수행자는 직접 알 수 없는 과거나 미래의 물질·정신도 '직접 알 수 있는 현재의 물질·정신과 마찬가지로 순간도 끊임없이 사라

---

547 『청정도론』 제3권, p.391 참조.

지는 성품이 있다'라고 추론하고 숙고하여 결정하고 관찰한다. 그때 '모든 형성들은 순간순간 끊임없이 사라지고 있는 것들일 뿐이다. 없어지지 않도록, 사라지지 않도록, 항상 지속되도록 할 수 있는 성품의 법이 아니다'라고 없어짐과 사라짐에만 마음기울이고, 향하고, 숙고하는 지혜가 생겨난다. 이 지혜를 사라짐 거듭관찰(vayānupassanā)이라고 한다. 이 사라짐 거듭관찰은 행복하고 잘 살기 위해 애쓰고 바라는 것을 사라지게 한다. 어떻게 사라지게 하는가? 물질과 정신을 순간순간 끊임없이 계속해서 '사라지고, 사라진다'라고 확실하게, 능숙하게 이해하지 못하면 '사라지지 않고 계속 유지되는 자신, 다른 사람이 있다'라고 생각한다. 항상한 자신, 남이라고 생각하는 그 형성들을 행복하도록, 더 잘 살도록, 번성하도록 바라기 때문에 지금 생을 위해서도 노력한다. 다음 생을 위해서도 노력한다.

이 사라짐 거듭관찰을 통해 '모든 형성들은 순간순간 끊임없이 사라지고만 있다'라고 확실하게, 능숙하게 이해하게 되면, 항상하다고 이전에 생각했던 그 형성들을 행복하도록, 더 잘 살도록, 번성하도록 신경쓰지 않게 된다. 노력하려는 마음이 생겨나지 않는다. 비유하자면, 매우 사랑스러운 아들딸들이 크면 아주 좋고 훌륭한 옷, 물건들을 사 주기 위해 재산을 모으려 열심히 노력하고 있는 이가 그 사랑하는 아들딸들이 죽어 버린 것을 알게 되면, 그때부터 노력하고 애씀에 마음이 향하지 않는 것과 마찬가지이다. 이렇게 행복하고, 잘 살도록, 번성하도록 노력하려고 하지 않음, 노력함에 마음이 기울지 않음은 이 사라짐 거듭관찰로 제거했기 때문이다.

사라짐 거듭관찰이 끝났다.

변함 거듭관찰

Vipariṇāmānupassanāti rūpasattakādivasena taṁ taṁ paricchedaṁ atikkamma aññathāpavattidassanaṁ. (atha vā) Uppannassa vā jarāya ceva maraṇena ca dvīhākārehi vipariṇāmadassanaṁ.

(Vis.ii.336)

대역

vipariṇāmānupassanāti**변함 거듭관찰이란** rūpasattakādivasena**물질 7개조 등의 방법으로** taṁ taṁ paricchedaṁ atikkamma**그 각각의 부분을 벗어나** aññathāpavattidassanaṁ**다른 모습으로 변함을 관찰하는 지혜이다.** (atha vā)**또는,** 또 다른 방법으로는 uppannassa**생겨난 물질·정신의** jarāya ceva**늙음,** 즉 성숙함, **또는** maraṇena ca**죽음,** 즉 사라짐으로 dvīhākārehi**두 가지 형태를 통해** vipariṇāmadassanaṁ원래 그대로 머물지 않고 **변하는 것을 관찰하여 보는 지혜다.**[548]

첫 번째 방법에 따라 성글게 관찰하는 모습

한 생 내에서 '재생연결을 시작으로 해서 임종까지 생겨난 물질은 죽을 때 모두 변하고 무너진다'라고, 또는 〔한 생을 세 시기로 나누어〕 '첫 번째 연령대의 물질은 두 번째 연령대가 되면 그 이전과 같지 않고 다르

548 『청정도론』 제3권, p.391 참조.

게 변한다. 두 번째 연령대의 물질은 세 번째 연령대가 되면 그 이전과 같지 않고 다르게 변한다. 세 번째 연령대의 물질은 죽을 때가 되면 그 이전과 같지 않고 다르게 변한다'라고, 또는 〔한 생을 다섯 시기로 나누어〕 '20세까지의 물질은 40세가 되면 그 이전과 같지 않고 다르게 변한다. … '라고, 《명상의 지혜에서 설명한 것을 의지해서 자세하게 알기 바란다》[549] 또는 〔하루를 두 부분으로 나누어〕 '저녁의 물질은 낮이 되면 저녁과 같지 않고 다르게 변한다. 낮의 물질은 저녁이 되면 낮과 같지 않고 다르게 변한다'라고, 또는 〔하루를 여섯 부분으로 나누어〕 '새벽의 물질은 오전이 되면 새벽과 같지 않고 다르게 변한다. 오전의 물질은 오후가 되면 오전과 같지 않고 다르게 변한다. 오후의 물질은 초야(初夜)가 되면 오후와 같지 않고 다르게 변한다. 초야의 물질은 중야(中夜)가 되면 초야와 같지 않고 다르게 변한다. 중야의 물질은 후야(後夜)가 되면 중야와 같지 않고 다르게 변한다. 후야의 물질은 새벽이 되면 후야와 같지 않고 다르게 변한다'라고 관찰하고 숙고한다. 이상은 성글게 관찰하는 모습이다.

첫 번째 방법에 따라 자세하게 관찰하는 모습

'앞으로 갈 때의 물질은 뒤로 물러날 때, 〔앞이나 뒤를〕 볼 때 등에 그전과 같지 않고 다르게 변한다. 뒤로 물러날 때, 〔앞이나 뒤를〕 볼 때 등의 물질도 앞으로 갈 때 등에 그전과 같지 않고 다르게 변한다'라고, 또는 '가만히 있을 때의 물질은 움직일 때, 움직일 때의 물질은 가만히 있을 때, 그전과 같지 않고 다르게 변한다'라고, 또는 '〔배가〕 부푸는 물질

---

549 이 책의 제2권 pp.216~218 참조.

은 꺼질 때, 〔배가〕 꺼지는 물질은 부풀 때 그전과 같지 않고 다르게 변한다'라고, 또는 '다리를 들 때의 물질은 나아갈 때, 나아갈 때의 물질은 내릴 때, 내릴 때의 물질은 누를 때, 누를 때의 물질은 다시 들 때, 그전과 같지 않고 다르게 변한다'라고, 또는 '추울 때의 물질은 더울 때, 더울 때의 물질도 추울 때 그전과 같지 않고 다르게 변한다'라고, 또는 '배고플 때의 물질은 배부를 때, 배부를 때의 물질은 배고플 때 그전과 같지 않고 다르게 변한다'라고, 또는 '행복할 때의 물질은 행복하지 않을 때와 슬플 때에, 행복하지 않을 때의 물질은 행복할 때와 슬프지 않을 때에, 슬플 때의 물질은 슬프지 않을 때와 행복할 때에 그전과 같지 않고 다르게 변한다' 등으로 여러 가지 다양한 물질의 모습마다 '변하고 바뀐다'라고 관찰한다. 그 밖에 앞의 여러 마음들도 뒤의 여러 마음들이 생겨날 때마다 '이전과 같지 않고 다르게 변한다'라고 관찰한다. 이상이 첫 번째 방법에 따라 변함 거듭관찰(vipariṇāmānupassanā)이 생겨나는 모습이다.

두 번째 방법에 따라 성글게 관찰하는 모습

'물질과 정신은 늙음과 성숙함에 의해서도 다르게 변화해 버린다. 죽음에 의해서도 다르게 변화해 버린다. 이 두 가지 모습으로 원래 그대로 머물지 못하고 다르게 변화해 무너진다'라고 관찰하고 숙고한다. 이상은 성글게 관찰하는 모습이다.

두 번째 방법에 따라 자세하게 관찰하는 모습

물질과 정신이 계속해서 생겨날 때마다 끊임없이 새기고 아는 수행자는 지혜가 성숙되었을 때, 새기고 있는 그 물질·정신의 늙음(jarā)이라고 부르는 중간 부분 = 머묾의 순간이 처음 생겨나는 순간과 같지 않고 다르게 변한다는 것을, 또한 죽음(maraṇa)이라고 부르는 마지막 부분 = 소멸의 순간에 사라지고 없어진다는 것을 직접 알고 본다. 그래서 계속해서 새길 때마다 그 물질과 정신을 '중간 부분, 마지막 부분이 처음 생겨날 때와 같지 않고 다르게 변화한다'라고 직접 관찰하고 본다. 〔이렇게〕 새겨 알아지는 현재 물질과 정신이 원래 상태 그대로 머물지 못하고 다르게 변화하는 것을 능숙하고 확실하게 알고 보게 되었을 때 직접 알 수 없는 과거나 미래의 물질·정신, 세상 전체의 모든 물질·정신도 '이와 마찬가지로 원래 그대로 머물지 못하고 중간 부분과 마지막 부분, 머묾과 사라짐, 성숙함과 죽음 등으로 다르게 변화하는 것일 뿐이다'라고 추론관찰 지혜를 통해 숙고하여 결정하고 관찰한다. 이상이 두 번째 방법에 따라 변함 거듭관찰이 생겨나는 모습이다.

'원래 그대로 머물지 못하고 다르게 변화한다'라고 관찰하여 보는 직접관찰 지혜, 추론관찰 지혜, 이 두 가지 지혜를 변함 거듭관찰(vipariṇāmānupassanā)이라고 한다. 이 변함 거듭관찰은 물질·정신 형성들에 대해 "원래 그대로, 변화하지 않고 확고하게 지속된다"라고 하는 견고하다는 인식(dhuvasaññā)을 제거한다.

특별한 견해

『빠띠삼비다막가(無碍解道) 주석서』에서는 〔변함 거듭관찰〕 앞에 말한 다함 거듭관찰과 그 뒤에 말한 높은 통찰지 법 관찰 위빳사나를 토대로 추론하여 생겨나는 무너짐의 지혜가 사라짐 거듭관찰이라고, 그리고 그 사라짐 거듭관찰의 힘 때문에 모든 법들을 '변해 버리고 무너져 버리는 성품이다'라고 알고 보는 지혜를 변함 거듭관찰이라고 설명하였다. 근거는 아래와 같다.

> Vayānupassanāti paccuppannānaṁ khandhānaṁ bhaṅgadassanānantaraṁ tadanvayeneva atītānāgatakhandhānaṁ bhaṅgadassanañāṇaṁ. Vipariṇāmānupassanāti tasmiṁ bhaṅgasaṅkhāte nirodhe adhimuttattā, atha sabbepi atītānāgatapaccuppannā khandhā vipariṇāmavantoti sabbesaṁ vipariṇāmadassanañāṇaṁ.
>
> (PsA.i.97)

대역

vayānupassanāti**사라짐 거듭관찰이란**, paccuppannānaṁ khandhānaṁ bhaṅgadassanānantaraṁ**현재 무더기의 사라짐을 본 바로 다음에** tadanvayeneva**그** 현재 무더기의 사라짐을 보는 직접관찰**에 따라서 추론하여** atītānāgatakhandhānaṁ bhaṅgadassanañāṇaṁ**과거·미래 무더기의 사라짐을 관찰하는 지혜이다.** vipariṇāmānupassanāti**변함 거듭관찰이란**, tasmiṁ bhaṅgasaṅkhāte nirodhe**사라짐이라고 부르는 그 소멸에** adhimuttattā확고하게 마음이 기운, **열중된 상태기 때문에** atha**그 때** '**atītānāgatapaccuppannā khandhā**과거·미래·현재 무더기들** sabbepi**모두도** vipariṇāmavantoti**변하**고 무너지**는 성품이 있다'라고** sabbesaṁ vipariṇāmadassanañāṇaṁ**모든 법들의 변하고 무너짐을 관찰하고 보는 지혜이다.** 《이 구절을 통해서 "변함 거듭관찰은 무너짐의 지혜가 정점에 이른 상태이다"라고 알아야 한다.》

변함 거듭관찰이 끝났다.

표상없음 거듭관찰

표상없음 거듭관찰(animittānupassanā)이라고 하는 것은 무상 거듭관찰일 뿐이라는 사실을 '중대한 위빳사나에 대한 요약'에서 설명했었다.[550] 하지만 표현이 다르기 때문에 그렇게 표현이 다른 모습을 설명하고자 한다.

Nimittanti saṅkhāranimittaṁ.

(Vis.ii.284)

대역

nimittanti**표상이란** saṅkhāranimittaṁ형성들이 드러나는 모습, **형성 표상이다.**

Saṅkhāranimittanti saṅkhārānaṁ samūhādighana-vasena, sakiccaparicchedatāya ca, saviggahānaṁ viya upaṭṭhānaṁ.

(Pm.ii.447)

대역

saṅkhāranimittanti**형성 표상이란,** abhāvitabhāvanassa수행해야 하는 위

---

550 이 책의 제2권 p.641 참조.

빳사나 수행을 **수행하지 않은 이에게** 《복복주서에 따라 첨가하였다. '~ 드러나는'과 연결하라》 samūhādighanavasena**모임 등의 덩어리 개념을 통해서** saviggahānaṁ viya모양이나 **형체가 있는** 사물이 드러나는 것, 또는 모양이나 형체가 있는 것**처럼** saṅkhārānaṁ**형성들이** upaṭṭhānaṁ**드러나는 것**, ca**또는** bhāvitabhāvanassa수행해야 하는 위빳사나 수행을 **수행하는 이에게** 《복복주서에 따라 첨가하였다. '~ 드러나는'과 연결하라》 sakiccaparicchedatāya**각각의 작용이라는 한계가 있는 상태를 통해서**, 또는 각각의 작용, 각각의 성품, 각각의 찰나, 각각의 대상이라는 한계가 있는 것으로 《특성가져옴 방법(lakkhaṇāhāra)[551]에 따라 '작용'이라고 하면 성품·찰나·대상도 포함된다》 saviggahānaṁ viya모양이나 **형체가 있는 것처럼** saṅkhārānaṁ **형성들이** upaṭṭhānaṁ**드러나는 것을 말한다.**

위빳사나 수행을 하지 않는 일반 사람들에게는 가고 서고 앉고 눕고 굽히고 펴는 등의 몸동작들이라는 물질 형성, 또는 보고 듣고 냄새 맡고 맛보고 닿고 생각하는 것 등의 정신 형성, 또는 여섯 문에서 드러나는 형색·소리·냄새·맛·감촉·성품이라고 하는 대상 형성들이 단지 성품법들일 뿐이라고도 드러나지 않는다. 각각 나누어져 분리되어 드러나지도 않는다. 한 찰나만 존재하는 것으로도 드러나지 않는다. 사실은 어떠한 모습, 형체를 가진 것으로만 드러난다. 하나의 덩어리, 하나의 실체로만 드러난다. 항상 그대로 머무는 것으로만 드러난다. 항상 그대로 머무는 형체, 모습으로 숙고할 때마다 마음에 드러나는 이 덩어리 개념을 형성

---

551 '특성'을 언급하면 그것과 같은 성품을 가진 법, 같은 작용을 가진 법, 같은 원인을 가진 법, 같은 결과를 가진 법, 같은 대상을 가진 법, 같은 종류, 정신법으로 같은 여러 말하지 않은 다른 법들도 알게 하는 방법을 뜻한다. *Bhaddanta Sucittā Bhivaṁsa*, 『*Viggahanhin Ñākkauklannhun*(어의분석과 의미분석법)』, p.101 참조.

표상이라고도 한다. 항상하다(nicca)는 표상, 견고하다(dhuva)는 표상, 영원하다(sassata)는 표상이라고도 부를 수 있다.

형성들을 무상하다고 알고 보는 무상 거듭관찰은 항상하다는 표상, 견고하다는 표상, 영원하다는 표상이라고 부를 수 있는 이 형성표상의 반대이기 때문에 표상없음(animitta)이라고 한다. 항상하지 않다고 관찰하고 볼 수 있기 때문에 거듭관찰(anupassanā)이라고도 한다. 그래서 이 두 가지 명칭을 합하여 표상없음 거듭관찰(animittānupassanā)이라고 부른다. 형성 무더기 표상의 반대인 관찰이라는 뜻이다.

어떻게 형성 표상의 반대가 되는가? 물질과 정신이 생겨날 때마다 끊임없이 관찰하여 새기는 수행자에게 여섯 문에서 생겨나는, 드러나는 그 형성들은 어떠한 모습, 형체로도 드러나지 않는다. 한 덩어리, 한 무더기로도 드러나지 않는다. 항상 그대로 유지되는 것으로도 드러나지 않는다. 오랜 시간 그대로 머무는 것으로도 드러나지 않는다. 사실은 단지 성품법들일 뿐이라고만 드러난다. 각각 나누어져 분리되어 드러난다. 한 찰나만 존재하는 것으로만 드러난다. 생겨나서는 즉시 그 순간에 사라져 버리는 것으로만 드러난다. 이렇게 드러나기 때문에 무너짐의 지혜를 구족한 수행자는 그 형성들을 "관찰하는 지혜에 드러나는 그대로" '사라져 버린다'라고도, 혹은 '끝나 버린다'라고도, 또는 '소멸되어 버린다'라고도, 또는 '없어져 버린다'라고도, 또는 '무상하다'라고 관찰한다. 이렇게 관찰하기 때문에, 관찰되어지는 그 형성은 항상하는 어떠한 형체·모습으로도 드러날 수 없다. 그 형성들에 대해 "항상한 실체"라고 집착하는 번뇌도 생겨날 수 없다. 이렇게 반대의 성품이어서 형성 덩어리 표상을 제거할 수 있기 때문에 『위숫디막가(清淨道論)』에서는 아래와 같이 설명하였다.

Yasmā panesa aniccānupassanāya saṅkhārānaṁ ghana-vinibbhogaṁ katvā niccanimittadhuvanimittasassatani-mittāni pajahanto āgato, tasmā animitto.

(Vis.ii.307)

대역

esa도(道), **이것은** aniccānupassanāya**무상 거듭관찰을 통해** saṅkhārā-naṁ ghanavinibbhogaṁ katvā**형성**이 한 무더기, 한 덩어리로 드러나는 **덩어리 개념을 분해한 뒤** niccanimittadhuvanimittasassatanimittāni pajahanto**항상하다는 표상, 견고하다는 표상, 상주한다는 표상을 제거해** 《여기까지가 이 구절에서 원래 알게 하고자 하는 내용이다》 āgato**버렸기** yasmā**때문에** tasmā**그래서** animitto**'표상없음'이라고 한다.**[552]

위빳사나 수행자가 자신에게 드러나는 형성 표상들을 끊임없이 관찰하고 있을때, 그렇게 새길 때마다 형성들은 자신들의 작용으로 구분되어 드러난다. 이 정도로 다가 아니다. 자신들의 고유특성이라고 하는 성품으로도 구분되어 드러난다. 자신들이 생겨나는 찰나로도 구분되어 드러난다. 정신 형성인 경우에는 자신들의 대상으로도 구분되어 드러난다. 드러나는 모습에 대한 자세한 내용은 "무상 거듭관찰, 무아 거듭관찰에 대한 설명에서 덩어리 네 가지가 분해되는 모습을 다시 살펴보아" 알기 바란다.[553] 이렇게 새길 때마다 그 법들의 작용·성품·찰나·대상으로 구분되어 형성들이 드러나는 것도 '형성 표상'이라고 말한다. 위빳사나 관찰을 하는 이들도 작용·성품·찰나·대상으로 구분되어 드러나는

552 『청정도론』 제3권, p.335 참조.

553 이 책의 제2권 pp.555~556, 604~611 참조.

이 형성 표상들을 대상으로 하여 알고 보고 있다. 따라서 무상 거듭관찰은 자신들의 작용·성품·찰나·대상으로 구분되어 드러나는 이 형성 표상들과 아직 반대되는 것도 아니다. 〔형성 표상들이〕 사라진 것도 아니다. 따라서 앞에서 설명한 대로 '항상한 것으로, 견고한 것으로, 상주하는 것으로 드러나는 형성 덩어리 표상의 반대가 되기 때문에만, 또한 그 형성 덩어리 표상이 없기 때문에만 표상없음 거듭관찰이라고 한다'라고 알아야 한다.[554]

이 표상없음 거듭관찰이라고 하는 무상 거듭관찰을 구족한 수행자에게는 관찰되어지는 형성들이 사라져 버리는 것으로만 드러난다. 그래서 그 수행자는 확고하게 유지되는 어떠한 형체, 실체처럼 이전에 드러났던 형성 표상들을 이제 바르게 알 수 있다. 무엇 때문인가? 지혜롭지 못한 이가 '심재가 있을 것이다'라고 생각하면서 비단목화나무[555]를 갈기갈기 분해해 보고 나서 껍질만 얻게 되면, 그 비단목화나무에 대해서 잘 이해할 수 있게 된다. 그와 마찬가지로 수행자도 이전에는 형성들을 '확고하게 유지되는 어떠한 형체, 실체'라고 생각했지만 무상 거듭관찰이 생겨나기 시작한 후에는 번개가 한 번 '번쩍'하는 순간조차도 유지되지 못하는, 여러 부분으로 계속해서 끊어지면서 사라져 버리는 형성들만 경험하기 때문에 '항상하는 실체, 형체는 없구나! 순간도 끊임없이 사라지고 무너지는 모습의 성품만 있을 뿐이구나!'라고 형성 표상에 대해서 바르게 잘 알게 된다. 이렇게 바르게 알기 때문에 항상한 실체, 형체로

554 무상 거듭관찰은 작용·성품·찰나·대상으로 구분되어 드러나는 형성들과는 아직 반대되는 것도 아니고, 그렇게 구분되어 드러나는 형성들은 아직 사라지지도 않았다. 항상하고 견고하고 영원한 것으로 드러나는 형성들과만 반대가 되기 때문에, 그렇게 구분되지 않고 덩어리로 드러나는 표상이 없기 때문에, 바로 그렇기 때문에만 '표상없음 거듭관찰이라고 한다'라는 뜻이다.

555 simbalī 나무.

드러나는 그 형성 덩어리 표상을, 그리고 항상한 실체, 형체라고 생각하고 취착하는 번뇌, 업 등을 사라지게 한다.

Aniccato manasikaroto khayato saṅkhārā upaṭṭhanti.

(Ps.253)

대역

aniccato**무상하다고** manasikaroto**마음기울이는 수행자에게** saṅkhārā **형성들은** khayato**다하는 것으로** upaṭṭhanti**드러난다.**

Aniccato manasikaronto nimittaṁ yathābhūtaṁ pajānāti[556] passati.

(Ps.258)

대역

aniccato**무상하다고** manasikaroto**마음기울이는 수행자는** nimittaṁ항상한 실체, 형체가 있는 것처럼 드러나는 형성 덩어리 **표상을** yathābhūtaṁ사실대로 바르게, 즉 **여실하게** pajānāti**안다.** passati**관찰한다.**

표상없음 거듭관찰이 끝났다.

556 CST4 jānāti.

원함없음 거듭관찰

가고 서고 앉고 굽히고 펴고 보고 듣고 닿고 생각하는 등의 물질·정신 형성들을 '행복한 것들이다, 좋은 것들이다, 좋아할 만한 것들이다'라고 생각하여 바라고 즐기는 갈애를 원함(paṇidhi)이라고도 부른다. 원해지는 것(paṇihita)이라고도 부른다. 생겨남과 사라짐이 형성들을 끊임없이 괴롭히는 것을 경험하게 되어 '괴로운 것들일 뿐이다. 좋지 않은 것들일 뿐이다. 좋아할 만한 것들이 아닌 것들이다'라고 알고 보고 이해하여 생겨나는 괴로움 거듭관찰을, 원해지는 것(paṇihita)이라고도 불리는 바라고 즐기는 것과 반대되기 때문에 원함없음 거듭관찰(appaṇihitānupassanā)이라고 한다. 바로 그렇기 때문에 "이 원함없음 거듭관찰을 닦는 이는 원함(paṇidhi)을 제거한다. 사라지게 한다"[557]라고 말했다.

원함없음 거듭관찰이 끝났다.

---

557 이 책의 제2권 p.538 참조.

공함 거듭관찰

무아 거듭관찰을 아직 구족하지 못한 이는 앉음이나 섬 등을, 또한 굽힘이나 폄 등을, 또는 봄이나 들음 등을 바라는 대로 행할 수 있는, 성취하게 할 수 있는 '나', '중생'이라는 것이 있다고 생각한다. 무너짐의 지혜의 힘을 통해 덩어리 네 가지가 분해되어,[558] 무아 거듭관찰이 잘 생겨난 이에게는 계속해서 새길 때마다 그 자신의 성품에 따라 빠르게 생멸해가는 모습만 경험하게 된다. '바라는 대로 행할 수 있는, 성취하게 할 수 있는 나, 중생'이라고 부를 만한 어떠한 것도 경험하지 못한다. 관련된 여러 가지 조건들이 형성되면 생겨나지 않게 하려는 것들이 생겨나는 것도 경험하게 되고, 사라지지 않게 하려는 것들이 사라져 버리는 것도 경험하게 된다. 주재할 수 있는 나, 중생이라고 하는 것은 경험할 수 없다. 따라서 '새겨 알아지는 대상들도 단지 성품법들일 뿐이다. 새겨 앎도 단지 성품법들일 뿐이다. 빠르게 사라지고 없어져 버리는 이러한 성품법들만 존재한다. 앉음이나 섬, 굽힘이나 폄, 봄이나 들음 등을 행하게 하는, 성취하게 하는 나, 중생이라고 할 만한 것은 없다. 관찰하고 마음 기울일 수 있는 나, 중생이라고 할 만한 것은 없다. 나, 중생이라고 할 만한 것은 없다. 비었다. 계속해서 사라지고만 있는 성품법들만 존재한다'

---

558 이 책의 제2권 pp.604~611 참조.

라고 알고 보고 이해한다. 이렇게 알고 보고 이해하는 무아 거듭관찰, 바로 그것을 '자아가 없다, 비었다'라고 관찰하는 것이기 때문에 공(空)함 거듭관찰(suññatānupassanā)이라고 한다. 바로 그렇기 때문에 이 공함 거듭관찰은 '바라는 대로 행할 수 있는, 성취하게 할 수 있는 나, 중생이라는 것이 있다'라고 생각하고 집착하는 번뇌 등을 제거할 수 있다.

공함 거듭관찰이 끝났다.

높은 통찰지 법 관찰 위빳사나

Adhipaññādhammavipassanāti —
"Ārammaṇañca paṭisaṅkhā, bhaṅgañca anupassati;
Suññato ca upaṭṭhānaṁ, adhipaññā vipassanā"ti. —
Evaṁ vuttā rūpādiārammaṇaṁ jānitvā tassa ca ārammaṇassa tadārammaṇassa ca cittassa bhaṅgaṁ disvā "saṅkhārāva bhijjanti, saṅkhārānaṁ maraṇaṁ, na añño koci atthī"ti bhaṅgavasena suññataṁ gahetvā pavattā vipassanā.

(Vis.ii.337)

대역

adhipaññādhammavipassanāti**높은 통찰지 법 관찰 위빳사나란,**
"ārammaṇañca어느 한 가지 **대상을**
paṭisaṅkhā사라진다고 **알고 나서,**
bhaṅgañca그 아는 위빳사나의 **무너짐도**
anupassati**다시 관찰한다.**
suññato ca자아, 중생이라는 것이 **'공(空)하다'라고도**
upaṭṭhānaṁ지혜에 **드러난다.**
(esa)**이러한** 지혜, **통찰지를**
adhipaññāvipassanā**높은 통찰지 관찰 위빳사나라고 한다"**
iti evaṁ vuttā**라고 이렇게** 『빠띠삼비다막가(無碍解道)』「무너짐의 지혜에 대한 분석」에서 **설하신** 《마지막의 '～생겨나는 위빳사나이다'와 연결하라》, rūpādiārammaṇaṁ jānitvā**물질 등 어느 한 대상을 알고서** tassa ārammaṇassa bhaṅgaṁ ca**그 대상의 사라짐과**, tadārammaṇassa cittassa bhaṅgaṁ ca그 사라짐을 아는, **그것을 대상으로 하는 위빳사나 마음의 사라짐도** disvā두 단계씩으로 **본 뒤** 'saṅkhārāva bhijjanti**오직 형성들만 사라진다**. saṅkhārānaṁ (eva) maraṇaṁ**오직 형성들만 죽을 뿐**, 사라질 뿐, añño 형성들 외에 **다른** koci**어떠한** 죽는, 사라지는 **것이** na atthīti**없다'라고** bhaṅgavasena**무너짐을 아는 것을 통해서**, suññataṁ항상한 실체, 자아가 없다는 것, **공한 성품을** gahetvā**취하면서**, 알고 보고 이해하면서 pavattā**생겨나는** vipassanā**관찰 위빳사나이다**.[559]

무너짐의 지혜가 매우 예리하게 생겨날 때 여섯 문에 분명하게 드러나는 어느 한 가지 물질·정신 대상을 단지 새기는 것만으로 '사라져 버린다'라고 안다. 그 새겨 아는 것도 '사라져 버린다'라고 다시 안다. 이러한 방법으로 대상과 새겨 아는 것이 앞과 뒤, 여러 단계로 빠르게, 순간도 끊임없이 사라지고 있는 것을 관찰하여 보는 수행자는 '새겨 알아지는 대상도 형성법일 뿐이다. 새겨 아는 것도 형성법일 뿐이다. 앞뒤 단계로 계속해서 사라지고 있는 것들은 모두 형성법일 뿐이다. 죽음, 사라짐이라고 하는 것은 바로 이 형성법들이 죽는 것, 사라지는 것이다. 이 형성 외에 다른 어떠한 자아, 나, 중생이라고 할 만한 것은 없다'라고 항상한 상태, 자아인 상태, 중생인 상태가 없는, 비어 있는 것을 확실하게 안다. 이 지혜를 높은 통찰지 법 관찰 위빳사나(adhipaññādhamma-

---

559 『청정도론』 제3권, p.392 참조.

vipassanā)라고 한다.

> Sā adhipaññā ca dhammesu ca vipassanāti katvā adhipaññādhammavipassanāti vuccati, tāya niccasārābhāvassa ca attasārābhāvassa ca suṭṭhu diṭṭhattā sārādānābhinivesassa pahānaṁ hoti.
>
> (Vis.ii.337)

대역

sā**그** '항상한 실체, 자아라는 실체가 없다, 비어 있다'라고 알고 보고 이해하는 **관찰은** adhipaññā ca**높은 통찰지이기도 하고**, dhammesu 성품**법에 대해** vipassanā ca**관찰하는 위빳사나** 지혜**이기도 하다**. iti katvā**그래서 이렇게** 마음기울임을 **행하기 때문에** adhipaññādhammavipassanāti**높은 통찰지 법 관찰 위빳사나라고** vuccati**부른다**. tāya**그** 높은 통찰지 법 관찰**을 통해** niccasārābhāvassa ca**항상한 고갱이가 없다는 것, 또한** attasārābhāvassa ca**자아라고 할 만한 고갱이가 없다는 것을** suṭṭhu diṭṭhattā**잘 보았기 때문에** sārādānābhinivesassa'항상한 실체, 주재하는 자아라는 고갱이가 있다'라고 집착하는 **고갱이 취함 고집을** pahānaṁ hoti**제거한다**.

이 관찰을 통해 항상한 실체가 없다는 것, 주재하는 나라고 부를 만한 자아라는 실체가 없다는 것을 알 수 있기 때문에 〔높은 통찰지 법 관찰 위빳사나는〕'형성들에 대해 항상한 실체, 나라는 실체가 있다'라고 생각하여 집착하는 번뇌들을 사라지게 한다.

높은 통찰지 법 관찰 위빳사나가 끝났다.

여실지견

Yathābhūtañāṇadassananti sappaccayanāmarūpapariggaho, tena "ahosiṁ nu kho ahaṁ atītamaddhāna"ntiādivasena ceva, "issarato loko sambhotī"tiādivasena ca pavattassa sammohābhinivesassa pahānaṁ hoti.

(Vis.ii.337)

대역

yathābhūtañāṇadassananti**여실지견**, 즉 사실대로 바르게 알고 봄**이란** sappaccayanāmarūpapariggaho**조건과 함께 정신과 물질을 파악하**여 관찰하**는 것이다.** tena**이 여실지견을 통해서** ahosiṁ nu kho ahaṁ atītamaddhānantiādivasena ceva**'나는 과거에 있었는가?' 등으로 생겨나는** 의심에 의해, issarato loko sambhotītiādivasena ca**또한 '창조주가** 중생**세상을 만들었다' 등으로** 잘못된 믿음에 의한 결정인 삿된 지혜에 의해 pavattassa sammohābhinivesassa**생겨나는 미혹 고집**, 즉 의심, 그리고 잘못 알고서 마음기울는 것**을** pahānaṁ hoti**제거한다.**[560]

조건인 정신·물질과 함께 결과인 정신·물질을 관찰하고 파악하는 조건파악의 지혜(paccayapariggaha ñāṇa), 바로 그것을 여실지견(yathā-

---

560 『청정도론』 제3권, p.392 참조.

bhūtañāṇadassanā)이라고 한다. 이 지혜를 구족한 수행자는 현재 직접적으로 원인과 결과가 연속되어 생겨나는 물질·정신만을 경험하기 때문에 "지금 생의 물질·정신 무더기는 과거 생에 있었던 '무명과 갈애, 취착, 업'이라고 하는 원인이 있었기 때문에 생겨났다. 그 과거 생에서도 무명과 갈애, 취착, 업의 의지처인 물질·정신이 있었다. 지금 생에 있는 무명, 갈애, 취착, 업 때문에 다음 생의 새로운 물질·정신들만 생겨날 것이다"라는 등으로 삼세에 대해 원인으로서의 물질·정신만 존재하고, 결과로서의 물질·정신만 존재한다고 결정할 수 있다. 그래서 '과거에 나라는 존재가 있었는가?'라는 등의 의심도 생겨나지 않는다. '중생들을 창조주가 창조했다. 대범천이나 제석천이 창조했다. 시기가 무르익어 중생들이 저절로 생겨난 것이다. 원인 없이 저절로 생겨난 것이다'라는 등의 의심, 잘못된 결정들도 생겨나지 않는다. 그래서 의심과 잘못된 앎을 제거한다고 말했다.

Saṁsaya micchāñāṇānaṁ vasena sammuyhanaṁ sammoho.

(Pm.ii.510)

대역

saṁsaya micchāñāṇānaṁ**의심과 잘못된 앎**, 즉 잘못된 결정 vasena**때문에** sammuyhanaṁ심하게 어리석은 것, **미혹한 것을** sammoho**미혹이라고 한다**.

여실지견이 끝났다.

허물 거듭관찰

Ādīnavānupassanāti bhayatupaṭṭhānavasena uppannaṁ sabbabhavādīsu ādīnavadassanañāṇaṁ, tena "kiñci allīyitabbaṁ na dissatī"ti ālayābhinivesassa pahānaṁ hoti.

(Vis.ii.337)

대역

ādīnavānupassanāti**허물 거듭관찰이란,** bhayatupaṭṭhānavasena**'두려운 것이다'라고 나타나는** 두려움의 지혜 **때문에,** uppannaṁ**생겨난** sabbabhavādīsu**모든 존재 등에서** ādīnavadassanañāṇaṁ**허물을 보는 지혜이다.** tena그렇게 허물을 보는 허물의 지혜, **그것으로** kiñci allīyitabbaṁ na dissatīti의지하고 기댈 만한, **들붙을 만한 어떠한 것도 보지 못하기 때문에** ālayābhinivesassa'의지하고 기댈 만한 존재(생), 형성들이 있다'라고 집착함으로써 생긴 **들붙음 고집을** pahānaṁ hoti**제거한다.**[561]

제6장에서 설명한 대로[562] 두려움의 지혜가 예리하게 생겨날 때 물질·정신 형성들의 허물을 보면서 생겨나는 허물의 지혜를 허물 거듭관

561 『청정도론』 제3권, p.392 참조.

562 이 책의 제2권 p.324 참조.

찰(ādīnavānupassanā)이라고 한다. 이 지혜가 생겨나면 새겨 알아지는 대상 형성과 새겨 아는 위빳사나 형성, 숙고되어지는 대상 형성과 숙고하는 형성이라는 이러한 형성들 중에 어떤 하나의 형성도 의지할 만한 것으로 생각되지 않는다. "'새로운 생마다, 새로운 생마다 사람으로만 태어나면 좋을 것이다. 부자로만 태어나면 좋을 것이다. 왕으로만 태어나면 좋을 것이다. 천신으로만 태어나면 좋을 것이다. 범천으로만 태어나면 좋을 것이다'라는 등으로 허물의 지혜가 생겨나기 전에는 의지하고 기댈 만한 어떤 하나의 생, 형성이 있다"라고 생각했다. 〔하지만〕 지금은 그렇게 의지할 만한 것들을 찾아볼 수 없다. 그래서 욕계, 색계, 무색계와 관련된 형성들에 대해 의지하고 기댈 만한 것이라고 생각하고 집착하는 번뇌를 이 〔허물의〕 지혜가 제거한다.

여기에서 'ālayābhinivesassa(들붙음 고집)'라고 하는 것은 법체로는 생에 대해 애착하는 존재 갈애(bhavataṇhā)이다.

> Saṅkhāresu leṇatāṇabhāvaggahaṇaṁ ālayābhiniveso, atthato bhavanikanti.
>
> (Pm.ii.510)

대역

saṅkhāresu**형성들에 대해** leṇa tāṇa bhavaggahaṇaṁ괴로움으로부터 벗어나 안전한 **의지처**, 보호해 줄 수 있는 **피난처의 상태로 취하는 것을** ālayābhiniveso**들붙음 고집이라고 한다**. atthato**법체로는** bhavanikanti**존재**에 대해 좋아하고 애착하는 **갈망이다**.

허물의 지혜를 아직 구족하지 못한 이는 아무리 괴롭더라도 새로운 생의 형성 모두를 버릴 수 없다. 삶 중에서 어느 한 가지 방법으로 행복할 수 있다고 생각하여 지금 겪는 괴로움으로부터 벗어나는 정도만 바라고 기대한다. 어떻게 기대하는가? 건강하지 않고 병에 걸리면 단지 건강한 상태만 바란다. 가난하면 재산이 많기만 바란다. 현재 생에서 바랄 것이 없다면 다음 생에 잘 살기를 바란다. 사람의 삶이 괴롭다고 생각하면 천상의 삶, 범천의 삶을 바란다. 물질·정신 형성, 새로운 생, 이 모든 것이 사라짐은 바라지 않는다. 이렇게 생의 형성들로부터 벗어날 수 없도록 좋아하고 애착하고 달라붙는 갈애를 들붙음 고집(ālayābhinivesa)이라고 한다. 이 들붙음 고집을 허물의 지혜가 제거한다. 바로 그렇기 때문에 이 허물의 지혜가 성숙되었을 때 염오의 지혜 등이 생겨나는 것이다.

허물 거듭관찰이 끝났다.

재성찰 거듭관찰

Paṭisaṅkhānupassanāti muñcanassa upāyakaraṇaṁ paṭisaṅkhāñāṇaṁ, tena appaṭisaṅkhāya pahānaṁ hoti.

(Vis.ii.337)

대역

paṭisaṅkhānupassanāti**재성찰 거듭관찰이란**, muñcanassa형성들을 버려[563] **벗어나려는** upāyakaraṇaṁ조건, **방편을 행하는** paṭisaṅkhāñāṇaṁ다시 관찰하는 지혜, **재성찰의 지혜이다.** tena**그 재성찰의 지혜로** appaṭisaṅkhāya**다시 관찰하지 않는 어리석음을** pahānaṁ hoti**제거한다.** 또는 다시 관찰함의 반대인 어리석음을 제거한다.[564]

Saṇkhārānaṁ muñcanassa upāyabhūtaṁ paṭisaṅkhāñāṇaṁ paṭisaṅkhānupassanā, tāya aniccādīsu appaṭisaṅkhānaṁ tattha paṭisaṅkhānupassana paṭipakkhabhūtaṁ avijjā pajahati.

(Pm.ii.418)

대역

saṇkhārānaṁ muñcanassa**형성들을 버려 벗어나는** upāyabhūtaṁ**바른 방**

---

563 저본에서 '버리려는'으로 해석하였다.

564 『청정도론』 제3권, p.392 참조.

편, 원인인 paṭisaṅkhāñāṇaṁ**재성찰의 지혜가** paṭisaṅkhānupassanā**재성찰 거듭관찰이다.** tāya**그 재성찰 거듭관찰로** aniccādīsu appaṭisaṅkhānaṁ**무상 등에 대해 다시 관찰하지 않음이라고 하는**, tattha paṭisaṅkhānupassana paṭipakkhabhūtaṁ**그 무상 등에 대해** 다시 관찰함의 **반대되는 상태인** (('appaṭisaṅkhā tatthā paṭisaṅkhānassa paṭipakkhabhūtaṁ'이라고 된 책도 있다. '다시 관찰하지 않기 때문에 다시 관찰함의 반대가 되는'이라는 뜻이다)) avijjā**무명을** pajahati**제거한다.**

형성들을 버리려고, 형성들로부터 벗어나길 바라는 벗어나려는 지혜(muñcitukamyatā ñāṇa)를 구족한 수행자가 〔그 형성들을〕 다시 관찰하는 것인 재성찰의 지혜를 재성찰 거듭관찰(paṭisaṇkhānupassanā)이라고 한다. 여기에서 '형성들을 버린다'라는 구절과 '형성들로부터 벗어난다'라는 두 구절은 의미로는 동일하다. 그래서 주석서에서도 벗어나려는 지혜 단계에서 '버림'과 '벗어남'이라는 이 두 단어를 동일하게 사용하여 설명하였다.

형성들을 버릴 수 있는 원인, 방편이 생겨나는 모습은 다음과 같다. 형성들이 계속해서 생겨날 때마다 "무상하다고, 괴로움이라고, 무아라고" 확실하게, 구족하게 아직 알지 못하면, 그 형성들에 대한 애착이나 집착이 생겨날 수 있다. 괴로운 느낌으로 참기 힘듦, 행복한 느낌의 변하고 무너짐, 모든 형성들의 생멸을 경험하면 싫음, 두려움, 염오함 등도 생겨날 수 있다. 그러한 것이 생겨나면 그 형성들과 계속 연결되고 결합되어 있기 때문에 아직 그 형성들을 버릴 수 없다. 아직 형성으로부터 벗어나지 못한다.

형성들이 계속해서 생겨날 때마다 관찰하고 새겨 "무상하다고, 괴로움이라고, 무아라고" 확실하게, 구족하게 아는 이라면 어떤 하나의 형성들에 대해서도 '좋아할 만한 것이다, 즐길 만한 것이다'라고 생각하지 않는다. '나, 나의 것'이라고도 생각하지 않는다. 그래서 그 형성들의 행복, 번영도 바라지 않는다. 바라지 않는 형성들이 사라지는 것도 바라지 않는다. 형성들이 행복하지 않고 번영하지 않을까 걱정하지도 않는다. 바라지 않는 형성들이 생겨날까 걱정하지도 않는다. 비유하자면, 자신과 전혀 상관없는 바위, 모래, 풀, 잎, 쓰레기 등을 조건으로 즐김이나 애착, 걱정이나 애씀 등이 생겨나지 않는 것과 같다. 이렇게 바람이나 애씀 없이, 형성들이 생겨날 때마다 그것을 단지 계속해서 새겨 알기만 하면, 형성들과 연결된 어떤 하나의 고리도 없기 때문에 그 형성들을 버린 것이 된다. 그 형성으로부터 벗어난 것이 된다. 다시 내버림 거듭관찰에서 설명했던 나쁜 아들을 버리는 비유도 이러한 의미로 알아야 한다.

이렇게 형성들로부터 잘 벗어나는 것은 아라한의 상태에 이르러야 완벽하게 구족된다. 위빳사나에서는 여섯 구성요소평온(chaḷaṅgupekkhā) 상태에 이른 형성평온의 지혜를 구족한 수행자도 형성들로부터 어느 정도 잘 벗어났다고 할 수 있다. 따라서 형성들로부터 벗어나는 작용은 벗어나려는 지혜가 생겨나는 정도만으로는 아직 충분하지 않다. 〔또한〕 그 형성들에 마음기울이지 않고, 관찰하지 않고 그냥 지내는 것만으로도 구족할 수 없다. 사실은 형성들이 생겨날 때마다 그 형성들을 "항상하다, 행복하다, 자아이다"라고 번뇌로 집착하지 못하도록 위빳사나를 통해 "무상하다, 괴로움이다, 무아이다"라고 확실하게 알고 보아야만 성취할 수 있다. 이렇게 알고 보는 것도 형성들이 생겨날 때마다 다시 계속해서 관찰해야만 성취할 수 있다. 따라서 벗어나려는 지혜로 형성들을 버리고자 하는 수행자가 〔그 형성들을〕 다시 관찰하는 재성찰의 지혜가 지금까지 말한 바와 같이 '형성들을 버릴 수 있는 방편, 원인'인 것이다. 바로 그렇기 때문에 벗어나려는 지혜로 형성들을 버리고자 하는 수행자는 형성들이 생겨날 때마다 그 형성들을 새기던 대로 다시 계속해서 새겨야 한다. 이렇게 새기는 수행자가 형성들을 무덤덤하게, 그리고 평온하게 관찰하게 되기 전까지 그 사이에 새겨 알면서 생겨나는 위빳사나 관찰을 재성찰 거듭관찰이라고 한다.

이 재성찰의 지혜가 갓 생겨나기 시작한 수행자는 새겨 알아지는 형성들을 두려워하고 염오하여 버리려고 하기 때문에 '관찰하고 새기고 있으면 계속해서 사라지고 있는 나쁜 법들만 계속해서 경험해야 한다. 차라리 새기지 않으면 그 나쁜 법들로부터 벗어날 수 있을 것이다'라고 생각하고는 관찰을 놓아 버리고 그냥 잊어버리며 지내기도 한다. 그렇게 〔잊어버리고〕 지내는 이에게는 새기지 않은 형성법들에 대해 "무상하다고, 괴로움이라고, 무아라고 알지 못하는" 무명 잠재번뇌가 생겨난다. 이 무명 잠재번뇌는 새기던 대로 계속해서 새기지 않았기 때문에 생겨날 기회를 얻은 것이다. 새기던 대로 다시 계속해서 새긴다면 생겨날 기회를 얻을 수 없다. 따라서 "무상하다, 괴로움이다, 무아이다"라고 알지 못함이라는 이 무명(avijjā)은 다시 관찰하여 새기는 재성찰의 지혜와 반대되기 때문에 'appaṭisaṅkhāna(재성찰하지 않음, 재성찰의 반대)'라고 한다. 재성찰하지 않음이라는 이 무명을 재성찰의 지혜가 제거한다. '사라지게 한다. 생겨날 기회를 주지 않는다'라는 뜻이다.

재성찰 거듭관찰이 끝났다.

물러섬 거듭관찰

Vivaṭṭānupassanāti saṅkhārupekkhā ceva anulomañca. Tadā hissa cittaṁ īsakapoṇe padumapalāse udakabindu viya sabbasmā saṅkhāragatā patilīyati, patikuṭati, pativattatīti vuttaṁ. Tasmā tāya saṁyogābhinivesassa pahānaṁ hoti.

(Vis.ii.337)

대역

vivaṭṭānupassanāti**물러섬 거듭관찰이란** saṅkhārupekkhā ceva anulomañca**형성평온**의 지혜**와 수순**의 지혜**이다.** hi**맞다.** tadā"형성평온의 지혜와 수순의 지혜가 생겨나는 **그때** assa cittaṁ**그** 수행자**의 마음은** īsakapoṇe padumapalāse udakabindu viya**약간 기울어진 연잎 위에 있는 물방울처럼** sabbasmā saṅkhāragatā**모든 형성된 것**(형성)**들로부터** patilīyati**물러난다.** patikuṭati**움츠린다.** pativattati**되돌아온다**"iti**라고 이렇게** vuttaṁ앞에서 **설했다.**[565] tasmā**그래서** tāya**그 물러섬 거듭관찰로** saṁyogābhinivesassa윤회에 얽어매며 즐기는 번뇌인 **속박 고집을** pahānaṁ hoti**제거한다.**[566]

565 『청정도론』 제3권, p.311 참조.
566 『청정도론』 제3권, p.393 참조.

Yathā cittaṁ saṅkhāre muñcitvā vivaṭṭaṁ nibbānaṁ pakkhandati, tathā pavattanato saṅkhārupekkhā anulomañca "vivaṭṭānupassā"ti vuttaṁ. Niviṭṭhabhāvena ogāḷhabhāvena pavattā saṁyojanādikilesa eva kilesābhiniveso.

(Pm.ii.510)

대역

yathā어떠한 모습으로 **마치** 《vipassanāñāṇe pavattramāne위빳사나 지혜가 생겨나면》 cittaṁ종성·도·과의 **마음이** saṅkhāre muñcitvā형성들을 버리고, **형성들로부터 벗어나** vivaṭṭaṁ nibbānaṁ**윤전하는 형성들이 사라진 열반에** pakkhandati**뛰어든다.** tathā pavattanato**그와 마찬가지로,** 그러한 모습으로 생겨나기 때문에 saṅkhārupekkhā anulomañca**형성평온과 수순의 지혜도** vivaṭṭānupassāti**물러섬 거듭관찰이라고** vuttaṁ**부른다.** 《'vivaṭṭaṁ pakkhandanāya pakkhandāpenti vā anupassanā vivaṭṭānupassanā(윤전하지 않음에 뛰어들기 때문에 '뛰어든다' 또한 '〔거듭〕관찰'이기도 하다. 그래서 '물러섬 거듭관찰'이다)'라는 이러한 어의(語義)를 설명했다.》[567] niviṭṭhabhāvena형성들에 흥미를 가진 **주착(住着)된 상태로,** ogāḷhabhāvena형성들 쪽으로 **넘어 떨어진 상태로** pavattā**생겨나는** saṁyojanādikilesa eva**족쇄 등의 번뇌들을** kilesābhiniveso**번뇌 고집이라고 한다.** 속박 고집(saṁyogābhinivesa)이라는 뜻이다.

형성평온의 지혜, 수순의 지혜, 이 두 가지 지혜를 물러섬 거듭관찰(vivaṭṭānupassanā)이라고 한다. 이 두 가지 지혜가 생겨날 때는 대상

---

567 'vivaṭṭa'를 '윤전하지 않음'과 '물러남', 이 두 가지 의미로 사용하였다.

형성, 위빳사나 관찰 형성들의 소멸만을 대상으로 하여 알면서 지낸다. 아랫단계의 지혜들처럼 그 형성들을 좋아하고 바라지 않는다. 두려움의 지혜 등처럼 두려워하거나, 넌더리 치거나,[568] 염오하거나, 벗어나려고 일부러 생각하지도 않는다. 대상이 드러나도록 바라고 애쓰지도 않는다. 좋지 않은 대상이 생겨날까 걱정하거나 두려워하지도 않는다.

실제로는 그 형성들이 생겨날 때마다 소멸만을 매우 분명하고 깨끗하게 아는 지혜를 통해 단지 끊임없이 알기만 한다. 그때 위빳사나 마음은 그 형성들로부터 물러나는 것처럼 된다. 약간 경사지고 기울어진 연잎 위에 떨어진 물방울이 그대로 머물지 못하고 아래로 굴러떨어지는 것처럼 마음도 관찰하는 형성들로부터 물러난다. 매우 좋은 대상이든 매우 나쁜 대상이든, 계속 이어서 숙고하지 않는다. 단지 알기만 알 뿐이다. 이렇게 형성들로부터 물러나는 모습으로 생겨나기 때문에 힘이 구족한 형성평온의 지혜 바로 다음에 수순의 지혜가 생겨나면 종성 마음, 도 마음이 모든 형성들을 버리고 형성들이 소멸된 열반 대상에 들어갈 수 있다. 물러섬(vivaṭṭa)이라고 하는 열반 대상에 종성 마음, 도 마음이 들어갈 수 있도록 이렇게 관찰하면서 생겨나기 때문에 그 두 가지 지혜를 물러섬 거듭관찰이라고 부른다.

이 물러섬 거듭관찰은 좋은 감각욕망 대상에 이끌려 생겨나는 감각욕망 족쇄, 나쁜 감각욕망 대상에 이끌려 생겨나는 적의 족쇄, 이러한 등의 번뇌 무더기를 제거한다. 사라지게 한다. 생겨날 기회를 주지 않는다. 바로 그렇기 때문에 형성평온의 지혜에 이른 수행자는 그러한 세간 대상들을 일부러 생각하거나 숙고할 때 아주 기쁘고 즐기듯 이끌리지

---

568 지혜의 순서에 따르면 '허물잡거나'가 적당하다.

않는다. 마음이 가지 않는다. 길게 생각하려고 하지 않는다. 위빳사나 수행을 하지 않고 오랫동안 지난 후라야 그러한 세간 대상들을 오랫동안 생각할 수 있다.

특별한 견해

『빠띠삼비다막가(無碍解道) 주석서』[569]에서 〔일부 스승들은〕 "수순의 지혜의 힘 때문에 생겨나는 종성의 지혜를 물러섬의 지혜라고 한다"라고 자신들이 마음에 들어 하는 의미를 설명하고 나서 여기에서 설명한 『위숫디막가(清淨道論)』의 설명을 "『빠띠삼비다막가』 성전과 반대되는 것처럼" 말하면서 다음과 같은 근거를 제시하였다. 즉 『빠띠삼비다막가』「실천에 관한 논의(Cariyakathā)」에 "무상 거듭관찰을 위한 전향의 작용 무기 마음은 의식(識)의 실천(viññāṇacariaya) = 의식의 생겨남이다. 무상 거듭관찰은 지혜의 실천(ñāṇacariya) = 지혜의 생겨남이다. … 재성찰 거듭관찰을 위한 전향의 작용 무기 마음은 의식의 실천(viññāṇacariaya) = 의식의 생겨남이다. 재성찰 거듭관찰은 지혜의 실천(ñāṇacariya) = 지혜의 생겨남이다"라고 다른 여러 가지 지혜들의 전향 마음은 존재하기 때문에 그 각각 지혜들의 전향 마음을 설하셨지만, 물러섬 거듭관찰에 대해서는 전향은 설하시지 않은 채 "물러섬 거듭관찰은 지혜의 실천이다"라고만 설하셨다. 만약 형성평온의 지혜와 수순의 지혜가 물러섬 거듭관찰이라면 그 형성평온의 지혜와 수순의 지혜에는 전향이 있기 때문에 물러섬 거듭관찰을 위해서도 전향을 설하셨을 것이다. 하지만 그 물러섬 거듭관찰의 전향을 성전에서 설하지 않으셨

---

569 원주(본문내용): PsA.i.97~99.

다. 〔그래서 형성평온의 지혜와 수순의 지혜는 물러섬 거듭관찰이 아니다.〕 적당한 설명은 다음과 같다. 즉 종성의 지혜는 수순의 인식과정에 포함되어 그 중간에만 생겨나기 때문에 종성의 지혜를 위한 전향은 따로 없다. 물러섬 거듭관찰을 위한 전향도 성전에서 설하지 않으셨기 때문에 "종성의 지혜가 물러섬의 지혜이다"라고 취하는 것이 적당하다.[570] 이와 같이 그 근거와 함께 결정하였다. 숙고하여 적당한 것을 취하라.

물러섬 거듭관찰이 끝났다.

570 이상이 일부 스승들의 견해이다.

Bhāvetabbā yogīhi yā, daṭṭhabbā ca paccato;
Vaṇṇitā tā aṭṭhārasa, mahāvipassanā mayā;
Dubbodhiṁ subodhetuna, yogīnaṁ sutavuddhiyā.[571]

내역

yā그 중대한 **위빳사나를**

yogīhi위빳사나 **수행자들은**

bhāvetabbā ca**수행해야 한다**. 즉 자신의 존재상속에 생겨나게 해야 한다.

paccato daṭṭhabbā ca**직접 경험하고 보기도 해야 한다.**

aṭṭhārasa**열여덟 가지인**

tā mahāvipassanā**그 중대한 위빳사나를** 《~설명하였다》

mayā**나는** dubbodhiṁ subodhetuna**어려운 의미도 알기 쉽게 설명하여**[572]

yogīnaṁ sutavuddhiyā**위빳사나 수행자들의 배움이 향상되도록**

vaṇṇitā**설명하였다.**

중대한 위빳사나 열여덟 가지가 끝났다.

---

571 이는 저자의 게송이다.

572 원주(본문내용): pīlutthaniddiṭṭha: subhodha+명사형 접사+ṇe+tuna = subodhetuna

결어

(1) Nagare molamyin nāma, maṇḍalācalapādake;
Giñjakāvāsa ārāmaṁ, yo thero ciramāvasī.

yo thero바른 방법을 요약한
『위빳사나 수행방법론』이라는 이 책을 저술한,
믿음과 지혜, 삼매을 구족한 **그 장로는**
molamyin nāma**몰메인이라는** nagare**도시에**
maṇḍalācalapādake**따운와인 산(山) 발치에** (saṇṭhitaṁ)**잘 자리잡은**
giñjakāvāsa ārāmaṁ**'따이 짜웅'이라는 절에서**
ciraṁ1929년부터 1933년까지 **오랫동안**
āvasī교학과 수행,[573] 두 가지 의무를
열심히 애쓰고 보호하면서 **머물렀다.**[574]

(2) Purantu yaṁ jayaṭṭhānaṁ, ayya aungjeyya rājino;
Tassa pacchimabhāge yo, āvāso nigamo sataṁ.

tu이 책을 저술한 시간과 장소, 정사를 말하자면,

---

573 원주(본문내용): gantha dhura(교학의 의무), vāsa dhura(수행, 특히 위빳사나 수행의 의무)
574 이 결어는 저자가 직접 쓴 게송이다.

ayya aungjeyya rājino그 옛날 **아웅제이야라는 왕이**

jayaṭṭhānaṁ적들을 물리쳐 **승리하였던**

yaṁ puraṁ거룩한 **옛 성지**인 쉐보라는 도시**가** (atthi)**있다.**

tassa**그 도시의** pacchimabhāge**서쪽으로**

7마일 정도 떨어진 곳에,

sataṁ = santānaṁ신심·지계 등의 공덕이 흘러넘치는

선한 이들이 āvāso**즐기는**, 서늘하고 위험 없는,

매우 살기 좋은 **장소인**

yo nigamo세익쿤이라는 유명한 **어떤 마을이 있다.**

《이 세익쿤 이라는 마을에서,

이 책을 저술한 장로는

아버지 우 깐도와 어머니 도 쉐옥 사이에서

1904년 7월 29일 금요일 새벽 3시에 태어났다.》

(3) Mahābherī vihārasmiṁ, etasmā pacchimuttare;
Sāladāya mahāthūpa, varassāpi upantike.

(4) Vasanto sobhano nāma, vīsavasso tatesako;
Upāsakehi saddhammaratacittehi yācito.

(5) Hitatthāya hitesīnaṁ, vuddhiyā sāsanassa ca;
Vipassanānayaṁ nāma, yaṁ ganthaṁ kātumārasi.

etasmā**이** 세이쿤 **마을의** pacchimuttare (disābhāge)**북서쪽**으로

400m 정도 떨어진 곳**에**

sāladāya mahāthūpa varassāpi**'인진 또'**라 **불리는 탑이 있다.**

upantike그 탑의 남쪽으로 그리 **멀지 않은 곳에**

(saṇṭhito)**잘 자리잡은**

mahābherī vihārasmiṁ**마하시**(큰북) **정사에서**

vasanto**머물던**, vīsavasso**법랍 20하이던,**

《장로는 1916년 음력 5월에 사미가 되었다.

1923년 음력 10월 하현의 5일에 구족계를 받았다.

그래서 〔이 책을 완성한 지금〕 1943년은

비구 법랍이 20하를 성만한 해이다》

tatesako전해 들은 옛 방법에 만족하지 않고,

확실한 경전근거에 바탕한 바른 방법을 찾던,

즉 사견에도 빠지지 않고, 전통 그대로도 따르지 않고서

바른 방법만을 찾던,

sobhano nāma**'소바나'라는 법명의** (so thero)**그 장로는**

《'~노력하였다'와 연결하라》

hitesīnaṁ이익과 바른 **번영을 찾는 이들로 하여금**

hitatthāya ca도와 과, 열반이라고 하는

진정한 **번영을 가지게 하기 위해서, 또한**

sāsanassa교학·실천·통찰, 계·삼매·지혜라고 하는 **교법이**

vuddhiyā ca지난 2,500년, 그 이전처럼

선양되고 **중흥되게 하기 위해서,**

saddhammaratacittehi교학과 실천, 통찰이라고 하는

선법에 즐기는 마음이 있는,

upāsakehi확고한 신심으로 삼보에 가까이하는 **재가자들이**,

yācito지혜가 많든지 적든지

사람마다 쉽게 이해할 수 있고

여러 가지 중요한 내용도 모두 다 갖춘

위빳사나 수행에 관한 책을 저술해 달라고 **간청을 해서**[575]

---

575 간청을 한 해는 1941년이라고 한다. *Vaṇṇkyothin U. Bhasan*, 『*Mahāsi Theramya Atthupatti*(마하시 장로 일대기)』, p.130 참조.

vipassanānayaṁ nāma **『위빳사나 수행방법론』이라는**

yaṁ ganthaṁ**이 책을**

kātumārasi준비하고 **저술하려고 노력하였다.**

(6) So nibbute satthari sattasītime,
Vasse catubbisa satehi pacchato;
Sākena pañcādhika terase sate,
Māghassa sampuṇṇa dinamhiniṭṭhito.

so『위빳사나 수행방법론』이라는 **이 책은**

satthari인간과 천신, 범천, 모든 중생들로 하여금

나쁜 행위를 가로막고, 선한 행위를 가르치는

진정 거룩한 스승이신 **부처님께서**

nibbute말라 왕의 사라쌍수 아래에서

모든 고통이 사라진 곳,

물질과 정신이 사라져서 소멸되어 적멸된 곳인,

그 열반궁전으로 **반열반에 드신 뒤,**

즉 반열반에 드신 해에서

(atikkantavassānaṁ)일 년씩 지나가는 햇수로 헤아려[576]

catubbisa satehi2,400년,[577] **또한**

pacchato**그로부터** sattasītime vasse87**년이 지난,**

즉 불기 2487**년에,**

---

576 원주(본문내용): '일 년씩 지나가는 햇수로 헤아려'라는 의미를 문맥상 첨가하였다.

577 원주: 'catubbisa satehi(24 × 100 = 2400)'는 asamāhāradigu(비집합대수 非集合帶數)이다. 역주: '비집합대수'란 수사가 다른 단어를 수식하면서 복합어를 구성할 때, 어미의 성에 의해 복수어를 취하는 복합방식을 말한다. 전재성, 『빠알리 - 한글 사전』, pp.880~881 참조.

sākena미얀마력으로 말하자면

pañcādhika terase sate미얀마력 1305년(서기 1943년),

māghassa**음력 1월**, sampuṇṇadinamhi**보름날에**

niṭṭhito일곱 장 전부가 **다 저술되었다.**[578]

(부처님께서 반열반에 드신 후 마하깟사빠(Mahākassapa) 장로와 아자따삿뚜(Ajātasattu) 왕이 제정해 놓은 불기(佛紀)로 624년이 되었을 때, 수문다리(Sumundarī) 왕이 원래 연도에서 622년을 빼고 2년으로 새로 제정했다고 미얀마 역사서에 나와 있다. 그 당시 인도의 북서부 지방에서는 위대한 왕이었던 카니쉬카(*Kanishka*) 왕도 그 해를 새로 기원 연도로 제정하였다고 한다. 그 기원 연도는 당시 인도 북서부지방에서 400년이 넘게 다스리던 사까 왕(Sakarāja)들이 대대로 사용했기 때문에 '사까 연도'라고 불렸다고 한다. 인도에서는 지금까지도 '사까 연도'라고 부르며 사용하고 있다. 그 사까 연도는 "수문다리 왕이 제정하였다"라고 말한 연도와 일치한다. 그 밖에 뻬구 시(市)의 깔랴니 비석에서도 '사까 연도'라고 새겨 놓은 글을 볼 수 있다. 그래서 '사까 연도'라고 하는 미얀마 용어는 그 '사까 왕'의 연도를 의지해서 생겨난 말이다. 그 사까 연도, 수문다리 연도로 562년이 되었을 때 "뿝빠소(Pubbāso) 비구"라고도 불렸던 싱가(Siṅga) 왕이 560년을 빼고 2년으로 다시 제정하였다고 역사서에 나와 있다. 방금 말한 미얀마력 1305년은 그 싱가 왕이 2년으로 다시 제정한 다음에 계산한 연도이다. 하지만 사까 연도라는 그

---

578 저자는 간청을 받은 첫 해에는 수행자들을 지도하느라, 그리고 관련된 자료들을 살피고 구성하느라 시간을 보냈다. 그 다음해인 1942년 음력 6월 즈음부터 저술을 시작하였다. 처음에는 큰 틀만 쓰고, 다시 교정하면서 자세하게 저술하였다. 그리고 7개월이 지난 1943년 음력 1월에 저술을 마쳤다. 제1권 200부는 그해에 인쇄하였으나 1권의 일대기에서도 언급했듯이 제2권은 인쇄 과정 중에 연합군의 폭격 때문에 소실되었다. 다행히 저자가 제2권의 원본을 소장하고 있어서 제2차 세계대전이 끝난 1945년에 제1권, 제2권이 모두 출판되었다. *Vaṇṇkyothin U. Bhasan,*『*Mahāsi Theramya Atthupatti*(마하시 장로 일대기)』, pp.132~134 참조.

이름은 그대로 따라서 사용하고 있다. 지금 미얀마력 1305년과 싱가 왕의 560년을 합하면 사까 연도 1865년이 된다. 거기에 수문다리 왕의 622년을 합하면 불기 2487년이 된다.》

(7) Yathā cāyaṁ gato siddhiṁ, anantarāyena kevalī;
Tathā kalyāṇasaṅkappā, sijjhantaṁ sabbajantunaṁ.

ca**또한** 고대하고 바라건대,
āyaṁ 『위빳사나 수행방법론』이라는 **이 책이**
kevalī최상의 가르침이자,
말하고자 하는 모든 것이 다 구족된,
완벽한 책이어서[579]
anantarāyena**아무런 장애 없이** siddhiṁ**출간된** gato yathā**것처럼,**
tathā**그와 마찬가지로** sabbajantunaṁ**모든 중생들의,**
kalyāṇasaṅkappā자신과 남, 그 누구도 해치지 아니하고
행복하게 하는 **좋고 거룩한 생각들이**
kevalī남김없이 모두 다 구족되고 **완벽하게,**
anantarāyena**아무런 장애 없이**
sijjhantaṁ = sijjhantu**성취되기를.**[580]

---

579 원주(본문내용): kevalaṁ anavasesaṁ vattabbaṁ etassatthīti kevalī(그곳에는 필요한 모든 것이 남김없이 다 있다. 그래서 '완벽한'이다).

580 원주: 'napaṭhamāsnā. dutiyacatutthesu ro ca(첫 번째 구에는 'sa gaṇa'와 'na gaṇa'가 오지 못한다. 두 번째와 네 번째에는 'ra gaṇa'도 마찬가지다. 오지 못한다)'라고 하는 『삥갈라(Piṅgala) 작시법』 책에 일치하도록 대응 구절인 네 번째 구절의 제일 처음 한 음절 다음에 'ra gaṇa'를 피하기 위해 억제음(ṁ) 어미로 시를 마쳤다. 역주: gaṇa란 이 책의 제2권 p.516에서도 설명했듯이 시를 지을 때 사용되는 여러 가지 음절구성들이다. 여기에는 모두 여덟 가지가 있는데 예를 들어 'sa gaṇa'는 '단음절 - 단음절 - 장음절'로, 'na gaṇa'는 '장음절 - 장음절 - 장음절'로, 'ra gaṇa'는 '장음절 - 단음절 - 장음절'로 구성되었다. 『빠알리 - 한글사전』, p.906 참조.

(8) Yāveko pyatti lokasmiṁ, paññānamadhigamāraho;
Tavāyaṁ dassayaṁ sujuṁ, nayaṁ lokassa tiṭṭhatanti.

lokasmiṁ**세상에**

paññānaṁ위빳사나 통찰지, 도와 과의 **통찰지를**

adhigamāraho**증득할 수 있는**

eko pi**단 한 사람이라도** atthi**존재하는** yāva**한**,

tava**그때까지**

ayaṁ (gantho)『위빳사나 수행방법론』이라는 **이 책이**

lokassa**세상 사람들에게**

sujuṁ틀리지 않고 **매우 올바른** nayaṁ위빳사나 **수행방법을**

dassayaṁ = dassayanto해와 같이, 달과 같이 밝게 **보여 주면서**

tiṭṭhataṁ = tiṭṭhatu사라지지 않고 **오랫동안 지속되기를**.

iti**게송이 끝났다**.

결어가 끝났다.

위빳사나 수행방법론 제2권이 끝났다.

위빳사나 수행방법론이 끝났다.

사-두, 사-두, 사-두.

■ 부록 1

칠청정과 지혜단계들

1. 계청정(Sīla visuddhi 戒淸淨)

2. 마음청정(Citta visuddhi 心淸淨)

3. 견해청정(Diṭṭhi visuddhi 見淸淨)

  ⑴ 정신·물질 구별의 지혜(Nāmarūpa pariccheda ñāṇa 名色區別智)

4. 의심극복청정(Kaṅkhāvitāraṇā visuddhi 度疑淸淨)

  ⑵ 조건파악의 지혜(Paccaya pariggaha ñāṇa 緣把握智)

5. 도·비도 지견청정(Maggāmagga ñāṇadassana visuddhi 道非道智見淸淨)

  ⑶ 명상의 지혜(Sammasana ñāṇa 思惟智)

6. 실천 지견청정(Paṭipadā ñāṇadassana visuddhi 行道智見淸淨)

  ⑷ 생멸 거듭관찰의 지혜(Udayabbayānupassanā ñāṇa 生滅隨觀智)

  ⑸ 무너짐 거듭관찰의 지혜(Bhaṅgānupassanā ñāṇa 壞隨觀智)

  ⑹ 두려움 드러남의 지혜(Bhayatupaṭṭhāna ñāṇa 怖畏現起智)

  ⑺ 허물 거듭관찰의 지혜(Ādīnavānupassanā ñāṇa 過患隨觀智)

  ⑻ 염오 거듭관찰의 지혜(Nibbidānupassanā ñāṇa 厭離隨觀智)

  ⑼ 벗어나려는 지혜(Muñcitukamyatā ñāṇa 脫欲智)

  ⑽ 재성찰 거듭관찰의 지혜(Paṭisaṅkhānupassanā ñāṇa 省察隨觀智)

⑾ 형성평온의 지혜(Saṅkhārupekkhā ñāṇa 行捨智)

⑿ 수순의 지혜(Anuloma ñāṇa 隨順智)

⒀ 종성의 지혜(Gotrabhū ñāṇa 種姓智)*

7. 지견청정(Ñāṇadassana visuddhi 智見淸淨)

⒁ 도의 지혜(Magga ñāṇa 道智)[1]

⒂ 과의 지혜(Phala ñāṇa 果智)*

⒃ 반조의 지혜(Paccavekkhaṇā ñāṇa 觀察智)*

*종성의 지혜, 과의 지혜, 반조의 지혜는 어느 청정에도 해당되지 않는다.

1 수다원 도, 사다함 도, 아나함 도, 아라한 도의 지혜를 지견청정이라고 한다.『청정도론』제3권, p.346 참조.

■ 부록 2

눈 감각문 인식과정

눈 감각문에 매우 큰 형색 대상이 드러나면 다음의 차례로 인식과정이 진행된다.

1. 지나간 바왕가 (Atīta bhavaṅga)
2. 바왕가 동요 (Bhavaṅga calana)
3. 바왕가 끊어짐 (Bhavaṅga uccheda)
4. 다섯 감각문(五門) 전향 마음 (Pañcadvāra āvajjana citta)
5. 눈 의식 마음 (Cakkhu viññāṇa citta)
6. 접수 마음 (Sampaṭicchana citta)
7. 조사 마음 (Santīraṇa citta)
8. 결정 마음 (Voṭṭhabbana citta)

9~15. 속행 마음 (Javana citta)

16~17. 등록 마음 (Tadārammaṇa citta)

욕계 마음 문 인식과정

마음 문(意門)에 선명한 법 대상이 드러나면,

지나간 바왕가가 한 번 지나가지 않는 경우*에 다음의 차례로 인식과정이 진행된다.

1. 바왕가 동요 (Bhavaṅga calana)
2. 바왕가 끊어짐 (Bhavaṅga ucchea)
3. 마음 문(意門) 전향 마음 (Manodvāra āvajjana citta)

4~10. 속행 마음 (Javana citta)

11~12. 등록 마음 (Tadārammaṇa citta)

*지나간 바왕가가 한 번 지나가지 않는 법 대상에는 다음이 있다.

⑴ 마음·마음부수

⑵ 열반·개념

⑶ 과거·미래의 물질

⑷ 현재 추상적 물질

현재 구체적 물질들 중 일부는 그 물질들이 생겨날 때 지나간 바왕가에 떨어지지 않고 드러날 수 있으나 일부 물질들은 그 물질들이 생겨난 후 지나간 바왕가가 어느 정도 지나가야 마음 문에 드러난다.

마음부수 52가지

공통 마음부수 13가지

- 공통 반드시들 7가지

1. 접촉 (Phassa 觸)
2. 느낌 (Vedanā 受)
3. 인식 (Saññā 想)
4. 의도 (Cetanā 思)
5. 하나됨 (Ekaggatā 一境性)
6. 생명기능 (Jivitindriya 命根)
7. 마음기울임 (Manasikāra 作意)

- 공통 때때로들 6가지

8. 사유 (Vitakka 尋)
9. 고찰 (Vicāra 伺)
10. 결심 (Adhimokkha 勝解)
11. 정진 (Vīriya 精進)
12. 희열 (Pīti 喜)
13. 바람 (Chanda 欲)

불선 마음부수 14가지

- 불선 반드시들 4가지

14. 어리석음 (Moha 痴)

15. 도덕적 부끄러움없음 (Ahirika 無慚)

16. 도덕적 두려움없음 (Anottappa 無愧)

17. 들뜸 (Uddhacca 悼擧)

- 불선 때때로들 10가지

탐욕 관련 3가지

18. 탐욕 (Lobha 貪)

19. 사견 (Diṭṭhi 邪見)

20. 자만 (Māna 慢)

성냄 관련 4가지

21. 성냄 (Dosa 瞋)

22. 질투 (Issā 嫉)

23. 인색 (Macchariya 慳)

24. 후회 (Kukkucca 惡作)

해태 관련 2가지

25. 해태 (Thīna 懈怠)

26. 혼침 (Middha 昏沈)

의심 1가지

27. 의심 (Vicikicchā 疑)

아름다움 마음부수 25가지

- 아름다움 반드시들 19가지

28. 믿음 (Saddhā 信)

29. 새김 (Sati 念)

30. 도덕적 부끄러움 (Hiri 慚)

31. 도덕적 두려움 (Ottappa 愧)

32. 탐욕없음 (Alobha 無貪)

33. 성냄없음 (Adosa 無瞋)

34. 중립 (Tatramajjhattatā 捨)

35. 몸의 경안 (Kāyapassaddhi 身輕安)

36. 마음의 경안 (Cittapassaddhi 心輕安)

37. 몸의 가벼움 (Kāyalahutā 身輕快性)

38. 마음의 가벼움 (Cittalahutā 心輕快性)

39. 몸의 부드러움 (Kāyamudutā 身柔軟性)

40. 마음의 부드러움 (Cittamudutā 心柔軟性)

41. 몸의 적합함 (Kāyakammaññatā 身適業性)

42. 마음의 적합함 (Cittakammaññatā 心適業性)

43. 몸의 능숙함 (Kāyapāguññatā 身練達性)

44. 마음의 능숙함 (Cittapāguññatā 心練達性)

45. 몸의 올곧음 (Kāyujukatā 身端直性)

46. 마음의 올곧음 (Cittujukatā 心端直性)

- 절제 (Virati 節制) 3가지

47. 바른 말 (Sammāvācā 正語)

48. 바른 행위 (Sammākammanta 正業)

49. 바른 생계 (Sammāājīva 正命)

- 무량 (Appamaññā 無量) 2가지

50. 연민 (Karuṇā 憐憫)

51. 같이 기뻐함 (Muditā 隨喜)

- 미혹없음 (Amoha 無痴) 1가지

52. 통찰지 기능 (Paññindriya 慧根)

물질 28가지

구체적 물질 (Nipphanna rūpa) 18가지

- 근본 물질 (Bhūta rūpa 大種 四大) 4가지

  1. 땅 요소 (Paṭhavī dhātu 地界)
  2. 물 요소 (Āpo dhātu 水界)
  3. 불 요소 (Tejo dhātu 火界)
  4. 바람 요소 (Vāyo dhātu 風界)

- 감성 물질 (Pasāda rūpa 淨色) 5가지

  5. 눈 감성물질 (Cakkhu pasāda 眼淨)
  6. 귀 감성물질 (Sota pasāda 耳淨)
  7. 코 감성물질 (Ghāna pasāda 鼻淨)
  8. 혀 감성물질 (Jivhā pasāda 舌淨)
  9. 몸 감성물질 (Kāya pasāda 身淨)

- 대상 물질 (Gocara rūpa 行境色) 4가지

  10. 형색 (Rūpa 色)
  11. 소리 (Sadda 聲)
  12. 냄새 (Gandha 香)
  13. 맛 (Rasa 味)

- 성 물질 (Bhāva rūpa 性色) 2가지
  - 14. 여성 물질 (Itthibhāva 女性)
  - 15. 남성 물질 (Pumbhāva 男性)
- 심장 물질 (Hadaya rūpa 心腸色) 1가지
  - 16. 심장 토대 (Hadaya vatthu 心基)
- 생명 물질 (Jīvita rūpa 命色) 1가지
  - 17. 생명 기능 (Jīvitindriya 命根)
- 음식 물질 (Ahāra rūpa 食色) 1가지
  - 18. 영양분 (Ojā 食素)

추상적 물질 (Anipphanna rūpa) 10가지

- 한정 물질 (Pariccheda rūpa 限定色) 1가지
  - 19. 허공 요소 (Ākāsa dhātu 空界)
- 암시 물질 (Viññatti rūpa 表色) 2가지
  - 20. 몸 암시 (Kāya viññatti 身表色)
  - 21. 말 암시 (Vacī viññatti 口表色)
- 변화 물질 (Vikāra rūpa 變化色) 3가지
  - 22. 물질의 가벼움 (Rūpassa lahutā 色輕快性)
  - 23. 물질의 부드러움 (Rūpassa mudutā 色柔軟性)
  - 24. 물질의 적합함 (Rūpassa kammaññatā 色適業性)
- 특성 물질 (Lakkhaṇa rūpa 相色) 4가지
  - 25. 생성 (Upacaya 積集)
  - 26. 상속 (Santati 相續)
  - 27. 쇠퇴 (Jaratā 老性)

28. 무상함 (Aniccatā 無常性)

• 근본 물질 네 가지를 제외한 나머지 24가지 물질을 파생 물질 (Upādāya rūpa 所造色)이라고 한다.

아무리 뛰어난 목수라도 먹줄을 튕긴 후에 나무를 자릅니다. 비뚤비뚤하지 않고 원하는 대로 바르고 곧게 자르기 위해서입니다. 그와 마찬가지로 부처님께서는 중생들이 번뇌를 바르고 정확하게 자를 수 있도록 경전(sutta)이라는 먹줄을 튕겨 놓으셨습니다. 그 '경전이라는 먹줄'에 따라 그대로 실천한다면 누구나 세간의 행복, 출세간의 행복을 얻을 수 있습니다.

최근 여러 가지 수행법과 명상법들이 소개되고 있습니다. 물론 다양한 방법을 접한 뒤 자신에게 맞는 수행이나 명상법을 선택할 수 있게 된 것은 좋은 점입니다. 하지만 자신이 선택한 그 수행법들이 부처님의 가르침에 일치하는 바른 수행법인지 가늠하기가 쉽지 않습니다. 수행에도 '먹줄'이 필요합니다. 그러한 먹줄을 준거로 삼아 수행한다면 수행법과 수행을 지도하시는 스승님에 대해 더욱 확신을 가질 수 있고, 바르고 정확하게 수행할 수 있을 것입니다.

이러한 의미에서 이제『위빳사나 수행방법론』이라는 책을 통해 '바른 위빳사나 수행방법'에 대한 기준을 다른 수행자들과 공유할 수 있게 되어 매우 기쁘게 생각합니다. 이 책은 이미 어떤 방법으로든 위빳사나를 수행하고 있는 분들에게는 자신이 성전에 일치하게 수행하고 있는지를 파악하는 데, 그리고 아직 수행하지 않고 있는 분들이나 수행법을 결정하기 힘들어 하는 분들에게는 바른 수행법을 선택하는 데 큰 도움이 될 것입니다.

조금 염려되는 부분도 있습니다. 일부 수행자는 이 책의 제2권에서 자세하게 설명한 위빳사나 지혜의 단계에 대한 부분을 읽고 '나는 어떤 단계이지? 왜 이런 현상이 생겨나지 않지?'라고 숙고하기도 합니다. 혹은 실제로는 그 단계가 아닌데도 스스로 '나는 이러한 단계야'라고 결정하기도 합니다. 이러한 여러 부작용 때문에 양곤의 마하시 위빳사나 수행센터에서는 수행과 관련된 것을 비롯하여 책들을 읽지 말고 계속해서 관찰하도 새기도록 지도합니다. 특히 주의하시기 바랍니다.

사실 이 책은 그리 적은 분량도, 결코 쉬운 내용도 아닙니다. 하지만 이전부터 다른 도반들도 권유하였고, 특히 우 소다나 사야도께서 '한국에도 위빳사나 수행의 바른 준거를 마련해 놓는 것이 중요하다'라고 하시며 적극적으로 격려하셔서 하루에 몇 페이지씩, 약 삼 년간 꾸준히 번역하여 부족하지만 이렇게 번역본이 나오게 되었습니다. 분량이 많고 내용이 어려워 처음에는 부담도 되었지만 자세하게 읽으며 번역할 때마다 마하시 사야도의 뛰어난 교학적 지식에 감탄하게 되었습니다. 또한 마치 당신의 실제수행에 바탕을 두고 설명하시는 듯, 실제수행과 절묘하게 결부시켜 바르게 해석하시는 모습에 매일매일 희열이 넘쳐 났습니다. 매일매일 수행에 대한 잘못된 이해가 사라졌고 매일매일 바른 안목이 생겨났습니다. 그러한 희열과 바른 안목은 제 자신의 수행에도 큰 밑거름이 되었습니다. 이 책을 읽는 여러 수행자들에게도 그러한 희열과 바른 안목이 생겨나길 바랄 뿐입니다.

이 책은 수행의 매우 높은 단계에 대한 내용과 함께 주석서, 복주서까지 넘나드는 매우 심오한 내용으로 구성되어 있어 혼자서는 도저히 감당할 수 없었습니다. 어려운 구절이나 내용이 나올 때마다 흔쾌히 도와주시고, 수행에 있어 스승님이자 형님처럼 저를 이끌어 주신 우 소다나 사야도께 먼저 감사드립니다. 그리고 저를 처음 미얀마로 이끌어 주신 법산스님, 우 소다나 사야도와의 소중한 인연을 만들어 주신 범라스님, 평생을 수행과 함께하시는 은사스님께도 감사드립니다. 불교를 처음 접할 때부터 여러 가지로 저를 이끌어 주신 일묵스님, 이 책을 번역하도록 계속해서 권유해 주었던 현암스님과 도경스님, 각자의 방법으로 여러 곳에서 열심히 정진하고 있는 여러 도반스님들, 특히 이 책에서 소개된 여러 빠알리 성전들을 훌륭하게 번역해 놓으신 각묵스님과 대림스님, 전재성 박사님을 비롯한 많은 분들께 감사드립니다.

또한 네 가지 필수품으로 항상 승가를 후원하고 있는 한국마하시선원과 진주녹원정사 회원들을 비롯하여 필수품과 법으로 불법을 뒷받침하면서 도움을 주신 여러 재가불자 여러분들, 특히 뒤에서 묵묵히 마음의 응원을 보내 주는 가족들의 신심에 '바른 법'이라고 하는 것으로 보답을 할 수 있게 되어 한결 마음이 가볍습니다. 그리고 좋은 인연으로 거듭 멋진 책을 만들어 주신 이솔출판 여러분들에게도 진심으로 감사드립니다.

이 모든 분들에게, 또한 바른 법을 찾는 모든 수행자들에게 이 공덕을 회향합니다.

그 모든 이들에게 바른 수행법이 분명하게 드러나기를,
그 모든 이들이 바른 수행법에 따라 실천하기를,
그렇게 열심히 실천하는 모든 이들이
진정한 행복인 열반의 감로수를 마음껏 누리기를,
그리하여 부처님의 바른 법이 오랫동안 유지되기를 바라면서.

불기 2557년 5월
법의 그늘, 담마차야에서
비구 일창 담마간다 삼가 씀

■ 참고문헌

번역 저본

Mahāsi Sayadaw, 『Vipassana Shunikyan』 2vols, Yangon, Buddhasāsānuggaha aphwe, 1997.

저본의 영역본

Translated by U Min Swe(Min Kyaw Thu), edited by Ven. Dr. Sīlānandābhivaṁsa and Ven. Dr. Nandamalābhivaṁsa(Rector of I.T.B.M.U), 『A Practical Way of Vipassanā(insight meditation)』 Vol I, Yangon, Buddha Sāsana Nuggaha Organization(BSNO), 2011.

빠알리 삼장 및 번역본

The Chaṭṭha Saṅghāyana Tipitaka Version 4.0(CST4), VRI.

Ashin Aggadhamma Mahāthera, 『Dhammasaṅgaṇī Pāḷi Nissaya』, Pitakatounboun Pāḷito Nissaya Asoung, Nissaya DVD-ROM, Yangon, Buddhacetaman, Seinyatanā Dhammācariya Sāthintaik.

Ashin Guṇālaṅkāra Mahāthera, 『Milindapañhā Vatthu』, Yangon, Khinchouthun Sapei, 1996.

Ashin Janaka Bhivaṁsa, 『Sīlakkhandha Pāḷito Nissaya』, Pitakatounboun Pāḷito Nissaya Asoung, Nissaya DVD-ROM, Yangon, Buddhacetaman, Seinyatanā Dhammācariya Sāthintaik.

____________________, 『Aṭṭhasālinī Aṭṭhakathā Bhāsaṭīkā』, Pitakatounboun Aṭṭhakathā Ṭīkā Nissaya Asoung, Nissaya DVD-ROM, Yangon, Buddhacetaman, Seinyatanā Dhammācariya Sāthintaik.

__________, 「Dhammasaṅgaṇī Mūlaṭīkā Nissaya」, Pitakatounboun Aṭṭhakathā Ṭīkā Nissaya Asoung, Nissaya DVD-ROM, Yangon, Buddhacetaman, Seinyatanā Dhammācariya Sāthintaik.

Ashin Sāradassī Sayadaw, 「Dhammapada Aṭṭhakathā Nissaya」, Mandalay, Pitakato pyanbwayei pounhneiktaik, 1973.

Bhaddanta Jāgara Mahāthera, 「Aṅguttara Nikāya Aṭṭhakathā Nissaya」, Pitakatounboun Aṭṭhakathā Ṭīkā Nissaya Asoung, Nissaya DVD-ROM, Yangon, Buddhacetaman, Seinyatanā Dhammācariya Sāthintaik.

__________, 「Itivuttaka Aṭṭhakathā Nissaya」, Pitakatounboun Aṭṭhakathā Ṭīkā Nissaya Asoung, Nissaya DVD-ROM, Yangon, Buddhacetaman, Seinyatanā Dhammācariya Sāthintaik.

__________, 「Majjhima Nikāya Uparipaṇṇāsa Aṭṭhakathā Nissaya」, Pitakatounboun Aṭṭhakathā Ṭīkā Nissaya Asoung, Nissaya DVD-ROM, Yangon, Buddhacetaman, Seinyatanā Dhammācariya Sāthintaik.

__________, 「Pacittiya Pāli Nissaya」, Pitakatounboun Pāḷito Nissaya Asoung, Nissaya DVD-ROM, Yangon, Buddhacetaman, Seinyatanā Dhammācariya Sāthintaik.

__________, 「Paṭisambhidāmagga Pāḷito Nissaya」, Pitakatounboun Pāḷito Nissaya Asoung, Nissaya DVD-ROM, Yangon, Buddhacetaman, Seinyatanā Dhammācariya Sāthintaik.

__________, 「Saṁyutta Nikāya Khandhavagga Aṭṭhakathā Nissaya」, Pitakatounboun Aṭṭhakathā Ṭīkā Nissaya Asoung, Nissaya DVD-ROM, Yangon, Buddhacetaman, Seinyatanā Dhammācariya Sāthintaik.

__________, 「Saṁyutta Nikāya Mahāvagga Pāḷito Nissaya」, Pitakatounboun Pāḷito Nissaya Asoung, Nissaya DVD-ROM, Yangon, Buddhacetaman, Seinyatanā Dhammācariya Sāthintaik.

Bhaddanta Tejaniya Mahāthera, 「Paṭisambhidāmagga Aṭṭhakathā Nissaya」, Yangon, Sāsanāyeiwangyiṭhāna Sāsanāyeiujyiṭhāna pounheiktaik, 2000.

Byi Sayadaw, 「Aṭṭhasālinī Aṭṭhakathā Nissayā」, Pitakatounboun Aṭṭhakathā Ṭīkā Nissaya Asoung, Nissaya DVD-ROM, Yangon, Buddhacetaman, Seinyatanā Dhammācariya Sāthintaik.

Dutiya Bākarā Sayadaw, 「Aṅguttara Nikāya Aṭṭhaka-Ekadasaka Nipāta Pāḷito Nissaya Tik」, Pitakatounboun Pāḷito Nissaya Asoung, Nissaya DVD-ROM, Yangon, Buddhacetaman, Seinyatanā Dhammācariya Sāthintaik.

Mahāsi Sayadaw, 「Visuddhimagga Myanmarpyan」 4vols, Yangon, Buddhasāsānuggaha aphwe, 1992.

__________, 「Visuddhimagga Mahāṭikā Nissaya」 4vols, Yangon, Buddhasāsānuggaha aphwe, 1968.

__________, 「Mahāsatipaṭṭhāna thouk Pāḷi Nissaya」, Yangon, Buddhasāsānuggaha aphwe, 2000.

Neiyin Sayadaw, 『Sīlakkhandha Pāḷito Nissaya』, Pitakatounboun Pāḷito Nissaya Asoung, Nissaya DVD-ROM, Yangon, Buddhacetaman, Seinyatanā Dhammācariya Sāthintaik.

각묵스님 옮김, 『디가 니까야』 전3권, 초기불전연구원, 2006.
__________, 『상윳따 니까야』 전6권, 초기불전연구원, 2009.
대림스님 옮김, 『청정도론』 전3권, 초기불전연구원, 2004
__________, 『앙굿따라 니까야』 전6권, 초기불전연구원, 2006~2007.
동봉 역, 『밀린다왕문경』 ①, 민족사, 2003 (제3쇄)
임승택 역주, 『빠띠삼비다막가 역주』, 가산불교문화연구원, 2001.
전재성 역주, 『맛지마 니까야』, 한국빠알리성전협회, 2009, 개정초판.
__________, 『숫타니파타』, 한국빠알리성전협회, 2004.
水野弘元 譯, 『淸淨道論』全三卷 (南傳大藏經 第六十二卷 ~ 第六十三卷), 大正新修大藏經刊行會, 1978年, 再刊二刷.

사전류

Rhys Davids and W.Stede, 『Pali-English Dictionary (PED)』, London, PTS, 1986.
G.P.Malalasekera, 『Dictionary of Pāli Proper names (DPPN)』, London, PTS, 1938.
Ashin Dhammassāmī Bhivaṁsa, 『Pāḷi-Myanmar Abhidhān』, Yangon, Khinchouthun Sapei, 2005.
Department of the Myanmar Language Commission, 『Myanmar-English Dictionary』, Yangon, Ministry of Education, 1993.

전재성, 『빠알리-한글사전』, 한국빠알리성전협회, 2005.
김길상, 『佛敎大辭典』, 弘法院, 2001.
임석진 외 편저, 『철학사전』, 중원문화, 2009.
雲井昭善, 『パーリ語佛教辭典』, 山喜房佛書林, 1997.
水野弘元, 『パーリ語辭典』, 春秋社, 1981.

기타 참고도서

Ashin Janaka Bhivaṁsa, 『Thinghyouk Bhāsāṭīkā』, Amarapura, New Burma office Piṭakapounhneiktaik, 2002.
Ashin Tiloka Bhivaṁsa, 『San Letsaung』, Insein, Champion office Pounhneiktaik, 1995.
Bhaddanta Sucittā Bhivaṁsa, 『Viggahanhin Ñākkauklannhun』, Mandalay, Dhammasītagū sāsin no.7, 1998.
Eugene Watson Burlingame, 『Buddhist Legends』, PTS, 1979.
Ledi Sayadaw, 『Paṭṭhānuddesa Dīpanī Nissaya』, 『Ledi Dīpanī Paunchouk pathamatwek』, Yangon, Mikhineravati saouktaik, 2001.
Mahāsi Sayadaw, 『Ariyāvāsā tayato』, Yangon, Buddhasāsānuggaha aphwe, 2008.
____________________, 『Dhammadāyada thouk tayato』, Yangon, Buddhasāsānuggaha aphwe, 1993.
____________________, 『Malukyaputta thouk tayato』, Yangon, Buddhasāsānuggaha aphwe, 1997.

____________________, 「Sallekha thouk tayatogyi」 2vols, Yangon, Buddhasāsānuggaha aphwe, 1993.
____________________, 「Takkathou Vipassanā」, Yangon, Buddhasāsānuggaha aphwe, 1993.
Mingun Sayadaw, 「Mahābuddhawin」, Yangon, Sāsanāyeiwangyiṭhāna Sāsanāyeiujyiṭhāna pounheiktaik, 1994.
Ṭhānissaro Bhikkhu, 「The Buddhist Monastic Code」 I, Thiland, Wat Pa Nananchat Ubon Ratchathani, 2007.
Vaṇṇakyothin U. Bhasan, 「Mahāsi Theramya Atthupatti」, Yangon, Buddhasāsānuggaha aphwe, 2007.

平川彰 지음/釋慧能 옮김, 『비구계의 연구』 I, 민족사, 2002
각묵스님, 『네 가지 마음챙기는 공부』, 초기불전연구원, 2008(개정판2쇄).
________, 『초기불교 이해』, 초기불전연구원, 2010.
강종미 편역, 『아비담마 해설서』 I, 도다가 마을, 2009.
냐나포니카 데라 영역·주해, 오원탁 번역, 『칠청정을 통한 지혜의 향상』, 경서원, 2007.
대림스님, 『들숨날숨에 마음챙기는 공부』, 초기불전연구원, 2003.
대림스님·각묵스님, 『아비담마 길라잡이』 전2권, 초기불전연구원, 2002.
마하시 사야도 저, 정동하 옮김, 『깨달음으로 이끄는 명상』, 경서원, 1995.
무념·응진 역, 『법구경 이야기』 전3권, 옛길, 2008.
밍군 사야도 저, 최봉수 역주, 『大佛傳經』 전10권, 한언, 2009.
이희재, 『번역의 탄생』, 교양인, 2009
일창스님, 『부처님을 만나다』, 이솔출판, 2012.

■주요 번역 술어

A

abhāva 존재않음
Abhidhamma 아비담마(論)
abhijānāti 특별하게 알다
abhijjhā 탐애
abhiññā 특별지(特別智), 특별한 지혜, 신통지(神通智)
 -paññā 특별 통찰지
abhiññeyya 특별하게 알아야 한다
abhinata 지나치게 향하는
abhinivesa 천착, 처음 마음에 새김(긍정표현), 고집(부정표현)
abhisamaya 관통
abhisameti 관통하여 알다
abhisaṅkhāra 업형성
abyākata 무기(無記)
accanta 영원한, 확실한
addhā, addhāna 기간
adhicitta 높은 마음
adhimokkha 결심, 결정, 확신
adhipati 지배
adosa 성냄없음(不瞋)
agati 잘못따름(非道)
agha 죄악
ahiri 도덕적 부끄러움없음
ajjhatta / ajjhattika 안(內)의
ajjhāsaya 의향
akāra 표현
akusala 불선(不善)
allīyati 들붙다
alobha 탐욕없음(不貪)
amata 죽음없음(不死)
amoha 어리석음없음(不痴)
aññā 구경의 지혜(究竟智)
anatta 무아
anāgāmi 아나함
anālaya 들붙지 않음
anicca 무상
aniccatā 무상한 성질
animitta 표상없음(無相)
anindriyabaddha 무생물의
aniṭṭha 원하지 않는
anottappa 도덕적 두려움없음
antakiriya 종식
anuloma 수순(隨順)
anumāna 추론
anupada 차례대로
anupassanā 거듭관찰
anupādisesa 무여(無餘)
anusaya(-kilesa) 잠재된 번뇌, 잠재번뇌

anussava 소문
anussati 거듭새김
anuttara 위없는
anuyoga 몰두
anuyuñjati 몰두하다
aṅga 구성요소
apanata 벗어나게 향하는
aparāpara 차례차례
apāya 악처
apekkha 열망하는
appamāda 불방일
appaṇihita 원함없음(無願)
appanā 본삼매
arahant 아라한
arañña 숲
arati 지겨움
ariya sacca 성스러운 진리
ariya vaṁsa 성자의 계보
arūpa 무색
asaṁvara 단속없음
asaṅkhata 형성되지 않은(無爲의)
asekha 무학(無學)
asmimāna 나라는 자만
assāsapassāsa 들숨날숨
asubha 더러운(不淨)
aṭṭhakathā 주석서
atimāna 오만
atīta 과거
attasaññā 자아인식
attavāda 자아교리
attavādupādāna 자아교리 취착
attā 자아
attha 뜻, 의미
avijjā 무명(無明)
avinābhāva 비분리[방법]
avyākata 무기(無記)
avyāpāda 분노없음
ayoniso 올바르지 않은
ābādha 질병
ācināti 모으다
ādāna 취함
ādīnava 허물
āhāre paṭikkūla saññā 음식혐오인식
ājivapārisuddhi-sīla 생계청정 계
ākāra 형태, 표현, 측면, 모양, 구조, 양상
ākāsa 허공
ākāsānañcāyatana 공무변처
ākiñcaññāyatana 무소유처
ālaya 들붙음
āloka 빛, 광명
  -saññā 광명인식
ānāpānassati 들숨날숨 새김
āneñja 부동(不動)의
āṇā 명령
āpatti 범계
āpo 물
āraddha 열심히 행하는, (노력을) 시작하는, 성취한
ārammaṇa/ālambaṇa 대상
ārammaṇānusaya 대상 잠재번뇌
āropeti 제기하다
āruppa 무색계
āsava 번뇌흐름
  -kkhaya 번뇌흐름다함
āsevana 반복
āsevati 의지하다

āyasmā 존자
āyatana 감각장소
āyu 수명
āyūhana 애씀

B

bajjhati 고착되다
bahiddhā 밖의
bahulīkaroti 많이 행하다
bala 힘
balava vipassana 강력한 위빳사나
bhaṅga 무너짐
-ānupassanā ñāṇa 무너짐 거듭관찰의 지혜
bhava 존재
-rāga 존재 애착
bhavaṅga 바왕가
bhaya 두려움
bhayatupaṭṭhāna ñāṇa 두려움 드러남의 지혜
bhāva 성(性)
bhāvanā 수행
bhāveti 수행하다, 닦다, 생겨나게 하다
bheda 부서짐
bhikkhu 비구
bhikkhunī 비구니
bhojana 음식
bhūmi 땅, 영역, 토양
bodhipakkhiyadhamma 깨달음 동반법(菩提分法)
bojjhaṅga 깨달음 구성요소
brahmacariya 청정범행
brahmavihāra 거룩한 머묾
Brahmā 범천
Buddha 부처님
byasanna 무너짐
byādhi 병
byāpāda 분노

C

cakkhu 눈(眼)
-āyatana 눈 감각장소
-dhātu 눈 요소
-dvāra 눈 감각문(眼門)
-viññāṇa 눈 의식(眼識)
-viññāṇa dhātu 눈 의식 요소
-indriya 눈 감각기능
cāga 버림
cetanā 의도
cetasika 마음부수
chaḷaṅgupekkhā 여섯 구성요소평온
chanda 바람, 열의, 의욕
-rāga 바람·애착
citta 마음
-visuddhi 마음청정
cittuppāda 마음일어남
cīvara 가사
cuti 죽음

D

dassana 봄[見]
dāna 보시
desanā 가르침
deva, devatā 천신
dhamma 법
-vicaya 법 간택

-sambojjhaṅga 법 간택 깨달음 구성 요소
-vipassanā 법 관찰 위빳사나
dhammānupassnā 법 거듭관찰
dhammatā 본래성품
dhammatā-rūpa 자연물질
dhātu 요소
-vavaṭṭhāna 요소 구분
dhuva 견고한
diṭṭhi 견해, 사견
-visuddhi 견해청정
diṭṭhupādāna 사견 취착
domanassa 근심
-vedanā 싫은 느낌
dosa 성냄
duccarita 악행, 나쁜 행위
duggati 악도(惡道)
dukkaṭa 악작(惡作)
dukkha 괴로움(일반적), 고통(육체적 고통을 특별히 의미할 때)
dvāra 문(門), 감각문(感覺門)

E

ekaggatā 하나됨
ekatta 동일성
esanā 구함, 찾음

G

gabbhaseyya 태생
gambhīra 심오한, 깊은
gaṇanā 숫자
gaṇda 종기
gandha 냄새(香)
gantha 매듭, 책
gati 태어날 곳
ghana 덩어리
ghāna 코
gocara 영역
go-sīla 소의 계
gotrabhū 종성(種姓)
guṇa 덕목

H

hadaya 심장
-vatthu 심장 토대
hetu 원인
hiri 도덕적 부끄러움
hīna 저열한

I

iddhi 성취, 신통
-pāda 성취수단
-vidhā 신족통(神足通)
iṇaparibhoga 빚수용
indriya [감각]기능(根),
-saṁvara sīla 감각기능단속 계
iriyāpatha 자세, 위의
issā 질투
iṭṭha 원하는
itthibhāva 여성

J

jaratā 쇠퇴, 늙음
jarā 늙음(老)
javana 속행
jānati 알다

jāti 태어남
jhāna 선정
jivhā 혀
jīva 영혼
jīvita 생명

K

kabalīkāra-āhāra 덩어리 음식
kalāpa 묶음, 물질묶음
-vipassanā 묶음 위빳사나
kalyāṇa 좋은
-mitta 좋은 친구(善友)
kamma 업, 행위
-bhava 업 존재
-nimitta 업 표상
-patha 업 궤도(業道)
-vaṭṭa 업 윤전
kammanta 행위
kammaññatā 적합함
kammassaka 업 자기재산
-sammādiṭṭhi 업 자기재산 정견
kammaṭṭhāna 수행주제
kanta 좋아하는, 거룩한
kaṅkhā 의심
-vitaraṇa visuddhi 의심극복청정
kappa 겁(劫)
Karavīka 가릉빈가 새
karuṇā 연민(悲)
kasiṇa 까시나
kathā 논의, 설명
kāmacchanda 감각욕망 바람
kāmaguṇa 감각욕망 대상
kāmarāga 감각욕망 애착
kāmataṇhā 감각욕망 갈애
kāmā 감각욕망
-sava 감각욕망 번뇌흐름
kāmupādāna 감각욕망 취착
kāraka 행위자
kāraṇa 이유, 원인
kāya 몸
-gatāsati 몸에 대한 새김
-ānupassanā 몸 거듭관찰
khaṇika 찰나
-maraṇa 찰나죽음
-paccuppanna 찰나현재
-samādhi 찰나삼매
khandha 무더기
khanti 인욕
khaya 다함
-ānupassanā 다함 거듭관찰
khema 안온(安穩)
kicca 작용
kilesa 번뇌
-vaṭṭa 번뇌 윤전
kodha 화
kosajja 나태
kukkucca 후회
kula-putta 선남자
kusala 선(善)한

L

laggati 묶이다
lahutā 가벼움
lakkhaṇa 특성
lapanā 쓸데없는 말
lābha 이득

liṅga 성
lobha 탐욕(貪)
lohita 피, 붉은 색
loka 세상
-dhamma 세간법
-dhātu 세계
lokiya 세간적인
lokuttara 출세간

M

maccahriya 인색
maccu 죽음
mada 교만
magga 도(道)
-ñāṇa 도의 지혜
mahaggata 고귀한
mahā-bhūta 근본 물질
Mahā-brahmā 대범천
makkha 망은(忘恩)
mala 때, 더러움
manasikāra 마음기울임
manāpa 마음에 드는
mano 마음(意)
-āyatana 마음 감각장소(意處)
-dhātu 마음 요소(意界)
-dvāra 마음 문(意門)
-dvāra āvajjana 마음 문(意門) 전향
-viññāṇa 마음 의식(意識)
-viññāṇa dhātu 마음 의식 요소(意識界)
manussa 인간
maraṇa 죽음(死)
-sati 죽음 새김
māna 자만
Māra 마라
māyā 속임
mettā 자애
micchatta 삿됨
middha 혼침
mitta 친구
moha 어리석음(痴)
muditā 같이 기뻐함
mudutā 부드러움
muñcitukamyatā 벗어나려는 [지혜]
musāvāda 거짓말(妄語)
muta 감각된
mūla 뿌리, 뿌리박은

N

ñāṇa 지혜
-dassana 지견(智見, 知見)
-dassana visuddhi 지견청정(智見淸淨)
ñata pariññā 숙지 구분지
nandi 즐김
natthika(vāda) 허무주의
naya 방법
-vipassanā 방법적 위빳사나
nāga 용
nāma 정신, 이름
-rūpa 정신·물질(名色)
nekkhamma 출리(出離)
nevasaññānāsaññāyatana 비상비비상처
neyya 제도가능자
nibbatti 발생, 처음 생겨남
nibbāna 열반
nibbedha 꿰뚫음

nibbidā 염오
-nupssanāñāṇa 염오 거듭관찰의 지혜
nibbindati 염오하다
nibbuti 적멸
nicca 항상한
-saññā 항상하다는 인식
niddesa 상설
nikanti 갈망
nikkhepa 버림
nimitta 표상
nipphanna 구체적 (물질)
niraya 지옥
nirāmisa 비세속적인
nirodha 소멸
-ānupassanā 소멸 거듭관찰
-samāpatti 멸진정
nissaraṇa 떠나감
niviṭṭha 주착(住着)된
niyyāna 출구
nīvaraṇa 장애

O

obhāsa 광명, 빛, 밝음
ogha 폭류
ojā 자양분
oḷārika 거친
opapātika 화생
ottappa 도덕적 두려움

P

paccavekkhaṇa 반조
paccaya 조건(緣), 필수품
paccaya pariggaha 조건파악
paccaya sannissita sīla 필수품관련 계
paccupaṭṭhāna 나타남
paccuppanna 현재
pacchimabhavika 최종생자(最終生者)
pada 발걸음, 이유, 구절(詩에서), 근거
padhāna 근본원인, 정근(精勤)
paggaha 분발
paggaṇhāti 격려하다
pahāna 제거
-paṭivedha 제거 통찰
-abhisamaya 제거 관통
pajānāti 분명히 알다
pakkhandati 뛰어들다
pakkhandana 뛰어듦
palibodha 걱정거리
paloka 부서짐
paḷāsa 건방
pamāda 방일
pamojjā 기쁨
pañca dvāra āvajjana
다섯 감각문(五門) 전향
paññatti 개념, 시설(施設)
paññā 통찰지
paṇidhi 원함
paṇīta 수승한
papañca 사량확산
paramattha 실재성품
parāmāsa 집착
pariccajati 포기하다
pariccāga 포기함
pariccheda 구별, 근절
parideva 비탄
pariggaha 파악

parijānāti 구분하여 알다
parikappa 분별
pariññā 구분지
pariññeyya 구분하여 알아야 한다
parinibbāna 반열반
parisuddha 두루 깨끗한
paritta 제한된, 작은
pariyatti 교학
pariyāya 방법, 방편, 순서
pariyesana 탐구
pariyodāta 아주 깨끗한
pariyuṭṭhāna 드러난
-kilesa 드러난 번뇌
parīyādāna 끝냄
pasāda 감성물질
passaddhi 경안(輕安)
patiṭṭhāti 기반으로 하다
patiṭṭhā 기반
paṭhavī 땅
paṭibhāga 닮은
paṭiccasamuppanna 연기된
paṭiccasamuppāda 연기
paṭigha 적의
paṭikkhepa 반대, 없애 버림
paṭinissagga 다시 내버림
-ānupassanā 다시 내버림 거듭관찰
paṭiññā 명제, 맹세, 약속, 서원
paṭipadā 실천
paṭipassaddhi 안식(安息)
paṭipatti 실천
paṭisaṅkhā 재성찰
-nupassanāñāṇa 재성찰 거듭관찰의 지혜
paṭisandhi 재생연결
paṭisambhidā 무애해
paṭivedha 통찰
paṭivijjhati 통찰하다
paṭivipassanā 재관찰 위빳사나
pavatta 진행
paviveka 떨쳐버림
pāḷi 성전
pāmojjha 기쁨
pāṇa 생명
pāpa 악한, 나쁜, 저열한
-mitta 나쁜 친구
pāramī 바라밀
pātimokkha 계목
-saṁvara 계목단속
-saṁvara-sīla 계목단속 계
peta 아귀
phala 과, 결과
-samāpatti 과 증득
pharusa-vācā 욕설(惡口)
phassa 접촉
-pañcamaka 접촉제5법
phoṭṭhabba 감촉
piṇḍapāta 탁발
pisuṇa-vācā 중상모략(兩舌)
piya 좋아하는, 아끼는
pīti 희열
puggala 개인
punapuna 거듭거듭
puñña 공덕
purisa 사람, 인간
puthujjana 범부

R

rakkhasa 나찰
rasa 맛, 역할
rati 희락
rāga 애착
Rājagaha 라자가하
roga [고질]병
rūpa 물질, 형색
  -rāga 색계 애착
  -rūpa 유형 물질
  -saññā 형색인식

S

sabba 모든, 일체
sabhāva 고유성품
  -lakkhaṇa 고유특성
sacca 진리(諦)
sacchikiriyā 실현
sadisānupassanā 동일 거듭관찰
sadda 소리
  -dhātu 소리 요소
  -āyatana 소리 감각장소
saddhamma 정법
saddhā 믿음(信)
sagga 천상
sahāya 동료
sajjati 집착하다
sakadāgāmī 사다함
Sakka 제석천왕
sakkāya-diṭṭhi 존재더미 사견(有身見)
saḷāytana 여섯 감각장소
salla 화살
sallakkheti 주시하다
sallekha 번뇌비움
saṁsāra 윤회
saṁvara 단속
saṁvega 경각심
saṁyoga 속박
saṁyojana 족쇄
samatha 사마타, 가라앉음
  -yānika 사마타 행자
samatikkamati 극복하다
samādhi 삼매
samāpatti 증득
sambojjhaṅga 깨달음 구성요소
sammasana 명상
  -ñāṇa 명상의 지혜
sammā-ājīva 바른 생계(正命)
sammā-kammanta 바른 행위(正業)
sammāppadhāna 바른 정근(精勤)
sammā vāyāma 바른 노력
sammoha 미혹
sammuti 세속적
sampajāna 바른 앎
sampaṭicchana 접수
sampatti 성취
sampavaṅka 벗
samuccheda 근절
samudaya 생겨남
samugghāta 끊음
samūhata 뿌리뽑은
samūha 모임
saṅgha 승가
saṅkappa 사유, 생각
saṅkhata 형성된(有爲의)
saṅkhāra 형성

-gatā 뭇 형성들
-ghana 형성 덩어리
-kkhandhā 형성 무더기
saṅkhārupekkhā ñāṇa 형성평온의 지혜
saṅkhaya 파괴
saññā 인식
saṇṭhāna 형체
santati 상속
santānānusaya 상속 잠재번뇌
santi 적정(寂靜)
santīraṇa 조사
sappāya 적당한
sassata 상주하는
-diṭṭhi 상견
sati 새김
-paṭṭhāna 새김확립
-paṭṭhāna-bhāvanā 새김확립 수행
-saṁvara 새김단속
-sambojjhaṅga 새김 깨달음 구성요소
satta 중생
-saññā 중생인식
sauttara 위 있는
sādhāraṇa 공통
sāmaṇera 사미
sāmisa 세속적인
sāra 고갱이, 진수, 심재
sārambha 뽐냄
sāsana 교법
sāta 기꺼워하는, 편안한
sāṭheyya 허풍
sāvaka 제자
sāyana 맛봄
sekkha 유학(有學)
sekkhiya 실천항목
seṭṭha 으뜸인
sikkhā 공부지음
-pada 학습계율
sīla 계
-vissuddhi 계청정
-bbata-parāmāsa 계행·의식 집착
-bbatupādāna 계행·의식 취착
sītī 청량한
soka 슬픔
somanassa 즐거움
sotāpanna 수다원
subha 깨끗한, 아름다운
-saññā 깨끗하다는 인식
sucarita 선행, 좋은 행위
sugati 선처
sukha 행복, 행복함
-vedanā 행복한 느낌
sukhuma 미세한
sukkha vipassaka 메마른 위빳사나 수행자
suñña 공(空)
suññata 공함
-ānupassanā 공함 거듭관찰

T

tadaṅga 부분
tadārammaṇa 등록
taṇhā 갈애
taruṇa vipassanā 유약한 위빳사나
tatramajjhattatā 중립
Tāvatiṁsa 도리천
tejo 불

-dhātu 불 요소(火界)
thamba 거만
thāmagata 힘이 구족된
thina 해태
-middha 해태·혼침
ṭhiti 머묾, 거주처
tiracchāna-yoni 축생계
tīraṇa 조사
tuccha 쓸모없는
Tusita 도솔천

U

udaya 생겨남
udayabbaya 생멸
-āupassanā 생멸 거듭관찰
uddesa 개요
uddhacca 들뜸
-kukkucca 들뜸·후회
uggaṇhāti 배워 익히다
ugghaṭitaññū 약설지자(略說知者)
upacaya 생성
upacāra 근접
upadhi 재생근거
upakkilesa 부수번뇌
upanāha 원한
upanissaya 강하게 의지하는
-paccaya 강하게 의지하는 조건
upapajjati 거듭 생겨나다
upapatti 이르게 된 생, 거듭 생겨남
upasama 그침
upasanta 그친
upādāna 취착
-kkhandha 취착무더기
upādā-rūpa 파생 물질
upādisesa nibbāna 유여열반
upāsaka 청신사
upāsikā 청신녀
upāya 수단, 방편
upāyāsa 절망
upekkhā 평온
-vedanā 무덤덤한 느낌
uppāda 일어남
utu 온도
upahaññati 피곤하다

V

vacī-viññatti 말 암시
vaṁsa 계보
vaṇṇana 주석
vasavatti 지배력
vasi 자유자재
vaṭṭa 윤전
vatta 소임, 의무
vatthu 토대, 대상, 사물
vavatthāna 구분
vaya 사라짐
-ānupassanā 사라짐 거듭관찰
vayati 사라지다
vācā 말
vāna 욕망
vāyāma 노력
vāyo 바람(風)
-dhātu 바람 요소(風界)
vedaka 느끼는 자
vadanā 느낌(受)
veramaṇī 삼감

vibhava 비존재(非存在)
-rāga 비존재 애착
vicāra [지속적] 고찰
vicikicchā 의심
vihesā 괴롭힘
vihimsā 해침
vijjā 명지(明知)
vikkhambhana 억압
vikkhepa 산란
vimokkha 해탈
vimutti 해탈
-ñāṇadassana 해탈지견
viññatti 암시
viññāṇa 의식
-ñcāyatana 식무변처
-ṭṭhiti 의식의 거주처
vināsa 파괴, 없어짐
vinaya 율
vinicchaya 판별
-naya 판별방법
vinipāta 파멸처
vipallāsa 전도(顚倒)
vipañcitaññū 상설지자(詳說知者)
vipariṇāma 변함
-ānupassanā 변함 거듭관찰
-dukkha 변함 괴로움
vipassanā 위빳사나, 관찰
vipassanā yānika 위빳사나 행자
vipāka 과보
-vaṭṭa 과보 윤전
virati 절제
virāga 애착 빛바램
-ānupassanā 애착 빛바램 거듭관찰
visuddhi 청정(淸淨)
vitakka 사유, 일으킨 생각
vivaṭṭa 물러섬
-ānupassanā 물러섬 거듭관찰
viveka 멀리 떠남
vīmaṁsā 검증
vīriya 정진
vīthi 인식과정
vītikkama 범하는
-kilesa 범하는 번뇌
voṭṭhapana 결정
vossagga 보내 버림
vuṭṭhāna 출현
-gāminī 출현으로 인도하는
vūpasama 그쳐 고요함
vūpasameti 그쳐 고요하게 하다
vyasana 무너짐
vyāpāda 분노

Y

yakkha 야차
yathāva 사실대로
yathābhūta 사실대로 바르게, 여실히
yathābhūta-ñāṇa 여실지(如實智)
yathābhūta-ñāṇadassana 여실지견
yānika 수행자
yoga 속박
yoni 모태
yoniso manasikāra 올바른 마음기울임

■ 찾아보기

1 : 1권, 2 : 2권, (주 00) : 각주번호

ㄱ

갈망(nikanti) 2 91, 250, 299, 300, 301
감각기능단속 계(indriyasaṁvara sīla) 1 81
감각욕망 바람(kāmacchanda) 1 181, 496
감각장소(āyatana) 1 336, 512, 588 2 522
강력한 위빳사나(balava vipassanā) 1 94, 403, 480 2 280, 382, 386
강하게 의지하는 조건(upanissaya paccaya) 1 145, 563
개념(paññatti) 1 185, 250, 275, 282, 296, 313, 350, 359, 363, 430, 459, 460, 465, 471 2 62, 93, 237, 495, 601, 604
걱정거리(palibodha) 2 60, 354
견해청정(diṭṭhi visuddhi 見清淨) 1 325, 365 2 124, 136
결심(adhimokkha) 1 345
경각심(saṁvega) 1 204
경안 깨달음 구성요소(passaddhi sambojjhaṅga) 1 520 2 209
계목단속(pātimokkha saṁvara) 1 84, 88, 137
계목단속 계(pātimokkhasaṁvara sīla) 1 67, 78, 84, 97, 100, 110, 111, 211
계청정(sīla visuddhi 戒清淨) 1 67, 78, 99, 101
계행·의식 집착(sīlabbataparāmāsa) 1 515 2 413
고갱이(sāra) 2 359
고통(dukkha) 1 474, 527 2 67, 99, 114, 595
공함 거듭관찰(suññatānupassana) 2 641, 665
과보 윤전(vipāka vaṭṭa) 2 153, 156, 161, 163
과보 장애(vipākantarāya) 1 104
과의 지혜(phala ñāṇa) 2 390
과 증득(phla samāpatti) 2 474
관통(abhisamaya) 1 537
광명(obhāsa) 1 189 2 84, 281, 282
광명인식(āloka saññā) 1 189
괴로움(dukkha) 1 372, 433, 474, 482, 483, 527 2 189, 213, 251, 342, 587, 593, 617, 641, 643
괴로움 거듭관찰(dukkhānupassana) 2 251, 593
구체적 물질(nipphanna rūpa) 1 286, 287, 607
귀 감성물질(sota pasāda) 1 425, 513 2 607
근본 물질(bhūta rūpa) 1 607
근심(domanassa) 1 475, 483, 530
근접삼매(upacāra samādhi) 1 154, 157, 170

기간현재(addhā paccuppanna) 1 305, 308, 309 2 271
기반(patiṭṭha) 1 110(주:145)
기쁨(pamojjā, pāmojjha) 1 121(주:156), 132, 201
깨달음 구성요소(bojjhaṅga) 1 519, 588
깨달음 동반법(bodhipakkhiyadhamma 菩提分法) 2 383

ㄴ

높은 계 공부지음(adhisīlasikkhā) 1 137 2 470
높은 마음 공부지음(adhicittasikkhā) 1 132 2 470
높은 통찰지 공부지음(adhipaññasikkhā) 1 132 2 470
높은 통찰지 법 관찰 위빳사나(adhipaññādhammavipassana) 2 539, 641, 667
눈 감성물질(cakkhu pasāda) 1 258, 370, 512, 607
눈 의식(cakkhu viññāṇa 眼識) 1 255, 372, 422, 512 2 158, 608
느낌(vedanā) 1 445, 506, 509, 528 2 67, 261
느낌 거듭관찰(vedanānupassanā) 1 310, 472, 587
느낌 무더기(vedanākkhandhā) 1 505

ㄷ

다난자니 바라문 여인 2 449
다시 내버림 거듭관찰(paṭinissaggānupassana) 1 305 2 538, 618, 633, 677
다함 거듭관찰(khayānupassana) 2 538, 642, 656
대상 잠재번뇌(ārammaṇānusaya) 1 86, 296 2 564, 567
덩어리(ghana) 1 200, 296, 317, 361 2 555, 604
도덕적 두려움(ottappa) 1 514, 606 2 414, 444
도덕적 두려움없음(nottappa) 1 605 2 414
도덕적 부끄러움(hiri) 1 514, 605 2 414, 444
도덕적 부끄러움없음(ahirika) 1 605 2 414
도·비도 지견청정(maggāmāggā ñāṇādāssānā visuddhi 道非道智見清淨) 1 600 2 252, 303
도의 장애(maggantarā) 1 69, 103, 211
도의 지혜(magga ñāṇa) 1 533 2 105, 390
동일 거듭관찰(sadisānupassanā) 2 377
두려움 드러남의 지혜(bhayatupaṭṭhāna ñāṇa) 1 600 2 322
들뜸·후회(uddhaccakukkucca) 1 497 2 463
들숨날숨 새김(ānāpānassati) 1 329
땀바다티까(Tambadāṭhika) 1 124
땅 요소(paṭhavī dhātu) 1 289, 413, 420, 431, 432, 437, 457 2 137

ㅁ

마라(māra) 1 186, 597 2 449
마음(mano 意) 1 161, 422, 439, 514
마음 거듭관찰(cittānupassanā) 1 310, 490, 588
마음기울임(manasikāra) 1 91, 93, 118, 340, 346 2 297
마음 문(manodvāra 意門) 1 441, 442

마음 의식(manoviññāṇa 意識) [1] 422, 444
마음 의식 요소(manoviññāṇa dhātu 意識界) [1] 421, 512
마음일어남(cittuppāda) [1] 97 [2] 271, 428
마음청정(citta visuddhi 心清淨) [1] 154
마하목갈라나(Mahāmoggallāna) 존자 [1] 292, 343, 487 [2] 490
마하시와(Mahāsiva) 장로 [1] 484
말루짜뿟따(Mālukyaputta) 비구 [1] 382
말 암시(vacī viññatti) [1] 287, 608
명령어김 장애(ānāvītikkamantarāya) [1] 75, 105, 120
명상의 지혜(sammasana ñāṇa) [1] 315, 317 [2] 173, 181, 365, 599
몸 감성물질(kāya pasāda) [1] 289, 430, 513, 607 [2] 125, 607
몸 거듭관찰(kāyānupassanā) [1] 309, 448, 598 [2] 308
몸 암시(kāya viññatti) [1] 287, 608
몸에 대한 새김(kāyagatāsati) [1] 155
무너짐 거듭관찰(aniccānupassana) [1] 600 [2] 308
무덤덤한 느낌(upekkhā vedanā) [1] 446, 476, 477, 509, 528 [2] 608
무상 거듭관찰(aniccānupassana) [2] 204, 249, 537, 541, 617, 639, 643, 661
무생물(anindriyabaddha) [1] 542 [2] 241, 531
무아 거듭관찰(anattānupassana) [1] 160 [2] 248, 249, 537, 552, 600, 617, 639, 641, 643, 661
무여열반(anupādisesa nibbāna) [1] 392, 534 [2] 509
무행 반열반자(asaṅkhāra parinibbāyī 無行般涅槃) [2] 456
묶음(kalapa) [1] 318, 349
묶음 위빳사나(kalāpa vipassanā) [1] 352
물 요소(āpo dhātu) [1] 287, 289, 421, 437, 443, 457
물질 무더기(rūpakkhandhā) [1] 505
물질묶음(kalapa) [1] 349 [2] 226
미혹없음 바른 앎(asammoha sampajañña) [1] 451, 456
믿음(saddhā) [1] 506, 512, 514, 605 [2] 88, 262, 281, 296

ㅂ

바라이죄(pārājika) [1] 69, 74, 105
바람(chanda) [1] 181, 345
바람 요소(vāyo dhātu) [1] 289, 433, 434, 435, 437, 607 [2] 124
바른 말(sammāvācā) [1] 555, 568
바른 생계(sammāājīva) [1] 99, 555, 606
바른 앎(sampajāna) [1] 140, 451, 462, 587 [2] 193
바른 정근(sammappadhāna) [1] 87, 591 [2] 482
바른 행위(sammākammanta) [1] 555, 606
바왕가(bhavaṅga) [1] 442 [2] 71
반열반(parinibbāna) [2] 142, 497, 501, 509
반조의 지혜(paccavekkhaṇa ñāṇa) [2] 121, 396, 408, 505
방법적 위빳사나(naya vipassanā) [1] 318, 353 [2] 182
번뇌(kilesa) [1] 80
번뇌 윤전(kilesa vaṭṭa) [2] 527, 561

번뇌 장애(kilesantarāya) [1] 103
번뇌흐름(āsava) [1] 80
범하는 번뇌(vītikkama kilesa) [1] 84
법 간택 깨달음 구성요소(dhammavicaya sambojjhaṅga) [1] 520 [2] 209
법 거듭관찰(dhammānupassnā) [1] 93, 310, 496 [2] 137
법 관찰 위빳사나(dhammavipassanā) [1] 340, 351 [2] 539, 641, 667
벗어나려는 지혜(muñcitukamyatā ñāṇa) [1] 203, 600 [2] 111, 254, 335, 372, 622, 627, 630, 632, 676
변함 거듭관찰(vipariṇāmānupassana) [2] 538, 642, 653
보내 버림(vossagga) [1] 174, 245, 567, 570, 575
보시(dāna) [1] 143, 205, 235, 245, 447, 517, 574 [2] 154, 165, 418, 460
본삼매(appanā samādhi) [1] 122, 154 [2] 110
부분(tadaṅga) [1] 86, 134, 172, 296, 391, 570, 575 [2] 572, 635
부수번뇌(upakkilesa) [1] 179 [2] 279, 431
분노(byāpāda, vyāpāda) [1] 188, 242, 305, 496, 505 [2] 427, 431
불방일(appamāda) [2] 522
불 요소(tejo dhātu) [1] 289, 432, 437, 456, 607
비분리(avinābhāva) [1] 566
비상비비상처(nevasaññānāsaññāyatana) [1] 284, 327, 351
빚수용(iṇaparibhoga) [1] 70, 101, 141, 142
빠라맛타(paramattha) [1] 250, 261, 268, 275, 282, 360 [2] 135, 519
빤냣띠(paññtti) [1] 250, 253, 257, 265, 270, 272, 275, 277
뽓틸라(Poṭṭhila) 존자 [1] 14

ㅅ

사견(diṭṭhi) [1] 103, 514 [2] 175, 247, 262, 414
사라나니(Saraṇāni) 석가족 거사 [1] 106
사라짐 거듭관찰(vayānupassana) [2] 538, 642, 650, 657
사리뿟따(Sāriputta) 존자 [1] 129, 284, 339, 487
사마타(samatha) [1] 119, 154, 158, 163, 164, 166, 218, 225, 237, 245, 463, 566 [2] 282
사마타 행자(samatha yānika) [1] 156, 158, 159, 160, 163, 322, 333
사슴발자국 방법(migapadavaḷañjana) [1] 478
산따띠(Santati) 장관 [1] 106
삼매(samādhi) [1] 154
삼매 깨달음 구성요소(samādhi sambojjhaṅga) [1] 521
상설지자(vipañcitaññū 詳說知者) [1] 117
상속 개념(santati paññatti) [1] 473 [2] 237, 560
상속 잠재번뇌(santānānusaya) [2] 574
상속현재(santati paccuppanna) [2] 259, 263, 274
새김(sati) [1] 26(주:6), 312, 346, 400, 453, 471
새김 깨달음 구성요소(sati sambojjhaṅga) [1] 519
새김단속(sati saṁvara) [1] 85, 93, 137
새김확립(cattaro satipaṭṭhānā) [1] 109, 452 [2] 119

생겨난 빤냣띠(tajjā paññātti) 1 264, 277
생계청정 계(ājivapārisuddhi-sīla) 1 69, 88, 100
생멸 거듭관찰(udayabbayānupassanā) 2 257, 277
생명 물질(jīvita rūpa) 1 287, 290, 443, 608
선업토대자(padaparama) 1 124
성냄(dosa) 1 188, 218, 244, 491, 496, 515 2 262, 410, 414
성냄없음(adosa) 1 87, 137
성 물질(bhāva rūpa) 1 287, 441, 443, 514
성스러운 진리(ariya sacca) 1 526
성자비방 장애(ariyūpavādantarāya) 1 104
세간법(lokadhamma) 1 91 2 417
소의 계(go-sīla) 1 150(주:191)
수람밧타(Sūrambaṭṭha) 2 449
수순의 지혜(anuloma ñāṇa) 2 178, 377, 679
수행주제(kammaṭṭhāna) 1 450, 452
숙지 구분지(ñata pariññā) 1 377, 418
숩빠붓다(Suppabuddha) 2 443
승잔죄(saṅghādisesa) 1 105
실재성품(paramattha) 1 266, 276, 326 2 551
실천 지견청정(pāṭipādā ñāṇadāssānā visuddhi 行道智見淸淨) 2 304
싫은 느낌(domanassa vedanā) 1 445
심장 토대(hadaya vatthu) 1 441, 608

ㅇ

악설죄(dubbhāsita 惡說罪) 1 105
악작죄(dukkaṭa 惡作罪) 1 105
약설지자(ugghaṭitaññū 略說知者) 1 117, 119
어리석음(moha) 1 135, 197, 218, 514 2 262
억압(vikkhambhana) 2 148
업 궤도(kammapatha 業道) 2 427(주:369)
업 윤전(kammavaṭṭa) 2 153
업 자기재산 정견(kammassaka sammadiṭṭhi) 1 110
업 장애(kammantarāya) 1 103
여러 생자 2 456
여섯 구성요소평온(chaḷaṅgupekkhā) 1 405 2 677
여실지견(yathābhūtañāṇadassana) 1 150 2 539, 642, 670
열반(nibbāna) 1 534 2 495
염오 거듭관찰(nibbidānupassana) 2 333, 537, 619, 643
영역 바른 앎(gocara sampajañña) 1 451, 462
올바르지 않은 마음기울임(ayoniso manasikāra) 1 501
올바른 마음기울임(yoniso manasikāra) 1 498
요소(dhātu) 1 420, 512
요소 구분(dhātuvavaṭṭhāna) 1 365, 460 2 126
원함없음 거듭관찰(appaṇihitānupassana) 2 538, 641
웃띠야(Uttiya) 존자 109
위빳사나(vipassanā) 1 119, 282, 283, 356 2 63, 78
위빳사나를 시작한 이(āraddha vipassaka) 2 255, 277
위빳사나 평온(vipassanupekkhā) 2 91,

252, 281, 297
위빳사나 행자(vipassanā yānika) 1 156, 158, 175, 333, 355, 358
유약한 위빳사나(taruṇa vipassana) 1 170
유여열반(upādisesa nibbāna) 2 509
유행 반열반자(upādisesa nibbāna) 2 456
음식 물질(ahāra rūpa) 1 287, 290, 444
음식혐오인식(āhāre paṭikkūla saññā) 1 155, 467
의도(cetanā) 1 340, 447
의식 무더기(viññāṇakkhandhā) 1 506
의식의 거주처(viññāṇaṭhiti) 2 336
의심(vicikicchā) 1 192, 491, 497, 515 2 75, 146, 461
의심극복청정(kāṅkhāvitārāṇā visuddhi 渡疑清淨) 1 600 2 139, 173
의지하는 조건(nissaya paccaya) 1 146
인색(macchariya) 1 515, 517 2 417
인식(saññā) 1 340, 506
인식과정(vīthi) 1 83, 280, 399, 402, 423 (주:430)
인식 무더기(saññākkhandhā) 1 446, 506
인욕단속(khanti saṁvara) 1 87, 93, 137
일으킨 생각(vittaka) 1 323, 345

ㅈ

자애(metta) 1 90, 139, 218 2 61
자연물질(dhammatārūpa) 2 241
작은 수다원(cūḷasotāpanna) 2 174
잠재된 번뇌, 잠재번뇌(anusaya) 2 227, 564
장애(nīvaraṇa) 1 103, 181, 496 2 424
재관찰 위빳사나(paṭivipassanā) 1 450 2 312
재성찰 거듭관찰(paṭisaṅkhānupassanā) 1 600 2 339, 539, 643, 675
적멸(nibbuti) 1 581, 585 2 502, 513
적정(santi 寂靜) 1 533, 561 2 329, 373, 395, 485, 495
절제(virati) 1 133, 576, 606
접촉(phassa) 1 326, 345, 372, 412, 445, 506, 604 2 157, 262, 607
접촉제5법(phassa pañcamaka) 1 341, 416 2 127
정신·물질 구별의 지혜(nāmarūpa pariccheda ñāṇa) 1 164, 170, 366, 377 2 124, 284
정진(viriya) 1 69, 227, 237, 346, 520, 523, 604 2 91, 208, 296
정진 깨달음 구성요소(vīriya sambojjhaṅga) 1 227, 520
정진단속(vīriya saṁvara) 1 87
제거 관통(pahāna abhisamaya) 1 537, 546, 560, 586
제거 통찰(pahāna paṭivedha) 1 537, 546, 560, 586
제기하여(āropanā) 2 212, 339
제도가능자(neyya) 1 117, 595
제석천왕(Sakka) 2 443
조건파악의 지혜(paccaya pariggaha ñāṇa) 1 168 2 139, 552, 670
족쇄(saṁyojana) 1 515 2 413
존재더미 사견(sakkāya diṭṭhi 有身見) 1 172, 517 2 426
존재않음(abhāva) 2 501, 519
종성의 지혜(gotrabhū ñāṇa) 1 305, 601 2 389, 682
죽음(maraṇa) 1 63, 527, 533 2 61, 210, 545

400, 537, 598, 690
행복한 느낌(sukha vedanā) 1 434, 472, 509 2 569, 594
행복함(sukha) 1 121(주:156)
허공 요소(ākāsa dhātu) 1 287, 420, 608
허물 거듭관찰(ādīnavānupassana) 1 600 2 333, 539, 642, 672
혀 감성물질(jivhā pasāda) 1 423, 513, 607
형성(saṅkhāra) 1 27(주:8)
형성 덩어리 표상(saṅkhāra ghana nimitta) 1 200, 471, 490 2 660, 662
형성 무더기(saṅkhārakkhandhā) 1 446, 506
형성평온의 지혜(saṅkhārupekkhā ñāṇa) 1 126, 405 2 178, 349, 548, 638, 679
후반 반열반자(upahacca parinibbāyī 生般涅槃) 2 456
후회(kukkucca) 1 63, 492, 496, 605 2 424
희락(rati) 1 201, 520 2 288, 295, 299
희열(pīti) 1 121(주:156), 132, 201, 345, 521, 604 2 69, 89, 101, 287
희열 깨달음 구성요소(pīti sambojjhaṅga) 1 240, 520

마하시 사야도의 결어 게송

또한 고대하고 바라건대
『위빳사나 수행방법론』이라는 이 책이
최상의 가르침과 말하고자 하는 모든 것이 다 구족된
완벽한 책이어서
아무런 장애 없이 출간된 것과 마찬가지로
모든 중생들의
자신과 남, 그 누구도 해치지 않고 행복하길 바라는
좋고 거룩한 생각들이
남김없이 모두 다 구족되고 완벽하도록
아무런 장애 없이 성취되기를!
세상에 위빳사나 통찰지, 도와 과의 통찰지를
증득할 수 있는 단 한 사람이라도 존재할 때까지
『위빳사나 수행방법론』이라는 이 책이
세상 사람들에게
틀리지 않고 올바른 위빳사나 수행방법을
해와 같이 달과 같이 밝게 비추어 보여 주면서
사라지지 않고 오랫동안 지속되기를!

■ 저자

마하시 사야도 우 소바나(Sobhana)

1904년 7월 29일, 미얀마의 세익쿤에서 출생하여 1916년에 사미계, 1923년에 비구계를 수지했다. 1930년부터 따운와인갈레이 강원에서 강사로 지내다가 1932년에는 밍군 제따완 사야도의 가르침을 받아 위빳사나 수행을 직접 실천했다. 1942년에는 사사나다자 시리빠와라 담마짜리야(국가인증우수법사) 칭호를 받았다. 1949년부터는 양곤의 마하시 수행센터에서 위빳사나 수행을 지도하며 국내는 물론 국외로도 바른 위빳사나 수행법을 널리 선양했다. 1954년에는 악가마하빤디따(최승대현자)의 칭호를 받았고, 1954년부터 2년간 열린 제6차 경전결집 때는 질문자와 최종결정자의 역할을 맡았다. 1982년 8월 14일, 세랍 78세, 법랍 58세로 마하시 수행센터에서 입적했다. 『*Vipassanā Shunikyan*(위빳사나 수행방법론)』, 『*Visuddhimagga Mahāṭikā Nissaya*(위숫디막가 대복주서 대역)』을 비롯하여 100권이 넘는 저서와 법문집이 있다.

■ 감수자

우 소다나(Sodhana) 사야도

1957년 미얀마 머그웨이 주(*Magway Division*)에서 출생하여 1972년에 사미계, 1979년에 비구계를 수지했다. 1992년 담마짜리야 법사 시험에 합격했고 잠시 먀다웅 강원에서 강사로 재직했다. 1995년 마하시 수행센터에서 수행한 뒤 외국인 법사학교에서 5년간 수학했다. 그 뒤 마하시 수행센터에서 수행지도법사로 수행자를 지도하다 2002년 처음 한국에 왔다. 2007년 8월부터 한국마하시선원 선원장으로 지내며 경전과 아비담마를 강의하면서 천안 호두마을과 강릉 인월사 등지에서 위빳사나 수행을 지도하고 있다. 2013년 양곤 마하시 수행센터 국외 나야까 사야도로 임명됐고, 2017년 12월 공식적으로 칭호를 받았다. 2019년 3월 정부에서 수여하는 마하깜맛타나짜리야 칭호를 받았다.

■ 역자

비구 일창 담마간다(Dhammagandha)

1972년 경북 김천에서 출생하여 1996년 해인사 백련암에서 원융 스님을 은사로 출가했다. 범어사 강원을 졸업했고 2000년과 2005년 두 차례 미얀마에 머물면서 비구계를 수지한 뒤 미얀마어와 빠알리어, 율장 등을 공부했으며 찬매 센터, 파옥 센터, 마하시 센터 등에서 수행했다. 현재 진주 녹원정사에서 정기적으로 초기불교 강의를 하고 있으며, 한국마하시선원과 호두마을을 오가며 우 소다나 스님의 법문을 통역하면서 위빳사나 수행의 기초를 지도하고 있다. 2019년 12월 양곤 마하시 수행센터에서 깜맛타나짜리야(수행지도 스승) 칭호를 받았다. 저서로 『부처님을 만나다』와 『가르침을 배우다』, 역서로 『위빳사나 수행방법론』(전2권), 『위빳사나 백문백답』, 『통나무 비유경』, 『마하사띠빳타나숫따 대역』, 『어려운 것 네 가지』, 『담마짝까 법문』, 『알라와까숫따』, 『헤마와따숫따 법문』, 『보배경 강설』, 『아비담마 강설 1』, 『아낫딸락카나숫따 법문』, 『아리야와사 법문』, 『자애』 등이 있다.

위빳사나 수행방법론 **2** (전2권)

개정판 1쇄 발행일 | 2023년 11월 6일

지은이 | 마하시 사야도
번역 | 비구 일창 담마간다
감수 | 우 소다나 사야도

펴낸이 | 사단법인 한국마하시선원
편집 | 배기숙 신승애 안중익
디자인 | 끄레도

펴낸곳 | 도서출판 불방일
등록 | 691-82-00082
주소 | 경기도 안양시 만안구 경수대로 1201번길 10(석수동 178-19) 2층
전화 | 031-474-2841
팩스 | 031-474-2841
홈페이지 | http://koreamahasi.org
카페 | https://cafe.naver.com/koreamahasi
이메일 | nibbaana@hanmail.net

값 30,000원
ISBN 979-11-956850-3-5 94220
ISBN 979-11-956850-1-1(세트)

❙ 법보시(개정판)

감수 우 소다나 사야도
편역 비구 일창 담마간다
교정 주영아 배기숙 신승애 안중익
보시 2007년 8월부터 한국마하시선원에 법보시를 하신 모든 분

삽바다낭 담마다낭 지나띠॥
Sabbadānaṁ dhammadānaṁ jināti.
모든 보시 중에서 법보시가 으뜸이니라.

이당 노 뿐냥 닙바낫사 빳짜요 호뚜॥
Idaṁ no puññaṁ nibbānassa paccayo hotu.
이러한 우리들의 공덕으로 열반에 이르기를.

이망 노 뿐냐바강 삽바삿따낭 바제마॥
Imaṁ no puññabhāgaṁ sabbasattānaṁ bhājema.
이러한 우리들의 공덕 몫을 모든 중생에게 회향합니다.

사두। 사두। 사두॥
Sādhu, Sādhu, Sādhu.
훌륭합니다, 훌륭합니다, 훌륭합니다.

• 이 책에서 교정할 내용을 아래 메일주소로 보내주시면 다음에 책을 펴낼 때 큰 도움이 될 것입니다. 많은 관심 부탁드립니다(nibbaana@hanmail.net).

• 한국마하시선원에서 운영하는 도서출판 불방일에서는 마하시 사야도의 법문은「큰북」시리즈로, 우 소다나 사야도의 법문은「불방일」시리즈로, 아비담마 법문은「아비담마 강설」시리즈로, 비구 일창 담마간다의 법문은「법의 향기」시리즈로, 독송집이나 법요집은「큰북소리」로 출간하고 있습니다. 여러분들의 많은 법보시를 기원합니다(농협 355-0041-5473-53 한국마하시선원).